전자무역의 이해와 활용

임성범 저

도서출판 원

머 리 말

본 저서는 기존의 전자무역 학자(연구자)의 기준에 발맞추고자, 교재 제목을 「전자무역의 이해와 활용」으로 정하였다. 목차 또한 최대한 기존 전자무역 학자(연구자)에 따라 전공과목의 표준화의 필요성을 제고하고자 구성하였다.

전자무역은 기존의 무역실무에 포함된다. 즉 오프라인 무역실무에서 이루어지고 있는 프로세스를 융복합 정보통신 기기 등을 활용한 온라인 무역실무 프로세스적 업무활동이라 할 수 있기 때문이다.

보편적(법률적)으로, 전자무역의 개념은 "대외무역법 제2조 제1호[1]에 따른 무역의 일부 또는 전부가 전자무역문서로 처리되는 거래를 말한다."라고 전자무역촉진에관한법률([시행 2015. 8. 4.] [법률 제13155호, 2015. 2. 3., 일부개정]) 정의되어 있다.

즉, 전자무역문서란 전자무역에 사용되는 「전자문서 및 전자거래 기본법」 제2조제1호에 따른 전자문서를 말한다.[시행 2015. 8. 4.] [법률 제13155호, 2015. 2. 3., 일부개정]

즉, 전자문서란 정보처리시스템에 의하여 전자적 형태로 작성, 송신·수신 또는 저장된 정보를 말한다.[시행 2018. 4. 25.] [법률 제14907호, 2017. 10. 24., 일부개정]

---

1) 제2조(정의) 이 법에서 사용하는 용어의 뜻은 다음과 같다. 〈개정 2014.1.21.〉

1. "무역"이란 다음 각 목의 어느 하나에 해당하는 것(이하 "물품등"이라 한다)의 수출과 수입을 말한다.
   가. 물품
   나. 대통령령으로 정하는 용역
   다. 대통령령으로 정하는 전자적 형태의 무체물(無體物)
2. "물품"이란 다음 각 목의 것을 제외한 동산(動産)을 말한다.
   가. 「외국환거래법」에서 정하는 지급수단
   나. 「외국환거래법」에서 정하는 증권
   다. 「외국환거래법」에서 정하는 채권을 화체(化體)한 서류
3. "무역거래자"란 수출 또는 수입을 하는 자, 외국의 수입자 또는 수출자에게서 위임을 받은 자 및 수출과 수입을 위임하는 자 등 물품등의 수출행위와 수입행위의 전부 또는 일부를 위임하거나 행하는 자를 말한다.
4. "정부간 수출계약"이란 외국 정부의 요청이 있을 경우, 제32조의3제1항에 따른 정부간 수출계약 전담기관이 대통령령으로 정하는 절차에 따라 국내 기업을 대신하여 또는 국내 기업과 함께 계약의 당사자가 되어 외국 정부에 물품등(「방위사업법」 제38조제1항제4호에 따른 방산물자등은 제외한다)을 유상(有償)으로 수출하기 위하여 외국 정부와 체결하는 수출계약을 말한다.

즉, 무역의 일부 또는 전부가 전자적 형태로 작성되고 송신되고 수신되고 저장되고 등등의 형태로 이루어지는 정보, 즉 디지털 정보를 포함한다.

즉 전자무역이란 무역의 전 프로세스에 대해 일부 또는 전부가 정보통신기기(시스템)을 통해(의해) 전자적 형태로 작성, 송신·수신 또는 저장된 정보로 이루어지는 전자문서의 일련과정이라 할 수 있다.

지금까지 전공 관련 강의 및 연구를 계속해 오면서, 졸업논문에서 주장한 것처럼, 무역기업의 수출경쟁력을 강화하기 위해서는 무역정보시스템(Trade Information system), 즉 전자무역시스템(Electronic Trade System)을 경영자(경영자마인드), 정부지원(정책)은 물론, 기업 구성원들이 능숙하고 또 지속적으로(교육하고 학습하고), 또 편리하게 활용 및 처리하면 할수록 기업성과는 높아질 수 있다.

그런데 전자무역은 비대면적으로 전자무역문서로 업무가 이루어지고 있어 전자무역문서의 위조와 변조, 진정성, 무결성, 신뢰성, 부인방지, 불법침투 등에 대한 문제점을 항상 안고 있다. 따라서 전자무역시스템의 안전한 활용을 이행하는 것이 중요함으로 전자무역시스템(무역정보시스템), 즉 ICT(Information & Communication Technology)에 대한 전반적인 배경(이론)의 이해도 필요하다.

또한 전자무역은 오프라인 무역실무와 별도로 진행되는 것이 아니라, 오프라인의 무역실무 프로세스의 경쟁력을 강화하는 수단의 하나인 것으로, 즉 기존의 무역실무 프로세스에 포함되는 부가적 학습량이다. 즉 UCP600의 보충판이 eUCP V1.1인 것과 같은 부록인 것이라 할 수 있다.

따라서 본 저서의 구성(목차)은 [제1부 전자무역의 이해]로, 〈제1장 전자무역의 개념〉, 〈제2장 전자무역과 정보시스템〉, 〈제3장 전자무역과 디지털경제원리〉로 구성하여, 전자무역 업무를 수행하기 위해서 상식적(보편적)으로 인식하고 있어야 할 ICT 및 인터넷 등 개념에 대해 이해를 돕고자 구성 하였다.

[제2부 전자무역의 활용]은 무역프로세스에 따라, 〈제4장 전자무역과 해외시장조사〉, 〈제5장 전자무역과 바이어발굴 및 신용조사〉, 〈제6장 전자무역과 무역계약〉, 〈제7장 전자무역과 국제운송(물류)〉, 〈제8장 전자무역과 수출통관〉, 〈제9장 전자무역과 보험계약〉, 〈제10장 전자무역과 대금결재〉, 〈제11장 전자무역과 관세환급〉, 〈제12장 전자무역과 분쟁해결〉, 〈제13장 전자무역의 피해사례〉로 구성하여 무역프로세스(절차)에 따라 전자무역의 활용에 대해 살펴보았다.

그리고 법제처의 〈전자무역촉진에관한법률〉, 〈전자문서 및 전자거래기본법〉, 〈전자서명법〉을 정리하여 〈부록〉으로 첨부하여 본 내용에 적용을 돕고자 하였다.

본 저서가 전자적으로 무역실무를 하고 있는 모든 실무자(학습자)들에게 조금이나마 도움이 되기를 바라는 마음이다.

끝으로 항상 부족한 저자에게 한결같은 마음으로 지도편달을 아끼지 않고 계신 충남대학교 문희철 교수님께 감사드리며, 그리고 공부할 수 있도록 부족한 저자에게 지원과 격려를 아끼지 않고 계신 무역학과 교수님께 감사드린다. 또한 사랑과 관심으로 기회와 도움을 주고 계신 선후배님들에게 감사드린다. 또한 여러 곳에서 성원해 주시는 많은 분들께 감사드린다.

그리고 본 저서를 출판할 수 있도록 적극적으로 도와주신 도서출판 원사장님과 편집진께 감사를 드린다. 그리고 행복한 가정과 저자를 위해 항상 수고하는 사랑하는 아내에게, 그리고 늘 부족한 아빠로서 사랑스런 첫째 딸 수연, 둘째 딸 정연, 셋째 딸 주연에게 미안함과 고마움을 전한다.

2020년 2월

저자 씀

목 차

전자무역의 이해와 활용 • 1

제 1 부

전자무역의 이해

- 제1장. 전자무역의 정의
- 제2장. 전자무역과 정보시스템
- 제3장. 전자무역과 디지털경제

제1장 전자무역의 정의

제 1 절 전자무역의 개념

전자무역을 이해하기 위하여, 먼저 "무역(貿易, Trade)" 의 개념을 법률적으로 살펴보자.

대외무역법[일부개정 2008.2.29 법률 제8852호]

제2조(정의)

이 법에서 사용하는 용어의 뜻은 다음과 같다.

1. "무역"이란 다음 각 목의 어느 하나에 해당하는 것(이하 "물품등"이라 한다)의 수출과 수입을 말한다.
   가. 물품
   나. 대통령령으로 정하는 용역
   다. 대통령령으로 정하는 전자적 형태의 무체물(無體物)
2. "물품"이란 다음 각 목의 것을 제외한 동산(動産)을 말한다.
   가. 「외국환거래법」에서 정하는 지급수단
   나. 「외국환거래법」에서 정하는 증권
   다. 「외국환거래법」에서 정하는 채권을 화체(化體)한 서류
3. "무역거래자"란 수출 또는 수입을 하는 자, 외국의 수입자 또는 수출자에게서 위임을 받은 자 및 수출과 수입을 위임하는 자 등 물품등의 수출행위와 수입행위의 전부 또는 일부를 위임하거나 행하는 자를 말한다.

대외무역법 시행령[일부개정 2008.10.20 대통령령 제21087호]

제2조(정의)

이 영에서 사용하는 용어의 뜻은 다음과 같다. <개정 2008.2. 29>

1. "국내"란 대한민국의 주권(主權)이 미치는 지역을 말한다.
2. "외국"이란 국내 이외의 지역을 말한다.
3. "수출"이란 다음 각 목의 어느 하나에 해당하는 것을 말한다.
   가. 매매, 교환, 임대차, 사용대차(使用貸借)[1], 증여[2] 등을 원인으로 국내에서 외국으로 물품이 이동하는 것[우리나라의 선박으로 외국에서 채취한 광물(鑛物) 또는 포획한 수산물을 외국에 매도(賣渡)하는 것을 포함한다]
   나. 유상(有償)으로 외국에서 외국으로 물품을 인도(引渡)하는 것으로서 지식경제부장관이 정하여 고시하는 기준에 해당하는 것
   다. 「외국환거래법」 제3조제1항제12호에 따른 거주자(이하 "거주자"라 한다)가 같은 법 제3조제1항제13호에 따른 비거주자(이하 "비거주자"라 한다)에게 지식경제부장관이 정하여 고시하는 방법으로 제3조에 따른 용역을 제공하는 것
   라. 거주자가 비거주자에게 정보통신망을 통한 전송과 그 밖에 지식경제부장관이 정하여 고시하는 방법으로 제4조에 따른 전자적 형태의 무체물(無體物)을 인도하는 것
4. "수입"이란 다음 각 목의 어느 하나에 해당하는 것을 말한다.
   가. 매매, 교환, 임대차, 사용대차, 증여 등을 원인으로 외국으로부터 국내로 물품이 이동하는 것
   나. 유상으로 외국에서 외국으로 물품을 인수하는 것으로서 지식경제부장관이 정하여 고시하는 기준에 해당하는 것
   다. 비거주자가 거주자에게 지식경제부장관이 정하여 고시하는 방법으로 제3조에 따른 용역을 제공하는 것
   라. 비거주자가 거주자에게 정보통신망을 통한 전송과 그 밖에 지식경제부장관이 정하여 고시하는 방법으로 제4조에 따른 전자적 형태의 무체물을 인도하는 것

---

1) 사용대차(使用貸借)는 당사자의 일방(貸主)이 상대방(借主)에게 무상으로 사용·수익하게 하기 위하여 목적물을 인도할 것을 약정하고 상대방은 이를 사용·수익한 후 그 물건을 반환할 것을 약정함으로써 성립하는 계약이다(609조). 사용대차 계약은 무상계약, 편무계약, 낙성계약, 계속적 계약에 속한다. 대한민국의 구 민법에서는 낙성계약이 아닌, 요물계약이었다. 사용대차는 빌린 물건 그 자체를 반환한다는 점에서 소비대차와 다르고 임대차와 같으며, 사용·수익의 대가를 지급하지 않는 점에서 임대차와 다르다. 사용대차는 무상으로 동산·부동산으로부터 금전이나 유가증권까지 목적으로 할 수 있으므로 친근하고 특수한 관계에 있는 자 사이에서만 많이 성립하게 되어 이 점에서 법률관계로서의 문제는 적다. 사용대차는 낙성계약이므로 대주는 목적물을 차주에게 인도할 의무가 있다. 또한 그 뒤에도 대주는 차주에게 목적물의 사용·수익을 허용하여야 할 의무가 있다. 그러나 임대인과 같이 목적물을 수선하여 이용에 적합하도록 해줄 적극적인 의무는 없다. 또 무상이기 때문에 대주의 담보책임은 증여자와 같이 가볍다(612조). 차주는 물건을 사용·수익하고 사용대차의 종료 후에는 원상으로 회복하여 목적물을 반환하여야 한다(615조)(위키백과사전).

대외무역법 시행령[일부개정 2008.10.20 대통령령 제21087호]

제3조(용역의 범위)

「대외무역법」(이하 "법"이라 한다) 제2조제1호 나목에서 "대통령령으로 정하는 용역"이란 다음 각 호의 어느 하나에 해당하는 용역을 말한다. <개정 2008.2.29>

1. 다음 각 목의 어느 하나에 해당하는 업종의 사업을 영위하는 자가 제공하는 용역
   가. 경영 상담업
   나. 법무 관련 서비스업
   다. 회계 및 세무 관련 서비스업
   라. 엔지니어링 서비스업
   마. 디자인
   바. 컴퓨터시스템 설계 및 자문업
   사. 「문화산업진흥 기본법」 제2조제1호에 따른 문화산업에 해당하는 업종
   아. 운수업
   자. 「관광진흥법」 제3조제1항에 따른 관광사업(이하 "관광사업"이라 한다)에 해당하는 업종
   차. 그 밖에 지식기반용역 등 수출유망산업으로서 지식경제부장관이 정하여 고시하는 업종
2. 국내의 법령 또는 대한민국이 당사자인 조약에 따라 보호되는 특허권 . 실용신안권 . 디자인권 . 상표권 . 저작권 . 저작인접권 . 프로그램저작권 . 반도체집적회로의 배치설계권의 양도(讓渡), 전용실시권(專用實施權)의 설정 또는 통상실시권(通常實施權)의 허락

2) 증여(贈與, 영어: gift)란 일방(一方)의 당사자(贈與者)가 자기 재산을 무상으로 상대방에게 준다는 의사를 표시하고 수증자가 이것을 수락함으로써 성립하는 계약(554조)을 말한다. 권리의 양도, 채무면제 및 노무제공 등도 증여의 목적이 될 수 있으며, 증여의 대상이 되는 재산은 반드시 증여자 자신의 것일 필요는 없다. 미성년자의 부담없는 증여의 수락, 제3자를 위한 계약으로 행해진 부담없는 증여계약에서 수익의 의사표시, 서면에 의하지 않는 증여에 대한 해제는 미성년자의 "단순히 권리만을 얻거나 의무를 면하는 행위"로서 완전한 행위능력을 가진다. 한편, 미국에서는 A가 아무런 대가를 받지 않고 B에게 100달러를 주겠다는 약속(한국 민법상의 증여계약)은 그 약속에 대한 대가 즉 약인이 존재하지 않기 때문에 설사 그 약속이 서면으로 이루어졌더라도 원칙적으로는 법적 구속력이 인정되지 않는다. 따라서 단순한 증여약속은 일방계약이 아니라 미국 계약법상으로는 전혀 계약이 아니다. 다만 증여약속이 날인증서로 이루어진 경우나 약속적 금반언의 법리가 적용되는 경우에는 증여약속에 법적 구속력이 인정된다(위키백과사전).

대외무역법 시행령[일부개정 2008.10.20 대통령령 제21087호]

제4조(전자적 형태의 무체물)

법 제2조제1호다목에서 "대통령령으로 정하는 전자적 형태의 무체물"이란 다음 각 호의 어느 하나에 해당하는 것을 말한다. <개정 2008.2.29>

1. 「소프트웨어산업 진흥법」 제2조제1호에 따른 소프트웨어
2. 부호 . 문자 . 음성 . 음향 . 이미지 . 영상 등을 디지털 방식으로 제작하거나 처리한 자료 또는 정보 등으로서 지식경제부장관이 정하여 고시하는 것
3. 제1호와 제2호의 집합체와 그 밖에 이와 유사한 전자적 형태의 무체물로서 지식경제부장관이 정하여 고시하는 것

「소프트웨어산업 진흥법」 [시행 2012.11.24] [법률 제11436호, 2012.5.23, 일부개정]

제2조(정의) 이 법에서 사용하는 용어의 뜻은 다음과 같다.

1. "소프트웨어"란 컴퓨터, 통신, 자동화 등의 장비와 그 주변장치에 대하여 명령 . 제어 . 입력 . 처리 . 저장 . 출력 . 상호작용이 가능하게 하는 지시 . 명령(음성이나 영상정보 등을 포함한다)의 집합과 이를 작성하기 위하여 사용된 기술서(記述書)나 그 밖의 관련 자료를 말한다.
2. "소프트웨어산업"이란 소프트웨어의 개발, 제작, 생산, 유통 등과 이에 관련된 서비스 및 「전자정부법」 제2조제13호에 따른 정보시스템의 구축 . 운영 등과 관련된 산업을 말한다.
3. "소프트웨어사업"이란 소프트웨어산업과 관련된 경제활동을 말한다.
4. "소프트웨어사업자"란 소프트웨어사업을 하는 자를 말한다.
5. "소프트웨어기술자"란 「국가기술자격법」에 따라 정보처리 분야의 기술자격을 취득한 사람 또는 소프트웨어 기술 분야에서 대통령령으로 정하는 학력이나 경력을 가진 사람을 말한다.
6. "소프트웨어프로세스"란 소프트웨어를 개발하고 유지 . 보수하기 위하여 사용하는 일련의 방법, 절차, 활동 등을 말한다.
7. "소프트웨어진흥시설"이란 소프트웨어사업자와 그 지원시설 등을 집단적으로 유치함으로써 소프트웨어사업자의 영업활동을 지원하기 위하여 제5조에 따라 지정된 시설물을 말한다.
8. "소프트웨어진흥단지"란 소프트웨어사업자와 그 지원시설 등을 집단적으로 유치함으로써 소프트웨어사업자의 영업활동을 지원하기 위하여 제6조에 따라 지정 . 조성된 지역을 말한다.

제3조(국가와 지방자치단체의 책무)

국가와 지방자치단체는 소프트웨어산업의 진흥을 위하여 필요한 각종 시책을 수립 . 시행하여야 한다.

대외무역관리규정 산업자원부고시 제2001-71호 (2001. 6. 2(6)

제1-0-2조의2(전자적 형태의 무체물의 수출입)

영 제2조제3호나목 및 제4호나목의 규정에 의한 "기타 지식경제부장관이 정하여 고시하는 방법"이라 함은 컴퓨터 등 정보처리능력을 가진 장치에 내장한 상태로 반출.반입한 후 인도 . 인수하는 것을 말한다.

제1-0-2조의3(전자적 형태의 무체물)

영 제2조의2제2호의 규정에 의한 "부호 . 문자 . 음성 . 음향 . 이미지 . 영상 등을 디지털방식으로 제작하거나 처리한 자료 또는 정보 등으로서 산업자원부장관이 정하여 고시하는 것"이라 함은 다음 각호의 자료 또는 정보 등을 말한다.

1. 영상물(영화, 게임, 애니메이션, 만화, 캐릭터를 포함)
2. 음향 . 음성물
3. 전자서적
4. 데이터베이스

전자무역의 개념을 앞의 법률적 이해를 바탕으로 살펴보자.

전자무역 촉진에 관한 법률 [시행 2011.4.14] [법률 제10591호, 2011.4.14, 일부개정]

제2조(정의) 이 법에서 사용하는 용어의 뜻은 다음과 같다.

1. "전자무역"이란 「대외무역법」 제2조제1호에 따른 무역의 일부 또는 전부가 전자무역문서로 처리되는 거래를 말한다.
2. "무역업자"란 「대외무역법」 제2조제3호에 따른 무역거래자로서 무역관계기관에 대외무역 법령, 외국환 거래 법령, 그 밖에 대통령령으로 정하는 법령과 운송 . 보험 등 당사자 간의 계약(이하 "무역관련법령등"이라 한다)에 따라 신청 . 신고 . 보고 등(이하 "신청등"이라 한다)을 하는 자를 말한다.
3. "무역관계기관"이란 무역업자에게 무역관련법령등에서 정하는 무역 관련 역무를 제공하거나 승인, 면허, 인증, 신고의 수리 등(이하 "승인등"이라 한다)을 하는 기관을 말한다.
4. "전자무역문서"란 전자무역에 사용되는 「전자거래기본법」 제2조제1호에 따른 전자문서를 말한다.
5. "전자무역기반시설"이란 정보통신망을 통하여 무역업자와 무역관계기관을 체계적으로 연계하여 전자무역문서의 중계 . 보관 및 증명 등의 업무를 수행하는 정보시스템을 말한다.

전자문서 및 전자거래 기본법 [시행 2012.9.2] [법률 제11461호, 2012.6.1, 일부개정]

제2조(정의) 이 법에서 사용하는 용어의 뜻은 다음과 같다.

1. "전자문서"란 정보처리시스템에 의하여 전자적 형태로 작성, 송신ㆍ수신 또는 저장된 정보를 말한다.
2. "정보처리시스템"이란 전자문서의 작성ㆍ변환, 송신ㆍ수신 또는 저장을 위하여 이용되는 정보처리능력을 가진 전자적 장치 또는 체계를 말한다.
3. "작성자"란 전자문서를 작성하여 송신하는 자를 말한다.
4. "수신자"란 작성자가 전자문서를 송신하는 상대방을 말한다.
5. "전자거래"란 재화나 용역을 거래할 때 그 전부 또는 일부가 전자문서에 의하여 처리되는 거래를 말한다.
6. "전자거래사업자"란 전자거래를 업(業)으로 하는 자를 말한다.
7. "전자거래이용자"란 전자거래를 이용하는 자로서 전자거래사업자 외의 자를 말한다.
8. "공인전자주소"란 전자문서를 송신하거나 수신하는 자를 식별하기 위하여 문자ㆍ숫자 등으로 구성되는 정보로서 제18조의4에 따라 등록된 주소를 말한다.
9. "공인전자문서센터"란 타인을 위하여 다음 각 목의 업무(이하 "전자문서보관등"이라 한다)를 하는 자로서 제31조의2제1항에 따라 지정받은 자를 말한다.
   가. 전자문서의 보관 또는 증명
   나. 그 밖에 전자문서 관련 업무
10. "공인전자문서중계자"란 타인을 위하여 전자문서의 송신ㆍ수신 또는 중계(이하 "전자문서유통"이라 한다)를 하는 자로서 제31조의18에 따라 지정받은 자를 말한다.

제 2 절 전자무역의 특징

1. 국제무역 형식의 변화

전자무역은 컴퓨터와 통신 네트워크에 의하여 이루어지는 것인 만큼 거래 당사자간의 교섭방식과 거래방식에 변화를 주고 있다. 전자무역이 무역에 영향을 미치는 된 가장 큰 동기는 인터넷 및 정보통신의 확산과 이에 따른 전자무역의 급속한 발전이다. 전자무역이

무역환경을 변화시키고 있는 주된 원인으로는 첫째, 인터넷 및 정보통신이 소비자로 하여금 판매자를 직접 찾아다닐 수 있도록 하고 이에 따라 판매자의 마케팅 활동이 활발해 졌다는 점과, 둘째로 이를 상거래로 연결시키는 기술의 발달로 국내거래와 국제거래간의 간격을 좁혀 나간 것을 들 수 있다. 전자무역의 거래 당사자는 누구든지 가능하다. 즉, 거래 당사자는 일반 개인, 개인사업자, 중소. 벤처무역기업, 대무역기업, 기관, 정부 등이 전자무역의 당사자가 될 수 있다. 이에 따라 전자무역의 거래 대상에 의한 분류에 의하면 무역기업과 무역기업간 거래(B2B), 무역기업과 개인간 거래(B2C), 무역기업과 정부간 거래(B2G), 개인과 정부간 거래(C2G) 등 다양한 거래형태가 나오고 있다.

2. 국제무역 업무의 변화

무역업무 처리방식은 전자문서를 이용하기 이전에도 무역절차 간소화 및 무역서류 표준화 등의 오랜 기간 동안의 준비를 거쳐 인터넷 및 정보통신 서비스까지 발전해 왔다. 무역에서 사용되는 문서는 일반 서신과 같은 비정형문서와 송장이나 주문서와 같은 정형문서로 구성되어 있다. 예전에는 무역관련 문서를 수작업에 의하여 작성하여 인편으로 직접 제출하거나 우편을 이용하였으며, 문서를 제출하고 나면 수작업에 의하여 확인 및 서명이라는 절차를 거쳐서 정식문서로 사용해 왔다. 무역에서 사용되는 문서의 종류도 많았지만 각 문서에 기재되는 내용은 대략 70%가량이 중복되어 기재되는 내용이며, 반복기재 및 재작성 등의 과정을 거치면서 많은 시간과 오류가 발생하곤 했다. 이러한 문제를 해결하기 위하여 한번만 컴퓨터 시스템에 입력을 하면 반복되는 자료는 자동으로 입력이 되고 입력된 문서는 네트워크를 통하여 제출하며 일상적인 업무는 컴퓨터를 통하여 자동으로 이루어지도록 하는 기술이 발달하였으며 그 핵심 기술이 EDI이다. 무역 EDI 도입됨에 따라 문서들 중 정형문서는 정형 전자문서로 개발되고 이 전자문서의 서명은 전자서명으로 대체되고 이에 대한 법률적 효과도 인정되고 있다. 더 나아가 이제는 인터넷 및 정보통신을 통하여 모든 전자문서를 주고받으며 인증기관을 이용함으로써 법적으로 유효한 정식 전자문서의 제출과 교부가 이루어지고 있다.

3. 국제무역 수단의 변화

전통적인 무역에서는 해외시장 개척을 위하여 직접 방문, 해외의 거래처, 은행, 무역협회, KOTRA, 영사관 등의 기관을 이용하거나 관련 자료를 참조하여 왔다. 그러나 현재는 인터넷 및 정보통신을 통하여 자료를 검색하는 정도를 넘어 거래정보를 올리고, 화상통신을 통하여 거래를 협상하기도 한다. 현재 해외시장을 개척하기 위하여 가장 많이 이용하는 것으로서 인터넷 및 정보통신을 통하여 많은 판매자와 소비자가 모이는 시장인 무역포탈사이트가 있다. 무역포탈사이트에 참여하는 사람이나 무역기업들에 대한 국적을 가리지 않으며 다만 그 시장을 주도하는 자가 판매자 중심인가 아니면 구매자 중심인가 아니면 다수의 판매자와 구매자가 함께 모이는 중개자 중심인가로 구분되어 있다. 이를 위하여 동종의 무역기업들이 연합하여 대형 사이트를 구축하고 공동으로 물품의 판매 및 구매를 하기도 한다. 세계의 대무역기업들은 자사에서 필요로 하는 생산용 부품이나 원자재를 인터넷 및 정보통신을 통하여 전 세계의 공급자로부터 물품을 조달받고 있으며, 대형 판매자들은 인터넷 및 정보통신을 통하여 전 세계의 소비자들에게 물건을 판매하고 있다. 중개자 중심의 무역포탈사이트들은 국내외의 무역업체나 제조업체들이 등록한 오퍼를 해외의 다른 무역포탈사이트와 연계하여 공급하고 반대로 해외의 오퍼를 국내에 조달해 주는 역할도 하고 있다. 따라서 한국의 무역포탈사이트들에 따라 차이는 있지만 국내 무역기업만이 아니라 해외 무역기업들도 회원으로 받아 들여 무역 중개의 업무를 수행하고 있다.

무역포탈사이트들은 여러 공급자와 구매자들의 무역이 원활하게 이행되도록 지원하기 위하여 정보제공, 협상, 경매, 역경매, 자동거래처리 등은 물론, 부가 서비스로 각종 정보의 수집, 축적, 가공처리에 의한 컨텐츠 제공, 각종 전자무역 지원시스템 계약, 물류, 보험, 결재 등의 여러 가지 업무를 제3자의 입장에서 제공하는 제3자군 서비스를 제공하기도 한다. 따라서 무역포탈사이트는 국내의 무역업체는 물론 생산 및 유통업체들이 해외시장으로 나아가는 출구로서 그들의 무역을 지원하는 지원무역기업으로서의 역할을 담당하며 동시에 해외시장에서의 인터넷 및 정보통신마케팅의 선두적 업무를 수행하고 있다.

제2장 전자무역과 정보시스템

제 1 절 Electronic Data Interchange (EDI, 전자문서교환)

전자문서교환이란 표준화된 상거래 서식 또는 정형화된 공공서식을 서로 합의된 통신 표준에 따라 컴퓨터간에 교환하는 정보전달방식이다. 즉 주문서, 납품서, 청구서 등 무역에 필요한 각종 서류를 표준화된 양식을 통해 전자적 신호로 바꿔 컴퓨터 통신망을 이용, 거래처에 전송하는 시스템이다. 단, EDI의 대상은 컴퓨터가 직접 읽어서 해독하고 인간의 개입 없이 다음 업무처리를 자체적으로 처리할 수 있는 주문서, 영수증 등과 같은 정형화된 자료이다. 이를 도입하면 국내 기업간 거래는 물론 국제무역에 있어서 각종 서류를 신속 정확하게 보낼 수 있어 시간 및 비용절감은 물론 제품의 주문, 생산, 납품, 유통 등의 모든 비즈니스 단계에서 생산성을 향상시킬 수 있다.

☞ **VAN (Value-Added Network, 부가가치 통신망)**

- 부가가치 서비스란 단순한 통신기능 이외에 통신처리, 나아가 내용 변경을 통한 부가가치를 창출하는 정보처리까지도 포함하는 서비스이다.
- 부가가치 통신망이란 부가가치 통신을 위해 서비스 사업자가 구축·보유하고 있는 통신망으로 공중전기통신 사업자로부터 임차한 통신회선을 이용하여 하나의 사설망을 구축하고, 이를 통해 공중전기통신서비스 이외의 부가가치를 추가하여 각종 정보를 유통시키는 등 불특정 다수인에게 전화, 컴퓨터, 팩시밀리, 비디오텍스 등 각종 단말기를 통하여 고도통신서비스를 제공하는 통신망을 말한다.

VAN(부가가치통신망)사업의 핵심사업인 EDI의 3대 구성 요소는 ① EDI 표준(Standards), ② 사용자시스템(User System), ③ 통신 네트워크(VAN) 이다.

EDI는 1960년대에 미국의 복합운송업체(Intermodal Transportation)로 구성된 운송업계에서 문서의 전송지연 및 중복처리로 인한 비효율성을 해결하기 위해 1975년 처음으로 도입하였고 1978년 운송업계의 EDI표준을 제정하게 되었다. 이후 항공, 육운, 철도, 해운 등의 표준들을 계속 개발하였다. 국제연합(UN)에서는 1960년부터 유엔유럽경제위원회(UN/ECE) 산하에 대외무역서류 간소화/표준화 작업팀을 구성하여 무역서류의 간소화와 표준화를 추진하고 1963년에 무역서류상 반복해서 나타나는 기재항목(매도인, 매수인, 상품명세서 등)의 배열에 대한 표준서식 설계도를 제정하였다. 이 대외 무역서류 간소화/표준화 작업팀은 1972년에 국제무역절차간소화회의로 개칭되어 표준화 작업을 추진하였고, 그 결과 1987년 3월 EDI국제표준인 유엔/ 행정, 무역 및 운송에 관한 EDI 국제표준(Electronic Data Interchange for Administration, Commerce and Transport : UN/EDIFACT)이 제정되었다. 그 후 1990년 5월에는 본격적인 EDI 통신표준으로 인식되고 있는 X.435(Protocol for EDI : PEDI)권고안이 제정되었다.

1984년부터 상용서비스가 시작된 미국이나 유럽에 비해 국내에서는 87년에 대우자동차가 미국의 거래선인 GM(제너럴모터스)사와 EDI거래를 시작하면서 처음 도입되었다. 현재는 조달청과 한국전산원의 유통·무역 EDI 서비스인 조달 EDI 서비스, 데이콤의 유통 VAN과 웹 EDI인 매직링크, 포스데이터의 철강 VAN, 한국무역정보통신(KT-NET) 서비스, 한국물류정보통신(KL-NET)의 물류 EDI 서비스, 한국통신이 제공하는 의료 EDI 등이 서비스 되고 있다.

EDI는 일정한 형태로 정형화된 거래의 내용이나 행정 관련 정보를 관련 당사자들이 합의한 규칙에 맞추어 서로 전송하고 처리하는 것이다.

EDI 구성요소는 크게 EDI 표준, EDI 사용자시스템, 네트워크 구축(EDI 통신네트워크약정, EDI 거래약정)으로 구분하여 설명할 수 있다.

① EDI 표준

자료를 전자화할 때 자료의 배열 순서 및 표현방식에 대한 규약으로 국제표준인 UN/EDIFACT (Electronic Data Interchange for Administration, Commerce, and Transport)와 미국의 표준인 ANSI X.12가 있다. 국내에서는 UN/EDIFACT를 근거로 제정된 KEDIFACT를 이용하고 있다. EDI 표준은 전자문서표준 또는 메시지표준과 통신표준으로 구분된다.

② 무역 EDI 사용자시스템

1989년 산업자원부와 한국전산원이 공동으로 종합무역자동화 기본계획을 수립한 이후, 무역자동화 VAN 전담사업자로 지정된 KTnet(한국무역정보통신)에 의해 1997년 12월 개발이 완료되어, 현재까지 무역 및 관세 관련 EDI 서비스를 제공하고 있다.

③ 전자화된 데이터를 교환하기 위한 네트워크 구축

무역 EDI는 무역업체의 무역업무처리를 단순히 전자화 시키는 것이 아니라 전혀 다른 무역업무처리 전산시스템을 가진 거래처 상대방(예 운송업체, 세관, 기업 등)과 전자문서를 주고받는 것이므로 무역 EDI로 무역 업무를 처리하기 위해서는 VAN(부가가치통신망, Value Added Network)을 통해 거래상대방과 네트워크를 구축하는 제3자 네트워크인 서비스 제공업자 내지 VAN사업자를 사용해야 하는데, 사업자는 통신사업자로부터 통신회선을 임차하여 사용하거나 또는 통신회선을 직접 보유하여 정보의 생성, 전송, 수신, 저장, 보관, 가공 등을 해야한다.

④ EDI시스템에 대한 사용(이용)약정을 체결

제3자 네트워크인 서비스 제공업자 내지 VAN사업자를 사용할 때에는 사업 관련 당사자간에 무역 EDI시스템에 대한 사용(이용)약정을 체결해야만 한다.[3] 즉 무역 EDI는 ▸통신네트워크약정(N/A; network agreement)과 ▸사업자간 업무규정에 대한 거래약정(I/A; interchange agreement)으로 구분된다.

▶ 네트워크약정(N/A; network agreement)

단말 사용자들끼리 통신을 가능케 할 목적으로 연결해 놓은 단말, 링크, 노드의 집합이다. 다수의 가입자에게 정보를 분배하기 위한 네트워크인 "데이터 통신 네트워크", 본래 통신망의 서브시스템으로서 고려했던 온라인 실시간의 컴퓨터 사용 통신망으로, 컴퓨터계의 리소스와 통신망으로의 인터페이스가 포함되는 "통신 서브 네트워크"가 있다. 망 교환은 회선 교환, 메시지 교환도 있다. 이용 형태는 전용, 타인 사용, 공동 사용 등이 있다.

무역 EDI 통신네트워크(N/A) 약정은 사용자가 VAN사업자인 KTnet(한국무역정보통신)과 종합무역자동화 서비스의 이용조건과 절차에 관하여 약정하는 것을 의미한다. 즉, 무역업체, 은행, 보험회사, 관세청, 정부기관 등이 종합무역자동화 서비스를 이용하기 위하여 한국무역정보통신(주)과 이용약정을 체결한다.

3) 김병수, 「국제무역사」, 시스컴, 2012. p.918.

등처럼 그 무역기업의 회계업무, 생산관리, 재고관리, 구매관리, 판매관리 프로그램 등을 위해 사용하는 정보시스템(Information System)을 의미한다.

그런데, 일반적으로 무역기업은 그 무역기업에서 생산하는 제품과 그에 따른 업무의 속성에 따라 그 업무 방식 및 형태가 다를 수 있기 때문에, 그 무역기업의 특성에 적합한 솔루션을 구입하여 이용해야만 한다. 따라서 긍정적인 무역솔수션이란 무역기업의 제품 및 업무속성에 구애받지 않고 모든 무역기업이 최적합하게 활용할 수 있도록 디자인된 프로그램이다.

인터넷이 일반화되기 전에는 솔루션은 폐쇄형인 프로그램 언어을 통해 주로 개발되었으나(예 EDI), 최근에는 인터넷을 통해 전자무역 업무를 할 수 있도록 개방형 프로그램 언어를 사용하여(예 ebXML[11]) 웹브라우저[12]를 통해 업무를 처리할 수 있는 다양한 Web-EDI 솔루션이 개발되고 있다.

관리(ERP), 고객관계관리(CRM) 등이 자리 잡는다(http://terms.naver.com/, 네이버지식사전).

11) ebXML[electronic business eXtensible Markup Language]
각 기업, 단체, 국가가 각기 따로 추진해온 전자상거래 시스템을 서로 연결해주기 위한 공동규약. 기업간 '전자상거래'의 새 기술표준이라는 의미로 통용된다. ebXML은 인터넷상에서 어떤 식으로 상거래 관련 데이터가 움직일지에 대한 약속을 의미한다. 기업간 전자상거래시 약속을 정해 정보, 데이터 등이 이동하는 규약을 정하는 것이다. 유엔 산하의 국제전자문서표준제정기구(UNCEFACT)와 세계 최대 규모의 XML 표준화 추진 민간기구인 오아시스(OASIS)가 함께 표준화를 주도하고 있다. 1999년부터 개발을 시작하여 2001년 5월 11일 오스트리아 빈 회의에서 확정되었다. 주요특징은 첫째, 단순한 비즈니스 문서 교환을 능가하는 비즈니스 프로세스 모델로서의 역할. 둘째, 개별 사업자간에 동일한 의미로 자주 사용되는 요소들을 핵심 구성 요소로 정의한 후 참여자 자신이 실제 필요한 부문에 독자적으로 구축. 셋째, 산업별 저장소뿐만 아니라 개별적인 저장소의 운영 등이다(http://terms.naver.com/, 네이버지식사전).

12) 웹브라우저[web browser]
인터넷 서비스 중 월드와이드웹(world wide web) 관련 정보들을 볼 수 있게 해주는 프로그램을 일컫는 말로 브라우저(browser)라고도 하는데, 'browse'란 책을 군데군데 펼쳐본다는 뜻이다. 웹 페이지의 내용을 보여주는 소프트웨어로, 서버와 접속하여 HTTP 서버에 이용할 수 있도록 만든 하이퍼텍스트 문서를 읽고 그것을 사용 중인 컴퓨터에 보여 주는 프로그램이다. 사용자가 인터넷상의 WWW 서비스를 이용 가능하게 하여, 웹 서버의 하이퍼텍스트 문서를 볼 수 있게 해주는 클라이언트 프로그램. 웹의 표준 문서인 에치티엠엘(HTML) 문서를 읽을 수 있고, URL을 통해 접속 할 수 있으며, CGI를 이용하여 웹 서버와 통신할 수 있다. 또한 하이퍼텍스트의 항해를 도와주는 도구이다. 웹브라우저는 WWW 서비스에서 문자나 화상은 물론 동영상, 음악, 게임 등을 지원하는 멀티미디어 검색 프로그램으로, 구체적인 자료의 검색, 저장, 전송 등을 가능하게 해준다. 대표적인 브라우저로는 인터넷 익스플로러(Internet Explorer), 많이 쓰이는 웹 브라우저로는 인터넷 익스플로러(IE : Internet Explorer), 파이어폭스(FF : Fire Fox), 크롬(Chrome), 사파리(Safari), 오페라(Opera), 넷스케이프(Netscape) 등이 있다. Mosaic이 최초의 WWW용 브라우저이며, 가장 많이 사용되는 것은 넷스케이프사의 NetscapeNavigator, Communicator와 마이크로소프트사의 Internet Explorer이다(http://terms.naver.com/, 네이버지식사전).

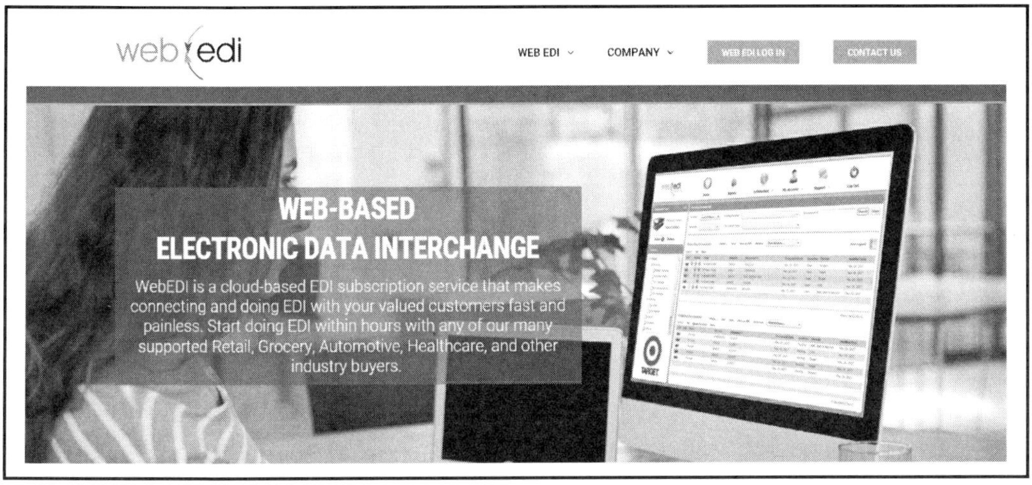

주) WEB-EDI 솔루션업체(http://www.webedi.com/ 초기화면)

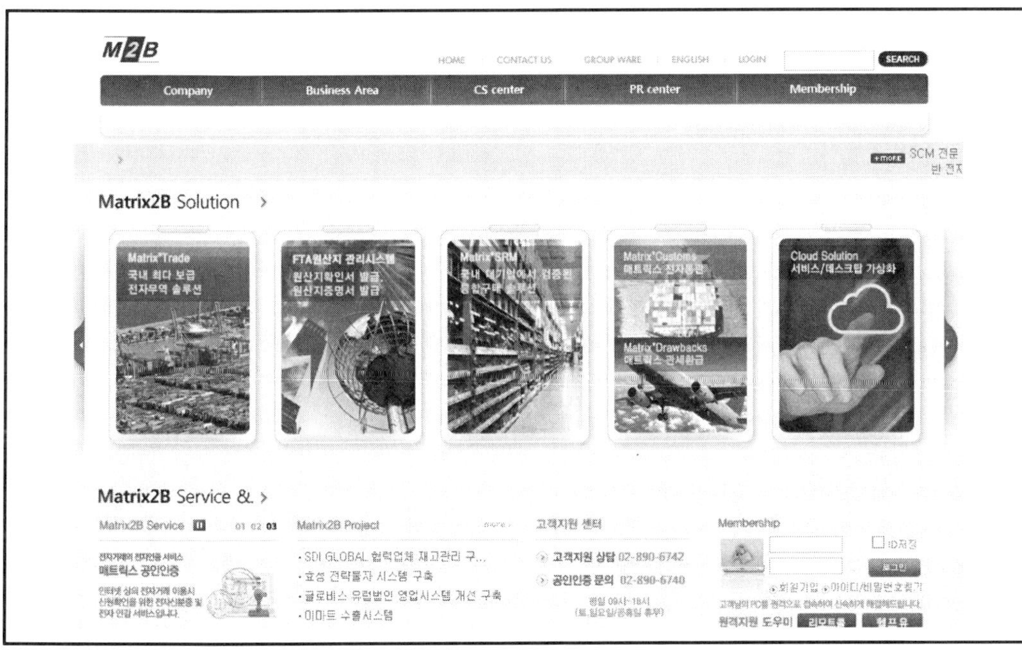

주) 무역솔루션업체(http://www.matrix2b.co.kr 초기화면)

제 3 절 클라우딩 컴퓨팅(Clouding Computing)

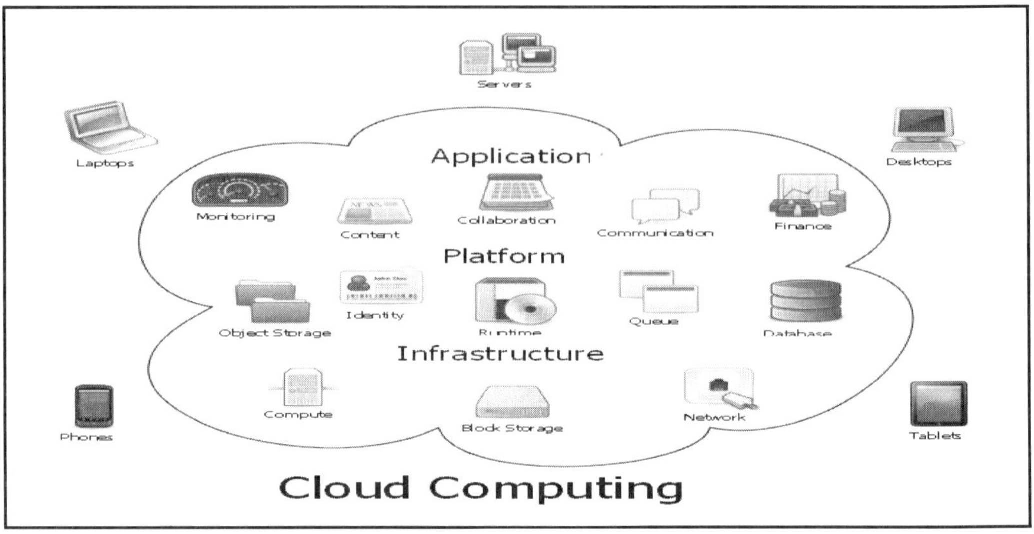

주) http://en.wikipedia.org/wiki/Cloud_computing 인용.

클라우드 컴퓨팅은 1965년 미국의 컴퓨터 학자인 존 매카시가 "컴퓨팅 환경은 공공 시설을 쓰는 것과도 같을 것" 이라는 개념을 제시한데에서 유래하였다. 1993년부터는 이미 클라우드라는 용어가 거대한 규모의 ATM[13])을 지칭하는 데 쓰였다. General Magic라는 회사는 1995년 3월부터 AT&T와 다른 여러 통신사들과 제휴를 맺고 클라우드 컴퓨팅 서비스를 최초로 시작했다. 하지만 이 시기는 소비자 중심의 웹 기반이 형성되기 전의 일이었기 때문에 클라우드 컴퓨팅 사업은 당연히 실패했다. 그러나 10년이 지난 2005년에서야 클라우드 컴퓨팅이라는 단어가 널리 퍼지기 시작했다. 하지만 2005년 당시 클라우드 컴퓨팅의 대부분의 내용들은 SaaS(software as a service, 서비스로서의 소프트웨어)[14])에 집중

13) ATM [automated teller machine]
현금자동입출금기 또는 자동금융거래단말기로서 ATM은 금융기관의 거래고객이 영업점의 창구를 통할 수 없는 영업 외 시간 또는 휴일에도 창구의 출납계원이 하는 업무와 같은 현금 지급, 현금입금, 계좌이체처리, 지폐교환 등을 자동으로 해주는 기기를 말한다. ATM은 금융기관의 영업외시간 운영과 휴일 운영 등 영업의 합리화, 생역화, 대고객 서비스 향상 등을 목적으로 영업점 내 창구 이외의 장소 등에 온라인으로 연결, 설치돼 고객이 직접 조작할 수 있다.

14) 서비스로서의 소프트웨어(Software as a Service, SaaS)
소프트웨어 및 관련 데이터는 중앙에 호스팅되고 사용자는 웹 브라우저 등의 클라이언트를 통해 접속하는 형태의 소프트웨어 전달 모델이다. 주문형 소프트웨어(on-demand software, 온디맨드 소프트웨어)라고도 한다. 기존의

되어 있었다. 2007년까지는 SaaS에 집중되어 있었지만, 2008년부터는 더 이상 SaaS에만 집중되어 있지 않으며, IaaS((Infrastructure as a Service, 서비스로서의 인프라스트럭처)[15], PaaS(Platform as a Service, 서비스로서의 플랫폼)[16]로 그 영역을 넓혀가게 되었다.

즉 클라우드 컴퓨팅이란 컴퓨터 또는 개개의 서버가 대규모의 컴퓨터 집합(구름)으로 옮겨간 형태를 말하는 것으로, 굳이 개인 컴퓨터에 소프트웨어를 내장해 놓지 않아도 인터넷망을 통해 실행프로그램을 이용할 수 있는 시스템을 말한다.

〈 클라우드 컴퓨팅의 장단점 〉

장 점	단 점
▸ 초기 구입 비용과 비용 지출이 적으며 휴대성이 높음. ▸ 컴퓨터 가용율이 높다. 이러한 높은 가용율은 그린 IT 전략과도 일치함. ▸ 다양한 기기를 단말기로 사용하는 것이 가능하며 서비스를 통한 일관성 있는 사용자 환경을 구현할 수 있음. ▸ 사용자의 데이터를 신뢰성 높은 서버에 보관함으로써 안전하게 보관할 수 있음. ▸ 전문적인 하드웨어에 대한 지식 없이 쉽게 사용 가능함.	▸ 서버가 공격 당하면 개인정보가 유출될 수 있음. ▸ 재해에 서버의 데이터가 손상되면, 미리 백업하지 않은 정보는 되살리지 못하는 경우도 있음. ▸ 사용자가 원하는 애플리케이션을 설치하는 데에 제약이 심하거나 새로운 애플리케이션을 지원하지 않음. ▸ 통신환경이 열악하면 서비스 받기 힘듬. ▸ 개별 정보가 물리적으로 어디에 위치하고 있는지 파악할 수 없음.

주) 위키백과(https://ko.wikipedia.org/wiki) 인용.

ASP를 확장한 개념으로 차세대 ASP로 볼 수 있다. SaaS와 ASP는 아래와 같은 차이점이 있다. 1.SaaS는 전자상거래 관점의 사업적인 반면에 ASP는 전산 외주(아웃소싱)의 Coasian Economics에 기초한다. 2.SaaS는 불특정 다수를 대상으로 전산서비스의 제공에 중점을 두어 확장성과 고객요구사항 커스터마이즈에 중점을 둔다. 3.SaaS는 ASP의 1989년 코닥의 전산외주의 시작과는 달리 고객의 가치 창조 및 고객 요구를 맞추는데 초점이 맞추어져 있다. 최근의 성공사례로 고객 관계 관리(CRM)영역의 CRMKorea, Salesforce.com, RightNow등의 사례와 오래전부터 해왔던 회계쪽 분야가 있다. 소프트웨어를 구입하여 사용하는 개념에서 빌려사용하는 렌트의 개념은 점점 더 확산되고 중소기업 뿐만 아니라 대기업에서도 적극적인 도입을 검토 중이며 많이 사용되고 있다(위키백과사전).

15) 서비스로서의 인프라스트럭처(Infrastructure as a Service, IaaS)
서버, 스토리지, 네트워크를 가상화 환경으로 만들어, 필요에 따라 인프라 자원을 사용할 수 있게 서비스를 제공하는 형태이다. IaaS의 예는 다음과 같다. IaaS의 환경이 가상화 일 필요는 없다. 예를 들면 IBM의 베어메탈 클라우드가 그 예이다. 대표적인 기술로는 서버 가상화, 데스크톱 가상화 등이다(위키백과사전).

16) 서비스로서의 플랫폼(Platform as a Service, PaaS)
클라우드 컴퓨팅 서비스의 분류의 하나로서, 일반적으로 앱의 개발 및 시작과 관련된 인프라를 만들고 유지보수하는 복잡함 없이 고객이 애플리케이션을 개발, 실행, 관리할 수 있게 하는 플랫폼을 제공한다. SaaS의 개념을 개발 플랫폼에도 확장한 방식으로, 개발을 위한 플랫폼 구축을 할 필요 없이 필요한 개발 요소들을 웹에서 쉽게 빌려쓸 수 있게 하는 모델이다. 구글이나 네이버, 다음 등에서 제공하는 공개 API들이 PaaS의 일종이며, 구글의 '앱 엔진'이나 Bungee Labs의 '번지커넥트' 등은 직접 온라인 서비스를 개발에서 배포, 관리 까지 가능한 플랫폼을 제공하고 있다(위키백과사전).

제 4 절 기타 전자무역 활용 도구

1. 전자우편(elecctronic mail)

기존의 우편, 팩스, 전화, 인편 등으로 서류를 전달하는 방식에서 유무선 인터넷망이 연결되어 있는 곳이라면 언제 어디서나 장소에 구애받지 않고 신속 정확하고 저렴한 비용으로 정보 및 서류교환이 가능하다. 현재 가장 일반화되어 있는 전자적 통신방식이다.

2. 검색엔진(search engine)

야후, 다음, 네이버, 구글 등 검색포탈사이트가 형성되어 일반인들에게 널리 활용되고 있다. 각종 정보와 자료를 쉽게 찾아 정리 확인할 수 있다. 또한 무역포탈사이트에서 구축된 검색엔진을 통해 각종 거래처 정보 및 물품정보 등을 검색하는데 활용된다. 검색엔진은 자사 및 개인 홈페이지에 직접연결 등록할 수 있다.

3. 메일링리스트(mailing list)

메일링 리스트란 공통주제로 관심이 있는 사용자들이 관련 정보를 교환하기 위하여 전자우편주소를 수집 및 소팅하여 등록해 놓고 관심 정보를 자동으로 등록된 주소로 전송되게 하는 방식이다. 메일링리스트를 작성 등록하여 신제품/자사 홍보 및 마케팅 활동 등을 할 수 있다. 그러나 스팸메일[17]이 되지 않도록 주의해야 한다.

〈정보통신망 이용촉진 및 정보보호 등에 관한 법률〉

제50조(영리목적의 광고성 정보 전송 제한)

① 누구든지 전자우편이나 그 밖에 대통령령으로 정하는 매체를 이용하여 수신자의 명시적인 수신거부의사에 반하는 영리목적의 광고성 정보를 전송하여서는 아니 된다.

17) 스팸(spam, 순화 용어: 쓰레기편지)는 전자우편, 게시판, 문자 메시지, 전화, 인터넷 포털 사이트의 쪽지 기능 등을 통해 불특정 다수의 사람들에게 보내는 광고성 편지 또는 메시지를 말한다(위키백과).

② 수신자의 전화·모사전송기기에 영리목적의 광고성 정보를 전송하려는 자는 그 수신자의 사전 동의를 받아야 한다. 다만, 다음 각 호의 어느 하나에 해당하는 경우에는 사전 동의를 받지 아니한다.

1. 재화등의 거래관계를 통하여 수신자로부터 직접 연락처를 수집한 자가 그가 취급하는 재화등에 대한 영리목적의 광고성 정보를 전송하려는 경우
2. 「전자상거래 등에서의 소비자보호에 관한 법률」 제13조제1항에 따른 광고 및 「방문판매 등에 관한 법률」 제6조제3항에 따른 전화권유의 경우

③ 오후 9시부터 그 다음 날 오전 8시까지의 시간에 수신자의 전화·모사전송기기에 영리목적의 광고성 정보를 전송하려는 자는 제2항에도 불구하고 그 수신자로부터 별도의 사전 동의를 받아야 한다.

④ 영리목적의 광고성 정보를 전자우편이나 그 밖에 대통령령으로 정하는 매체를 이용하여 전송하는 자는 대통령령으로 정하는 바에 따라 다음 각 호의 사항을 광고성 정보에 구체적으로 밝혀야 한다.

1. 전송정보의 유형 및 주요 내용
2. 전송자의 명칭 및 연락처
3. 전자우편주소를 수집한 출처(전자우편으로 전송하는 경우에만 해당한다)
4. 수신거부의 의사표시를 쉽게 할 수 있는 조치 및 방법에 관한 사항

⑤ 영리목적의 광고성 정보를 수신자의 전화·모사전송기기에 전송하는 자는 대통령령으로 정하는 바에 따라 다음 각 호의 사항을 광고성 정보에 구체적으로 밝혀야 한다.

1. 전송자의 명칭 및 연락처
2. 수신동의의 철회 의사표시를 쉽게 할 수 있는 조치 및 방법에 관한 사항

⑥ 영리를 목적으로 광고를 전송하는 자는 다음 각 호의 어느 하나에 해당하는 기술적 조치를 하여서는 아니 된다.

1. 광고성 정보 수신자의 수신거부 또는 수신동의의 철회를 회피·방해하는 조치
2. 숫자·부호 또는 문자를 조합하여 전화번호·전자우편주소 등 수신자의 연락처를 자동으로 만들어 내는 조치
3. 영리목적의 광고성 정보를 전송할 목적으로 전자우편주소를 자동으로 등록하는 조치
4. 광고성 정보 전송자의 신원이나 광고 전송 출처를 감추기 위한 각종 조치

⑦ 영리목적으로 광고성 정보를 전송하는 자는 수신자가 수신거부나 수신동의의 철회를 할 때 발생하는 전화요금 등의 금전적 비용을 수신자가 부담하지 아니하도록 대통령령으로 정하는 바에 따라 필요한 조치를 하여야 한다.

제50조의2(전자우편주소의 무단 수집행위 등 금지)

① 누구든지 인터넷 홈페이지 운영자 또는 관리자의 사전 동의 없이 인터넷 홈페이지에서 자

동으로 전자우편주소를 수집하는 프로그램이나 그 밖의 기술적 장치를 이용하여 전자우편주소를 수집하여서는 아니 된다.

② 누구든지 제1항을 위반하여 수집된 전자우편주소를 판매·유통하여서는 아니 된다.

③ 누구든지 제1항과 제2항에 따라 수집·판매 및 유통이 금지된 전자우편주소임을 알면서 이를 정보 전송에 이용하여서는 아니 된다.

제50조의3(영리목적의 광고성 정보 전송의 위탁 등)

① 영리목적의 광고성 정보의 전송을 타인에게 위탁한 자는 그 업무를 위탁받은 자가 제50조 및 제50조의2를 위반하지 아니하도록 관리·감독하여야 한다.

② 제1항에 따라 영리목적의 광고성 정보의 전송을 위탁받은 자는 그 업무와 관련한 법을 위반하여 발생한 손해의 배상책임에 있어 정보 전송을 위탁한 자의 소속 직원으로 본다.

제50조의4(정보 전송 역무 제공 등의 제한)

① 정보통신서비스 제공자는 다음 각 호의 어느 하나에 해당하는 경우에 해당 역무의 제공을 거부하는 조치를 할 수 있다.

1. 광고성 정보의 전송 또는 수신으로 역무의 제공에 장애가 일어나거나 일어날 우려가 있는 경우
2. 이용자가 광고성 정보의 수신을 원하지 아니하는 경우
3. 이용계약을 통하여 해당 정보통신서비스 제공자가 이용자에게 제공하는 서비스가 불법 광고성 정보 전송에 이용되고 있는 경우

② 정보통신서비스 제공자는 제1항에 따른 거부조치를 하려면 해당 역무 제공의 거부에 관한 사항을 그 역무의 이용자와 체결하는 정보통신서비스 이용계약의 내용에 포함하여야 한다.

③ 정보통신서비스 제공자는 제1항에 따라 거부조치를 하려면 그 역무를 제공받는 이용자 등 이해관계인에게 그 사실을 알려야 한다. 다만, 미리 알리는 것이 곤란한 경우에는 거부조치를 한 후 지체 없이 알려야 한다.

제50조의5(영리목적의 광고성 프로그램 등의 설치) 정보통신서비스 제공자는 영리목적의 광고성 정보가 보이도록 하거나 개인정보를 수집하는 프로그램을 이용자의 컴퓨터나 그 밖에 대통령령으로 정하는 정보처리장치에 설치하려면 이용자의 동의를 받아야 한다. 이 경우 해당 프로그램의 용도와 삭제방법을 고지하여야 한다.

제50조의6(영리목적의 광고성 정보 전송차단 소프트웨어의 보급 등)

① 방송통신위원회는 수신자가 제50조를 위반하여 전송되는 영리목적의 광고성 정보를 편리하게 차단하거나 신고할 수 있는 소프트웨어나 컴퓨터프로그램을 개발하여 보급할 수 있다.

② 방송통신위원회는 제1항에 따른 전송차단, 신고 소프트웨어 또는 컴퓨터프로그램의 개발과 보급을 촉진하기 위하여 관련 공공기관·법인·단체 등에 필요한 지원을 할 수 있다.

③ 방송통신위원회는 정보통신서비스 제공자의 전기통신역무가 제50조를 위반하여 발송되는 영리목적의 광고성 정보 전송에 이용되면 수신자 보호를 위하여 기술개발·교육·홍보 등 필요한 조치를 할 것을 정보통신서비스 제공자에게 권고할 수 있다.

④ 제1항에 따른 개발·보급의 방법과 제2항에 따른 지원에 필요한 사항은 대통령령으로 정한다.

제50조의7(영리목적의 광고성 정보 게시의 제한)

① 누구든지 인터넷 홈페이지 운영자 또는 관리자가 구체적으로 밝힌 거부의사에 반하여 영리목적의 광고성 정보를 인터넷 홈페이지에 게시하여서는 아니 된다.

② 인터넷 홈페이지 운영자 또는 관리자는 제1항을 위반하여 게시된 영리목적의 광고성 정보를 삭제하는 등의 조치를 할 수 있다.

제50조의8(불법행위를 위한 광고성 정보 전송금지) 누구든지 정보통신망을 이용하여 이 법 또는 다른 법률에서 금지하는 재화 또는 서비스에 대한 광고성 정보[1]를 전송하여서는 아니 된다.

제74조(벌칙)

① 다음 각 호의 어느 하나에 해당하는 자는 1년 이하의 징역 또는 1천만원 이하의 벌금에 처한다. <개정 2012.2.17>

1. 제8조제4항을 위반하여 비슷한 표시를 한 제품을 표시·판매 또는 판매할 목적으로 진열한 자
2. 제44조의7제1항제1호를 위반하여 음란한 부호·문언·음향·화상 또는 영상을 배포·판매·임대하거나 공공연하게 전시한 자
3. 제44조의7제1항제3호를 위반하여 공포심이나 불안감을 유발하는 부호·문언·음향·화상 또는 영상을 반복적으로 상대방에게 도달하게 한 자
4. 제50조제6항을 위반하여 기술적 조치를 한 자
5. 제50조의2를 위반하여 전자우편주소를 수집·판매·유통하거나 정보 전송에 이용한 자
6. 제50조의8을 위반하여 광고성 정보를 전송한 자
7. 제53조제4항을 위반하여 등록사항의 변경등록 또는 사업의 양도·양수 또는 합병·상속의 신고를 하지 아니한 자

② 제1항제3호의 죄는 피해자가 구체적으로 밝힌 의사에 반하여 공소를 제기할 수 없다.

제76조(과태료)

① 다음 각 호의 어느 하나에 해당하는 자와 제7호부터 제11호까지의 경우에 해당하는 행위를 하도록 한 자에게는 3천만원 이하의 과태료를 부과한다. <개정 2011.3.29, 2012.2.17>

(중략)

7. 제50조제1항부터 제3항까지의 규정을 위반하여 영리 목적의 광고성 정보를 전송한 자
8. 제50조제4항 또는 제5항을 위반하여 광고성 정보를 전송할 때 밝혀야 하는 사항을 밝히지 아니하거나 거짓으로 밝힌 자
9. 제50조제7항을 위반하여 비용을 수신자에게 부담하도록 한 자
10. 제50조의5를 위반하여 이용자의 동의를 받지 아니하고 프로그램을 설치한 자
11. 제50조의7제1항을 위반하여 인터넷 홈페이지에 영리목적의 광고성 정보를 게시한 자

(후략)

4. 카페/클럽/동호회/밴드/화상채팅 등

인터넷에서 취미나 관심분야가 같은 사람들끼리 모여 서로 정보를 교환하거나 친목도모 및 네트워크 강화 등을 목적으로 형성되는 방식이다. 국내 및 해외 포털사이트는 이와 같은 공간을 무료로 제공하는 사이트가 많다. 한국인터넷진흥원(2009년 기준)에 의하면 카페(클럽, 동호회)를 운영하는 목적은 ① 친교 및 교제, ② 취미와 여가활동, ③ 개인적 관심사 공유, ④ 업무와 학업에 필요한 정보 습득 순으로 나타났다.[18)]

5. 블로그(Blog)

블로그(blog 또는 web log)란 웹(web)과 로그(log, 기록)를 합친 낱말로 개인의 관심사 및 목적에 집중하여 일기형식이나 칼럼, 기사, 전문자료, 사진, 음향, 영상 등을 수집 및 정리하여 게시, 저장하여 놓고 접속자들과 공유하는 방식이다. 개인 관심사항들을 집중하여 정보를 다루기 때문에 개인정보 노출위험의 문제점이 있으나 그 정보분야에 다양하고 전문적인 정보를 공유할 수 있다.

6. 소셜네트워크(SNS, social network service)

인터넷망 공간에서 인적 네트워크를 구성할 수 있는 서비스이다. 스마트폰 증감율은 급속하게 SNS 인구를 확산시켰다. 현재는 인적관리를 넘어 블로그처럼 개인의 관심사 및 업무, 정보 등을 주고받을 수 있는 모델로 확장 진화되고 있다. 대표적인 SNS로 facebook, twitter, KakaoTalk 등이 있다.

7. UCC(User created contents)

스마트폰의 확장으로 이용자가 직접 영상 및 음향을 제작하여 편집하여 영상물을 완성하기가 용이해져 개인의 관심사 및 목적에 따라 동영상, 사진, 음향, 문자 등을 활용하여 직접 영상물을 제작하여 인터넷 사이트 게시판 및 등록 허용 사이트 등에 올려 영상물 정보를 공유하는 것을 말한다. 대표적인 UCC 서비스는 Youtube, vimeo 등이 있다.

18) 한국인터넷진흥원, "2009년 인터넷이용실태조사", 2009.

8. 메신저(messenger)

메신저는 사용자들이 인터넷망을 통해 실시간 정보를 문자, 그림, 영상 등을 주고받을 수 있는 서비스이다. 대표적인 메신저로 Windows Live Messenger(이전이름: MSN 메신저)가 있다. MSN 메신저(MSN Messenger)는 가정용 프리웨어 인스턴트 메시징 클라이언트이며 1999~2005년, 2007년 윈도비스타를 제외한 마이크로소프트 윈도 운영 체제를 통해 개발하고 배포된 프로그램이다. 2006년 2월에 마이크로소프트의 "온라인 서비스 및 소프트웨어" 윈도 라이브 시리즈의 일부로 윈도 라이브 메신저로 이름이 바뀌었다. 윈도우 라이브 메신저 외에도 많은 정보제공 포탈사이트에서 회원가입으로 메신저 프로그램을 서비스하고 있다. 다음메신저, 네이트온 등이 있다.

9. 스마트 어플(앱)

응용 소프트웨어(application software)는 운영체제외의 모든 실행되는 소프트웨어를 뜻한다. 따라서 워드, 엑셀, 웹브라우저, 게임프로그램 등도 응용 소프트웨어이다. 줄여서 애플리케이션, 앱(app), 어플(appl)이라고도 부르고 있다. 스마트 기술을 장착한 제품들이 확장됨에 따라 스마트폰, 스마트패드, 스마트 TV등에서 사용이 가능한 다양한 어플(앱) 프로그램이 개발되어 공유되고 있다. 앱스토어, 앱마켓, 어플정보 등의 앱을 다운로드 받아 세계에서 개발 등록되는 다양한 앱프로그램을 무료 및 유료로 다운로드 받아 사용할 수 있다. 다양한 생활지식은 적합한 어플(앱)의 사용으로 편리하게 해결되고 있다.

10. 웹하드(webhard)

웹하드 또는 웹스토리지는 일정 용량의 저장 공간을 확보해 파일을 관리하고 다수의 사람들과 파일을 공유하는 P2P 파일 관리 서비스이다. 회원가입하면 일정한 용량내에서 자료를 업로드 및 다운로드 할 수 있다. 많은 웹하드사이트가 있으며 영상물, 음악, 그림, 자료 등을 보안 보관할 수 있고 공유할 수도 있다.

제 5 절 인터넷(Internet) 관련 정보통신 용어

1. 인터넷(InterNet)

70년대 초에 형성된 ARPANet (advanced research project agency network)으로부터 발전되어, TCP/IP을 상호 연결한 전 세계 네트워크 망이다. 인터넷은 패킷교환방식[19]으로 연결하여 파일 전송을 하는 네트워크시스템이다. 1983년 TCP/IP의 확립과 DNS(Domain name service)서비스를 할 수 있는 name server의 개발로 인터넷 기반이 확립되었고, 1993년 웹브라우저 어플리케이션인 모자이크가 개발되었다. 모자이크의 탄생은 문자만 전송할 수 있었던 기존의 인터넷 시스템에서 그래픽, 동화상, 사운드와 같은 멀티미디어 자료를 주고받을 수 있는 시스템으로 발전되었다. TCP/IP(Transmission Control Protocol/Internet Protocol)은 인터넷 상에서 서로 다른 종류의 컴퓨터들을 연결하여 파일 등을 송수신할 수 있도록 하기 인한 통신규정이다.[20] 인터넷은 전 세계의 수많은 컴퓨터 들이 상호 연결되어 있기 때문에 개인을 표시할 수 있는 고유의 번호를 가져야 하는데, 이 고유번호를 도메인네임(domain name)이라 한다.[21]. IP address의 체계는 0에서 255까지 네 개의 그룹으로 나누어져 있고 마침표로 분리된다. 도메인네임으로만으로도 네트워크상의 특정 컴퓨터에 접근할 수 있지만 특정 컴퓨터에 들어 있는 파일에 직접 접근하려 하면, URL(Uniform Resources Locator) 주소창에 프로토콜을 이용해야 한다.(예 ftp, gopher, HTTP 등) 월드와이드웹(WWW; World Wide Web)의 발달은 모자이크, 네스케이프, 익스플로러 등과 같은 웹브라우저가 있기 때문이다. 웹브라우저는 하이퍼링크 되어 있는 웹페이지들을 검색하고 자료를 받아 볼 수 있도록 구성된 애플리케이션이다.[22]

인터넷은 컴퓨터와 컴퓨터끼리 연결되어 서로 정보를 주고 받을 수 있는 시스템이라고 할 수 있다. 각 컴퓨터들은 각각 고유의 IP 주소(예 255.188.56.24(4)를 갖게 되며, 서로 정보

---

19) 파일을 보낼 때 쪼개서 보내고, 수신한 컴퓨터에서 다시 조합하여 원본으로 완성시켜 읽는 방식

20) SMTP(simple mail transfer protocol : 메일 전송)과 FTP(file transfer protocol : 파일전송), TELNET Protocol(원격접속) 등을 포함하여 의미한다.

21) 숫자로 표현해 놓은 것을 IP address라고 함.

22) 강신철외3인, 「경영정보시스템」, 대경, 2003.2. pp.127 -132. 야후 백과사전 http://kr.dic.yahoo.com

를 주고 받을 때 충돌하지 않고 서로 쌍방간 교환할 수 있다. 인터넷을 원활하게 할 수 있는 프로토콜(예 http, www 등)이 발전하여, 현재에는 동영상, 문서 등을 포함하여 전송할 수 있게 되었다. 또한 애플리게이션으로 웹브라우져[23](예 explorer)가 개발되어 편리하게 인터넷에 접속하여 정보를 주고 받을 수 있게 되었다.

2. 프로토콜(Protocol)[24]

컴퓨터 상호간에 정보를 원활하게 교환할 수 있게 해주는 통신규약이다. 통신프로토콜(communication protocol), 통신규약이라고도 한다. 프로토콜에는 정보의 교환형식과 송수신방법 등을 규정하는 규칙이 있다. 같은 프로토콜을 사용하면 기종 . 모델 . 운영체제 . 프로그램이 달라도 컴퓨터 상호간에 통신할 수 있고, 데이터의 의미를 일치시켜 원하는 동작을 시킬 수 있게 된다. 프로토콜은 온라인시스템이 등장할 때부터 본격적으로 논의되기 시작하였고, 1970년대에 컴퓨터네트워크가 등장하면서 구체화되었다. 이를 계기로 미국국방성이 ARPA (Advanced Research Project Agency)네트워크를 개발하였다. 이 네트워크에는 패킷교환방식이 처음으로 실용화되었고 분산처리를 위한 각종 프로토콜이 적용되었다. 그 후 ARPA네트워크의 성과를 토대로 각종 프로토콜이 실용화되었다. 특히 CCITT(Comite Consultatif Internationale de Telegraphique et Telephonique 또는 Consultative Committee on International Telephone and Telegraphy ; 현재는 ITU-T)에서 공중패킷교환망 프로토콜인 X.25를 표준화하였다. 이 X.25는 프로토콜에 계층구조 개념을 도입해 체계화 하여, 그 후 개발된 프로토콜에 큰 영향을 주었다. 프로토콜의 국제표준화를 위해 통신면에서는 ITU(국제전기통신연합), 정보처리면에서는 ISO(국제표준화기구)에서 별도로 진행되었지만 현재는 공동으로 표준화작업이 진행되고 있다. 통신규약 표준화의 대표적인 것으로는 ISO의 OSI기본참조모델(데이터통신 전반), ITU-T의 X계열권고(X series recommendations, 공중데이터통신)이 있다. OSI(개방형시스템간상호접속)가 개발되기 전에는 IBM사의 SNA(시스템네트워크구조) 통신규약이 주로 사용되었다. 프로토콜은 사용목적과 종류에 따라 아래와 같은 다양한 기능의 선택적 조합으로 이루어져 있다.

몇 개의 대표적인 프로토콜을 살펴본다.

---

23) 모니터 상에 동영상, 문자, 그림 등을 표현해 주는 프로그램.

24) http://kr.dic.yahoo.com 야후 백과사전.

▶ TCP/IP(Internet Protocol)

인터넷을 하기 위해서는 컴퓨터와 서버, 또는 컴퓨터와 컴퓨터들끼리 정보를 주고 받을 수 있는 일정한 통신규약[25]이 필요하다. TCP(Transfer control protocol)/IP(Internet protocol)은 통신규약을 말한다. 인터넷은 이 통신규약을 통해 컴퓨터와 컴퓨터를 연결하여 정보를 주고 받을 수 있다. 인터넷을 할 수 있게 된 것은 많은 디지털언어(예 asp, linux, xml 등)와 통신프로토콜의 발전을 통해 가능해 졌다(예 http, www 등)

IP 주소(IP address)는 32bit로 되어 있으며 4개의 octet(8자리 이진수)로 구분되어 있다. 예를 들어 168.188.52.234와 같이 표현한다. 각 octet는 0~255개 정수로 표현할 수 있다. 현재의 IP주소체계는 최대 4,294,967,296개(256×256×256×25(6) 호스트를 가질 수 있다. 그런데, 이 체계는 할당하는 방법이 비효율적이여서 포화상태에 머물 것이라는 전망이 나오고 있어, 주소길이를 32bit에서 128bit 체계로 확장하는 IPv6이 제안되었다. 즉 지금의 주소보다 4배로 확장되어 약 42억개 호스트에서 약 171억개 호스트로 확장된다.

▶ HTTP(Hypertext Transfer Protocol)[26]

인터넷에서, 웹 서버와 사용자의 인터넷 브라우저 사이에 문서를 전송하기 위해 사용되는 통신 규약을 말한다. 인터넷에서 하이퍼텍스트(hypertext) 문서를 교환하기 위하여 사용되는 통신규약이다. 하이퍼텍스트는 문서 중간 중간에 특정 키워드를 두고 문자나 그림을 상호 유기적으로 결합하여 연결시킴으로써, 서로 다른 문서라 할지라도 하나의 문서인 것처럼 보이면서 참조하기 쉽도록 하는 방식을 의미한다. http는 1989년 팀 버너스 리(Tim Berners Lee)에 의하여 처음 설계되어 인터넷을 통한 월드 와이드 웹(World-Wide Web) 기반에서 전 세계적인 정보공유를 이루는데 큰 역할을 하였다. http의 첫 번째 버전은 인터넷을 통하여 가공되지 않은 데이터를 전송하기 위한 단순한 프로토콜이었으나, 데이터에 대한 전송과 요구·응답에 대한 수정 등 가공된 정보를 포함하는 프로토콜로 개선되었다. 인터넷 주소를 지정할 때 'http://www....'와 같이 하는 것은 www로 시작되는 인터넷 주소에서 하이퍼텍스트 문서의 교환을 http 통신규약으로 처리하라는 뜻이다.

▶ WWW(World Wide Web)[27]

인터넷망에서 정보를 쉽게 찾을 수 있도록 고안된 방법 또는 세계적인 인터넷망이다. 유럽입자물리연구소(CERN: European Organization for Nuclear Research)에서 얻어지는 엄청난 양의 연구결과 및 자료의 효율적인 공유를 목적으로 1989년 3월 Tim Berners의 제안으로 연구가

25) 프로토콜이란 컴퓨터끼리 통신을 주고 받는 경우에 필요한 공통의 순서와 규칙을 한데 정리해 놓은 장치이다.
26) http://dic.naver.com/?frm=nt 네이버 백과사전
27) http://dic.naver.com/?frm=nt 네이버 백과사전

시작되어 개발되었으며, WWW 개발 이후 인터넷이 급속도로 발전하였다. 이는 메뉴 방식으로 서비스를 하던 기존의 인터넷 서비스에 견줘 하이퍼텍스트를 기반으로 이루어진 웹은 문서 활용에 엄청난 편리성을 제공하기 때문이다. 첫째, 일관된 사용자 인터페이스를 들 수 있다. 기존의 인터넷 사용 도구의 단점이라면 사용하기가 어렵고 불편할 뿐만 아니라, 각종 인터넷 이용 도구마다 그 사용법이 다르다는 것이다. 반면에 웹은 인터넷상에서 제공되는 많은 서비스의 통합된 접속도구의 역할을 하여 기존 프로토콜과 서비스를 제공한다. 둘째, 문서는 하이퍼텍스트(Hyper Text)로 구성되기 때문에 특정 단어에 대해 관련된 다른 문서를 지정하는 포인터(Pointer)가 존재한다. 사용자는 하이퍼텍스트를 이용하여 한 정보와 연결된 다른 자세한 정보를 쉽게 접근할 수 있다. 셋째, 인터넷상에서 생겨나는 가상의 조직체나 공동체에서 능동적 참여를 꾀할 수 있다. 웹 이전의 인터넷은 사용자들에게 단지 방대한 데이터의 창고 역할을 하는 것으로만 생각되었다. 아울러 서비스는 정보 제공자(연구소, 학교, 무역기업 등)만이 하는 것이고, 자신들은 단지 사용하기만 하면 된다는 것으로 여겨지고 있었다. 그러나 웹의 보급으로 자신의 홈페이지를 가질 수 있게 됨으로써 홈페이지에 자신의 정보뿐만 아니라, 다른 여러 정보를 공유할 수 있게 되었다. 넷째, 웹은 인터넷에서의 분산된 정보의 저장소 역할을 한다. 웹 이전의 인터넷은 중앙 집중식 서비스였다. 서비스를 제공하는 서버에 모든 데이터가 집중됨으로 말미암아 서버의 부담이 증가하고, 많은 사용자가 동시에 서버에 접근할 수가 없었다. 그러나 웹은 각종 정보들이 기본적으로 분산 저장되어 관리되고 있다. 이렇게 함으로써, 정보 제공 서버의 과중한 부하를 방지할 수 있는 것이다. 다섯째, 웹은 인터넷에 존재하는 일반 텍스트 형태의 문서, 그림, 음성, 그리고 동화상 등의 각종 자료들을 인터넷 주소(URL)를 이용해서 하나의 문서 형태로 통합적으로 관리, 제공해 주는 역할을 한다.

▶ SMTP/POP(Smile Mail Transfer Protocol/Post Office Protocol)

인터넷상에서 전자우편 서비스를 위한 프로토콜로 대부분의 유닉스시스템[28])하에서는 SMTP에 따라 메일을 송수신하고, PC 기반에서는 POP 방식을 이용한다. SMTP 방식은 실제메일을 사용자 자신의 컴퓨터에 저장하지 않고 전자우편 저장소에 저장하여 사용자의 요구 시에만 메일을 가져온다. POP 방식은 전송된 메일이 실제 자신의 컴퓨터에 저장되도록 하는 방식이다.

따라서 SMTP 방식은 메일 조작이 제한되지만 컴퓨터 부담을 줄일 수 있고, POP 방식은 사용자가 메일조작이 용이하지만 컴퓨터에 부담을 준다.[29])

28) 유닉스 시스템 V(UNIX System V) 또는 간단히 SysV는 유닉스 운영 체제의 최초 상용 버전 가운데 하나이다. 원래 AT&T가 개발하였다가 1983년에 처음 출시하였다. 시스템 V의 4가지 주된 버전이 "릴리즈 1, 2, 3, 4"라는 이름으로 출시되었다. 시스템 V 릴리즈 4, 곧 SVR4는 상업적으로 가장 성공한 버전이 되었다(위키백과).

29) 정석찬 외 5인, 「e-비즈니스의 이해」, 생능출판사, 2010.9, p.189.

3. 인터넷(Internet) 활용 언어

▶ XML(Extensible Markup Language)[30)]

XML(Extensible Markup Language)은 1998년에 2월에 W3C(world wide web consortium)에서 개발된, 다른 특수한 목적을 갖는 마크업 언어를 만드는데 사용하도록 권장하는 다목적 마크업 언어이다. XML은 SGML[31)]의 단순화된 부분집합으로, 다른 많은 종류의 데이터를 기술하는 데 사용할 수 있다. XML은 주로 다른 종류의 시스템, 특히 인터넷에 연결된 시스템끼리 데이터를 쉽게 주고 받을 수 있게 하여 HTML의 한계를 극복할 목적으로 만들어졌다. XML은 문서를 사람과 기계 모두가 읽을 수 있는 형식을 갖도록 규정하고 있다. W3C가 만든 XML 1.0 Specification과 몇몇 다른 관련 명세들[2]과 모든 자유 개방형 표준에서 정의되었다. W3C는 XML 설계 목표에서 단순성과 일반성, 그리고 인터넷을 통한 사용 가능성을 강조했다. XML은 텍스트 데이터 형식으로 유니코드를 사용해 전 세계 언어를 지원한다. XML을 설계할 때는 주로 문서를 표현하는데 집중했지만, 지금은 임의의 자료구조를 나타내는 데 널리 쓰인다. 대표적인 예가 웹 서비스이다. 많은 API가 개발되어 XML 데이터를 처리하고자 하는 소프트웨어 개발자들이 활용하고 있다. 또한, 여러 가지 스키마 시스템이 있어서 XML 기반 언어의 정의를 보다 쉽게 할 수 있도록 도와준다.

▶ HTML(HyperText Markup Language)[32)]

HTML은 하이퍼텍스트 마크업 언어(HyperText Markup Language, 문화어: 초본문표식달기언어, 하이퍼본문표식달기언어)라는 의미의 웹 페이지를 위한 지배적인 마크업 언어다. HTML은 제목, 단락, 목록 등과 같은 본문을 위한 구조적 의미를 나타내는 것뿐만 아니라 링크, 인용과 그 밖의 항목으로 구조적 문서를 만들 수 있는 방법을 제공한다. 그리고 이미지와 객체를 내장하고 대화형 양식을 생성하는 데 사용될 수 있다. HTML은 웹 페이지 콘텐츠 안의 꺾쇠 괄호에 둘러싸인 "태그"로 되어있는 HTML 요소 형태로 작성한다. HTML은 웹 브라우저와 같은 HTML 처리 장치의 행동에 영향을 주는 자바스크립트와 본문과 그 밖의 항목의 외관

---

30) https://ko.wikipedia.org/wiki/XML 위키백과사전

31) SGML(Standard Generalized Markup Language)은 문서용 마크업 언어를 정의하기 위한 메타언어이다. IBM에서 1960년대에 개발한 GML(Generalized Markup Language)의 후속이며, ISO 표준이다. SGML은 많은 응용이 가능하도록 다양한 마크업 구문을 제공한다. 심지어는 SGML 선언을 변경함으로써 꺽쇠 괄호('<', '>')를 사용하지 않는 것도 가능하기 때문에, 상세 참조 구문(concrete reference syntax)로도 불린다. SGML은 정부나 항공우주 기업의 대규모 계획 사업 과정에서 기계 판독형(machine-readable) 문서를 공유할 목적으로, 몇 십 년 이상[2]의 기간 동안 판독 가능하도록 설계되었다. SGML은 인쇄와 출판 산업에 광범위하게 사용되었지만, 너무 복잡한 이유로 소규모 범용 목적으로 사용하는데 걸림돌이 되었다(위키백과사전).

32) https://ko.wikipedia.org/wiki/HTML위키백과사전

과 배치를 정의하는 CSS 같은 스크립트를 포함하거나 불러올 수 있다. HTML과 CSS 표준의 공동 책임자인 W3C는 명확하고 표상적인 마크업을 위하여 CSS의 사용을 권장한다.

4. 전자무역 관련 정보통신 용어

▶ B2B(Business-to-business) : 기업이 기업을 상대로 전자상거래

기업과 기업 사이의 거래를 기반으로 한 전자상거래 비즈니스 모델을 의미한다. 기업이 필요로 하는 장비, 재료나 공사 입찰 같은 것들이 B2B의 예가 된다. 같은 업종에서도 전자상거래 비즈니스 모델이 B2B인지 B2C인지에 따라 사업의 형태가 달라진다. 예를 들어 컴퓨터 관련 업계에서도 IBM은 기업을 대상으로 한 소프트웨어 및 하드웨어 솔루션을 주 사업으로 삼는 반면, 애플은 일반 소비자를 대상으로 한 소프트웨어 및 하드웨어 솔루션을 주 사업으로 삼는다. 즉 IBM의 비즈니스 모델은 B2B이고, 애플의 비즈니스 모델은 B2C라 할 수 있다. 전자무역업무는 기업과 기업 사이의 거래가 일반적 형태임으로 B2B라 할 수 있다.

▶ B2C(Business to Consumer) : 기업이 소비자를 상대로 전자상거래

기업과 소비자간 거래는 기업과 고객간 서비스로 예를들면 백화점쇼핑몰, G마켓 등의 형태로, B2C의 경우, 일반 소비자를 상대로 하므로 소매점의 관리나 전자상거래 수단의 제공 등이 중요하며, 일반인들을 대상으로 한 광고 및 홍보가 중요해 소비자들이 잘 알고 있을수록 효과적인 반면 B2B의 경우는 모든 거래가 기업만을 대상으로 이루어지므로 일반매체를 통한 광고나 소매점 관리, 전자상거래 수단의 제공 등이 불필요함으로 B2B를 주 비즈니스 모델로 하는 회사는 그 규모가 크더라도 일반인들에게는 잘 안 알려져 있는 경우가 대부분이다.

▶ B2G(Business-to-government) : 기업이 정부를 상대로 전자상거래

기업과 정부간 전자상거래(B2G)는 정부가 조달 예정상품을 가상상점에 공시하고, 기업들은 가상점을 통해서 공급할 상품을 확인하고, 거래를 성사시키는 일련의 과정을 인터넷을 통해 처리하는 것이다. 전자정부 구현을 위한 인프라 구축과 주요 공공정보자료에 대한 문서공증에 따른 정보보호 효과는 물론, EDI, GALS 등의 정보기술을 응용하여 업무의 효율을 증가시킬 뿐만 아니라 투명한 거래를 촉진시키는 부수적인 효과도 있다.

▶ C2C(Consumer-to-consumer) : 소비자가 소비자를 상대로 전자상거래

소비자와 소비자 간 전자 상거래는 인터넷 경매 또는 벼룩시장과 같이 어떤 중개기관을 거치지 않고 소비자들이 인터넷을 통해 직거래를 하는 방식이다. 예를 들면 미국의 이베이와 한국의 옥션 등이다.

▶ G2B(Government to business) : 정부가 기업을 상대로 전자상거래

예로는 한국 조달청의 나라장터 등이다.

▶ G2C(Government to consumer) : 정부가 소비자를 상대로 전자상거래

▶ C2B(Consumer to business) : 소비자가 기업을 상대로 전자상거래

▶ C2G(Consumer to government) : 소비자가 정부를 상대로 전자상거래, …

▶ VAN(Value Added Network, 부가가치통신망)33)

공중 전기통신사업으로부터 통신회선을 차용한 독자적인 네트워크 통신망을 말한다. 독자적인 네트워크로 각종 정보를 부호, 화상, 음성 등으로 교환하거나 정보를 축적하거나 복수로 해서 전송하는 등 단순한 통신이 아니라 PC통신・인터넷・전자우편・전자문서교환(EDI : Electronic Data Interchange), 신용카드 조회, 컴퓨터 예약 등과 같이 부가가치가 높은 다양한 서비스를 하는 것이다. 이 네트워크는 컴퓨터에 연결되어 있어 거래기업 상호간 데이터 통신서비스를 하게 된다. 서비스업체는 부가통신사업자가 된다. 이런 부가가치통신망을 통한 통신서비스는 기존의 통신사업자로부터 회선을 빌려 새로운 부가기능을 이용자에게 서비스하므로 통상 유료화되어 있다.

▶ 유비쿼터스 (Ubiquitous)

유비쿼터스 (Ubiquitous)의 개념은 라틴어 단어 ubique에서 유래한다. ubique란 "편재(遍在)하는"이라는 의미를 가진다. 즉 넓게 퍼져 있는 상태를 의미한다. 따라서 생물학에서는 한 식물종이나 동물종이 세계적으로 넓게 퍼져 있는 것을 가리키며, 생태학에서는 CFC(염화불화탄소)나 카드뮴처럼 다량으로 소비되면서 의식하지 못하는 사이에 세계에 광범하게 확대되는 물질을 통칭한다. 이런 의미를 가지고 있는 단어가 정보통신의 용어로 사용되면서 컴퓨터 공학에서는 사용자가 장소와 시간, 네트워크나 컴퓨터의 종류에 구애받지 않고 자유롭게 인터넷에 접속할 수 있는 환경을 가리키는 신조어로 나타나게 되었다. 따라서 현재 유비쿼터스(Ubiquitous)란 사용자가 네트워크나 컴퓨터를 의식하지 않고 시간과 장소에 구애받지 않고 자유롭게 네트워크에 접속할 수 있는 정보통신 환경을 의미한다.

이 용어는 1988년 미국의 사무용 복사기 제조회사인 제록스의 마크 데이비드 와이저(Mark D. Weiser, 1952~199(9)가 <유비쿼터스 컴퓨팅>이라는 용어를 처음 사용하면서 등장하였다. 유비쿼터스는 단독으로 쓰이지 않고 유비쿼터스 컴퓨팅, 유비쿼터스 네트워크와 같이 말을 덧

33) https://txsi.hometax.go.kr/docs/customer/dictionary/view.jsp?word=&word_id=4774

붙인 형태로 쓰인다. 유비쿼터스 컴퓨팅(Ubiquitous Computing)은 언제 어디서나 컴퓨터를 사용할 수 있는 환경을, 유비쿼터스 네트워크(Ubiquitous Network)는 언제 어디서든 네트워크에 접속해 컴퓨터를 쓸 수 있는 환경을 이른다. 노트북 컴퓨터나 PDA의 보급, 광대역통신이나 무선 LAN의 보급으로 그런 환경에 가까이 가고 있는 것은 분명하다. 그러나 본래의 유비쿼터스는 여기서 더 나아가 휴대할 수 있어 언제 어디서나 쓸 수 있는 착용식 컴퓨터(wearable computer)는 물론, 몸에 지니지 않아도 어떤 공간에 갖가지 컴퓨터를 집어넣어 그것들이 서로 동작함으로써 사용자가 의식하지 못하는 사이에 컴퓨터를 쓸 수 있는 환경을 가리킨다. 이것이 실현되려면 모든 네트워크나 컴퓨터의 표준화가 절실하다. 이러한 제약으로 2008년 현재 일반화되어 있지는 않지만, 휴대성과 시공을 뛰어넘는 편의성 때문에 세계적으로 개발 경쟁이 일고 있다. 유비쿼터스 컴퓨팅이란 모든 사물에 컴퓨터 칩을 내장하여 상호 의사소통을 통해 보이지 않는 생활환경까지 최적화하는 인간 중심의 컴퓨팅 환경을 의미한다. 유비쿼터스가 실현되려면 가전제품 . 가구 . 자동차 등 모든 일상적인 사물에 적용할 수 있는 정보기술 . 나노기술 . 생명공학기술의 고도화가 전제되어야 한다. 진정한 유비쿼터스는 현재 개발되는 모든 첨단기술이 모이는 최종단계에 구현된다고 할 수 있다. 즉 모든 기능이 모든 물질 속에 포함되어야 가능하다.[34)]

▶ RFID(Radio-Frequency Identification)

RFID는 주파수를 이용해 ID를 식별하는 방식으로 일명 전자태그로 불린다. RFID 기술이란 전파를 이용해 먼 거리에서 정보를 인식하는 기술을 말한다. 여기에는 RFID 태그(이하 태그)와, RFID 판독기(이하 판독기)가 필요하다. 태그는 안테나와 집적 회로로 이루어지는데, 집적 회로 안에 정보를 기록하고 안테나를 통해 판독기에게 정보를 송신한다. 이 정보는 태그가 부착된 대상을 식별하는 데 이용된다. 쉽게 말해, 바코드와 비슷한 기능을 하는 것이다. RFID가 바코드 시스템과 다른 점은 빛을 이용해 판독하는 대신 전파를 이용한다는 것이다. 따라서 바코드 판독기처럼 짧은 거리에서만 작동하지 않고 먼 거리에서도 태그를 읽을 수 있으며, 심지어 사이에 있는 물체를 통과해서 정보를 수신할 수도 있다.

RFID는 사용하는 동력으로 분류할 수 있다. 오직 판독기의 동력만으로 칩의 정보를 읽고 통신하는 RFID를 수동형(Passive) RFID라 한다. 반수동형(Semi-passive) RFID란 태그에 건전지가 내장되어 있어 칩의 정보를 읽는 데는 그 동력을 사용하고, 통신에는 판독기의 동력을 사용하는 것을 말한다. 마지막으로 능동형(Active) RFID는 칩의 정보를 읽고 그 정보를 통신하는 데 모두 태그의 동력을 사용한다.

RFID를 동력 대신 통신에 사용하는 전파의 주파수로 구분하기도 한다. 낮은 주파수를 이용하는 RFID를 LFID(Low-Frequency IDentification)이라 하는데, 120~140 킬로헤르츠(kHz)의

34) http://enc.daum.net/dic100 다음 백과사전.

전파를 쓴다. HFID(High-Frequency IDentification)는 13.56 메가헤르츠(MHz)를 사용하며, 그보다 한층 높은 주파수를 이용하는 장비인 UHFID(UltraHigh-Frequency IDentification)는 868 ~ 956 메가헤르츠 대역의 전파를 이용한다.

〈 작동원리 〉

◦ 목적에 맞는 정보를 입력한 태그(Tag)를 상품에 접촉
◦ 리더(Reader)에서 안테나를 통해 발사된 무선주파수 태그에 접촉
◦ 태그는 주파수에 반응하여 입력된 데이터를 안테나(Antenna)로 전송
◦ 안테나는 전송 받은 데이터를 디지털신호로 변조하여 리더에 전달
◦ 리더(Reader)는 데이터를 해독하여 컴퓨터 등으로 전달

장 점	단 점
◦ 반영구적 사용 ◦ 대용량의 메모리 내장 이동 중 인식 가능 ◦ 비접촉 인식가능(손을 사용하지 않고도 전자동으로 인식 확인하고, 집계하며, 분류, 추적, 발송 등이 가능) ◦ 반복 재사용이 가능 ◦ 다수의 Tag/Label 정보를 동시 인식 가능 ◦ 데이터 신뢰도 높음 ◦ 공간 제약이 없이 동작 가능 ◦ 데이터 변환(write) 및 저장이 용이 ◦ 운영비와 생산비의 축소 ◦ 다른 자동화 인식 장치들과 비교하여 매우 적은 유지 보수비	◦ 비싼 가격 ◦ 개인 프라이버시 침해 가능 ◦ 국가별 주파수가 다름 ◦ 전파의 적용 범위가 한정 ◦ 모든 정보 유출 가능성

▶ 사물인터넷(Internet of Things, IoT)[35]

사물인터넷이란 각종 사물에 센서와 통신 기능을 내장하여 인터넷에 연결하는 기술. 즉, 무선 통신을 통해 각종 사물을 연결하는 기술을 의미한다. 인터넷으로 연결된 사물들이 데이터를 주고받아 스스로 분석하고 학습한 정보를 사용자에게 제공하거나 사용자가 이를 원격 조정할 수 있는 인공지능 기술이다. 여기서 사물이란 가전제품, 모바일 장비, 웨어러블 디바이스 등 다양한 임베디드 시스템이 된다. 사물인터넷에 연결되는 사물들은 자신을 구별할 수 있는 유일한 아이피를 가지고 인터넷으로 연결되어야 하며, 외부 환경으로부터의 데이터 취득을 위해 센서를 내장할 수 있다. 모든 사물이 해킹의 대상이 될 수 있어 사물인터넷의 발달과 보안의 발달은 함께 갈 수밖에 없는 구조이다. 정보 기술 연구 및 자문회사 가트너에 따르면 2009년까지 사물인터넷 기술을 사용하는 사물의 개수는 9억여개였으나 2020년까지 이 수가 260억 개에 이

35) 위키백과사전, https://ko.wikipedia.org/wiki

를 것으로 예상된다.[4] 이와 같이 많은 사물이 연결되면 인터넷을 통해 방대한 데이터가 모이게 되는데, 이렇게 모인 데이터는 기존 기술로 분석하기 힘들 정도로 방대해진다. 이것을 빅 데이터라고 부른다. 따라서 빅 데이터를 분석하는 효율적인 알고리즘을 개발하는 기술의 필요성이 사물인터넷의 등장에 따라 함께 대두되고 있다. 시스코 시스템즈의 조사에 따르면 2013년부터 2022년까지 10년간 사물인터넷이 14조 4천억 달러의 경제적 가치가 있을 것이라고 예상한다.

▶ 서버(Server)와 클라이언트(Client)

서버(Server)는 프린터 제어나 파일 관리 등 네트워크 전체를 감시·제어하거나, 메인프레임이나 공중망을 통한 다른 네트워크와의 연결, 데이터·프로그램·파일 같은 소프트웨어 자원이나 모뎀·팩스·프린터 공유, 기타 장비 등 하드웨어 자원을 공유할 수 있도록 도와주는 역할을 한다. 서버는 사용자(클라이언트)의 요청에 의하여 서비스를 하는데 이와 같이 구성된 시스템을 클라이언트－서버 시스템이라고 하며, 이는 하나 이상의 응용 프로그램을 상호 협력적인 환경에서 운용하는 분산처리 형태를 의미한다. 클라이언트의 수가 5~20대 정도인 소규모 LAN의 경우에는 한 대의 서버로 충분히 모든 서비스를 소화할 수 있으나, 대규모 LAN의 경우에는 여러 대의 서버를 배치하고, 파일 관리는 파일서버, 프린터 제어는 프린터서버, 인터넷 등의 외부와의 교환은 커뮤니케이션서버가 담당하는 등 역할을 세분하게 된다. 인터넷에서 서버는 특수한 형태로 자신의 하드디스크에 담겨진 정보들을 외부에 공개해주는 컴퓨터를 이른다. 일반적으로 인터넷에서는 여러 정보들을 서버에서 관리하고, 사용자들은 자신들의 컴퓨터(클라이언트)를 이용하여 서버에 접속하고 서버에서 제공하는 정보를 이용하게 된다.[36)]

웹서버는 클라이언트와 CGI(Common Gateway Interface)[37)]를 통한 응용프로그램과 외부 도움기와 연결되어 있어 서버와 클라이언트는 인터넷을 통하여 정보를 교환한다. 데이터베이스 서버로는 NT용[38)]으로 마이크로소프트사의 SQL[39)] 서버가 주로 사용되며 클라이언트가 입출력을

---

36) http://100.naver.com/100.nhn?docid=719213, 네이버백과사전.

37) CGI(Common Gateway Interface)
WWW서버와 서버 상에서 등장하는 다른 프로그램이나 스크립트와의 인터페이스. 폼을 사용한 메일의 송신이나 게임 등, HTML에서는 불가능한 인터랙티브(interactive)한 요소를 홈페이지에 받아들여 쓸 수 있다. 예를 들면, 자신의 홈페이지를 만들었을 때 누가 자신의 홈페이지에 접속했고 자신의 홈페이지에 대해 어떻게 생각하는지 알고 싶다거나, 홈페이지를 통해 물건을 주문받는다거나, 특정한 데이터 베이스의 내용을 서비스 해주고 싶은 경우 홈페이지를 사용하는 사람들로부터 이름이나 주소 등의 자료를 얻어야 할 것이다. 그리고 원하는 상품을 고르게 한 후 찾고자 하는 자료의 이름을 입력하도록 해야 할 것이다. 이런 기능을 지원하는 홈페이지 작성 기법이 CGI이다. 쉽게 말해 CGI는 웹 서버를 운영하는 사람이 사용자들로부터 특정 정보를 얻어 자신의 프로그램에 사용하려고 할 때 필요한 인터페이스이다(http://terms.naver.com, 네이버지식사전).

38) 윈도 NT 4.0(Windows NT 4.0)
윈도 NT의 기술을 가지고 있으면서 윈도 95의 인터페이스를 가지고 있는 마이크로소프트의 운영 체제다. 코드네임은 "카이로"(Cairo)이다. 기업을 대상으로 한 제품으로, 1996년에 출시되었다. 그리고 NT라는 명칭을 가지고 있는 마지막 윈도NT이기도 하다. 윈도 NT 4.0부터 시스템이 이전에 비해 상당히 안정화되어 블루스크린을 자주 보지 않게 되었

요청할 때 T-SQL을 사용하며 DB와 네트워크 연결은 ODBC(Open DATABASE Connectivity)[40]를 통하여 ASP[41] 및 IIS[42]와 연동된다. Linux[43] 용 DB 서버는 MySQL[44]이 주로 사용된다.

고, 윈도NT 사상 처음으로 플러그 앤 플레이를 지원하였다. 또한, 새로운 작업 관리자도 도입했다. 윈도 NT 4.0에는 인터넷 익스플로러 2가 기본으로 내장되어있고, 인터넷 익스플로러 6에 지원되는 가장 오래된 윈도다. 윈도 NT 4.0 서버 에디션은 마이크로소프트 IIS 2.0 을 탑재하였다. 윈도 NT 4.0 워크스테이션의 후속 버전은 윈도 2000 프로페셔널이고, 윈도 NT 4.0 서버의 후속 버전은 윈도 2000 서버이다. 이 운영 체제의 시스템 종료음은 시스템 시작음을 거꾸로 재생한 것이다(http://ko.wikipedia.org/wiki, 위키백과).

39) SQL[structured query language]
사용자와 관계형 데이터베이스를 연결시켜 주는 표준검색언어. 데이터베이스에서 쓰이는 언어 중에서 가장 널리 알려지고 많이 사용되고 있으며, SELECT FROM WHERE 구조로 특징지을 수 있는 관계 사상을 기초로 한 대표적 언어이다. 입력 관계로부터 원하는 출력 관계를 사상시키는 언어이다. 실제로 데이터베이스를 컴퓨터를 이용하여 구축하려면, 이전에 인간이 이해할 수 있도록 만들어 놓은 테이블들을 컴퓨터가 알 수 있는 형태로 바꾸어 입력해 주어야 한다. 뿐만 아니라 실제의 자료들도 컴퓨터에 입력되어야 하고, 자료의 입력 후에도 자료를 변경하고, 테이블 자체의 모양을 바꾸는 등 컴퓨터와의 계속적인 상호작용으로 데이터베이스를 실제상황에 항상 근접하도록 만들어 주는 것이 필요하다. IBM에서 처음으로 SEQUEL이란 이름으로 개발하였으나, 현재는 SQL로 널리 알려지게 되었다. SQL은 데이터 정의, 데이터 조작, 제어 기능에 대한 명령을 모두 포함하고 있다. SQL은 데이터를 정의하는데 쓰이는 명령문과 데이터를 삽입·삭제하는 등의 조작에 쓰이는 부분, 그리고 query 명령문 부분과 그외의 기능을 수행하는 부분들로 이루어져 있다.(http://terms.naver.com, 네이버지식사전)

40) 윈도즈 응용 프로그램에서 다양한 데이터베이스 관리 시스템(DBMS)에 접근하여 사용할 수 있도록 개발한 표준 개방형 응용 프로그램 인터페이스(API) 규격. 1991년에 마이크로소프트사가 발표한 구조화 조회 언어(SQL) 중심의 규격이며, 접근이나 디베이스(dBASE)와 같은 초기의 DBMS로부터 최근의 인포믹스, 오라클, SysBase, MSSQL, MySQL 등에 이르기까지 모든 종류의 데이터베이스는 개방형 데이터베이스 접속성(ODBC)에 접속할 수 있는 구동기를 제공하고 있다. 따라서 ODBC는 서로 다른 데이터베이스에서 구축된 데이터를 마이크로소프트 윈도 환경에서 상호 간에 공유할 수 있게 하며, 비록 데이터베이스가 교체되더라도 응용 시스템은 그대로 사용할 수 있게 해 준다.(http://terms.naver.com, 네이버지식사전)

41) ASP[Active Server Page]
마이크로소프트사의 서버용 웹 개발언어MS사의 웹 서버인 IIS(Internet Information Server)와 Windows NT 플랫폼에서 동적 구성을 위한 CGI 프로그래밍을 쉽게 처리할 수 있게 해주는 서버용 웹 스크립트 언어다. HTML과 스크립트로 구성되어 있는 텍스트 파일로, 웹 서버의 ASP 해석기에 의해 구문이 해석되고 실행되어 동적인 내용이 생성된다. 클라이언트 측의 요청이 있으면 서버에서 응답을 처리해 주는 서버 측 웹 프로그램으로, 비주얼베이직(Visual Basic)과 같은 스크립트 언어를 사용할 줄 아는 개발자라면 쉽게 CGI 프로그램을 작성할 수 있고, 적은 노력과 비용은 웹 시스템을 구축할 수 있도록 도와준다. ASP는 CGI의 범주에 포함되므로 게시판, 방명록, 회원가입, 카운터 등의 웹 프로그램을 만들 수 있다. 한편, 선(Sun)사에서 제공하는 서버용 스크립트 언어로는 JAVA로 구현하는 JSP(Java Server Page)가 사용되는데, ASP가 마이크로소프트사의 윈도 환경에서 구동되는 반면 JSP는 운영체제에 관계없이 구동이 가능하다(http://terms.naver.com, 네이버지식사전).

42) 인터넷 망 연결 서비스 [Internet Interconnection Service]
인터넷 서비스 제공자(ISP)들이 서로 백본망을 연결하고 서로 간 인터넷 트래픽을 교환하는 서비스. IIS가 제공되면 한 쪽 ISP에 속한 인터넷 사용자들도 타 ISP에서 제공하는 인터넷 서비스를 자유롭게 이용할 수 있게 된다(http://terms.naver.com, 네이버지식사전).

43) 리눅스는 1991년 핀란드 대학생인 리눅스 토발즈가 중형 컴퓨터 기본 작동 프로그램인 유닉스를 개인용 컴퓨터에서도 활용할 수 있도록 만든 운영 체제. 리눅스는 공개용 프로그래밍이라 윈도우와는 달리 여러 가지 변형된 제품들이 나오고 있으며, 무료로 제공된다는 이점 때문에 많은 개인 사용자들이 사용하고 있다(http://terms.naver.com, 네이버지식사전).

44) 표준 데이터베이스 질의 언어인 SQL(Structured Query Language)을 사용하는 개방 소스의 관계형 데이터베이스

서버 스크립트언어인 PHP[45]와 함께 사용된다. 이때 웹서버용 소프트웨어는 조로 Apache[46]가 사용된다.[47]

5. 암호화 방식

현재 암호화 방식은 크게 키기반의 암호화 알고리즘을 사용하고 있는데, 대칭형 알고리즘과 공개키알고리즘 방식이다.

(1) 대칭형 암호방식[symmetric cryptographic technique][48]

암호화 방식 중 암호화 할 때 사용한 키와 복호화 할 때 사용한 키가 같은 암호 방식. 대표적 대칭형 암호방식은 미국의 암호 표준인 DES(Data Encryption Standard)이 있다. 암호화 방식은 암호화와 복호화 하는 키(key)의 형태에 따라 대칭형과 비대칭형으로 나눌 수 있다. 대칭형은 암호화할 때 쓰는 키(key)와 암호를 해석할 때, 즉 복호화할 때 쓰는 키가 같은 암호 알고리즘 또는 방식을 일컫는다. 반면 비대칭형 암호방식은 암호화 키와 복호화 키가 서로 다른 알고리즘을 말한다. 대칭형 암호화 방식은 다양한 암호화 기법이 개발되었으며, 암호화와 복호화 속도가 빠르다는 장점이 있다. 하지만, 키의 교환상에 어

관리 시스템(RDBMS) 매우 빠르고, 유연하며, 사용하기 쉬운 특징이 있다. 다중 사용자, 다중 쓰레드를 지원하고, C, C++, Eiffel, 자바, 펄, PHP, Python 스크립트 등을 위한 응용 프로그램 인터페이스(API)를 제공한다. 유닉스나 리눅스, 윈도 운영 체재 등에서 사용할 수 있다. LAMP, 즉 리눅스 운영 체제와 Apache 서버 프로그램, MySQL, PHP 스크립트 언어 구성은 상호 연동이 잘되면서도 오픈 소스로 개발되는 무료 프로그램이어서 홈 페이지나 쇼핑몰 등 일반적인 웹 개발에 널리 이용되고 있다. mySQL은 오픈 소스 라이선스를 따르기는 하나 상업적으로 사용할 때에는 상업용 라이선스를 구입해야 한다(http://www.mysql.com/, http://terms.naver.com, 네이버지식사전).

45) PHP[Personal Hypertext Preprocessor]
하이퍼텍스트 생성 언어(HTML)에 포함되어 동작하는 스크립팅 언어. 별도의 실행 파일을 만들 필요 없이 HTML 문서 안에 직접 포함시켜 사용하며, C, 자바, 펄 언어 등에서 많은 문장 형식을 준용하고 있어 동적인 웹 문서를 빠르고 쉽게 작성할 수 있다. ASP(Active Server Pages)와 같이 스크립트에 따라 내용이 다양해서 동적 HTML 처리 속도가 빠르며, PHP 스크립트가 포함된 HTML 페이지에는 .php, .php3, .phtml이 붙는 파일 이름이 부여된다. 처음에는 'Personal Home Page Tools'이라 불렸으며, 공개된 무료 소스 이다(http://terms.naver.com, 네이버지식사전).

46) 고성능의 하이퍼텍스트 전송 규약(HTTP) 서버. 미국 일리노이 대학의 전미 슈퍼컴퓨터 응용 연구소(NCSA)에서 만든 'NCSA-httpd 1.3'이라는 전시용 프로그램을 근거로 기능 추가와 개량을 거듭해서 개발된 프로그램이다. CERN(European Particle Physics Laboratory) 등에 비해 기억 장치 관리가 확실하여 프로그램 본체가 간편하게 되어 있으며, 모듈 기능을 추가 또는 변경할 수 있기 때문에 확장성이 높고 신속하게 처리할 수 있어 각 분야에서 널리 사용되고 있다(http://terms.naver.com, 네이버지식사전).

47) 정식잔외5인, 「e-비즈니스의 이해」, 생능출판사, 2010.9, p.252

48) http://100.naver.com/100.nhn?docid=780607, 네이버백과사전.

려움이 있다는 단점이 있다. 그래서 데이터 암호화에는 대칭형 암호 방식을 많이 쓰며, 데이터 교환 시에 필요한 키를 교환할 때에는 비대칭형 암호 방식을 많이 쓴다. 암호화 기술의 보안 정도는 키의 비트 수에 의해 결정된다. 대표적인 대칭형 암호방식으로는 IBM에서 개발한 블록암호 알고리즘으로 1977년에 미 연방 표준으로 채택된 DES(Data Encryption Standard)를 들 수 있다. 64비트의 평문을 56비트 비밀키를 이용하여 64비트의 암호문으로 만들 수 있는 블록 암호방식으로, 현재 전세계적으로 가장 널리 사용되고 있다. 그러나 56비트라는 짧은 키 길이로 인해 더 이상 안전하지 않다고 보고 있고, 대안으로 DES를 3번 반복하는 Triple DES를 사용하도록 권고 하고 있으며, 최근 차세대 미국 표준인 AES가 확정됨에 따라 앞으로 점차적으로 그 사용범위가 줄어들 것으로 보인다. 그밖에, 블록 암호는 IDEA(international Data Encryption Standard)와 스트림 암호는 넷스케이프 커뮤니케이션스사(社)의 SSL(Secure Sockets Layer)에 사용되는 RC4를 들 수 있다. 전자는 128비트, 후자는 40비트 키를 가지고 있다.

(2) 공개키 암호방식[public key cryptosystem][49)]

암호방식을 가진 암호키와 암호를 해독하는 복호키 중 암호화 키를 외부에 공개하여, 상대방은 공개된 암호화키를 이용하여 정보를 보내고, 자신은 자신만이 가진 복호화 키를 이용하여 수신된 정보를 해독할 수 있도록 한 정보 암호화 방식이다. 공개키암호방식이 나타나기 전에는 비밀키암호방식이 사용되었다. 그러나 이러한 방식은 송신자의 비밀키를 사용하여 메시지를 암호화한 후 수신자에게 전달하는 방식으로, 수신자가 암호화된 메시지를 해독하기 위해서는 송신자의 복호화 키를 알고 있어야 한다. 따라서 이 방식은 복호화 키를 아는 사람은 누구라도 암호문을 복호화할 수 있으므로 복호화 키를 수신자에게 전달할 때에는 각별한 주의가 필요하다. 이러한 단점을 극복한 방식이 바로 공개키암호방식인데 이 방식은 복호화 키를 공유해야 하는 어려움을 해결하였다. 공개키암호방식에서는 암호화키와 복호화와 키 중 암호화 키를 외부에 공개한다. 그러나 이 공개된 암호화키로 복호화 키를 알아낼 수는 없다. 따라서 공개키 암호방식을 이용하여 특정인에게 비밀 메시지를 보내고자 하는 사람은 공개된 특정인의 암호화 키를 이용하여 메시지를 암호화해서 보낸다. 그러면 그 특정인은 자신만이 아는 복호화 키로 메시지를 복호화할 수 있다. 이런 이유 때문에 공개키 암호방식에서는 암호화 키를 공개키라고 부른다. 다시 말해서 공개키 암호방식은 암호화 키와 복호화 키가 서로 다른 암호 방식을 말한다. 공개키

49) http://100.naver.com/100.nhn?docid=718197, 네이버백과사전.

암호방식의 경우는 키의 크기가 크고, 또한 각 키는 특수한 성질을 요구하기 때문에 비밀키 암호화 방식의 키와 같이 사용자가 직접 원하는 키를 만들지는 못한다. 많이 사용되는 공개키 암호방식의 키 크기는 높은 안전성을 갖도록 하기 위하여 현재 사용되는 공개키 암호 방식 보안 제품은 중 RSA는 1,024bits의 키를 사용하고 있다.

6. 도메인네임(Domain Name)

도메인 이름이란 숫자로 표시된 IP주소를 영문 및 문자로 표기하여 제공하는 것을 말한다. 즉 DNS(Domain Name Server)[50)]에서 변환해 준다. 따라서 IP주소와 마찬가지로 같은 이름이 중복될 수 없다. 도메인네임은 흔히 줄여서 도메인이라 부르고 있다. 한국의 도메인네임등록은 한국인터넷진흥원 KRNIC(http://www.domain.kr/kor/main.jsp)이 관리한다.

예를 들어, http://www.cnu.ac.kr 도메인네임은 http와 www는 프로토콜이고 cnu는 기관(업체)명이고, ac는 기관종류이고, kr는 국가구분이다. 각 국가별로 기관종류는 달리 사용되고도 있다. 미국의 경우에는 com은 상업, edu 교육, mil 군사, gov 정부행정, net 네트워크, org 기관, firm 기업, store 매매를 위한 상품을 제공하는 사이트, info 정보서비스, web 월드와이드웹활동, arts 문화예능, rec 레크레이션, nom 개인이다. 미국 외 국가들은 co 회사, ac 대학교육, go 정부, re 연구기관, or 비영리기관으로 표시하고 있다.[51)]

국가구분은 국세표준화기구에서 구분하고 있는 ISO3166-1 numeric과 ISO3166-1 alpha-2, ISO3166-1 alpha-3에서 ISO3166-1 alpha-2분류를 쓰고 있다. ISO3166-1 numeric은 통계학상에서 주로 사용되고 있다.

---

50) 도메인 네임 시스템(Domain Name System, DNS)은 호스트의 도메인 이름을 호스트의 네트워크 주소로 바꾸거나 그 반대의 변환을 수행할 수 있도록 하기 위해 개발되었다. 특정 컴퓨터(또는 네트워크로 연결된 임의의 장치)의 주소를 찾기 위해, 사람이 이해하기 쉬운 도메인 이름을 숫자로 된 식별 번호(IP 주소)로 변환해준다. 도메인 네임 시스템은 흔히 "전화번호부"에 비유된다. 인터넷 도메인 주소 체계로서 TCP/IP의 응용에서, www.example.com과 같은 주 컴퓨터의 도메인 이름을 192.168.1.0과 같은 IP 주소로 변환하고 라우팅 정보를 제공하는 분산형 데이터베이스 시스템이다. (위키백과)

51) 정석찬외 5인, 「e-비즈니스의 이해」, 생능출판사, 2010.9, p.193.

ISO3166-1 numeric	ISO3166-1 alpha-3	ISO3166-1 alpha-2	국가명
300	GRC	GR	그리스
10	ATA	AQ	남극
710	ZAF	ZA	남아프리카 공화국
528	NLD	NL	네덜란드
410	KOR	KR	대한민국
208	DNK	DK	덴마크
276	DEU	DE	독일
643	RUS	RU	러시아
422	LBN	LB	레바논
458	MYS	MY	말레이시아
484	MEX	MX	멕시코
496	MNG	MN	몽골
840	USA	US	미국
104	MMR	MM	미얀마
50	BGD	BD	방글라데시
862	VEN	VE	베네수엘라
704	VNM	VN	베트남
56	BEL	BE	벨기에
76	BRA	BR	브라질
682	SAU	SA	사우디아라비아

주) http://ko.wikipedia.org/wiki/ISO_3166-1 위키백과.

제3장 전자무역과 디지털경제

제 1 절 디지털의 개념

1. 디지털(Digital, 숫자식)

아날로그의 반대되는 개념으로 자료를 연속적인 실수가 아닌, 특정한 최소 단위를 갖는 이산적인 수치를 이용하여 처리하는 방법을 말한다. 디지털(digital)이라는 용어는 손가락을 뜻하는 라틴어 낱말 digit에서 나온 것으로, 숫자를 세는 데 쓰인다. 디지털 컴퓨터에서는 모든 자료를 디지털 방식으로 처리한다. 문서와 통계 자료뿐만이 아니라 음성 자료도, 영상 자료도 이산적인 값으로 처리한다. 디지털 자료는 복제, 삭제, 편집이 간편하며, 복사물과 원본의 차이가 없다는 특징을 갖는다. 음악이나 화상과 같은 일정한 주기로 아날로그 자료 샘플을 채집하여 디지털로 변환하는 과정을 샘플링이라 한다. 이 때, 초당 샘플링 회수는 아날로그 주파수보다 2배 더 높아야 앨리어싱 현상(계단 현상)이 일어나지 않는다. 이 과정에서 품질은 필히 떨어지기 마련이다. 디지털과 아날로그를 이어주는 대표적인 기계로는 모뎀이 있다.

2. 아날로그(analog, 상사형)

신호와 자료는 연속적인 물리량으로 나타낸 것이다. 디지털에 대비되어 쓰인다. 어원은 영어의 analogous(비슷한)와 같다. 우리가 거시적인 자연에서 얻는 신호는 대개 아날로그이다. 이를테면, 빛의 밝기, 소리의 높낮이나 크기, 바람의 세기 등이 있다. 그러나 미시적인 자연 현상은 디지털의 개념에 가깝다. 인간을 포함한 동물의 신경은 신경 다발이 몇 개 자극되는가로 신호의 세기를 느낀다. 더 근본적인 단계에서 양자역학에서 에너지가 양자화 되어 있다. 다시 말해, 빛의 세기도 알고 보면 광자가 몇 개 들어오는가로 빛의 양을 알 수 있다.[52)]

3. 디지털 용량

디지털이란 모든 정보를 0과 1식으로 표시하는 컴퓨터 회로의 구성을 의미한다. 0과 1로 이루어진 신호를 1 비트(bit)라고 하며, 8 bit를 1 바이트(byte)라고 표시한다. 영어 알파벳 하나는 1byte가 필요하며, 한글 하나를 표시하려면 2 byte가 필요하다. 1kb(kiro byte)는 1024byte를 말한다. 1mb(mega byte)는 1024 kb를 의미하고, 1GB(giga byte)는 1024 mb를 의미한다. 1Tb(tera byte)는 1024GB를 뜻한다. A4 용지를 기준으로 하여 볼 때, 한글 문자로 작성하게 되면 약 가로 40문자 세로 40문자 정도 차지한다고 하면, 40 X 40 = 160 문자 정도가 들어가게 된다.

즉, A4 한 장을 한글로 작성하여 저장하게 되면, 160 × 2 byte = 320byte가 필요하게 된다. 예를들어 USB 4G라면 4G USB에는 4G × 1024Mb = 4,096Mb, 4,096Mb × 1024Kb = 4,194,304Kb, 4,194,304Kb × 1024byte = 4,294,967,296byte가 됨으로, 4,294,967,296byte ÷ 320byte(A4 한 장) = 13,421,772장 이므로, USB 4G에는 A4용지에 한글 문자로 작성한다면 약 13,421,772장을 저장할 수 있다는 의미가 된다. 디지털 신호의 속도는 bps(bits per second)로 표시한다.

제 2 절 디지털 경제 원리

디지털 경제 원리는 전통적 경제 원리가 적용되지 않는 점이 발생되고 있다. 기존의 논리를 수정하게끔 어떤 사회 현상이 일어나고 있다. 몇 가지를 살펴보자.

52) http://ko.wikipedia.org/wiki/ 위키백과.

1. 수요와 공급의 법칙

경제의 기본 원칙은 수요와 공급의 법칙이 있다. 미시경제학의 근본 원리인 균형에 있다. 어떤 물품에 대한 가격결정은 그 물품에 대한 수요와 공급이 균형을 이룰 때 그 균형점에서 형성된다. 따라서 경제재는 희소성의 원칙이 적용된다. 예를 들어, 공기처럼 무한하게 공급할 수 있는 물품이 있다면, 굳이 소비자가 대가를 주고 구입하려 하지 않을 것이기 때문이다. 공급되는 물품이 한정되어 있기 때문에 경제적 가치가 있게 된다. 그런데, 디지털 제품은 수요와 공급의 법칙에 잘 맞지 않는다. 전기적 형태인 데이터로 저장되어 있기 때문에 무한정 복사를 할 수 가 있다. 따라서 공급을 통제하지 않는다면, 가격은 무한정 떨어져 대가를 받을 수 없게 될 것이다(누구나 다 소유하게 되어 가격이 형성되지 않을 것이다). 디지털 제품은 이런 속성 때문에 지속적으로 업데이트 되는 현상인 버전의 변화가 일어나게 된다.

2. 전통적 경제는 공급중심

전통적 경제 원리는 공급중심에 있었다. 어떻게 생산량을 증가할 것인가? 어떻게 생산성을 높일 것인가? 등에 초점이 있었다. 그러나 기술의 발전 등으로 현재 사회에서는 생산량은 문제가 되지 않는다. 어떻게 수요가 창출되고 있는지에 초점을 두고 있다. 수요가 있어야 공급이 가능한 시대가 되었다.

3. 수확체감의 법칙

경제 원리에 수확체감의 법칙이 있다. 수확체감의 법칙이란 일정한 영역 안에서 일정한 노동과 자본을 투입했을 때, 일정한 생산량이 발생될 것이다. 그런데, 점점 투입되는 노동과 자본을 늘리게 되면 발생되는 생산량 또한 정비례하여야 할 것이다. 그런데, 점점 투입되는 노동과 자본이 증가할수록 발생되는 생산량은 약간씩 줄어들게 된다. 이런 현상을 수확체감의 현상이라고 한다. 그런데, 디지털 경제에서는 어떤 디지털 제품을 만들기 위해서 최초로 투입된 생산 요소가 있은 후에는, 다시 또 그런 물품을 만들기 위해서는 그 최초에 투입된 생산요소만큼은 생산요소를 투입하지 않아도 되게 됨으로, 생산요소가 투입되면 될 수록 생산량은 증가하게 되는 현상이 일어나게 된다. 이런 현상을 수확체증의 법칙이라 부른다.

4. 전통적 경제는 규모의 경제가 주요 핵심

전통적 경제 원리는 규모의 경제가 주요 핵심 요소였다. 즉, 생산량을 증가시키기 위해서는 투입되는 요소 또한 증가시켜야 하는데, 어떻게 하면 투입되는 요소를 적게 하면서 생산량은 높일 수 있을까에 연구가 몰두 되었다. 투입되는 요소를 줄일 수 있는 것은 대규모로 생산을 하는 것이었다. 예를 들어, 어떤 무역기업에서 자동차도 만들고, 우유제품도 만들고, 신발도 만들고 한다고 생각해 보자. 투입되는 요소들이 다양해져 비용 또한 다양하게 발생될 것이다. 그러나 신발제품 만을 생산하는 무역기업이라면, 그 곳에 근무하는 종업원, 투입되는 요소 들 등이 모두 과학적으로 관리가 되어 비용절감으로 나타날 수 있을 것이다. 또한 한 가지 물품에 특화함으로써 생산기술의 노하우가 축적되어 생산량을 증가시킬 수 있을 것이다. 그런데, 디지털경제에서는 규모의 경제 보다는 소비자의 욕구(기호)에 초점을 두고 생산을 해야 하는 시대가 되었다. 수요층을 생각하지 않고 대량생산을 하여 값싸게 제품을 공급하여도, 소비자들이 구매를 하지 않는 것이다. 제품가격도 중요하지만, 소비자의 구매 성향 또한 중요한 시대가 되었다. 비싸도 소비자 성향에 맞으면 수요를 하고 있는 것이다. 이런 현상은 범위의 경제에 속한다고 할 수 있다.

5. 전통적 경제는 노동력에 중점

전통적 경제에서는 생산량을 높이기 위해서 노동력에 중점을 두었다. 종업원들이 생산 활동을 하는데 초점을 두고 시간연구, 동작연구 등을 진행하여 왔다. 테일러의 과학적 관리법, 포오드의 포드시스템 등이 그 예이다. 그런데, 디지털 경제시대에 와서는 노동력 보다는 혁신적 지식이 요구되고 있다. 어떤 무역기업도 생산량을 증가시키는 것에는 자신이 서게 되어, 그 생산량을 증가시키는 것이 중요한 것이 아니라, 세상 사람들의 수요를 창출(창조)할 수 있는 어떤 창의적이고 혁신적인 생각(아이디어)이 필요한 시대가 된 것이다.

제 3 절 디지털 경제의 법칙

1. 무어의 법칙

1965년에 창립된 인텔(intel)의 초대 회장인 골든무어[53]가 한 말이, 정보통신 무역기업들 사이에서 회자되어 오면서, 그 말이 정보통신기술의 경제 원리에 적합하게 됨으로써, 디지털 경제 법칙으로 인용되고 있다. 무어는 컴퓨터의 한 부품으로 칩(chips)이 있는데, 이 칩의 속도는 18개월에서 24개월 사이를 주기로 2배씩 증가할 것이며, 기존의 칩의 가격은 더 이상 오르지 않을 것이라고 하였다. 예를 들어 보면, 저자가 1996년 11월 중에 모기업 전자회사로부터 컴퓨터와 프린터를 구매한 적이 있다. 이때 하드용량이 3G로써, 최신의 컴퓨터였다. 이때 가격이 프린터 포함하여 약 2백만원 정도를 지불한 기억이 난다. 그런데, 현재(2020년 2월) 여러분에게 2백만원을 주고 컴퓨터와 프린터를 구입하시라고 하면 컴퓨터 사양이 어느 정도 될까? 최소한 하드용량이 500G정도는 구입할 수 있을 것이다. 무어의 말처럼 가격이 더 이상 오르지 않을 것이라고 했는데, 가격이 오히려 떨어지고 있다. 디지털경제에서는 지나간 지식은 아무런 쓸모가 없는 것이 된다. 왜냐하면, 얼마든지 재생산할 수 있도록 축적해 놓았기 때문이다.

53) 고든 얼 무어 (Gordon Earle Moore)는 인텔의 공동창립자이자 명예회장이다. 무어는 1965년 4월 19일에 출판된 일렉트로닉스 매거진의 기사에 무어의 법칙을 발표하였다. 무어는 (1929년 1월 3일에) 미국 캘리포니아 주 샌프란시스코에서 태어났지만, 무어의 가족은 무어가 성장한 페스카데로에서 생활했다. 무어는 1950년에 캘리포니아 대학교 버클리에서 화학학사 학위를 받았고 1954년에 캘리포니아 공과대학교(캘텍)에서 화학과 물리학박사를 받았다. 버클리에서 공부하기 이전에, 무어는 샌어제이 주립 대학교에서 2학년까지 다녔으며, 미래에 결혼할 베티를 만났다. 무어는 캘텍동문 윌리엄 쇼클리와 벡맨 인스트루먼트의 쇼클리 세미컨턱터 래버러토리 부서에 취직했지만, "배신자 8인"과 함께 퇴사하였다. 당시에 셔먼 페어차일드가 배신자 8인을 고용하여 강력한 페어차일드 세미컨덕터 사를 창설하는데 동의했었다. 무어는 집적회로 설계의 선구자가 되기 이전에 20년 동안 실리콘 밸리에서 첫 번째 붐을 일으켰다. 고든 무어는 1968년 7월에 인텔을 공동창립하였다. 1975년에 사장 및 최고경영자가 되기 이전까지 부사장으로 근무하였다. 1979년 4월에, 무어 박사는 이사회의 회장 및 최고경영자가 되었다. 후임 최고경영자는 1987년 4월에 앤드루 그로브로 내정되었지만, 고든 무어는 이사회의 회장으로 계속 남아있었다. 고든 무어는 1997년에 은퇴하여 명예회장이 되었다. 2001년에, 무어와 베티는 6 억 달러를 캘텍에 기부하였다. 무어의 기부는 캘텍이 받은 기부금중 가장 큰 액수였다. 고든 무어는 기부금이 캘텍에서 연구와 기술의 발전에 큰 도움이 되길 바란다고 말했다. 무어는 1994년부터 2000년까지 캘텍 이사회의 회장이었고 지금도 이사 중 한 명이다. 2003년에, 고든 무어는 미국 과학 진흥 협회의 회원으로 뽑혔다. 캘텍은 (1996년에) 무어 실험실을 건립했다. 이후에 케임브리지 대학교 수학센터의 도서관은 베티와 고든 무어로 명명되었다. 고든 무어는 아내와 고든 앤 베티 무어 재단을 설립하였다(http://ko.wikipedia.org/wiki).

2. 길더의 법칙

미국의 경제학자 저지 길더가 주장한 말이다. 무어는 칩의 성능과 가격을 얘기 했는데, 길더는 칩의 속도를 이야기 했다. 즉, 광섬유의 대역폭은 12개월마다 3배 증가한다는 내용이다. 즉 칩의 속도는 6개월을 주기로 2배씩 증가할 것이라고 하였다. 칩의 속도라고 하면 CPU Hertz나 클록속도를 예로 들을 수 있을 것이다. 헤르츠(hertz)란 컴퓨터 메인보드에 오실레이터라는 장치가 신호를 처리하는데, 그 신호처리 단위를 말한다. CPU 2GHz라고 하면 1초에 20억 번 신호를 처리함을 의미한다. 클록속도란 CPU에서 신호가 한번 떨어질 때 몇 번 파형이 일어나는가를 말한다. 즉, CPU 헤르츠나 클록속도가 증가한다는 것은 그 만큼 처리를 빠르게 처리된다는 것으로, 성능의 향상을 의미한다. 길더의 말 또한 현대에 적합한 내용이어서 법칙으로 불린다.

3. 빌게이츠의 법칙

마이크로소프트사의 빌게이츠는 그의 저서 「생각의 속도」에서, 정보통신 기술의 발달을 통해 정보의 속도를 높일 수 있으며, 정보의 속도가 높아지면 생각의 속도를 높일 수 있다고 주장하였다. 정보통신의 발달로 인해 정보가 빠르게 세계적으로 전파되고 있어, 정보차단을 통해 어떤 일정한 영역을 유지할 수 없게 되어, 투명한 사회를 앞당겨 진정성 있는 사람이 성장할 수 있는 발판을 만들고 있다. 디지털 경제시대에서는 진정성 있는 정보만이 남게 될 것이며, 그 정보를 빠르게 전달하고 흡수하는 자만이 경쟁력을 가질 수 있는 시대이다.

모든 학생을 변화시키는 PC(PCs for Every Student Make a Big Difference)

역사를 배우는 어느 학생은 온라인 백과사전과 웹사이트를 이용하여, 유명한 장군들과 중요 전투는 물론이고 통계수치와 지도까지 담은 남북전쟁에 대한 발표자료를 만들었다. 또 과학반의 어느 학생은 인터넷을 이용하여 밀랍이 어떻게 스노우보드의 속도를 향상시키고 마찰을 줄여주며 부츠와 바인딩이 어떻게 안정성을 제공하는지에 관한 보고서를 작성했다. ~ 5,6학년 학생들은 행성에 관한 그들 나름의 데이터베이스를 만들고 여기저기서 자료를 모든 다음 온라인 백과사전을 이용해 사진까지 집어 넣고 그들이 배운 것에 관해 연구보고서를 썼다. 고등학생들은 서로 다른 힘과 질량이 가해지는 손수레의 운동에 관한 자료를 가지고 그 변화를 도표로 보기 위해 스프레드시트를 이용했고, 그 결과 힘, 질량, 가속도 사이의 수학적인 관계를 시각화해서 볼 수 있었다. ~ 정보기술로부터 얻은 정보는 넓고 깊으며 자료분석 또한 쉽기 때문에 문장력과 분석력같은 필수 능력들을 향상시켜 준다. 수많은 정보를 다각도로 관찰하고 조사해 봄으로써 학생들은 비판력과 독립적인 판단력을 기르게 되는 것이다.

주) 빌게이츠, 빌게이츠@생각의 속도 －디지털신경망 비즈니스－, 청림출판, 2011.1, p.450.

4. 메카프의 법칙(Robert Mcalfe's law)[54]

로버트 메카프(Robert Mecalfe)[55]는 1979년 3Com의 창업자이다. 그는 네트워크의 가치는 사용자수의 제곱에 비례하지만, 비용의 증가율은 일정하다고 하였다. 예를 들어, 현재 인터넷을 이용한 인터넷 포털서비스업체, 게임업체, 개인 및 기업체 등 인터넷시스템이 구축되고 있고 또한 금융기관, 교육기관, 행정기관 등 전 국가 사회시스템도 구축되어 서비스를 실행하고 있다. 그런데 이 인터넷시스템을 구축하게 될 때 초기비용(구축비용)은 많이 들지만 그 시스템을 사용하는 사람들이 증가할수록 그 사용자들의 댓가(예 사용수수료)도 증가할 것임으로 네트워크의 가치는 제곱으로 증가할 것이지만, 시스템 구축 및 유지비용은 일정하게 증가할 것이라는 것이다. 즉 네트워크의 사용자 수에 따라서 네트워크의 가치는 크게 영향을 받는다는 법칙이다. 팩시밀리의 예를 들면, 초창기의 팩시밀리는 구입해도 송수신 상대자가 없기 때문에 구매가치를 충분히 누리지 못하지만, 점차 팩시밀리 보급대수가 증가하면 송수신 상대자가 많아져 충분한 가치를 가지게 되어, 팩시밀리 사용자수가 점점 더 증가하게 되고 공급자들도 제품에 대한 기술경쟁이 심해져 팩시밀리 시장은 신기능을 가진 팩시밀리가 출시된다.[56]

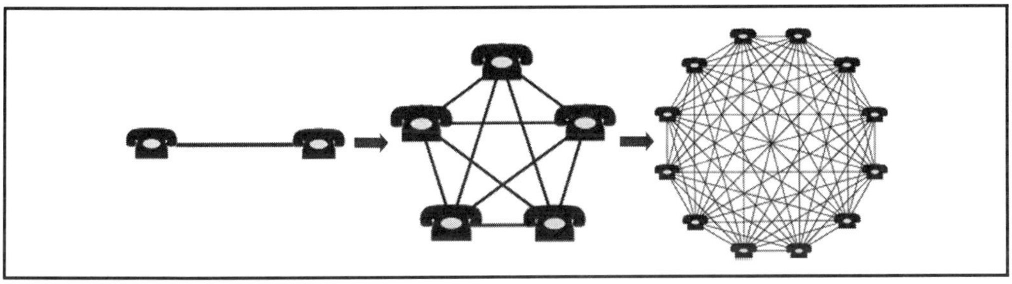

주) http://www.mkbergman.com/837/the-law-of-linked-data/ 인용.

---

54) Robert Melancton Metcalfe (born April 7, 1946 in Brooklyn, New York) is an electrical engineer from the United States who co-invented Ethernet, founded 3Com and formulated Metcalfe's Law. As of January 2006[update], he is a general partner of Polaris Venture Partners. Starting in January 2011, he holds the position of Professor of Electrical Engineering and Director of Innovation at The University of Texas at Austin.

55) Metcalfe's law states that the value of a telecommunications network is proportional to the square of the number of connected users of the system (n(2). First formulated in this form by George Gilder in 1993, and attributed to Robert Metcalfe in regard to Ethernet, Metcalfe's law was originally presented, circa 1980, not in terms of users, but rather of "compatible communicating devices" (for example, fax machines, telephones, etc.) Only more recently with the launch of the Internet did this law carry over to users and networks as its original intent was to describe Ethernet purchases and connections. The law is also very much related to economics and business management, especially with competitive companies looking to merge with one another.(http://en.wikipedia.org/wiki/).

56) 정석찬 외 5인, 「이비즈니스의 이해」, 2010.9, p.42. 참조.

5. 코어스(Coase's Law)의 법칙[57)]

A firm will tend to expand until the costs of organizing an extra transaction within the firm become equal to the costs of carrying out the same transaction in the open market. As long as it is cheaper to perform a transaction inside your firm, keep it there. But if it is cheaper to go to the marketplace, do not try to do it internally[58)]

코어스(Coase)교수는 기업이 생기는 이유는 시장에서의 거래비용이 기업을 조직하여 활용하는 비용보다 더 많이 들기 때문으로 설명하고 있다. 즉 기업은 기업 내에서 일어나는 거래활동의 비용은 시장에서 동일한 거래활동을 수행하는데 발생되는 비용과 같아질 때까지 확대하는 경향이 있다. 기업 내에서 거래활동을 수행하는 것이 더 저렴하는 한, 기업 내에서 이루어진다. 그러나 시장으로 진출하는 것이 더 저렴하다면, 거래활동은 내부적으로 수행하지 않는다.

6. 로저스(Everett M. Rogers)의 혁신확산(Diffusion of Innovations)모델

로저스는 혁신확산을 개인이나 집단이 받아들이거나 거부하는데 5단계 의사결정을 거치는 것으로 설명하였다.

- 1단계인 지식의 단계 : 기존의 상태에서 의사결정자가 가지고 있는 특성에 바탕을 두고 혁신의 존재와 기능 등을 이해하려고 함.
- 2단계인 설득의 단계 : 감성적 단계로, 지식에 바탕을 두고 감지된 혁신에 대하여 일정한 태도를 형성하게 되는데, 이때 혁신의 특성들이 태도형성에 영향을 미치게 되는데 상대적 이득이 크고 기존의 아이디어나 산물과의 공존가능성이 높고 덜 복잡하며 사용을 시도해보기가 쉽고 쉽게 관찰될 수 있다면 혁신에 대하여 우호적 태도를 형성하는데 도움이 된다는 것이 여러 연구의 결과임.
- 3단계인 결정의 단계 : 혁신을 수용하거나 거부하는 행동을 하게 되는데 수용이란 혁신을 최선의 대책으로 받아들이는 것이며 거부란 받아들이지 않는 것.
- 4단계인 시행단계 : 결정자는 혁신을 실제로 활용하게 되며 이는 혁신이 일상화 제도화될 때까지 계속됨.

---

57) Ronald H. Coase's 1937 paper "The Nature of the Firm" was to establish the field of transaction cost economics. "The Problem of Social Cost," published in 1961, sets out what is now known as the Coase Theorem and a new field in economic research, "law and economics." (http://www.law.uchicago.edu/faculty/coase/)

58) http://www.law.uchicago.edu/faculty/coase/

▸ 5단계인 확인단계 : 이미 수용한 혁신에 대하여 심리적 보상을 요구하게 되며, 최초에 소개된 혁신을 수용하거나 시행하는 과정에서 결정자가 그것을 변화시키거나 조정하여 받아들이는 재창조 현상이 일어날 수 있음.[59)]

▶ 확산의 요소, Element of Diffusion[60)]

확산(Diffusion)은 혁신(Innovation)이 특정한 채널(Channels)을 통해 오랜 시간(Tiime)을 거쳐 사회구성원들(the members of Social system)에게 커뮤니케이션(Communication)되는 프로세스이다. 혁신의 확산은 기술을 수용한다는 것에 한정된 것이 아니라 혁신이 사회적으로 인정받는 광의의 의미이다. 이러한 혁신의 확산프로세스를 통해 정보(Information)가 교환되고 최종적으로 혁신을 수용한다. 1장은 확산의 핵심요소인 Innovation, Communication Channel, Time, Social system에 대해 설명한다. 이러한 확산의 사례로 페루의 한 마을에서 벌어진 물 끓여 먹는 운동을 예로 든다. 200가구 정도 되는 작는 마을에서 2년에 걸쳐 물 끓여 먹기를 장려하였으나 결국 실패한다. 2년 동안 오직 17가구만 물을 끓여 먹게 되었다. 이러한 별로 어렵지도 않은, 어찌 보면 혁신처럼 보이지 않는 것들도 해당 사회의 깊은 이해 없이는 효과적 확산이 불가능하다. 또한 영국 해군에서 괴혈병 예방의 해결 방법이 과일섭취라는 것이 증명되었음에도 불구하고 확산되기 위해 250년 이상이 걸렸다. 당시 영국해군의 장기 항해 시 거의 절반에 가까운 군인들이 괴혈병으로 사망했다. 그리고 명백히 생산성이 높은 드보락 방식의 키보드가 있음에도 불구하고 불편한 쿼티 방식의 키보드가 압도적으로 시장을 지배하고 있다. 이러한 확산의 실패사례가 혁신의 확산이 단순히 기술을 받아들이는 것이 아니라 복잡한 사회적 과정임을 증명하고 있다.

① Innovation

혁신에 대한 정의는 여러 학자들이 다양하게 규정하고 있다. Rogers는 혁신을 수용주체가 새롭다고 인식하는 아이디어, 실행, 물체로 규정하고 있다(An Innovation is an idea, practice, or object perceived as new by an individual or other unit of adoption). 중요한 것은 혁신 자체의 새로움이 아니라 혁신을 수용하는 주체가 새롭게 인식해야한다는 것이다. 혁신의 특성으로 5 가지를 제시하고 있다. 기존 방식과 비교했을 때의 상대적 이익(relative advantage)이 크고, 기존 방식과의 호환(compatibility)되고, 혁신의 복잡성(complexity)이 낮고, 혁신의 결과를 예측해 볼 수 있도록 시험(trialability)해 볼 수 있고, 혁신으로 인

59) http://silab.riss4u.net/SILAB/Concept_Srch/CResult_Hit.jsp?s_ccseq=23027, SiLAB.

60) http://www.consumer20.net/entry/diffusion-of-Innovations5th-01-element-of diffusion, 6. 25th, 2009 Posted by jedi_master Diffusion of Innovations(5th). 01 Element of Diffusion, 제다이맛스타 인용.

한 성과 확인(observability)이 쉬울수록 쉽게 확산된다.

② Communication Channels

커뮤니케이션 채널은 혁신을 수용한 혹은 혁신에 대한 정보를 가진 사람이 그렇지 못한 사람에게 내용을 전달하는 수단을 말한다. 과거에는 Mass media가 이러한 역할을 수행했으나 최근에는 인터넷이 강력한 수단으로 인식되고 있다. 이러한 커뮤니케이션은 정보를 전달해주고 받는 사람들의 동질성이 커야 빠르게 확산된다. 그러나 역설적으로 기존 구성원들과는 다른 이질성을 가진 사람이 혁신자가 될 가능성이 높다. 조직에서 이질적인 사람이 혁신을 선호하지만 혁신의 확산은 동질적인 사람들이 빠르다는 것이다.

③ Time

혁신의 확산에서 시간은 매우 중요한 요소이다. 기술적 혁신은 그 확산이 수 년 이내에 짧은 시간에 가능하지만 사회적/종교적 확산은 그 수용시간이 매우 긴 편이다. 시간의 개념에 따라 구성원을 구별한 것이 그 유명한 혁신확산 모형이다. Rogers는 혁신을 수용하는 시간에 따라 innovators, early adopters, early majojrity, late majority, laggards로 구분하였다.

④ Social System

사회적 시스템은 공통의 문제 해결을 위해 유닛들이 상호연결된 조직이다. 이러한 사회적 시스템에는 조직구조(structure)와 조직을 지배하는 규범(norms)이 존재한다. 조직구성원들 사이에는 의견선도자(opinion leader)와 변화를 주도하는 변혁가(change agent)가 있다. 혁신은 이러한 조직구조와 규범을 사이에서 변혁가와 의견선도자의 활동에 따라 확산된다. 혁신은 변혁가가 주도하고 의견선도자의 힘을 받아 확산된다. 역시 의견선도자는 보수적인 성향이 강하다. 그러나 사회 시스템 상에서 강한 영향력을 행사하기 때문에 의견선도자를 효과적으로 설득하는 것이 혁신의 확산 속도를 빠르게 하는 중요한 방법이다. 혁신의 수용여부 결정은 그 단위에 따라 개인이 수용(optional innovation decisions)하거나, 다수의 사람들이나 조직(collective innovation decisions)레벨에서 결정하거나, 권력을 가진 소수(authority innovation decisions)에 의해 이루어집니다. 이러한 혁신의 수용 결정은 개인레벨에서 시작되어 사회 전반에 확산되거나 혹은 정부에 의해 강제적으로 결정되는 복합적(contingent innovation decisions) 의사결정의 형태도 쉽게 찾아 볼 수 있다.

▶ 로저스(Everett M. Rogers)의 기술수용주기모델

기술수용주기모델은 1957년 미국의 아이와대학(IOWA State college)이 농부들이 수확한 다양한 옥수수의 구매패턴을 연구한 결과를 토대로 농경사회위원회산하 농경관행의 확산연구소 위원회가 확산프로세스에 대한 특별보고서를 발간했는데, 이 보고서는 수용자(adopters)를 크게 5가지로 구분하였는데, 이 세그먼트를 기술에 접목한 모델이 기술수용주기모델이다. Rosers는 이 연구에 연구원으로 참여했었는데, 그로부터 6년 후에 "Diffusion of Innovations" 이라는 저서를 발행했다. 이 이후에 많은 곳에서 기술확산에 대한 다양한 실험과 연구가 진행되었다. 현재까지 Rosers의 수용자 카테고리 세그먼트는 다양한 기술마케팅에 도입되고 있다.[61)]

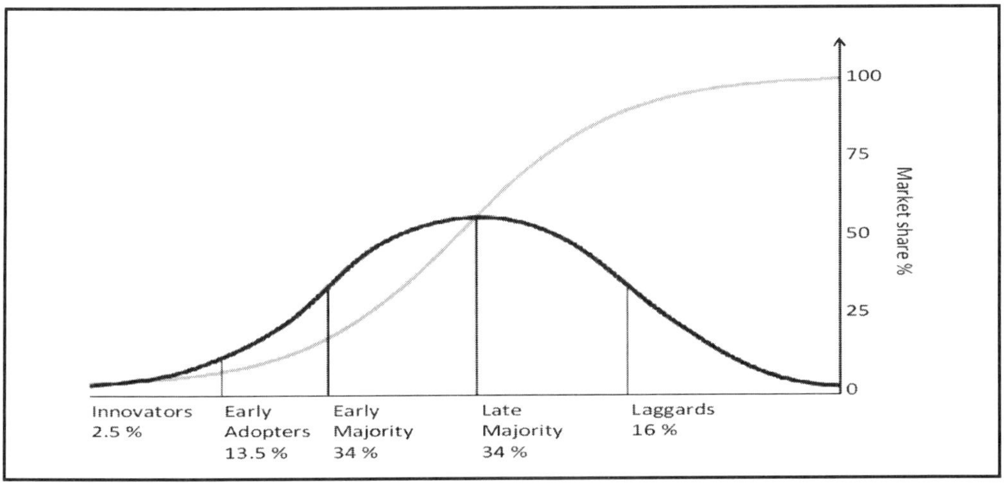

주) https://commons.wikimedia.org/wiki/File:Diffusion_of_ideas.svg 인용.

혁신자	선각수용자	전기다수자	후기다수자	지각수용자
2.5%	13.5%	34%	34%	16%
◦ 벤처성 ◦ 코스모폴리탄 ◦ 리스크감수 ◦ 정보추구	◦ 문지기 ◦ 기술존중 ◦ 사회시스템으로 통합 ◦ 오피니언리더	◦ 현명한 선택 ◦ 신중 ◦ 추종자 ◦ 회의적	◦ 조심스러운 ◦ 불확실성과 거래하지 않음 ◦ 정보부족 ◦ 전통적	◦ 지방적 ◦ 사회적고립 ◦ 과거지향적 ◦ 변화와혁신에 대한 의심
런칭역할	오피니언리더역할	인터퍼스널 네트워크 역할	불확실성 제거역할	카운터밸런싱 역할

주) 차원용, 「솔루션 비즈니스마케팅전략」, 진한엠엔비, 2011. 4.

61) http://blog.naver.com/PostView.nhn?blogId=dlpdigydip&logNo=60038644326&redirect=Dlog&widgetTypeCall=true 참조.

7. 제프리무어의 캐즘이론

미국 실리콘밸리의 컨설턴트인 제프리무어(Geoffrey A. Moore)[62]가 1991년 미국 벤처업계의 성장과정을 설명한 내용이다.

Crossing the Chasm : Marketing and Selling High-Tech Products to Mainstream Customers or simply Crossing the Chasm (1991, revised 199(9), is a marketing book by Geoffrey A. Moore that focuses on the specifics of marketing high tech products during the early start up period. Moore's exploration and expansion of the diffusions of innovations model has had a significant and lasting impact on high tech entrepreneurship. In 2006, Tom Byers, Faculty Director of Stanford Technology Ventures Program, described it as "still the bible for entrepreneurial marketing 15 years latcr". The book's success has led to a series of follow-up books and a consulting company, The Chasm Group.

주) http://en.wikipedia.org/wiki/Crossing_the_Chasm 인용.

캐즘이론이란 신기술 확산은 선각수용자에서 전기다수로 이행하는 과정에서 깊은 협곡(chasm)이 존재한다는 것이다. 캐즘이 발생하는 것은 신기술의 수용에서 고객이 느끼는 이득과 손실에 대한 주관적 가치가 다르기 때문이라는 것이다. 즉 혁신자와 선각수용자는 신기술 수용에 대한 효용가치가 전기다수자와 다르기 때문에 캐즘이 존재한다.

이 위험한 캐즘을 뛰어넘는 단계로는 교두보 틈새시장을 확보하는데 주력해야할 캐즘단계(chasm) ⇒ 교두보 틈새시장에서 다음 틈새시장으로 전진해가면서 추진력을 더해 돌풍단계로 계속 움직여 가는 볼링엘리단계(Bowling Alley) ⇒ 완전완비제품(Whole Product)과 효율적인 유통망 확산에 의한 토네이도 단계(tornado) ⇒ 틈새시장의 확장을 통한 새로운 수요를 창출하는 중심가단계(Main Street)가 있다.[63]

---

62) Geoffrey Moore is a Silicon Valley based high technology consultant, venture partner at Mohr Davidow Ventures and author. His books are derived from his Silicon Valley consulting work at The McKenna Group and The Chasm Group (which he founded), and earlier work by Everett Rogers on adopter categories and diffusion of innovations. Prior to working with The McKenna Group, Moore was a sales and marketing executive at Rand Information Systems, Enhansys, and Mitem.[2] He is currently a Venture Partner with Mohr Davidow Ventures and Managing Director of TCG Advisors. Moore received a bachelor's degree in American literature from Stanford University (196(7) and a doctorate in English literature from the University of Washington(197(4). Moore began his professional life as an English professor at Olivet College in Michigan, before moving his family to California where he took a job as a corporate trainer and executive assistant at a technology company. Moore and his wife Marie have three adult children, Margaret, Michael and Anna.(http://en.wikipedia.org/wiki/Geoffrey_Moore).

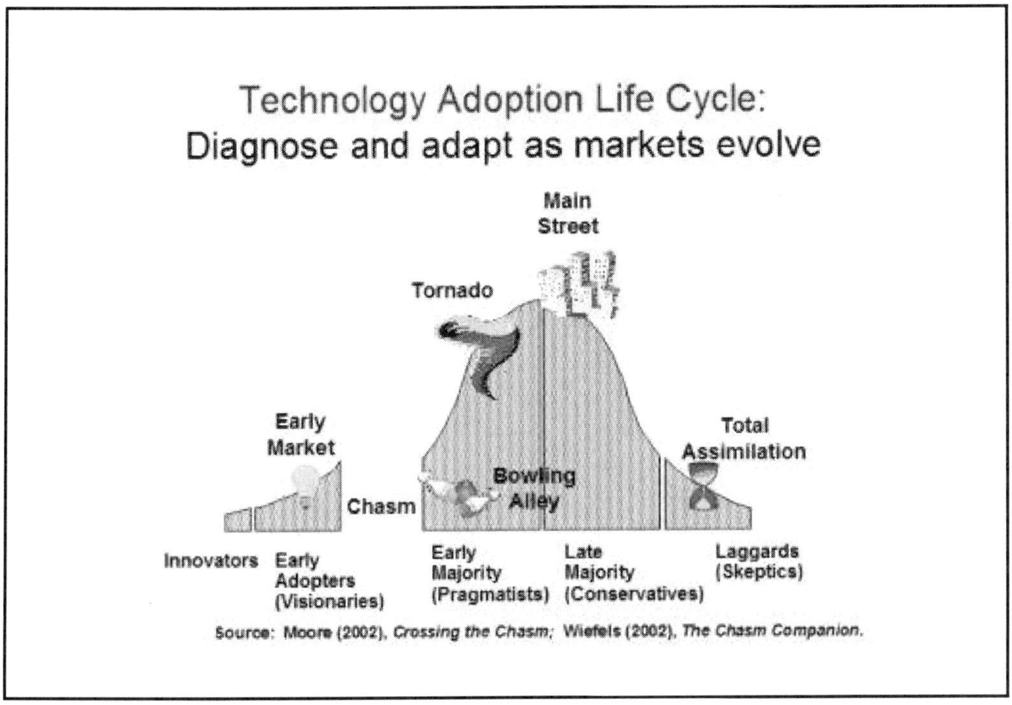

주) http://arielarrieta.com/en/2009/04/26/classic-book-crossing-the-chasmun-libro-clasico-crossing-the-chasm-cruzando-el-abismo/인용.

63) http://flowbom1.springnote.com/pages/6613753 참조.

제2부

전자무역의 활용

- 제4장 전자무역과 해외시장조사
- 제5장 전자무역과 바이어 발굴 및 신용조사
- 제6장 전자무역과 무역계약
- 제7장 전자무역과 국제운송(물류)
- 제8장 전자무역과 보험계약
- 제9장 전자무역과 수출통관
- 제10장 전자무역과 대금결제
- 제11장 전자무역과 관세환급
- 제12장 전자무역과 분쟁해결
- 제13장 전자무역 피해사례

제4장 전자무역과 해외시장조사

제 1 절 사업자등록증 및 무역업고유번호 신청

국제무역을 하기 위해서는 정부기관으로부터 국제무역을 할 수 있는 자격을 부여 받아야 한다. 2000년 1월 1일부터 한국은 무역업이 자유화 되어, 사업자등록신청을 하여 누구나 무역업을 할 수 있게 되었다. 무역업 등록은 관할 세무서에 가서 일정한 신청서류를 작성하여 제출하면 즉시 발급되는데, 개인사업자와 법인사업자로 구분되는데 개인사업자는 누구나 발급받을 수 있고 법인사업자는 신청전에 법인설립등기를 해야된다. 관할세무서에 직접 방문하지 않아도 국세청 홈텍스(https://www.hometax.go.kr)에 접속하여 신청할 수 있다.

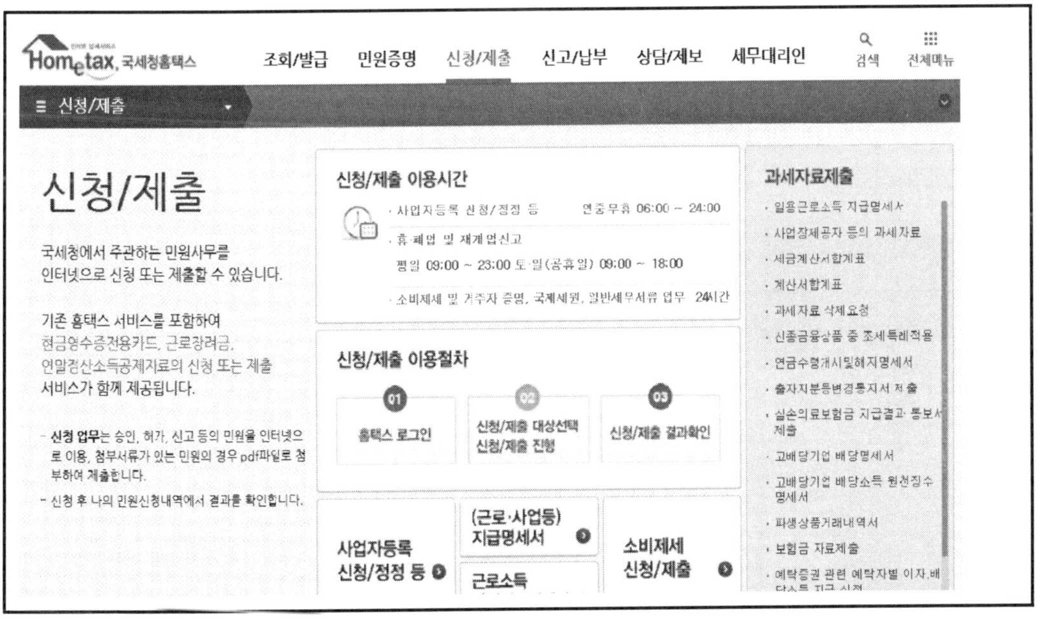

주) 국세청 홈텍스 (https://www.hometax.go.kr)

그리고 지식경제부에서는 국제무역의 제품별, 국가별, 지역별 수출입통계 작성 등을 위하여 국제무역을 하고 있는 업체에게 번호를 부여하고 있다. 이를 무역업고유번호라고 하는데, 지식경제부는 한국무역협회에 이 업무를 위탁하여 실행하고 있다. 따라서 관할 세무서에 가서 사업자등록신청을 하여, 사업자등록증을 발급 받으면, 한국무역협회 본사 및 지사에 가서 무역업고유번호를 신청하여 부여 받아야 한다. 무역업고유번호 또한 신청즉시 발급되며 한국무역협회에 직접 방문하지 않아도 홈페이지(https://www.kita.net)에 접속하여 신청할 수 있다.

주) 한국무역협회(https://www.kita.net)

제 2 절 해외시장조사

국제무역은 국내거래와 달리 멀리 떨어진 지역의 사람과 거래를 해야 한다. 멀리 떨어진 장소는 거리상으로도 멀지만 법과 제도, 상관습, 인종, 언어, 가치관 등이 다를 수 있어, 시장의 반응은 다 다르게 나타날 수 있다. 제품을 이처럼 이문화지역으로 수출을 하기 위해서는 그 시장의 반응을 자세히 조사하는 것이 수출의 원천이 될 것이다. 해외시장조사하는 방법은 접근 방법에 따라 다양하게 나타날 수 있다. 통계적 접근 방법으로는 직접 방문하여 그 지역의 수요자들을 상대로 설문조사, 인터뷰 등을 하여 분석하는 1차적 방법과 국내외 국가 정부기관 등에서 작성 제공하는 자료 등을 수취하여 분석하는 2차적 방법이 있다. 전략적인 방법으로는 해외시장조사는 2가지 측면으로 구분하여 접근해 볼 수 있다. 하나는 현재 국내에서 판매되고 있는 제품을 해외로 수출하기 위해서 그 제품특성에 맞는 해외시장조사를 실시하는 방법과, 해외시장조사를 먼저 실시하여 해외시장에서 팔릴 수 있는 제품을 파악한 후 국내시장에서 제품을 고르는 방법이다. 본 장에서는 한국의 중소 . 벤처무역기업이 수출 무역업을 하는 실무자적 접근에서 수출제품이 정해져 있고, 그에 적합한 해외시장조사를 하는 방법으로 접근해 본다.

1. 무역거래알선사이트/무역포탈사이트/무역통계사이트/무역지원기관홈페이지 활용

수출할 제품이 정해져 있다면, 그 제품에 대한 국제통일상품분류(HS: Harmonized System)로 상품품목번호를 확인할 수 있다. 보통 HS-CODE라고 부른다. HS-CODE는 국제표준으로 6자리를 쓰고 있다. 그리고 한국은 국제표준 6자리에다 4자리 숫자를 더해 10자리 숫자로 표기하여 사용하고 있다. 예를 들어 HSCODE 0102.90-1000이라고 하면, 01류 품목은 살아있는 동물 분류이고, 0102류는 살아있는 동물 중에 소(牛) 분류이고, 0102.90류는 소(牛)와 관련되어 있는 기타 분류이고, 0102.90-1000이라고 하면, 소(牛)와 관련되어 있는 기타 분류 중에 젖소에 관련된 품목을 의미한다. 이와 같이 국제관세기구인 관세협력이사회(Customs Cooperation Council Nomenclature : CCCN)에 의해 국제표준품목분류가 제정되어 상품을 수출입하는 국제무역업자에게 이용되고 있다. 수출하고자 하는 제품의 국제표준품목 분류번호는 관세청 홈페이지에 접속하여 확인할 수 있다(http://www.customs.go.kr).

HS-CODE 번호를 확인하면, 수출입 통계자료를 제공하는 홈페이지에 회원가입하여 품목번호를 이용하여 지역별, 국가별, 제품별, 금액별, 기간별 등으로 수출과 관련된 자료를 수집할 수 있다. 수출입 통계자료를 제공해 주고 있는 사이트는 매우 많다. 한국의 대표적인 수출입 통계자료 제공 사이트는, 한국무역협회((http://www.kita.net), 관세청(http://www.customs.go.kr), 통계청(http://www.nso.go.kr), 대한상공회의소(http://www.kcci.or.kr) 등이 있다.

수출하고자 하는 상품이 어느 국가, 어느 지역으로, 어느 기간에, 어떤 품목들이 주로 수출되고 수입되고 있는지 파악할 수 있다. 물론 지시의 제품 코드를 입력하여 수출입 상황도 파악할 수 있다. 이렇게 파악이 되면, 무역기업에서 진출코자 하는 국가를 먼저 선정해야 한다. 무역기업의 상황에 적합한 국가가 선택되면, 그 국가에 대한 시장을 세분화하여야 한다. 자사의 상품이 그 국가의 어느 지역에 주로 나가고 있는지, 어느 계층(연령, 성별, 교육수준, 직업군 등)에 주로 팔리고 있는 지 등 소비자군를 파악해야 한다. 이것은 한국의 각 해당 품목에 해당하는 유관기관 및 단체(예 대한무역투자진흥공사, 한국의류산업협회, 한국전자공업협동조합 등)을 통해 파악할 수 있다. 또한 각 국가에 나가 있는 한국의 공기관 및 지사(예 대한무역투자진흥공사, 대사관, 해외 유관기관 등)를 이용하는 방법이 있다. 그리고 각 국가의 통계자료를 제공하는 해당 국가의 홈페이지를 활용할 수 있다(예 미국통계청, 일본관세청, 미국무역대표부 등). 시장을 세분화하는 방법은 위와 같이 2차적 자료를 활용하는 방법이 비용면에서 경쟁적이며, 신뢰할 만한 자료(data)로 시장정보가 정확하다. 그러나 단점은 2차 자료는 과거의 자료라는 점이다. 지난 자료로 현재의 상황을 판단하는데 미약하다. 따라서 2차 자료를 통한 분석이 이루어졌다면, 무역기업의 역량내에서 1차적 자료를 수집하는 노력이 필요하다. 2차적 자료를 토대로, 현지국 시장을 직접 방문하여 제품에 대한 선호도 조사, 경쟁 상품 조사 등 현지 시장을 확인함으로써 2차적 분석자료를 명확히 정리할 수 있다. 기타 해외시장조사 방법은 기존 거래 관계가 있던 현지인, 현지국가에 자주 왕래하는 상인, 친인척 등 인간관계를 통해서 정보를 얻기도 한다.

시장조사 방법으로 마케팅의 분석 방법 중에 STP 전략과 SWOT 분석 방법을 활용해 보자.

▶ STP 분석

STP는 시장세분화(Segmentation), 표적시장 선정(Targeting), 위상정립(Positioning)의 첫자를 딴 마케팅 전략중 하나이다. 제품 범주와 소비자 욕구에 근거하여 동질적인 여러 고객집단을 나누고 경쟁 상황과 여러 자원을 고려하여 가장 자신 있는 시장을 선정한다는 것이 주요 내용이다.

☞ **시장세분화(Segmentation)**

- 측정가능성 : 각 세분시장의 규모와 구매력과 같은 세분시장의 틀은 구체적으로 측정 가능한 것이어야 한다.
- 규모 : 각 세분시장은 기업이 개별적인 마케팅프로그램을 실행할 수 있을 정도로 충분한 규모를 지니고 있어야 한다.
- 접근가능성 : 소비자에게 접근할 기회가 없다면 세분 시장으로서의 가치를 상실하게 된다.
- 차별적 반응 : 각 세분시장은 마케팅믹스에 대해 서로 다른 반응을 보여야 한다.

세분화는 시장을 공통적인 수요와 구매행동을 가진 그룹으로 나누어 그 그룹의 욕구와 필요에 맞추어 마케팅을 전개하는 것을 말한다. 세분화의 기준에는 인구학적, 지역적, 사회적, 심리적 방법 등이 있다. 세분화의 결과는 상호간에는 이질성이 극대화되어야 하고, 세분시장 내에서는 동질성이 극대화 되어야 바람직하다.

☞ **표적시장 선정(Targeting)**

세분화를 통하여 나뉜 시장 또는 그룹 중 어떤 곳에 집중할 것인지 선택하는 것이다. 선택한 곳에서 경쟁우위를 확보할 수 있다는 판단하에 선택할 수도 있지만, 시장 또는 그룹에 대한 평가에 의해 선택하고 그곳에 적절하게 경쟁우위를 개발할 수도 있다.

- 차별화 전략 : 다양한 소비자 니즈에 대응하여 각 세분시장별 마케팅을 수립해야 한다. 하지만 집중적이지 못해 효율성이 떨어질 수 있다.
- 비차별화 전략 : 보편성이 높은 제품으로 큰 시장이 형성되어 있는 시장을 선택했을 때 쓰는 전략이다. 하지만 기존 브랜드와의 경쟁으로 시장 기회가 적다.
- 집중화 전략 : 특정 세분시장 마케팅에 집중하는 전략이다. 한정적인 자원으로 특정 시장에 우위를 차지 할 수 있는 기회가 크다. 하지만 고객 니즈의 변화로 위험 변수가 있다.

☞ **위상 정립(Positioning)**

고객에게 인식 되고자 하는 이상향으로 기업의 제품과 이미지가 인식되도록 설계하는 마케팅의 과정이다.

▶ SWOT 분석

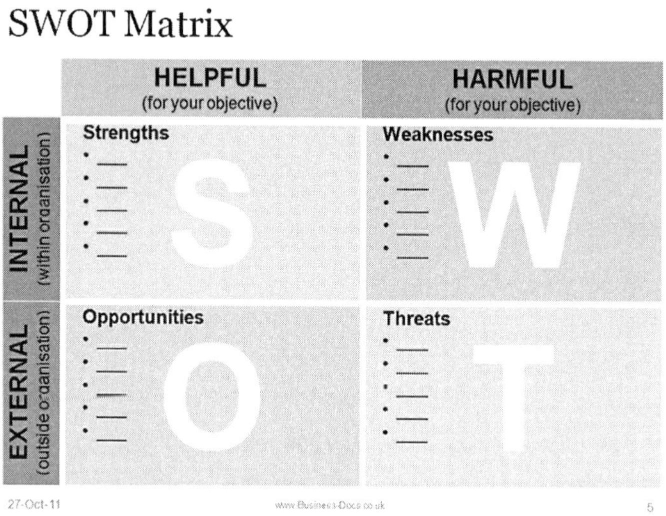

강점(Strength), 약점(Weakness), 기회(Opportunity), 위기(Threat)의 앞 글자를 따서 SWOT분석이라 하는데, 기업의 강점과 약점, 환경적 기회와 위기를 열거하여 효과적인 기업 경영전략을 수립하기 위한 분석방법이다. 표는 간단하지만 원하는 결과에 따라서 엄청난 시간과 노력이 요구될 수 있다. 현 현황을 객관적이고 정확히 진단해야 하는 작업이기 때문이다.
강점과 기회, 약점과 위기는 기업의 내부 역량인가 외부 환경인가에 따라 구별하면 된다.

☞ Strength (강점)

요인이 내부에 존재하고, 특정업체에 유리한 부분은 Strength, 즉 강점에 속한다.

☞ Weakness (약점)

요인이 내부에 존재하고, 특정업체에 불리한 부분은 Weakness, 즉 약점에 속한다.

☞ Opportunity (기회)

요인이 외부에 존재하면서, 업계 전체에 유리한 부분은 Opportunity, 즉 기회에 속한다.

☞ Threat (위기)

요인이 외부에 존재하면서, 업계 전체에 불리한 부분은 Threat, 즉 위기에 해당한다.

2. 해외시장 조사 시 주의사항

그리고 수출하기 전에 파악해야 할 사항은 자사 제품이 그 해당국가에 수출이 가능한 품목인지 파악해야 한다. 수출입 물품에 대한 확인은 산업통상자원부에서 공고를 하는데, 수출제한(금지)품목을 공고한다. 이를 수출입공고라 하는데, 이처럼 수출제한(금지) 품목을 공고하고, 그 공고 내용에 포함되지 않은 품목은 자유롭게 수출입을 할 수 있게 하는 공고 방식을 Negative System 방식이라 한다. 그리고 수출되는 품목에 대하여 국제 협약과 국내의 여러 행정기관 및 단체 등으로부터 의견을 받아 수출을 제한(금지)할 필요가 있는 품목에 대하여 수출을 위해서 구비해야 할 사항, 제한(금지) 내용 등을 공고하는데 이를 수출입통합공고[64]라 한다. 수출입공고[65]와 수출입통합공고에서 동일한 품목에 대한 내용

---

64) 통합공고[시행 2019. 10. 16.] [산업통상자원부고시 제2019-162호, 2019. 10. 16., 일부개정] 산업통상자원부(무역정책과), 044-203-4029

제1장 총 칙

제1조(목적) 이 고시는 대외무역법 제12조의 규정에 의하여 동법 이외의 다른 법령에서 해당물품의 수출입의 요건 및 절차 등을 정하고 있는 경우에 수출입 요건확인 및 통관 업무의 간소화와 무역질서 유지를 위하여 다른 법령이 정한 물품의 수출입의 요건 및 절차에 관한 사항을 조정하고 이를 통합 규정함을 목적으로 한다.

제2조(정의) 이 고시에서 사용하는 용어의 정의는 다음과 같다.

1. "요건확인품목"이라 함은 수출입요령에서 주무부처의 장 또는 관련단체의 장으로부터 허가, 추천, 신고, 검사, 검정, 시험방법, 형식승인 등을 받도록 한 물품을 말한다.
2. "수출입요건확인기관"이라 함은 수출입 통관전후에 허가, 추천, 신고, 검사, 검정, 시험방법, 형식승인 등의 수출입을 위한 요건 확인서를 발급하는 주무부처 또는 관련단체를 말한다.
3. "요건면제물품"이라 함은 수출입시 이 고시 또는 제3조제1항의 법령의 규정에 의하여 수출입 요건 및 절차의 적용이 면제되는 물품을 말한다.
4. "요건면제확인기관"이라 함은 이 고시 및 제3조제1항의 법령에 의하여 관계행정기관의 장이 별표 2에 규정된 수입요령의 적용면제를 확인하도록 지정한 기관을 말한다. 다만, 요건면제확인기관이 별도로 지정되지 아니한 경우에는 당해물품의 요건확인기관을 요건면제확인기관으로 본다.
5. 기타 용어의 정의는 대외무역법령을 준용한다.

제3조(적용 법령등)

① 제1조의 규정에 의하여 이 고시에서 해당물품의 수출입 요건 및 절차등을 규정할 법령은 다음 각호 1과 같다.

1. 약사법 2. 마약류관리에 관한 법률 3. 화장품법, 4. 식품위생법 5. <삭 제> <2019. 3. 20> 6. 화학물질 관리법 6의2. 화학물질의 등록 및 평가 등에 관한 법률 7. 양곡관리법 8. 비료관리법 9. 농약관리법 10. 가축전염병예방법 11. 식물방역법 12. 종자산업법 13. 축산법 14. 전기용품 및 생활용품 안전관리법 15. <삭 제> <2019. 6. 27> 16. 계량에관한법률 17. 석유및석유대체연료사업법 18. 원자력안전법 19. 전파법 20. <삭 제> <2016. 12. 30> 21. 야생생물 보호 및 관리에 관한 법률 22. 폐기물의 국가간 이동 및 그 처리에 관한 법률 23. 대기환경보전법24. 소음·진동관리법 25. 자동차관리법 26. 산업안전보건법 27. 오존층 보호를 위한 특정물질의 제조규제 등에 관한 법률 28. 건설기계관리법 29. 먹는물관리법 30. 자원의 절약과 재활용촉진에 관한 법률 31. 화학무기·생물무기의 금지와 특정화학물질·생물작용제 등의 제조·수출입 규제 등에 관한 법률 32. 축산물 위생관리법33. 건강기능식품에 관한 법률34. 농수산물품질관리법35. 방위사업법 36. <삭 제> <2013. 7. 3> 37. 수산업법 38. 고압가스안전관리법 39. 영화 및 비디오물의 진흥에 관한 법률 40. 게임산업진흥에 관한 법률 41. 음악산업진흥에 관한 법률 42. 하수도법 43. 주세법 44. 지방세법 45.

총포·도검·화약류 등의 안전관리에 관한 법률 46. <삭 제> <2019. 3. 20> 47. 의료기기법 48. 인체조직안전및관리등에 관한 법률 49. <삭 제> <2017. 6. 26> 50. 수산생물질병 관리법 51. 사료관리법 52. 생물다양성 보전 및 이용에 관한 법률 53. 폐기물 관리법 54. 전기·전자제품 및 자동차의 자원순환에관한 법률 55. 액화석유의 안전관리 및 사업법 56. 목재의 지속가능한 이용에 관한 법률 57. 농업생명자원의 보존·관리 및 이용에 관한 법률 58. 기타 특정물품의 수출입절차 또는 요령을 정한 법률 및 국제협약 59. 수입식품안전관리 특별법 60. 어린이제품안전특별법 61. 위생용품관리법62. 에너지이용 합리화법 63. 잔류성유기오염물질 관리법 64. 생활화학제품 및 살생물제의 안전관리에 관한 법률 65. 친환경농어업 육성 및 유기식품 등의 관리·지원에 관한 법률 66. 생활주변방사선 안전관리법

② 제1항의 법령을 소관하고 있는 부, 처, 청의 장(이하"주무부처의 장"이라 한다)은 당해 법령의 수출입 요령이 대외무역법 제12조의 규정에 의해 이 고시가 시행될 수 있도록 당해 법령의 대상물품 및 동 물품의 수출입요령 등을 정한 자료를 당해 법령의 시행일 전에 산업통상자원부장관에게 제출하여야 한다.

③ 제1항 이외의 법령을 소관하고 있는 주무부처의 장이 소관품목에 대한 수출입의 요건 및 절차 등을 제정하고자 할 때에 대외무역법 제6조의 규정에 의해 미리 산업통상자원부장관과 협의를 거쳐 제2항의 규정에 의한 조치를 취하여야 한다.

④ 산업통상자원부장관은 제2항 및 제3항에 의해 주무부처의 장이 제출한 소관물품의 수출입요령에 관한 자료에 다음 각호의 사항을 검토·조정하여 해당물품의 수출입요령을 정하여야 한다.

1. 당해법령의 목적과 해당물품에 대한 규제의 필요성
2. 당해법령의 적용범위 및 대상물품의 타당성
3. 규제 대상물품의 범위지정에 따른 유사물품과의 혼동 또는 다른 용도로의 전용가능성 여부
4. 규제 대상물품의 수출입의 요건 및 절차에 대한 무역관행의 배치 여부
5. 기타 무역정책 기조의 일치여부

제4조(대상품목) ① 제3조 해당법령의 적용을 받는 수출입 물품은 제8조의 별도규정을 제외하고는 별표 1의 품목별 수출요령과 별표 2의 품목별 수입요령에서 정한다.

② 당해물품이 요건확인품목으로서 이 고시에 지정되기 위해서는 해당법령이 적용되는 범위내의 물품이어야 한다. 다만, 무역정책상 필요에 의해 또는 해당법령의 적용범위의 모호로 수출입되는 물품간의 혼동 또는 전용의 우려가 있어 수출입 질서유지에 혼란을 일으키거나 해당법령의 목적수행에 차질이 있다고 판단되는 경우에는 산업통상자원부장관이 당해 물품의 수출입절차 및 요건등을 관계부처의 장과 협의하여 결정할 수 있다.

③ 수출입되는 물품에 관한 요건의 확인이 당해법령에서 주무부처의 장의 허가(등록 또는 승인) 사항일지라도 무역정책상 필요에 의해 이 고시의 요건확인 품목에서 제외된 물품 또는 별표 1, 2의 품목별 수출입 요령에서 당해품목의 요건 및 절차가 다르게 정하여진 물품에 대해서는 주무부처의 장과 협의하여 이 고시에 의한 당해물품의 수출입 요건확인에 따른다.

제5조(품목분류) 이 고시상의 요건확인품목은 HS(Harmonized Commodity Description and Coding System)에 따라 분류하여 지정함을 원칙으로 한다. 다만, 무역정책 목적 및 해당법령의 목적 수행상 필요에 의해 세분류하여 표기할 수 있다.

제6조(품목별 수출입요령)

① 이 고시의 별표 1, 2에서 요건확인품목으로 게기되지 아니한 물품 또는 대상품목의 지정이 용도기준으로 된 경우에 당해용도 이외의 물품은 제8조에 별도로 정한 물품, 대외무역관리규정 및 수출입공고 등에서 다른 규정이 없는 한 요건확인의 절차를 거치지 아니한다. 다만, 요건확인 대상물품의 지정이 용도기준인지 여부가 불명확한 경우에는 산업통상자원부장관이 주무부처의 장 및 관세청장과 협의하여 결정한다.

② 제1항의 규정은 제9조의 규정에 의한 요건확인기관의 요건확인 세부요령의 공고 등에도 이를 준용한다.

③ 별표 1, 2의 품목별 수출입 요령이 요건확인품목의 용도기준에 의한 분류 또는 물품의 소관에 따라 주무부처의 장의 확인을 받아 수입할 수 있도록 한 경우에 "주무부처 의 장"이라 함은 해당 수출입 물품을 사용 또는 수요하는 업체와 가장 관련이 있는 관계 행정기관으로 한다. 다만, 동 기관은 해당 수출입물품과 동일 또는 유사물품을 공급하는 업체와 가장 관련이 많은 관계 행정기관에 해당 수출입 물품의 요건확인 실적을 통보하여야 한다.

이 상충되고 있다면 두 공고 내용에 모두 만족하는 절차를 이행하여야 한다. 수출제한품목이라면 수출을 하기 위한 허가 서류 등 행정서류를 미리 준비해 두어야 할 것이다.

수출입 공고 [시행 2019. 3. 4.] [산업통상자원부고시 제2019-29호, 2019. 2. 25., 일부개정]
산업통상자원부(무역정책과), 044-203-4029

제1조(목적) 이 고시는 대외무역법 제11조제1항 내지 제5항의 규정에 의하여 물품등의 수출 또는 수입의 제한·금지, 승인, 신고, 한정 및 그 절차 등에 관한 사항을 규정함을 목적으로 한다.

제7조(수출입공고등과의 관계) ① 이 고시에서 정한 요건확인의 내용과 대외무역법 제11조 규정에 의한 수출입공고등과 대외무역법 제19조의 규정에 의한 전략물자 수출입공고의 제한내용이 동시에 적용될 경우에는 이 고시에서 정한 요건확인의 내용과 수출입공고등의 제한내용이 모두 충족되어야만 수출 또는 수입할 수 있다. (00-75호 개정)

② 1개의 요건확인품목에 대해 2개 이상의 법령이 관련되어 별표 1, 2의 수출입요령에서 2개 이상의 요건확인을 받을 것을 규정하고 있는 경우에는 당해 요건확인 품목에 대한 해당법령의 적용대상 물품이나 고시대상품목의 분류가 용도기준으로 된 물품이외에는 당해 물품에 부과된 2개 이상의 요건을 이 고시가 정한 요건확인기관에서 확인받아야 한다.

65) 대외무역법 [시행 2019. 8. 1.] [법률 제16422호, 2019. 4. 30., 타법개정]

제11조(수출입의 제한 등)

① 산업통상자원부장관은 다음 각 호의 어느 하나에 해당하는 이행 등을 위하여 필요하다고 인정하여 지정·고시하는 물품등의 수출 또는 수입을 제한하거나 금지할 수 있다. <개정 2016.1.27>

1. 헌법에 따라 체결·공포된 조약과 일반적으로 승인된 국제법규에 따른 의무의 이행
2. 생물자원의 보호
3. 교역상대국과의 경제협력 증진
4. 국방상 원활한 물자 수급
5. 과학기술의 발전
6. 그 밖에 통상·산업정책에 필요한 사항으로서 대통령령으로 정하는 사항

② 제1항에 따라 수출 또는 수입이 제한되는 물품등을 수출하거나 수입하려는 자는 대통령령으로 정하는 바에 따라 산업통상자원부장관의 승인을 받아야 한다. 다만, 긴급히 처리하여야 하는 물품등과 그 밖에 수출 또는 수입 절차를 간소화하기 위한 물품등으로서 대통령령으로 정하는 기준에 해당하는 물품등의 수출 또는 수입은 그러하지 아니하다. <개정 2008.2.29, 2013.3.23, 2016.1.27>

③ 제2항 본문에 따른 수출 또는 수입 승인(제8항에 따라 수출승인을 받은 것으로 보는 경우를 포함한다)의 유효기간은 1년으로 한다. 다만, 산업통상자원부장관은 국내의 물가 안정, 수급 조정, 물품등의 인도 조건 및 거래의 특성을 고려하여 대통령령으로 정하는 바에 따라 유효기간을 달리 정할 수 있다. <신설 2013.7.30>

④ 제3항에 따른 수출 또는 수입 승인의 유효기간은 대통령령으로 정하는 바에 따라 1년을 초과하지 아니하는 범위에서 산업통상자원부장관의 승인을 받아 연장할 수 있다. <신설 2013.7.30>

⑤ 제2항에 따라 승인을 받은 자가 승인을 받은 사항 중 대통령령으로 정하는 중요한 사항을 변경하려면 산업통상자원부장관의 변경승인을 받아야 하고, 그 밖의 경미한 사항을 변경하려면 산업통상자원부장관에게 신고하여야 한다. <개정 2008.2.29, 2013.3.23, 2013.7.30>

⑥ 산업통상자원부장관은 필요하다고 인정하면 제1항과 제2항에 따른 승인 대상 물품등의 품목별 수량·금액·규격 및 수출 또는 수입지역 등을 한정할 수 있다. <개정 2008.2.29, 2013.3.23, 2013.7.30>

⑦ 산업통상자원부장관은 제1항부터 제6항까지의 규정에 따른 제한·금지, 승인, 승인의 유효기간 설정 및 연장, 신고, 한정 및 그 절차 등을 정한 경우에는 이를 공고하여야 한다. <개정 2008.2.29, 2013.3.23, 2013.7.30>

⑧ 제19조 또는 제32조에 따라 수출허가를 받거나 수출승인을 받은 자는 제2항에 따른 수출승인을 받은 것으로 본다. <개정 2013.7.30>

제2조(통합공고와의 관계) 이 고시에 따른 수출 또는 수입승인에도 불구하고 대외무역법 제12조의 규정에 의한 통합공고 상에 수출 및 수입하고자 하는 물품의 수출·수입요령을 정한 것이 있는 경우에는 동 요령의 요건을 충족하여야 한다.

제3조(품목분류) 이 고시의 품목분류는 HS(Harmonized Commodity Description and Coding System) 상품분류에 의하며, 동 분류된 품목의 세분류는 관세·통계통합품목분류표(HSK)에 의한다.

제4조(수출금지품목) 별표1에 게기한 품목은 수출이 금지된다.

제5조(수출제한품목) 별표2에 게기한 품목은 수출이 제한되며, 각 품목별 수출요령에 따라 승인을 받은 경우 수출할 수 있다.

제6조(수입제한품목) ① 별표3에 게기한 품목은 각 품목별 수입요령에 따라 수입을 승인하여야 한다.

② 대외무역법 제16조의 규정에 의한 외화획득용 원료·기재를 수입하는 경우에는 수입제한품목이라 할지라도 별도의 제한없이 수입을 승인할 수 있다.

제7조(수출절차의 간소화) 산업통상자원부장관은 수출절차의 간소화를 위하여 특히 필요한 경우 별표2의 수출요령에도 불구하고 수출승인기관을 따로 정하여 승인하게 할 수 있다.

제8조(세부승인요령의 공고등) 제5조의 규정에 의한 수출제한품목의 수출요령, 제6조의 규정에 의한 수입제한품목의 수입요령 및 제7조의 규정에 의한 수출절차 간소화를 위한 수출요령에서 정하는 승인기관의 장은 산업통상자원부장관의 합의(승인)를 얻어 동 세부승인요령을 공고하여야 한다. 다만, 단체의 경우에는 관계행정기관의 장을 경유하여야 한다.

제9조(수출입승인실적등의 보고) 수출입승인기관의 장은 연간 수출입승인실적을 별지서식에 의거하여 당해연도 경과 후 15일 이내에 산업통상자원부장관에게 보고하여야 한다.

제10조(재검토기한) 「훈령·예규 등의 발령 및 관리에 관한 규정」 에 따라 이 고시에 대하여 2017년 1월 1일 기준으로 매 3년이 되는 시점(매 3년째의 12월 31일까지를 말한다)마다 그 타당성을 검토하여 개선 등의 조치를 하여야 한다.

부칙 부 칙 <제2008-36호, 2008. 2. 29.>

1. (시행일) 이 고시는 2008. 3. 1일부터 시행한다.

부칙 부 칙 <제2008-26호, 2008. 4. 24.>

1. (시행일) 이 고시는 2008. 4. 24일부터 시행한다.

부칙 부 칙<제2009-193호,2009. 8. 21.> (학술연구용품 국내제작 곤란물품 추천업무 처리규정 등 일괄개정 고시) 이 고시는 2009년 8월 24일부터 시행한다.

부칙 부 칙 <제2010-208호, 2010. 11. 12.> 이 고시는 2010년 11월 15일부터 시행한다.

부칙 부 칙 <제2011-25호, 2011. 2. 8.> 이 고시는 2011년 2월 8일부터 시행한다.

부칙 부 칙 <제2013-64호, 2013. 6. 26.> 이 고시는 2013년 6월 28일부터 시행한다.

부칙 부　　칙 <제2014-161호, 2014. 9. 2.> 이 고시는 2015년 1월 1일부터 시행한다.
부칙 부　　칙 <제2016-254호, 2016. 12. 30.> 이 고시는 2017년 1월 2일부터 시행한다.
부칙 부　　칙 <제2018-94호, 2018. 5. 8.> 이 고시는 2018년 5월 14일부터 시행한다.
부칙 부　　칙 <제2019-29호, 2019. 2. 25.> 이 고시는 2019년 3월 4일부터 시행한다.

펼침 [별표 1] 수출금지품목 한글파일 다운로드
펼침 [별표 2] 수출제한품목 한글파일 다운로드
펼침 [별표 3] 수입제한품목 한글파일 다운로드
펼침 [서식] 수출입승인실적 보고양식 한글파일 다운로드

주) 국가법령정보센터, http://www.law.go.kr/

제3절 uTradeHub 전자무역시스템(무역포탈) 소개

주) https://www.utradehub.or.kr 초기화면.

전자무역은 거래선 발굴·상담·계약·원자재 조달·운송·통관·대금결제 등 제반 무역 업무를 인터넷 등 최신 IT기술을 활용하여 시공간의 제약 없이 처리하는 새로운 무역거래 형태이다. 전자무역은 e비즈니스 환경에서 네트워크를 통한 기업 간 거래가 무역으로까지 확산되면서 전통적인 무역에 대한 상대개념으로서 e비즈니스 환경에서의 무역활동을 지칭하는 말로 확대되었다. 즉, 재화 또는 서비스의 국경 간 거래인 무역행위의 본질적 업무를 인터넷을 포함하여 EDI(전자문서교환), E-B/L(전자선하증권), E-C/O(전자원산지증명서) 등 IT 수단을 이용하여 전자적으로 그리고 정보 집약적으로 수행하는 무역활동 전반을 의미한다. 전자무역(e-Trade)은 무역 업무에 필요한 서류들을 전자적으로 처리할 수 있는 시스템을 구축해 무역업체의 부대비용을 절감시키고 무역규모의 확대를 촉진시킨다.

uTradeHub는 무역서류의 온라인 거래를 통해 무역업계의 부대비용을 절감하고 수출경쟁력을 강화하기 위해 정부지원으로 구축된 국가 전자무역인프라다. 무역업체와 은행, 요건확인기관, 선사, 포워더, 관세사 등 무역유관기관과의 수출입업무를 전자적으로 처리하는 서비스로 은행이나 거래기업, 수출입유관기관을 방문할 필요 없이 복잡한 무역 업무를 쉽게 처리할 수 있다.

uTradeHub는 금융결제원, 국내외 은행, 관세청, 검역소, 보험회사, 상공회의소, 항공사 등 수출입통관에 필요한 관계 기관의 통신망을 연계했기 때문에 판촉, 통역, 외환, 통관, 물류, 결제 등 모든 무역 업무를 해결할 수 있다. 현재 제공하고 있는 서비스 개요에 대해 설명하면 다음과 같다.

▶ 통합로그인(SSO)제공

SSO(Single Sign On)기반의 통합인증으로 한 번의 로그인으로 uTradeHub에서 제공하는 무역포탈, 물류포탈, 은행포탈, 마케팅포탈, 통관포탈의 모든 서비스를 신속하고 편리하게 원-스탑으로 처리할 수 있다.

▶ 전체포탈 소개 페이지 제공

전체 포탈에 대한 소개페이지와 e-Learning 서비스, 무역실무메뉴얼, 영문서한, 서식/계약사례, 무역용어사전 등을 uTradeHub에서 통합 제공함으로써 전자무역서비스에 대한 지식을 손쉽게 제공받을 수 있다.

▶ 포탈별 자료실등 공통정보 제공

전체 포탈에 대한 자료실과 공지사항, FAQ, Q&A등을 통합 제공하여 서브포탈(무역포탈, 물류포탈, 은행포탈, 마케팅포탈, 통관포탈)은 특성화된 업무포탈로 전문화되다.

▶ 통합검색기능 제공

공통정보에 대한 통합검색 기능을 제공해서 필요한 정보들을 한 번의 검색으로 조회할 수 있다.

▶ 통합커뮤니티 제공

사용자간 커뮤니케이션을 강화한다.

모든 무역이나 수출·입 업무 등의 서류를 사람들이 직접 전송하거나 받는 시대는 지나갔다. 수북이 쌓여 있는 서류들을 어디에 보관해야 할지 몰라 시간과 공간을 낭비하던 시대가 지나갔다. 이제는 전자무역서비스 하나로 모든 것을 해결할 수 있는 시대가 도래 되었다.

uTradeHub는 서류 없는 무역을 실현하기 위해 한국무역협회와 한국무역정보통신(주)가 구현한 국가무역허브시스템이라 할 수 있다. 이는 무역, 물류, 은행, 통관, 마케팅 등 수출입 유관기관이 수출입 전체 과정을 한 곳에서 접근할 수 있도록 포털(Portal, 현관문)이라고 할 수 있다. 다음과 같은 전자무역 업무 서비스을 하고 있다.

- 인터넷 기반 서비스로 은행 등 무역 유관기관 방문 없이 전자문서로 무역업무 처리 가능
- 신용장, 해외송금, 원산지증명서 신청 등 수출입 업무와 내국신용장, 구매확인서 발급 등 국내거래의 다양한 업무처리 가능
- 주요 송수신 문서의 전자문서보관소 저장을 통해 송수신 내역 증빙 가능
- uTradeHub 내국신용장관련 주요 문서는 ERP시스템으로 전송하여 매입/추심 시 데이터 활용 가능
- 내국거래업무 시 이용량에 따라 건별 요금제 선택 가능

제5장 전자무역과 바이어 발굴 및 신용조사

제 1 절 바이어 발굴하기

수출할 국가와 목표시장이 선택되면, 제품을 현지국으로 진출하기 위한 방안을 수립해야 한다. 직접수출하는 방법, 현지법인을 설립하여 현지시장에 유통시키는 방법, 현지국 사람과 일정한 판매계약을 통하는 방법 등 여러 가지 방법을 도출해 낼 수 있을 것이다.

본 장에서는 무역기업이 아무런 관련이 없이 오로지 직접 바이어(수입업자)를 발굴하여 수출하는 측면에서 접근해 본다. 바이어를 발굴하는 방법으로는 무역포탈사이트(이하 TPS) 활용, 무역거래알선사이트활용, 정부 수출관련 정보기관 활용, 친인척 등 인간관계 활용, 현지국 직접 탐방 등 다양한 방법이 있을 수 있다. 가장 일반적으로 많이 이용하고 있는 방법은 무역포탈사이트와 무역거래알선사이트를 활용하는 방법이다.

1. 무역포탈사이트/무역거래알선사이트 활용

무역포탈사이트란 국제무역에 대한 무역정보 수집과 마케팅, 국제거래협상 및 계약체결, 대금결제, 물류, 사후서비스 등 국제무역의 전반적인 절차에 따라 온라인상에서 4C[66]를 통합하여 국제무역 이용자들에게 국제무역 통합서비스를 제공할 수 있도록 구축된 Site를 말한다. TPS는 전세계를 대상으로 하여 품목을 특화하여 운영하는 사이트, 바이어 및 제품 정보를 특화한 사이트, 국제무역 실무 대행 등을 특화한 사이트 등 다양하게 수익구조를 특성화하여 진화되고 있다. 또한 한국의 경우를 살펴보면 대한상공회의소, 한국무역협회, 중소 . 벤처무역기업청 등 정부 유관기관에서 직접 운영하는 무역포탈사이트가 있다.

---

66) 4C란 콘텐츠(contents), 커머스(commerce), 커뮤니티(community), 커뮤니케이션(communication)를 말한다.

한국무역정보통신(주)는 정부유관기관으로 전자무역의 활성화를 위한 한국의 무역 인프라를 선도해 나가고 있는 업체이다. 한국무역협회와 협력하여 무역알선, 업무대행, 수출입통관, 대금결제서비스 등 무역의 전과정 서비스를 원스탑(one-stop)으로 할 수 있는 무역포탈사이트를 설립하여 운영하고 있다(http://www.utradehub.or.kr).

그리고 무역거래알선사이트를 활용하는 방법이다. 예를들면 한국무역협회에서 분사한 민간업체인 EC21(http://www.ec21.com)과 ECPLAZA(http://www.ecplaza.net) 등을 예로 들 수 있다.

무역거래알선사이트는 거래알선를 통한 계약체결, 무역업무 대행 등에 수익구조가 특화되어 발전하고 있다. 이런 각종 무역거래알선사이트에 회원가입하여 선택된 국가 및 목표시장을 소트하여 담당자 이메일 주소를 수집할 수 있다. 또한 자사의 홈페이지를 등록하여 홍보할 수 도 있으며, 전자카달로그를 만들어 사이트에 가입되어 있는 회원들에게 홍보메일을 보낼 수 도 있다. 무역거래알선사이트의 Buying offer/Buy now(구매정보)는 제품에 대하여 구매할 의향이 있는 바이어들이 구매의사를 등록해 놓는 게시판이고, Selling offer/Sell now(판매정보)는 제품에 대하여 판매할 의향이 있는 바이어들이 판매의사를 등록해 놓는 게시판이다. 대부분 무역거래알선사이트는 제품별로 소트할 수 있게 되어 있으며, 지역별로도 바이어를 소트할 수 있는 디렉토리 서비스를 제공하고 있다. 전자우편(이메일)로 일반인을 무작위로 선택하여 설문을 발송하여 설문지를 받을 수 있는 회신율은 약 6% 이다. 즉 100통을 이메일로 보내면 6통이 답신이 온다. 1000통을 보내면 60통 답신이 온다는 이야기이므로, 바이어 정보를 찾아 이메일을 편리하게 보낼 수 있는 상태로 정리하는데 노력을 투자한다면 바이어로부터 답신율을 높이는 지름길이 될 수 있다. 바이어 명단이 정리되어 자사의 제품을 홍보하는 홍보메일, 즉 무역용어로 의향편지(circular letter)를 발송하는데, 이 때에 주의할 점은 스팸메일이 되지 않게 주의하여 발송해야 한다. 수신자에게 불쾌감을 줄 수 있는 다량메일을 보낸다든가 반복해서 보낸다든가 등은 삼가해야 한다. 편지 내용에 이 메일 수집은 어느 사이트에서 알게 되어 수집하였고, 편지를 보내게 되어 기쁘며, 편지를 받지 않기 원하시면 보내지 말라는 답신을 해 주시면 보내지 않겠다는 의미의 정중한 문구를 넣어 발송하는 것이 긍정적인 방법이다.

인터넷마케팅이란 인터넷이라는 의사소통 도구에 의하여 효과적으로 또한 효율적으로 고객의 필요와 욕구를 충족시킬 수 있는 제품, 촉진, 유통, 가격 결정 등의 활동을 통하여 가치를 창출하고 제공하는 활동이다라고 정의된다.[67] 따라서 전자무역마케팅이란 인터넷 및 정보통신 기술을 융합하여 무역프로세스 업무의 혁신을 통해 무역기업 경쟁력을 강화시키는 모든 전자적 활동이라고 할 수 있다.

인터넷의 발달은 국경의 개념을 재정립하고 글로벌 마켓의 통합을 가속화하고, 전세계 무역업체들의 글로벌 무역 커뮤니티를 형성하여 국가, 지역, 언어의 장벽 없이 비즈니스에 종사할 수 있는 인터넷 기반의 서비스를 제공하기 위해 구성된 무역전문사이트의 이용이 급증하고 있다. 그러나 무역에 관련한 수많은 자료들이 인터넷에서 제공되고 있지만, 정작 필요로 하는 자료를 찾아 활용하는 것은 쉽지 않다. 이는 제공되는 자료들이 신뢰성 있는 자료인지 검증하기가 어려우며, 수많은 기관들이 제각기 자료들을 제공하기 때문이다. 또한 어느 기관에서 어떠한 자료를 DB로 가지고 있는지에 대해 파악하기가 힘들어 필요한 자료를 적재적시에 검색해 활용하기가 매우 어려운 실정이다.[68]

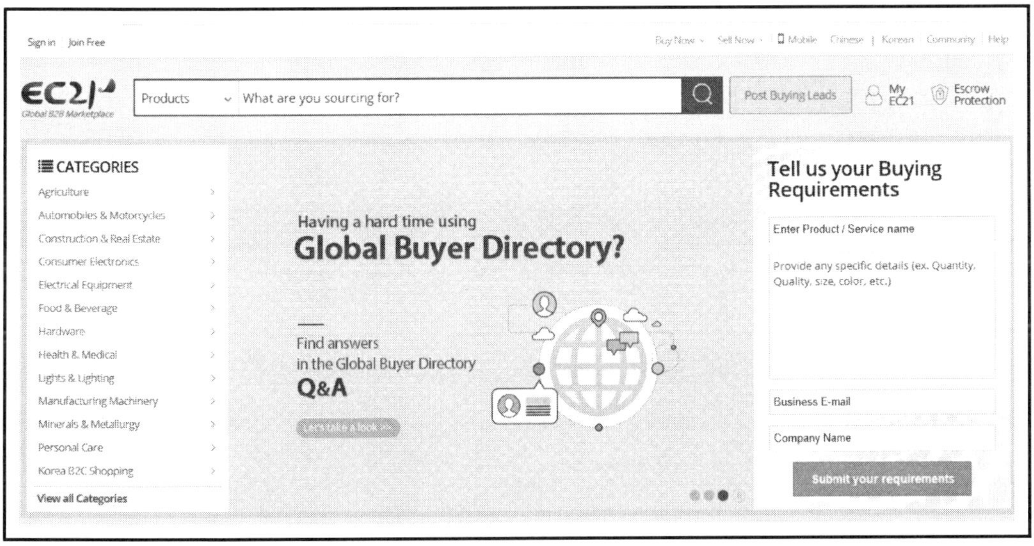

주) http://www.ec21.com 초기화면

67) 박재기, 「인터넷마케팅」, 형설출판사, 2004.2, p.38.
68) www.utradesearch.or.kr 인용 편집.

2. 무역마케팅정보사이트 활용

바이어 및 공급업체 등을 찾는 방법은 인터넷 상에서는 무궁무진하다. 우리나라에서 제공하는 정보사이트 뿐만 아니라 관심있는 각 국가에서 제공하는 수많은 무역거래알선사이트 및 이마켓플레이스 사이트 등에 접속하여 원하는 정보를 찾을 수 있다. 1차적 정보는 직접 방문이나 거래처, 지인 등을 통해 직접 정보를 수집하는 방법이 있고, 2차적 정보는 통계청, 한국무역협회, 코트라, 대사관, 무역유관기관, 각 시도 무역지원과 등 각 기관에서 해당하는 통계 정보 자료를 통해 트랜드 및 해당 정보를 습득할 수 있다. 1차적 정보는 직접 본인이 오감으로 확인이 되는 장점이 있는 반면 빈도수의 한계가 있으며, 2차적 정보는 지난 과거의 정보란 점에서 한계가 있으나 대수의 법칙에 적용되어 신뢰성이 상대적으로 높다.

주) 한국 통계청, http://kostat.go.kr/portal/korea/index.action.

〈 국내외 무역거래알선사이트/무역통계사이트〉

국내		해외
유관기관	민간업체	
◦ www.kita.net 한국무역협회 ◦ http://kostat.go.kr 통계청 ◦ www.kotra.or.kr 대한무역투자진흥공사 - www.buykorea.org 해외마케팅정보 - www.exportal.or.kr 해외전시회 정보 - www.globalwindow.org 해외무역정보 등	◦ www.ec21.com ◦ kr.ec21.com ◦ www.ecplaza.net ◦ kr.ecplaza.net 등	◦ http://www.globalsources.com ◦ http://www.alibaba.com ◦ http://www.kompass.com ◦ http://www.europages.com ◦ http://www.amazon.com 등

제 2 절 바이어 신용조사

바이어가 발굴되어 의향편지가 서로 오고 가면서 진정성 있는 몇 명의 바이어가 선택되고 OFFER SHEET(무역계약서)가 체결될 쯤, 바이어에 대한 신용조사를 해 보아야 한다. 현재 신용조사 방법은 신용조사기관에 의뢰하는 방법, 주거래 금융기관을 통해 확인하는 방법, 현지국 다른 거래선을 통한 확인방법, 현지국 친인척 인간관계를 통해 확인하는 방법을 통해 확인하는 방법, 일반신용정보기관(업체)을 이용하는 방법 등이 있는데, 현재 가장 많이 활용되고 있는 방법은 신용조사기관(업체)에 의뢰하는 것이다. 한국의 신용조사기관은 대한무역투자진흥공사, 한국수출입보험공사, 수출입은행, 신용보증기금 등이 전 세계의 지점망과 세계 신용기관과의 제휴 관계를 통해 바이어 신용정보서비스를 제공해 주고 있다. 신용조사 시 기본적으로 파악해야 하는 사항으로

▶ 바이어의 특성(Character)를 파악하는 것이다.

사업의 성실성, 계약이행의 열의, 업계 평판 등 계약이행에 대한 수행 능력을 보는 것이다.

▶ 바이어의 수용력(Capacity)를 파악하는 것이다.

년간매출액, 판매방식, 경력, 공장 설비 등 바이어의 영업능력을 보는 것이다.

▶ 바이어의 재무력(Capital)를 파악하는 것이다.

손익계산서, 대자대조표 등을 통해 바이어의 자산부채상태를 보는 것이다. 공개되지 않은 무역기업이라면 금융기관의 신용관계를 파악해 볼 수 있다. 이를 신용조사의 3C라고 한다.

〈전문신용조사업체〉

운영기관명		웹사이트 주소
국내	신용보증기금	http://www.kodit.co.kr/index.jsp
	(주)서울신용평가정보	http://www.sci.co.kr/
	한국기업평가(주)	http://www.korearatings.com/index.jsp
	한국신용평가(주)	http://www.kisrating.com/
	한국무역보험공사	http://www.ksure.or.kr/index.jsp
	NICE신용평가정보(주)	http://www.nicecredit.com/
	한국기업데이타(주)	http://www.kedkorea.com/
해외	Dun & Bradstreet	http://www.dnb.com
	J.P.Morgan	http://www.jpmorgan.com/pages/jpmorgan
	Moodys	http://www.moodys.com/
	Standard & Poors	http://www.standardandpoors.com/ratings/en/us/

주) 김학민, 전자무역의 이론과 실무, 2007.7, p.107. 참조.

주) http://www.dnb.com Dun & Bradstreet 초기화면.

제3절 uTradeHub 전자무역시스템의 〈무역포탈〉 소개

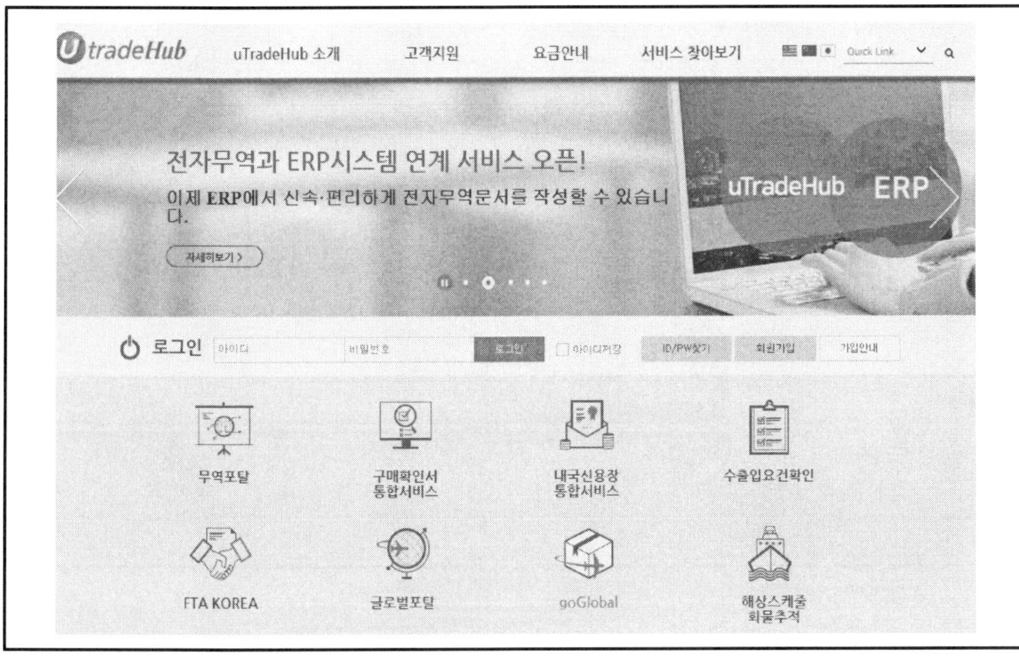

주) https://www.utradehub.or.kr/ UtradeHub 초기화면.

무역포탈은 마케팅, 상역, 외한, 통관, 물류, 결제까지 모든 무역 업무 프로세스를 신속하고 편리하게 단절 없이 처리할 수 있도록 단일화된 Workplace를 제공한다. 무역업체를 위한 전자무역 단일화된 Workplace를 제공함으로써 사용자의 업무 처리절차를 간소화하고 무역업무 효율성을 높여 무역 활성화에 기여한다. e-B/L, e-Nego 등을 통하여 Paperless Trading의 기반을 마련하였다.

- 포탈을 통해 서류 또는 단절된 서비스 중심이 아닌 사용자 중심의 작업 공간 구현.
- 개별 수출/입 건수 기준으로 업무 진행상황 추적, 요청 업무 처리결과, 관련 문서 등을 실시간으로 포탈의 사용자 업무 프로세스 상에서 확인가능.
- 전자문서 유통체계 개선을 통한 전자무역 프로세스 개선.
- 전자문서의 진정성 및 제3자 유통성 확보를 통해 동일문서 중복 제출 및 종이 원본제출을 줄일 수 있음.

주) https://www.utradehub.or.kr

무역 포탈을 통하여 선적 요청, 선하 증권, 원산지 증명서, 적하 보험, 환어음 등 유관기관 방문 없이 서류 제출 및 서류 접수가 가능하여, 이제 은행이나 수출입 관련기관 등을 방문할 필요가 없이 언제 어디서나 무역 업무를 볼 수 있다. 전자문서 중복제출 방지 및 유통의 간소화로 인한 비용 및 인력을 절감한다.

My Trade는 uTradeHub의 모든 기능을 사용자가 Menu Driven 방식으로 업무를 진행하지 않고, 하나의 Workplace에서 모든 업무를 수행할 수 있도록 고안된 기능이다. 사용자는 수많은 무역업무 중에서 자신의 업무를 설정하고 이에 대해서 To-Do 및 To-Check 등의 업무목록을 표시하여 좀 더 능동적으로 업무를 수행할 수 있는 기능이다. 사용자는 자신의 업무만 처리 할 수 있도록 설정을 할 수 있다. 시스템에서 필요한 초기 업무를 제외한 나머지는 모두 사용자가 지정하여 많은 무역 업무를 단순화해서 To-Do, to-Check List를 볼 수 있다. 이러한 업무프로세스를 사용자 별, 계약별로 등록하여 업무에 적용할 수 있다.

단계	단계명	적용	업무ID	업무명	업무구분	적용유무	수정일
1	수출신용장/무신용장	☐	TSK0001	신용장내도	필수	☑	2008-01-22
			TSK0002	신용장/무신용장정보	필수	☑	2007-10-24
			TSK0003	변경일괄조회	선택	☐	2007-10-23
			TSK0006	계산서조회	선택	☐	2007-11-08
			TSK0007	신용장조건변경내도	선택	☐	2007-10-25
			TSK0008	신용장Confirm	선택	☐	2007-10-25
			TSK0009	신용장교부취소	선택	☐	2007-10-25
			TSK0010	신용장양도	선택	☐	2007-11-02
2	통관	☐	TSK0011	상업송장(통관용)	필수	☑	2007-11-02
			TSK0012	포장명세서(통관용)	선택	☑	2007-11-02
			TSK0013	수출신고의뢰	선택	☐	2007-10-25
			TSK0014	수출신고필증	선택	☐	2007-10-25
3	선적요청	☐	TSK0015	상업송장	필수	☑	2007-10-31
			TSK0016	포장명세서	선택	☑	2007-10-25
			TSK0105	선적요청	선택	☑	2008-01-22
			TSK0104	e-B/L	선택	☑	2008-01-22
			TSK0106	e-B/L재발행요청	선택	☑	2008-01-24
			TSK0017	해상선적요청서	선택	☐	2008-01-22
			TSK0018	Check B/L	선택	☑	2008-01-22

주) https://www.utradehub.or.kr

제6장 전자무역과 무역계약

법규(法規, law & rules)은 민의(民意)의 교집합이자 합집합이다. 우리가 생활하는데 있어 법률과 규칙을 위배하여 생활하는 것은 위험하다. 즉, 법규를 위배하여 생활하는 것은 곧 타인에게 피해를(예 cost, loss, damage 등) 주게 된다. 우리는 사회구성원으로서 살아가기 위해서는 합의된 표준(예 법률, 규칙 등)을 지켜야만 한다. 합의된 표준(예 법률, 규칙, 질서, 균형 등)을 지키지 않는 사람들이 있을 때, 사회는 혼란(예 충돌, 폭발, 사고, 폭동, 손실 등)이 발생되고 있기 때문이다. 국제무역은 한 나라 안에서 물품(서비스포함)이 거래되는 것을 의미하지 않는다. 우리나라와 국제 거래를 하고 있는 모든 국가와의 거래를 포함한다. 따라서 국제적인 합의를 이룬 것이 있다면, 그 합의에 따르는 것이 기업 경영의 안전성을 유지할 수 있다. 특히, 비대면적으로 이루어지고 있는 전자무역은 문서의 위조와 변조, 즉 전자 통신문 또는 데이터메시지의 진정성, 무결성, 부인방지, 불법침투 등에 대한 문제점을 안고 있기 때문에, 당사자들의 온라인 행위에 대한 책임관계를 명확하게 인색해 둘 필요가 있다.

제1절 계약의 이해

1. 계약의 개념

국제무역계약서를 작성하기 위하여, 먼저 계약의 일반적인 이해가 필요하다. 계약이란 어떤 의미와 형식을 갖고 있는지 살펴보자. 계약서 작성은 우리 일상생활에서 많이 행하여 진다. 특히, 성문법하에 있는 국가 속에서는 모든 행정절차가 서류 등에 의존하고 있다. 우리 생활 방식은 복잡하여 구성원긴 이떤 일정힌 합의하에 생활하지 않으면 사회를 유지할 수 없는 상황에 있다. 이런 생활 체제유지의 한 방편으로 활용되고 있는 것이 계약이란 방법이다. 따라서 그 구성원들의 합의에 따라 계약서 작성 내용도 다양하게 활용되고 있다. 예를 들어 생활필수품 등은 매매계약으로, 직장은 근로계약으로, 주거를 위해 매매계약이나 임대차계약, 전세계약 등이다. 계약은 구성원들의 합의에 따른 생활방식의 하나이기 때문에 우리가 사회생활을 하는데 있어 상호간에 법적으로 구속을 받을 수 있는 사회현상이라고 할 수 있다. 계약이란 일정한 법률효과의 발생을 목적으로 하는 두 사람 이상의 당사자의 의사표시의 합치, 즉 합의에 의하여 성립하는 법률행위를 말한다. 이러한 의미에서 볼 때, 계약은 채권의 발생을 목적으로 하는 합의(채권계약) 뿐만 아니라, 물권의 변동을 목적으로 하는 합의(물권계약), 혼인과 같은 가족법상의 법률관계의 변동을 목적으로 하는 합의(가족법상의 계약)등도 포함한다. 채권계약은 채권의 발생을 목적으로 하는 합의로 일정한 채권(채권관계)의 발생을 목적으로 하는 복수의 당사자의 서로 대립하는 의사표시의 합치로 성립하는 법률행위를 말한다. 합의란 당사자의 의사표시가 내용적으로 합치되는 것을 의미한다. 즉, 계약서 상에 표시된 내용이 당사자의 의사와 합치되어야 하며(주관적 합치), 제3자가 그 내용을 보아도 표시상의 효과의사가 서로 일치해야 한다(객관적 합치)[69].

2. 계약의 성질

민주주의 국가에서는 대부분 계약서 작성에 대하여는 계약 당사자들의 자유에 맡기고 있다. 당사자들의 계약 자유의 원칙은 사적자치의 원칙, 소유권 절대의 원칙, 과실책임의 원칙과 함께 근대 민법의 3대 원칙이라 불린다. 계약 자유의 원칙은 개인의 사법관계를 각자의 의사에 따라 자유로이 규율하게 하려는 것으로서 계약에 의한 법률관계의 형성은, 준거지역의 법(law) 제한에 걸리지 않는 한, 완전히 각자의 자유에 맡기는 원칙이다. 계약자유의 원칙의 내용에는 체결의 자유, 상대방 선택의 자유, 내용 결정의 자유, 방식의 자유가 있다. 체결의 자유란 당사자가 어떤 계약을 체결할 것인가 또한 체결한다고 할 때에 누구하고 계약을 체결할 것인가를 자유로이 결정할 수 있음을 말한다. 계약은 일반적으로 청약과 승낙으로 성립하므로, 이 계약자유는 청약의 자유와 승낙의 자유를 포함하는 것이다. 따라서 청약이 있는 경우에 승낙을 거절할 자유도 당연히 인정된다. 내용결정의 자유란 계약체결의 쌍방 당사자가 그 계약의 내용을 자유로이 정할 수 있음을 말한다. 이 계

69) 박근영, 「계약에 관한 질의답변&서식」, 법률미디어, 2005.5., p.3.

약 내용의 자유는 이미 성립한 계약의 내용을 후에 변경하거나 보충하는 것도 포함한다. 또한 당사자는 이미 성립한 계약을 후에 맺는 다른 계약으로 해제하거나 또는 일부를 이미 이행한 계약관계를 종료시킬 수도 있다. 그러나 강행규정이나 선량한 풍속 기타 사회질서에 위반하는 사항을 내용으로 하는 계약은 법률적인 효력이 없음에 주의해야 한다. 방식의 자유란 계약을 성립시키는 것은 바로 당사자의 합의이므로, 일정한 방식을 필요로 하지 않음을 말한다.[70)]

3. 계약의 제한

그러나 자본주의 경제, 문화의 발전은 계약 자유의 원칙에 여러 개선점이 나타나게 됨으로써, 시대에 적합한 법규를 재개정하고 계약체결의 자유를 제한하지 않을 수 없게 되었다. 강행규정에 위반하는 사항을 목적으로 하는 계약은 그 효력이 없다. 주의할 것은 정의의 실현 또는 경제적 약자의 보호를 위하여 강행규정이 점차로 늘어가고 있는 점이다. 이것은 그만큼 계약의 자유가 제한되어 가고 있음을 의미한다. 또한 선량한 풍속 기타의 사회질서에 위반하는 사항을 내용으로 하는 계약은 무효이다. 대표적인 예를 들면 소유권이전등기의 신청에 있어서 매매나 교환이 등기원인인 때에는 반드시 그 계약서를 제출하여야 하고, 그러한 계약서는 소정의 용지에 작성하도록 하고 있다.[71)]

4. 계약의 성립

계약이 성립하려면 당사자의 서로 대립하는 수개의 의사표시의 합치, 즉 합의가 반드시 있어야 하는데 이러한 합의는 일반적으로 청약과 승낙으로 성립한다. 그리고 청약과 승낙에 의한 계약의 성립이 반드시 두 사람 사이에서만 행하여지는 것은 아니며, 2인 이상의 여러 사람이 하나의 계약을 체결할 수도 있다. 청약은 승낙과 결합하여 일정한 계약을 성립시킬 것을 목적으로 하는 의사표시이다. 청약의 효력 발생시기는 청약이 상대방에게 도달할 때 효력이 발생한다. 합의란 객관적으로 합치하는 의사표시가 상대방의 의사표시와 결합해서 일정한 법률효과를 발생시키려는 것으로써, 승낙을 통해 계약성립되어 효력을 발생한 때에는 어느 일방의 당사자 마음대로 철회할 수 없게 된다.

---

70) 야후 백과사전 http://kr.dic.yahoo.com, 박근영, 「계약에 관한 질의답변&서식」, 법률미디어, 2005.5., pp.4-5.

71) 박근영, 「계약에 관한 질의답변&서식」, 법률미디어, 2005.5., p.6.

5. 계약의 효력

계약의 성립과 효력은 구별된다. 효력이란 성립된 계약이 쌍방이 합의한 내용대로 효과가 생기느냐 않느냐를 분별하는 것이다. 계약의 성립요건은 이미 설명한 바와 같이 두 당사자들의 의사표시가 객관적으로 또 주관적으로 합치되어야 한다. 체결된 계약이 효력을 발생하려면 당사자들이 권리능력[72] 및 행위능력[73]을 가지고, 계약서 작성내용이 현행 법률에 위배되지 않고, 사회적 관념(생각)에 어긋나지 않아야 한다.

〈승낙의 효력 발생시기〉

통신수단 \ 준거법			유엔협약	한국법	영미법	독일법	일본법
일반원칙			도달주의	도달주의	도달주의	도달주의	도달주의
승낙의 의사표시	대화자[74]	대 화	도달주의	도달주의	도달주의	도달주의	도달주의
		전 화	도달주의	도달주의	도달주의	도달주의	도달주의
		텔렉스	도달주의	도달주의	도달주의	도달주의	도달주의
	격지자[75]	우 편	도달주의	발신주의	발신주의	도달주의	발신주의
		전 보	도달주의	발신주의	발신주의	도달주의	발신주의

계약은 청약에 대한 승낙의 발생시기와 관련하여 발신주의와 도달주의 입장이 있다. 발신주의는 피청약자가 승낙의 의사표시를 발신한 시점에서 계약이 체결되는 것이고, 도달주의는 피청약자가의 승낙의사표시가 청약자에게 도달한 시점에서 계약이 성립된다.

---

72) 권리능력 : 권리, 의무의 주체가 될 수 있는 법률상의 자격을 말하며 권리능력을 가지는 자는 자연인과 법인이다.

73) 행위능력 : 사법상 확정적으로 유효한 법률행위를 단독으로 할 수 있는 능력을 말한다. 자연인과 법인은 모두 권리능력을 가지지만 반드시 행위능력을 가지는 것은 아니다. 자연인 중에 의사능력이 없는 자는 전혀 행위능력이 없고, 그 행위는 무효이다. 민법에서는 피성년후견인, 피한정후견인인 미성년자, 한정치산자, 금치산자를 무능력자(행위능력이 없는 자)로 규정하고, 이를 보호하기 위하여 무능력자가 단독으로 한 법률행위(계약)을 취소할 수 있도록 하고 있다.

74) 상대방에게 의사표시를 쉽고 편리한 방법으로 할 수 있는 상태에 있는 사람을 말함.

75) 상대방이 의사표시를 한 뒤에 그것을 깨달아 알 때까지 시간을 필요로 하는 상태에 있는 사람을 말함. 그러나 격지자는 공간적 거리를 표준으로 하여 말하는 것은 아니며, 거래상 고려할 만한 가치가 있는 시간적 거리를 표준으로 하여 말하는 것이다.

▸ 피성년후견인(被成年後見人)은 질병, 장애, 노령, 그 밖의 사유로 인한 정신적 제약으로 사무를 처리할 능력이 지속적으로 결여되어 가정법원이 성년후견개시의 심판을 받은 사람을 말한다.(민법 제9조) 성년후견개시는 본인, 배우자, 4촌 이내의 친족, 후견인, 후견감독인, 검사 또는 지방자치단체의 장이 청구할 수 있다. 성년후견을 개시할 때는 신경정신과 의사가 그 감정인으로서 관여하는데, 단순한 성격장애나 기벽자(奇癖者)는 성년후견의 대상이 되지 않는다. 피성년후견인은 민법상 독립하여 법률행위를 할 수 없는 행위무능력자로, 후견인은 피성년후견인의 법률행위를 취소할 수 있다.(민법 제10조제1항) 다만, 가정법원은 취소할 수 없는 피성년후견인의 법률행위의 범위를 정할 수 있고, 일용품의 구입 등 일상생활에 필요하고 대가가 과도하지 아니한 법률행위는 후견인이 취소할 수 없다.(민법 제10조제2항~제4항) 2013년 7월 1일 개정 민법 시행 전의 금치산자(禁治産者)와 비슷하다.

▸ 피한정후견인(被限定後見人)은 질병, 장애, 노령, 그 밖의 사유로 인한 정신적 제약으로 사무를 처리할 능력이 부족하여 가정법원이 한정후견개시의 심판을 한 사람을 말한다.(민법 제12조) 한정후견개시의 심판은 본인, 배우자, 4촌 이내의 친족, 후견인, 후견감독인, 검사 또는 지방자치단체의 장이 청구할 수 있다. 피한정후견인이 후견인의 동의가 필요한 법률행위를 그 동의 없이 하였을 때에는 후견인은 이를 취소할 수 있다.(민법 제13조제4항) 그러나, 일용품의 구입 등 일상생활에 필요하고 대가가 과도하지 아니한 법률행위는 후견인이 취소할 수 없다. 후견인이 피한정후견인의 이익이 침해될 염려가 있음에도 그 동의를 하지 아니하는 때에는 가정법원은 피한정후견인의 청구에 의하여 후견인의 동의를 갈음하는 허가를 할 수 있다.(민법 제13조제3항) 2013년 7월 1일 개정 민법 시행 전의 한정치산자(限定治産者)와 비슷하다.

6. 계약의 무효와 취소[76]

(1) 무효(無效, void)

그 법률행위로부터 당사자가 기도한 법률상의 효과가 생기지 않는 것을 말한다. 원천무효라는 표현도 자주 쓰는데, 이는 처음부터 효력이 없는 것으로 간주된다는 의미이다. 영어권에서는 원천무효를 'void ab initio'로 쓰는데, 여기서 한정어로 쓰인 'ab initio'는 라틴어로 '시작부터'라는 뜻이다. 무효는 취소와 달라 누구의 의사표시를 기다릴 필요 없이 법률상 당연히 효과가 없는 것으로 되고 또 무효한 행위를 나중에 유효한 것으로 하려고 추인(追認)하여도 원칙적으로 유효한 것으로 되지 않으며(대한민국 민법 제139조), 일정한 시간의 경과에 의하여 유효한 것으로 되는 것도 아니다. 무효의 원인으로는 법률행위 일반에 공통한 것(의사능력의 결격·심리유보의 예외의 경우·허위표시·목적의 불능·목적의 위법·목적의 반사회

76) 『국가법령정보센터, 법령용어사전』 참조.

성(反社會性) 등)과 특수한 법률행위에 한정되는 것(입양에서 양자가 양친보다 연장자인 것 : 883조 2항, 유언에서의 방식의 흠결 : 1060조) 등이 있다. 또한 모든 사람에게 대하여 무효인 것(절대적 무효)이 원칙이지만, 주로 거래의 안전을 도모하기 위하여 무효의 효과를 특정인에 대하여 주장할 수 없는 것(상대적 무효 : 107조 2항, 108조 2항)이 있을 뿐만 아니라 관계당사자가 다수인 경우에는 특히 그 효과가 일반적으로 제한되는 일도 있다(상법 302조, 236조-240조, 529조, 530조 등 참조). 즉, 법률행위의 무효란 법률행위가 성립한 당초부터 법률상 당연히 그 효력이 발생하지 않는 것으로 확정되어 있는 것을 말한다.

절대적 무효 (법률행위를 행한 당사자 시이에서 뿐만 이니라 제3지에 대한 관계에서도 무효인 경우로 누구에게나 "무효"를 주장할 수 있음)	▸ 의사무능력자의 법률행위 ▸ 목적을 확정할 수 없는 법률행위 ▸ 원시적 불능의 법률행위 ▸ 반사회질서 법률행위 ▸ 불공정한 법률행위 ▸ 강행법규를 위반하는 법률행위 ▸ 불법조건이 붙은 법률행위
상대적 무효 (법률행위의 당사자 간에 무효이지만, 선의의 제3자에 대해서는 그 무효를 주장할 수 없음)	▸ 비진의표시 ▸ 통정허위표시

(2) 취소

“취소”란 일단 유효하게 성립한 법률행위의 효력을 제한(무)능력이나 의사표시의 결함을 이유로 취소권자가 그 효력을 소멸시키는 것을 말합니다(『국가법령정보센터, 법령용어사전』 참조). 취소권자는 취소할 수 있는 법률행위는 제한능력자, 착오로 인하거나 사기·강박에 의하여 의사표시를 한 자, 그의 대리인 또는 승계인만이 취소할 수 있다(「민법」 제140조). 취소의 상대방은 취소할 수 있는 법률행위의 상대방이 확정한 경우에는 그 취소는 그 상대방에 대한 의사표시로 하여야 한다(「민법」 제142조). 취소의 효과는 취소된 법률행위는 처음부터 무효인 것으로 본다. 다만, 제한능력자는 그 행위로 인하여 받은 이익이 현존하는 한도에서 상환(償還)할 책임이 있다(「민법」 제141조). 취소할 수 있는 법률행위의 추인은 취소할 수 있는 법률행위는 제한능력자, 착오로 인하거나 사기·강박에 의하여 의사표시를 한 자, 그의 대리인 또는 승계인만이 추인할 수 있고 추인 후에는 취소하지 못한다(「민법」 제143조제1항). 이러한 추인의 방법은 취소의 방법과 같으므로, 상대방에 대한 의사표시로 하여야 한다(「민법」 제143조제2항). 추인은 취소의 원인이 소멸된 후에 하여야만 효력이 있다. 다만, 법정대리인 또는 후견인이 추인하는 경우에는 이를 적용하지 않는다(「민법」 제144조).

법정추인은 취소할 수 있는 법률행위에 관하여 추인할 수 있는 후(즉, 취소의 원인이 소멸된 후)에 다음의 사유가 있으면 추인한 것으로 본다. 그러나 이의를 보류한 때에는 그렇지 않다(「민법」 제145조).

추인으로 보는 경우	▸ 전부나 일부의 이행 ▸ 이행의 청구 ▸ 경개 ▸ 담보의 제공 ▸ 취소할 수 있는 행위로 취득한 권리의 전부나 일부의 양도 ▸ 강제집행

취소권은 추인할 수 있는 날로부터 3년 내에, 법률행위를 한 날로부터 10년 내에 행사하여야 합니다(「민법」 제146조). '추인할 수 있는 날'이란 취소의 원인이 종료되어 취소권 행사에 관한 장애가 없어져서 취소권자가 취소의 대상인 법률행위를 추인할 수도 있고 취소할 수도 있는 상태가 된 때를 말한다(대법원 1998.11.27. 선고 98다7421 판결). 이 때의 '3년'이라는 기간은 일반 소멸시효기간이 아니라 제척기간으로서 제척기간이 도과하였는지 여부는 당사자의 주장에 관계없이 법원이 당연히 조사하여 고려하여야 할 사항이다(대법원 1996.9.20. 선고 96다25371 판결).

〈 무효의 취소의 차이〉 (『국가법령정보센터, 법령용어사전』 참조)

구분	무효	취소
효력	처음부터 효력이 없음	취소 전에는 일단 유효함
주장할 수 있는 자	누구라도 무효를 주장할 수 있음	취소권자가 취소할 수 있음
주장기간	제한 없음	일정 기간이 경과하면 취소권 소멸
예	▪ 불공정한 법률행위(「민법」 제104조) ▪ 불법조건이 붙은 법률행위(「민법」 제151조제1항)	▪ 사기, 강박에 의한 의사표시(「민법」 제110조제1항) ▪ 착오로 인한 의사표시(「민법」 제109조)

7. 계약의 해제와 해지

계약의 해제라 함은 유효하게 성립된 계약의 효력을 당사자 일방의 의사표시에 의하여 그 계약이 처음부터 있지 않았던 것과 같은 상태로 만드는 것을 말한다. 해제는 법정해제와 약정해제로 나뉜다. 약정해제는 당사자들이 기존의 계약에 대하여, 새로운 계약을 통해서 해제권을 발생시키는 경우이고, 법정해제란 법률상 위배된 것이 인정되어 갖는 해제권이다. 일반적 해제, 해지권은 채무불이행으로 일어난다. 채무불이행은 이행지체, 이행불능, 불완전 이행 및 수령지체가 있다. 계약 해제 제도는 계약 당사자를 상대방의 채무불이행으로부터 구제하기 위한 수단이며, 상대방의 채무불이행으로 목적을 달성할 수 없게 된 계약을 해소시켜서, 처음부터 그러한 계약이 없었던 것과 같은 상태로 되돌아가게 하는 것을 목적으로 한다. 따라서 당사자는 원상회복의 의무를 부담한다. 계약이 해제되면 그 계약 자체로부터 생겼던 법률효과는 소급하여 소멸한다. 계약의 해제는 계약의 해제와 손해배상의 청구를 함께 할 수 있다. 즉 이들 둘 중 어느 하나만이 선택적으로 인정되는 것이 아니라 필요하다면 계약을 해제하고 아울러 손해배상도 청구할 수 있다. 계약의 해지는 계속적 채권관계에 있어서 계약의 효력을 장래에 향하여 소멸케 하는 일방적 행위이다. 해지는 해지의 효력이 발생하기 이전의 계약에 기초한 법률관계는 영향을 받지 않아, 해지는 해제와 달리 원상회복의 의무가 없게 된다. 해지의 의사표시는 철회하지 못하고, 계약 이해관계자 모두에 대하여 표시하여야 한다. 계약의 해지 또한 계약의 해지와 손해배상의 청구를 함께 할 수 있다.[77] 계약의 해제와 해지는 계약 상대방에게 의사가 도달했을 때부터 효력이 발생되는데, 그 효력은 대화자간이냐 또는 격지자간이냐에 따라 달라진다. 격지자간일 때에 우리나라에서 주로 사용하는 우편통지 방법을 내용증명우편이라 한다. 내용증명우편이란 일정한 규격의 양식으로 내용을 작성한 증명서(3통)를 우체국에 제출하면, 우체국에서 수령했다는 확인 날인을 해주고, 1통은 우체국에 보관, 1통은 상대방에게 발송, 1통은 제출인에게 주는 방법을 말한다. 우편 발송 방법은 격지자간일 때에 발신주의를 우리나라는 택하고 있기 때문에 발송일자로부터 그 법률의 효력이 있게 된다. 만약 내용증명우편을 분실했을 경우에는 본인이 직접 2년 이내에 우체국에서 가서 재교부 신청을 하면 된다.

---

77) 박근영, 「계약에 관한 질의답변&서식」, 법률미디어, 2005.5., p.10.

(1) 해제권[78)]

1) 해제의 의의

"해제"란 일단 유효하게 성립한 계약을 소급하여 소멸시키는 일방적인 의사표시를 말하는데, 이러한 일방적인 의사표시에 의하여 계약을 해소시키는 권리를 해제권이라 한다.

해제권의 발생원인으로는 ① 약정해제권과 ② 법정해제권이 있다. 약정해제권은 계약의 당사자가 해제권 보류에 관하여 특약을 한 경우에 계약에 의하여 해제권이 발생하고, 법정해제권은 법률의 규정으로 당연히 발생하는 해제권을 말하는데, 「민법」에서는 이행지체(「민법」 제544조 및 제545조)와 이행불능(「민법」 제546조) 두 가지를 규정하고 있다(『국가법령정보센터, 법령용어사전』 참조).

〈 법정해제권의 발생 〉

구분	내용
이행지체의 경우	▪ 당사자 일방이 그 채무를 이행하지 않는 때에는 상대방은 상당한 기간을 정하여 그 이행을 최고하고 그 기간내에 이행하지 않은 때에는 계약을 해제할 수 있다. 그러나 채무자가 미리 이행하지 않을 의사를 표시한 경우에는 최고를 요하지 않는다(「민법」 제544조). ※ 관련 판례 ▪ 계약의 성질 또는 당사자의 의사표시에 의하여 일정한 시일 또는 일정한 기간내에 이행하지 아니하면 계약의 목적을 달성할 수 없을 경우에 당사자 일방이 그 시기에 이행하지 아니한 때에는 상대방은 상당한 기간을 정하여 이행을 최고하지 아니하고 계약을 해제할 수 있다(「민법」 제545조).
이행불능의 경우	▪ 채무자의 책임있는 사유로 이행이 불능하게 된 때에는 채권자는 계약을 해제할 수 있다(「민법」 제546조). ※ 관련판례 ▪ 이행불능을 이유로 계약을 해제하기 위해서는 그 이행불능이 채무자의 귀책사유에 의한 경우여야만 한다(「민법」 제546조), 매도인의 매매목적물에 관한 소유권이전의무가 이행불능이 되었다고 할지라도, 그 이행불능이 매수인의 귀책사유에 의한 경우에는 매수인은 그 이행불능을 이유로 계약을 해제할 수 없다(대법원 2002.4.26. 선고 2000다50497 판결).

78) 『국가법령정보센터, 법령용어사전』 참조.

2) 해제권의 행사

계약 또는 법률의 규정에 의하여 당사자의 일방이나 쌍방이 해제의 권리가 있는 때에는 그 해제는 상대방에 대한 의사표시로 한다(「민법」 제543조제1항). 이러한 해제의 의사표시는 철회하지 못하며(「민법」 제543조제2항), 당사자의 일방 또는 쌍방이 수인인 경우에는 계약의 해제는 그 전원으로부터 또는 전원에 대하여 하여야 하고, 이 경우 해제의 권리가 당사자 1인에 대하여 소멸한 때에는 다른 당사자에 대하여도 소멸한다(「민법」 제547조).

3) 해제의 효과

구분	내 용
계약의 소급적 실효	▪ 해제의 소급효: 「민법」 제548조제1항 본문에 의하면 계약이 해제되면 각 당사자는 상대방을 계약이 없었던 것과 같은 상태에 복귀할 의무를 부담한다는 뜻을 규정하고 있는바 계약에 따른 채무의 이행으로 이미 등기나 인도를 하고 있는 경우에 그 원인행위인 채권계약이 해제됨으로써 원상회복 된다고 할 때 그 이론 구성에 관하여 소위 채권적 효과설과 물권적 효과설이 대립되어 있으나 우리의 법제가 물권행위의 독자성과 무인성을 인정하고 있지 않는 점과 「민법」 제548조제1항 단서가 거래안정을 위한 특별규정이란 점을 생각할 때 계약이 해제되면 그 계약의 이행으로 변동이 생겼던 물권은 당연히 그 계약이 없었던 원상태로 복귀한다 (대법원 1977.5.24. 선고 75다1394 판결). ▪ 제3자의 보호문제: 당사자 일방이 계약을 해제한 때에는 제3자의 권리를 해하지 못한다(「민법」 제548조제1항 단서).
원상회복 의무	당사자 일방이 계약을 해제한 때에는 각 당사자는 그 상대방에 대하여 원상회복의 의무가 있다(「민법」 제548조제1항 본문). ※ 원상회복 반환의 범위 ▪ 계약 해제의 효과로서 원상회복의무를 규정하는 「민법」 제548조제1항 본문은 부당이득에 관한 특별 규정의 성격을 가지는 것으로서, 그 이익 반환의 범위는 이익의 현존 여부나 청구인의 선의·악의를 불문하고 특단의 사유가 없는 한 받은 이익의 전부이다(대법원 2014.3.13. 선고 2013다34143 판결). ▪ 이 경우 반환할 금전에는 그 받은 날로부터 이자를 가하여야 한다(「민법」 제548조제2항).
손해배상	▪ 계약의 해제는 손해배상의 청구에 영향을 미치지 않는다(「민법」 제551조). ※ 상대방의 고의, 과실 필요 여부 ▪ 계약 상대방의 채무불이행을 이유로 한 계약의 해지 또는 해제는 손해배상의 청구에 영향을 미치지 아니하지만, 다른 특별한 사정이 없는 한 그 손해배상책임 역시 채무불이행으로 인한 손해배상책임과 다를 것이 없으므로, 상대방에게 고의 또는 과실이 없을 때에는 배상책임을 지지 않는다(대법원 2016.4.15. 선고 2015다59115 판결).
동시이행의 문제	해제 시 각 당사자의 원상회복 의무는 동시이행의 관계에 있다(「민법」 549조). 다만, 판례는 원상회복의무뿐만 아니라 손해배상의무의 경우에도 동시이행관계에 있다(대법원 1996.7.26. 선고 95다25138 판결).

4) 해제권의 소멸

해제권의 행사의 기간을 정하지 아니한 때에는 상대방은 상당한 기간을 정하여 해제권행사여부의 확답을 해제권자에게 최고할 수 있다. 다만, 이 기간내에 해제의 통지를 받지 못한 때에는 해제권은 소멸한다(「민법」 제552조). 또한 해제권자의 고의나 과실로 인하여 계약의 목적물이 현저히 훼손되거나 이를 반환할 수 없게 된 때 또는 가공이나 개조로 인하여 다른 종류의 물건으로 변경된 때에는 해제권은 소멸한다(「민법」 제553조).

(2) 해지권[79]

"해지"란 계속적인 계약을 장래에 향하여 실효시키는 것을 말합니다. 이것은 장래에 향하여 계약을 소멸시키는 점에서 해제의 소급적 효력과는 구별하여야 합니다(『국가법령정보센터, 법령용어사전』 참조). 해지권도 당사자의 계약 또는 법률의 규정에 의하여 발생한다(「민법」 제543조제1항 참조). 해지권의 행사는 해지는 상대방에 대한 의사표시로 하고, 해지의 의사표시는 철회하지 못한다(「민법」 제543조제1항 및 제2항). 당사자 일방 또는 쌍방이 수인이 경우에는 계약의 해지는 그 전원으로부터 또는 전원에 대하여 하여야 하며, 이 경우에 해지의 권리가 당사자 1인에 대하여 소멸한 때에는 다른 당사자에 대하여도 소멸한다(「민법」 제547조). 해지의 효과는 당사자 일방이 계약을 해지한 때에는 계약은 장래에 대하여 그 효력을 잃고(「민법」 제550조), 계약의 해지는 손해배상의 청구에 영향을 미치지 않는다(「민법」 제551조).

제 2 절 전자무역계약의 성립과 효력

국제무역협상을 진행시키는 방법은 전화, 팩스, 이메일, 화상통신, 직접 상담 및 방문 등으로 진행하고 있다. 당사자들이 국제무역 계약서를 작성할 때 국제무역은 언제 계약이 성립되고 효력이 발생하는지 먼저 살펴보자. 국제무역 계약도 일반적 계약과 마찬가지로 한 당사자의 청약에 의해 상대 당사자의 승낙이 있을 때 성립한다. 오늘날 국제무역의 대화 통로는 주로

79) 『국가법령정보센터, 법령용어사전』 참조.

컴퓨터 등을 통한 전자적 형식으로 내용을 주고받고 있는데, 전자적으로 의사를 주고 받을 때 국제무역계약의 성립은 어떠할까? 전자적 청약으로 전자적 승낙이 이루어지면 전자적 무역계약이 성립된 것으로 본다. 전자적 의사표시는 사람의 의사가 컴퓨터와 같은 정보처리 장치와 특정프로그램에 의하여 전자방식으로 직접 표시되거나 정보통신망을 통해서 제3자에게 전달되는 의사표시를 말한다. 국제무역은 대부분 인터넷, 정보처리시스템, 무역정보통신망과 같은 전자수단에 의해서 이루어지고 있으며 무역상은 모든 무역거래절차를 전자 의사표시로 처리하고 있다. 전자무역계약은 거래 당사자들의 합의에 의해서 성립된다. 합의는 일방당사자의 전자청약과 상대방의 전자승낙이라는 과정을 통해서 이루어진다. 전자청약은 피청약자와 일정한 거래조건으로 계약을 체결하고 싶다는 전자의사표시이고, 전자승낙은 상대방의 전자청약에 대한 수락의 전자의사표시를 말한다. 전자승낙은 원칙적으로 전자청약에 명시된 모든 내용을 아무 조건없이 수락하는 것이어야 하며, 새로운 사항을 추가하거나 전자청약의 내용을 제한하거나 변경하는 것은 승낙으로 간주되지 않고 새로운 청약으로 본다. 전자오퍼의 수신자는 자기의 승낙의사표시를 데이터메시지를 이용하여 전송자에게 보내는데 데이터 메시지는 전자문서교환, 전자우편, 전보, 전신, 텔레카피 등을 포함하여 전자적, 광학적, 또는 이와 유사한 방식으로 생성, 송신, 수신 또는 저장된 정보를 의미한다. 전자오퍼를 전송한 전송자는 법적인 권리와 의무를 부담해야 되며 전자오퍼를 받은 수신자는 그에 대한 동의 여부를 전자메시지로 보낼 경우 전자메시지는 청약과 승낙의 법적인 구속력을 갖게 된다. 그러나 전자계약은 비대면방식을 이용하여 청약을 하고 승낙이 이루어지기 때문에 계약의 성립시기를 어떻게 볼 것인가에 따라 해석이 달라질 수 있다. 따라서 이런 개선점을 명확히 하기 위하여 국내외 정부는 전자계약에 대한 성립 문제를 법률로 지정하고 있다.

전자무역계약의 성립을 위한 전자무역 관련 법률내용을 통해 살펴보자.

1. 유엔전자상거래모델법(Model Law on Electronic Commerce of the United Nations Commission on International Trade Law)/전자문서및전자거래기본법/전자서명법

제5조, 제11조 및 제12조에서 전자무역문서는 데이터메세지 형태로 계약이 이루어 졌다고 해서 법적 효력을 부인할 수 없도록 명시하고 있다.

Article 5. Legal recognition of data messages

Information shall not be denied legal effect, validity or enforceability[80] solely on the grounds that it is in the form of a data message.

제5조 데이터 메시지의 법적 승인

정보는 그것이 데이터 메시지의 형태로 되어 있다는 것만으로 그 유효성, 구속력, 법적 효력이 부인되지 않는다.

Article 11. Formation[81] and validity[82] of contracts

(1) In the context of contract formation[83], unless otherwise agreed by the parties[84], an offer and the acceptance of an offer may be expressed by means of data messages. Where a data message is used in the formation of a contract, that contract shall not be denied validity or enforceability[85] on the sole ground that a data message was used for that purpose.

(2) The provisions of this article do not apply to the following: [...].

제11조 계약의 성립과 유효성

(1) 계약의 성립의 면에서 당사자들이 달리 합의하는 경우 외에는, 청약과 승낙은 데이터 메시지의 방법에 의해서 표시될 수 있다. 계약의 성립에 데이터 메시지가 사용된 경우, 그러한 계약은 계약 성립을 위하여 데이터 메시지가 사용되었다는 이유만으로 그 유효성과 구속력이 부인되지 않는다.

(2) 이 규정은 다음의 경우 [...] 에 적용되지 않는다.

Article 12. Recognition[86] by parties of data messages

(1) As between the originator[87] and the addressee[88] of a data message, a declaration of will[89] or other statement shall not be denied legal effect, validity or enforceability solely on the grounds that it is in the form of a data message.

(2) The provisions of this article do not apply to the following: [...].

제12조 당사자에 의한 데이터 메시지의 승인

(1) 데이터 메시지의 작성자와 수신자 사이에서 의사표시나 다른 기재는 단지 데이터 메시지의 형태라는 이유만으로 그 법적 효력, 유효성, 구속력이 부인되지 않는다.

(2) 이 규정은 다음의 경우 [...] 에 적용되지 않는다.

80) 법적 효력, 유효성 또는 강제성이 부인되지 아니한다.

81) 성립, 형성

또한 어떤 정보가 서면으로 작성되어야 한다는 법률조항이 있을 때에, 제출되는 서류 중에 데이터메시지가 포함되어 있다고 해도 그 데이터메시지가 접근가능하고 열람할 수 있다면 그 데이터메시지는 제출서류로서 충족된다.

Article 6. Writing[90)]

(1) Where the law requires information to be in writing, that requirement is met by a data message if the information contained therein is accessible so as to be usable for subsequent reference.[91)]

(2) Paragraph (1) applies whether the requirement therein is in the form of an obligation or whether the law simply provides consequences for the information not being in writing.[92)]

(3) The provisions of this article do not apply to the following: [...].

제6조 문서성

(1) 법률이 서면형태로 되어 있는 자료를 요구할 경우에, 그러한 법규정은 만약 데이터 메시지에 포함되어 있는 자료가 이후의 증명에 사용될 수 있도록 입수 가능하다면 데이터 메시지에 의해서도 충족될 수 있다.

(2) 전항은 법률이 서면자료의 제출요건을 의무의 형태로 규정하고 있거나 또는 단순히 서면상태로 존재하지 않는 정보의 효과에 대하여 규정하고 있거나에 관계없이 적용된다.

그리고 전자무역계약에서 작성자(예 수출업자)와 수신자(예 수입업자) 사이에서 오고 가는 전자무역문서에 대해 원본으로 인정받을 수 있는 기준을 제시하고 있다.

Article 8. Original[93)]

(1) Where the law requires information to be presented or retained in its original form, that

82) 유효성, 효력
83) 계약의 성립에 있어서
84) 당사자들 간에 다른 합의가 없다면
85) 강제성
86) 승인, 허가
87) 작성자
88) 수신자
89) 의지(의도)의 발표(선언)
90) 서면(쓰는 것)
91) 데이터메시지에 포함된 정보가 지속적인 열람을 위하여 사용될 수 있도록 접근가능한 때에는 그 데이터메시지는 그 요건을 충족되는 것으로 본다.
92) 그 요건이 의무의 형식으로 요구되거나, 법률이 서면으로 되어 있지 않은 정보의 효과만을 요구하는 경우에도 적용한다.

requirement is met by a data message if:[94]

(a) there exists a reliable assurance[95] as to the integrity[96] of the information from the time when it was first generated in its final form[97], as a data message or otherwise; and

(b) where it is required that information be presented, that information is capable of being displayed to the person[98] to whom it is to be presented.

(2) Paragraph (1) applies whether the requirement therein is in the form of an obligation or whether the law simply provides consequences for the information not being presented or retained in its original form.

(3) For the purposes of subparagraph (a) of paragraph (1):[99]

(a) the criteria for assessing integrity[100] shall be whether the information has remained complete and unaltered[101], apart from[102] the addition of any endorsement and any change which arises in the normal course of communication, storage[103] and display[104]; and

(b) the standard of reliability required[105] shall be assessed[106] in the light of the purpose for which the information was generated[107] and in the light of all the relevant circumstances[108].

(4) The provisions of this article do not apply to the following: [...].

제8조 원본성

(1) 법률이 자료가 원본의 형태로 제공되거나 보관될 것을 규정하는 경우에, 그러한 규정은 다음과 같은 경우에 데이터 메시지에 의해서도 충족된다.

(a) 데이터 메시지 또는 그 이외의 다른 최종적인 형태로 처음 생성된 때로부터 자료의 진정성에 대한 신뢰할 만한 증명이 있는 경우

(b) 자료가 제출되도록 규정한 경우에, 그러한 자료는 제출되어야 할 사람에게 모니터상으로 표시될 수 있는 경우

(2) 전항은 그러한 규정이 의무의 형태로 되어 있는지의 여부 또는 법률이 단지 그 원래의 형태대로 자료가 제출되거나 확보될 수 있는지의 여부에 관계없이 적용된다.

(3) 제1항 (a)에서의 자료의 진정성에 대한 판단기준은 다음과 같다.

(a) 자료가 어떤 배서의 추가 및 통상의 통신, 저장, 표시의 과정에서 변경없이 완전하게 보존되어 있을 것

(b) 신뢰성, 신빙성의 기준은 자료가 생성된 목적과 제반 상황하에서 평가되어야 한다.

(4) 이 규정은 다음의 경우 [...] 에 적용하지 않는다.

---

93) 원본

94) 법률이 정보를 원본 형태로 제출 또는 보관할 것을 요구하는 경우에, 그 요건은 다음의 조건을 갖춘 데이터메시지에 의해 충족된다

95) 신뢰할만한 보장성이 존재하다

그런데, 전자무역 업무를 진행하면서 원본을 분실(훼손)하였을 경우도 일어날 것임으로, 이런 원본의 분실(훼손)상태일 경우에도 데이터메세지가 충분한 신뢰성과 진정성을 가지고 있는 경우에는 전자무역문서가 원본이 아니라는 이유만으로, 법적 증거로서의 가치를 부인하지 않을 수도 있도록 하고 있다.

Article 9. Admissibility and evidential weight of data messages[109)]

(1) In any legal proceedings, nothing in the application of the rules of evidence shall apply so as to deny the admissibility[110)] of a data message in evidence:

(a) on the sole ground[111)] that it is a data message; or,

(b) if[112)] it is the best evidence that the person adducing[113)] it could reasonably be expected to obtain, on the grounds that it is not in its original form[114)].

(2) Information in the form of a data message shall be given due evidential weight. In assessing the evidential weight of a data message, regard shall be had to the reliability of the manner in which the data message was generated[115)], stored or communicated, to the reliability of the manner in which the integrity of the information was maintained[116)], to the manner in which its originator was identified[117)], and to any other relevant factor.

제9조 데이터메시지의 허용성과 증거 기준

(1) 모든 법적 절차에서 어떠한 증거법 원칙도 다음과 같은 이유만으로 증거로서의 데이터 메시지의 효용성을 부인하기 위하여 적용되어서는 안된다.

(a) 그것이 데이터 메시지만이라는 이유만으로, 또는

(b) 증거를 제시하는 사람이 그것을 입수하여 제출할 수 있는 최상의 증거인데도, 원본의 형

---

96) 무결성
97) 최종의 형식내에
98) 그 사람에게 재현될 수 있어야 한다
99) 제1항 (a)의 적용에 있어서
100) 무결성의 평가 기준은
101) 변하지 않은 상태
102) ~와 관계없이, ~은 별문제로 하고, ~은 그렇다고 하고
103) 저장 또는 보관
104) 출력 또는 열람
105) 요구된 신뢰성의 기준은
106) 평가되어질 것이다
107) 생성되다(작성되다, 만들어지다)
108) 관련되어 있는 모든 상황들
109) 데이터메시지의 허용성과 증거

태가 아니라는 이유만으로,

(2) 데이터 메시지형태의 자료는 충분한 증거력을 갖는다. 데이터 메시지의 증거력을 평가함에 있어서 데이터 메시지의 생성 . 통신 . 저장방법의 신뢰성, 보존되는 자료의 진정성 확보방법의 신뢰성, 작성자의 동일성의 증명방법 그리고 관련되는 다른 요소를 고려하여야 한다.

전자무역문서는 디지털신호로 처리된 전자적 데이터이다. 그럼으로 전자무역문서가 작성될 때부터 송신, 수신, 저장, 열람 등까지 모든 프로세스를 경유하면서 원본이 오염(결함)이 일어나면 그 전자무역문서는 효력을 인정받기 어렵다. 따라서 전자무역문서가 효력을 지속하기 위해 보존의 기준도 제시하고 있다.

Article 10. Retention[118)] of data messages

(1) Where[119)] the law requires that certain documents, records or information be retained[120)], that requirement is met[121)] by retaining data messages, provided[122)] that the following conditions are satisfied:

(a) the information contained therein is accessible[123)] so as to be usable[124)] for subsequent reference; and

(b) the data message is retained[125)] in the format in which it was generated, sent or received, or in a format which can be demonstrated to represent accurately the information generated, sent or received[126)]; and

(c) such information, if any, is retained as enables[127)] the identification of the origin and destination[128)] of a data message and the date and time when it was sent or received.

(2) An obligation to retain documents, records or information in accordance with[129)] paragraph (1) does not extend to any information the sole purpose of which is to enable the message to be sent or received[130)].

(3) A person may satisfy[131)] the requirement referred to in paragraph (1)[132)] by using the services of any other person[133)], provided that the conditions set forth[134)] in subparagraphs

---

110) 허용성
111) 유일한 이유
112) ~인 경우에는
113) (이유, 증거 따위를) 제시하다, 예증으로서 들다
114) 원본(원본형식)이 아니라는 이유만으로
115) 데이터메시지 생성 방법의 신뢰성
116) 정보의 무결성를 유지하다
117) 작성자가 동일한 형태임을 증명한 방법

(a), (b) and (c) of paragraph (1) are met.

제10조 데이터 메시지의 보존

(1) 법률이 어떤 문서, 기록 또는 자료를 보존하도록 규정하고 있는 경우에, 그러한 규정은 다음과 같은 조건을 충족시키는 데이터 메시지의 보존에 의해서도 충족된다.

(a) 데이터 메시지에 포함된 자료가 이후의 증명에 사용되기 위해서 접근 가능할 것

(b) 데이터 메시지가 생성. 송신. 수신된 형태로 보존되고 있을 것 또는 데이터 메시지의 형태가 생성. 송신. 수신된 자료를 정확하게 표현할 수 있는 형태로 보존될 것

(c) 데이터 메시지가 송. 수신의 날짜와 시간, 송신지와 수신지를 증명할 수 있도록 보존될 것

(2) 전항에 따라서 문서, 자료 또는 기록을 보존할 의무는 오로지 메시지를 발신하거나 수신할 목적으로 사용되는 정보에까지 확대되지 않는다.

(3) 어떤 사람이 제1항 (a), (b), (c)의 요건을 충족하면, 다른 사람의 서비스를 사용함으로써 제1항에 규정된 요건을 만족시킬 수 있다.

전자거래기본법[일부개정 2008.3.21 법률 제8979호]

제5조(전자문서의 보관)

① 전자문서가 다음 각 호의 요건을 갖춘 경우에는 그 전자문서의 보관으로 관계 법령이 정하는 문서의 보관에 갈음할 수 있다.

118) 보관
119) ~ 하는 경우에
120) 보관되어지다
121) ~에 의해 충족되다
122) ~을 조건으로, 만약 ~ 하게 되면
123) 접근 가능하다
124) 사용(열람) 가능하다
125) 보관되다
126) 생성, 송신, 수신된 정보가 정확하게 표현(묘사)하여 증명될 수 있는 형식
127) ~를 확인할 수 있도록
128) 용도, 기원
129) ~에 따라
130) 오로지 수신 또는 보내지게 하는 메시지일 경우에는
131) ~를 충족시키다. 만족시키다.
132) 1항에 언급된 규정
133) 다른 어떤 사람(작성자와 수신자가 아닌 제 3자)
134) 설명하다, 발표하다, 공포하다

1. 전자문서의 내용을 열람할 수 있을 것
2. 전자문서가 작성 및 송신 . 수신된 때의 형태 또는 그와 같이 재현될 수 있는 형태로 보존되어 있을 것
3. 전자문서의 작성자, 수신자 및 송신 . 수신일시에 관한 사항이 포함되어 있는 경우에는 그 부분이 보존되어 있을 것

② 종이문서 그 밖에 전자적 형태로 작성되지 아니한 문서(이하 "전자화대상문서"라 한다)를 정보처리시스템이 처리할 수 있는 형태로 변환한 문서(이하 "전자화문서"라 한다)가 다음 각 호의 요건을 모두 갖춘 경우에는 그 전자화문서를 보관하는 것으로 관계 법령으로 정하는 문서의 보관에 갈음할 수 있다. 다만, 다른 법령에 특별한 규정이 있는 경우에는 그러하지 아니하다. <신설 2007.5.17>

1. 전자화문서가 전자화대상문서와 그 내용 및 형태가 동일할 것
2. 제1항 각 호의 요건을 모두 갖출 것

③ 제2항에 따른 전자화대상문서와 전자화문서의 내용 및 형태의 동일성에 관한 요건, 전자화문서의 작성 방법 및 절차 그 밖에 필요한 사항은 지식경제부장관이 정하여 고시한다. <신설 2007.5.17, 2008.2.29>

④ 제1항 및 제2항을 적용함에 있어서 송신 또는 수신만을 위하여 필요한 부분은 전자문서 또는 전자화문서로 보지 아니할 수 있다. <개정 2007.5.17>

전자무역문서가 지속적으로 법적 효력을 인정받기 위해서는 전자무역문서의 오염, 훼손, 위조, 변조, 불법침투, 부인방지 등의 위험으로부터 안전하게 보관되어야만 한다. 한국은 전자문서를 안전하게 보관할 수 있는 공인전자문서보관소를 법률적 조건으로 명시하고 일정한 자격을 갖춘 법인사업을 허가하고 있다.

전자무역 촉진에 관한 법률[일부개정 2008.2.29 법률 제8852호]

제16조(전자무역기반사업자가 보관하는 전자무역문서의 효력)

① 전자무역기반사업자가 전자무역문서를 보관하는 경우에는 「전자거래기본법」 제5조제1항의 규정에 의한 전자문서의 보관이 행하여진 것으로 본다.

② 전자무역기반사업자는 전자무역문서의 보관을 위하여 전자서명을 사용하는 경우 「전자서명법」 제2조제3호의 규정에 의한 공인전자서명을 이용하여야 한다.

전자거래기본법[일부개정 2008.3.21 법률 제8979호]

제5조(전자문서의 보관)

① 전자문서가 다음 각 호의 요건을 갖춘 경우에는 그 전자문서의 보관으로 관계 법령이 정하는 문서의 보관에 갈음할 수 있다.

1. 전자문서의 내용을 열람할 수 있을 것
2. 전자문서가 작성 및 송신.수신된 때의 형태 또는 그와 같이 재현될 수 있는 형태로 보존되어 있을 것
3. 전자문서의 작성자, 수신자 및 송신.수신일시에 관한 사항이 포함되어 있는 경우에는 그 부분이 보존되어 있을 것

② 종이문서 그 밖에 전자적 형태로 작성되지 아니한 문서(이하 "전자화대상문서"라 한다)를 정보처리시스템이 처리할 수 있는 형태로 변환한 문서(이하 "전자화문서"라 한다)가 다음 각 호의 요건을 모두 갖춘 경우에는 그 전자화문서를 보관하는 것으로 관계 법령으로 정하는 문서의 보관에 갈음할 수 있다. 다만, 다른 법령에 특별한 규정이 있는 경우에는 그러하지 아니하다. <신설 2007.5.17>

1. 전자화문서가 전자화대상문서와 그 내용 및 형태가 동일할 것
2. 제1항 각 호의 요건을 모두 갖출 것

③ 제2항에 따른 전자화대상문서와 전자화문서의 내용 및 형태의 동일성에 관한 요건, 전자화문서의 작성 방법 및 절차 그 밖에 필요한 사항은 지식경제부장관이 정하여 고시한다. <신설 2007.5.17, 2008.2.29>

④ 제1항 및 제2항을 적용함에 있어서 송신 또는 수신만을 위하여 필요한 부분은 전자문서 또는 전자화문서로 보지 아니할 수 있다. <개정 2007.5.17>

전자거래기본법[일부개정 2008.3.21 법률 제8979호]

제31조의7 (전자문서 내용의 추정 등)

① 공인전자문서보관소에 보관된 전자문서는 보관기간 중에는 그 내용이 변경되지 아니한 것으로 추정한다.

② 공인전자문서보관소가 당해 공인전자문서보관소에 보관된 전자문서의 보관사실, 작성자, 수신자 및 송신.수신일시 등에 관한 사항에 대한 증명서를 대통령령이 정하는 방법 및 절차에 따라 발급한 경우에 그 증명서에 기재된 사항은 진정한 것으로 추정한다.[본조신설 2005.3.31]

전자서명법[일부개정 2008.2.29 법률 제8852호]

제2조(정의)

이 법에서 사용하는 용어의 정의는 다음과 같다.

1. "전자문서"라 함은 정보처리시스템에 의하여 전자적 형태로 작성되어 송신 또는 수신되거나 저장된 정보를 말한다.
2. "전자서명"이라 함은 서명자를 확인하고 서명자가 당해 전자문서에 서명을 하였음을 나타내는데 이용하기 위하여 당해 전자문서에 첨부되거나 논리적으로 결합된 전자적 형태의 정보를 말한다.
3. "공인전자서명"이라 함은 다음 각목의 요건을 갖추고 공인인증서에 기초한 전자서명을 말한다.
   가. 전자서명생성정보가 가입자에게 유일하게 속할 것
   나. 서명 당시 가입자가 전자서명생성정보를 지배 . 관리하고 있을 것
   다. 전자서명이 있은 후에 당해 전자서명에 대한 변경여부를 확인할 수 있을 것
   라. 전자서명이 있은 후에 당해 전자문서의 변경여부를 확인할 수 있을 것
4. "전자서명생성정보"라 함은 전자서명을 생성하기 위하여 이용하는 전자적 정보를 말한다.
5. "전자서명검증정보"라 함은 전자서명을 검증하기 위하여 이용하는 전자적 정보를 말한다.
6. "인증"이라 함은 전자서명생성정보가 가입자에게 유일하게 속한다는 사실을 확인하고 이를 증명하는 행위를 말한다.
7. "인증서"라 함은 전자서명생성정보가 가입자에게 유일하게 속한다는 사실 등을 확인하고 이를 증명하는 전자적 정보를 말한다.
8. "공인인증서"라 함은 제15조의 규정에 따라 공인인증기관이 발급하는 인증서를 말한다.
9. "공인인증업무"라 함은 공인인증서의 발급, 인증관련 기록의 관리등 공인인증역무를 제공하는 업무를 말한다.
10. "공인인증기관"이라 함은 공인인증역무를 제공하기 위하여 제4조의 규정에 의하여 지정된 자를 말한다.
11. "가입자"라 함은 공인인증기관으로부터 전자서명생성정보를 인증받은 자를 말한다.
12. "서명자"라 함은 전자서명생성정보를 보유하고 자신이 직접 또는 타인을 대리하여 서명을 하는 자를 말한다.
13. "개인정보"라 함은 생존하고 있는 개인에 관한 정보로서 성명 . 주민등록번호 등에 의하여 당해 개인을 알아볼 수 있는 부호 . 문자 . 음성 . 음향 . 영상 및 생체특성 등에 관한 정보(당해 정보만으로는 특정 개인을 알아볼 수 없는 경우에도 다른 정보와 용이하게 결합하여 알아볼 수 있는 것을 포함한다)를 말한다.

   [전문개정 2001.12.31]

전자거래기본법[일부개정 2008.3.21 법률 제8979호]

제31조의7 (전자문서 내용의 추정 등)

① 공인전자문서보관소에 보관된 전자문서는 보관기간 중에는 그 내용이 변경되지 아니한 것으로 추정한다.

② 공인전자문서보관소가 당해 공인전자문서보관소에 보관된 전자문서의 보관사실, 작성자, 수신자 및 송신.수신일시 등에 관한 사항에 대한 증명서를 대통령령이 정하는 방법 및 절차에 따라 발급한 경우에 그 증명서에 기재된 사항은 진정한 것으로 추정한다.

[본조신설 2005.3.31]

(1) 공인전자문서센터

공인전자문서보관센터란 문서보관의 효율성과 안전성을 확보하기 위하여 과학기술정보통신부 장관으로부터 지정 받은 법인 또는 국가기관을 말한다. 공인전자문서보관센터는 전자문서를 안전하게 보관하고, 보관하는 기간동안 전자문서 내용이 변경되지 아니함을 증명하는 인증된 기관(업체)이다.

① 공인전자문서센터 특징

- 문서 무결성 및 법적효력 : 보관되는 기간에는 문서 내용이 변경되지 않음을 증명서 발급으로 증명
- 이용자와 독립성 유지 : 전자문서를 신뢰성있게 보관하기 위하여 이용자와의 관계에서 독립성 유지
- 안정성 : 이용자의 개인정보보호 및 철저한 정보보안 준수, 자연재해, 분실, 도난으로부터 보호
- 문서관리 편의성 : 전자화 과정을 거쳐 공인전자문서센터에 보관한 종이문서 폐기 가능
- 배상책임 및 보험가입 : 이용자에게 피해를 준 경우 피해보상을 위한 손해배상책임보험 가입 의무화
- 엄격한 지정기준과 운영 점검 : 지정기준 유지여부 및 운영 실태 확인을 위해 정기점검 및 수시점검 시행

② 공인전자문서센터 지정 기준

- 인력·기술능력 : 정보통신기사, 정보처리기사 및 전자계산조작응용기사 이상의 국가기술자격 또는 관련 분야에서 2년이상 경력을 보유한 6인 이상의 인력을 갖추도록 규정

- 재정 능력 : 영리법인은 자본금 40억원 이상 보유, 비영리법인은 기본재산 10억원 이상 보유
- 시설 및 장비
  - 전자문서 송·수신 및 보관설비
  - 보관된 전자문서의 일자, 시각, 증적을 기록·관리하는 서버,
  - 전자문서 보관 등에 관한 시설·장비
  - 전자문서의 증명서 발급을 위한 설비 보유

③ 공인전자문서센터 지정현황

(주)더존비즈온 2011. 11 www.d-datazone.com/ 1670-1471

(주)하나금융티아이 2008. 12 www.hanadocu.com/index.do 070-7835-9230

(주)엘지씨엔에스 2007. 04 www.lgcns.co.kr/LGCNS.GHP.Main/Etc/SiteMain

(주)한국무역정보통신 2007. 02 www.docuon.co.kr 02-6000-2170

④ 근거법령 : [전자문서 및 전자거래 기본법]

제2조(정의)

"공인전자문서센터"란 타인을 위하여 다음 각 목의 업무(이하 "전자문서보관등"이라 한다)를 하는 자로서 제31조의2제1항에 따라 지정받은자를 말한다.

제31조의7(전자문서 내용의 추정 등)

① 공인전자문서센터에 보관된 전자문서는 보관기간에는 그 내용이 변경되지 아니한 것으로 추정한다.

② 공인전자문서센터가 해당 공인전자문서센터에 보관된 전자문서의 보관 사실, 작성자, 수신자 및 송신·수신 일시 등에 관한 사항에 대한 증명서를 대통령령으로 정하는 방법 및 절차에 따라 발급한 경우에 그 증명서에 적힌 사항은 진정한 것으로 추정한다.

전자무역계약은 당사자들의 전자적 합의에서 발생된다. 즉 청약자의 전자적 의사표시에 대한 피청약자의 전자적 승낙으로 성립된다. 따라서 전자무역계약은 비대면적으로 이루어지기 때문에 당사자들이 누구인지를 명확하게 규정하는 것은 매우 중요하다. 즉 누가 문서를 작성하여 보내고 또 누가 그 문서를 받았는지, 그리고 언제 보내고 또 언제 받았는지, 그리고 어디서 보내고 또 어디서 받았는지 등을 명확히 해야만 한다.

제13조 데이터메시지의 귀속이란 어떤 데이터메시지가 생성되었다면, 그 데이터메시지는

누구에 의해 생성된 것인지를 규정하고 있다. 즉, 생성된 데이터메시지의 책임이 누구에게 귀속되는지 명시하고 있다. 이 조항은 전자무역 실무자들에 특히 중요한 조항이다. 바이어 또는 거래처 등과 데이터메시지를 주고받을 때, 어떤 형태의 데이터메시지일 때 자신이 직접 작성한 것으로 간주되는지 명확히 해야만 한다.

Article 13. Attribution[135] of data messages

(1) A data message is that[136] of the originator if it was sent by the originator itself.

(2) As between the originator and the addressee, a data message is deemed to[137] be that of the originator if it was sent :[138]

(a) by a person who had the authority to act on behalf of[139] the originator in respect of[140] that data message; or

(b) by an information system programmed by, or on behalf of, the originator to operate automatically.

(3) As between the originator and the addressee, an addressee is entitled to[141] regard a data message as being that of the originator[142], and to act on that assumption[143], if:

(a) in order to ascertain whether the data message was that of the originator, the addressee properly applied a procedure previously agreed to by the originator for that purpose[144]; or

(b) the data message as received by the addressee resulted from[145] the actions of a person whose relationship with the originator[146] or with any agent of[147] the originator enabled that person to gain access to a method used by the originator to identify data messages as its own[148].

(4) Paragraph (3) does not apply :[149]

(a) as of the time when the addressee has both received notice from the originator that the data message is not that of the originator, and had reasonable time to act accordingly[150]; or

(b) in a case within paragraph (3)(b), at any time when the addressee knew or should have known[151], had it exercised reasonable care[152] or used any agreed procedure, that the data message was not that of the originator.

(5) Where a data message is that of the originator or is deemed to be that of the originator, or the addressee is entitled to act on that assumption, then[153], as between the originator and the addressee, the addressee is entitled to regard the data message as received as[154] being what the originator intended to send, and to act on that assumption.

The addressee is not so entitled when it knew or should have known, had it exercised reasonable care or used any agreed procedure, that the transmission[155] resulted in any error in the data message as received.

(6) The addressee is entitled to regard each data message received as a separate data message[156] and to act on that assumption, except[157] to the extent that it duplicates[158] another data message and the addressee knew or should have known, had it exercised reasonable care or used any agreed procedure, that the data message was a duplicate[159].

제13조 데이터 메시지의 귀속

(1) 작성자 스스로 송신한 데이터 메시지는 작성자의 데이터 메시지이다.

(2) 다음과 같은 경우에 작성자와 수신자 사이에서, 데이터 메시지가 수신되었다면 그 데이터 메시지는 작성자의 것으로 본다.

(a) 데이터 메시지가 작성자를 대표할 대리권을 가진 사람에 의해 송신된 경우

(b) 작성자에 의해 프로그래밍되거나 작성자를 대신하여 자동으로 실행되는 자료시스템에 의해 송신된 경우

(3) 작성자와 수신자간에 있어서 다음과 같은 경우에 수신자는 데이터 메시지를 작성자의 것으로 보고, 그에 기초하여 행동할 권한이 있다.

(a) 데이터 메시지가 작성자가 송신한 것인지 확인하기 위해서 수신자가 미리 합의된 방법으로 적절한 수단을 사용한 경우

(b) 작성자와 관련이 있는 자 또는 작성자의 대리인이 행위한 결과, 수신자가 그 데이터메시지를 수취한 경우

(4) 제3항은 다음과 같은 경우에는 적용되지 않는다.

(a) 수신자가 수신된 메시지가 작성자가 송신한 것이 아니라는 통지를 본래의 데이터 메시지와 동시 또는 상당한 시간에 받은 경우

(b) 제3항 (b)의 경우에 수신자가, 데이터 메시지가 송신자가 송신한 것이 아니라는 것을 상당한 주의 또는 약정된 절차에 의해서 알거나 알 수 있었을 경우

(5) 데이터 메시지가 작성자의 것이거나 작성자의 것으로 추정되거나 하여 수신자가 그러한 추정에 의하여 행동할 수 있는 경우 작성자와 수신자간에서 수신자는 데이터 메시지가 작성자가 의도한 대로 수신되었음을 추정할 수 있고, 그러한 추정에 기하여 행동할 권리를 갖는다. 단, 수신자가 사전에 약정된 절차를 통해서 또는 상당한 주의에 의하여 전송에 에러가 있었음을 알거나 알 수 있었을 경우에는 그러하지 아니하다.

(6) 수신자는 수신된 각 데이터 메시지가 각각 별개의 것이라고 추정하고 그에 의하여 행동할 수 있다. 단, 그 데이터 메시지가 다른 데이터 메시지를 복제한 것이며, 수신자가 약정된 절차나 상당한 주의를 기울여 그 데이터 메시지가 복제되었음을 알거나 알 수 있었을 경우에는 그러하지 아니하다.

---

135) 속성

136) A data message

제13조 데이터메시지의 귀속과 더불어 제14조 수신확인 또한 전자무역 실무자들은 주목하여 야할 부분이다. 바이어 또는 거래처 등과 데이터메시지를 주고받을 때, 어떤 형태로 또는 어떤 절차에 따라 수신자와 전자무역문서를 주고받았을 때 수신확인이라고 할 수 있는지 파악해야만 한다.

전자거래기본법[일부개정 2008.3.21 법률 제8979호]

제7조(작성자가 송신한 것으로 보는 경우)

① 작성자의 대리인 또는 자동으로 전자문서를 송신 . 수신하도록 구성된 컴퓨터프로그램 그 밖의 전자적 수단에 의하여 송신된 전자문서에 포함된 의사표시는 작성자가 송신한 것으로 본다.

② 전자문서의 수신자는 다음 각 호의 1에 해당하는 경우에는 전자문서에 포함된 의사표시를 작성자의 것으로 보아 행위 할 수 있다.

1. 전자문서가 작성자의 것이었는지를 확인하기 위하여 수신자가 미리 작성자와 합의한 절

---

137) ~ 간주하다
138) :(아래와 같이) 그것이 보내졌다면
139) ~ 대신하여, ~ 대리하여
140) ~ 에 관해서는, ~ 에 대해서는; ~ 의 대가[지불]로서
141) ~ 의[~할] 권리가[자격이] 있다
142) 작성자의 것으로서
143) 그 가정에 따라 행위 할 수 있는
144) 수신자가 그 목적을 위해 작성자와 사전에 합의한 절차에 따라 정확히 적용했을 경우
145) ~ 결과로서 일어나다, 생기다, 유래하다
146) 작성자와 관련이 있는 사람
147) ~ 대리인으로
148) 그 자신이 작성자가 사용하는 방법으로 데이터메시지를 확인하기 위해 접근할 수 있는
149) :(다음의) 경우에는 제3항을 적용하지 아니한다
150) 따라서 행위를 할 만한 합리적인 시간을 가졌을 때
151) 알았어야 했는데[하는데] (실제로는 하지 않았음을 나타냄)
152) 상당한 주의를 기울였다면
153) 그러면, 그렇다면
154) 수신된 것과 같은
155) 전송(음성 영상 신호, 메시지 등의 정보를 케이블이나 전자파로 보내는 일)
156) 독립된 데이타메시지
157) ~을 제외하고, ~외에는(but)
158) 2통으로 작성된
159) 복사본, 사본

차를 따른 경우

2. 수신된 전자문서가 작성자 또는 그 대리인과의 관계에 의하여 수신자가 그것이 작성자 또는 그 대리인의 의사에 기한 것이라고 믿을 만한 정당한 이유가 있는 자에 의하여 송신된 경우

③ 제2항의 규정은 다음 각 호의 1에 해당하는 경우에는 이를 적용하지 아니한다.

1. 수신자가 작성자로부터 전자문서가 작성자의 것이 아님을 통지받고 그에 따라 필요한 조치를 취할 상당한 시간이 있었던 경우
2. 제2항제2호의 경우에 전자문서가 작성자의 것이 아님을 수신자가 알았던 경우 또는 상당한 주의를 하였거나 작성자와 합의된 절차를 따랐으면 알 수 있었을 경우

Article 14. Acknowledgement of receipt[160)]

(1) Paragraphs (2) to (4) of this article apply where[161)], on or before sending a data message, or by means of that data message, the originator has requested or has agreed with the addressee that receipt of the data message be acknowledged[162)].

(2) Where the originator has not agreed with the addressee that the acknowledgement be given in a particular form or by a particular method, an acknowledgement may be given by[163)]

(a) any communication by the addressee, automated or otherwise, or

(b) any conduct of the addressee, sufficient to indicate to the originator that the data message has been received[164)].

(3) Where the originator has stated that the data message is conditional on receipt of the acknowledgement[165)], the data message is treated as though[166)] it has never been sent, until the acknowledgement is received.

(4) Where the originator has not stated that the data message is conditional on receipt of the acknowledgement, and the acknowledgement has not been received by the originator within the time specified or agreed[167)] or, if no time has been specified or agreed[168)], within a reasonable time, the originator :

(a) may give notice to the addressee stating that no acknowledgement has been received and specifying a reasonable time by which the acknowledgement must be received; and

(b) if the acknowledgement is not received within the time specified in subparagraph (a), may, upon notice to the addressee, treat the data message as though it had never been sent, or exercise any other rights it may have[169)].

(5) Where the originator receives the addressee's acknowledgement of receipt, it is presumed[170)] that the related data message was received by the addressee. That presumption does not

imply[171] that the data message corresponds to[172] the message received.

(6) Where the received acknowledgement states that the related data message met technical requirements, either agreed upon or set forth in applicable standards, it is presumed that those requirements have been met[173].

(7) Except in so far as[174] it relates to the sending or receipt of the data message, this article is not intended to deal with the legal consequences that may flow either from that data message or from the acknowledgement of its receipt[175].

제14조 수신의 확인

(1) 본조의 제2항 내지 제4항은 데이터 메시지의 송신시 또는 송신전 데이터 메시지 방법에 의해서 작성자가 수신확인을 요구하거나 수신확인을 하기로 약정한 경우에 적용된다.

(2) 작성자와 수신자가 확인 통지의 특별한 형태와 방법에 대해 합의하지 않은 경우에는 다음과 같은 방법으로 확인 통지를 할 수 있다.

(a) 자동 또는 다른 방법에 의한 통지

(b) 송신자에게 메시지가 수신되었음을 표시하기에 충분한 그 밖의 다른 행동

(3) 작성자가 데이터 메시지에 수신확인조건을 기재한 경우에는 수신확인이 도착하기 전까지는 그 데이터 메시지는 송신되지 않은 것으로 다루어진다.

(4) 작성자가 수신확인을 조건으로 하지 않고 수신확인이 특정된 시간이나 합의된 시간내에 또는 만약 시간이 특정되거나 합의되지 않은 경우 상당한 시간내에 작성자에게 도달하지 않은 경우에는 다음과 같이 통지할 수 있다.

(a) 작성자는 수신확인이 도착하지 않았다는 것과 수신확인이 그 시간안에 도착되어야 할 상당한 시간을 특정하여 수신자에게 통지할 수 있다.

(b) 위와 같은 시간내에 수신확인이 도착되지 않은 경우 작성자는 데이터 메시지가 송신 되지 않은 것으로 다루거나 또는 메시지에 포함된 어떠한 권리도 수신자가 행사할 수 있음을 통지할 수 있다.

(5) 작성자가 수신확인 메시지를 받은 경우 관련된 데이터 메시지가 수신인에게 수신된 것으로 추정한다. 이러한 추정은 데이터 메시지와 수신된 메시지가 일치하는 것을 의미하지는 않는다.

(6) 수신확인 메시지에 관련된 데이터 메시지가 합의되거나 또는 적용표준에 설정된 기술적요건을 충족한 것으로 기재되는 경우, 그러한 요건은 충족된 것으로 추정된다.

(7) 단, 데이터 메시지의 송.수신과 관련된 경우를 제외하고, 본 조는 데이터 메시지 또는 수신확인 메시지의 흐름에 대한 법적 효과를 다루는 것은 아니다.

---

160) 수신의 확인(인정)

161) 본 조항의 제2항과 제4항을 적용하는 경우에

162) 확인된 데이터메시지의 수신에 대하여, 작성자가 수신자와 합의하거나 또는 원하는 경우에

제15조 데이터메시지의 송신 및 수신의 시기와 장소는 전자무역실무자들은 반드시 숙지해야 두어야할 부분이다. 즉 바이어 또는 거래처 등과 전자무역문서를 주고받을 때, 어떤 형태로 또는 어떤 절차에 따라 수신자와 데이터메시지를 주고받았을 때 수신확인이라고 할 수 있는지, 어느 상태일 때를 송신으로 여기는지, 어떤 상태일 때 수신되었다고 간주하는지, 어느 장소를 송수신 장소로 간주하는지 파악해야만 한다.

전자거래기본법[일부개정 2008.3.21 법률 제8979호]

제9조(수신확인)

① 작성자가 수신확인을 조건으로 하여 전자문서를 송신한 경우 작성자가 수신확인통지를 받기 전까지는 그 전자문서는 송신되지 아니한 것으로 본다. 이 경우 「민법」 제534조의 규정은 적용하지 아니한다. <개정 2007.5.17>

② 작성자가 수신확인을 조건으로 명시하지 아니하고 수신확인통지를 요구한 경우 상당한 기간(작성자가 지정한 기간 또는 작성자와 수신자간에 약정한 기간이 있는 경우에는 그 기간을 말한다) 내에 작성자가 수신확인통지를 받지 못한 때에는 작성자는 그 전자문서의 송신을 철회할 수 있다.

163) 확인은 다음에 의하여 행하여질 수 있다.

164) 데이터메시지가 수신되었다는 것을 작성자에게 표시하기에 충분한 수신자의 어떤 행위

165) 수신확인을 조건으로

166) 마치 ~ 인 것처럼

167) 작성자가 명시 또는 합의된 시기 안에

168) 작성자가 명시 또는 합의된 시기를 정하지 않은 경우에는

169) 기타의 권리를 행사할 수 있다

170) 추정하다

171) 의미하다. 암시하다.

172) ~ 와 일치하다

173) 그 요건은 충족된 것으로 추정한다

174) ~ 하는 한에서는

175) 그 데이터메시지 또는 그 수신확인으로부터 생기는 법적 효과

Article 15. Time and place of dispatch and receipt of data messages[176)]

(1) Unless otherwise agreed between the originator and the addressee, the dispatch of a data message[177)] occurs when it enters[178)] an information system outside[179)] the control of the originator or of the person who sent the data message on behalf of[180)] the originator.

(2) Unless otherwise agreed between the originator and the addressee, the time of receipt of a data message[181)] is determined as follows:

(a) if the addressee has designated[182)] an information system for the purpose of receiving data messages, receipt occurs:

(i) at the time when the data message enters the designated information system; or

(ii) if the data message is sent to an information system of the addressee that is not the designated information system, at the time when the data message is retrieved by[183)] the addressee;

(b) if the addressee has not designated an information system, receipt occurs when the data message enters an information system of the addressee.

(3) Paragraph (2) applies[184)] notwithstanding that the place where the information system is located may be different from[185)] the place where the data message is deemed to be received under paragraph (4).

(4) Unless otherwise agreed between the originator and the addressee, a data message is deemed to[186)] be dispatched at the place where the originator has its place of business, and is deemed to be received at the place where the addressee has its place of business. For the purposes of this paragraph[187)]:

(a) if the originator or the addressee has more than[188)] one place of business, the place of business is that which has the closest relationship to the underlying transaction[189)] or, where there is no underlying transaction, the principal place of business[190)];

(b) if the originator or the addressee does not have a place of business, reference is to be made to its habitual residence [191)].

(5) The provisions of this article do not apply to the following: [...].

제15조 데이터 메시지의 송수신 시간과 장소

(1) 작성자와 수신자간에 다른 약정이 없는 경우, 데이터 메시지의 발송시점은 송신된 데이터 메시지가 작성자 또는 그 작성자를 대리하여 그 데이터 메시지를 발신한 대리인의 지배를 벗어나서 어떤 정보시스템에 들어간 때이다.

(2) 당사자간에 다른 약정이 없으면 수신시점은 다음에 의하여 결정된다.

(a) 수신자가 데이터 메시지 수신을 위한 독자의 정보시스템을 지정한 경우

(i) 데이터 메시지가 지정된 정보시스템에 들어오거나,

(ii) 지정된 정보시스템이 아닌 수신자의 다른 정보시스템으로 데이터 메시지가 송신된 경우에는 수신자에 의하여 데이터 메시지가 취득된 때가 데이터 메시지의 수신시점 이다.

(b) 수신자가 정보시스템을 지정하지 않은 경우에는 데이터가 수신자의 정보시스템에 들어간 때가 수신시점이다.

(3) 제2항은 제4항에 의하여 데이터 메시지의 수신지로 간주되는 장소와 정보시스템이 위치한 장소가 다른 경우에도 적용된다.

(4) 당사자간에 다른 약정이 없으면, 작성자의 영업소 소재지에서 송신된 것으로 추정되고, 수신자의 영업소 소재지에서 수신된 것으로 추정된다.

(a) 작성자, 수신자가 수개의 영업소를 갖고 있는 경우, 당해 거래와 관련성이 가장 높은 영업소가 당사자의 영업소이고, 기초가 되는 거래가 없는 경우에는 당사자의 영업소가 주된 영업소이다.

(b) 당사자가 영업소를 갖기 않는 경우 주된 거주지가 송.수신의 장소이다.

(5) 이 규정은 다음의 경우 [...] 에 적용되지 않는다.

176) 데이터메시지의 송신 및 수신 시기와 장소
177) 데이터메시지의 발송
178) 입력하다
179) ~ 외에, ~ 밖에
180) ~를 대리하여
181) 데이터메시지의 수신시기
182) 표시하다. 지정하다. 명시하다.
183) ~에 의해 검색되다
184) 제2항은 적용한다
185) ~와 다르다. ~와 상이하다.
186) ~로 간주하다
187) 본 조항의 적용에 있어서는 아래와 같다
188) ~ 이상
189) 영업장소는 기초적인 업무(거래)와 가장 밀접하게 관련이 있는 곳을 말한다
190) 제1의 영업소(가장 많이 업무를 보는 장소)
191) 주로 거주하는 곳(居所)

전자거래기본법[일부개정 2008.3.21 법률 제8979호]

제6조(송신 · 수신의 시기 및 장소)

① 전자문서(전자화문서를 포함한다. 이하 같다)는 수신자 또는 그 대리인이 당해 전자문서를 수신할 수 있는 정보처리시스템에 입력된 때에 송신된 것으로 본다. <개정 2007.5.17>

② 전자문서는 다음 각 호의 1에 해당하는 때에 수신된 것으로 본다.

1. 수신자가 전자문서를 수신할 정보처리시스템을 지정한 경우에는 지정된 정보처리시스템에 입력된 때. 다만, 전자문서가 지정된 정보처리시스템이 아닌 정보처리시스템에 입력된 경우에는 수신자가 이를 출력한 때를 말한다.
2. 수신자가 전자문서를 수신할 정보처리시스템을 지정하지 아니한 경우에는 수신자가 관리하는 정보처리시스템에 입력된 때

③ 전자문서는 작성자 또는 수신자의 영업소 소재지에서 각각 송신 또는 수신된 것으로 본다. 이 경우 영업소가 2 이상인 때에는 당해 전자문서의 주된 관리가 이루어지는 영업소 소재지에서 송신 . 수신된 것으로 본다. 다만, 작성자 또는 수신자가 영업소를 가지고 있지 아니한 경우에는 그의 상거소(常居所)에서 송신 . 수신된 것으로 본다.

전자거래기본법[일부개정 2008.3.21 법률 제8979호]

제8조(수신한 전자문서의 독립성)

수신한 전자문서는 문서마다 독립된 것으로 본다. 다만, 수신자가 작성자와 합의된 확인절차를 따르거나 상당한 주의를 하였더라면 동일한 전자문서가 반복되어 송신된 것임을 알 수 있었을 경우에는 그러하지 아니하다.

2. 국제계약의 전자통신사용에 따른 유엔협약(United Nations Convention on the Use of Electronic Communicationsin International Contracts)[192]

국제계약의 전자통신사용에 따른 유엔협약을 통해서, 전자무역계약의 성립과 효력 요건을 살펴보자. 유엔협약을 사용하기 위해서는 제1조에 전자무역계약 당사자들은 영업소 소재지가 서로 다른 국가에 있는 당사자 간에 이루어질 때 적용됨을 명시하고 있다.

192) http://www.moj.go.kr/HP/COM/bbs_03/ListShowData.do(법무무 해석자료). 영문원문은 참고문헌 인터넷사이트 참조.

제1조 적용범위

1. 이 협약은 영업소의 소재지가 서로 다른 국가에 있는 당사자 간의 계약의 성립 또는 이행에 관련한 전자적 의사표시의 이용에 적용된다.
2. 당사자의 영업소가 서로 다른 국가에 소재하고 있다는 사실은, 계약이나 당사자 간의 거래로부터 또는 계약체결 전 또는 체결 시에 계약 당사자가 공개한 정보로부터 그 사실을 알 수 없는 경우에는 고려되지 아니한다.
3. 당사자의 국적이나 당사자 또는 계약의 민사적 또는 상사적 성격은 이 협약의 적용여부를 결정하는 데 고려되지 아니한다.

유엔협약 또한 유엔전자상거래모델법과 마찬가지로, 제6조에 비대면적인 특성으로 인해 당사자들의 위치에 대해 기준을 제시하고 있다.

제6조 당사자의 위치

1. 이 협약의 목적상, 당사자의 영업소는 당사자가 표시한 장소에 위치한 것으로 추정된다. 다만, 그 영업소 표시를 한 당사자가 그 장소에 영업소를 갖고 있지 않다는 것을 상대방이 반증한 때에는 그러하지 아니하다.
2. 하나 이상의 영업소를 가지고 있는 당사자가 영업소를 표시하지 아니한 경우에는 알려진 상황이나 계약체결 전 또는 체결시 당사자가 고려한 상황을 참조하여 관련 계약과 가장 밀접한 관계를 갖는 곳이 이 협약상의 영업소가 된다.
3. 자연인이 영업소를 갖고 있지 않은 경우에는 그의 상거소를 영업소로 본다.
4. 어느 장소가 단순히 다음 각 호의 하나에 해당한다는 이유만으로는 영업소가 되지 아니한다.
   가. 당사자가 계약의 체결과 관련하여 사용하는 정보시스템을 지원하는 장비 또는 기술이 위치한 곳,
   나. 타방 당사자가 그 정보시스템에 접근할 수 있는 곳
5. 당사자가 단지 특정 국가와 연관된 도메인 이름이나 전자우편주소를 사용한다는 사실만으로는 당사자의 영업소가 그 국가에 있다는 추정력을 발생시키지 아니한다.

또한 데이터 메시지처럼 전자적 의사표시의 법적 효력을 부인하지 않고 있다.

제8조 전자적 의사표시의 법적 승인

1. 의사표시 또는 계약은 그것이 전자적 의사표시의 형태로 되어있다는 이유만으로 유효성 및 집행력이 부인되어서는 아니 된다.
2. 이 협약의 어떠한 규정도 당사자로 하여금 전자적 의사표시를 사용하거나 사용을 승낙하도록 요구하지 아니한다. 그러나 당사자의 행위로부터 그 사용에 관한 당사자의 합의를 유추할 수 있다.

그리고 전자적 의사표시의 송신.수신시기 및 장소도 유엔전자상거래모델법과 같은 내용으로 명시하고 있다.

제10조 전자적 의사표시의 송신 · 수신시기 및 장소

1. 전자적 의사표시의 송신 시기는 그 전자적 의사표시가 송신자 또는 송신자를 대리하여 송신하는 당사자의 통제 하에 있는 정보 시스템을 떠난 때이다. 또는 전자적 의사표시가 송신자나 송신자를 대리하는 당사자의 통제 하에 있는 정보시스템을 떠나지 않았다면 전자적 의사표시가 수신된 때이다.
2. 전자적 의사표시의 수신시기는 수신자가 미리 지정한 전자주소에서 그 전자적 의사표시를 검색할 수 있게 된 때이다. 수신자의 다른 전자주소로 송신된 전자적 의사표시의 수신시기는 수신자가 그 주소에서 전자적 의사표시를 검색할 수 있고, 전자적 의사표시가 그 주소로 송신되었다는 것을 인식한 때이다. 전자적 의사표시가 수신자의 전자주소에 도달한 때에 수신자는 그 전자적 의사표시를 검색할 수 있는 것으로 추정된다.
3. 전자적 의사표시는 제6조에 따라 송신자 또는 수신자의 영업소가 있는 것으로 결정된 장소에서 송신 또는 수신된 것으로 본다.
4. 이 조 제2항은 전자주소가 운용되는 정보시스템이 소재한 장소가 이 조 제3항에 의하여 전자적 의사표시가 수신된 것으로 보는 장소와 다른 경우에도 적용된다.

또한 자동화프로그램을 통해 계약이 이루어 질 때에도 법적 효력이 부인되지 않도록 하고 있다.

제12조 계약체결 시 자동화 메시지 시스템의 이용

자동화 메시지 시스템과 자연인의 상호작용 또는 자동화 메시지 시스템 간의 상호작용으로 인하여 성립된 계약은 자연인이 그 시스템에 의한 각 단계나 성립될 계약에 대하여 검토하거나 간섭하지 않았다는 이유만으로 그 유효성 및 집행력이 부인되지 아니한다.

3. 전자무역촉진에 관한 법률

전자무역촉진에 관한 법률에서도 전자무역계약의 성립과 효력에 대해 기준을 제시하고 있다. 제2조 정의 제4항에서 전자무역문서는 전자거래기본법 제2조 제1호의 규정에 의한 전자문서를 말한다고 정의하고 있다.

전자무역 촉진에 관한 법률[일부개정 2008.2.29 법률 제8852호]

제2조(정의)

이 법에서 사용하는 용어의 정의는 다음과 같다.

1. "전자무역"이라 함은 「대외무역법」 제2조제1호의 규정에 의한 무역의 일부 또는 전부가 전자무역문서에 의하여 처리되는 거래를 말한다.
2. "무역업자"라 함은 「대외무역법」 제2조제3호의 규정에 의한 무역거래자로서 무역유관기관에게 대외무역 법령, 외국환거래 법령 그 밖에 대통령령이 정하는 법령과 운송 . 보험 등 당사자간의 계약(이하 "무역관련법령등"이라 한다)에 따라 신청 . 신고 . 보고 등(이하 "신청등"이라 한다)을 하는 자를 말한다.
3. "무역유관기관"이라 함은 무역업자에게 무역관련법령등이 정하는 무역 관련 역무를 제공하거나 승인 . 면허 . 인증 . 신고의 수리 등(이하 "승인등"이라 한다)을 하는 기관을 말한다.
4. "전자무역문서"라 함은 전자무역에 사용되는 「전자거래기본법」 제2조제1호의 규정에 의한 전자문서를 말한다.
5. "전자무역기반시설"이라 함은 정보통신망을 통하여 무역업자와 무역유관기관을 체계적으로 연계하여 전자무역문서의 중계 . 보관 및 증명 등의 업무를 수행하는 정보시스템을 말한다.

제3조(적용범위)

이 법은 다른 법률에 특별한 규정이 있는 경우를 제외하고 모든 전자무역에 적용한다.

전자거래기본법[일부개정 2008.3.21 법률 제8979호]

제2조(정의)

이 법에서 사용하는 용어의 정의는 다음과 같다. <개정 2005. 3.31>

1. "전자문서"라 함은 정보처리시스템에 의하여 전자적 형태로 작성, 송신 . 수신 또는 저장된 정보를 말한다.
2. "정보처리시스템"이라 함은 전자문서의 작성, 송신 . 수신 또는 저장을 위하여 이용되는 정보처리능력을 가진 전자적 장치 또는 체계를 말한다.
3. "작성자"라 함은 전자문서를 작성하여 송신하는 자를 말한다.
4. "수신자"라 함은 작성자가 전자문서를 송신하는 상대방을 말한다.
5. "전자거래"라 함은 재화나 용역을 거래함에 있어서 그 전부 또는 일부가 전자문서에 의하여 처리되는 거래를 말한다.
6. "전자거래사업자"라 함은 전자거래를 업으로 하는 자를 말한다.
7. "전자거래이용자"라 함은 전자거래를 이용하는 자로서 전자거래사업자 외의 자를 말한다.
8. "공인전자문서보관소"라 함은 제31조의2제1항의 규정에 의하여 지정을 받아 타인을 위하여 전자문서를 보관 또는 증명하거나 그 밖에 전자문서와 관련된 업무(이하 "전자문서보관등"이라 한다)를 수행하는 법인을 말한다.

그리고 전자무역문서의 효력은 전자거래기본법 제5조 제1항을 준수하여 보관하고 전자서명법 제2조 제3호의 규정에 따라 공인전자서명을 이용할 때 효력이 발생함을 명시하고 있다.

전자무역 촉진에 관한 법률[일부개정 2008.2.29 법률 제8852호]

제16조(전자무역기반사업자가 보관하는 전자무역문서의 효력)

① 전자무역기반사업자가 전자무역문서를 보관하는 경우에는 「전자거래기본법」 제5조제1항의 규정에 의한 전자문서의 보관이 행하여진 것으로 본다.

② 전자무역기반사업자는 전자무역문서의 보관을 위하여 전자서명을 사용하는 경우 「전자서명법」 제2조제3호의 규정에 의한 공인전자서명을 이용하여야 한다.

전자거래기본법[일부개정 2008.3.21 법률 제8979호]

제5조(전자문서의 보관)

① 전자문서가 다음 각 호의 요건을 갖춘 경우에는 그 전자문서의 보관으로 관계 법령이 정하는 문서의 보관에 갈음할 수 있다.

1. 전자문서의 내용을 열람할 수 있을 것
2. 전자문서가 작성 및 송신 . 수신된 때의 형태 또는 그와 같이 재현될 수 있는 형태로 보존되어 있을 것
3. 전자문서의 작성자, 수신자 및 송신 . 수신일시에 관한 사항이 포함되어 있는 경우에는 그 부분이 보존되어 있을 것

② 종이문서 그 밖에 전자적 형태로 작성되지 아니한 문서(이하 "전자화대상문서"라 한다)를 정보처리시스템이 처리할 수 있는 형태로 변환한 문서(이하 "전자화문서"라 한다)가 다음 각 호의 요건을 모두 갖춘 경우에는 그 전자화문서를 보관하는 것으로 관계 법령으로 정하는 문서의 보관에 갈음할 수 있다. 다만, 다른 법령에 특별한 규정이 있는 경우에는 그러하지 아니하다. <신설 2007.5.17>

1. 전자화문서가 전자화대상문서와 그 내용 및 형태가 동일할 것
2. 제1항 각 호의 요건을 모두 갖출 것

③ 제2항에 따른 전자화대상문서와 전자화문서의 내용 및 형태의 동일성에 관한 요건, 전자화문서의 작성 방법 및 절차 그 밖에 필요한 사항은 지식경제부장관이 정하여 고시한다. <신설 2007.5.17, 2008.2.29>

④ 제1항 및 제2항을 적용함에 있어서 송신 또는 수신만을 위하여 필요한 부분은 전자문서 또는 전자화문서로 보지 아니할 수 있다. <개정 2007.5.17>

전자서명법[일부개정 2008.2.29 법률 제8852호]

제2조(정의)

이 법에서 사용하는 용어의 정의는 다음과 같다.

1. "전자문서"라 함은 정보처리시스템에 의하여 전자적 형태로 작성되어 송신 또는 수신되거나 저장된 정보를 말한다.
2. "전자서명"이라 함은 서명자를 확인하고 서명자가 당해 전자문서에 서명을 하였음을 나타내는데 이용하기 위하여 당해 전자문서에 첨부되거나 논리적으로 결합된 전자적 형태의 정보를 말한다.
3. "공인전자서명"이라 함은 다음 각목의 요건을 갖추고 공인인증서에 기초한 전자서명을 말한다.
   가. 전자서명생성정보가 가입자에게 유일하게 속할 것
   나. 서명 당시 가입자가 전자서명생성정보를 지배 . 관리하고 있을 것
   다. 전자서명이 있은 후에 당해 전자서명에 대한 변경여부를 확인할 수 있을 것
   라. 전자서명이 있은 후에 당해 전자문서의 변경여부를 확인할 수 있을 것
4. "전자서명생성정보"라 함은 전자서명을 생성하기 위하여 이용하는 전자적 정보를 말한다.
5. "전자서명검증정보"라 함은 전자서명을 검증하기 위하여 이용하는 전자적 정보를 말한다.
6. "인증"이라 함은 전자서명생성정보가 가입자에게 유일하게 속한다는 사실을 확인하고 이를 증명하는 행위를 말한다.
7. "인증서"라 함은 전자서명생성정보가 가입자에게 유일하게 속한다는 사실 등을 확인하고 이를 증명하는 전자적 정보를 말한다.
8. "공인인증서"라 함은 제15조의 규정에 따라 공인인증기관이 발급하는 인증서를 말한다.
9. "공인인증업무"라 함은 공인인증서의 발급, 인증관련 기록의 관리등 공인인증역무를 제공하는 업무를 말한다.
10. "공인인증기관"이라 함은 공인인증역무를 제공하기 위하여 제4조의 규정에 의하여 지정된 자를 말한다.
11. "가입자"라 함은 공인인증기관으로부터 전자서명생성정보를 인증받은 자를 말한다.
12. "서명자"라 함은 전자서명생성정보를 보유하고 자신이 직접 또는 타인을 대리하여 서명을 하는 자를 말한다.
13. "개인정보"라 함은 생존하고 있는 개인에 관한 정보로서 성명 . 주민등록번호 등에 의하여 당해 개인을 알아볼 수 있는 부호 . 문자 . 음성 . 음향 . 영상 및 생체특성 등에 관한 정보(당해 정보만으로는 특정 개인을 알아볼 수 없는 경우에도 다른 정보와 용이하게 결합하여 알아볼 수 있는 것을 포함한다)를 말한다.[전문개정 2001.12.31]

제 3 절 컴퓨터(사이버)관련 문제점

컴퓨터와 관련되어 일어나고 있는 문제점은 오프라인에서 발생하는 유형과 더불어 다양한 형태로 확장되고 있다. 특히 인터넷을 활용하는 가상공간에서 비대면적으로 의사표시가 이루어지고 있기 때문에, 당사자들이 직접 만나서 해결하는 방법보다는 상대적으로 그 작성자와 수신자, 그리고 그 송수신 내용에 대한 신뢰성과 진정성을 명확하게 하는데 어려움이 따르고 있다. 그러나 인터넷 등 정보통신기기의 활용은 편리성, 신속성과 정확성, 거래비용절감 등의 효과로 인해 사용율이 증가하고 있다. 최근까지 컴퓨터(인터넷)을 활용하면서 발생되고 있는 사이버범죄[cyber crime][193]의 유형을 살펴본다.

〈사이버범죄의 유형〉

사이버 테러형 범죄	사이버 범죄
▸ 해킹 ▸ 서비스 거부 공격 ▸ 바이러스 제작, 유포 ▸ 악성프로그램 ▸ 메일폭탄	▸ 사기 (통신, 게임) ▸ 불법복제 (음란물, 프로그램) ▸ 불법/유해사이트 (음란, 도박, 폭발물, 자살) ▸ 명예훼손죄 ▸ 모욕죄 ▸ 개인정보침해 ▸ 스토킹 ▸ 성폭력 ▸ 협박/공갈

주) http://ko.wikipedia.org/wiki, 위키백과.

193) 컴퓨터 통신 등을 악용하여 사이버 공간에서 행하는 범죄. 인터넷과 같은 정보 통신망으로 연결된 컴퓨터 시스템이나 이들을 매개로 한 사이버 공간을 이용하여 공공복리를 저해하고, 건전한 사이버 문화에 해를 끼치는 행위이다. 사이버 범죄는 빠른 시간 안에 불특정 다수에게 많은 악영향을 미친다. 그러나 사이버 공간이라는 특성상 정보 발신자의 특정이 어렵고, 전자 정보의 증거 인멸 및 수정이 간단하기 때문에 범죄 수사에 어려움이 많다. 그 범행 목적에 따라 사이버 테러형 범죄와 일반 사이버 범죄로 나뉜다. 사이버 테러형 범죄는 해킹, 컴퓨터 바이러스와 같은 유형의 범죄이고, 일반 사이버 범죄는 사이버 명예 훼손과 전자상거래 사기, 개인 정보 침해, 불법 사이트 개설, 디지털 저작권 침해 등을 말한다. 사이버 범죄는 국내 국외에 동시에 발생할 수 있다는 특성을 갖고 있는데, 이에 대처하기 위해 국가간의 법 제도의 상이성을 초월한 국제적인 형사 사법의 규칙도 필요하다(네이버 백과사전).

1. 사이버문제 관련 용어[194]

위조	僞造 counterfeit	권한 없는 자가 사용할 목적으로 현존하지 아니하는 문서, 통화, 유가증권, 인장 등을 새로이 작성하거나 제조하는 것을 말하며 이로서 성립하는 범죄를 위조범이라고 한다. 조세범처벌법은 납세증인, 납세증지 또는 법에 의한 입장권을 위조 또는 변조한 경우에는 처벌하도록 하고 있다. 한편, 위조는 현존하지 아니하는 것을 새로이 작성하거나 제조한다는 점에서 이미 존재하는 것을 가공하여 새로운 가치를 가지는 것으로 변화시키는 변조와 구별된다.(조세범처벌법 제12조의 (2)
	spoofing	컴퓨터 내의 정보를 침입이나 공격을 목적으로 하여 데이터를 위조하는 행위. 호스트 이름과 IP 주소의 조합을 DNS 서버에 있는 것과 다른 정보로 바꿔 쓰는 DNS 위조와 패킷의 경로 정보를 변경하는 RIP 위조 등 위조하는 정보에 따라 다양하다. 네트워크를 표적으로 한 공격에는 반드시 필요한 기술이다.
변조	變造 falsification	컴퓨터 내의 정보를 부정한 수단으로 개서(改書)하는 것. 이러한 범죄의 예로는 사원이 인사 시스템에 부정한 방법으로 접속하여 급여 금액을 마음대로 상향 조정하거나, 학생이 자신의 성적 기록을 변조하는 행위 등이 있다. 또한 통신망의 중계 서버에 침입하여, 타인의 이메일이나 데이터를 통신 도중에 갈취해서 변조하는 예도 있다.
	變造 alteration	통화(通貨) · 유가증권(有價證券) · 문서(文書) 등에 권한 없이 변경을 가하는 일. 통화의 변조는 권한 없이 진정한 통화를 가공하여 가치를 변경시키는 것이며, 위조(僞造)는 통화를 발행할 권한 없는 자가 진정한 통화로 오인할 수 있는 것을 제조하는 것이다. 우표(郵票)와 인지(印紙)에 관하여도 마찬가지이다. 유가증권의 변조는 진정하게 성립된 타인 명의(名義)의 유가증권 또는 그 기재에 관하여 권한 없이 변경을 가하는 것이며, 위조는 권한이 없는 자가 타인 명의를 도용하여 유가증권에 관한 작성(作成) · 배서(背書) · 보증(保證) · 인수(引受) 등의 행위를 하는 것이다. 문서 등의 변조는 권한 없는 자가 진정하게 성립된 타인 명의의 문서 등의 비본질적 부분에 변경을 가하여 새로운 증명력을 만들어 내는 것이며, 위조는 권한이 없는 자가 타인 명의의 문서 등을 작성하는 것이다. 변조는 위작(僞作)이라는 점에서 위조와 같으나, 변조는 내용에 관한 위작이며 위조는 주체(主體)에 관한 위작이라는 점이 다르다. 위작에 의하여 목적물의 동일성을 해하지 않는 범위 내이어야 변조가 되며, 동일성을 해하면 위조가 되는 것으로 본다. 다만 위작을 위하여 변경을 가한 결과 목적물의 효용을 상실하게 하면 변조가 아니라 손괴(損壞)가 된다. 통화에 관한 죄(형법 제207조 내지 제213조), 유가증권 · 우표와 인지

194) http://100.naver.com/ 네이버백과사전 인용 편집.

	에 관한 죄(214조 내지 224조), 문서에 관한 죄(225조 내지 237조의 (2) 등에서 위조와 변조는 같게 취급되므로 형법상 양자는 구별의 실익이 없다. 어음·수표의 변조의 경우에는 어음·수표행위독립의 원칙에 따라 변조 전에 기명날인(記名捺印) 또는 서명한 자는 원문언(原文言)에 따라 책임을 지고, 변조 후에 기명날인 또는 서명한 자는 변조된 문언에 따라 책임을 진다(어음법 제69 · 77조, 수표법 제50조).
부인방지(否認防止) Non-repudiation	어떤 분쟁에 말린 관계자가 진술서 혹은 계약서의 유효성을 부인하거나 반박할 수 없도록 보장하는 개념이다. 이러한 개념은 텔레비전과 라디오를 포함한 송수신에 모두 적용할 수 있지만, 현재 가장 일반적인 응용분야는 서명의 검증과 신용 분야이다. 전통적인 법조계에 따르면, 서면 계약서나 서면 메모에 있는 서명은 서명인에 의해 항상 부인될 수 있다. 부인하는 데에 두 가지 방식이 있을 수 있는데 하나는 서명인이 "그곳에 서명하지 않았어요"라고 말하며 사기 혹은 위조라고 주장하는 것이며, 또 다른 하나는 서명인이 서명 자체는 합법적이라고 인정함에도 불구하고 그 서명이 협박 혹은 고문에 따른 고백 따위의 강제로 이루어진 것이었으므로 서명의 유효성에 대해 반박하는 것이다. 부인의 이유에 따라 법적 입증책임이 누구한테 가느냐가 달라진다는 사실에 주목하자. 서명인이 사기나 위조를 주장한 경우에는 주로 유효하다고 주장하는 쪽에게 입증책임이 지워지고, 강제로 이루어졌다고 주장한 경우에는 유효성에 의문을 제기하는 쪽이 책임을 진다.
불법침투(不法浸透) (integrity, 무결성)	디지털 보안에 관련하여, 암호화적인 의미와 '부인방지'의 적용에는 그 의미가 달라진다. 데이터의 완전무결성과 출처에 대해 증명하는 서비스. 진짜임을 강하게 확신토록 해주는 순수성 검증. 데이터 완전무결성은 주로 상기 요구사항 중 가장 쉬운 부분이다. MD5나 CRC같은 데이터 해쉬 혹은 체크섬 정도면 보통 데이터가 은밀하게 변경될 가능성이 극도록 적다고 확언하기에 충분하다. 그러나 이러한 보호 장치가 있어도, 중간자가 공격하거나 피싱을 이용해 전송중인 데이터를 함부로 건드리는 것이 가능하다. 상기 결함때문에, 데이터 완전무결성은 수취인이 이미 필수 검증용 정보를 가지고 있을 때 확실해진다. 디지털 데이터의 출처를 주장하는 데 사용되는 방식 중 가장 흔한 것은 디지털 인증이다. 디지털 인증이란, 디지털 서명이 속하는 공공 핵심 인프라 양식이며, 암호화를 위해 사용할 수 있다. 확실히 해야 할 것은, 디지털 출처는 인증된/서명된 데이터가 그 인증서에 해당하는 개인보안키를 소유하는 사람으로부터 나오며, 상기 데이터를 신뢰할 수 있다고 적절한 수준으로 확신할 수 있음을 의미할 뿐이라는 것이다. 만일 보안키가 그 소유인에 의해 적절히 보호되지 않는다면 디지털 위조가 심각한 사안이 될 수 있다.

피싱 phishing	금융기관 등으로부터 개인정보를 불법적으로 알아내 이를 이용하는 사기수법. 금융기관 등의 웹사이트나 거기서 보내온 메일로 위장하여 개인의 인증번호나 신용카드번호, 계좌정보 등을 빼내 이를 불법적으로 이용하는 사기수법이다. 개인정보(private data)와 낚시(fishing)를 합성한 조어(造語)라고 하는 설과 그 어원은 fishing이지만 위장의 수법이 '세련되어 있다(sophisticated)'는 데서 철자를 'phishing'으로 쓰게 되었다는 설이 있다. 대표적인 수법으로 이메일의 발신자 이름을 금융기관의 창구 주소로 한 메일을 무차별적으로 보내는 것이 있다. 메일 본문에는 개인정보를 입력하도록 촉구하는 안내문과 웹사이트로의 링크가 기재되어 있는데, 링크를 클릭하면 그 금융기관의 정규 웹사이트와 개인정보입력용 팝업 윈도가 표시된다. 메인윈도에 표시되는 사이트는 '진짜'이지만, 팝업 페이지는 '가짜'이다. 진짜를 보고 안심한 사용자가 팝업에 표시된 입력란에 인증번호나 비밀번호, 신용카드번호 등의 비밀을 입력·송신하면 피싱을 하려는 자에게 정보가 송신된다. URL에 사용되는 특수한 서식을 이용하여, 마치 진짜 도메인에 링크되어 있는 것처럼 보이게 하거나, 팝업 윈도의 어드레스바를 비표시로 하는 등 교묘한 수법을 이용하고 있어 피해자가 속출하고 있다. 2004년 10월, 정보통신부가 발표한 피싱 대응요령을 보면 다음과 같다. ① 은행, 카드사 등에 직접 전화를 걸어 이메일에서 안내한 사항이 사실인지를 확인한다. ② 이메일에 링크된 주소를 바로 클릭하지 말고, 해당 은행, 카드사 등의 홈페이지 주소를 인터넷창에 직접 입력해 접속한다. ③ 출처가 의심스러운 사이트에서 경품에 당첨됐음을 알리는 경우, 직접 전화를 걸어 확인하고 사실인 경우에도 가급적 중요한 개인정보는 제공하지 않는다. ④ 피싱이 의심되는 메일을 받았을 경우 해당 은행, 카드사 및 한국정보보호진흥원 등에 신고한다. ⑤ 은행, 신용카드, 현금카드 등의 내역을 정기적으로 확인한다.
보이스 피싱 Voice Phishing	전화를 통하여 신용카드 번호 등의 개인정보를 알아낸 뒤 이를 범죄에 이용하는 전화금융사기 수법을 말한다. 피싱(phishing)은 '개인정보(private data)'와 '낚시(fishing)'를 뜻하는 영어를 합성한 조어로서 전화를 통하여 상대방의 신용카드 번호 등의 개인정보를 불법으로 알아낸 뒤 이를 범죄에 이용하는 전화금융사기 수법을 말한다. 처음에는 국세청 등 공공기관을 사칭하여 세금을 환급한다는 빌미로 피해자를 현금지급기(ATM) 앞으로 유도하는 방식이었으나, 이같은 수법이 널리 알려진 뒤에는 피해자가 신뢰할 수 있도록 하기 위하여 사전에 입수한 개인정보를 활용하는 등 다양한 수법들이 등장하였다. 그 유형은 ① 국세청이나 국민연금관리공단 등을 사칭하여 세금·연금 등을 환급한다고 유혹하여 현금지급기로 유인하는 형태, ② 신용카드사·은행·채권추심단을 사칭하여 신용카드 이용대금이 연체되었다거나 신용카드가 도용되었다는 구실로 은행 계좌번호나 신용카드 번호를 입력하도록 요구하는 형태, ③ 자녀를 납치하였다거나 자녀가 사고를 당하였다고 속여 부모에게 돈

	을 요구하는 형태, ④ 검찰·경찰 또는 금융감독원 직원을 사칭하여 범죄에 연루되었다는 구실로 개인정보를 요구하는 형태, ⑤ 동창회·종친회 명부를 입수한 뒤 회비를 송금하도록 요구하는 형태, ⑥ 택배회사나 우체국을 사칭하여 우편물이 계속 반송된다는 구실로 개인정보를 요구하는 형태, ⑦ 가전회사나 백화점 등을 사칭하여 경품 행사에 당첨되었다는 구실로 은행 계좌번호를 알려달라는 형태, ⑧ 대학입시에 추가로 합격하였다며 등록금을 입금할 것을 요구하는 형태 등 다양하다. 한국인터넷진흥원(KISA)은 이로 인한 피해를 예방하기 위하여 다음과 같은 '보이스피싱 예방 10계명'을 정하였다. ① 미니홈페이지나 블로그 등 1인 미디어 안에 전화번호 등 자신과 가족의 개인정보를 게시하지 않는다. ② 종친회·동창회·동호회 사이트 등에 주소록 및 비상연락처 파일를 게시하지 않는다. ③ 자녀 등 가족에 대한 비상시 연락을 위하여 친구나 교사 등의 연락처를 확보한다. ④ 전화를 이용하여 계좌번호·카드번호·주민등록번호 등의 정보를 요구하는 경우에 일체 대응하지 않는다. ⑤ 현금지급기를 이용하여 세금 또는 보험료 환급, 등록금 납부 등을 하여 준다는 안내에 일체 대응하지 않는다. ⑥ 동창생 또는 종친회원이라고 하면서 입금을 요구하는 경우 반드시 사실 관계를 재확인한다. ⑦ 발신자 전화번호를 확인하여 표시가 없거나 처음 보는 국제전화 번호는 받지 않는다. ⑧ 자동응답시스템(ARS)을 이용한 사기 전화를 주의한다. ⑨ 본인의 은행계좌에서 돈이 빠져나가는 것을 바로 인지할 수 있도록 휴대폰 문자서비스를 적극 이용한다. ⑩ 속아서 전화사기범들 계좌에 자금을 이체하였거나 개인정보를 알려준 경우에 즉시 관계 기관에 신고하고, 거래 은행에 지급정지를 요청하고 금융감독원이나 은행을 통하여 개인정보노출자 사고예방시스템에 등록하여 추가 피해를 최소화한다.
해킹 hacking	컴퓨터 네트워크의 취약한 보안망에 불법적으로 접근하거나 정보 시스템에 유해한 영향을 끼치는 행위. 컴퓨터 네트워크의 보안 취약점을 찾아내어 그 문제를 해결하고 이를 악의적으로 이용하는 것을 방지하는 행위에서 시작되었다. 이 말은 1950년대 말 미국 매사추세츠공과대학(MIT) 동아리 모임에서 처음 사용되었던 '해크(hack)'에서 유래된다. 당시 해크는 '작업과정 그 자체에서 느껴지는 순수한 즐거움'이란 뜻이다. 그러나 순수하게 작업과정 자체의 즐거움에 탐닉하는 컴퓨터 전문가들의 행위로 시작된 해킹은 컴퓨터가 일반화되면서 점차 나쁜 의미로 변질되었다. 즉, 다른 사람의 컴퓨터에 침입하여 정보를 빼내서 이익을 취하거나 파일을 없애버리거나 전산망을 마비시키는 악의적 행위가 빈발하게 된 것이다. 이런 파괴적 행위를 하는 자들은 크래커(cracker)라고 하여 해커와 구별하기도 한다. 그러나 일반적으로 해커와 크래커는 구별되어 쓰이지 않고 범죄 행위를 하는 자의 의미로 쓰인다. 해킹에 대응하여 컴퓨터 보안기술도 발달하였는데, 방화벽을 쌓아 불법접근을 차단하는 방식 등을 사용한다. 대표적인 해킹 사례로는 1985년 3명의 구

	서독 해커가 구 소련의 KGB 요원에게 포섭된 뒤 개인용 컴퓨터를 이용하여 미국 등 서방 선진국의 주요 군사기술 시스템에서 수천 개에 달하는 암호 등 극비정보를 빼내 건네준 사건을 들 수 있다. 한국에서 현행 '정보통신망 이용촉진 및 정보보호 등에 관한 법률'은 정당한 접근권한이 없거나 허용된 접근권한의 범위를 초과하여 정보통신망에 침입하는 행위를 금지한다(48조 1항). 이를 위반하면 3년 이하의 징역 또는 3000만 원 이하의 벌금에 처한다(63조 1항 1호). 정보통신기반보호법에서도 주요 정보통신기반시설을 침해하여 교란 · 마비 또는 파괴한 자는 10년 이하의 징역 또는 1억 원 이하의 벌금에 처하도록 규정하고 있다(28조 1항). 또 형법에서도 컴퓨터 등 정보처리장치에 허위의 정보 또는 부정한 명령을 입력하거나 그밖의 방법으로 정보처리에 장애를 발생하게 한 자는 업무방해죄로 5년 이하의 징역 또는 1500만 원 이하의 벌금에 처하도록 규정하고 있다(314조 2항).
해커 hacker	컴퓨터 또는 컴퓨터 프로그래밍에 뛰어난 기술자로서 네트워크의 보안을 지키는 사람. 이 용어는 1950년대 말 미국 매사추세츠공과대학(MIT)의 동아리 모임에서 유래했다. 철도의 신호기와 동력 시스템을 연구하던 학생들은 밤마다 몰래 학교 소유의 IBM 컴퓨터를 사용했다. 당시 MIT에서는 '해크(hack)'라는 말을 '작업과정 그 자체에서 느껴지는 순수한 즐거움 이외에는 어떠한 건설적인 목표도 갖지 않는 프로젝트나 그에 따른 결과물'을 지칭하는 은어로서 사용하였는데, 동아리 학생들이 여기에 사람을 뜻하는 '-er'을 붙여 해커라고 사용하였다. 해커들은 컴퓨터프로그램을 많이 개발하였으며, 현재의 컴퓨터 문화를 이룩한 사람들이라고 할 수 있다. 애플컴퓨터를 창업한 스티브 워즈니악(Steve Wozniak)과 스티브 잡스(Steve Jobs) 그리고 마이크로소프트를 창업한 빌 게이츠(Bill Gates)도 초기에는 해커로 활동하기도 하였다. 한국정보보호진흥원의 〈정보시스템 해킹 현황과 대응〉 (199(6)에 따르면, 해커란 "컴퓨터 시스템 내부구조와 동작 따위에 심취하여 이를 알고자 노력하는 사람으로서 대부분 뛰어난 컴퓨터 및 통신 실력을 가진 사람들"로 정의하고 있다. 또 정보의 공유를 주장한다는 점에서 해커를 정보사회주의자로 보는 시각도 있다. 따라서 해커는 컴퓨터나 네트워크 따위에 대하여 탐구를 즐기는 사람들로서, 다른 컴퓨터에 불법으로 침입하여 자료의 불법 열람 · 변조 · 파괴 따위의 행위를 하는 크래커(cracker)와 구별하여야 한다.
크래커 cracker	다른 사람의 컴퓨터시스템에 무단으로 침입하여 정보를 훔치거나 프로그램을 훼손하는 등의 불법행위를 하는 사람. 해커와는 구분하여야 한다. 침입자(intruder) 또는 공격자(invader)라고도 하며, 소프트웨어를 불법으로 복사하여 배포하는 사람을 가리키기도 한다. 고의 또는 악의적으로 다른 사람의 컴퓨터에 불법적으로 침입하여 데이터나 프로그램을 엿보거나 변경하는 등의 컴퓨터범죄 행위를 저지르는 지능범을 가리킨다. 컴퓨터네트워크의 보급과 이용이 확대되면서 사회문제로 대두되고 있다. 한국에서는 이러한 컴퓨터 범

	죄에 대하여 해커와 크래커를 혼동하여, 해커를 컴퓨터 범죄자의 의미로 사용하는 경우가 많다. 그러나 해커는 정보의 공유를 주장하는 고도의 컴퓨터 전문가로서 컴퓨터프로그램의 발전에 기여한 긍정적인 측면이 있는 반면에, 크래커는 악의적으로 범죄의 수단으로서 해킹 기술을 이용한다는 차이점이 있다. 이 때문에 해커들은 크래커를 자신들과 구별하여 '위험한 해커(dangerous hacker)'라는 뜻의 영어 글자를 따서 '데커(decker)'라고 부르기도 한다. 크래커는 이익을 추구하기도 하지만, 악의적이고 이기적인 목적, 특히 보안시스템에 대한 도전으로 불법행위를 자행하는 경우가 많다. 이에 대하여 당사자들은 어떤 컴퓨터시스템의 보안이 취약하다는 것을 지적하기 위하여 하는 일이라고 주장하기도 하지만 범죄행위일 뿐이다. 이들은 공항 관제탑이나 발전소의 정보 시스템에 침입하여 가동을 중단시키고, 군사위성에 침투하기도 한다. 또 식품회사의 제조공정을 변경하여 독극물이 든 식품으로 변조하는가 하면, 경쟁 기업에 침투하여 극비에 속하는 개발정보를 빼내 판매하기도 한다. 이밖에 인터넷 홈뱅킹 관련자료를 입수하여 몰래 만들어 둔 가공의 계좌로 남의 돈을 이체한 예도 있다.
핵티비즘 hacktivism	정치 · 사회적인 목적을 위해 자신과 노선을 달리하는 정부나 기업 · 단체 등의 인터넷 웹 사이트를 해킹하는 행위. 해커(hacker)와 행동주의(activism)의 합성어로, 인터넷이 일반화되면서 나타난 새로운 유형의 정치적 · 사회적 행동주의를 말한다. 기존의 정치 · 사회 운동가들이 인터넷 대중화 바람을 타고 인터넷 공간으로 활동영역을 넓히면서 나타나기 시작하였는데, 자신들의 정치적 목적을 달성하기 위한 수단으로 특정 정부 · 기관 · 기업 · 단체 등의 웹 사이트를 해킹해 서버를 무력화하는 일련의 행위 또는 그러한 활동 방식을 말한다. 이들은 기존의 해커와는 달리 허술한 컴퓨터 보안장치를 해킹함으로써 자신의 실력을 과시하거나 자기 만족에 그치는 것이 아니라, 자신의 정치적 · 사회적 목적을 이루기 위해 적극적이면서도 다양한 활동을 벌인다. 2000년 이후 급속히 늘어나 전세계에서 광범위하게 활동하고 있는데, 웹 사이트를 침범해 해당 사이트에 자신들의 정치 구호를 내거는 단순한 경우에서부터 아예 상대방의 컴퓨터 서버를 무력화시키는 경우까지 다양하다. 실제로 2002년 9월 포르투갈의 해커들이 인도네시아 정부의 컴퓨터망에 침입해 40대의 서버를 무력화시킨 뒤 '동티모르를 독립시켜라'는 구호를 내걸었고, 같은 해 10월에는 인도 정부의 카슈미르 지역 정보제공 웹 사이트에 해커들이 침입해 초기 화면에 '카슈미르를 구하라'는 슬로건을 띄운 뒤 인도 군인들이 살해한 카슈미르인(人)들의 사진을 올렸는데, 이러한 정치적인 행위들이 모두 핵티비즘에 해당한다.
사이버테러 cyberterror	주요 기관의 정보시스템을 파괴하여 국가 기능을 마비시키는 신종 테러. 정보화시대의 산물로, 컴퓨터망을 이용하여 데이터베이스화되어 있는 군사, 행정, 인적 자원 등 국가적인 주요 정보를 파괴하는 것을 말한다. 21세기의 테

	러는 점점 이러한 컴퓨터망의 파괴로 집중될 것으로 예상되며, 앞으로는 전쟁도 군사시설에 대한 직접적인 타격보다는 군사통신, 금융망에 대한 사이버 테러 양상을 띨 가능성이 높다. 사이버테러의 종류로는 전자우편 폭탄과 논리 폭탄 등이 있다. 전자우편 폭탄은 목표로 하는 컴퓨터에 전자우편을 발송하여 이 우편을 받은 컴퓨터가 제 기능을 하지 못하도록 하는 것이다. 논리 폭탄은 일종의 컴퓨터 바이러스로, 컴퓨터 시스템에 침입하여 기능을 마비시킨다. 새로운 국가안보의 위협 요소로 떠오르는 사이버테러에 대응하기 위해 세계 각국은 대응책 마련에 부심하고 있다. 미국에서는 1995년부터 국방부와 관련부처를 중심으로 사이버해킹 전담팀을 구성하고 2002년까지 32억 달러의 예산을 배정하는 등 국가적인 차원에서 사이버테러에 대비하고 있으며, 한국은 1999년 말까지 컴퓨터 해킹 대응팀을 구성하여 운영할 계획이다.

주) http://100.naver.com/ 네이버백과사전.

2. 바이러스와 백신

컴퓨터 바이러스 computer virus	컴퓨터 프로그램이나 실행 가능한 부분을 변형하여, 여기에 자기 자신 또는 자신의 변형을 복사하여 컴퓨터 작동에 피해를 주는 명령어들의 조합. 생물학적인 바이러스가 생물체에 침투하여 병을 일으키는 것처럼 컴퓨터 내에 침투하여 자료를 손상시키거나 다른 프로그램들을 파괴하여 작동할 수 없도록 하는 컴퓨터 프로그램의 한 종류이다. 바이러스에 감염된 디스크로 컴퓨터를 기동(起動)시킬 때나, 어떤 프로그램을 실행시킬 때 바이러스가 활동하여 자료를 파괴하거나 컴퓨터 작동을 방해하고 자신을 복제하여 다른 컴퓨터로 전염시킨다. 이런 점이 생물학적 바이러스와 비슷하기 때문에 바이러스라는 용어를 사용하지만, 다른 일반 프로그램과 동일한 프로그램의 한 종류이다. 발생 기원은 1949년 J.폰 노이만이 발표한 논문에서 프로그램이 자기자신을 복제함으로써 증식할 수 있다는 가능성을 제시한 것으로부터 유래한다. 실제로 미국에서 1985년 프로그램을 파괴하는 악성 컴퓨터 바이러스가 처음 보고 되었고, 한국에서는 1988년 (C)BRAIN이란 컴퓨터 바이러스가 처음으로 보고 되었다. 컴퓨터 바이러스가 발생하게 된 경위는 자신의 능력을 과시하기 위하여 만들었다는 설, 불법복제를 막기 위하여 만들었다는 설, 소프트웨어의 유통경로를 알아보기 위하여 유포시켰다는 설, 경쟁자 또는 경쟁사에게 타격을 주기 위하여 감염시켰다는 설 등이 있다. 그러나 은밀하게 유포되고 있기 때문에 확실한 경위는 밝혀지지 않고 다만 복합적인 원인으로 추정된다. 컴퓨터 바이러스는 그 영향 정도에 따라 양성(陽性) 및 악성 바이러스, 감염 부위에 따라 부트(Boot) 및 파일(File) 바이러스로 구분한다. 부트 바이러스는 컴퓨터가 기동할 때 제일 먼저 읽게 되는 디스크의 특정 장소에 감염되어 있다가 컴퓨터 기동 시에 활동을 시작하는 종류이다. 파일 바이러스는 숙주(宿主) 프로그램에 감염되어 있다가 숙주 프로그램이 실행될 때 활동하는 바이러스를 말한다. 바이러스의 종류에 따라

	활동방식도 다른데 감염 즉시 활동하는 것, 일정 잠복기간이 지난 후에 활동하는 것, 특정기간이나 특정한 날에만 활동하는 것도 있다. 특정한 날에만 활동하는 바이러스 중 예루살렘 바이러스는 13일의 금요일에만 활동하고, 미켈란젤로 바이러스는 미켈란젤로의 생일인 3월 6일에만 활동한다. 불법복제한 소프트웨어 디스켓을 사용하거나, 여러 사람이 공동으로 사용하는 컴퓨터에서 작업하면 바이러스 감염의 가능성이 높아 자신도 모르게 디스켓 또는 프로그램에 감염된다. 이렇게 감염된 디스켓을 자신의 컴퓨터에서 사용하면 자신의 컴퓨터도 전염된다. 최근에는 컴퓨터 통신 이용률이 높아지면서 이를 통하여 자료를 주고받을 때 급속도로 바이러스가 전염되기도 한다. 바이러스에 감염되면, 컴퓨터 기동시간이 평소보다 오래 걸리거나, 기동 자체가 되지 않거나, 프로그램이 실행되지 않거나, 프로그램을 실행시키는 시간이 평소보다 오래 걸리거나, 파일목록을 확인하는 명령을 하였을 때 목록이 화면에 나타나는 시간이 오래 걸리거나, 화면에 이상한 글자가 나타나거나, 프로그램의 크기가 달라져 있거나, 프로그램의 작성일자 또는 파일의 이름이 바뀌는 등의 증세를 나타낸다. 감염 예방을 위해서는 복제품이 아닌 정품 소프트웨어를 사용하고, 외부에서 가지고 온 디스켓은 사용하기 전에 반드시 백신 프로그램으로 바이러스 감염 여부를 확인한 후 사용한다. 또한 컴퓨터 통신을 통하여 받은 프로그램의 경우에도 반드시 감염여부를 확인 후 사용하도록 한다.
컴퓨터백신 computer vaccine	컴퓨터 바이러스 프로그램을 찾아 기능을 정지시키거나 제거하는 프로그램. 현재 세계적으로 수많은 바이러스 프로그램들이 돌아다니고 있으며, 이를 퇴치하기 위한 프로그램들도 많이 개발되어 있다. 사실 바이러스 프로그램의 개발은 백신 프로그램의 개발을 유도하였고, 이들 두 가지 프로그램의 개발전쟁은 컴퓨터프로그램 개발과 보안관리 기술 발전에 큰 공헌을 하고 있다. 컴퓨터 백신 프로그램은 감염된 바이러스 프로그램을 찾아내서 기능을 정지시키거나 삭제하는 기능을 가진 것이 대부분으로, 사전에 바이러스 프로그램의 감염을 막지는 못한다. 따라서 백신의 원래 의미인 면역력을 가지고 있는 것이 아니라 일종의 치료제 역할을 하는 프로그램으로, 항상 새로운 바이러스 프로그램이 나타나면 이를 치료하는 기능을 추가하는 것을 반복하므로, 바이러스 프로그램을 뒤따라 가는 형편이다. 바이러스 프로그램에 감염되지 않도록 면역성을 갖는 프로그램도 소개되고 있으나 완벽한 프로그램은 아직 발표되지 않고 있다. 한국에서 개발한 백신 프로그램 중 가장 널리 사용되고 있는 프로그램은 현재 의료계 종사인이 제작한 프로그램으로 한국에서 발견되는 대부분의 바이러스들은 퇴치할 수 있는 프로그램이다. 컴퓨터 바이러스 프로그램의 피해를 막는 방법은 불법복제를 하지 않고, 외부에서 반입되는 자료는 일일이 컴퓨터 백신 프로그램으로 점검하는 방법이 최선이지만, 이를 위해서는 컴퓨터 바이러스의 관리지침을 마련하고 이에 의한 백신 프로그램의 기준을 설정하는 등 사회적 차원에서 체계적이고 구체적인 제도의 마련과 대책이 필요하다.

주) http://100.naver.com/ 네이버백과사전.

3. 바이러스 종류[195]

매크로 바이러스 macro virus	매크로 명령을 사용하는 프로그램의 데이터에 감염되는 컴퓨터 바이러스이다. 엑셀이나 워드 등 매크로를 사용하는 데이터를 전자우편으로 보낼 때 상대방의 컴퓨터에 감염되어, 작업한 문장을 바꾸어 놓거나 하드디스크를 지워버리는 일을 한다. 매크로는 하나의 명령으로 여러 개의 명령을 수행하도록 하는 기능으로서, 매크로 바이러스는 이 매크로 기능을 사용하는 마이크로소프트사의 엑셀, 워드 및 이를 통합한 오피스 프로그램 등의 데이터에 감염된다. 1997년부터 전세계적으로 유포되었으며, 워드프로세서로 작성된 문서나 데이터를 전자우편로 보낼 때 상대방 컴퓨터에 침입, 작성한 문장을 마음대로 바꿔 버리거나 하드디스크 정보를 완전히 지워 버리는 등의 피해를 일으킨다. 다른 바이러스들은 플로피디스크나 네트워크를 통해 소프트웨어를 컴퓨터에 집어넣지 않으면 감염되지 않았으나 매크로 바이러스는 실행 프로그램 파일이 아니라 작성된 자료 파일에 감염되므로 일반적인 컴퓨터 이용자도 피해를 당할 가능성이 높은 것이 특징이다. MS 워드의 *.DOC, *.DAT 파일에 감염되는 워드컨셉트를 비롯해, 감염된 파일명이 계속 바뀌는 다변형 바이러스인 사이버넷 등이 대표적인 종류이다. 사이버넷은 일단 감염되면 컴퓨터 속에 있는 모든 워드와 엑셀 파일이 삭제된다. 매크로바이러스만 별도로 검색해 치료할 수 있는 컴퓨터백신 프로그램으로 'V3 매크로'가 있다.
러브 바이러스 love virus	2000년 5월 4일 홍콩에서 발견된 컴퓨터 바이러스로, 단 3일 동안 이전의 어떤 바이러스보다도 빠른 속도로 전 세계에 전파되었다. 전자우편을 통해 전파되는 이른바 웜(worm)의 일종이며, 감염된 파일을 실행하게 되면 윈도가 시작될 때마다 실행되도록 시스템 등록정보(레지스트리)를 변경한다. 2000년 5월 4일 홍콩에서 처음 발견된 새로운 컴퓨터 바이러스이다. 러브 바이러스는 단 3일 동안에 이전의 어떤 다른 컴퓨터 바이러스보다도 빠른 속도로 전세계로 전파되었다. 컴퓨터망이 가장 광범위하게 구축되어 있는 미국의 경우 러브 바이러스의 공격으로 백악관과 의회, 국무부, 국방부, 연방수사국(FBI) 등 주요 국가기관은 물론 AT&T, 메릴린치, 포드자동차 등 대기업과 금융, 언론기관의 컴퓨터 시스템도 큰 피해를 입었다. 미국의 트렌드마이크로사에 의하면, 미국에서만 250여 만 개의 컴퓨터 파일이 손상되었으며, 전세계적으로는 약 308만 개의 컴퓨터 파일이 러브 바이러스에 감염된 것으로 추정된다. 간단한 비주얼 베이직 코드로 만들어진 러브 바이러스는 전자우편을 통해 전파되는 이른바 웜(worm)의 일종이다. 인터넷을 통해 전파되기 때문에 디스켓이나 PC통신 자료실을 통해 전파되는 고전적 바이러스에 비해 그 전파 속도가 훨씬 빠르다. 1999년 4월 맹위를 떨쳤던 멜리사 바이러스와 전파 유형은 거의 비슷하다. 그러나 멜리사 바이러스가 30분마다 전자우편 프로그램 주소록에 등록된 최초 50명에게 바이러스 편지를 보낸 데 비하여 러브 바이러스는 전자우편 프로그램의 주소록에 등록된 모든 사용자에게 바이러스가 감염된 전자우편을 보낸다. 러브 바이러스는 악명 높은 CIH 바이러스나 예루살렘 바이러스처럼

195) http://100.naver.com/ 네이버백과사전 인용 편집.

	입출력 시스템(BIOS)이나 하드디스크의 모든 데이터를 파괴하지는 않는다. 파일을 실행하게 되면 이 바이러스 파일을 윈도의 시스템 폴더에 복사하여 윈도가 시작될 때마다 실행되도록 시스템 등록정보(레지스트리)를 변경한다. 이 바이러스에 대한 가장 효과적인 대책은 'I love You'라는 제목에 "LOVE-LETTER-FOR-YOU.TXT.vbs"라는 첨부파일이 포함된 전자우편을 발견하는 즉시 삭제하는 것이다. 또한, 이미 9종에 달하는 변종 바이러스가 발견되었기 때문에 이 변종 바이러스도 받자마자 삭제해야 한다. 만일 이 바이러스에 감염되었다면 지체없이 자신이 사용하는 백신 업체의 홈페이지로 가서 최신 패치 파일을 다운받아 설치한 후 치료해야 한다. 단, 백신 프로그램으로 치료하여 바이러스를 제거하더라도 이미 감염된 파일은 mp3 파일을 제외하고 물리적으로 파일을 덮어쓰기 때문에 복구가 불가능하다. 2000년 5월 8일 러브 바이러스를 유포시킨 혐의로 필리핀 국가수사국(NBI)은 필리핀인 남성 1명과 여성 2명 등 3명을 구속하였다.
웜바이러스 worm virus	컴퓨터 시스템을 파괴하거나 작업을 지연 또는 방해하는 악성프로그램. 컴퓨터 바이러스는 마이크로소프트 워드나 엑셀과 같이 컴퓨터에서 실행되는 프로그램의 일종이다. 그러나 이 프로그램은 다른 유용한 프로그램들과 달리 자기복제를 하며, 컴퓨터 시스템을 파괴하거나 작업을 지연 또는 방해하는 악성프로그램으로, 웜 외에도 컴퓨터 바이러스, 트로이목마 등이 있다. 악성프로그램은 일반적으로 제작자가 의도적으로 사용자에게 피해를 주고자 만든 프로그램이다. 크게 컴퓨터바이러스, 트로이목마, 웜 등으로 분류한다. 다시 말해서 웜과 트로이목마는 바이러스 속에 포함되지 않는다. 웜의 경우 얼마전까지 PC상에서는 중요하게 인식하지 않았다. 그러나 1999년 들어 전자우편을 통하여 다른 사람에게 전달되는 형태의 웜이 많이 출현하면서 일반인들에게 널리 인식되었다. 웜의 경우 아직까지 그 수가 적어 특별한 분류법은 없다. 웜프로그램은 과거 1970년대 대형컴퓨터 등에서 다른 곳에 복사하지는 않고 기억장소에서 자기복제를 하는 프로그램을 말하였다. 그러나 최근에는 실행코드 자체로 번식하는 유형을 말하여 주로 PC상에서 실행되는 것을 의미한다. 웜과 바이러스의 큰 차이점은 감염대상을 가지고 있는가에 따라 구분된다. 바이러스는 감염대상을 가지고 있지만, 웜은 감염대상을 가지지 않는다. 한국에서 발견된 대표적인 웜에는 I-Worm/Happy99, I-Worm/ExploreZip, I-Worm /PrettyPark 등이 있다. 웜의 번식을 위해서 웜 스스로 다른 사람에게 보내는 e-메일에 자신을 첨부하는데, 실제 자신이 작성한 편지보다 더 큰 크기의 편지가 상대방에게 전달된다. 대표적인 웜인 I-Worm은 문제가 되고 있으며 무엇보다도 빠른 전파력이 특징이다. 외국에서 발견되었다는 보고가 있은지 몇 시간이면 한국에서도 발견되기도 한다. II-Worm 즉, 인터넷 웜은 e-메일프로그램을 이용하여 전파된다. 보통 e-메일프로그램의 주소록을 뒤져 주소록에 포함된 모든 사람들에게 웜이 첨부된 e-메일을 자동으로 보내거나 아직 답장하지 않은 것만 골라서 보내기도 한다. 단순히 웜이 첨부된 메일만 보내어 인터넷 등의 속도나 시스템에 무리를 주는 것뿐만이 아니라, 특정파일을 0바이트로 만들거나 재부팅하면 하드디스크를 포맷하고, 사용자 정보를 빼내가는 등의 특별한 증상도 많다. I-Worm은 모두 e-메일에 웜을 첨부하여 보내는데 모두 동일한 이름이어서 사용자가 조금 관심을 가지면 첨부파일이 웜인지

	금방 알 수 있다. 그러나 최근 발견된 웜은 e-메일을 보낼 때마다 불규칙적으로 이름을 달리하여 보내기 때문에 사용자가 쉽게 눈치를 못 채는 경우도 있다.
CIH바이러스 CIH Virus	컴퓨터 바이러스의 하나로, 구 소련에서 체르노빌 원자력 발전사고가 발생한 4월 26일에 활동한다. 구 소련에서 체르노빌 원자력 발전사고가 발생한 1986년 4월 26일에 나타났기 때문에 체르노빌이라는 별명을 얻었다. 1998년 4월 26일 타이완에서 첸잉하오라는 사람이 만든 악성바이러스로, CIH란 이름이 붙은 것은 이 파일의 원천프로그램에 CIH V1.2라고 되어 있기 때문이다. 한국에는 1998년 6월초에 PC통신 자료실에 올려진 동영상 보기프로그램 무비플레이어 1.46판을 통해 감염되었다. 이 바이러스는 윈도 95 · 98을 사용하는 컴퓨터에 인터넷 등 통신망을 통해 유포된다. PC에 장착된 하드디스크 안에는 새로운 파일을 저장할 때마다 공간을 지정해주는 주소록 기능을 수행하는 부분이 있는데, 이 바이러스는 바로 이곳을 파괴한다. 때문에 바이러스에 감염되면 PC가 어디에 무엇이 저장되어 있는지 파악할 수 없는 혼란에 빠져 파일을 복구할 수 없게 된다. 만약 기본 입출력 시스템(BIOS)이 감염되면 기판이나 플래시메모리칩을 교체해야 한다. 예방책은 최신 백신프로그램을 전송받아 컴퓨터에 설치한 뒤 감염 여부를 진단한 후 감염이 확인되면 백신을 이용하여 치료한다. CIH V1.2 외에도 매월 26일에 활동하는 1.3버전과 TNT버전, 6월 26일에 활동하는 1.4버전 등 CIH의 변종바이러스가 계속 나타나고 있다.
트로이목마 Trojan horse	컴퓨터 사용자의 정보를 빼가는 악성 프로그램. 자료삭제 · 정보탈취 등 사이버테러를 목적으로 사용되는 악성 프로그램이다. 해킹 기능을 가지고 있어 인터넷을 통해 감염된 컴퓨터의 정보를 외부로 유출하는 것이 특징이다. 그러나 바이러스처럼 다른 파일을 전염시키지 않으므로 해당 파일만 삭제하면 치료가 가능하다. 이것은 인터넷에서 다운로드 파일을 통해 전파되는데, 사용자가 누른 자판정보를 외부에 알려주기 때문에 신용카드번호나 비밀번호 등이 유출될 수 있다. 프로그램의 이름은 목마 속에서 나온 그리스 병사들이 트로이를 멸망시킨 것을 비유하여 이 프로그램이 상대편이 눈치채지 못하게 몰래 숨어든다는 의미에서 붙여졌다. 이것은 유용한 프로그램으로 가장하여 사용자가 그 프로그램을 실행하도록 속인다. 사용자가 의심하지 않고 그 프로그램을 실행하게 되면 실제 기대했던 기능을 수행한다. 실제 목적은 사용자의 합법적인 권한을 사용해 시스템의 방어체제에 침해하여 접근이 허락되지 않는 정보를 획득하는 것이다. 이 프로그램은 운영체계 또는 실행환경에 따라 도스 트로이목마와 윈도 트로이목마로 분류한다. MS-DOS에서 수행하는 트로이목마는 유틸리티로 위장하여 특정일자나 특정 조건에 사용자의 컴퓨터 속도를 저하시키거나 파일을 삭제한다. 윈도에서 실행되는 프로그램은 인터넷에 올려진 상대편의 정보를 불법적으로 취득하는 등의 악의적 해킹을 주목적으로 한다. Trojan.Win32.Bymer, Win-Trojan/Quz, Win-Trojan/Wscanreg, Hot Keys Hook, Ecokys 등이 대표적인 프로그램이다.
멜리사 바이러스 Melisa virus	1999년 2월 미국인 프로그래머 데이비드 스미스(David Smith)가 유포시킨 컴퓨터 바이러스로, 멜리사는 마이크로소프트의 빌게이츠 회장의 부인 이름이다. '긴급메시지'라는 제목의 전자우편 첨부파일을 클릭하는 순간 감염되며, 컴퓨터 사용자에게 메일을 보냈던 50명에게 자동으로 전달된다. 마이크로소프트사(社) 빌 게이츠(Bill Gates) 회

	장의 부인 이름 '멜리사'를 그대로 따 명명한 컴퓨터 바이러스의 한 가지로, 미국인 프로그래머 데이비드 스미스가 제작해 유포시켰다. 1999년 2월 26일 유럽에서 처음 발견되었는데, 마이크로소프트사의 워드 프로그램 첨부파일 형식으로 배달되며, '긴급메시지'라는 제목과 함께 '요청하신 문서입니다. 아무에게도 보여주지 마시오'라는 글이 영문으로 적혀 있다. 기존의 다른 바이러스와는 달리 디스켓을 통해 감염되는 것이 아니라, 첨부된 파일을 클릭하는 순간 감염되며, 감염된 컴퓨터 사용자에게 메일을 보낸 50명의 상대편 주소로 자동 전달되는 것이 특징이다. 또 기밀을 요하는 각종 파일이 제멋대로 전송되어 컴퓨터 보안에 심각한 문제점이 발생하기도 하고, 과부하로 인해 기업의 전자우편 시스템이 멈추기도 한다. 인터넷망을 타고 순식간에 전세계 컴퓨터로 전파되어 발견 당시에 언론은 멜리사바이러스를'인터넷 흑사병'으로 표현했다. 대개의 경우, 바이러스를 제작 유포한 범인을 이른 시일 내에 찾아내는 것은 거의 불가능하지만, 멜리사바이러스에 감염된 파일에는 독특한 일련번호가 남아 있어서 FBI(Federal Bureau of Investigation:미국 연방수사국) 등이 인터넷을 통해 바이러스 제작에 사용된 컴퓨터를 찾아내 검거할 수 있었다.
매지스트르 바이러스 magistre virus	2001년 3월 19일 미국에서 출현한 컴퓨터 바이러스로, 기존 바이러스보다 훨씬 강력한 파괴력을 지닌 신종 바이러스이다. 이메일 · 랜(LAN) · 디스켓 등 여러 경로를 통해 감염되며, 서버와 운영시스템, 부팅 파일을 손상시키고 저장된 데이터를 모두 지워버린다. 2001년 3월 19일, 미국에서 처음으로 발견된 신종 컴퓨터 바이러스로, 기존의 바이러스보다 훨씬 정교하면서도 강력한 파괴력과 집요한 속성을 지녔다. CIH 바이러스와 같은 감염 증상을 보이지만, 유포방법이 다양해 기존 바이러스들이 이메일을 통해 전파되는 것과는 달리 이메일 · 랜(LAN) · 디스켓 등 여러 경로를 통해 감염시키는 것이 특징이다. 또 서버와 운영시스템 파일은 물론, 부팅에 필요한 파일들을 해체시키고, 감염된 컴퓨터에 저장된 데이터를 모두 지워버릴 뿐 아니라, 확장자가 'txt'인 텍스트파일을 첨부파일 형태로 무차별 발송해 개인정보마저도 유출시킬 수 있다. 그러나 이 바이러스에 감염되기 위해서는 컴퓨터 사용자가 반드시 'exe'인 첨부파일을 실행시켜야 하기 때문에 기존 바이러스의 경우처럼 급속히 확산되지는 않을 것이라고 전문가들은 보고 있다. 2001년 6월 현재까지 한국에서는 발견되지 않았으나, 감염된 파일이 마이크로소프트의 아웃룩과 넷스케이프의 전자메일 사용자들에게 자동적으로 전파됨으로써 국내 유입에 대한 우려의 목소리가 일고 있다.
부트 바이러스 boot virus	컴퓨터를 켰을 때 제일 먼저 실행되는 프로그램이 들어있는, 하드디스크의 가장 첫 부분인 부트섹터에 감염된 바이러스를 말한다. 컴퓨터의 부팅을 방해하며, 미켈란젤로 바이러스와 브레인 바이러스, LBC 돌 바이러스 등이 있다. 컴퓨터를 처음 실행할 때에는 부트섹터에 있는 프로그램이 제일 먼저 실행되는데, 이곳에 자리잡는 컴퓨터 바이러스를 부트바이러스라고 한다. 이것은 부트섹터에 기생하면서 컴퓨터의 부팅을 방해하는 바이러스로, 메모리 상주형이다. 컴퓨터 바이러스는 일반적으로 감염 형태와 감염 증세, 감염 파일의 종류에 따라 여러 가지로 분류되는데, 부트바이러스는 감염 형태에 따른 유형으로, 부트섹터에 기생하는 까닭에 이런 이름이 붙었다. 대표적인 것으로 미켈란젤로 바이러스와 브레인 바이러스, LBC 돌 바이러스 등이 있다. 이 바이러

	스를 치료하기 위해서는 깨끗한 컴퓨터에서 부팅디스켓을 작성한 후 디스켓 안에 V3를 넣고 부팅을 한다. 이렇게 하면 디스켓만으로 부팅이 되기 때문에 하드디스크 안에 있는 바이러스는 활동을 하지 못한다. 그 후 V3를 작동시켜 퇴치하면 된다.
님다 바이러스 nimda virus	감염 컴퓨터의 이메일의 주소목록을 뒤져 무차별로 바이러스 이메일을 전송해 컴퓨터를 감염시키는 악성 컴퓨터 바이러스이다. 감염된 웹사이트를 통해서도 전염되며, 바이러스에 감염된 이메일의 첨부파일을 실행하지 않고 본문 내용을 보기만 해도 자동으로 감염된다. 일단 감염되면 시스템 속도가 느려지고, 해커가 원격으로 시스템을 좌우할 수 있어 많은 양의 이메일을 빠른 속도로 발송해 이메일 서버를 다운시킬 수도 있다. 2001년 9월 17일 미국 · 유럽 · 라틴아메리카에서 동시에 발생한 뒤 한국에서도 다음날 저녁 발견될 정도로 빠르게 확산되는 악성 컴퓨터 바이러스이다. 두 종류가 있는데, 하나는 정부(政府)를 뜻하는 영어 단어 '애드민(admin)'의 철자를 거꾸로 나열해 명명한 것이고, 다른 하나는 제3차 세계대전을 뜻하는 'To 3W'를 거꾸로 나열한 'W32'이다. 이메일뿐 아니라 감염된 웹사이트를 통해서도 전염되며, 바이러스에 감염된 이메일의 첨부파일을 실행하지 않고 본문 내용을 보기만 해도 자동으로 감염된다. 또 네트워크상에서 패스워드(암호) 없이 읽기 · 쓰기가 가능한 공유 디렉토리를 통해서도 감염되기 때문에 아주 위험하다. 'desktop 예제'가 이메일 제목이고, 별도로 'readme.exe' 첨부파일이 있으며, 영문자를 무작위로 조합한 형태도 많다. 감염 대상은 윈도XP를 사용하는 모든 PC와 인터넷 서버이다. 기존의 바이러스가 둘 중 하나만을 감염시켰던 것과 비교해 보면 그 위험성을 알 수 있다. 일단 감염되면 시스템 속도가 느려지고, 해커가 원격으로 시스템을 좌우할 수 있어 많은 양의 이메일을 빠른 속도로 발송해 이메일 서버를 다운시킬 수도 있다. 이메일뿐 아니라 공유 디렉토리 등 복합적인 경로를 통해 전파되는 것도 한 특징이다. 서캠 · 코드블루 · 코드레드 등의 결합형으로 '코드레인보(coderainbow)'라고도 부른다. 감염을 막으려면 'readme.exe' 첨부파일이 붙은 이메일은 읽지 않고 바로 삭제하거나, 백신회사에서 제공하는 백신을 사용하면 된다. 또 첨부파일의 확장자인 스크립트 파일(vbs)은 보는 즉시 삭제해야 하고, 더불어 'exe' · 'shs' · 'com' 등의 확장자 파일도 삭제하는 것이 좋다.
다형성 바이러스 Polymorphic Virus	파일을 감염시킬 때마다 자신의 이름이나 모습을 바꿔서, 사용자들이 감염 사실을 눈치 채지 못하게 하는 바이러스이다. 메일의 제목과 내용이 전혀 없고, 첨부된 파일명이 불규칙적으로 변하며, 첨부된 파일의 크기가 33,792Byte로 일정하다는 특징이 있다. 파일이 감염될 때마다 그 형태가 변하는 다형성(Polymorphic) 기법으로 만든 인터넷 웜바이러스의 한 형태이다. W32/Hybris.gen@M, W95/Hybris.worm, TROJ_HYBRIS, W32.Hybris.gen, Win32.Hybris 등으로 불리는 다형성 인터넷 웜으로 2000년 9월에 최초로 발견되어 11월 중반에 인터넷 뉴스그룹에 올려지면서 널리 퍼지기 시작하였다. 국내에는 2000년 11월 20일 최초로 보고되었다. 다형성 인터넷 웜이란 감염될 때마다 자신의 모습을 변형시켜 사용자들이 감염사실을 눈치 채지 못하게 하는 바이러스로, 감염될 때마다 이메일 제목이나 첨부파일이름이 바뀐다. 암호화를 푸는 부분이 항상 일정한 단순암호화 바이러스와는 달리, 암호화를 푸는 부분조차도 감염될 때마다 달라지도

	록 만들었다. 이 바이러스 중에는 한 바이러스가 100만 가지 이상의 변형을 만드는 경우도 있어 백신프로그램에서 진단하기 어렵다. 이 바이러스가 실행되면 감염된 사용자의 메일서버가 아닌 웜이 지정한 특정메일서버에 접속되어 그 서버를 통해 메일을 발송하게 되며, 'exe, jpg, mpeg' 등 멀티미디어 파일을 실행하면 웜이 대신 실행된다. 기존의 인터넷 웜은 'loveletter'와 같이 전자우편의 제목이나 내용, 첨부파일이름 등으로 쉽게 판별이 가능하였으나, 이것은 메일의 제목과 내용이 전혀 없고, 첨부된 파일명이 불규칙적으로 변하며, 첨부된 파일의 크기가 33,792Byte로 일정하다는 특징이 있다.
조크바이러스 joke virus	악의적인 목적이 없이 사용자의 심리적인 동요나 불안을 조장하는 가짜 컴퓨터 바이러스 또는 프로그램. 웜바이러스의 일종인 러브바이러스(러브버그)의 변종이다. 악의적인 목적이 없이 사용자의 심리적인 동요나 불안을 조장하는 가짜 컴퓨터 바이러스를 말한다. 가짜 바이러스라는 점에서 이메일이나 인터넷 메신저, 문자메시지 등에 거짓 정보나 괴담 등을 실어 사용자들을 속이는 혹스와 비슷하다. 2000년을 전후해 등장했는데, 해마다 만우절 무렵인 4월 전후에 많이 나타난다. 모니터 화면을 거꾸로 보여주거나, CD-ROM 드라이브가 저절로 열리거나, 하드디스크드라이브가 포맷하는 화면이 보이는 등 형태에 따라 여러 모습을 보인다. 가장 큰 특징은 공통적으로 악성바이러스 흉내를 낸다는 점이다. 파일이 삭제되는 화면과 같이 갑작스런 상황을 연출해 사용자를 놀라게 함으로써 정상적인 작업을 방해한다. 이때 사용자가 놀라거나 당황해 사용중인 컴퓨터를 종료하거나 실행 중인 프로그램을 종료하면 작업 중이던 자료를 잃어 버릴 수도 있다. 러브바이러스와 마찬가지로 첨부파일을 실행하면 사용자의 메일주소록에 등록된 모든 컴퓨터에 자동적으로 메일을 발송해 메일 서버에 이상을 일으키는 경우도 있다. 농담을 뜻하는 '조크'라는 바이러스 명칭처럼 바이러스 자체에 악의가 없으나, 변종 바이러스가 등장하고 있어 사용자의 주의가 요구된다.
혹스 hoax	이메일이나 인터넷 메신저, 문자메시지 등에 거짓 정보나 괴담 등을 실어 사용자를 속이는 가짜 컴퓨터 바이러스. 1988년 10월 발생한 가짜 바이러스이다. 이메일, 인터넷 메신저, 문자메시지 등의 통신수단에 거짓 정보 또는 유언비어, 괴담 등을 실어 마치 사실인 것처럼 사용자를 속이는 가짜 바이러스 말한다. 혹스는 '장난삼아 속이다, 감쪽같이 속이다, 골탕 먹이다'는 뜻이다. 한국에서는 1997년부터 나타나기 시작해 해마다 등장하고 있는데, 특히 만우절을 전후한 3월 말에서 4월 초에 많이 나타난다. 한 예로 2004년 3월에 나타난 혹스에는 "누군가 munrol@hotmail.com이라는 사람의 추가를 요구하면 추가시키지 말고 취소시키십시오. 바이러스입니다. 지금 msn 창에 있는 사람들에게도 이 메시지를 빨리 돌려주십시오."라는 내용이 담겨 있었다. 확인 결과 가짜 바이러스인 혹스로 판명되었다. 혹스는 이 외에도 컴퓨터에 어떤 파일을 검색해서 있으면 바이러스이니 빨리 삭제하라거나, 어떤 연예인이 교통사고로 죽었다는 등의 허위 내용을 유포해 사용자를 혼란에 빠뜨리는 바이러스이다. 단순한 유언비어에서 특정인을 목표로 한 흑색선전 등의 내용도 다양하다. 구체적인 정보 출처를 알 수 없으며, 대개는 피해를 입히지 않는다. 그러나 메시지 내용에 따라 파일을 검색해 삭제할 경우, 해당 파일이 컴퓨터 시스템에 꼭 필요한 파일이라 큰 피해를 보기도 하므로 주의해야

	한다. 백신 업체나 보안 업체에도 혹스에 대한 정확한 정보가 없기 때문에 혹스가 의심될 경우에는 백신 업체에 문의하는 것이 가장 좋은 대처법이다.

주) http://100.naver.com/ 네이버백과사전.

4. 불법메일

폭탄메일 Mail Bomb	메일폭탄 또는 폭탄메일(Mail Bomb)은 상대방에게 피해를 줄 목적으로 한꺼번에 또는 지속적으로 전자우편을 보내는 수법을 말한다. 특정상품, 혹은 단체에 대한 광고가 첨부되는 경우 대량 혹은 대용량의 파일을 첨부하여 보내는 경우 특정인 혹은 특정단체에 대한 불만의 표시로 악의적인 내용으로 유포하거나 보내는 경우 메일이용에 지장을 주기 위해 특정인에게 다량의 메일을 보내는 경우 등
스팸메일 spam mail	스팸(spam, 순화 용어: 쓰레기편지)는 전자 우편, 게시판, 문자 메시지, 전화, 인터넷 포털 사이트의 쪽지 기능등을 통해 불특정 다수의 사람들에게 보내는 광고성 편지 또는 메시지를 말한다. 스팸의 대부분은 성인 화상채팅등의 음란사이트, 저작권이 있는 지적 재산인 영화, 가요 등을 동영상, mp3로 변환하여 올려서 누리꾼들이 다운로드하게 하는 와레즈 사이트의 선전, 대출광고, 특정제품의 광고 및 홍보 등을 목적으로 하고 있으며, 스팸을 보내는 스패머들은 인터넷상의 메일링 리스트를 가로채기, 뉴즈넷에 포스팅되는 헤더를 스캔하는 방법 등으로 예비고객 명단을 확보한 후 유즈넷 뉴스그룹, 인터넷 포털사이트, 전자우편 사용자를 대상으로 무분별하게 기사를 올리거나 조작된 메일 주소로 메일을 보내고 있다. 심지어는 광고성 블로그를 만드는 경우도 있는데, 이러한 스팸블로그들은 운영자가 신고를 받거나 적발되면 규정에 따라 모두 삭제하여 근절하지만, 블로그 서비스 운영자가 규정에 따라 스팸 블로그를 삭제할 때에 대비하여 주민등록번호를 도용하여 여러 개의 스팸블로그를 만들거나, 삭제되면 주소만 바꿔서 스팸 블로그를 다시 만들기 때문에 근절이 쉽지 않다. 스패머들이 합법적인 메일링리스트 개설 등의 방법을 통하지 않고 이러한 편법을 사용하는 것은 이런 스팸의 대부분은 내용 면에서 폰팅, 성인 화상채팅등의 음란사이트, 와레즈 사이트 선전등의 불법성을 띠거나, 사기성을 띤 내용을 갖고 있기 때문이다. 2008년 3월에는 악성코드로 도용한 다른 사람의 개인정보로 도박사이트를 광고하는 스팸메일과 스팸성 게시물을 유포하던 일당이 경찰청 사이버테러대응센터에 의해 적발된 사례가 있다.
	휴대전화를 이용한 스팸수법으로는 대행업체와 계약, 적발시 전화번호를 바꿔가며 대포폰(다른 사람의 휴대전화)로 스팸성 문자 메시지를 보내거나, 일반전화번호나 휴대전화번호를 가장한 전화번호 등으로 전화를 걸어, 휴대전화이용자가 받으면 녹음된 광고성 멘트를 내보내는 음성광고전화수법이 있다. 특히 음성광고전화업자들은 전화벨이 한두번 울리다가 끊기게 해서, 피해자가 호기심에 전화를 받으면 대출을 홍보하거나

	폰팅(유료 음란성 전화대화서비스)로 연결되게 하는 원링(One-Ring) 스팸수법을 사용하는데, 휴대전화사용자들로 하여금 정신적 스트레스를 받게 한다. 원링 스패머들은 대부분 다른 사람의 휴대전화 즉, '대포폰', 미리 비용을 지불한 '선불폰'을 사용하고 있으며, 전화번호가 삭제되면 다른 전화번호를 만들어내서 스팸전화를 걸기 때문에 근절이 쉽지 않다.[4] 060,030등의 유료전화번호로 오는 문자메시지나 전화를 이용하는 수법도 있는데, 현재 대한민국의 이동통신사들은 스팸차단서비스로 이를 차단하고 있다. 현재 대한민국에서는 사전동의가 없는 스팸발송에 대해 성격에 따라 3천만원의 과태료를 부과하는 등의 처벌을 하고 있는데, 이에 대해 과태료부과는 금액이 너무 적어 스팸발송 근절효과가 없으므로, 스팸전화로 번 돈을 모두 회수해야 한다는 비판도 있다.
	요즘은 메일 서비스 업체마다 스팸메일을 걸러주고 휴대전화를 이용한 스팸수법도 이동통신사들이 무료로 차단해 주고 있어서 스패머들이 머리를 내서 새로 고안한 방법중 하나이다. 일명 재택알바라고 하는데 집에서 있는 사람에게 자신의 블로그, 모든 온라인 커뮤니티에서 어디서든 광고를 하는 방법이다. 자신의 블로그에 각종 키워드에 맞는 정보를 올리지 않고 그 키워드에 대한 광고 글만 올리며 카페, 트위터, 심지어는 스마트폰 마켓 리뷰까지 광고로 도배하는 수법이다. 이는 예전에 컴퓨터하나가 스팸문구를 한 커뮤니티에 뿌리면 그 컴퓨터만 차단하면 되었지만 재택알바 스패머들은 많아서 차단하기 힘들고 실제로 직접 자기가 쓴 글이므로 포털사이트의 검색 알고리즘에도 상위 노출된다.

주) http://ko.wikipedia.org/wiki, 위키백과.

5. 불법메일 예방방법

한국인터넷진흥원에서는 다음과 같은 스팸방지 방법을 권고하고 있다.

e-mail 스팸 방지 수칙	휴대전화 스팸 방지 수칙
▸ 이메일 서비스에서 제공하거나 프로그램 자체에 내장된 스팸차단 기능을 적극 활용하기 ▸ 미성년자는 포탈의 청소년 전용 계정을 이용하기 ▸ 불필요한 광고메일 수신에 동의하지 않고, 웹사이트, 게시판 등에 이메일주소를 남기지 않기 ▸ 스팸으로 의심되는 경우 열어보지 않고, 스팸을 통해서는 제품구매나 서비스 이용을 하지 않기 ▸ 불법스팸은 e콜센터☎118(spam.kisa.or.kr)로 신고하기	▸ 이동통신사에서 제공하는 스팸차단 서비스(무료) 신청하기 ▸ 단말기의 스팸차단 기능을 적극 활용하기 ▸ 불필요한 전화광고 수신에 동의하지 않고, 전화번호가 공개 . 유출되지 않도록 철저히 관리하기 ▸ 팸으로 의심되는 경우 응답하지 않고, 스팸을 통해서는 제품구매나 서비스 이용을 하지 않기 ▸ 불법스팸은 휴대폰의 간편신고 기능 등을 이용하여 e콜센터 ☎118(spam.kisa.or.kr)로 신고하기

주) http://spam.kisa.or.kr/kor/rule/rule04.jsp, 한국인터넷진흥원 불법스팸대응센터.

제 4 절 전자무역계약시 주의사항

현재 무역계약서는 양당사자들이 전화, 팩스, 직접방문, 이메일, 인터넷솔루션, EDI, WEB-EDI, 전시회, 스마트패드(폰) 등으로 국제무역에 대한 조항들을 상호 결정하고 수출업자와 수입업자는 무역계약서를 작성하고 있다.

무역계약서 안에는 협상을 통해 결정된 사항들을 바탕으로, 보통 ① 당사자들의 주소 또는 관계, ② 제품품질기준, ③ 제품 수량, ④ 제품단가, ⑤ 무역거래조건, ⑥ 대금결제조건, ⑦ 선적사항, ⑧ 포장, ⑨ 보험, ⑩ 불가항력조항, ⑪ 클레임, ⑫ 권리침해사항, ⑬ 중재, ⑭ 준거법 등을 포함한다. 그리고 맨 밑에 일자를 명확히 적게 되며, 양당사자들의 명확한 주소와 명의자의 서명(Signature) 또는 기명날인을 한다.

무역계약서를 작성할 때 주의할 사항은 예를 들어 중국과 거래를 한다면, 판매계약서를 작성하는 언어는 미국영어를 택하는 것이 긍정적이다. 중국어로 계약서를 작성하게 되면, 만약 거래의 문제가 발생되었을 때 계약서 내용을 해석할 때 중립적 해석이 어렵게 된다. 또한 한국어로 작성을 하는 것도 피하는 것이 긍정적이다. 따라서 영문계약서외에 추가적인 계약서가 필요하다면, 영어로 무역계약서를 작성하고, 이를 기준으로 한국어로 중국어로 번역한 계약서를 준비하는 것이 긍정적이다. 왜냐하면 한국어 계약서라면 한국인 입장에서는 당연한 이해되는 해석일 수 있지만, 타 국인의 측면에서는 불신(오해)의 요인으로 작용하게 될 수 있기 때문이다.

중소.벤처기업에서는 국제계약서를 작성하기 위해 법률전문가를 고용하거나, 법률사무소에 계약서를 의뢰하기가 부담이 되고 있어, 영문계약서 작성이 어렵게 느껴질 수 도 있다. 이런 개선점을 해결해 주고자 한국의 수출을 지원하는 유관기관에서는 판매계약서, 대리점계약서 등 표준적으로 이용할 수 있는 계약서를 작성하여 배포하고 있다. 이를 잘 검토하여 기업의 제품과 실정에 맞게 일부분을 수정하여 사용하면 큰 불편 없이 사용할 수 있다. 큰 규모의 거래이거나, 복잡한 형식을 요구하는 계약일 경우에는 어느 정도의 비용을 감수하더라도 관계 법률 사무소의 자문을 통하거나, 의뢰를 하여 명확히 해 두는 것이 긍정적이라 할 수 있다.

현재는 컴퓨터를 이용한 무역계약도 일반화되고 있다. 즉 인터넷솔루션, EDI, WEB-EDI, 이마켓플레이스, 인터넷 글로벌 쇼핑 등을 통해 전자적인 형태의 무역계약을 체결하고 있다. 그중에 EDI(전자문서교환)방식과 WEB-EDI방식으로 전자무역계약을 주로 체결하고 있는데, 이 방법은 EDI(전자문서교환)방식은 이용하는 상호 기업들끼리 사전에 기본거래 약정을 체결하고, 네트워크 약정(컴퓨터 상호의사표시)을 확립한 상태에서 이루어지는 방식이기 때문에 거래당사자들의 역할과 법적 책임이 포함되어 있다. 따라서 EDI(전자문서교환)을 통한 전자계약문서는 발송자가 발송한 전자문서에 대하여 수신자의 승낙 의사표시가 발송자에게 전자교환방식으로 발송되었을 때 성립된다고 볼 수 있다. WEB-EDI방식도 또한 위와 동일하게 볼 수 있다. 다만, 우리나라 전자거래기본법에 의하면, 수신확인에 대한 항목을 명시하고 있기 때문에 전자적인 계약을 당사자들이 하게 된다면 상호계약을 통해 수신확인을 하고 당사자들이 통지를 받은 상태에서 계약이 성립된다는 것을 명시해 두어, 확신한 무역계약이 될 수 있도록 하는 것이 긍정적이라 할 수 있다.

또 무역업자들 많이 이용하고 있는 무역이마켓플레이스를 통한 계약을 살펴보면 무역거래 알선사이트는 국제무역거래에서 필요한 모든 정보를 등록 시켜 이러한 정보를 원하는 당사자에게 인터넷과 정보통신망을 통하여 제공해 주며, 무역거래자들이 해외시장 개척 수단으로 활용하고 있는 사이트를 말한다. 전자무역거래자들은 무역이마켓플레이스를 이용하여 전자카탈로그를 작성하고 자사의 홈페이지를 등록하고, 수출상품을 홍보하고, 국제무역 거래의 의사표시를 무역이마켓플레이스에 입력하여 거래를 홍보하고 있다. 그런데, 상품 및 바이어 정보 등의 수집에 의하여 국제무역절차에 따라 수출입 업무를 진행하면 학습한 대로 정규적 전자무역거래 절차를 이용하면 되지만, 최근 무역이마켓플레이스는 글로벌쇼핑몰의 형태와 같이 어떤 상품에 대하여 즉시 견적서를 확인할 수 있으며, 사전송금 또는 즉시결재 등을 통해 수입(구매)할 수 있게 되어 있다. 이처럼 즉시결재(구매) 형태의 전자무역거래에서는 수출업자가 등록한 전자오퍼의 거래조건에 대하여 수입업자가 클릭하는 순간(예 버튼에 동의, 입력, 전송 등), 그 전자무역계약은 성립되며 효력이 발생하게 된다고 볼 수 있다. 따라서 수입(구매)업자는 그 제품과 용역에 대해 소개하고 있는 내용과 무역이마켓플레이스에 거래약관 등을 주의 있게 살펴보아야 할 것이다.

제 5 절 uTradeHub 전자무역시스템의 〈무역포탈〉 소개

사용자는 자신이 지정한 업무형태로 계약과 연결된 모든 정보(신용장, 상업송장, 포장명세서, B/L 등)를 볼 수 있으며 이를 색깔(녹색: 처리된 업무, 적색: 처리해야 할 업무 등)로 To-Do List를 확인할 수 있다. 또한 해당업무의 버튼을 Click하면 현재 정보를 가지고 해당화면으로 이동하여 업무처리가 가능하다.

1. 수출 업무

수출이란 대외판매의 목적물이 되는 상품을 대상으로 하여 외화나 그에 상응하는 물품을 대가로 외국에 물품을 매각하는 행위로서 수출계약 후 수출 신용장통지, 통관, 선적, 입금 등의 제반업무를 전자적으로 처리하고, 체계적으로 관리하는 시스템이다.

(1) 수출업무 흐름

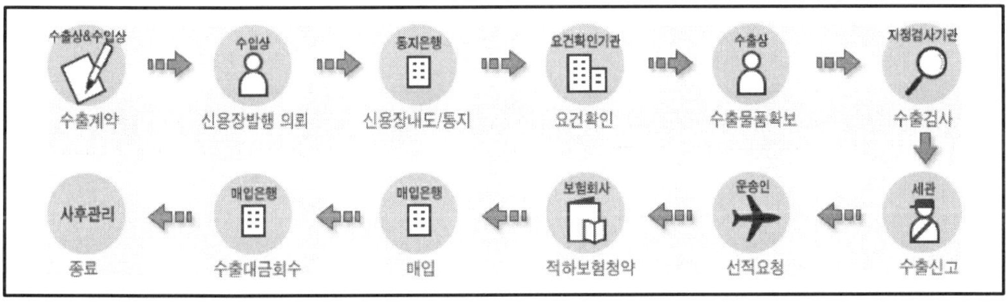

주) https://www.utradehub.or.kr/

(2) 주요업무

업무별	문서별	
수출계약	수출계약서	-
	신용장/무신용장정보	-

수출신용장(E-LC)	수출신용장 내도	-
	수출신용장 Confirm	Confirm 요청
		Confirm 결과/취소
	수출신용장 교부취소	교부취소 신청
		교부취소 결과
	수출신용장 양도	양도 신청
		양도 조건변경 신청
		양도 동의(동의취소)
		양도 결과/취소
	잔액조회	-
	거래 이력조회	-
	기일내역조회	-
	수수료 납부 내역조회	-
	수수료 결제	-
통관	상업송장(통관용)	-
	포장명세서(통관용)	-
	수출신고의뢰	-
	수출신고필증	-
선적	상업송장	-
	포장명세서	-
	선복예약	-
	선적요청	-
	B/L 조회	e-B/L조회
		Check B/L조회
	e-B/L재발행요청 및 취소	-
	e-B/L양도신청	-
	e-B/L양수동의	-
	e-B/L권리등록조회	-
	선적일반응답	-
보험	적하보험 청약신청	-
	적하보험 증권발급 통지	-

	적하보험 배서신청	-
	적하보험 배서발급 통지	-
원산지증명	원산지 증명 발급신청	-
	원산지 증명서	-
	상업송장증명서 발급신청	-
	상업송장증명서	-
	오류통보	-
	원산지 증명 온라인 결제	-
	상업송장 증명서 샘플	-
매입서류	환어음	-
	품질/수량/중량 증명서	-
	수익자 증명서	-
e-NEGO	수출환어음매입(추심)선정	외부발급문서연결
		매입신청서작성
		매입신청서제출
	수출환어음매입(추심)신청(EDI)	-
	매입결과/취소	-
	O/A양도통지	-
	O/A양도동의	-
사후관리	하자동의서	하자동의서제출
		하자동의서결과
	인수내역 조회	-
	부도내역 조회	-
	입금내역 조회	-
	미입금내역 조회	-
	수출환어음매입(추심)처리결과통지	-
	타발송금입금신청	-
	입금통지	-
	대외전문발신	대외전문발신요청
		대외전문발신요청결과
	계산서	-

	일반응답	-
LogisView	Shipping Request	-
	Visibility 수입자별	-
	수입 지연/미지연 현황	-

(3) 특징 및 장점

▶ 문서연계

→ 문서작성 시 연관 있는 문서를 선택할 수 있도록 하여 동일항목의 중복입력 없이 신속한 업무처리 가능

▶ 상업송장 기준문서 활용

→ 상업송장 정보로 포장명세서가 자동 작성되며, 선적, 매입서류(예 원산지증명서, 환어음, 수익자증명서등)를 쉽게 작성할 수 있음

▶ 상업송장 통관, 선적분리

→ 통관과 선적이 다르게 이루어진 경우 통관잔액 및 선적 이력을 확인할 수 있음

▶ e-B/L

→ 온라인으로 선적요청(S/R) 및 B/L 발급 수신이 가능하다. 단, 발급된 e-B/L은 e-NEGO에만 활용 될 수 있음

▶ e-NEGO

→ 자체작성한 문서 및 외부발급 기관으로부터 발급받은 매입서류를 매입신청서에 첨부하여 매입 은행으로 송신할 수 있음

→ 자체작성 문서는 환어음, 상업송장, 포장명세서, 수익자 증명서, 수출채권양도동의서(O/A) 등

→ 외부발급문서는 선하증권(e-B/L), 보험증권, 원산지증명서, 수출신고필증 등

▶ My Task

→ 현재 업무의 진행상태 와 각 단계별 잔액을 확인할 수 있음

▶ 내부승인

→ 내부승인문서와 승인자를 설정하여 online 승인절차 가능

(4) 사용설명(기능설명)

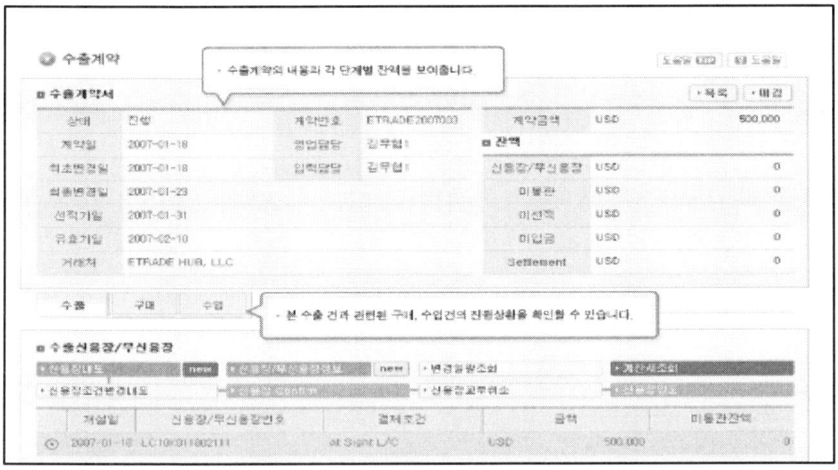

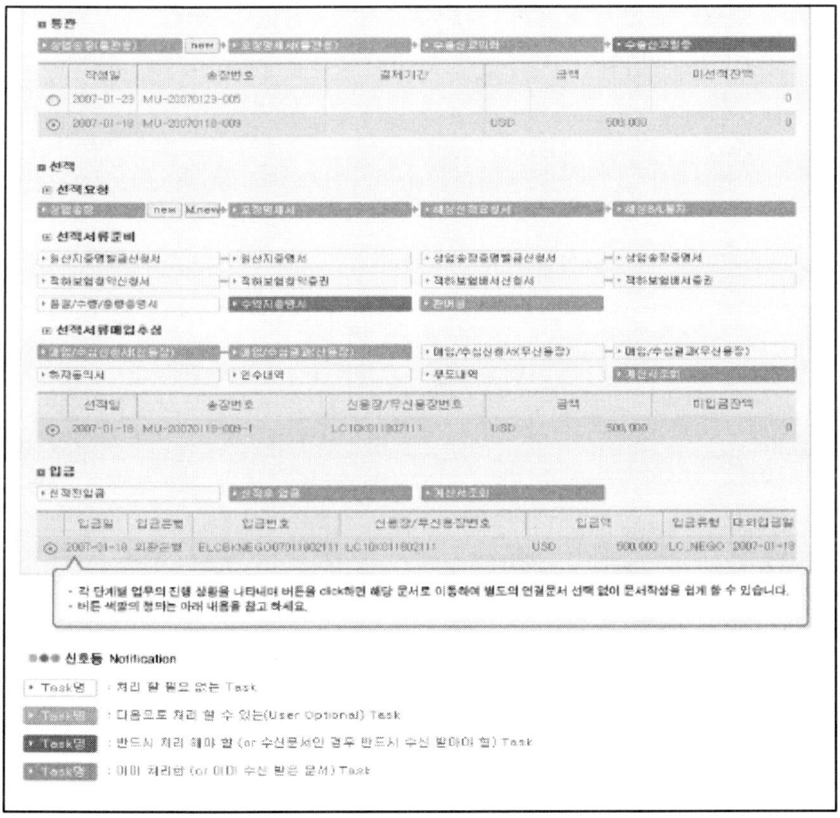

주) https://www.utradehub.or.kr/

2. 수입 업무

수입이란 외국에서 생산 및 가공된 물품이 세관을 통관하여 들어오는 것으로서 수입계약 후 수입신용장개설, 선적서류 입수 및 통관, 대금지불 등의 제반업무를 전자적으로 처리하고 체계적으로 관리하는 시스템을 말한다.

(1) 서비스 개요

- 수입계약서, 신용장(L/C)과 무신용장(D/A, D/P)의 정보 및 수입신용장의 개설과 조건 변경 신청
- 적하보험 청약, 적하보험증권발급 통지 등 손해보험사에 부보하는 적하보험업무
- 선화증권(B/L), 항공운송장(AWB) 관리
- 수입화물선취보증서(L/G) 발급과 통지
- 수입어음 할인내역 및 지급확인, 출금통지 등의 대금결제
- 수입신고 필증 통관절차
- 화물인도 승낙서(D/O) 발급과 화물정보 검색

(2) 서비스 진행 과정

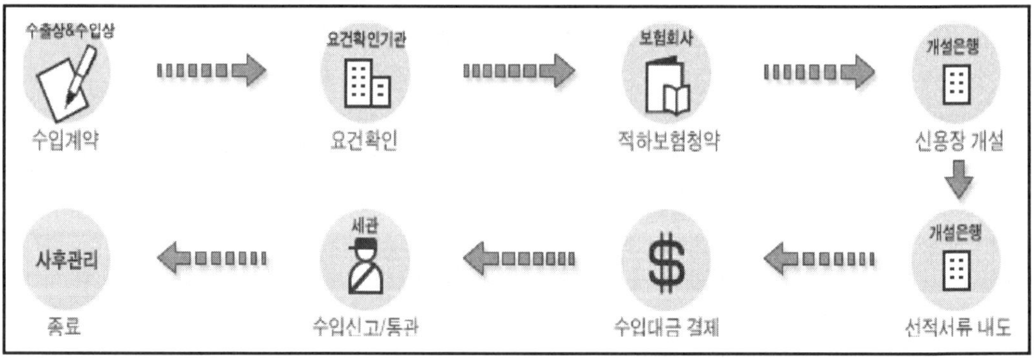

주) https://www.utradehub.or.kr/

(3) 특징 및 장점

▶ 문서연계

→ 문서작성 시 연관 있는 문서를 선택할 수 있도록 하여 동일항목의 중복입력 없이 신속한 업무처리 가능

▶ 요건확인 (ASPLine)

→ 수입유관기관 전자민원시스템에 연결되어 있어 해당유관기관에 전자민원을 손쉽게 신청할 수 있으며 결과는 uTradeHub에서 확인 가능

▶ 수입화물정보검색

→ e-D/O 시스템의 화물정보검색화면에서 수입화물의 추적정보를 조회할 수 있으며, D/O 발급신청, 보세운송요청 등의 업무처리 가능

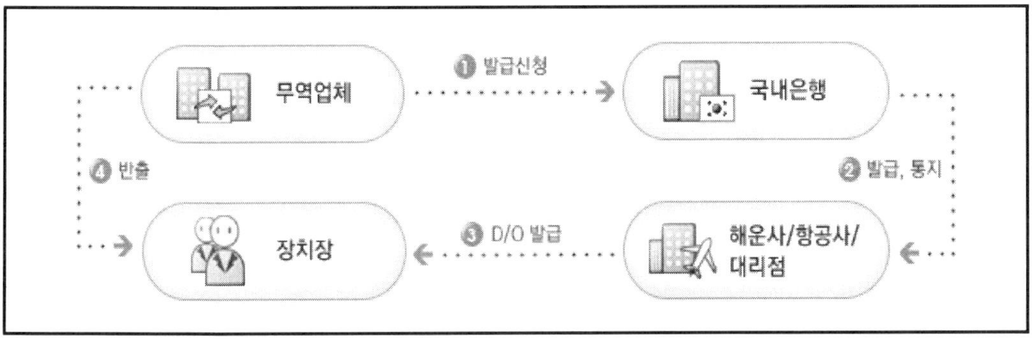

주) https://www.utradehub.or.kr/

▶ My Task

→ 현재 업무의 진행상태와 각 단계별 잔액을 확인 가능

▶ 내부승인

→ 내부승인문서와 승인자를 설정하여 online 승인절차 가능

3. 국내구매서비스

국내구매 서비스란 수출업체가 물품을 제조, 가공하는데 소요되는 원자재 또는 완제품을 국내에서 원활하게 조달하기 위하여 내국신용장이나 구매확인과 관련된 물품매도확약, 내국신용장 또는 구매확인서 발행, 세금계산서, 물품수령증발행, 대금결제 등의 제반업무를 전자적으로 처리하고, 체계적으로 관리하는 시스템이다.

(1) 국내업무 흐름

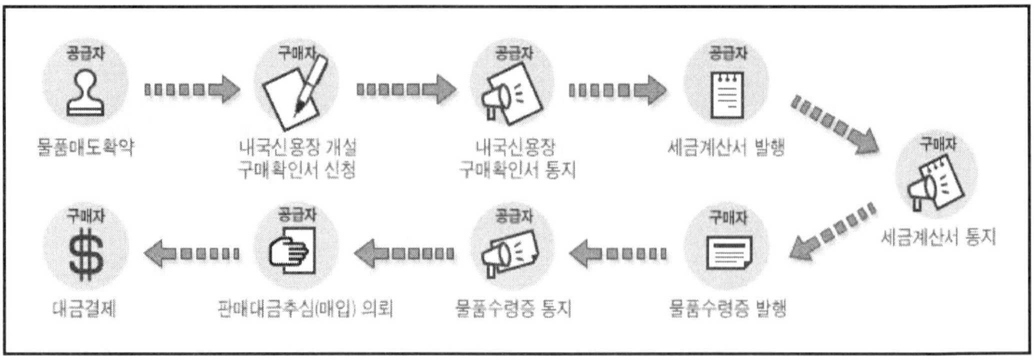

주) https://www.utradehub.or.kr/

(2) 주요업무

- 물품매도확약 제안 및 확인
- 내국신용장 개설신청, 개설응답, 조건변경신청, 조건변경응답
- 외화획득용 구매확인 신청 및 외화획득용 구매확인서
- 물품수령 증명서발행, 세금계산서, 내국신용장 어음도착 통지, 지급지시 신청, 출금통지, 계산서
- 일반응답

(3) 특징 및 장점

- 문서연계를 통해 문서작성 시 연관 있는 문서를 선택할 수 있도록 하여 동일항목의 중복입력 없이 신속한 업무처리가 가능.
- My Task를 통해 현재 업무의 진행상태와 각 단계별 잔액을 확인.
- 내부승인을 통해 내부승인문서와 승인자를 설정하여 online승인절차가 가능.

4. 국내공급

공급업체가 수출용 물품을 수출업체에 납품하고 대금 회수를 위하여 내국신용장이나 구매확인과 관련된 물품매도확약, 내국신용장/구매확인서통지, 세금계산서발행, 물품수령증수신, 판매대금추심(매입)의뢰 등의 제반업무를 전자적으로 처리하고, 체계적으로 관리하는 시스템이다.

(1) 국내업무 흐름

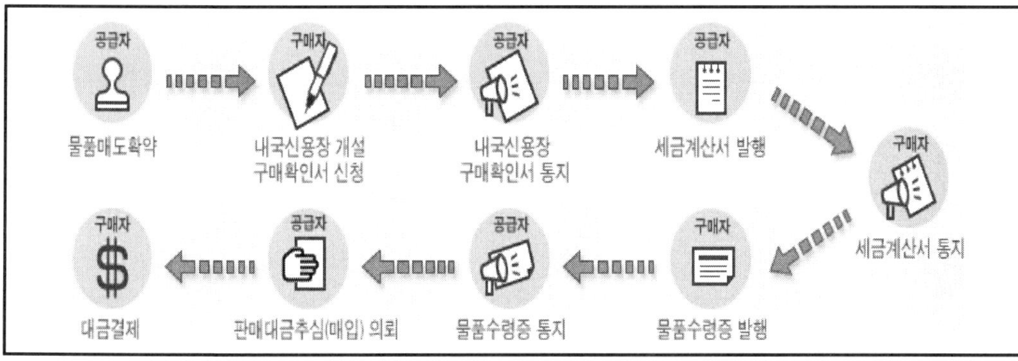

주) https://www.utradehub.or.kr/

(2) 특징 및 장점

- 문서작성 시 연관 있는 문서를 선택할 수 있도록 하여 동일항목의 중복입력 없이 신속한 업무처리가 가능.
- 현재 업무의 진행상태와 각 단계별 잔액을 확인.
- 내부승인문서와 승인자를 설정하여 online 승인절차가 가능.

(3) 사용설명(기능설명)

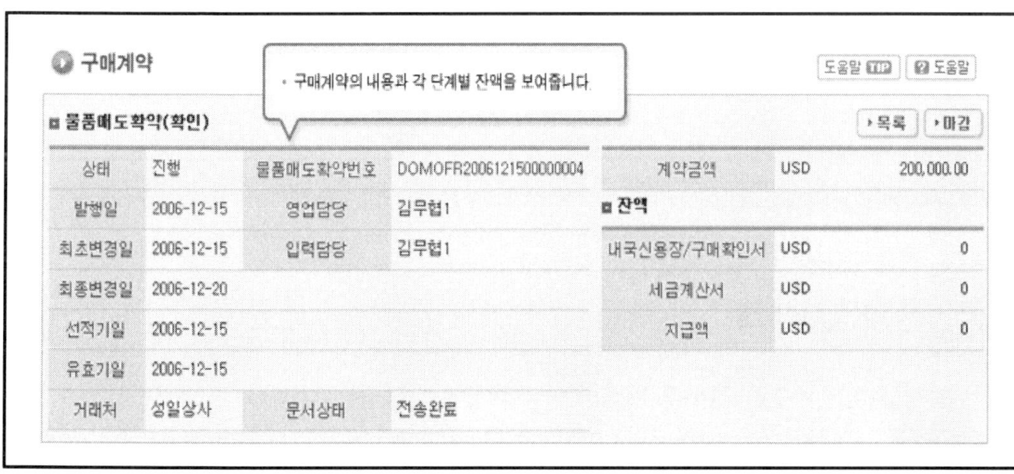

주) https://www.utradehub.or.kr/

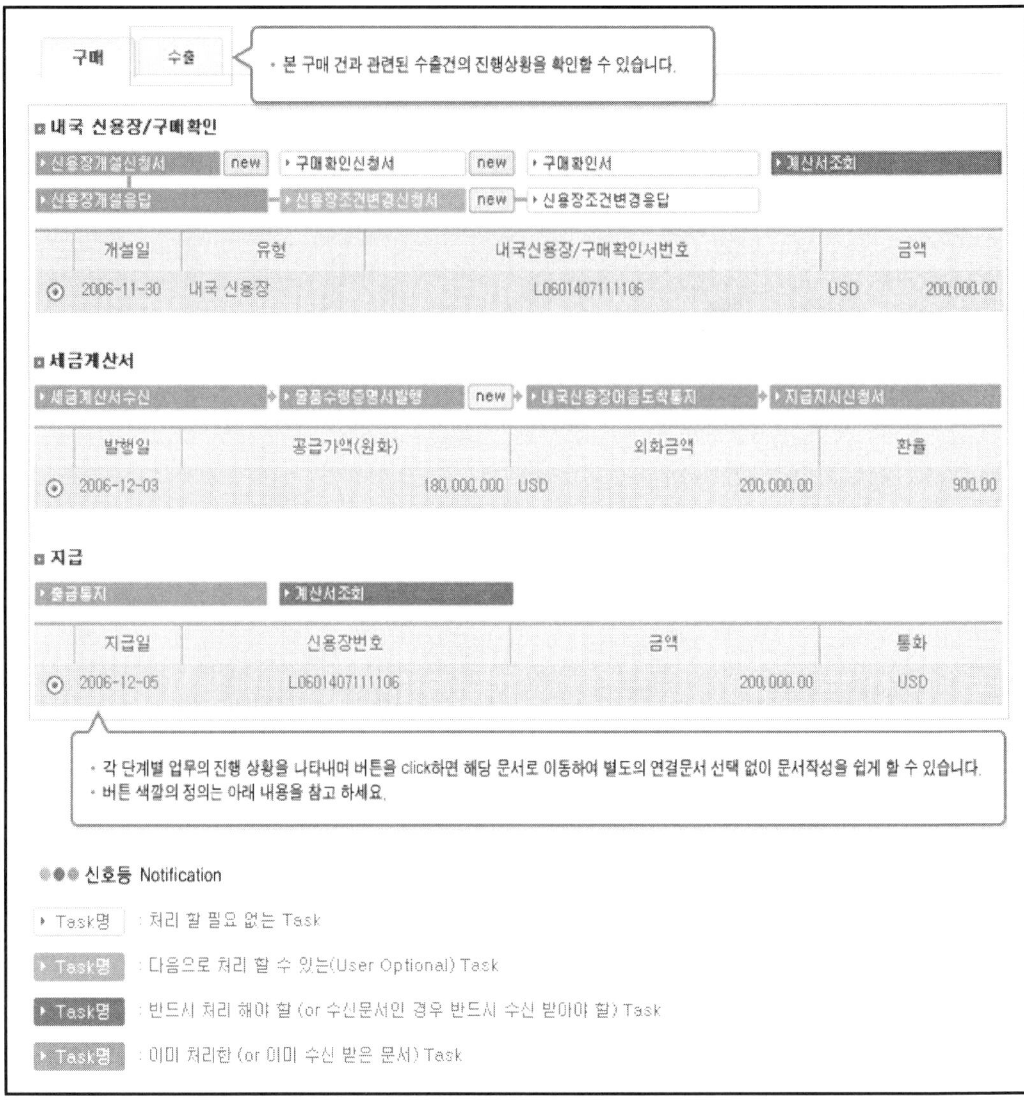

주) https://www.utradehub.or.kr/

5. 공인전자문서센터

전자문서보관소는 무역 업무를 처리하는 과정에서 발생되는 각종 전자문서를 안전하고 신뢰성 있게 보관하는 전자무역 기반시설로서, 저장된 문서는 전자무역촉진에 관한 법률 16조의 효력을 가진다.

참 조

전자무역 촉진에 관한 법률 제16조 (시행 2015.8.4.)

① 전자무역기반사업자가 전자무역문서를 보관하는 경우에는「전자문서 및 전자거래 기본법」 제5조제1항에 따른 전자문서의 보관이 행하여진 것으로 본다.
② 전자무역기반사업자는 전자무역문서의 보관을 위하여 전자서명을 사용하는 경우「전자서명법」 제2조제3호에 따른 공인전자서명을 이용하여야 한다.

전자무역서비스를 통해 발급된 수출신용장, 수출입신고필증 등의 전자무역문서는 자동으로 전자문서보관소에 증명서와 함께 저장되고, 기업의 무역담당자는 전자문서보관소를 통해 종이문서와 동일한 효력을 인정받은 전자무역문서를 제 3자인 유관기관에 전자적으로 유통할 수 있다.

전자문서보관소를 통해 유통되는 지정된 전자무역문서는 종이문서와 동일한 효력을 가지며, 종이문서를 제출해야 했던 업무의 비효율성을 제거하고 무역업무 전 프로세스에 대한 자동화의 기반을 제공하여 준다.

(1) 서비스 특징

전자무역문서에 대한 체계적 보관, 관리 및 증명서 발급을 통해 신뢰할 수 있는 전자무역문서의 유통을 지원한다. 이제 기업들은 전자문서보관소를 통해 종이문서를 직접 제출하지 않고도 동일한 효과를 보장받을 수 있다.

- 종이문서의 반복제출 생략
- 전자적 유통지원으로 무역 프로세스 간소화 및 프로세스 단절의 개선 효과
- 전자무역문서 유통에 대한 법적 근거 부여로 무역 전 업무의 e-비즈니스화
- 개별 기업 단위의 종이 또는 전자무역문서의 보관에 따른 비용절감 및 TTP(trusted third party) 보관에 의한 신뢰 확보

(2) 주요 서비스 안내

▶ 전자문서관리

- 전자무역문서의 등록, 조회 및 출력, 유통, 폐기, 삭제에 대한 전 생명주기 관리
- 저장문서에 대한 접근제어를 통해 문서보안 기능 강화
- 등록문서에 대한 다양한 검색기능 제공

▶ 문서에 대한 증명 기능

- 등록문서의 진본성 증명을 위한 등록증명서 발급
- 출력 및 유통양식의 다양한 요구에 따라 변환된 문서에 대한 불변경증명서 발급
- 문서배달, 문서폐기에 따른 처리 증명서 발급
- 문서 원본 및 처리에 대한 법적 근거 제시

▶ 문서 유통 기능

- 문서보관소 저장 문서의 제3자 배달처리 기능
- 유관기관 지원을 위한 유통방안(참조키,첨부)지원
- 문서에 대한 접근제어정책관리, PKI기반의 암호화 및 본인인증 등의 기능으로 유통성 및 문서의 기밀성 동시 보장

▶ 문서 활용에 대한 이력 및 통계기능 제공

제7장 전자무역과 국제운송(물류)

제1절 운송계약

제품을 운송하는 방법은 해상운송과 항공운송, 육로운송 및 복합운송으로 구분할 수 있다. 운송계약을 체결하는 방법은 직접 운송회사에게 연락하여 계약을 체결하는 방법이 있고, 포딩사(포워더, 운송주선인, 복합운송인 등)를 이용하는 방법이 있다. 운송회사에 연락하여 도착지에 대한 선박, 항공의 운항스케줄(예 출항예정일과 도착예정일 등[196])과 비용 등을 파악하여 선복 예약을 한 후 선적일 전에 운송계약을 체결한다.

1. 정기선과 부정기선

해상운송계약인 경우, 같은 도착지라 하더라도 선박(명)에 따라 운임에 차이가 있다. 이는 정기선(liner)인가 부정기선(tramper)인가에 따라 운임 차이가 발생한다. 정기선은 국제해상운송협회에 가입한 운송회사들이 협의하여 고정된 항로, 고정된 일정, 고정된 운임 등을 사전에 공시하고 운행하는 선박들이다. 부정기선은 운송물량의 수요와 공급에 따라 운임이 차별적으로 각 운송회사별로 계약이 자유롭게 이루어지는 선박들이다. 부정기선은 당사자들이 자유롭게 계약을 통하여 이루어지는 형태로 일정기간 동안 선박을 빌리는(용선하는, 임대차하는) 계약, 어느 한 항구부터 다른 어느 항구까지 계약하는 형태, 그리고 선박의 시설 및 장비, 인력 등을 당사자들의 필요에 따라 계약할 수 있는 형태도 있다.

196) 출항예정일(CTD: Expected time of departure)과 입항예정일(ETA: Expected time of Arrival)

2. 하역비

선박의 물품 하역비 또는 선적비는 화주가 부담하는가 아니면 선주가 부담하는가를 구분하여 계약할 수 있다. 하역작업을 하는 기간을 계산하는 방법은 항구에 도착한 선박으로부터 하역작업이 시작된 날로부터 토요일 및 일요일등 공휴일 등을 제외하지 않고 포함하여 끝날 때까지 경과된 일수를 적용하는 방법(Running laydays)과 우천, 파업 등과 공휴일을 제외하고 하역이 가능한 일만을 적용하는 방법(Weather working days) 등이 있다. 운송계약은 계약의 한 형태로써 선주와 화주간의 협상을 통해 서로의 편리성을 위해 다양한 계약을 이루어 낼 수 있기 때문에 기본적인 해상운송에 대한 관습을 학습하는 것이 긍정적이다. 이를 통해 상호 합리적이고 편리한 윈윈 계약을 체결 할 수 있다.

3. 운임

운임계산은 수출품목으로 결정하는 방법, 컨테이너 단위당 계산하는 방법, 중량당 계산하는 방법 등이 있다. 이런 기본적인 운임에다 운송 상황에 따라 할증운임(예 유류할증료, 체선할증료 등)이 첨가되기도 한다. 운임을 지급할 때 적용통화 기준은 운임표에 표시되는데, 적용 환율은 운임지급지의 기준이다. 예들 들어 FOB 조건이라면 수입국의 기준이 적용되고, CIF 조건이라면 수출국의 환율이 적용된다.

4. 운송형태

(1) 선박운송

선박운송는 화물을 일반적으로 운송하는 형태와 컨테이너로 운송하는 형태로 나눌 수 있는데, 현대의 수출입 화물은 일반적으로 컨테이너를 주로 이용하고 있다. 선박에 화물을 선적하는 방법에 따라 항구에 설치되어 있는 크레인을 통해 컨테이너를 싣고 내리는 방식(Lift on-off), 선측, 선수 또는 선미로 적재 또는 양륙하는 방법(Roll on-off), 부선으로 컨테이너를 적재하고 하역하는 방식(Float on-off) 등이 있다. 컨테이너 화물은 컨테이너 안의 화물에 대하여 화주가 단일 화주일 수도 있고, 여러 명일 수도 있다. 단일 화주인 경우는 화주, 즉 수출업자가 수입업자에게 계약화물을 수송하는데 있어 계약물량이 한 컨테이너를 채울 수 있는 물량이기 때문이다. 그런데 수출업자가 보내는 물량이 소량일 경우(한 컨테이너를 채우지 못하는 물량일 경우), 수입국의 동일 항구로 가는 컨테이너 안에 여러 화물이 함께 적재된다. 화주가 선박회사에 운송계약을 체결하고, 계약물품을 선적하게 되면 선하증권(Bill of Lading)을 수령하게 되는데, 컨테이너 안에 한 화주의 물량이 선적되어 수령하는 B/L일 경우에는 화주 명으로 B/L을 수령할 수 있지만, 화주가 여러 명일 경우 선박회사는 개별화주에게 일일이 B/L을 발급하지 않는다. 즉, 개별화물을 주선하여 한 컨테이너의 물량을 만들어 준 운송주선인(Forwarder)에게 집단선하증권(Groupage B/L)를 발급한다. 집단선하증권을 수령한 운송주선인은 개별 화주에게 다시 개별화물의 선적 확인 증명서인 B/L을 발급한다. 이런 B/L를 House B/L 이라고 하는데, 선박회사로부터 직접 수령되지 않은 House B/L도 은행에서는 매입하여 준다. 컨테이너국제조약은 1975년 개정된 유럽경제위원회 컨테이너 통관조약(CCC : Customs Convention on Container)을 한국은 따르고 있다. 이 조약에 따라 수입국에 들어오는 컨테이너는 재수출 조건으로 면세를 하고 있다. 그리고 국제도로운송에 대한 조약(Trailer Interchange Receipt)으로 컨테이너 화물이 여러 국가를 통과할 때 컨테이너 화물에 대해 특혜를 제공할 것을 규정하고 있는 TIR조약을 또한 1981년부터 적용하고 있다.

선하증권(B/L)은 3통이 원본으로 발행된다. 수출업자는 은행에 매입의뢰(NEGO)를 할 때에는 원본 3통을 모두 제시하여야 한다. 그리고 매입은행과 개설은행을 통해서 수입업자에게 인도되는데, 수입업자에게 인도되는 것은 원본 1통만이다. B/L은 원본 3통이 발행되지만, 이중 어느 원본이라도 1통이 사용되면 나머지 2통은 무효가 된다. 선하증권에 운임이 선불인지 후불인지가 표시된다. CFR 조건이나 CIF 조건이면 “Freight Prepaid”로 표시되며, FOB 조선, FAS 조선이면 “Freight Collect”로 표시된다. 선하증권은 무사고(Clean) 증권이어야 한다. 즉, 무역서류에 표시되어 있는 화물과 선박에 적재되는 화물의 수량과 상태가 일치되어야 한다. 일치하지 않는 상태의 표시가 기재되어 발행되는 B/L를 사고부(Dirty) 증권이라 한다. 사고부 선하증권은 특별한 규정이 있지 않는 한 은행이 수리하지 않는다. 수출업자는 무사고 선하증권이 발행될 상황이라면 신속히 파손화물보상장(Letter of Indemnity)[197]를 선박회사에 제출하여 무사고 선화증권을 발급받아야 한다. 그리고 수입업자(수화인)명이 선화증권상에 기재되는 형식에 따라 수화인과 주소 등이 직접 표시되는 선화증권을 기명식 B/L(straight)이라 하고, 수화인이 표시되지 않고 order 또는 order

197) 사고부선하증권 대신에 무사고선하증권을 수령하기 위해서, 선적 시 결함 화물에 대하여 발생할 수 있는 어떤 청구를 지급할 것이라는 보증으로 화주(송화인)가 선박회사(운송인)에게 제출하는 증서이다.

of 개설은행 등으로 표시되는 형식을 지시식 B/L(Order B/L)이라 한다. 선화증권은 발행일을 기준으로 21일이 지나면, 은행에서는 매입을 하지 않는다. 21일 지난 선화증권을 Stale B/L이라고 하는데, 신용장거래일 때 수출업자는 21일 전에 매입의뢰를 할 수 없는 상황이 예견된다면, 신용장상에 "Stale B/L Acceptable"이라는 문구를 추가하여, 은행은 매입거절을 방지해야 한다. INCOTERMS2020 해상운송규칙에는 FAS, FOB, CFR, CIF 4개 규칙이 있다.

한 컨테이너가 되지 않는 소량화물을 LCL(Less than container load)라 부르고, 한 컨테이너 화물을 FCL(Full container load)라 한다. LCL 화물은 FCL를 만들기 위한 집하장소가 필요한데, 부두 안에 있는 소화물 집하장소를 CFS(Container freight station)라 하고, FCL 화물이 직접 모이는 장소를 CY(Container Yard)라 한다. 화주의 화물의 형태에 따라 수출국의 CY에서 수입국의 CY로, 수출국의 CY에서 수입국의 CFS로, 수출국의 CFS에서 수입국의 CY로, 수출국의 CFS에서 수입국의 CFS로 운송되고 있다.

〈 FCL 화물이동경로〉

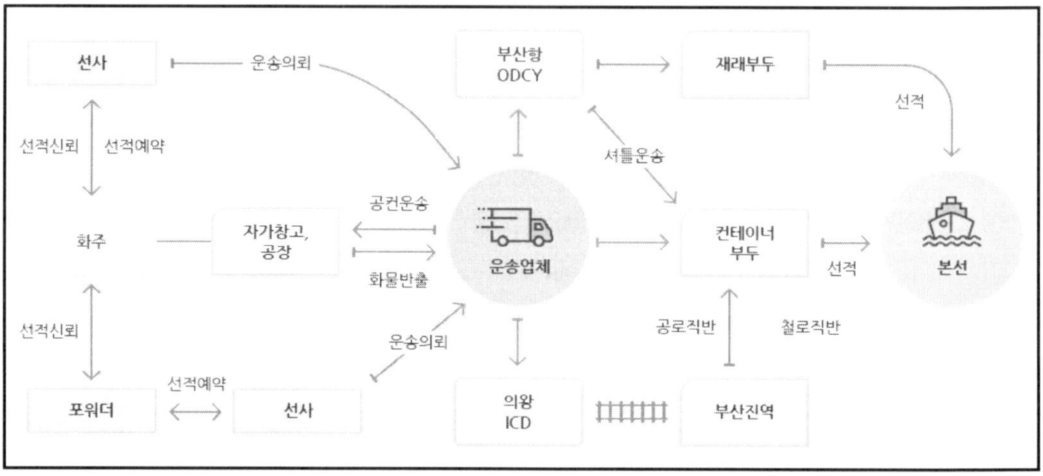

주) 한국무역협회, https://www.kita.net

〈 LCL 화물이동경로〉

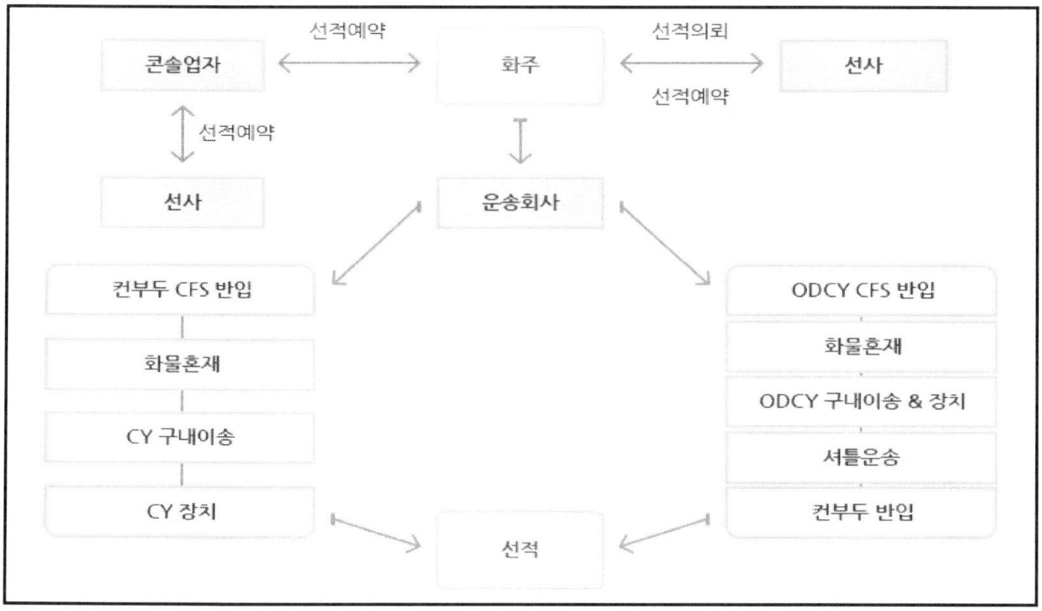

주) 한국무역협회, https://www.kita.net

(2) 항공운송

항공운송계약은 해상운송계약과 달리 직접 항공회사와 계약을 체결하지 않고 대리점이나 포딩사(운송주선인, 복합운송인 등)를 통해서 계약하는 방법을 이용하고 있다. 항공사는 정기선(liner)으로 국제항공운송협회(IATA : International Air Transport Association)[198]의 규칙에 의거 운임이 고시된다. 선박운송과 달리 소량화물이나 납기일이 짧은 품목일 때 주로 이용하게 된다. 품목에 따라 종가요율, 중량 및 부피에 따른 운임요율이 적용되고 있다. 화주(송화인)가 항공회사(또는 포딩사)에게 화물을 인도하면 화물 인도의 증서로써 항공화물

198) 국제항공운송협회; 이아타 IATA(International Air Transport Association)
본부를 캐나다의 Montreal 및 스위스의 Geneva에 둔 순수 민간 조직체이다. 국제간의 운임, 운항, 정비, 정산 업무 등 상업적, 기술적 활동을 하고자 설립되었으며, ICAO와는 밀접한 관계를 맺고 있다. IATA의 가맹회원이 되는 자격은 ICAO가맹국의 정기항공사업에 종사하고 있는 민간항공회사이고, 국제선을 갖고 있는 회사는 정회원(Active Member), 국내선만 갖고 있는 회사는 준회원(Associate Member)이 될 수 있다.

국제민간항공기구(國際民間航空機構, 영어: International Civil Aviation Organization, ICAO, 프랑스어: Organisation de l'aviation civile internationale, OACI)는 유엔 산하의 전문기구로 국제 항공 운송에 필요한 원칙과 기술 및 안전에 대해 연구하고 있으며 국제 항공 운항의 원칙과 기술을 체계화하며 안전하고 질서 있는 성장을 보장하기 위해 국제 항공 운송의 계획과 개발을 촉진한다. 본사는 캐나다 퀘벡주 몬트리올에 위치해 있다. 2019년 4월 기준, ICAO 회원국은 193개국이며, 이는 193명의 UN 회원국(도미니가 공화국, 리히텐슈타인 제외)과 쿡 제도로 구성되어 있다(위키백과사전).

운송장(Air Waybill)을 수령하게 된다. 그런데 항공화물운송장(AWB)과 선화증권(B/L)이 다른점은 항공화물운송장은 B/L처럼 화물을 대표하는 증권을 의미하지 않는다. 항공운송계약을 통해 항공회사가 물품을 수령하였다는 일종의 영수증으로 항공회사는 운송장에 기재된 수하인(수입업자)에게 물품을 인도하면 된다. 이는 특송업체의 운송과 마찬가지로 항공운송장의 수취인 및 발송인 주소, 물품수량 등 란에는 송화인(수출업자)이 직접 작성하여야 한다. 항공운송장에 기재된 송화인 및 수취인 주소 등 오기 표기로 일어나는 손해에 대해서는 송화인(수출업자)에게 모든 책임이 있다.

〈항공수출 업무절차〉

주) 네비스, http://nevice.co.kr.

〈항공수입 업무절차〉

주) 네비스, http://nevice.co.kr.

[국제항공운송에 있어서 일부규칙의 통일에 관한 협약](Convention for tne Unification of certain Rule Relating to International Transportation by Air)

일명 '바르샤바조약'으로 불리는 이 조약은 국제적으로 운송되는 화물의 사고에 관한 항공운송인의 책임에 관하여 규정하고 있다. 1929년 바르샤바(Warsaw)에서 체결되었으며, 체약국간의 국제운송에 관한 항공운송인의 책임한도를 규정하고 있는 이른바 '바르샤바체제'의 모체가 되었다. 바르샤바조약은 운송계약상의 출발지와 목적지가 체약국인 경우에만 적용되며, 항공운송 중 발생한 사고에 의한 손해에 대하여 책임을 부담한다. 이후 이 조약은 항공운송의 급속한 발달로 인해 헤이그의정서(Hague-Protocol)에 의해 개정되었다.

(3) 복합운송

복합운송[199]은 해상운송과 육상운송, 항공운송과 육상운송 등 2가지 다른 형태의 운송방식을 연결하여 목적지까지 계약물품을 운송하는 형태를 말한다. 복합운송증권[200]은 선화증권을 응용하여 발행되고 있다(예 multimodal transport B/L, Combined Transport B/L, Through B/L 등). 복합운송증권은 B/L의 특성을 지니고 있으나, 각 운송형태의 연결에 따라 해석을 달리 적용하고 있기 때문에 복합운송계약을 체결할 때에는 그 형태를 확인하여야 한다. 예를 들어 Through B/L은 최초의 운송형태가 선박일 경우에만 사용하게 되는 방법이다. 복합운송을 하기 위해 무역업자가 이용할 수 있는 조건은 INCOTERMS2020에서 EXW, FCA, CPT, CIP, DPU, DAP, DDP 조건 7가지 조건이 있다.

---

199) 1991년 UNCTAD/ICC의 복합운송증권에 관한 규칙(UNCTAD/ICC Rules for Multimodal Transport Documents)에 의하면, 복합운송은 "적어도 두 가지 이상의 다른 운송수단에 의하여 물품을 운송하기 위한 단일계약(single contract)에 의해 이루어지는 물품운송"으로 규정하고 있다.

200) 국제상업회의소의 복합운송증권통일규칙(UNCTAD/ICC Rules for Multimodal Transport Documents) UNCTAD에서 복합운송조약의 심의가 난산을 겪고 1972년 11월의 국제컨테이너 운송회의에서 TCM 조약안이 백지환원됨에 따라 실무계를 대표하는 국제상업회의소(ICC)는 1973년 12월에 "복합운송증권을 위한 통일규칙"(Uniform Rules for a Combined Transport Document 1973 ; 1975 Revision)을 제정·발표하였다. 그리고 이 규칙은 1975년 5월 복합운송에 있어서 지연책임에 대해 약간의 개정이 이루어져 오늘에 이르고 있다. 이는 선하증권을 중심으로 한 종래의 신용장통일규칙에 필요한 수정을 가해 일정한 조건을 갖춘 복합운송증권을 은행이 매입할 수 있도록 한 것이다. 그리고 그 증권의 발행자로서의 책임을 명확히 하기 위해 복합운송통일규칙에 준거하여 증권을 발행하도록 하였다. 복합운송증권에 관한 국제상업회의소의 통일규칙(ICC Publication No.29(8)은 국제해사위원회(CMI)의 동경규칙(Tokyo Rules)과 로마사법국제위원회(UNIDROIT)가 작성한 TCM 조약안을 기초로 제정되어 세계적으로 널리 사용되어 왔다. 특히 이것은 FIATA의 복합운송증권(국제복합운송주선업협회연맹(International Federation of Freight Forwarders Association : FIATA(*)은 1970년 복합운송증권 양식을 제정하여 1978년과 1988년에 각각 개정하였고 또다시 1992년에 개정하여 94년 3월 1일부터 시행하고 있다)과 발틱해운동맹/국제선주협회 (BIMCO/INSA)의 COMBIDOC처럼 널리 사용되고 있는 많은 표준운송증권에 채용되고 있다.

<인코텀즈 2020 규칙 주요 내용>201)

RULES FOR ANY MODE OR MODES OF TRANSPORT(모든 운송방식에 적용되는 규칙)

◦ EXW (Ex Works) (insert named place of delivery) - 공장인도

▸위험 이전 : 매도인의 작업장 구내에서 매수인이 임의처분 할 수 있도록 물품을 인도했을 때

▸비용 부담 : 매도인은 '위험 이전' 까지의 제비용 부담

▸통관 : 수출입통관 – 매수인

◦ FCA (Free Carrier)(insert named place of delivery) - 운송인인도

▸위험 이전 : 매도인이 매수인이 지정한 운송인에게 수출통관된 물품을 인도했을 때 (매도인 영업구내에선 적재인도, 영업구내가 아닌 경우 실린 채 인도한다.)

▸비용 부담 : 매도인은 '위험 이전'까지의 제비용 부담(추가의무부 : 선적 선하증권 요구 가능, 자가 운송 허용)

▸통관 : 수출통관 – 매도인 / 수입통관 – 매수인

◦ CPT (Carriage Paid To)(insert named place of destination) - 운송비지급인도

▸위험 이전 : 물품이 약정된 일자 또는 기간 내에 지정목적지까지 운송할 운송인의 보관하에 또는 후속운송인이 있을 경우 최초의 운송인에게 물품인도 시

▸비용 부담 : 매도인은 FCA 조건 + 지정된 목적지까지의 물품운송비(복합운송개념에서 운송비) 부담

▸통관 : 수출통관 – 매도인 / 수입통관 – 매수인

◦ CIP (Carriage And Insurance Paid To)(insert named place of destination) - 운송비보험료지급인도

▸위험 이전 : 물품이 약정된 일자 또는 기간 내에 지정목적지까지 운송할 운송인의 보관하에 또는 후속운송인이 있을 경우 최초의 운송인에게 물품인도 시

▸비용 부담 : 매도인은 CPT 조건 + 지정된 목적지까지의 적하보험료 부담

* 부보 : ICC(A) or ICC(A/R)

▸통관 : 수출통관 – 매도인 / 수입통관 – 매수인

◦ DAP (Delivered At Place)(insert named place of destination) - 도착장소인도

▸위험 이전 : 지정목적지에서 도착운송수단에 실린 채 양하 준비된 상태로 매수인의 처분 하에 놓인 때

▸비용 부담 : 매도인은 '위험 이전' 까지의 제비용 부담 (자가 운송 허용)

▸통관 : 수출통관 – 매도인 / 수입통관 – 매수인

◦ DPU (Delivered at Place Unloaded)(insert named place of destination) - 도착지양하인도

---

201) 10년 만에 바뀐 인코텀즈, 무엇이 어떻게 달라졌나, '개정 인코텀즈 2020 활용 설명회' 개최, 한국무역신문(http://weeklytrade.co.kr), 민유정 기자 wtrade07@gmail.com, 2019.11.01 09:24 입력 참조.

▸위험 이전 : 도착운송수단으로부터 양하된 상태로 지정목적항이나 지정목적지의 지정터미널에서 매수인의 처분 하에 놓인 때
▸비용 부담 : 매도인은 '위험 이전'까지의 제비용 부담 (자가 운송 허용)
▸통관 : 수출통관 - 매도인 / 수입통관 - 매수인

◦ DDP (Delivered Duty Paid)(insert named place of destination) - 관세지급인도
▸위험 이전 : 약정된 일자 또는 기간 내에 매도인이 지정된 수입국 내의 목적지점에 물품을 반입해 매수인의 임의처분 하에 인도한 때
▸비용 부담 : 매도인은 '위험 이전'까지의 제비용 부담 (자가 운송 허용) + 관세
▸통관 : 수출입통관 - 매도인

RULES FOR SEA AND INLAND WATERWAY TRANSPORT(해상운송과 내수로운송에 적용되는 규칙)

◦ FAS (Free Alongside Ship)(insert named port of shipment) - 선측인도
▸위험 이전 : 물품이 지정선적항의 부두에 또는 부선으로 본선의 선측에 인도했을 때, 또는 그렇게 인도된 물품을 조달한 때
▸비용 부담 : 매도인은 '위험 이전' 까지의 제비용 부담
▸통관 : 수출통관 – 매도인 / 수입통관 – 매수인

◦ FOB (Free On Board)(insert named port of shipment) - 본선인도
▸위험 이전 : 물품이 지정선적항에서 본선에 적재했을 때(on board) 또는 그렇게 인도된 물품을 조달한 때
▸비용 부담 : 매도인은 '위험 이전' 까지의 제비용 부담
▸통관 : 수출통관 – 매도인 / 수입통관 – 매수인

◦ CFR (Cost And Freight)(insert named port of destination) - 운임포함인도
▸위험 이전 : 물품이 지정선적항에서 본선에 적재했을 때(on board) 또는 그렇게 인도된 물품을 조달한 때
▸비용 부담 : 매도인은 적재 시까지 제비용 + 목적항까지의 운임 부담 (정기선의 경우 양하비 부담)
▸통관 : 수출통관 – 매도인 / 수입통관 – 매수인

◦ CIF (Cost Inwurance and Freight)(insert named port of destination) - 운임보험료포함인도
▸위험 이전 : 물품이 지정선적항에서 본선에 적재했을 때(on board) 또는 그렇게 인도된 물품을 조달한 때
▸비용 부담 : 매도인은 적재 시까지 제비용 + 목적항까지 운임 및 보험료 부담 (정기선의 경우 양하비 부담)
* 부보 : ICC(C) or ICC(A)
▸통관 : 수출통관 – 매도인 / 수입통관 – 매수인

제2절 국제물류의 개념

물류란 용어는 물적유통(Physical Distribution)을 줄인 말로 생산자로부터 소비자까지의 물의 흐름을 가리킨다. 일반적으로 유통개념은 생산자로부터 소비자에게 재화와 서비스를 이전시키고 장소와 시간·소유의 효용을 창조하는 활동을 포함하고 있다. 이에 반해 물류(Logistics)는 소유의 효용을 만족시켜주는 거래를 제외한 장소와 시간의 효용을 창출하는 부분으로 정의를 내리고 있다. 구체적으로 생산된 상품을 수송·하역·보관·포장하는 과정과 유통가공이나 수송기초시설 등 물자유통 과정을 모두 포함한다. 또 통신 기초시설과 정보망 등 정보유통개념도 모두 여기에 들어간다. 물류는 따라서 수송기초시설, 통신기초시설 등 국가기간산업활동과 관련된 부분과 기업이 자체적으로 관리할 수 있는 수송, 보관, 하역, 포장, 유통, 가공, 정보기능을 총체적으로 나타내는 말이다. 본래 의미는 병참(兵站)이지만 유통 합리화의 수단으로 채택되어 원료준비, 생산, 보관, 판매에 이르기까지의 과정에서 물적유통을 가장 효율적으로 수행하는 종합적 시스템을 가리키게 되었다. 예를 들어 원료준비의 측면에서만 물적유통의 합리화를 생각하면 그 후의 과정에서 합리화를 방해하는 요인이 생기기 때문에 전체를 토털시스템으로 구성하려는 것이다.[202)]

1. e-로지스틱스 [e-logistics]

사이버 물류 인터넷을 기반으로 운송, 보관, 포장, 하역, 재고관리 등 다양한 부가 가치 물류 서비스를 구현하여 오프라인의 시간적 차이를 줄이고 업무 프로세스를 효율적으로 지원하는 활동이다.

2. M-로지스틱스 [mobile logistics]

휴대 전화, 개인 휴대 정보 단말기(PDA), 무선 스캐너 등 이동 통신 단말기와 무선망을 이용해 실시간 화물 위치 추적, 배차, 운송 등 물류 관리가 가능한 물류 방식. 물류란 재화의 기점으로부터 소비점에 이르기까지 원재료, 중간재, 완성재, 관련 정보를 이동시키는

202) http://terms.naver.com/entry.nhn?docId, 네이버지식사전.

것과 관련하여 흐름과 저장을 효과적으로 계획, 수행, 통제하는 과정이다. 최근에는 위성망과 연계된 운전자 지리 정보, 냉장·냉동 차량 온도 관리 등 응용 분야도 급속히 확대되고 있다. 이를 통해 기업들은 공차(空車) 운행으로 인한 물류 비용 절감과 유무선 통합 물류 관리를 통해 업무 생산성 및 대(對) 고객 서비스를 개선할 수 있다. 이와 같은 M-로지스틱스는 공급 사슬 관리(SCM), 기업 자원 관리(ERP)의 의사 결정 지원 시스템과 연동되어 기업 경쟁력을 좌우할 핵심 인프라로 부각될 전망이다.

3. TLPS [total logistics planning system]

total logistics planning system의 약어. 복잡해지고 있는 유통 체계 속에서 최소한의 물류비용으로 제품 수급 계획을 수립하고 계획에 근거하여 실시된 물류 시스템을 모니터링하면서 실적을 평가할 수 있도록 개발된 시스템이다.

제 3 절 제3자물류(Third Party Logistics)와 아웃소싱

1자 물류(1PL)는 자사에서 전적으로 물류 업무를 처리하는 단계를 말한다. 2자 물류(2PL)는 분사화를 통해 물류 자회사에 의해 서비스를 받는 단계. 3자 물류(3PL)는 사내의 물류 업무 중 일부 혹은 전체를 물류전문업체 1년 이상의 계약 혹은 제휴를 체결해 아웃소싱하는 것을 말한다.

1. 제3자물류(TPL)

물류 관련비용을 절감하기 위해 제품 생산을 제외한 물류 전반을 특정 물류 전문업체에 위탁하는 것으로, 생산자와 판매자의 물류를 제3자를 통해 처리하는 것을 말한다. 예전엔 단순히 비용을 절감하기 위해 물류 부문을 아웃소싱하는 것을 의미했으나, 최근 들어서는 전문물류회사가 제품의 생산공정에서부터 고객에 이르는 전 단계를 효율화하는 것으로 의미가 넓어졌다. 3자물류는 화주업체와 1년 이상 장기간 계약하여 제휴관계를 맺고 복수의 물류기능을 하나로 묶어 통합 물류서비스를 제공한다는 점에서 일반 물류와 다르다. 3자물류는 계약에 기반을 두기 때문에 '계약물류'라고도 한다. 국내에서 외환위기 이후 기업들이 자사의 핵심역량에 집중하고 비주력 영역을 아웃소싱해 기업구조를 개선하려는 의지 때문에 이때를 기점으로 물류의 아웃소싱이 활발히 검토되기 시작했다. 최근엔 그룹단위의 물류가 아웃소싱 시장으로 나오기 시작하는 등 3자물류가 활기를 띠고 있다. 국토해양부가 2006년 1월 1일 종합물류기업 인증제의 시행에 필요한 세부기준과 절차를 담은 '종합물류업자 인증 등에 관한 규칙'과 '종합물류업자 인증요령'을 각각 공포, 고시함에 따라 3자물류 시장이 더욱 활성화되고 있다. 물류기업들이 종합물류기업 인증을 받으려면 화물운송, 물류시설 운영, 물류서비스 3가지 서비스를 종합적으로 제공해야 한다. 또 제3자 물류비중이 20%를 넘어야 하며 서비스 다양성과 기업 규모, 발전가능성 등을 종합 평가한 점수가 총점의 70% 이상 돼야 한다. 기업이 원자재나 제품의 적기 조달과 투자비 절감을 꾀하고 핵심적인 사업분야에 역량을 집중하려는 추세를 보이면서 물류분야는 과감히 제3자에게 대행시키는 것으로, 대표적인 물류업체로는 FedEX와 DHL·UPS 등이 있다. 최근에는 전자상거래 발달과 부가가치물류의 개념이 중시되면서 e-logistics, 사이버물류, 4PL(fourth party logistics) 등으로 발전되고 있다. 참고로 생산자가 내부에서 직접 행하는 물류는 first party logistics, 생산자와 판매자 양자가 직접 행하는 물류는 second party logistics라고 한다.[203)]

2. 아웃소싱(outsourcing)

기업 업무의 일부 프로세스를 경영 효과 및 효율의 극대화를 위한 방안으로 제3자에게 위탁해 처리하는 것을 말한다. 다른 의미로는 외부 전산 전문업체가 고객의 정보처리 업무의 일부 또는 전부를 장기간 운영·관리하는 것을 뜻하기도 한다. 크게 2가지로 나뉘는데, 하나는 기업 내부의 프로젝트 활동을 기업 외부의 제3자에 위탁해 처리하는 시스템으로, 인소싱(insourcing)과 반대되는 개념이다. 1980년대 후반에 미국 기업이 제조업 분야에서 활용하기 시작한 이후 전세계 기업들로 급격히 확산되고 있는데, 이는 기술 진보가 가속화되고 경쟁이 심화되면서 기업의 내부조직(인소싱)을 통한 경제활동비용보다 아웃소싱을 통한 거래비용이 훨씬 적게 든다는 점에 따른 것이다.

---

203) [출처] TPL [third party logistics] | 네이버 백과사전.

아웃소싱을 하는 이유는 ▲ 기업이 업무나 기능을 자체적으로 제공, 유지하기에는 수익성이 부족 ▲ 조직 내부갈등을 해결하기 위해 제 3자에게 문제를 위임 ▲ 내부적인 전문성은 없지만 당장 그 기능이 필요하여 그 부분을 외부에서 조달하기 위함이다. 하지만 아웃소싱을 하는 가장 큰 이유는 조직의 유연성과 민첩성을 제고하는 가장 효과적인 수단 중 하나이기 때문이다.

기업환경이 갈수록 빠른 속도로 변화하기 때문에 예측이 불가하다. 따라서 기업조직의 전 부문에 투자를 하는 것보다 핵심적인 부분에만 투자를 하는 것이 예측할 수 없는 미래상황과 위험에 재빠르게 대처할 수 있다. 그렇기 때문에 아웃소싱은 기업의 생존전략이라고 할 수 있다. 아웃소싱은 과학기술이나 지식 뿐만 아니라 물류, 생산, 마케팅, 인력 등 다양한 분야에서 이용된다. 활용함으로써 코스트다운이 가능하고 고객에 대한 서비스 향상에 기여할 수 있다.[204]

제 4 절 제4자물류(Fourth-party logistics)

4PL은 앤더슨컨설팅사의 특허출원 용어로, “전체적인 공급연쇄 솔루션을 제공하는 서비스 제공자와 함께 기업의 경영자원, 능력, 기술을 관리하고 결합하는 공급연쇄통합자”로 정의하고 있다. 4PL의 이해를 위해 ITtoolbox 영문자료를 살펴보자.

What is 4PL?

Summary : What does the term 4PL mean? How would a 4PL service or organization be defined?

Full Article:

Disclaimer: Contents are not reviewed for correctness and are not endorsed or recommended by ITtoolbox or any vendor. Popular Q&A contents include summarized information from SCM-SELECT discussion unless otherwise noted.

---

204) [출저] 아웃소싱 [outsourcing] | 네이버 백과사전.

Adapted from response by Jeffrey on Thursday, July 17, 2003. The term "4PL" was actually coined by the consulting group Accenture. In fact, they also hold the trademark to the name 4PL.

Accenture defines a 4PL in the following manner:
"A 4PL is an integrator that assembles the resources, capabilities, and technology of its own organization and other organizations to design, build and run comprehensive supply chain solutions." The term 4PL is something that every organization has their own interpretation of and ideas on what exactly a 4PL should offer. To add more complexity to the interpretation, the following groups of service providers actually provide "4PL type" services:

- Consultants
- IT Service Providers
- "E" Marketplaces
- Financial institutions
- Private Organizations
- Logistics Service Providers (traditionally only known for 3PL activities)

A true 4PL organization would then build a set of activities focused around a specific set of supply chain initiatives and goals, generally with the following attributes:

- 4PL Common Services (invoice management, call centers, warehouse/distribution facilities, etc.
- Implementation Center (the business process analysis/scoping, and development of all activities into an open systems framework)
- Product/Skill Centers (supply chain engineering)
- IT System Center (the pure IT selection for design and implementation/connectivity)
- 4PL Back Office (administration, quality, finance, legal, etc.)

Sitting above these functions would be a Controlling Interface, monitored by the hired 4PL party. This group would manage all the "blocking & tackling issues" related to daily business. The Controlling Interface would provide the customer-facing visibility, control, KPI/Metrics management, reporting, daily problem solving, etc.

Additionally, surrounding these activity sets would be the following:

+ Knowledge Transfer
+ Business Development
+ Functional Support

So, to give you a visual field, picture a dartboard. From the center outward, there would be a series of concentric circles. In the center would be the 4PL. The next outer circle would be the strategic partners. The next outer circle would be the preferred service providers, following by the larges outward circle which covers the project partners.

The Business Ethics of a 4PL would contain the following ethos:
- The 4PL organizaton focuses on the customer supply chain
- All 4PL organization decisions are made towards managing the myriad of service providers, which are based on business rules.
- All service providers are measured on a master single set of KPI's.

Lastly, a recap of a 4PL Products, Services & Capabilities (visualize a triangle):
Relationship: CRM
Know-How: Knowledge Management industry/supply chain
Consulting: Supply chain reengineering, Process consulting (3PL), IT analysis/implementation
Visibility: Supply chain visibility, communication and IT integration
Operational: Accounting/invoice management, Event monitoring/exception management, RFP/RFQ management/execution, Carrier/3PL management.
(8/4/2003 by ITtoolbox Popular Q&A Team for ITtoolbox as adapted from SCM-SELECT discussion group)

주) http://supplychain.ittoolbox.com/documents/what-is-4pl-17878. 인용.

제 5 절 Infor Nexus system[205)]

GT Nexus는 회사가 글로벌 네트워크에서 무역 및 물류와 같은 공급망을 통해 관리 및 자동화를 도와주는 클라우드 기반 협업(SCM; Supply Chain Management) 플랫폼이다. 1998년 미국 캘리포니아주 오클랜드에서 Tradiant로 설립되어 2001년 GT Nexus로 명칭을 변경하였

205) GT Nexus and TradeCard today announced that the companies have entered into a definitive merger agreement. The companies are leaders and pioneers in cloud-based technology platforms that link companies together in commerce networks. Both provide? and operate? advanced business collaboration networks that the world's leading companies rely on to better manage physical and financial supply chain processes on a global scale with thousands of trading partners. New York, NY and Oakland, CA, January 07, 2013(http://www.gtnexus.com).

다. 2013년 4월 25일에 -오클랜드, 캘리포니아- GT Nexus와 TradeCard가 합병을 했다.

세계적인 공급과 수요는 항상 움직이고 있기에 새로운 소싱 전략, 새로운 시장 확장 또는 예기치 않은 중단 여부에 관계없이 운영의 민첩성은 네트워크의 맥락에서 제공되는 기술로 시작된다. 같은 방식으로 소셜 플랫폼으로 사람들을 서로 상호 작용하는 방식으로 바꾸어 놓은 GT Nexus는 Trade Card와의 합병을 통해 비즈니스를 비즈니스 상거래로 바꾸고 있다.

잠깐 금융 서비스의 특징에 대해 설명하자면 주문, 송장, 수정안, 미결제, 출고 내역 및 기타 위험 평가 정보에 대한 가시성을 통해 금융 서비스 제공 업체는 위험을 완화하고 당사자와 거래를 보다 깊이 이해할 수 있게 되었다. 30개 이상의 금융 서비스 제공 업체와 은행이 GT Nexus 플랫폼에 금융 서비스를 제공하기에 믿을 수 있다. 또한 "네트워크 접근법"을 사용하여 트랜잭션 수명주기의 주요 단계에서 공급망에 자본을 삽입 할 수 있는 새로운 기회를 창출한다. 여기에는 서비스의 사전 및 사후 수출 금융, 송장 할인 및 조기 지불 프로그램, 지불 보호, 결제 서비스 및 자금 이동이 포함된다.

또한 GT Nexus는 Infor가 2015년 9월에 인수하기 전에는 전 세계 66개국에서 사용되었고 매년 1천억 달러(USD) 이상의 상품 관리가 이루어졌다. 현재 Infor GT Nexus Commerce Network는 25,000개가 넘는 회사가 세계 최대 공급망을 통해 5천억 달러(USD) 상당의 제품 관리가 이루어지고 있다.

GT Nexus 플랫폼은 물리적 공급망과 재무 공급망을 통합하여 탄력적인 공급망을 확보하고 있어 상호 연결된 비즈니스 네트워크로 작동하고 운전 자본을 개선한다. 운영 데이터는 네트워크 전체에서 공유되므로 공급 업체, 고객 및 기타 공급망 파트너를 포함한 확장된 공급망에 대한 완벽한 가시성, 연결성 및 프로세스 자동화를 제공한다.

즉, GT Nexus는 글로벌 무역 및 물류 업계의 비효율적인 문제를 해결하기 위해 플랫폼을 사용하여 제조업체, 소매 업체, 물류 업체, 운송 업체, 공급 업체 및 은행이 참여하고 협력하는 커뮤니티를 만든 것이다.

GT Nexus 플랫폼은 여러개가 쌓인 기술을 하나로 통합하여 배치된 규모와 광범위한 채택을 위해 제작되었으며 기업과 파트너는 많은 다대다 모델로 협업 네트워크로 신속하게 연결할 수 있다. 다중 엔터프라이즈 비즈니스(multi-enterprise business) 네트워크란 규칙에 기반해 사건, 경고 및 공정과정 관리를 통해 다대다 (many-to-many) 설계가 가능하다. 통합 플랫폼은 모든 커뮤니티에서 데이터 관리를 위한 표준 모델로서 단일 버전의 정확한 정보를 제공한다. 여러 채널의 통합 및 연결 옵션을 제공하고 개방형 개발 플랫폼은 커뮤니티에 맞는 애플리케이션을 신속하게 개발하고 배포 할 수 있다. 기능 공유, 스크립팅 언어를 통한 구성 가능성 및 신속한 응용 프로그램 제공을 위한 템플릿(template)이 특징이다.

1. GT Nexus의 솔루션

(1) 해상 운송 실행 최적화

전통적인 ERP [Enterprise Resource Planning; 전사적 자원 관리] 시스템은 많은 운송 업체 및 파트너를 통한 해상 운송을 어렵게 만든다. 공급망이 대륙에 걸쳐 있을 때 해양 운송을 실행하는 것은 비용이 많이 들고 시간이 많이 걸린다. 이에 대하여 예약 및 배송 지침을 제공하는 GT Nexus의 단일 플랫폼에 투자함으로써 기업은 대규모 글로벌 공급망을 관리할 수 있다. 밑의 그림과 같이 중앙 집중화 된 플랫폼을 통해 파트너와 화물 정보를 얻을 수 있고 배송을 추적할 수 있게 된다.

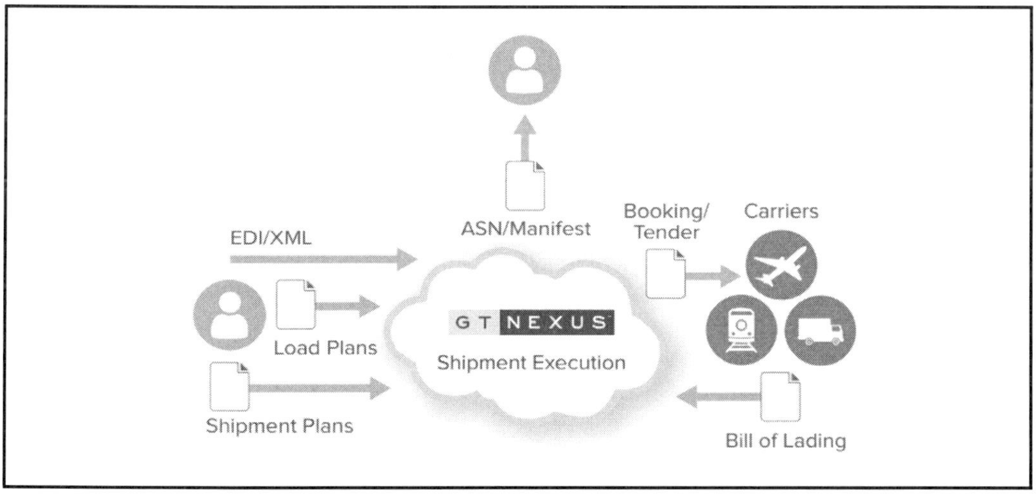

모든 데이터는 클라우드에 저장되므로 비용이 많이 드는 시간과 수작업 프로세스가 필요하지 않으며 다음과 같은 서비스를 제공한다. 첫째, 운송 파티가 주문이 들어오면 바로 예

약 제공. 둘째, 계획 출하를 처리하고 관리하는 워크 벤치 제공. 셋째, 단일 플랫폼을 통해 화물 운송주선자 및 선사와 통신 제공.

(2) 인바운드 공급 가시성 향상

오늘날 제조사들은 저렴한 생산업체를 찾는것과 공급망에서 발생하는 초과 비용을 최소화하는 것 간의 정교한 균형을 유지해야 한다. GT Nexus의 공급망 관리를 위한 클라우드 기반 플랫폼을 통해 도착한 재고에 대한 상세한 실시간 정보를 통해 재고를 최소화하고 신속하게 처리할 수 있게 한다.

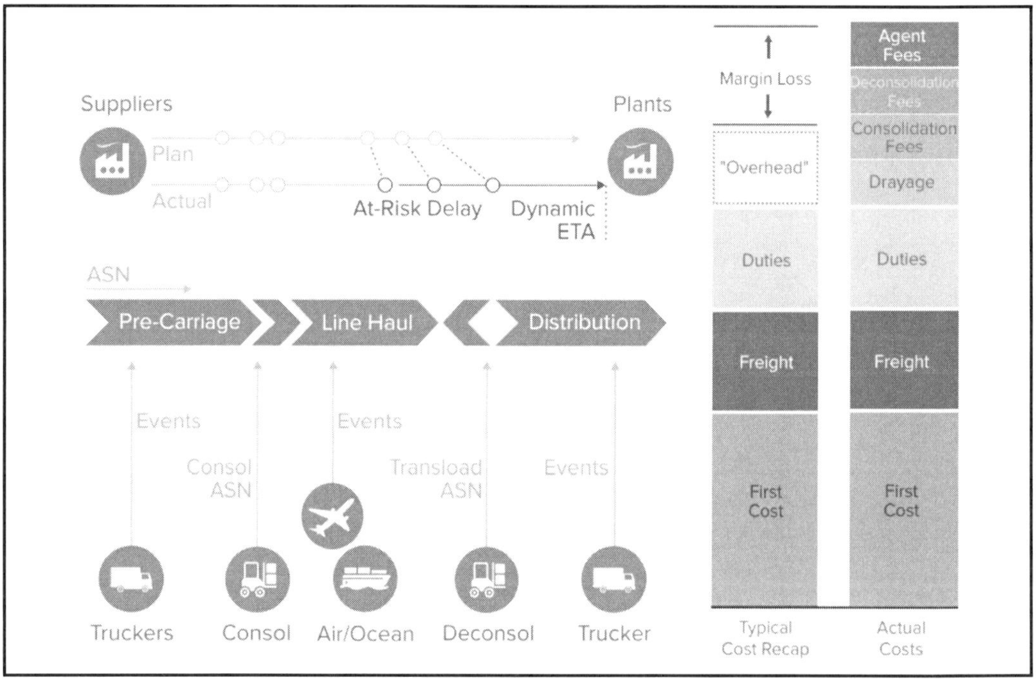

이에 GT Nexus는 위의 그림과 같이 클라우드 기반 네트워크에서 자신의 공급망 파트너의 운송 과정을 모니터링할 수 있게 제공한다. 또한 주문, 선적 및 이동 데이터를 결합하여 운송 흐름 및 유동적 ETA를 정확하게 볼 수 있게 제공한다.

(3) 양하 비용 가시성 향상

기업은 양륙한 제품과 관련된 모든 비용을 볼 수 없으므로 단위 비용만을 기준으로 의사결정을 내립니다. 하지만 오늘날의 환경에서는 훨씬 더 많은 데이터가 필요하다.

간접비[overhead]'로 간주되는 비용에 운송비, 관세 및 배달 전 내륙에서 발생하는 운송료를 포함되는데, 이러한 비용은 수요 변화 및 배송지연시간 증가로 인해 크게 달라질 수 있다. 밑의 그림과 같이 간접비[overhead]를 전통적인 소프트웨어를 통해 계산하면 예상되는 일반적 비용과 실제 도착할 때 매겨진 가격 간 비용 차이[Margin Loss]가 커진다.

제조업체는 GT Nexus의 클라우드 기반 플랫폼을 채택함으로써, 물류 파트너의 네트워크 공급망 비용에 대한 실시간 데이터 받아 볼 수 있으며, 실제 비용이 발생했을 때를 모니터하고 재무 실적을 감사할 수 있게 한다.

GT Nexusd의 플랫폼은 본 서비스를 사용하는 총 500 억 달러 규모의 제조업체들로 하여금 유연한 공급 체인을 가질 수 있게 하며, 이를 통해 7 % 포인트 높은 서비스 수준과 동일 산업에 있는 경쟁 기업들에 보다 2~3 일 낮은 재고 수준으로 낮출 수 있게 한다.

제 6 절 Bolero system

주) http://www.bolero.net 초기화면.

1. BOLERO Solutions

(1) Letters of Credit Management[206)]

Bolero solutions offer a safer, smarter and faster way to centrally manage letters of credit and electronic presentations. Buyers, sellers, banks and carriers can electronically exchange letters of credit, electronic bills of lading, insurance certificates and other trade documentation over a common digital network. Our solutions deliver greater control and visibility to unlock working capital, reduce bank fees and improve operational efficiencies as well as giving trade finance and treasury teams the ability to manage their credit lines and headroom to much finer tolerances than was previously possible.

- Seamlessly apply for letters of credit to multiple banks
- Be advised of letters of credit issued in your favour
- Manage standby letters of credit
- Full control and visibility of the current status of letters of credit
- Electronic presentation of letters of credit under eUCP
- Manage electronic bills of lading (eBL)
- Comprehensive reporting and integration
- Full approval and audit trails
- Seamless multi-bank connectivity

206) http://www.bolero.net/home/letters-credit-management/ 자료.

(2) Guarantee Management[207)]

Bolero solutions enable organisations to centrally manage guarantees and bonds from multiple financial institutions with full control and visibility reducing the risk of potential fraud, errors and cost of credit and administration. Guarantees can be stored, amended and claimed electronically with up-to-date information on their status, when they expire, the value and the entities involved. Organisations can be set up as beneficiaries, applicants or both. The entire process is faster, more secure and reliable, reducing the considerable costs of storage and management.

- Online guarantee application
- Beneficiaries can manage and claim directly from their banks
- Guarantees are always up-to-date and can be easily amended
- Fully digitised claims can be processed across all parties
- Provides secure verified guarantees and bonds
- Manages credit lines with greater control and visibility
- Organisations can be applicants, beneficiaries or both
- Seamless multi-bank connectivity

(3) Documentary Collections[208)]

Bolero solutions digitally present documents to banks or trusted third parties in support of the transfer of goods and the settlement of trade according to a set of defined instructions. Organisations are able to securely submit, manage and track documents from initial submission through to payment. Presentations can be electronic, paper or mixed and are collected under ICC URC 522 as well as other rule sets. Opting to go digital accelerates payment, improves cashflow and the release of goods, as well as reducing operational costs and overheads.

---

207) http://www.bolero.net/home/guarantee-management/ 인용.

208) http://www.bolero.net/home/documentary-collections/ 인용.

- Submit, manage and track documentary collections
- Presentations can be electronic, paper or mixed
- Complies with ICC URC 522 and other rule sets
- Support for open account documentary transactions
- Can facilitate easier access to finance
- Can be fully white-labelled
- Customisable for other document flows

(4) Supply Chain[209)]

Bolero's supply chain solutions enable financial institutions to offer buyers and sellers the ability to digitise and automate their accounts payable and receivable processes. This gives them the flexibility to manage their customers and suppliers more efficiently and offer beneficial trading terms. Purchase Orders, Invoices and other trade documentation can be electronically uploaded to be automatically validated, processed, matched and approved. This gives buyers and sellers the flexibility to complete the transaction and request possible funding from financial institutions.

- Automated accounts payable/receivable financing
- Cloud-based service that connects buyers with their suppliers
- Management of purchase orders, invoices and other trade documentation
- Automated validation, processing and matching of transactions
- Sellers can initiate goods shipment, produce invoices and request financing
- Buyers can accept invoices, initiate payment and request financing
- Integrated workflow with full approval, visibility and tracking
- Automated solution which can be integrated into back-end business systems
- Improved financial decision-making with real-time visibility and actionable insights

(5) Electronic Bills of Lading (eBL)[210)]

Recognised and accepted across the world, Bolero's electronic bill of lading (eBL) application gives carriers and logistics providers the ability to create, send, amend and

209) http://www.bolero.net/home/supply-chain/ 인용.

210) http://www.bolero.net/home/electronic-bills-lading/ 인용.

manage bills of lading digitally with greater accuracy, integrity and speed. This reduces the likelihood of any potential fraud, errors and the cost of administration. Bolero's eBL is a powerful combination of a legal framework and technology which replicates the core elements of a traditional paper bill of lading, namely its functions as a receipt, evidence of the contract of carriage and as a document of title.

- Create, send, amend and manage electronic bills of lading and sea waybills
- Complete visibility and audit trail from creation to surrender
- Secure authentication and enrolment process
- Uses a common agreed legal framework (Bolero Rulebook) and title registry
- Accepted and recognised by International Group of P&I Clubs
- Ability to be integrated into existing carrier front and back office systems
- Supports carriers moving to e-business solutions for their customers

(6) Rulebook and Title Registry[211)]

Bolero solutions are underpinned by our powerful legal rulebook and title registry that work hand in hand with our services to create a safe, secure and trusted environment for trade transactions. The Bolero rulebook delivers the legal framework for a multi-lateral contract between users to agree to be governed by a common set of rules enshrining the key elements of Bolero's services. The title registry guarantees certainty of originality, delivery and receipt of electronic bills of lading. All parties can be assured that the exchange of documents is done in an irrevocable and legally binding fashion.

- Unique Bolero Legal Rulebook
- Patented Title Registry
- Removes the requirement for a corporate to negotiate bilateral legal agreements with every individual party involved in the trade process
- Ensures global legality of the Bolero Electronic Bill of Lading

211) http://www.bolero.net/home/rulebook-and-title-registry/ 인용. 볼레로규약집(Bolero Rulebook)은 때때로 수정되는 것으로서, 사용자간의 관계, 볼레로 시스템으로부터 발생하는 사용자들의 권리와 의무를 규율하는 규약집을 말한다. 볼레로에서 법적 타당성검토를 마무리하는 등 사용자간의 관계나 사용자의 권리와 의무를 규정하는 볼레로 규약집에 대한 초안을 준비하여 18개국의 법률선문가, 관계자 등으로부터 의견을 청취하면서 각국 법제에 있어서 타당성 검토 및 조문의 개정이 이루어져 왔는데 1999년 9월에 제1판을 공표 하였다.

(7) Platform and Integration[212)]

Bolero's cloud-based platform delivers secure, seamless connectivity for the entire trading community. Users can quickly access, track and manage their transactions via a secure online interface. Our comprehensive identity management, non-repudiation of all transactions and transaction integrity ensures that businesses can trade in a safe, secure and trusted environment. Our solution is designed and built to give you the flexibility and control to connect to our applications in a way that fits your business. Integrate third party applications into the Bolero platform to utilise our core capabilities.

- Collaborative platform supporting all trade flows between all parties and across all locations
- Common access to all other community members whilst remaining completely insulated from a trade partner's specific technology and business process
- Comprehensive Trade Finance applications delivered from the cloud
- Interoperation with external systems, networks and communities utilising a fully open technology architecture

(8) Talk to an Expert

Bolero Solutions에 협의를 위해, 각 솔루션 마다 <Talk to an Expert> 버튼이 마련되어 있어 해당 솔루션 전문가와 상담을 신청하여 솔루션에 대한 정보를 주고받을 수 있도록 되어 있다.

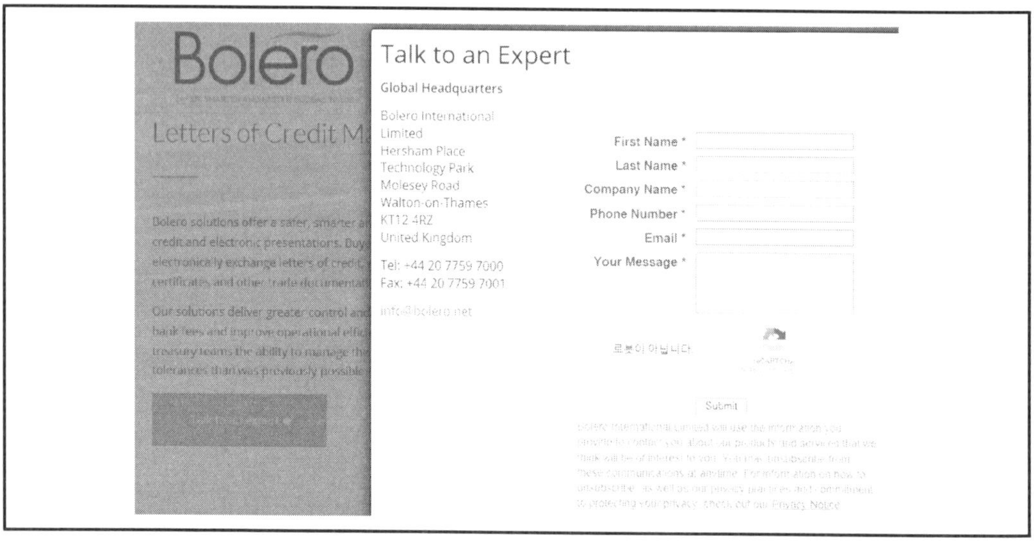

212) http://www.bolero.net/home/platform-and-integration/ 인용.

2. BOLERO Sectors.

(1) Corporates

Dealing with manual paper-based processes to transact and trade continues to be a major headache for most corporates around the world. Not only does this manual process increase costs and inefficiency, it can also increase risk and impact cash flow. At Bolero, we believe there is a better way...a safer, smarter and faster digital way to conduct business. Our digital trade solutions span across the entire supply chain, delivering significant benefits for buyers and sellers when trading internationally as well as when transacting domestically.

(2) Financial Institutions

Bolero has a strong history of working in partnership with banks and other financial institutions to drive operational efficiencies and deliver value-added services to their customers. From managing guarantees and trade instruments to enabling automated accounts payable and receivables services, our solutions are helping banks to deliver safer, smarter and faster trade finance products to their corporate clients. Our solutions can be deployed as stand-alone services or integrated and white-labelled to support the bank's go-to-market strategy.

(3) Carriers and Logistics

Digitisation is now a key priority for many shipping and carrier organisations. From bookings and scheduling to tracking and documentation, digital technology is being deployed to drive operational efficiencies and deliver value-added services to shippers and consignees around the world.Many of the world's largest carriers are working with Bolero to drive their digital agenda. In particular, we are helping to digitise trade and shipping documentation such as bills of lading and sea waybills. Bolero issued the world's first electronic bill of lading (eBL) and is approved and accepted by The International Group of P&I Clubs.

제7절 uTradeHub 전자무역시스템(e-B/L, FTA KOREA 등) 소개

1. e-B/L(전자선하증권)

선적요청(Shipping Instruction)은 일부 전자적으로 이루어지고 있으나, 유가증권인 선하증권(Bill of Lading)은 전자화 되지 못하고 있어, 전자무역이 활성화 되는데 걸림돌이 되어왔다.

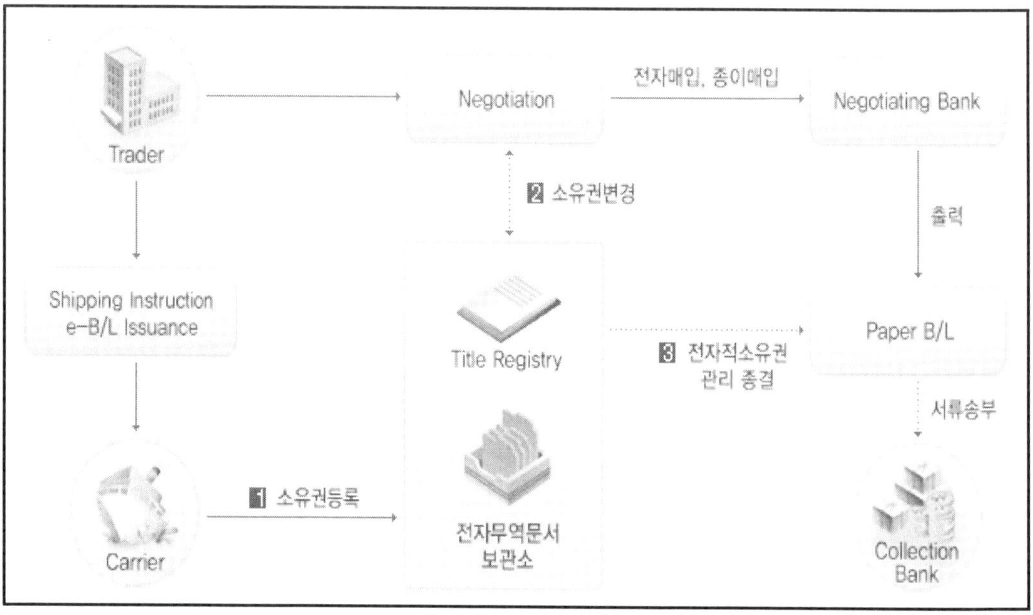

주) https://www.utradehub.or.kr/

e-B/L Service는 운송사로부터 전자적으로 B/L을 수신하고, 그 소유권은 Title Registry에 등록, 원본은 전자무역문서보관소(uTrade Document Repository)에 보관된다. e-B/L Service는 B/L이 전자적으로 유통되기 위한 기반을 제공한다.

(1) 주요기능

▶ 상업송장(Commercial Invoice)

→ 상업송장은 선적서류의 기준문서이며, 상업송장을 작성하면 포장명세서 자동으로 작성된다.

▶ 선적요청(Shipping Instruction)

→ 선적요청은 수출업체가 상업송장, 포장명세서, 수출신고필증정보, 컨테이너 정보를 입력하여 운송사에게 선적을 요청하는 문서이다.

▶ B/L 조회(B/L Inquiry)

→ e-B/L 조회와 Check B/L 조회가 있으며, e-B/L 조회의 경우는 권리등록상세조회, 원본 인쇄, 복사본 인쇄 등의 기능을 제공한다.

▶ e-B/L 재발행 요청(Correction)

→ e-B/L의 내용을 변경 또는 추가할 필요가 있는 경우 e-B/L의 내용을 변경 또는 추가한 후 재발행을 요청할 수 있다.

▶ e-B/L 양도(Transfer) 신청

→ 유가증권인 e-B/L을 무역업체가 자신이 소유한 B/L을 다른 무역업체에게 양도할 수 있도록 신청하는 기능을 제공한다.

▶ e-B/L 양수동의

→ 다른 무역업체에게 양도신청 의뢰를 받고 해당 e-B/L을 양수동의나 거절할 수 있는 기능을 제공한다.

▶ e-B/L 권리(Title)등록 조회

→ Title Registry에 등록되어 있는 e-B/L의 소유권의 등록, 이전 등의 변경 사항을 조회할 수 있는 기능을 제공한다.

(2) 장점

- 무역업체의 B/L의 물리적 이동에 따른 시간적 · 비용적 · 업무적 부담 감소
- B/L 발급 및 유통의 전자화로 매입기간이 단축
- e Nego 가능으로 수출대금 조기 자금화 가능

2. 요건확인업무

(1) 수출입요건 확인 전자민원 서비스

수출입요건 확인 업무란 세관장 확인제도 하에서 확인기관이 무역업체의 요청에 따라 통관 전부가 허가, 추천, 신고, 검사, 검정, 시험방법, 형식승인 등의 절차를 말한다. 이들 업무는 대부분 무역업체가 요건 확인기관을 일일이 방문하거나 팩스 등의 방법으로 처리되고 있는 상황이다. 전자민원서비스란 무역업체와 요건확인기관 간에 발생하는 승인, 추천 등의 서류상의 업무를 인터넷을 통한 전자적인 방법(EDI 등)으로 처리되는 것을 말한다.

(2) 서비스의 특징

- 인터넷기반이므로 손쉽게 요건확인업무를 처리할 수 있다.
- 공인인증기반이므로 사용자 확인, 데이터전송 등을 안전하게 처리할 수 있다.
- 요건확인기관을 방문하지 않고 곧바로 승인 등의 업무를 처리할 수 있음으로 시간과 비용이 대폭 절감된다.
- 세관전송 내용, 승인현황관리, 배정잔량 등을 손쉽게 확인할 수 있다.
- 무역업체가 관리하는 통계자료 등을 손쉽게 조회 및 출력할 수 있다.
- 협회나 기관이 관리하는 각종 보고 및 통계자료 등을 손쉽게 검색 및 출력하여 활용할 수 있다.
- 별도의 전산 시스템을 구축하지 않고 기관 및 무역업체의 민원관련 전산업무를 처리할 수 있다.
- 협회나 기관, 무역업체의 업무프로세스가 개선됨으로써 업무의 효율성을 증가시킬 수 있다.

(3) 전자민원 서비스 업무

수입승인업무	· 수입승인신청서 · 수입승인변경승인서 · 수입사료검정의뢰서 · 수입승인변경신청서	· 안전인증확인신청서 · 수입사료신고필증 · 수입사료결과통지서
수입추천업무	· 양허관세추천신청서 · 양허관세추천서 · 양허추천연장신청서 · 할당관세추천서	· 할당관세추천신청서 · 할당추천연장신청서 · FTA관세추천서 · FTA관세추천신청서

세관EDI 전송서비스	· 수입통관결과조회 · 수출승인통보서 · 수입승인통보서	· 양허관세추천통보서 · 할당관세추천통보서 · FTA관세추천통보서
기타업무	· 오류통보 · 거래선관리 · 접수통보	· 품목관리 · 기초코드관리

3. KTNET발급 구매확인서비스

은행이 아닌 KTNET(전자무역기반사업자)이 uTradeHub와 연계하여「구매확인서 발급 신청 및 사후관리」를 지원하기 위하여 개발한 무역업체용 특화 서비스이다. 지금까지 KTNET은 은행이 발급하는 구매확인서에 대한 전송업무만을 담당해왔으나, 대외무역법 시행령 개정으로 2009년 5월 4일부터 KTNET이 구매확인서 발급기관으로 지정되어 구매확인서 발급부터 전송까지 아우르는 One-Stop통합서비스를 개발, 더욱 저렴하고 간편한 구매확인서 발급 서비스를 제공하고 있다.

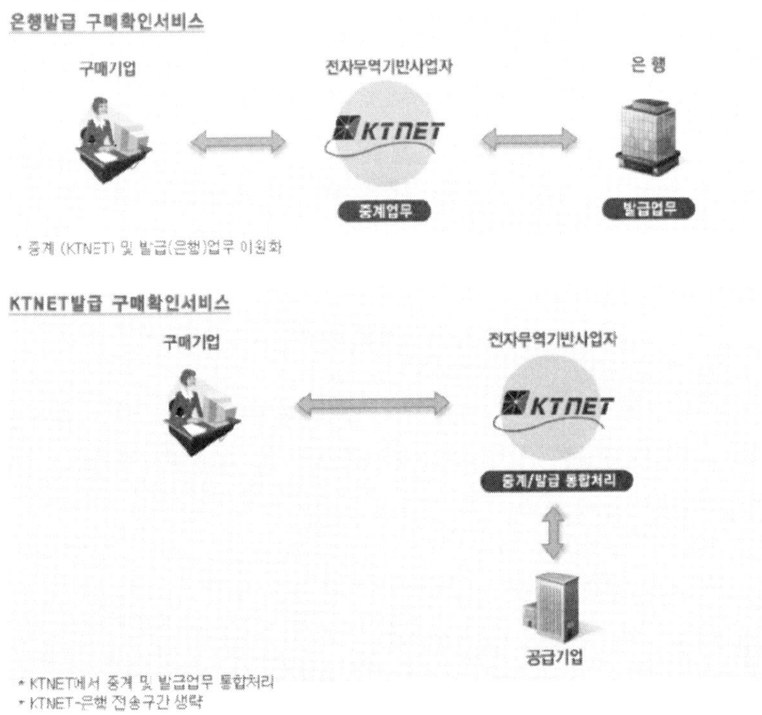

주) https://www.utradehub.or.kr/

(1) 서비스 특징

- 비용절감 탁월 전자무역문서 전송료가 구간 감소로 인해 50% 절감된다. 구매업체 이용 특성에 따라 구매확인서 요금제도가 세분화되어 있다.
- 법인인감증명서의 서류제출이 생략되어 서비스 가입승인 후 즉시 발급서비스를 이용할 수 있다.
- 발급 시 공인인증서를 이용하므로 ID/PW의 도용우려가 없어 안전한 발급이 가능하다.

(2) 구매확인서 이용료

▶ 발급기관 수수료

가. KTNET - 신규발급 : 5,000원/건 변경발급 : 2,500원/건
나. 은행 – 5,000원/건

▶ 문서중계 수수료

→ 월 기본료 20,000원에 건당 2,000원~4,000원 가산

4. 부대비용

수출입 업무와 관련된 무역/물류업체 및 유관기관을 위해 수출입 업무과정에서 발생한 부대비용을 uTradeHub와 연계한 단일 창구에서 청구 및 결제할 수 있도록 uTradeHub내 포탈 시스템으로 구축하였다.

(1) 주요기능

▶ 수출입부대비용을 uTradeHub의 서브포탈로 구축하여 무역포탈과 Single Sign-On으로 결제처리가 가능하도록 구축하며, KTNET e-T/B시스템에 구축되어 있는 Payment Gateway를 이용하여 결제 할 수 있도록 구축

▶ 수출입부대비용 결제 시스템은 다양한 방법을 통하여 청구서 정보를 등록 요청 기능

- uTradeHub업무와 연계를 통한 부대비용 청구서 생성기능
- 청구업체 Legacy와 전자문서를 통한 청구서 정보 송수신 기능
- 청구업체 시스템에서 청구정보를 Excel 변환하여 저장한 파일을 Upload 하는 기능

- 청구업체 담당자가 직접 청구서정보를 입력하여 청구할 수 있는 기능

▶ 부대비용 결제 후 선사, 보험사 등이 발급한 문서를 조회, 유통 할 수 있도록 시스템을 구축하였으며, 전자선하증권, 전자보험증권, 전자항공운송장 발행 시 운임료 선취의 경우 운임료 결제 후 관련문서를 조회, 유통 가능

▶ 수출입부대비용을 외화로 결제 할 수 있는 기능 구축

- 외화이체신청서를 작성하여 은행으로 외화송금이체 신청 기능을 개발
- 외화 이체의 경우 신청 대금 입금 확인이 당일 이루어지지 않을 경우 지급은행으로부터 출금통지서 접수 확인 후 e-B/L, e-I/P, e-AWB 문서유통

▶ 결제지연 방지를 위한 모니터링 기능 강화

- 대금결제 프로세스 모니터링을 강화하여 신속히 결제 신청 업무가 처리될 수 있도록 청구에 대한 결제지연현황을 제공하였으며, 필요시 업체에 SMS 전문을 통하여 부대비용 청구분에 대한 결제요청 메세지를 전송할 수 있음

(2) 장점

▶ 수출입 부대비용 청구 및 결제업무

- 물류 업체와 XML 표준을 통한 청구서 송수신 기능
- 부대비용 청구서 등록 및 정정관리
- 청구서 건별 및 월별 결제 요청 처리 기능
- 계좌 이체 및 외화 결제 처리기능
- 영수증 신청 및 발급 기능

▶ e-T/B, 전자세금계산서 등 타 시스템 연계

- e-T/B 시스템과 연계를 통한 계좌이체 처리기능
- 전자세금계산서 시스템과 연계를 통한 세금계산서 발급

▶ 결제 모니터링 및 Report

- 결제지연 방지 모니터링 기능 결제 요청 메시지 전송
- 거래처별, 통화별 결제 현황 조회

5. 항공화물운송장(e-AWB Service)

e-AWB Service는 항공사대리점으로부터 Air WayBill을 전자적으로 수신하고, 원본은 전자무역보관소에 저장, 변경이력, 원본출력 내역을 Title Registry에 등록함으로써, Air WayBill의 전자적 발급기능과 유통의 기반을 제공한다.

1) 주요기능

▶ 기적요청(Shipper's Letter of Instruction)

- 수출업체가 상업송장, 포장명세서, 수출신고필증 정보 등을 입력하여 항공사대리점에 기적을 요청하는 전자문서

▶ e-AWB 조회(e-AWB Inquiry)

- 항공사대리점으로부터 발급받은 e-AWB을 조회하고, 원본, 사본 출력 및 전자등록부(Title Registry)상세조회 기능을 제공

▶ e-AWB 변경요청(Correction)

- 항공사대리점으로부터 발급받은 e-AWB에 대하여 변경요청 혹은 기 발급된 AWB건에 대하여 발행취소를 요청하는 기능

▶ 서면전환신청(Document Request)

- 전자항공화물운송장(e-AWB)을 종이 서류로 전환하기 위해 발행 대리점에게 e-AWB의 서면전환을 신청하는 기능

▶ 전자등록부 조회(Title Registry)

- e-AWB의 발급, 변경요청, 서면전환, 네고신청 등 이력을 조회함

▶ 업무처리내역조회(General Notice)

- e-AWB 변경요청, 서면전환신청 등의 결과를 항공사대리점으로부터 업무처리통보를 받아서 조회하는 기능

6. FTA원산지관리시스템

원산지관리시스템이란 원산지관리시스템을 자체적으로 구축하기 어려운 중소 수출기업들이 복잡하고 어려운 수출품의 원산지를 체계적으로 관리하고 상대국 세관의 검증까지도 대비할 수 있도록 관세청이 개발해 중소기업에 무료로 보급하고 있는 프로그램으로, 요약하자면 원활한 무역을 위해 관세청이 개발해 중소기업에 무료로 보급하고 있는 프로그램이다.

회사 내 영역으로 축소시키면, 회사 ERP의 거래처정보, BOM, 구매 Data, 수불 Data, 매출 Data, 물류비 Data를 가져와 FTA 원산지 판정에 필요한 데이터 형태인 FTA BOM, FTA 구매원장, FTA 판매원장, FTA 수불부 자료로 변환하고 HS Code, 원재료원산지(원산지확인서 또는 원산지증명서) 자료를 추가한 후 원산지결정기준에 따라 원산지를 판정하는 것이다.

FTA 원산지증명업무 흐름도(자체발급 기준)

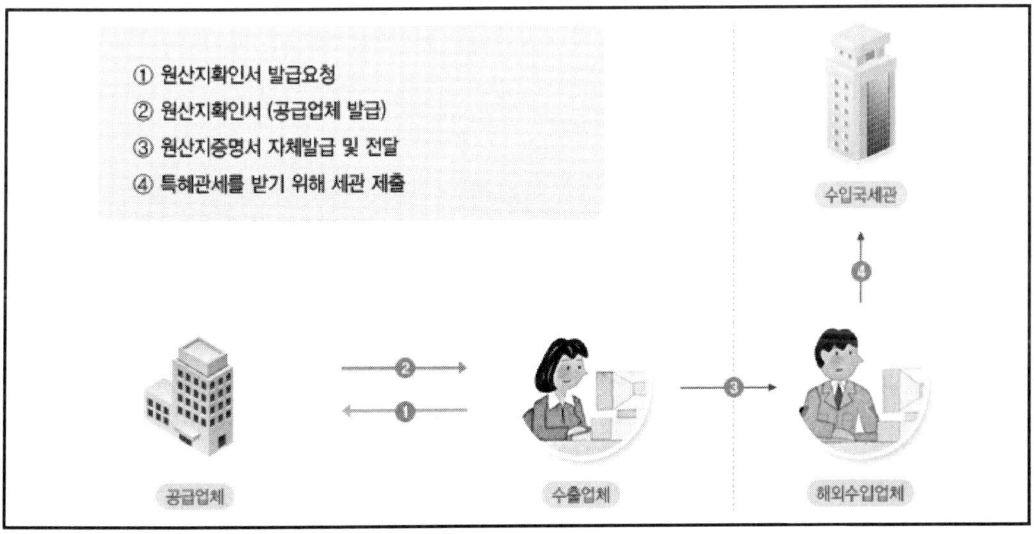

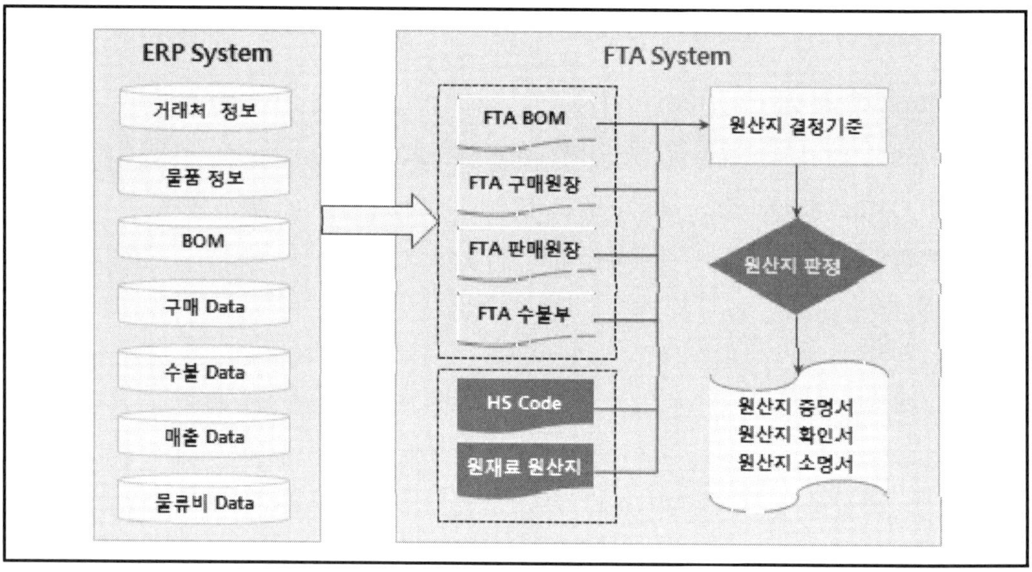

주) https://www.utradehub.or.kr/

FTA-PASS, FTA-KOREA와 같은 무료 시스템과 유료인 상용 시스템이 있다. 원산지관리 시스템 구축은 다양한 방법이 있으므로 협력사와 연계 등 사용자의 요구조건과 시스템의 기능, 비용 등을 고려하여 회사의 실정에 적합한 시스템을 선택할 수 있다. FTA-PASS는 관세청의 프로그램으로 시간, 인원에 제약 없이 온라인으로 사용하는 WEB 버전과 1인이 오프라인에서 사용하는 PC버전을 제공하고 FTA-KOREA는 산업부의 프로그램으로 WEB 버전만 제공하나 여러 수출회사와 거래시 유용한 시스템으로 전자문서 교환이 가능하다. 이 중 'uTradeHub'는 FTA-KOREA를 채택, 사용 중으로 FTA-KOREA에 대해 알아보도록 한다.

(1) FTA-KOREA

FTA Korea는 국가 전자무역 인프라 서비스인 'uTradeHub'에서 제공하는 FTA 원산지관리서비스(FTA 원산지 판정/유통/보관)다. 웹기반으로 별도의 설치과정 없이 원산지 판정 및 입증서류 관리 할 수 있다. 여러 수출회사와 거래관계가 있는 중견/중소기업의 원산지 관리시스템으로서 사용이 적합하다. (전자문서에 의한 원산지판정자료 교환이 가능)

FTA Korea 서비스 개념도

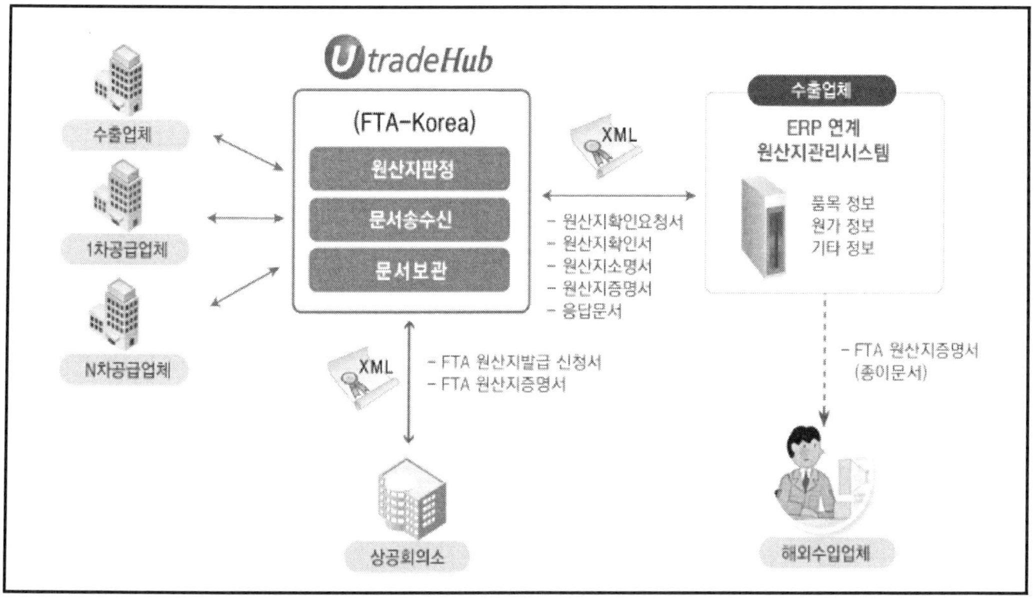

주) https://www.utradehub.or.kr/

1) FTA-KOREA의 주요 서비스

① 원산지판정 관리

기준정보 등록정보 및 원산지확인서 수취정보를 바탕으로 협정별 원산지판정을 자동으로 판정한다.

② 확인(증명)서 발급관리

원산지판정이 완료된 매출 건에 대하여 원산지확인(증명)서 발급내역을 관리할 수 있다.

③ 전자문서 송수신

공급업체와 구매업체간 원산지확인서, 미결요청서, 원산지소명서 등 원산지판정결과를 전자문서로 송수신 관리한다. 전자문서로 수신 받는 경우 확인서 등록업무가 자동 관리된다.

④원산지확인서 수취대상

원산지판정의 근거서류인 구입원재료에 대한 원산지확인서의 수취여부를 구매품목별/구입업체별로 관리할 수 있다.

⑤포괄 원산지 확인서 등록

문서로 수취한 포괄 원산지확인서 및 개별원산지관리서를 등록, 관리할 수 있다.

⑥ 원산지증명서 발급현황

원산지판정이력을 매출번호별, 증명서별, 기간별로 관리할 수 있다.

⑦ 회사정보, 옵션정보 확인 및 관리

⑧ 사용자관리, 서명권자관리, 권한관리

프로그램 사용자관리, 문서상의 서명권자관리, 정보조회 범위 등의 권한관리를 효과적으로 수행할 수 있다.

⑨ 기준정보관리 : ITEM, BOM, 비용정보, 구매업체, 판매업체

원산지판정의 기준정보(ITEM, BOM, 비용정보, 매입처, 구입처)를 관리할 수 있다.

- 개별 변경사항 등록, 엑셀로 일괄 등록 가능

⑩ 인터페이스 엑셀 업로드

회사 ERP에서 관리하는 구입정보, 생산정보, 매출정보를 엑셀로 일괄 반영할 수 있다.

⑪ FTA Rule 관리

협정별 원산지판정기준을 HS코드별/ITEM별로 정보 조회할 수 있다.

⑫ HS 코드 관리

생산물품, 구매물품의 HS코드 확인을 위해 HS코드 정보를 조회할 수 있다.

2) FTA-KOREA의 서비스 특징

① 전자문서 유통방식으로 외부시스템과의 자료교환이 용이

전자문서로 수신 받은 원산지확인서 데이터를 판정자료 입력 시 재활용, 원산지증빙문서의 수취관리, 입증증빙의 보관이 용이

- ▸ 상이한 시스템 간 원산지확인서 발급 및 유통지원 가능
- ▸ 업체 내부ERP 시스템의 기준정보(원가, 생산, 거래처)를 FTA Korea와 연동하기 위한 다양한 인터페이스 지원

  * 파일업로드, 직접입력, 웹서비스

② 여러 거래업체와의 편리한 원산지정보 수취관리가 가능

여러 회사와 거래관계 있는 중견/중소기업의 원산지확인서 유통이 편리하다.

* 거래약정에 의한 전자문서 송수신

③ 인터넷기반 시스템으로 구축비용과 운영 및 유지보수비 절감

- 공급업체, 수출업체별로 별도의 FTA 시스템 을 구축할 필요 없이 인터넷브라우저만으로 시스템 사용이 가능
- 지속적인 협정정보 갱신 및 시스템 편의성을 위한 업그레이드 지원으로 시스템 운영비용의 감소
- 365일 24시간 고객지원

④ 영업비밀 노출로부터의 안전 및 높은 수준의 시스템 안전성 제공

- 사용자 계정별 DB 별도 구성 및 원산지판정 결과를 전자문서방식으로 전달하는 중계서비스로 원산지판정에 활용된 영업비밀정보(원가,거래처)의 노출로부터 안전
  - 시스템 이중화, 백업시스템, 해킹 보안등 관련 법적 시설기준에 적합하게 데이터를 보관, 관리

3) FTA-KOREA 서비스 이용개요

FTA KOREA를 활용하여 원산지 관리 업무를 하기 위해서는 우선 국가 전자무역 서비스인 'uTradeHub'에 가입하해야 한다. 'uTradeHub'에 로그인하여 FTA KOREA 서비스로 이동 후에는 크게 3단계의 업무 흐름으로 원산지를 판정하고 원산지 증명서를 발급할 수 있다.

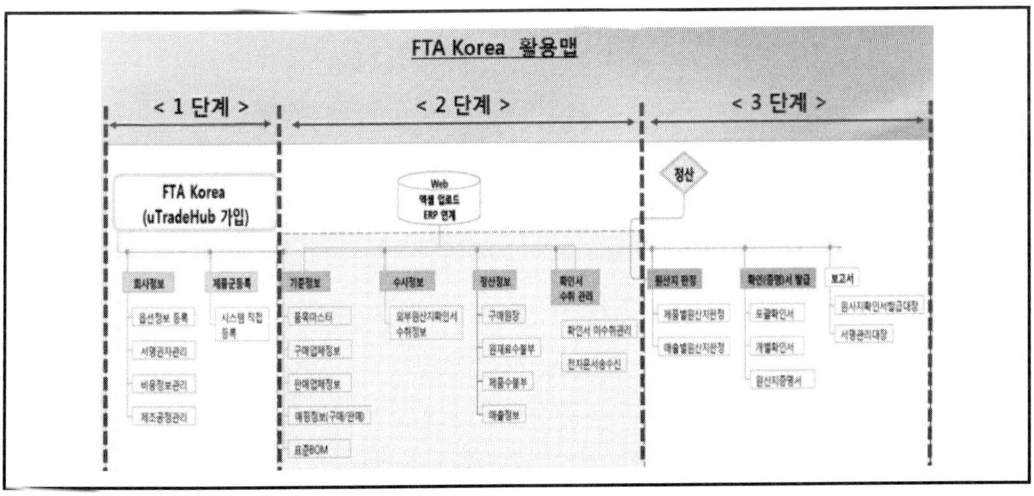

주) https://www.utradehub.or.kr/

1단계는 회사의 서명권자등록과 업체별로 원산지 관리정책에 대하여 옵션을 설정하는 단계이며 2단계는 원산지판정에 필요한 판정기초정보(구매업체와 판매업체에 대한 거래처정보, 원재료구매정보, 제품생산정보, 매출정보 등)을 엑셀 업로드를 통해 일괄반영하고 구매원재료에대한 원산지확인서를 수취 관리한 후 정산을 통해 원산지판정을 위한 자료입력을 완료하는 단계계다. 마지막 3단계는 수출물품과 공급물품에 대하여 FTA Korea에 탑재되어 있는 FTA 협정룰 엔진을 적용하여 FTA별로 제품원산지의 역내외 여부를 자동판정하고 판정한 결과에 대하여 증명서를 발급한다.

그 외에도 ERP 자료연계 컨설팅과 인터페이스 컨설팅, FTA 경영컨설팅 등 다양한 컨설팅을 유, 무료로 제공하며 'uTradeHub' 자체의 서비스와 기능은 아니나 기체결된 FTA협정문 내용의 주요사항과 원문을 볼 수 있는 FTA 협정별 협정문 정보 제공 사이트, 기체결된 FTA 협정세율을 수출(상대국 관세율) 및 수입(한국의 관세율)을 구분하여 HS코드 또는 품목 명으로 조회 할 수 있는 정보 제공 사이트 등 FTA 관련 정보 조회 사이트를 제공한다.

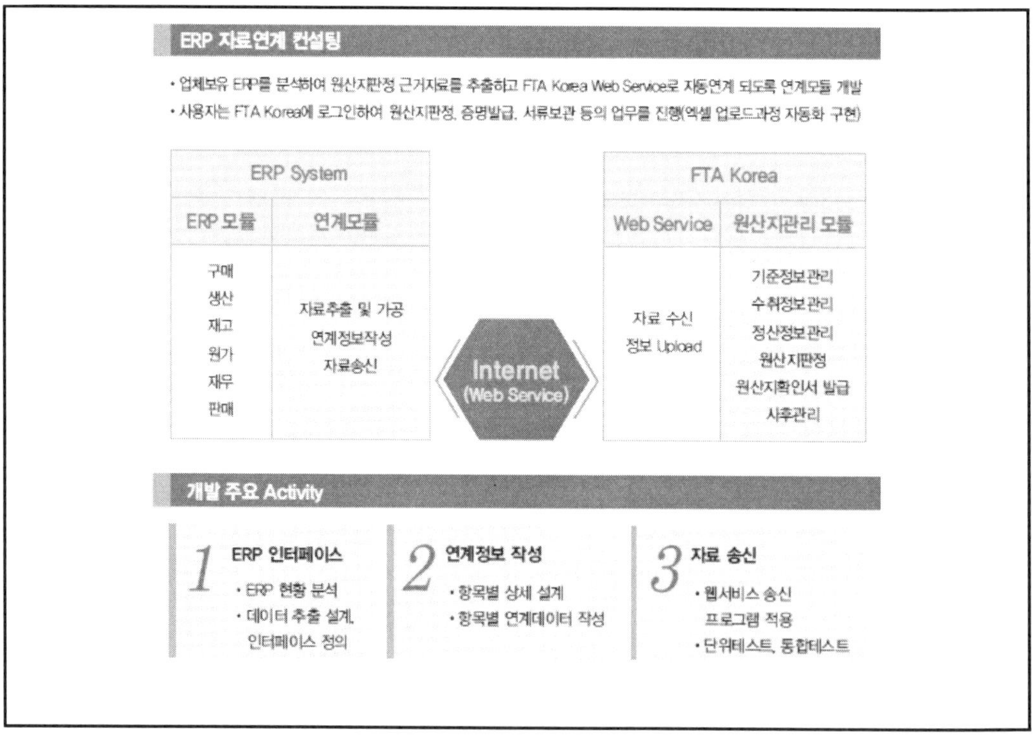

주) https://www.utradehub.or.kr/

제8장 전자무역과 보험계약

보험계약은 운송계약과 마찬가지로 수출업자가 직접 보험회사(보험자,Insurer, Assurer)에게 연락하여 체결하는 방법과 운송업체(예 운송주선인, 포딩사 등)을 통해 위탁하는 방법이 있다.

제1절 보험 이해관계자

보험은 영국해상보험법을 기준으로 발달되어, 로이즈증권이 사용되고 있다. 보험계약에 포함되는 내용을 담보하는 자를 보험자(Insurer, Assurer)라 하고, 보험계약을 체결하고 보험료를 지불하는 자를 보험계약자(Policy Holder)라 하며, 보험계약서 상에 표시되 보상받을 수 있는 수혜인를 피보험자(Insured, Assured)라고 한다. 피보험자와 보험계약자는 같을 수 있도 있고 다를 수도 있다. INCOTERMS2020에서는 CIF, CIP 조건은 매도인(수출업자)인이 피보험자(매수인)을 위하여 반드시 보험계약을 체결해야 하는데 있어, 책임을 분리하고 있는데, 해상 1차 산품거래에서 주로 사용 가능성이 높은 CIF 조건에서는 INCOTERMS2020에서는 ICC (C)조건을 기본원칙으로 하고(물론 당사자간 합의하에 더 높은 보험가입은 가능), CIP 조건은 매도인이 반드시 ICC (A)에 상응하는 보험을 체결해야만 한다(이 조건 또한 물론 당사자간 합의하에 더 낮은 보험가입은 가능). 보험계약자 또는 피보험자는 보험계약을 체결하기 위해서는 보험목적물에 대한 사항에 대해서 보험자에게 고지를 할 의무를 지게 되며, 고지의무 위반에 대해서는 보험자는 보험계약을 취소 또는 해지할 수 있다.

제 2 절 피보험이익(Insurable Interest)[213)]

피보험이익은 손해보험에서 보험사고의 발생에 의하여 손해를 입을 우려가 있는 피보험자의 경제적 이익을 말한다. 손해보험은 보험목적물(재물)에 대한 손해를 피보험자에게 보상하는 것이기 때문에, 계약이 성립하기 위해서는 손해를 입을 우려가 있는 이익의 존재가 필요한데, 이 때 보험목적물에 손해가 발생함으로써 피보험자에게도 손해가 발생하는 이해관계를 가리켜 피보험이익이라고 한다. 예를 들어 A라는 사람이 B의 집을 보험목적물로 하여 화재보험에 가입했다면, 화재가 발생하지 않은 경우에 A는 보험료만 지불하게 되지만, 화재가 발생한 경우에는 보험료의 수취인으로서 수십 또는 수백배에 이르는 보험금을 받게 된다. 하지만 A는 B의 집에 대하여 피보험이익이 없기 때문에, 보험료와 보험금의 차이에 해당하는 순이익을 얻기 위해 보험금 취득을 위한 도박으로서 해당 보험을 이용하려 할 뿐만 아니라 고의적으로 화재를 유발할 수도 있어 보험계약자의 도덕적 해이를 증가시키는 요인이 될 수 있다. 따라서 피보험이익이 존재하지 않으면 사고가 발생해도 손실을 보지 않기 때문에 손해보험 자체가 성립되지 않고, 피보험이익이 없는 보험계약은 도박에 지나지 않으므로 그러한 보험계약은 무효가 된다. 피보험이익이 성립하기 위한 요건에는 법의 금지규정에 위반하거나 공공한 질서와 선량한 풍속에 반하지 않는 것을 대상으로 하는 적법성, 손해발생시 손해액을 금전적으로 산정할 수 있어야 하는 경제성, 손해발생시까지는 금전적인 손해액 및 이를 수취할 피보험자가 결정되어야 하는 확정성이 있다. 우리나라는 부부 간이나 부모 자식 간의 피보험이익의 존재를 인정하지 않고 있으며, 생명보험은 사람의 생사에 관한 보험계약이므로 피보험이익이라는 요소 자체가 존재하지 않는다.

제 3 절 근인주의[Principle of Causa Proxima]

근인 (近因, proximate cause)이란 미국의 불법행위법에서 손해가 발생했을때 원인이 두가

213) 증권용어사전, http://dic.mk.co.kr

지가 있는데 하나는 사실상 원인이고 다른 하나는 근인이다. 사실상 원인은 원인이 없을 시 손해가 발생하지 않는점을 고려해 파악할 수 있고 근인은 법률적으로 관련 손해를 발생시킨 원인이다. 예전에는 영어의 어원처럼 시간적으로 가까운 원인을 근인으로 규정하였으나 현재는 효과면에서 근접한 원인(cause proximate in efficiency)으로 보는 추세이다[출저: 위키백과].

즉, 복수의 원인에 의한 손해의 경우 결과적으로 가장 가까운 원인(causa proxima)에 의해서 발생한 손해만을 보험자는 보상한다는 원칙. 가장 가깝다는 것은 시간적, 장소적으로 가깝다는 의미가 아니고 발생의 효광 가장 관계가 있는 원인을 말한다. 이것은 「근인(近因)을 보고 원인(遠因)을 본다」(causa proxima non remota spectatur)는 유명한 격언에 따른 것[출처 : 관세청].

근인을 보고 원인을 돌아보지 말라는 보험의 원칙을 말한 것이다. 위험과 이에 의해서 생긴 손해와의 인과관계를 고려함에 있어서 직접적이고 보다 가까운 근인만에 주목하고 먼 원인은 중시하지 않는다는 의미로, 보험자는 직접 발생한 손해에 대한 책임만을 진다. 예를 들면 본선이 충돌 때문에 파손되어 중간항에서 수리하기 위하여 화물을 양륙하려고 화물을 내릴때 부주의 및 과실로 인하여 손해가 발생했다면, 원인은 배의 충돌이나, 근인은 화물을 취급할 때의 부주의 및 과실이며, 후자에 의한 손해에 주목한다[출처 : 카고뉴스 용어관리, http://www.cargonews.co.kr].

〈법률행위의 취소〉214)

◆ 취소의 개념

"취소"란 일단 유효하게 성립한 법률행위의 효력을 제한(무)능력이나 의사표시의 결함을 이유로 취소권자가 그 효력을 소멸시키는 것을 말한다(『국가법령정보센터, 법령용어사전』 참조).

◆ 취소권자

취소할 수 있는 법률행위는 제한능력자, 착오로 인하거나 사기·강박에 의하여 의사표시를 한 자, 그의 대리인 또는 승계인만이 취소할 수 있다(「민법」 제140조).

◆ 취소의 상대방

취소할 수 있는 법률행위의 상대방이 확정한 경우에는 그 취소는 그 상대방에 대한 의사표시로 하여야 한다(「민법」 제142조).

◆ 취소의 효과

취소된 법률행위는 처음부터 무효인 것으로 본다. 다만, 제한능력자는 그 행위로 인하여 받은 이익이 현존하는 한도에서 상환(償還)할 책임이 있다(「민법」 제141조).

※ 미성년자의 신용카드 이용계약 취소

- 미성년자가 신용카드발행인과 사이에 신용카드 이용계약을 체결하여 신용카드거래를 하다가 신용카드 이용계약을 취소하는 경우 미성년자는 그 행위로 인하여 받은 이익이 현존하는 한도에서 상환할 책임이 있는바, 신용카드 이용계약이 취소됨에도 불구하고 신용카드회원과 해당 가맹점 사이에 체결된 개별적인 매매계약은 특별한 사정이 없는 한 신용카드 이용계약취소와 무관하게 유효하게 존속한다 할 것이고, 신용카드발행인이 가맹점들에 대하여 그 신용카드사용대금을 지급한 것은 신용카드 이용계약과는 별개로 신용카드발행인과 가맹점 사이에 체결된 가맹점 계약에 따른 것으로서 유효하므로, 신용카드발행인의 가맹점에 대한 신용카드이용대금의 지급으로써 신용카드회원은 자신의 가맹점에 대한 매매대금 지급채무를 법률상 원인 없이 면제받는 이익을 얻었으며, 이러한 이익은 금전상의 이득으로서 특별한 사정이 없는 한 현존하는 것으로 추정됩니다(대법원 2005.4.15. 선고 2003다60297 판결).

◆ 취소할 수 있는 법률행위의 추인

취소할 수 있는 법률행위는 제한능력자, 착오로 인하거나 사기·강박에 의하여 의사표시를 한 자, 그의 대리인 또는 승계인만이 추인할 수 있고 추인 후에는 취소하지 못한다(「민법」 제143조제1항). 이러한 추인의 방법은 취소의 방법과 같으므로, 상대방에 대한 의사표시로 하여야 한다(「민법」 제143조제2항). 추인은 취소의 원인이 소멸된 후에 하여야만 효력이 있다. 다만, 법정대리인 또는 후견인이 추인하는 경우에는 이를 적용하지 않는다(「민법」 제144조).

◆ 법정추인

취소할 수 있는 법률행위에 관하여 추인할 수 있는 후(즉, 취소의 원인이 소멸된 후)에 다음의 사유가 있으면 추인한 것으로 본다. ①전부나 일부의 이행, ②이행의 청구, ③경개. 담보의 제공, ④취소할 수 있는 행위로 취득한 권리의 전부나 일부의 양도, ⑤강제집행, 그러나 이의를 보류한 때에는 그렇지 않다(「민법」 제145조).

◆ 취소권의 단기소멸

취소권은 추인할 수 있는 날로부터 3년 내에, 법률행위를 한 날로부터 10년 내에 행사하여야 한다(「민법」 제146조). '추인할 수 있는 날'이란 취소의 원인이 종료되어 취소권 행사에 관한 장애가 없어져서 취소권자가 취소의 대상인 법률행위를 추인할 수도 있고 취소할 수도 있는 상태가 된 때를 말한다(대법원 1998.11.27. 선고 98다7421 판결). 이 때의 '3년'이라는 기간은 일반 소멸시효기간이 아니라 제척기간으로서 제척기간이 도과하였는지 여부는 당사자의 주장에 관계없이 법원이 당연히 조사하여 고려하여야 할 사항입니다(대법원 1996.9.20. 선고 96다25371 판결).

214) https://easylaw.go.kr(찾기쉬운 생활법령정보)

제 4 절 보험계약의 효력과 보상

보험계약의 효력은 보험계약을 작성하고 최초의 보험료를 납입할 때 발생된다. 보험목적물에 대한 보험금액을 산정할 때에는 해당물품금액(CIF 또는 CIP 기준)에 10%를 더한 금액으로 보험금액을 산정한다. 이처럼 10% 금액을 추가하는 이유는 계약물품이 정상적으로 운송되어 수취인(수입업자)에게 인도되었다면 최소한 그 계약물품을 통해서 10%의 이익은 얻을 수 있다고 간주하기 때문이다. 이를 희망이익이라 한다. 보험자가 보상하는 것은 보험목적물의 손해 또는 손실이 발생했을 경우이다. 보험목적물의 손실은 크게 전손(total loss)와 분손(partial loss)로 나눈다. 전손이란 보험목적물의 전손으로 보험금액을 전부 수령할 수 있는 상태를 말하며, 분손이란 보험목적물의 일부의 손실로 보험금액의 일부를 수령할 수 있는 상태를 말한다. 해상보험에서는 전손 중에 추정전손(constructive total loss)이 있다. 추정전손이란 보험목적물이 전손된 것은 아니지만, 전손과 같은 상태일 때를 말한다. 예들 들어, 선박이 보험목적물로 가입되었다고 하자. 운항 중에 암초를 만나서 선박이 2/3쯤 좌초 되었다고 할 때, 이는 분손으로 처리되어야 한다. 그런데, 좌초되어 있는 선박을 원상태로 복구시키는데 소요되는 비용이 보험목적물의 보험금액보다 더 높다면, 전손 되었을 경우의 최고 보험금액을 초과하는 상태가 되므로, 피보험자는 복구의 필요성을 가지질 못할 것이다. 이런 상태일 때에는 피보험자는 보험목적물에 대하여 모든 권리를 일체 포기한다는 내용을 보험자에게 통지를 하는데, 보험목적물에 대한 권리를 포기한다는 통지를 위부(abandonment)라 한다. 보험자는 피보험자의 위부를 받고 보험목적물에 대한 조사 등을 통해 확정이 되면, 수락(acceptance)를 하고 분손되었으나 전손(actual total loss)처리한다. 피보험자의 위부통지에 대하여 보험자가 수락과 함께 보험금액을 피보험자에게 지급하게 되면, 보험목적물에 대한 일체의 모든 권리를 보험자가 갖게 되는데, 이를 대위(subrogation)라 한다. 대위권은 보험목적물에 대한 소유권을 가지며, 보험목적물에 대한 제3자에게 손해배상청구권을 가지는 것을 말한다.

〈손해배상의 청구〉

◆ 손해배상의 청구

고의 또는 과실로 인한 위법행위로 타인에게 손해를 가한 자는 그 손해를 배상할 책임이 있다(「민법」 제750조).

◆ 재산 이외의 손해의 배상

타인의 신체, 자유 또는 명예를 해하거나 기타 정신상 고통을 가한 자는 재산 이외의 손해에 대하여도 배상할 책임이 있다(「민법」 제751조제1항). 법원은 위의 손해배상을 정기금채무로 지급할 것을 명할 수 있고 그 이행을 확보하기 위하여 상당한 담보의 제공을 명할 수 있다(「민법」 제751조제2항).

▸ "정기금채권"이란 일정한 기간 동안 정기적으로 금전(또는 그 밖의 대체물)의 급부를 받을 것을 목적으로 하는 채권을 말한다.

◆ 미성년자의 책임능력과 감독자의 책임

미성년자가 타인에게 손해를 가한 경우에 그 행위의 책임을 변식할 지능이 없는 때에는 배상의 책임이 없다(「민법」 제753조).

◆ 미성년자의 감독자의 책임

위에 따라 미성년자에게 책임 없는 경우에는 미성년자를 감독할 법정의무가 있는 자가 그 손해를 배상할 책임이 있다. 그러나 감독의무를 게을리하지 않은 경우에는 그렇지 않다(「민법」 제755조제1항). 감독의무자에 갈음하여 무능력자를 감독하는 자도 그 미성년자의 제삼자에게 가한 손해를 배상할 책임이 있다(「민법」 제755조제2항).

◆ 공동불법행위자의 책임

여러 사람이 공동으로 불법행위를 하여 타인에게 손해를 가한 경우 연대(連帶)하여 그 손해를 배상할 책임이 있다(「민법」 제760조제1항). 공동으로 한 것은 아니지만 여러 사람의 동시에 불법행위를 하여 다른 사람에게 손해를 가한 경우 누가 손해를 가한 것인지 알 수 없는 경우에도 연대하여 그 손해를 배상할 책임이 있다(「민법」 제760조제2항). 교사자나 방조자는 공동행위자로 본다(「민법」 제760조제3항).

◆ 명예훼손의 경우의 특칙

타인의 명예를 훼손한 자에 대하여는 법원은 피해자의 청구에 의하여 손해배상에 갈음하거나 손해배상과 함께 명예회복에 적당한 처분을 명할 수 있다(「민법」 제764조).

◆ 손해배상청구권의 소멸시효(消滅時效)

▸ "소멸시효"란 일정 기간 행사하지 않으면 권리를 소멸시키는 제도인데, 불법행위로 인한 손해배상의 청구권은 피해자나 그 법정대리인이 그 손해 및 가해자를 안 날로부터 3년간 이를 행사하지 아니하거나 불법행위를 한 날로부터 10년을 경과한 때에는 시효로 인하여 소멸한다(「민법」 제766조제1항 및 「민법」 제766조제2항).

제 5 절 담보범위와 보상

해상보험에서 주목할 것은 담보범위를 벗어나서도 보상되는 사항이 있다는 점이다. 손해방지비용, 구조비용 등이 있다. 손해방지비용(sue and labour charg)이란 피보험자나 그의 대리인이 보험목적물의 손해 또는 손실을 방지하기 위하여 지출한 비용을 말한다. 예를 들어, 항해 중에 폭풍우가 심해 보험목적물이 멸실될 위험에 처한 경우, 멸실을 방지하기 위하여 선박회사의 비용으로 방지시설을 구입하였다면, 이 비용을 보상한다. 또한 방지시설을 구입하여 방지 의무를 수행하였으나 보험목적물을 지키지 못하였다 해도 보상한다. 그런데 손해방지비용은 보험자의 담보범위를 지키기 위해서 수행된 방지비용일 때에만 보상하는 점에 유의해야 한다. 구조비용(salvage charge)이란 손해방지비용과 같은 의미를 가지지만 방지행위를 한 주체가 달라진 경우이다. 구조비용이란 피보험자 또는 그의 대리인이 아니라 보험목적물에 대한 제3자가 방지행위를 한 경우이다. 예를 들어, 어떤 선박이 항해 중에 좌초된 선박을 만나서 좌초된 선박의 물품이 바다에 떠다니고, 선원들이 피난하고 있다고 생각해 보자. 우연히 그 곳을 지나가다 이런 상황을 접한 선박은 항해 일정이 촉박하거나 또는 자신과 아무런 이해관계가 없기 때문에 지나칠 경우가 많을 것이다. 이렇게 되면 보험자는 보험목적물과 선원 등 큰 해상손실을 부담해야 한다. 이것을 방지하기 위해 보험자는 담보범위 내에 없는 경우라 하더라도, 피보험자 또는 그의 대리인이 아닌 제3자가 항해 중에 우연히 보험목적물에 대하여 위험을 구조하기 위한 행위를 한 경우에는 그 행위로 일어난 모든 비용은 보상한다는 규정이다. 해상보험규정에 이와 같은 행위로 발생되는 비용은 보험자가 보상해 주겠다는 것을 분명히 해 둠으로써 제3자의 구조 행위를 유도하고 있다. 그러나 손해방지비용과 또 다른 점은 구조의 노력을 했어도 구조물(보험목적물 등)이 전혀 없을 경우에는 구조비용은 보상되지 않는다.

제 6 절 협회적하약관(Institute cargo clause)

해상보험은 협회적하약관(institute cargo clause)를 사용하는데, 협회적하약관은 최초로

1912년 런던보험자협회에서 제정되어 변경되어 오다 1982년 재개정되어 오늘날 까지 이용되고 있다. 협회적하약관은 A 약관, B 약관, C 약관으로 나누어져 있다. 이 세 약관은 모두 제1조부터 19조까지의 내용으로 되어 있다. 제1조는 위험약관, 제2조 공동해손약관, 제3조 쌍방과실충돌약관, 제4조 일반면책약관, 제5조 불내항성과 부적합면책약관, 제6조 전쟁면책약관, 제7조 동맹파업면책약관, 제8조 운송약관, 제9조 운송계약종료약관, 제10조 항해변경약관, 제11조 피보험이익약관, 제12조 계반비용약관, 제13조 추정전손약관, 제14조 증액약관, 제15조 보험이익불공여약관, 제16조 피보험자의무약관, 제17조 포기약관, 제18조 신속조치약관, 제19조 영국법률과 관습약관 순이다.

1. 협회적하약관 A (ICC A)

협회적하약관 A(ICC A) 약관은 제1조 위험약관에 보험자는 본 장의 제4조, 제5조, 제6조, 제7조를 제외하고는 모든 내용에 대하여 담보한다고 명기되어 있다. ICC A약관 제4조는 일반면책사항으로 피보험자의 고의적 행위, 보험목적물의 고유의 하자 등으로 일상적으로 발생될 수 있는 사항이다. 제5조는 불내항성과 부적합성면책약관으로 선박의 불내항성(운항할 수 없는 상태)를 갖고 있다든가 부적합성(보험목적물을 운반할 수 없는 형태, 선박으이 법률적 제한 문제)를 가지는 선박을 의미한다. 제6조는 전쟁면책약관으로 전쟁위험으로 발생되는 손해에 대하여 보험자는 면책됨이 명시되어 있다. 제7조는 동맹파업면책약관으로 폭동, 소요, 파업 등으로 인해 발생된 손해에 대해서 보험자는 면책됨을 규정하고 있는 조항이다. 보험자는 제4조 일반적 면책사항, 제5조 선박의 불내항성과 부적합성 면책사항, 제6조 전쟁으로 인한 손해 면책사항, 제7조 동맹파업으로 인한 손해 면책사항을 제외하고 발생되는 모든 손해에 대하여 피보험자에게 보상해야 한다.

2. 협회적하약관 B(ICC B)

ICC B 약관은 제1조 위험약관에서 보험자는 제4조, 제5조, 제6조, 제7조의 사항에 대하여 면책되며, 그리고 담보하는 사항을 나열하고 있다.(예 화재, 좌초 등) 보험자는 제4조, 제5조, 제6조, 제7조에 대한 사항은 면책이 되며, 나열되어 있는 사항에 대해서만 보상을 한다는 규정이 명시되어 있다.

3. 협회적하약관 C(ICC C)

ICC C약관은 ICC B약관과 마찬가지로, 제1조 위험약관에 명시되어 있는데, 나열되는 담보사항이 ICC B약관보다 적게 명기되어 있다.

<협회적하약관 원문>

INSTITUTE CARGO CLAUSES (1982) RISKS COVERED	협회적하약관(1982) 담보위험
Risks Clause - ICC(A) 1 This insurance covers all risks of loss of or damage to the subject-matter insured except as provided in Clauses 4, 5, 6 and 7 below.	위험약관 - ICC(A) 제1조 이 보험은 다음의 제4조, 제5조, 제6조 및 제7조에 규정된 사유를 제외하고 보험의 목적의 멸실 또는 손상에 관한 일체의 위험을 담보한다.
Risks Clause - ICC(B) 1 This insurance covers, except as provided in Clauses 4, 5, 6 and 7 below, 1.1 loss of or damage to the subject-matter insured reasonably attributable to 1.1.1 fire or explosion 1.1.2 vessel or craft being stranded grounded sunk or capsized 1.1.3 overturning or derailment of land conveyance 1.1.4 collision or contact of vessel craft or conveyance with any external object other than water 1.1.5 discharge of cargo at a port of distress 1.1.6 earthquake volcanic eruption or lightning, 1.2 loss of or damage to the subject-matter insured caused by 1.2.1 general average sacrifice 1.2.2 jettison or washing overboard 1.2.3 entry of sea lake or river water into vessel craft hold conveyance container liftvan or place of storage, 1.3 total loss of any package lost overboard or dropped whilst loading on to, or unloading from, vessel or craft.	위험약관 - ICC(B) 제1조 이 보험은 다음의 제4조, 제5조, 제6조 및 제7조에 규정된 사유를 제외하고 다음의 멸실 또는 손상에 관한 위험을 담보한다. 1.1 다음의 사유에 합리적으로 기인하는 보험의 목적의 멸실 또는 손상. 1.1.1 화재 또는 폭발. 1.1.2 본선 또는 부선의 좌초, 膠沙, 침몰 또는 전복. 1.1.3 육상운송용구의 전복 또는 탈선. 1.1.4 본선, 부선 또는 운송용구와 물 이외의 他物과의 충돌 또는 접촉. 1.1.5 조난항에서의 양하. 1.1.6 지진, 화산의 분화 또는 낙뢰. 1.2 다음의 사유에 기인하는 보험의 목적의 멸실 또는 손상. 1.2.1 공동해손희생. 1.2.2 투하 또는 갑판유실. 1.2.3 본선, 부선, 선창, 운송용구, 콘테이너, 지게차 또는 보관장소에 해수, 호수 또는 하천수의 침입. 1.3 본선 또는 부선으로의 선적 또는 하역작업 중에 바다로의 낙하 또는 갑판상에 추락한 포장단위 전손.

Risks Clause - ICC(C)

1 This insurance covers, except as provided in Clauses 4, 5, 6 and 7 below,

1.1 loss of or damage to the subject-matter insured reasonably attributable to

1.1.1 fire or explosion

1.1.2 vessel or craft being stranded grounded sunk or capsized

1.1.3 overturning or derailment of land conveyance

1.1.4 collision or contact of vessel craft or conveyance with any external object other than water

1.1.5 discharge of cargo at a port of distress,

1.2 loss of or damage to the subject-matter insured caused by

1.2.1 general average sacrifice

1.2.2 jettison.

General Average Clause

2 This insurance covers general average and salvage charges, adjusted or determined according to the contract of affreightment and/or the governing law and practice, incurred to avoid or in connection with the avoidance of loss from any cause except those excluded in Clauses 4, 5, 6 and 7 or elsewhere in this insurance.

"Both to Blame Collision" Clause

3 This insurance is extended to indemnify the Assured against such proportion of liability under the contract of affreightment "Both to Blame Collision" Clause as is in respect of a loss recoverable hereunder. In the event of any claim by shipowners under the said Clause the Assured agree to notify the Underwriters who shall have the right, at their own cost and expense, to defend the Assured against such claim.

EXCLUSIONS

General Exclusion Clause - ICC(A)

4 In no case shall this insurance cover

위험약관 - ICC(C)

제1조 이 보험은 다음의 제4조, 제5조, 제6조 및 제7조에 규정된 사유를 제외하고 다음의 멸실 또는 손상에 관한 위험을 담보한다.

1.1 다음의 사유에 합리적으로 기인하는 보험의 목적의 멸실 또는 손상.

1.1.1 화재 또는 폭발.

1.1.2 본선 또는 부선의 좌초, 膠沙, 침몰 또는 전복.

1.1.3 육상운송용구의 전복 또는 탈선.

1.1.4 본선, 부선 또는 운송용구와 물 이외의 他物과의 충돌 또는 접촉.

1.1.5 조난항에서의 양하.

1.2 다음의 사유에 기인하는 보험의 목적의 멸실 또는 손상.

1.2.1 공동해손희생.

1.2.2 투하

공동해손약관

제2조 이 보험은 다음의 제4주, 제5조, 제6조 및 제7조 또는 이 보험의 기타 조항에서의 사유를 제외한 일체의 사유에 따른 손해를 피하기 위하여 또는 피함과 관련하여 발생한 경우라면 해상운송계약 및/또는 강행적인 법률이나 관습에 따라 정산되거나 결정된 공동해손과 구조비를 보상한다.

"쌍방과실충돌"약관

제3조 이 보험은 손해보상의 범위를 확대하여 해상운송계약의 "쌍방과실충돌"약관에 따른 피보험자의 부담액 가운데 이 보험증권에 따라 보상받을 수 있는 손해에 관한 부분을 보상한다. 위의 조항에 따라 선주로부터 배상청구를 받은 경우에는, 피보험자는 그러한 배상청구에 대하여 보험자에게 통고할 것을 약정하고 보험자는 자신의 비용부담으로 이에 대하여 피보험자를 보호할 권리를 갖는다.

면책위험

일반면책약관 - ICC(A)

제4조 어떠한 경우에도 이 보험은 다음의 손해를

4.1 loss damage or expense attributable to wilful misconduct of the Assured

4.2 ordinary leakage, ordinary loss in weight or volume, or ordinary wear and tear of the subject-matter insured

4.3 loss damage or expense caused by insufficiency or unsuitability of packing or preparation of the subject-matter insured (for the purpose of this Clause 4.3 "packing" shall be deemed to include stowage in a container or liftvan but only when such stowage is carried out prior to attachment of this insurance or by the Assured or their servants)

4.4 loss damage or expense caused by inherent vice or nature of the subject-matter insured

4.5 loss damage or expense proximately caused by delay, even though the delay be caused by a risk insured against (except expenses payable under Clause 2 above)

4.6 loss damage or expense arising from insolvency or financial default of the owners managers charterers or operators of the vessel

4.7 loss damage or expense arising from the use of any weapon of war employing atomic or nuclear fission and/or fusion or other like reaction or radioactive force or matter.

담보하지 아니 한다.

4.1 피보험자의 고의의 불법행위에 기인하는 멸실, 손상 또는 비용.

4.2 보험의 목적의 통상적인 漏損, 통상적인 重量損 또는 容積損, 또는 자연소모.

4.3 보험의 목적의 포장 또는 준비의 불완전 또는 부적절에 기인하여 발생한 멸실, 손상 또는 비용 (本條 제4조 제3항에서 "포장"이란 콘테이너 또는 지게차에 積付하는 것을 포함하는 것으로 한다. 다만 이러한 積付는 이 보험의 개시전에 행하여지거나 또는 피보험자나 그 사용인에 의하여 행하여지는 경우에 한한다).

4.4 보험의 목적의 고유의 하자 또는 성실에 기인하여 발생한 멸실, 손상 또는 비용.

4.5 지연이 피보험위험에 기인하여 발생한 경우라도, 그 지연에 近因하여 발생한 멸실, 손상 또는 비용 (다만 위의 제2조에 따라 지급되는 비용은 제외함).

4.6 본선의 소유자, 관리자, 용선자 또는 운항자의 지급불능 또는 금전상의 채무불이행으로 인하여 발생한 멸실, 손상 또는 비용.

4.7 원자력 또는 핵의 분열 및/또는 융합 또는 기타 이와 유사한 반응 또는 방사능이나 방사성의 물질을 응용한 무기의 사용으로 인하여 발생한 멸실, 손상 또는 비용.

General Exclusion Clause - ICC(B)·ICC(C)

4 In no case shall this insurance cover

4.1 loss damage or expense attributable to wilful misconduct of the Assured

4.2 ordinary leakage, ordinary loss in weight or volume, or ordinary wear and tear of the subject-matter insured

4.3 loss damage or expense caused by insufficiency or unsuitability of packing or preparation of the subject-matter insured (for the purpose of this Clause 4.3 "packing" shall be deemed to include stowage in a container or liftvan but only when such stowage is carried out prior to attachment of

일반면책약관 - ICC(B)·ICC(C)

제4조 어떠한 경우에도 이 보험은 다음의 손해를 담보하지 아니 한다.

4.1 피보험자의 고의의 불법행위에 기인하는 멸실, 손상 또는 비용.

4.2 보험의 목적의 통상적인 漏損, 통상적인 重量損 또는 容積損, 또는 자연소모.

4.3 보험의 목적의 포장 또는 준비의 불완전 또는 부적절에 기인하여 발생한 멸실, 손상 또는 비용 (本條 제4조 제3항에서 "포장"이란 콘테이너 또는 지게차에 積付하는 것을 포함하는 것으로 한다. 다만 이러한 積付는 이 보험의 개시전에 행하여지거나 또는 피보험자나 그 사용인에 의

this insurance or by the Assured or their servants)

4.4 loss damage or expense caused by inherent vice or nature of the subject-matter insured

4.5 loss damage or expense proximately caused by delay, even though the delay be caused by a risk insured against (except expenses payable under Clause 2 above)

4.6 loss damage or expense arising from insolvency or financial default of the owners managers charterers or operators of the vessel

4.7 deliberate damage to or deliberate destruction of the subject-matter insured or any part thereof by the wrongful act of any person or persons

4.8 loss damage or expense arising from the use of any weapon of war employing atomic or nuclear fission and/or fusion or other like reaction or radioactive force or matter.

하여 행하여지는 경우에 한한다).

4.4 보험의 목적의 고유의 하자 또는 성실에 기인하여 발생한 멸실, 손상 또는 비용.

4.5 지연이 피보험위험에 기인하여 발생한 경우라도, 그 지연에 近因하여 발생한 멸실, 손상 또는 비용 (다만 위의 제2조에 따라 지급되는 비용은 제외함).

4.6 본선의 소유자, 관리자, 용선자 또는 운항자의 지급불능 또는 금전상의 채무불이행으로 인하여 발생한 멸실, 손상 또는 비용.

4.7 보험의 목적 또는 그 일부에 대한 어떠한 자의 불법행위에 의한 고의적인 손상 또는 고의적인 파괴.

4.8 원자력 또는 핵의 분열 및/또는 융합 또는 기타 이와 유사한 반응 또는 방사능이나 방사성의 물질을 응용한 무기의 사용으로 인하여 발생한 멸실, 손상 또는 비용.

5. Unseaworthiness and Unfitness Exclusion Clause

5.1 In no case shall this insurance cover loss damage or expense arising from unseaworthiness of vessel or craft, unfitness of vessel craft conveyance container or liftvan for the safe carriage of the subject-matter insured, where the Assured or their servants are privy to such unseaworthiness or unfitness, at the time the subject-matter insured is loaded therein.

5.2 The Underwriters waive any breach of the implied warranties of seaworthiness of the ship and fitness of the ship to carry the subject-matter insured to destination, unless the Assured or their servants are privy to such unseaworthiness or unfitness.

제5조 불감항·부적합 면책약관

5.1 어떠한 경우에도 이 보험은 다음의 사항으로 인하여 발생한 멸실, 손상 또는 비용을 담보하지 아니한다. - 본선 또는 부선의 불감항. - 본선, 부선, 운송용구, 콘테이너 또는 지게차가 보험의 목적의 안전한 운송을 위한 부적합. 다만 피보험자 또는 그 사용인이 보험의 목적을 해당된 운송용구에 적재할 때 그러한 불감항 또는 부적합을 알고 있는 경우에 한한다.

5.2 선박이 그 감항성을 갖추고 보험의 목적을 목적지까지 운송하는데 적합하여야 한다는 묵시담보를 위반한 경우에는 피보험자 또는 그 사용인이 이러한 불감항 또는 부적합의 사실을 알지 못한 경우에 한하여 보험자는 그 권리를 포기한다.

War Exclusion Clause - ICC(A)

6 In no case shall this insurance cover loss damage or expense caused by

6.1 war civil war revolution rebellion insurrection, or civil strife arising therefrom, or any hostile act by or against a belligerent power

전쟁위험면책약관 - ICC(A)

제6조 어떠한 경우에도 이 보험은 다음의 위험에 기인하여 발생한 멸실, 손상 또는 비용을 담보하지 아니한다.

6.1 전쟁, 내란, 혁명, 반역, 반란 또는 이로 인하여 발생하는 국내투쟁, 또는 교전국에 의하거나 또

6.2 capture seizure arrest restraint or detainment (piracy excepted), and the consequences thereof or any attempt thereat

6.3 derelict mines torpedoes bombs or other derelict weapons of war.

War Exclusion Clause - ICC(B)·ICC(C)

6 In no case shall this insurance cover loss damage or expense caused by

6.1 war civil war revolution rebellion insurrection, or civil strife arising therefrom, or any hostile act by or against a belligerent power

6.2 capture seizure arrest restraint or detainment, and the consequences thereof or any attempt thereat

6.3 derelict mines torpedoes bombs or other derelict weapons of war.

Strikes Exclusion Clause

7 In no case shall this insurance cover loss damage or expense

7.1 caused by strikers, locked-out workmen, or persons taking part in labour disturbances, riots or civil commotions

7.2 resulting from strikes, lock-outs, labour disturbances, riots or civil commotions

7.3 caused by any terrorist or any person acting from a political motive.

DURATION

Transit Clause

8

8.1 This insurance attaches from the time the goods leave the warehouse or place of storage at the place named herein for the commencement of the transit, continues during the course of transit and terminates either

8.1.1 on delivery to the Consignees' or other final warehouse or place of storage at the destination

는 교전국에 대하여 가해진 일체의 적대행위.

6.2 捕獲, 拿捕, 强留, 抑止 또는 抑留 (해적위험은 제외함), 또는 이러한 행위의 결과 또는 이러한 행위의 企圖.

6.3 遺棄된 機雷, 魚雷, 爆彈 또는 기타의 遺棄된 전쟁병기.

전쟁위험면책약관 - ICC(B)·ICC(C)

제6조 어떠한 경우에도 이 보험은 다음의 위험에 기인하여 발생한 멸실, 손상 또는 비용을 담보하지 아니한다.

6.1 전쟁, 내란, 혁명, 반역, 반란 또는 이로 인하여 발생하는 국내투쟁, 또는 교전국에 의하거나 또는 교전국에 대하여 가해진 일체의 적대행위.

6.2 捕獲, 拿捕, 强留, 抑止 또는 抑留, 또는 이러한 행위의 결과 또는 이러한 행위의 企圖.

6.3 遺棄된 機雷, 魚雷, 爆彈 또는 기타의 遺棄된 전쟁병기.

동맹파업위험면책약관

제7조 어떠한 경우에도 이 보험은 다음의 위험으로 인한 멸실, 손상 또는 비용을 담보하지 아니한다.

7.1 동맹파업자, 직장폐쇄노동자 또는 노동쟁의, 소요 또는 폭동에 가담한 자에 기인하여 발생한 것.

7.2 동맹파업, 직장폐쇄, 노동쟁의, 소요 또는 폭동의 결과로 발생한 것,

7.3 어떠한 폭력주의자 또는 정치적인 동기를 가지고 행동하는 자에 기인하여 발생 한 것.

보험기간

운송약관

제8조

8.1 이 보험은 화물이 운송개시를 위하여 이 보험증권에 기재된 장소의 창고나 보관장소를 떠날 때부터 개시되고, 통상의 운송과정에 있는 동안 계속되며, 다음 중의 어느 것이든 먼저 발생하는 때에 종료한다.

8.1.1 이 보험증권에 기재된 목적지의 수화인의 또는 기타의 최종창고나 보관장소에 인도될 때.

named herein,

8.1.2 on delivery to any other warehouse or place of storage, whether prior to or at the destination named herein, which the Assured elect to use either

8.1.2.1 for storage other than in the ordinary course of transit or

8.1.2.2 for allocation or distribution, or

8.1.3 on the expiry of 60 days after completion of discharge overside of the goods hereby insured from the oversea vessel at the final port of discharge, whichever shall first occur.

8.2 If, after discharge overside from the oversea vessel at the final port of discharge, but prior to termination of this insurance, the goods are to be forwarded to a destination other than that to which they are insured hereunder, this insurance, whilst remaining subject to termination as provided for above, shall not extend beyond the commencement of transit to such other destination.

8.3 This insurance shall remain in force (subject to termination as provided for above and to the provisions of Clause 9 below) during delay beyond the control of the Assured, any deviation, forced discharge, reshipment or transhipment and during any variation of the adventure arising from the exercise of a liberty granted to shipowners or charterers under the contract of affreightment.

Termination of Contract of Carriage Clause

9 If owing to circumstances beyond the control of the Assured either the contract of carriage is terminated at a port or place other than the destination named therein or the transit is otherwise terminated before delivery of the goods as provided for in Clause 8 above, then this insurance shall also terminate unless prompt notice

8.1.2 이 보험증권에 기재된 목적지에 도착하기 이전 또는 목적지에서를 불문하고 피보험자가 다음의 목적 중 어느 것에 사용하고자 선택한 기타의 창고 또는 보관장소에 인도될 때.

8.1.2.1 통상의 운송과정이 아닌 보관, 또는

8.1.2.2 할당 또는 분배, 또는

8.1.3 최종양륙항에서 외항선으로부터 피보험화물의 하역이 완료된 후 60일이 경과될 때.

8.2 최종양륙항에서 외항선으로부터의 하역 후, 그러나 이 보험기간의 종료 전에 화물이 이 보험에 부보된 목적지 이외의 장소로 운송되는 경우에는, 이 보험은 위의 보험종료의 규정에 따라 계속되나 새로운 목적지로 운송이 개시될 때 종료한다.

8.3 이 보험은 (위의 보험종료의 규정 및 다음의 제9조의 규정에 따라) 피보험자가 통제할 수 없는 지연, 일체의 이로, 불가피한 하역, 재선적, 환적 및 해상운송계약상 선주 또는 용선자에게 부여된 자유재량권의 행사로부터 발생하는 위험의 변경기간 중에는 유효하게 계속된다.

운송계약종료약관

제9조 피보험자가 통제할 수 없는 사정에 의하여 운송계약이 그 계약서에 기재된 목적지 이외의 항구 또는 장소에서 종료되거나 또는 기타 위의 제8조에 규정된 화물의 인도 이전에 운송이 종료되는 경우에는, 이 보험도 또한 종료한다. 다만 보험자에게 그 취지를 지체없이 통고하고 담보의 계속을 요망하는 경우

is given to the Underwriters and continuation of cover is requested when the insurance shall remain in force, subject to an additional premium if required by the Underwriters, either.

9.1 until the goods are sold and delivered at such port or place, or unless otherwise specially agreed, until the expiry of 60 days after arrival of the goods hereby insured at such port or place, whichever shall first occur, or

9.2 if the goods are forwarded within the said period of 60 days (or any agreed extension thereof) to the destination named herein or to any other destination, until terminated in accordance with the provisions of Clause 8 above.

에는 보험자로부터 청구가 있으면 추가보험료를 지급할 것을 조건으로 하여 유효하게 계속된다.

9.1 화물이 위의 항구 또는 장소에서 매각된 후 인도되거나, 또는 별도의 합의가 없는 한, 그러한 항구 또는 장소에서 피보험화물이 도착한 후 60일이 경과된 것 중의 어느 것이든 먼저 발생한 때까지, 또는

9.2 화물이 위의 60일의 기간내에 (또는 합의된 연장기간내에) 보험증권에 기재된 목적지 또는 기타의 어떠한 목적지로 계속운송되는 경우에는, 위의 제8조의 규정에 따라 이 보험이 종료될 때까지 유효하게 계속된다.

Change of Voyage Clause

10 Where, after attachment of this insurance, the destination is changed by the Assured, held covered at a premium and on conditions to be arranged subject to prompt notice being given to the Underwriters.

항해변경약관

제10조 이 보험이 개시된 후에 피보험자에 의하여 목적지가 변경되는 경우에는 보험자에게 그 취지를 지체없이 통고할 것을 조건으로 하여 추후 협정되어야 할 추가보험료와 보험조건에 따라 담보가 계속된다.

CLAIMS

Insurable Interest Clause

11

11.1 In order to recover under this insurance the Assured must have an insurable interest in the subject-matter insured at the time of the loss.

11.2 Subject to 11.1 above, the Assured shall be entitled to recover for insured loss occurring during the period covered by this insurance, notwithstanding that the loss occurred before the contract of insurance was concluded, unless the Assured were aware of the loss and the Underwriters were not.

보험금청구

피보험이익약관

제11조

11.1 이 보험에 따라 보상을 받기 위해서는 피보험자는 손해발생시에 보험의 목적에 대하여 피보험이익을 갖고 있어야 한다.

11.2 위의 제11조 제1항의 규정을 제외하고, 이 보험의 담보기간 중에 발생하는 손해는 그 손해가 보험계약의 체결 이전에 발생한 것이라도 피보험자가 이 손해발생의 사실을 알았고 보험자가 몰랐을 경우가 아닌 한 피보험자는 이를 보상받을 권리가 있다.

Forwarding Charges Clause

12 Where, as a result of the operation of a risk covered by this insurance, the insured transit is terminated at a port or place other than that to

계속운송비용약관

제12조 이 보험에서 담보되는 위험의 발생결과로 인하여 피보험운송이 이 보험에서 담보되는 보험의 목적의 목적지 이외의 항구 또는

which the subject-matter is covered under this insurance, the Underwriters will reimburse the Assured for any extra charges properly and reasonably incurred in unloading storing and forwarding the subject-matter to the destination to which it is insured hereunder. This Clause 12, which does not apply to general average or salvage charges, shall be subject to the exclusions contained in Clauses 4, 5, 6 and 7 above, and shall not include charges arising from the fault negligence insolvency or financial default of the Assured or their servants.

장소에서 종료되는 경우에는, 보험자는 피보험자에 대하여 보험의 목적을 양하하고, 보관하고 또 이 보험증권에 기재된 목적지까지 운송하기 위하여 적절히 합리적으로 지출한 추가비용을 보상한다.

이 제12조는 공동해손 또는 구조비에는 적용되지 아니하고 위의 제4조, 제5조, 제6조 및 제7조에 규정된 면책조항의 적용을 받으며, 또 피보험자 또는 그 사용인의 과실, 태만, 지불불능 또는 재정상의 채무불이행으로부터 야기된 비용을 포함하지 아니한다.

Constructive Total Loss Clause

13 No claim for Constructive Total Loss shall be recoverable hereunder unless the subject-matter insured is reasonably abandoned either on account of its actual total loss appearing to be unavoidable or because the cost of recovering, reconditioning and forwarding the subject-matter to the destination to which it is insured would exceed its value on arrival.

추정전손약관

제13조 추정전손에 대한 보험금청구는 보험의 목적의 현실전손이 불가피하다고 생각되거나, 또는 보험의 목적의 회복, 수선, 부보된 목적지까지의 계속운송에 소요되는 비용이 도착시 보험의 목적의 가액을 초과하게 될 이유로 보험의 목적이 위부되지 아니하는 한, 이 보험증권하에서는 이를 보상하지 아니한다.

Increased Value Clause

14

14.1 If any Increased Value insurance is effected by the Assured on the cargo insured herein the agreed value of the cargo shall be deemed to be increased to the total amount insured under this insurance and all Increased Value insurances covering the loss, and liability under this insurance shall be in such proportion as the sum insured herein bears to such total amount insured. In the event of claim the Assured shall provide the Underwriters with evidence of the amounts insured under all other insurances.

14.2 Where this insurance is on Increased Value the following clause shall apply: The agreed value of the cargo shall be deemed to be

증액약관

제14조

14.1 이 보험의 피보험적하에 대하여 피보험자가 별도의 증액보험에 부보한 경우에는, 그 적하의 협정가액은 이 보험 및 이와 동일한 손해를 담보하는 모든 증액보험의 합계보험금액까지 증가된 것으로 본다. 그리고 이 보험에 따른 책임은 이 보험의 보험금액이 합계보험금액에 대하여 갖는 비율로 부담하게 된다.

보험금의 청구시에는 피보험자는 자른 모든 보험의 보험금액을 증명할 수 있는 서류를 보험자에게 제출하여야 한다.

14.2 이 보험이 증액보험인 경우에는 다음의 조항을 이에 적용한다. 그 적하의 협정가액은 원보험 및 피보험자가 그 적하에 대하여 부보한

equal to the total amount insured under the primary insurance and all Increased Value insurances covering the loss and effected on the cargo by the Assured, and liability under this insurance shall be in such proportion as the sum insured herein bears to such total amount insured. In the event of claim the Assured shall provide the Underwriters with evidence of the amounts insured under all other insurances.

동일한 손해를 담보하는 모든 증액보험의 합계보험금액과 동액인 것으로 본다.
그리고 이 보험에 따른 책임은 이 보험의 보험금액이 합계보험금액에 대하여 갖는 비율로 부담하게 된다.

보험금의 청구시에는 피보험자는 다른 모든 보험의 보험금액을 증명할 수 있는 서류를 보험자에게 제출하여야 한다.

BENEFIT OF INSURANCE

Not to Inure Clause

15 This insurance shall not inure to the benefit of the carrier or other bailee.

보험의 이익

보험이익불공여약관

제15조 이 보험은 운송인 또는 기타의 수탁자의 이익을 위하여 이용되어서는 아니된다.

MINIMISING LOSSES

Duty of Assured Clause

16 It is the duty of the Assured and their servants and agents in respect of loss recoverable hereunder

16.1 to take such measures as may be reasonable for the purpose of averting or minimising such loss, and

16.2 to ensure that all rights against carriers, bailees or other third parties are properly preserved and exercised and the Underwriters will, in addition to any loss recoverable hereunder, reimburse the Assured for any charges properly and reasonably incurred in pursuance of these duties.

손해의 경감

피보험자의무약관

제16조 이 보험에 따라 보상하는 손해에 대하여 다음의 사항은 피보험자, 그 사용인 및 대리인의 의무이다.

16.1 손해의 방지 또는 경감을 위하여 합리적인 조치를 취하는 것, 그리고

16.2 운송인, 수탁자 또는 기타의 제3자에 대한 일체의 권리가 적절히 보전되고 행사되도록 확보하는 것.
그리고 보험자는 이 보험에서 보상하는 손해에 추가하여 이러한 의무의 수행상 적절히 합리적으로 발생된 일체의 비용을 피보험자에게 보상한다.

Waiver Clause

17 Measures taken by the Assured or the Underwriters with the object of saving, protecting or recovering the subject-matter insured shall not be considered as a waiver.

포기약관

제17조 보험의 목적을 구조하거나, 보호하거나 또는 회복하기 위하여 피보험자 또는 보험자가 취한 조치는 위부의 포기 또는 승낙으로서 보지 아니하며, 또는 그 밖에 각 당사자의 권리를 침해하지도 아니한다.

AVOIDANCE OF DELAY

Reasonable Despatch Clause

지연의 회피

신속조치약관

18 It is a condition of this insurance that the Assured shall act with reasonable despatch in all circumstances within their control.	제18조 피보험자는 자신이 통제할 수 있는 모든 사정에 있어서 상당히 신속하게 행동하는 것이 이 보험의 조건이다.
LAW AND PRACTICE English Law and Practice Clause 19 This insurance is subject to English law and practice.	법률 및 관습 영국법 및 관습 약관 제19조 이 보험은 영국의 법률 및 관습에 준거하는 것으로 한다.
NOTE : It is necessary for the Assured when they become aware of an event which is "held covered" under this insurance to give prompt notice to the Underwriters and the right to such cover is dependent upon compliance with this obligation.	주의사항 : 피보험자가 이 보험에 따라 "계속 담보를 받는" 사유의 발생을 알았을 때에는 그 취지를 지체없이 보험자에게 통고하여야 하며, 또 계속 담보를 받을 권리는 이러한 의무를 이행하였을 경우에 한한다.

해상보험계약 체결은 ICC A약관, ICC B약관, ICC C약관에서 선택을 하여 부보할 수 있다. 이들 약관에서 보험자가 면책하고 있는 사항에 대하여 피보험자의 요청이 있는 경우에는 추가적 사항을 명기하여 보험계약을 체결할 수 있다.

항공보험계약은 국제민간항공기구(International Civil Aviation Organization)에서 제정한 헤이그협정을 기준으로 항공보험을 적용하고 있으며, 한국은 1952년 국제민간항공기구에 가입하여 2001년 10월에 상임이사국이 되었다. 운송(해상, 항공, 육상) 화물의 손실 및 멸실을 소정의 보험료를 대가로 보험자가 피보험자에 대하여 계약 당시 합의한 방법과 범위(담보내용)에 따라 보상하는 보험을 적하보험이라 한다.

주) https://m.aig.co.kr, AIG 보험회사.

제7절 무역보험

주) https://www.ksure.or.kr/index.do 한국무역보험공사 초기화면.

한국무역보험공사 K-SURE는 우리나라 ‘수출·수입보험제도’를 전담·운영하는 정부출연기관으로 ’92년도 설립되어 다양한 무역보험 상품 개발 및 고부가가치 서비스를 제공한다. 무역보험법에 의거, 1992년 7월 설립된 한국무역보험공사(K-SURE)는 무역과 해외투자 촉진을 통한 국가경쟁력강화라는 설립 목적 달성을 위해 무역보험, 해외투자보험 및 신용보증 등의 제도를 시행하고 있는 산업통상자원부 산하의 무역투자보험기관으로써, 다양한 무역보험 종목(상품 및 자본재 수출·수입, 해외건설·투자, 환변동위험 관리, 문화·서비스 등 용역 수출 및 기타 대외거래에서 발생하는 위험을 담보하기 위한 다양한 무역보험 종목 운영), 신용정보서비스 및 채권추심 서비스 제공(신용조사 및 신용정보 관리 등의 신용정보서비스와 해외미수채권에 대한 채권회수 대행 등 채권추심 서비스 제공), 무역보험기금 운용(무역보험기금에 대한 정부 출연금액을 바탕으로 매년 국회 의결로 결정되는 계약체결한도 내에서 무역보험을 인수하고 적립된 기금을 공사 책임 하에 운용) 등의 업무를 하고 있다.

지원사업	· 수출보험 · 수입보험 · 중소중견 특별지원 · 국외기업 신용조사 · 서비스	· 해외채권 추심대행 · 서비스 · 국외보상 · 투자위험보증사업 · 무역보험안내 영상
보험종목	· 보험종목찾기 · 단기성 보험 · 신용보증 · 수입보험	· 중장기성보험 · 환변동보험 · 기타보험

제9장 전자무역과 수출통관

제1절 수출통관의 개념

수출통관이란 내국물품을 외국으로 반출 하기 위한 일련의 절차를 말한다. 수출하고자 하는 자는 당해 물품을 적재하기 전까지, 물품의 소재지 관할세관장에게 수출 할 물품의 품명, 수량, 가격 등의 정보와 수출요건 구비사항 등을 '수출신고' 해야한다. 수출신고는 대부분 자동수리 되며, 검사생략을 원칙으로 하고 있으나, 전산 선별(Cargo Selectivity)되는 경우 또는 원상태수출 등 거래형태에 따라 필요한 경우에는 검사를 실시하고 있다. 수출신고가 수리된 물품은 원칙적으로 수출신고수리일부터 30일이내에 외국무역선(기)에 적재해야 한다. 한편, 우리나라 보세구역에 반입된 외국물품을 중계무역이나 부득이한 사유등으로 다시 외국으로 반송할 수 있으며, 이때는 반송 통관절차를 진행하게 된다. 수출통관시 구비서류는 일반적으로 상업송장(Invoice), 포장명세서(Packing List), 기타 수출요건 확인서류 등을 준비하는데, 수출품목에 따라 세관에서 요구하는 서류 등을 준비해야만 한다.

1. 수출통관절차

수출업자가 수출제품을 외국으로 발송하기 위해서는 자국물품을 외국물품으로 변경신청을 하여야 하는데, 이를 수출통관이라 한다. 수출통관절차를 이행하여 관할세관 및 관세사로부터 수출신고필증을 발급 받게 되면 그 물품은 외국물품으로 간주된다. 즉, 수출통관이라 함은 수출하고자 하는 물품을 세관에 수출신고한 후 신고수리받아 물품을 외국무역선(기)에 적재하기까지의 절차를 말한다.

수출통관 절차를 이행하기 위해서는 무역관련 서류를 직접 관할 세관에 제출하여 수출신고를 하는 방법과 관세사무소를 통해 의뢰하는 방법, 운송업체에 위탁하는 방법 등이 있다. 화주(수출업자)가 직접 세관에 의뢰하는 경우에는 판매계약서, 상업송장, 포장명세서 등 관할 세관에서 요구하는 무역서류를 인터넷 또는 EDI 방식, 또는 종이서류로 제출할 수 있다. 관련 서류를 온오프라인으로 접수 받은 세관은 품목에 따라 컴퓨터시스템이 자동수리하거나, 관할 세관 담당자가 제출서류를 확인한 후 즉시 수리되는 품목이 있고, 관할 세관 직원이 물품을 확인한 후 수리하는 수리 품목이 있으며, 선적전 검사 품목으로 관할 세관에 신고되어 있는 품목일 경우에는 적재지 보세구역에서 검사를 받고 수리가 된다. 수출신고가 수리된 물품에 대해서는 수출신고일을 기준으로 30일 이내에 선적되어야만 한다. 일반적으로 다음과 같은 절차가 진행된다.

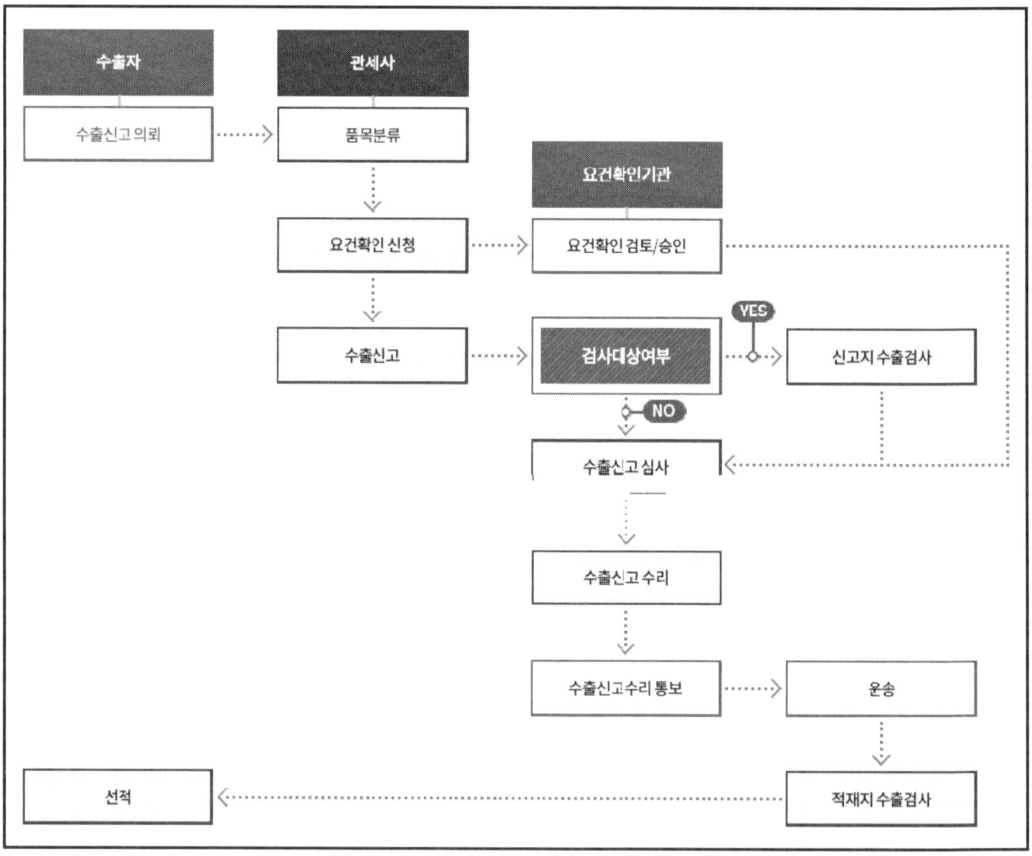

주) 관세청, 관세행정 수출통관, http://www.customs.go.kr

〈신고준비〉
품목분류
전략물자
선적서류 검토

➡

〈물품반입〉
Ocean / Air
보세구역 또는
물품소재지

➡

〈수출신고〉
수출통관
반송통관

➡

〈세관심사〉
자동수리/
서류제출심사/
물품검사

➡

〈수출신고 수리〉
수출신고필증
반송신고필증

➡

〈물품선적〉
수출물품
선(기)적

▶ 수출신고 시 정확한 내역을 신고.

→ 수출신고시 관세법·대외무역법 등 통관 및 무역관련 법령에서 규정한 사항에 따라 성실신고.

→ 사실과 다르게 수출신고하거나 수출신고하지 않고 수출하는 경우 관세법상 허위신고죄, 밀수출죄 또는 가격조작죄 등에 해당하여 처벌될 수 있음.

▶ 수출통관 시 서류심사 또는 검사를 실시할 수 있음.

→ 수출신고시 세관에서는 관세법 및 대외무역법 등 법령에서 정한 사항에 대한 위반 여부 및 불법수출 여부에 대하여 확인하며 우범성이 없는 경우 신속한 통관.

▶ 수출신고는 물품이 장치된 소재지 관할세관장에게 하여야 함.

→ 수출물품이 장치된 물품소재지를 관할하는 세관장에게 수출신고를 하여야 하며 그렇지 못한 경우 허위신고죄로 처벌될 수 있음.

▶ 도난 · 말소되지 않은 중고차, 분실 · 도난 스마트폰 등은 수출할 수 없음.

→ 중고자동차(건설기계 포함)를 수출하고자 하는 경우 차량등록사업소에 말소등록 후 수출할 수 있음.

→ 도난 중고자동차 불법 수출을 방지하기 위해 보세구역 반입후 신고제도를 도입하여 대상물품으로 중고자동차를 지정·운영('17.4월)

→ 중고 스마트폰을 수출하고자 하는 경우 한국정보통신진흥협회에서 분실도난 여부 확인 후 수출하여야 함.

→ 동 물품 등에 대해서는 세관에서 분실·도난 및 말소 여부에 대한 심사 및 검사가 이루어짐.

▶ 수출신고 수리된 물품은 30일 이내에 적재이행을 완료.

→ 수출신고가 수리된 물품은 수리일로부터 30일 이내에 외국을 왕래하는 운송수단에 적재를 완료하여야 함. 다만, 최대 1년 이내 범위에서 적재기간 연장이 가능.

▶ 수출신고 시 수출제한 대상 여부인지를 확인.

→ 『관세법 제226조의 규정에 의한 세관장확인물품 및 확인방법 지정고시』 에 해당하는 물품 및 대외무역관리법 제19조의 규정에 의한 전략물자 해당 물품을 수출하는 경우에는 해당 허가기관의 승인을 받아 수출하여야 함.

2. 수출통관업무

수출통관업무는 관할 세관에 신청 및 제품 분류 절차가 다소 일반인이 접근하기가 어려워 한국에서는 관세사 자격증 제도를 두고 있다. 보통 일반 무역기업체는 수출통관 및 수입통관 업무에 대해서는 직접하기보다는 관세사무소에 업무를 위탁하여 처리하고 있다. 관세사무소는 관세사 자격증을 취득한 자가 일정한 설비 및 업무 영역의 기준을 갖추고, 관세청(장)에 등록하면 업무를 진행할 수 있다. 등록업무는 한국관세사회에 위탁되어 있다. 관세사는 개인관세사무소를 낼 수 있으며, 합동관세사무소, 관세사법인, 통관취급법인을 통하여 관세 업무를 진행할 수도 있다. 관세사무소를 통해 수출신고필증을 수령하기 위해서도 직접 관할 세관에 신청하는 방법과 비슷하다. 관세사무소에서 요구하는 무역서류를 온오프라인으로 제출할 수 있다. 그리고 무역기업내에 무역부가 없어 무역서류를 작성하여 수출통관을 진행할 인력이 없는 경우에는 운송계약을 체결하는 업체(예 포딩사[215])에 위탁하여 처리할 수 있으며, 비용은 다소 높으나 국제특송업체를 이용하면 Door to Door 서비스를 제공받을 수 있다.

---

215) 직접 항공회사나 선박회사 등 운송수단을 가지고 있지 않으나, 화주의 화물을 수집해 운송회사를 대신하여 화주를 대리하여 운송계약을 체결해 주고 수수료를 얻는 회사를 말한다.

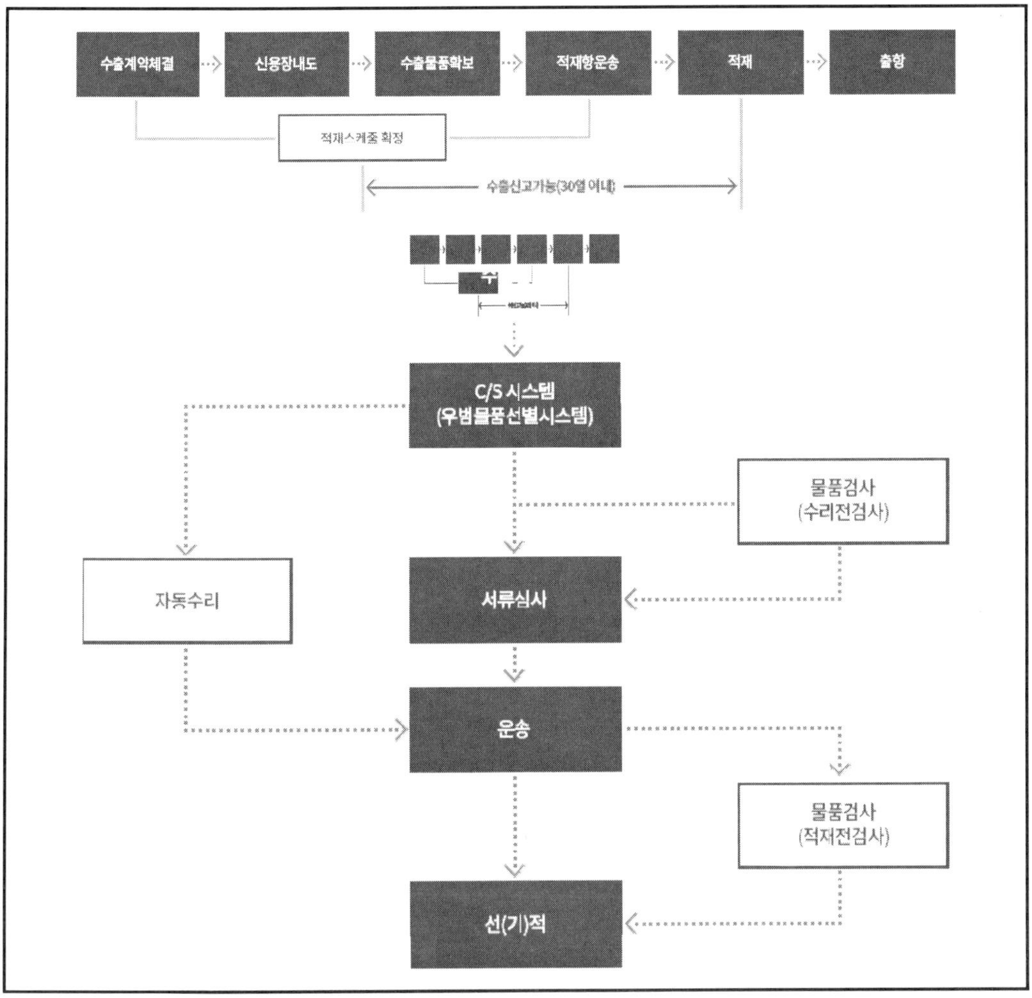

주) 관세청, 관세행정 수출통관, http://www.customs.go.kr

제2절 uTradeHub 전자무역시스템 (글로벌포탈 등) 소개

1. 요건확인업무

(1) 수출입요건 확인 전자민원 서비스

수출입요건 확인 업무란 세관장 확인제도 하에서 확인기관이 무역업체의 요청에 따라 통관 전부가 허가, 추천, 신고, 검사, 검정, 시험방법, 형식승인 등의 절차를 말한다. 이들 업무는 대부분 무역업체가 요건 확인기관을 일일이 방문하거나 팩스 등의 방법으로 처리되고 있는 상황이다. 전자민원서비스란 무역업체와 요건확인기관 간에 발생하는 승인, 추천 등의 서류상의 업무를 인터넷을 통한 전자적인 방법(EDI 등)으로 처리되는 것을 말한다.

(2) 서비스의 특징

- 인터넷기반이므로 손쉽게 요건확인업무를 처리할 수 있다.
- 공인인증기반이므로 사용자 확인, 데이터전송 등을 안전하게 처리할 수 있다.
- 요건확인기관을 방문하지 않고 곧바로 승인 등의 업무를 처리할 수 있음으로 시간과 비용이 대폭 절감된다.
- 세관전송 내용, 승인현황관리, 배정잔량 등을 손쉽게 확인할 수 있다.
- 무역업체가 관리하는 통계자료 등을 손쉽게 조회 및 출력할 수 있다.
- 협회나 기관이 관리하는 각종 보고 및 통계자료 등을 손쉽게 검색 및 출력하여 활용할 수 있다.
- 별도의 전산 시스템을 구축하지 않고 기관 및 무역업체의 민원관련 전산업무를 처리할 수 있다.
- 협회나 기관, 무역업체의 업무프로세스가 개선됨으로써 업무의 효율성을 증가시킬 수 있다.

(3) 전자민원 서비스 업무

구분	업무	
수입승인업무	· 수입승인신청서 · 수입승인변경승인서 · 수입사료검정의뢰서 · 수입승인변경신청서	· 안전인증확인신청서 · 수입사료신고필증 · 수입사료결과통지서
수입추천업무	· 양허관세추천신청서 · 양허관세추천서 · 양허추천연장신청서 · 할당관세추천서	· 할당관세추천신청서 · 할당추천연장신청서 · FTA관세추천서 · FTA관세추천신청서
세관EDI 전송서비스	· 수입통관결과조회 · 수출승인통보서 · 수입승인통보서	· 양허관세추천통보서 · 할당관세추천통보서 · FTA관세추천통보서
기타업무	· 오류통보 · 거래선관리 · 접수통보	· 품목관리 · 기초코드관리

2. 글로벌 포탈

해외 파트사와의 전자문서 교환, 전자원산지증명서비스, 수입 적하목록 자동신고 서비스로 전자무역 서비스를 국내에 국한하지 않고 해외 파트너사와의 B2B정보를 작성, 교환할 수 있는 서비스를 제공함으로서, 무역 및 물류업체의 무역자동화 혁신을 실현하고, 무역 부대비용을 절감할 수 있다.

(1) 서비스 내용

1) 해외 파트너 및 본 · 지사 간 전자문서 송수신

- FAX, E-mail, 전화 등으로 수신하여 수작업으로 작성하던 정보를 전자문서로 수신하여 내부시스템에서 활용 가능

2) KTNET 인프라를 활용한 부가서비스 제공

- KTNET의 MFCS와 연계하여 관세청 적하목록 신고 자동화
- 철강재 수입업체 철강협회에 '철강재 사전수입신고' 자동화

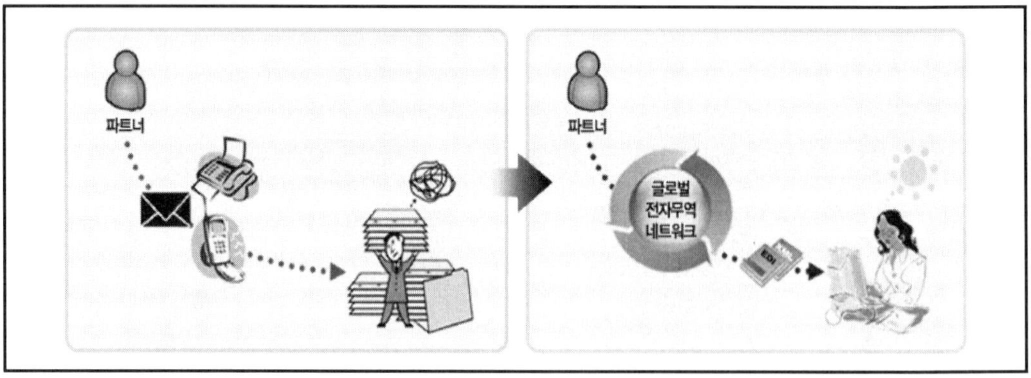

주) https://www.utradehub.or.kr/

3) 상세내역

- 글로벌 포워더를 위한 해외 본-지사간 전자거래 지원 및 데이터 통합관리 서비스
- 파트너와 전자문서 교환서비스(B/L, AWB, INV, P/O등 18종 문서)
- 전자무역을 위한 무역 솔루션·포탈 제공 및 포워더 업무관리시스템과 연계

4) 글로벌 전자무역 네트워크 연계

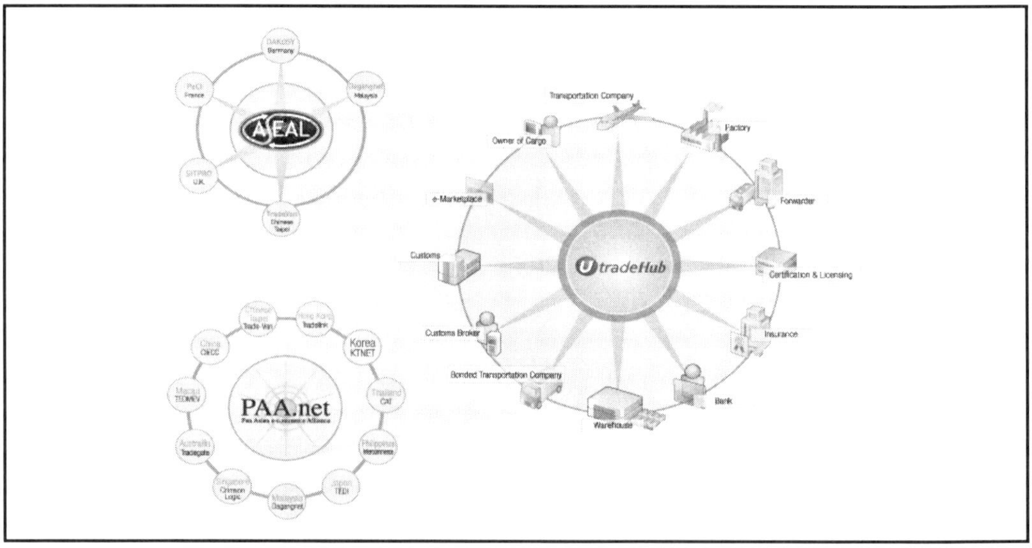

주) https://www.utradehub.or.kr/

글로벌 서비스는 범아시아 전자무역 네트워크 구축연맹(Pan Asian eCommerce Alliance), 아시아-유럽 전자무역 네트워크 구축 연맹(ASea Europe Alliance for Paperless Trading)등 국제간 전자무역 사업자간의 협력을 통해 제공되고 있다.

(2) 서비스 사례

1) 무역업체 사용 예

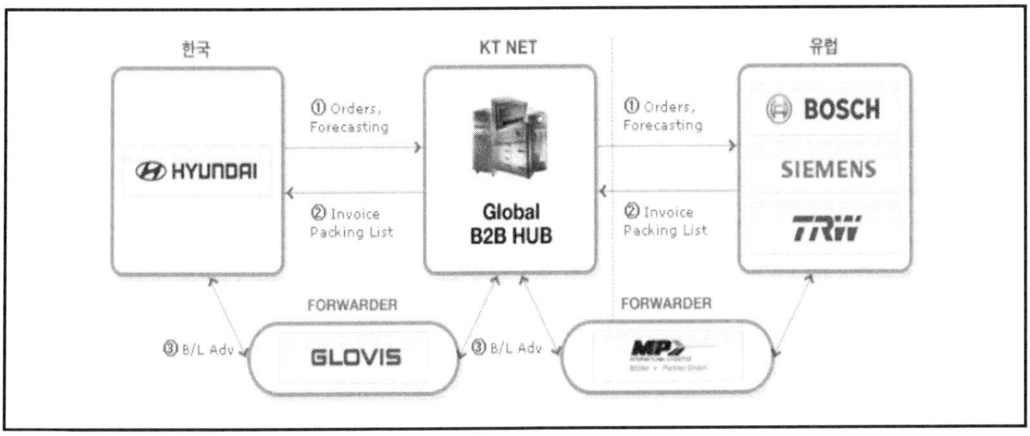

주) https://www.utradehub.or.kr/

해외 주요 거래선과의 무역문서(P/O, I/V, P/L 등)의 전자적 교환을 통한 활용 사례

2) 포워더 사용 예

- 해외 주요 거래선과의 B/L 정보의 전자적 교환을 통한 활용 사례
- 해외에서 수입되는 화물에 대한 B/L 정보를 사전에 입수하여 별도의 재입력 절차 없이 관세청에 적하목록 자동 신고 가능

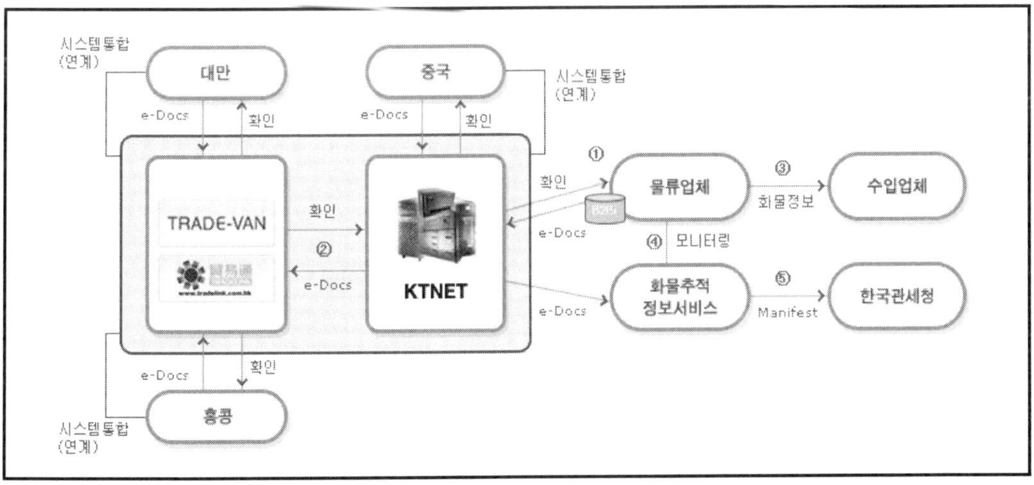

주) https://www.utradehub.or.kr/

3) 글로벌 ECO 서비스 사용 예

▶ 한–대만간 전자원산지증명서 교환사업

▶ 기존 서비스 절차

→ 대만으로 수출되는 농수산물에 대해서 원산지증명서를 발급받은 후, 대만 대표부 (서울, 부산 소재)를 직접 방문하여 직인을 득한 후 대만으로 별도 송부

▶ 글로벌 ECO 서비스 이용 시 절차

가. uTradeHub를 통해서 발급받은 전자원산지증명서를 그대로 대만 측에 전송하여 수입통관에 활용 가능

나. 대만 대표부의 직인 획득절차 생략, 종이원산지 증명서 발급 생략 등에 따른 비용 절감 및 업무효율성 향상에 획기적으로 기여

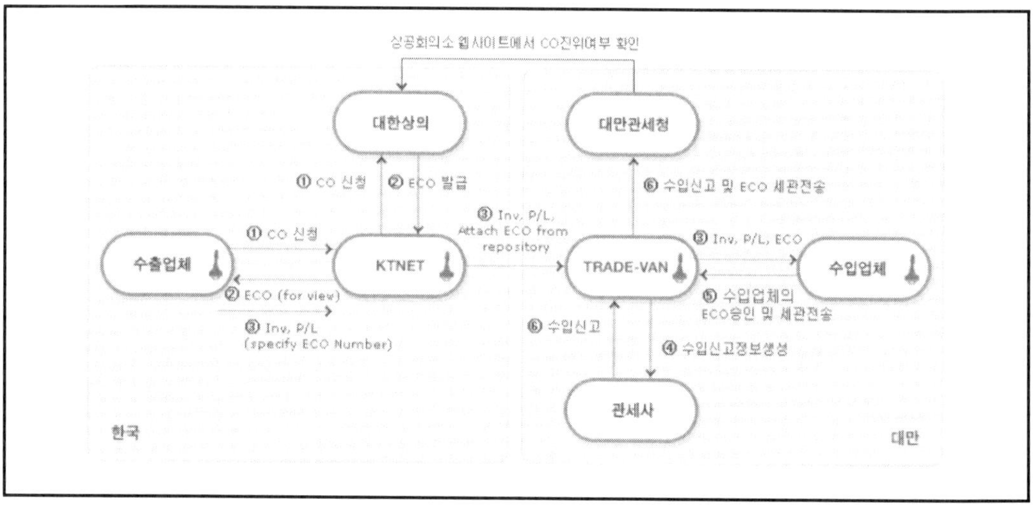

주) https://www.utradehub.or.kr/

제10장 전자무역과 대금결제

제1절 네고(NEGO)

네고(NEGO)란 수출업무 현장에 근무하는 분들이 주로 사용하는 용어로서, 매입의뢰(Negotiation)의 약어이다. 은행에 수출대금을 회수하기 위하여 일정한 무역서류를 갖추어 매입의뢰를 하는 것을 의미하고 있다. 네고란 수출대금회수를 의뢰하는 절차라 할 수 있다.

1. 신용장(L/C) 거래일 경우

신용장(L/C) 거래일 경우에는 수출업자는 신용장의 독립성과 추상성의 규정아래 L/C 상에서 요구되는 모든 서류를 구비하여 지정된 기간 내에 은행에 제출되어야 한다. 보통 구비되어야 하는 서류는 L/C 원본, B/L 원본 전통(3통), 환어음, 상업송장, 포장명세서, 원산지증명서, 검사증명서, 보험증권 등이다. 은행에 따라 추가적으로 요구되는 서류가 있을 수 있으며, 복사본 수량 또한 은행마다 차이가 있을 수 있다. 신용장(L/C)거래는 신용장통일규칙 600을 적용하고 있다. 신용장통일규칙 600(UCP600: Subject to uniform customs and practice for documentary credits, 2007 reversion, ICC publication No.600)을 보면 L/C은 독립성과 추상성이란 전제가 적용된다. 신용장통일규칙은 수출입 이해관계자들의 의무를 규정하고 있는 국제규칙이다. 독립성이란 L/C가 개설되었다면, 관계은행은 어떠한 사전의 계약과 관계없이 독립적으로 오로지 L/C 상에 있는 그대로 해석하고 적용한다는 것이며, 추상성이란 은행은 수출입 이해관계자로부터 접수받는 모든 신용장(L/C) 관련 서류에 대해서는 오로지 L/C 상에서 요구하는 서류의 일치 여부만을 확인하면 된다는 것이다. 즉, L/C 상에서 요구되는 서류의 일치를 확인만 하면 되는 것이지, 그 제출되는 서류와 계약물품 및 기타 행위까지 확인할 필요가 없다는 규정이다.

신용장의 개설절차를 살펴보면, 먼저 수출업자와 수입업자는 판매계약서를 체결하게 되는데, 이 계약서 안에 대금결제방법은 신용장거래로 하자고 되어 있다면, 개설의뢰인(Applicant, 수입업자)는 계약서에 의거 수입업자의 거래 은행(외환거래약정이 체결되고 이용하는 은행)에 수출업자를 수익자(Beneficiary)로 하는 L/C 개설요청서를 작성하여 제출한다. 이를 근거로 은행(개설은행: Issuing Bank)은 수출국에 있는 은행(통지은행:Advising Bank)에게 신용장를 송부하고, 통지은행은 수출업자에게 신용장이 개설되어 왔음을 통보한다. 수출업자는 일정한 신용장 수취수수료를 지급하고 신용장을 수령한다. 수출업자는 신용장에 있는 일정에 합당하게 계약물품을 준비하여 선적(발송)한 후 신용장상에서 요구하는 모든 무역서류를 구비하여 신용장 만기일 이전에, 은행(매입은행: Negotiation Bank)에 가서 수출대금회수(매입의뢰)를 신청하게 된다. 매입은행은 at sight 어음이라면 수출업자가 제시하는 모든 무역서류를 접수받은 일 익영업일부터 은행 제5영업일 이내에 심사하여, 이상이 없는 경우에는 수출대금을 지급하고, 제출된 무역서류를 인수한다. 이상이 있는 경우는 수출업자에게 관련된 무역서류를 재제출을 통보할 수 있으며, 심사는 일시 중단된다.(즉 중단일은 심사일에 포함되지 않는다). 수출업자는 통보일로부터 30일내에 관련 무역서류를 은행에 재제출하지 않으면 은행은 수출업자가 그 관련 무역서류를 제출하지 않은 것으로 간주한다. 그러므로 수출업자는 은행으로부터 재제출 통보를 받았다면, 30일 이내에 반드시 제출하도록 해야 한다. 매입은행은 확인된 무역서류를 개설은행에게 송부하고, 대금결제를 의뢰한다. 개설은행 또한 제출된 무역서류를 확인하고 신용장상과 일치하면 무역서류를 인수하고 수출대금을 송금한다. 개설은행은 무역서류가 은행에 도착되었음을 수입업자(Applicant, Importer)에게 통지하고 수입업자는 수입대금을 개설은행에 입금하고 개설은행으로부터 무역서류 일체를 인수받는다. 수입업자는 인수받은 무역서류를 통해 운송회사에 제출하고 계약물품을 인도받게 된다. 신용장(L/C)은 수출대금 수령 형태에 따라 구분한다면 기한부신용장(Usance)과 일람불신용장(at sight)로 구분할 수 있다. 기한부신용장이란 신용장상에 무역서류가 수입업자에게 인도된 후 일정기간이 지난 후에 대금결제가 이루어진다는 내용이 명기되어 있는 것을 말하며, 일람불이란 무역서류가 수입업자에게 인도될 때 함께 수입대금이 결제되는 것을 말한다. 신용상에 명기되는 단어들은 국제무역의 오랜 관습과 더불어 그 의미의 해석이 정의되어 사용되고 있다. UCP 600을 정독하여 규정을 숙지하기를 권고한다. 또한 전자무역시대에서 전자신용장 관련 전자무역서류를 작성하여 컴퓨터 등 정보통신기기을 통해 수출입 이해관계자들이 온라인으로 송수신할 때 그 규정을 정하고 있는, UCP 600 부록으로 e-UCP version 1.1이 있다. 이 또한 정독하여 규정을 숙지하기를 권고한다.

2. 수출대금 회수(NEGO) 절차

①수출물품의 통관 ▶ 선적 ⇒ ②화환어음 거래약정 체결 ⇒ ③화환어음 및 선적서류작성 ▶ 구비 ⇒ ④화환어음 매입의뢰 ⇒ ⑤매입서류검토 ⇒ ⑥매입대금의 지급

① 수출물품의 통관 ▶ 선적

② 화환어음 거래약정 : 최초거래시만 체결

▶ 주요내용

- 부대서류 및 화물은 매입 외국환은행의 어음채권 및 부대비용 지급의 담보
- 화환어음 및 부대서류의 운송 중 사고에 관한 처리방법 및 책임소재
- 화환어음이 부도 또는 인수거절 되었을 경우 처리절차 및 부대화물의 처리절차
- 기타 필요한 경우 담보의 제공 또는 환어음 대금의 상환 및 제비용의 부담문제 ☞ 선적

③ 화환어음 및 선적서류작성 ▶ 구비

▶ 선적서류가 신용장 조건과 일치하는지 여부

▶ 선적서류 상호간 모순된 사항이 있는지 여부

→ 매입심사 후 선적서류에 불일치나 하자가 없으면 신용장 뒷면에 매입일자, 매입번호, 금액, 은행명 등을 기재한 후 수출자에게 교부

→ 매입대금은 수수료, 무역금융 융자액 등을 공제한 후 수출자의 구좌에 대체입금 ☞ 매입금액

- 일람출급신용장(at sight)
  지급금액 : 매입금액(U$)×전신환매입율
  차감금액(환가료) : 매입금액(U$)×대고객매매기준율×표준우편일수/360×년 환가요율
- 기한부신용장(usance)
  지급금액 : 매입금액(U$)×전신환매입율
  차감금액(환가료) : 매입금액(U$)×대고객매매기준율×(표준우편일수+usance기간)/360×년 환가요율(일부 확정일 출급조건인 경우는 Usance 해당기간만 징구) ☞ 표준우편일수
  Direct매입분 : JPY, MYR, SGD, HKD, THB, IDR−7일, 그 이외 통화−8일
  Re-Nego : 3영업일(추가)
  <선적서류> • 기본서류① 계약서류 : 상업송장(Commercial Invoice)

▶ 운송서류 : 선하증권(Bill of Lading), 항공화물 운송장(Air Waybill)

▶ 보험서류 : 보험증권(Insurance Policy) 또는 보험증명서(Insurance Certificate)

• 송장보충서류① 포장명세서(Packing List)

▶ 검사증명서(Inspection Certificate)

• 영사서류① 원산지증명서(Certificate of Origin)

▶ 영사송장(Consular Invoice)

▶ 세관송장(Customs Invoice)

• 기타서류① 수익자증명서(Beneficiary's Certificate)

▶ 매입의뢰시 구비서류

- 수출환어음 매입신청서
- 수출신용장 원본
- 환어음
- 신용장에서 요구하는 선적서류 일체
- 수출신고필증
- 기타 필요한 서류

▶ 매입시 주의사항

- 매입은행이 지정되어 있는 경우 지정된 은행에서 매입절차를 진행해야 하며, 지정은행이 아닌 수출상의 거래은행에 매입을 의뢰할 경우 필히 재매입(re-nego) 절차를 거쳐야 한다. 1차 매입은행은 엄밀한 의미에서 지정된 매입은행(재매입은행)에 매입을 의뢰하는 은행이다.
- 서류 네고는 서류제시기간 이내로서 유효기일 이내에 제시되어야 한다. 즉 두 가지 기일을 동시에 충족시켜야 한다.
- 지급, 연지급, 인수, 매입을 위하여 은행이 지정된 경우 지정은행이 아닌 수익자의 거래은행에 유효기일까지 서류를 제시하면 하자가 된다. 그러므로 수익자는 어떠한 경우라도 유효기일 이내에 지정은행으로 서류를 제시하여야 한다.
- 유효기일이 은행의 영업일이 아닐 경우, 그 다음 영업일까지 유효기일이 연장된다.

④ 화환어음 매입의뢰 ⇒ ⑤ 매입서류검토

▶ 은행의 매입절차

- 서류의 접수 : 접수증 발급
- 기장 : 은행비치 매입대장에 기록

- 신용장 조건과 일치여부 및 서류 상호간의 모순여부 조사
- 보완지시 : 송장, 어음 등 수출자의 노력으로 정정이 가능한 서류에서 사소한 실수를 발견한 경우
- 매입이행 : 신용장액면 금액에서 무역금융금액, 제수수료·이자 등을 공제한 잔액을 수출자 계정에 입금시킨 후 계산서만 수출자에게 발급함(이때 신용장 원본은 그 뒷면에 매입사실을 기재한 후 수출자에게 되돌려 줌)
- Covering Letter 작성 : 결제은행(개설은행 등)에 서류를 송부할 때 첨부하는 송부서류의 겉장이다. 매입사실, 서류의 명세, 검토의견, 상환청구이행여부 등에 관한 사항을 지정서식에 표시
- 서류의 발송 : 분실 등에 대비하여 서류를 2조로 나누어 각각 다른 항공편으로 2회에 걸쳐 발송하는 것이 보통이나, 이것은 신용장의 지시대로 이행해야 한다.
- 상환요청서 발송 : 실제로 대금을 지급할 은행에 발송 신용장 상에 Reimbursing Bank가 기재되어 있는 경우에는 선적서류는 개설은행으로 송부하고, T/T Reimbursing acceptable인 경우 상환은행에 T/T로 상환을 요청하고 T/T Reimbursing not acceptable인 경우 상환용 어음만 발송한다. 매입제한신용장하에서 거래은행이 지정은행이 아닌 경우에는 서류전체를 매입제한은행으로 발송하여 재매입(re-nego) 신청
  송금신용장인 경우에는 개설은행에 매입은행의 계좌를 통보한다.

▶ 하자있는 선적서류의 매입

- 매입은행은 선적서류가 L/C조건과 일치하지 않을 경우 매입의뢰인의 신용도에 따라 다음 방법 중 하나를 선택하여 처리한다.
- L/C를 선적서류에 맞추어 Amend한 후 매입하는 방법(Amend 후 Nego)
- L/C개설은행 앞으로 하자내용을 통보하여 매입여부를 전신으로 조회한 후 매입하는 방법 전신조회 후 매입(Cable Nego)
- 환어음을 추심한 후 대금이 입금되었을 때 지급하는 방법(Collection Basis)
- 개설은행이 대금지급 거절시 수출자가 책임진다는 각서(확인서)를 징구한 후 매입하는 방법 (L/G Nego)

  ※ L/G Nego시 수출자는 개설은행이 개설의뢰인(수입자)에게 하자서류에 대한 협상권(개설 의뢰인의 클레임 포기, 즉 Waiver 협상)을 행사한다는 전제하에 수입자로부터 선적서류 하자에도 불구하고 대금을 결제한다는 L/G(Letter of Guarantee)를 받고 매입을 의뢰하는 것이다. 이때 수출자가 매입은행에 제시하는 각서(확인서)는 보상장(Letter of Indemnity)이다.

▶ 선하증권(Bill of Lading)통상적으로 신용장이 요구하는 선하증권의 조건

- Full Set : B/L은 분실의 위험 등을 감안하여 일반적으로 3통이 발행되며, 선박회사는 그 중 1통만 제시하면 화물을 인도하므로 개설은행은 당해물품을 담보로 확보하기 위해 통

상 Full Set(3통)를 요구

- Clean B/L : 화물의 외관상 완전한 상태로 적재되었다는 것을 표시한 것, 반대로 Foul B/L(Dirty B/L)은 운송회사가 포장 등 외관상 불완전한 화물을 인수하였음을 B/L상에 기재한 것으로 Foul B/L은 은행에서 수리를 거절한다. 참고로 컨테이너 운송 시 FCL 화물인 경우 운송회사는 화물의 상태를 알 수 없는 경우가 많은 바, 이 경우 운송회사는 B/L상 물품의 명세란에 운송인 면책을 의미하는 "Shipper's Load & Count"라는 不知약관을 표시. 이러한 B/L도 Clean B/L 로 간주한다.
- On Board B/L : 선하증권은 선적 B/L(Shipped B/L)과 수취 B/L(Received B/L)이 있으며, Received B/L인 경우에 향후 선적부기(On Board Notation)를 추가한 선하증권을 말한다. 운송 관행상 운송인은 화물이 CY에 도착한 후에는 화물에 대한 관리·통제권이 없으므로 CY 도착 후부터 본선적재가 완료되는 시점에 On Board Notation을 추가하여 On Board B/L을 발행하고 있다.
- Order B/L : 수화인(Consignee)의 배서에 의하여 화물을 인도할 수 있는 선하증권. 신용장거래시엔 통상 선하증권 상의 수화인을 개설은행 지시식(To order of 개설은행)으로 발행한다.
- Notify Party : 일반적으로 L/C 개설신청자인 수입자가 되며 화물이 도착하면 운송회사는 Notify Party 앞으로 Arrival Notice를 한다. ☞ 선하증권 대체 운송서류B/L을 대신하는 운송서류로서는 복합운송서류(Combined Transport Documents), 항공화물 수취증(AWB, Air Waybill), 우편소포수령증(Parcel Post Receipt), 화물수령증(Cargo Receipt) 등이 있다. 그러나 이들은 L/C상에 특별히 요구되지 않는 한 수리가 거절되며, 개설은행은 개설은행을 운송서류의 수취인으로 지정하여 물적 담보를 취하는 것이 통례이다.

▶ 신용장 통일규칙 제6차개정(UCP600)에서 운송서류를 운송방식에 따라 해상선하증권, 비유통 해상운송장(Sea Waybill), 용선운송 계약부 선하증권(Charter Party B/L), 복합운송서류, 항공운송서류, 철도/도로/내수로 운송증권, 송달인/우편수령 증 등으로 세분화

- 해상선하증권 및 비유통 해상운송장의 경우에는 운송인, 선장 또는 대리인이 서명 또는 인증한 운송서류를 수리.
- 신용장이 허용한 경우 용선운송계약부 선하증권(Charter Party B/L)은 선장, 선주 또는 대리인이 서명 또는 인증한 운송서류를 수리
- 복합운송서류의 경우 운송인, 복합운송인 또는 그들의 대리인 또는 선장이나 그 대리인이 서명 또는 인증한 서류를 수리
- 항공운송서류 및 도로/철도/내수로 운송서류의 경우 운송인이나 대리인이 서명 또는 인증한 운송서류를 수리

- 기타 송달인 또는 송달인이 Stamp, 서명 또는 기타의 방법으로 인증한 송달 또는 우편수령증을 수리 ☞ 운송주선인 발행의 운송서류 수리여부운송인이나 복합운송인 또는 그 대리인으로서의 자격이 명시되지 않은 「운송주선인 발행의 운송서류」는 비록 「FIATA 복합운송서류」일지라도 수리를 거절, 즉 신용장에서 해상선하증권(Marine 또는 Ocean B/L)을 요구하고 있는 경우 순수한 운송주선인의 B/L, 즉 House B/L은 수리가 불가하다. 선하증권을 발행하는 운송인이 명기되어 있는 상태에서 대리인의 자격이 표시된 경우에 한하여 수리

▶ 보험증권(Insurance Policy)

- B/L에 기재된 상품의 위험을 담보할 것
- 보험금 청구권이 은행으로 양도되어 있을 것
- 최저 부보금액으로 신용장금액의 110%를 커버할 것
- 부보일자가 B/L상의 선적일자 이전일 것

▶ 상업송장(Commercial Invoice)

- 거래 당사자간의 계약서류로서 수출자에게는 물품대금 청구서, 수입자에게 매입물품 명세서의 역할을 하는 서류이다. 따라서 상업송장은 반드시 매도인이 매수인 앞으로 발행하여야 한다.

※ 작성시 유의사항
① L/C개설의뢰인 앞으로 발행할 것
② L/C상의 물품명세와 동일할 것
③ 신용장번호, 수익자, 수화인, 선박명, 목적지, 작성자의 서명이 정확할 것

▶ 환어음(Bill of Exchange)국제 상거래시 수출자가 수입자에게 채권금액 전액을 지명인 또는 소지인에게 일정한 기일 및 장소에서 무조건 지급할 것을 위탁하는 요식의 유가증권으로서 무역거래시 제1질권으로 인정됨(제2 질권은 선하증권)

※ 필수기재사항
필수기재사항은 한 가지라도 누락되면 법적효력이나 구속력을 갖지 못함(어음법 제1조)
- 환어음임을 표시하는 문자
- 일정금액을 지급할 뜻을 무조건 위탁
- 지급인의 명칭
- 만기의 표시(만기 표식이 없는 경우는 일람불어음으로 봄; 어음법 제2조 2항)
- 지급지(지급지의 기재가 없는 때는 지급인의 명칭에 부기한 곳; 어음법 제2조 3항)
- 지급을 받을 자 또는 지급 받을 자를 지시할 자의 명칭
- 발행일과 발행지(발행지의 기재가 없는 때는 발행인의 명칭에 부기한 곳; 어음법 제2조 4항)
- 발행인의 기명날인 또는 서명

※ 임의기재 사항
임의기재 사항은 어음효력에는 영향을 미치지 않으나 어음의 성격이나 내용을 명확히 하기 위한 사항이다.
- 환어음의 번호
- 신용장 또는 계약서 번호
- 환어음 발행매수 표시 등

▶ 개설의뢰인 앞 환어음발행 금지

수익자는 개설은행, 확인은행 또는 상환은행, 인수은행 등 지정은행 앞으로 환어음을 발행해야 하며, 개설의뢰인 앞으로 발행할 수 없다. 그럼에도 불구하고 신용장에서 개설의뢰인 앞 환어음 발행을 지시한 경우 은행은 이러한 환어음을 제1질권으로서의 환어음으로 인정하지 않고 「단순한 추가서류」로만 간주한다.

3. 신용장거래 외 방법

신용장외 대금결제 방법 중에 전신환송금(T/T : Telegraphic transfer) 방법이 있는데, 이 방법은 전신환에 해당하는 방식으로 은행에 수입업자가 송금을 해달라고 요청을 하면 수출업자의 은행에게 전신의 방법으로, 즉 SWIFT시스템을 통해 지급은행에게 대금을 송금처리하도록 하는 것을 말한다. 따라서 수출업자의 은행이름, 은행주소, 계좌번호, 해당은행의 Swift BICs[216] 등의 정보를 알고 있어야 한다. 즉 수입업자가 은행에 가서 외국환송금 신청서에 수출자명, 수출자계좌번호, 해당은행식별코드, 송금금액 등을 작성하여 제출하면, 수입업자 계좌잔액에서 수출업자 계좌로 대차되는 방법이다. 이는 수출업자와 수입업자의 두터운 신뢰관계 속에서 이루어지며, 보통 수입 총금액의 60%~80%를 수입물품을 수령하기 전에 송금하고, 계약물품을 수령한 후 잔액을 송금하는 방법으로 이루어지고 있다. 이 외에도 추심결제방식(D/A[217], D/P[218]), 송금방식[219], 포페이팅(Forfeiting)방식[220], 팩토링

216) SWIFT란 국제은행간통신협회(Society for Worldwide Interbank Financial Telecommunications)의 약자인데 벨기에에 본부를 두고 있는데, 즉 본협회의 세계 금융망(http://www.swift.net)을 통해 발급받은 식별코드로, 다른말로 BIC(Bank Identifier Code) 즉, 은행식별코드라 부른다. ISO 9362(SWIFT-BIC, BIC코드, SWIFT ID, SWIFT코드)로 명명된 국제표준화기구(ISO)에 의해 승인된 금융기관 식별코드(BIC)이다. 영,숫자로 이루어진 11자리로 구성되는데 금융기관코드(4)+국가코드(2)+도시코드(2)+지점코드(3)으로 구성된다. 금융기관 부분의 경우 해당 금융기관의 약어가 보통 사용되며, 국가코드는 한국의 경우 KR이고 일본은 JP. 서울은 SE,S1,SX로 사용된다. 만약 지점코드 부위에 XXX라고 되어 있으면 그건 본점을 의미한다. 예를 들어 한국은행은 'BOKRKRSE' 표시하는데, 즉 Bank Of KoRea, KoRea, SEoul 명칭 부분을 따서 인증한 구조이다.

217) D/A(Documents against Acceptance)란 추심은행이 기한부 화환어음을 송부받아 어음지급인에 대하여 어음의 인수와 동시 운송서류를 인도하는 조건을 말한다. 어음지급인인 수입상은 이러한 D/A어음을 받았을 경우 어음대금을 지급하지 않고 어음인수만으로써 운송서류를 인도받으며 수입상은 어음기일 이내에 수입화물을 매각하여 그

방식[221], 보증신용장(standby credit)[222]등이 이용되고 있다.

대금으로 동 어음을 결제할 수 있기 때문에 금융상의 편의를 받게 되는 방식이다. 즉 신용장거래 방식과 비슷하나, 개설은행이나 매입은행 등 관계은행의 책임이 없다. 수출업자와 수입업자 당사자들의 판매계약서에 의거하여 수출업자가 무역서류를 구비하여, 주거래 은행에 제시(추심의뢰)하면, 은행(추심의뢰은행)은 수수료를 수령하고, 지시된 은행(추심은행)으로 송부하여 준다. 추심은행은 송부된 무역서류를 지급인(수입업자)에게 수출대금결제를 의뢰하는 방식이다. D/A는 Usanc L/C처럼 무역서류를 수입업자가 수령받고 일정기간이 지 난후에 수입대금을 결제하는 형식을 가지고 있는 조건을 의미한다.(https://www.kita.net/ 참조)

218) D/P(Documents against Payment)란 수출상이 화물을 선적하고 구비된 운송서류에 일람출급 환어음을 발행 첨부하여 거래은행을 통하여 수입국의 추심은행 앞으로 어음대금을 추심의뢰하면 추심은행은 수입상에게 어음을 제시하여 수입대금의 일람지급과 동시에 운송서류를 인도하는 거래방식이다. 즉 D/A 조건과 같으나, 차이점은 at sight L/C처럼 추심은행이 수입업자에게 무역서류를 제시(추심)하였을 때 수입업자가 무역서류 수령과 함께 수입대금을 결제하는 방식을 가지는 조건을 말한다.(https://www.kita.net/ 참조)

219) (1) 사전송금방식 (Advance Remittance) : 수출대금 전액을 수출물품의 선적전에 외화로 미리 송금받는 방식이다. 수출물품을 선적하기도 전에 수출대금을 미리 받고 물품은 일정기간 이내에 선적해 주는 거래방식이다. 이와 같은 방식의 거래는 수출자에게만 일방적으로 유리하다. (https://www.kita.net/ 참조)

(2) Open account 방식 : Open account 방식은 사후송금과 유사하나 수출자가 수입자에 대하여 가지고 있는 수출채권을 수출선적 직후에 거래은행에 매각하고 거래은행은 만기에 수입자로부터 대금을 송금받는 대금결제 방식이다. 주로 신용도가 높은 대기업간 거래나 본지사간 거래에 많이 사용되고 있다.(https://www.kita.net/ 참조)

(3)현물상환방식(COD : Cash On Delivery) : 수입자가 소재하는 국가에 수출자의 지사나 대리인이 있는 경우, 수출자가 물품을 지사 등에 송부하면(B/L상 Consignee가 수출자 지사 등의 지시식으로 기재됨) 수입자가 물품의 품질 등을 검사한 후 물품과 현금을 상환하여 물품대금을 송금하는 방식의 거래. 주로 귀금속 등 고가품으로서 직접 물품을 검사하기 전에는 품질 등을 정확히 파악하기 어려운 경우에 많이 활용한다. (https://www.kita.net/ 참조)

(4) 서류상환방식(CAD : Cash Against Documents) : 수출자가 물품을 선적하고 수입자 또는 수출국에 소재하는 수입자의 대리인이나 지사에게 선적서류를 제시하면 서류와 상환하여 대금을 결제하는 방식의 거래. 통상 수입자의 지사나 대리인등이 수출국내에서 물품의 제조과정을 점검하고 수출물품에 대한 선적전검사를 행하며, 대리인 등이 없는 경우 은행을 활용하기도 함(유럽식 D/P거래) (https://www.kita.net/ 참조)

220) Forfaiting 방식 : 포페이팅 방식은 수출상이 현금을 대가로 미리 받고 Forfaiter에게 외상채권을 양도한다는 의미이며 상환청구권 없는(Without Recourse) 조건으로 수출환어음을 매입하는 금융기법으로서 수출입 거래방식이라기 보다는 국제금융기법의 일종이다. 일반적으로 수출시점으로부터 수출대금의 회수기간까지의 기간이 장기인 경우, 수입국가의 위험도가 높은 새로운 시장을 개척하려는 경우, 신용도가 낮은 업체와 거래할 때 적합한 무역금융기법이다. Forfaiting 거래란 수출상이 수입상에게 받을 장기외상채권(1년이상 10년까지)을 Forfaitor에게 소구권을 행사하지 않는 조건으로, 고정금리부로 할인판매하고, Forfaitor는 수입상 거래은행이 발행한 지급보증서나 지급확약(Aval, 수출상이 발행한 환어음이나 수입상이 발행한 약속어음 뒷면에 수입상 거래은행이 지급을 보증한다는 문구를 기입한 문서)을 믿고 이 외상채권을 매입한 후 채권 만기에 원리금을 받는 방식이다. 포페이팅방식은 수입상 또는 개설은행의 지급불능위험의 회피, 담보제공 불필요 및 여신한도에 포함되지 않으므로 자금조달 여력 제고 효과가 있다. (https://www.kita.net/ 참조)

221) 팩토링방식이란 수출상은 대금회수의 안전문제 때문에 신용장 거래를 원하지만 수입상은 상품의 품질보장 등을 이유로 신용장 거래를 기피하고, 수출상은 일람지급거래를 원하나 수입상은 외상거래를 희망할 때, 대금결제에 대한 양자의 요구사항을 모두 수용하기 위해 만들어낸 국제금융기법의 일종이다. 국제팩토링(International Factoring)은 국제팩토링기구에 가입한 회원(팩터)의 신용을 바탕으로 이루어지는 무신용장방식의 거래로서 팩터링회사(Factor)가 수출상과 수입상의 사이에서 신용조사 및 신용위험의 인수(지급보증), 전도금융의 제공, 외상채권의 회수, 기타 업무대행 등의 서비스를 제공하는 일련의 금융서비스를 의미한다. 즉, 무신용장방식인 O/A, D/A 등 후불 결제방식에 수입팩터의 "신용승인"이 첨가되는 거래이며, 신용승인(Credit Approval)이란 수입상이 자금부족, 파산 등의 재무상 이유로 수입팩터링 채무를 이행하지 못하는 경우에 수입팩터가 그 대금을 내신하여 지급힐 깃을 악속히는 일종의

제2절 전자신용장과 eUCP V1.1

UCP500은 1993년 제정되어 UCP600으로 개정될 때까지 사용되어 왔다. 디지털 정보통신의 인프라 발전은 국제무역의 업무수단 또한 변화시켜 컴퓨터 등 정보통신기기 등을 주로 업무에 활용하게 됨으로써, 종이서류에 기반을 둔 UCP500의 조항에서 자세히 다루고 있지 않은 전자적(Electronic) 신용장 업무 당사자들의 책임 및 권리 부분에 대해서 보충적인 설명이 필요하게 되었다. 이에 2000년 5월 24일 파리에서 개최된 회의에서 금융기술 및 관행에 관한 위원회의 장래에 대한 데스크포스(Task force on the future of the commission on banking technique and practice)가 전자거래에 관한 논의를 시작함으로써, 종이서류에 기초를 두고 있는 UCP500과 전자신용장에 대한 연결고리의 필요성에 합의하여, 2001년 11월 은행위원회 회의에서 투표로 UCP500을 보충(Supplement)하기 위한 부칙으로 eUCP Version 1.0를 승인하였고, 2002년 4월 1일부로 발효되었다.[223] 2003년 5월 국제상공회의소(ICC)는 UCP500에 대해서 개정작업에 착수하여 2006년 10월 25일 91대 0의 만장일치의 표결에 의하여 ICC 은행위원회의 승인을 받았다[224]. 그리고 eUCP Version 1.1도 논의되어 2007년 2월 15일 제정되어, UCP600과 함께 2007년 7월 1일부로 발효되어 사용되고 있다. eUCP Version 1.1의 내용에 대하여 각 조항의 원문을 인용하고, 그 조항을 항목별로 해석해 봄으로써 내용을 확인해 보자.

보증서이다. 우리나라에서는 수출입은행 등이 국제팩터링 업무를 취급하고 있다. (https://www.kita.net/ 참조)

222) 보증신용장(standby credit)은 수출입거래에 수반되는 상품대금의 결제를 목적으로 하는 화환신용장(documentary credit)과 달리 금전대차 또는 채무보증 등과 관련하여 신용장 개설은행이 지급보증상대은행으로 하여금 특정인에게 금융지원 또는 채무보증 등을 이행하도록 하고, 특정인이 만기에 채무의 상환을 하지 않을 경우에 지급을 대신 이행하겠다는 내용을 기재한 약속증서로 특수한 무화환신용장(clean credit)이다. 일반적으로 보증신용장은 해외현지법인이나 지점 또는 관련 거래선이 자국 상사의 물품수입과 관련하여 현지은행에 현지금융담보의 조건이나 건설, 용역 및 플랜트수출과 관련한 입찰보증, 계약이행보증, 하자보증, 선수금환급보증 등에 대한 지급보증서의 대용으로 개설은행이 수익자 앞으로 발행하여 개설의뢰인이 채무의 상환 등을 이행하지 않을 경우에 수익자가 거래은행에서 보증금액을 받을 수 있도록 발행하여 사용되고 있다.(https://www.kita.net/ 참조)

223) 최석범, "UCP와 eUCP의 주요내용 비교에 관한 연구", 통상정보연구, 제4권 제1호, 2007.7, pp.43-45.

224) "제6차 개정 신용장통일규칙(UCP600)의 주요내용에 관한 연구", 한국무역상무학회지, 제33권, 2007.2, pp.63-65.

Article e1 : Scope of the UCP Supplement for Electronic Presentation [225] (eUCP) 전자적제시를 위한 UCP보충판의 범위

a. The Supplement to the Uniform Customs and Practice for Documentary Credits for Electronic Presentation ("eUCP") supplements the Uniform Customs and Practice for Documentary Credits (2007 Revision ICC Publication No. 600,) ("UCP") in order to accommodate presentation of electronic records alone or in combination with paper documents.

제1조 a.항에서 "전자적제시를 위한 화환신용장에 관한 통일규칙 및 관례의 보충판"으로 구체적으로 명기하였다. 이는 V1.1은 UCP600의 보충판임을 더욱 명확히 표현한 것이다.

b. The eUCP shall apply as a supplement to the UCP where the credit indicates that it is subject to eUCP.

b.항에서 신용장이 eUCP의 준수를 표시하고 있는 경우, eUCP는 UCP의 보충판으로 적용된다.

c. This version is Version 1.1. A credit must indicate the applicable version of the eUCP. If it does not do so, it is subject to the version in effect on the date the credit is issued or, if made subject to eUCP by an amendment accepted by the beneficiary, on the date of that amendment.

c.항에서 V1.1에 "accepted by the beneficiary"가 삽입되었다. 즉, 이번 버전은 1.1버전이다. 신용장은 eUCP의 적용가능한 버전을 표시 해야만 한다. 만일 버전을 표시하지 않은 경우, 신용장이 발행된 날짜에 유효한 버전의 적용을 받고, 또는 수익자에 의해 승낙된 조건변경에 의해서 eUCP의 적용을 받게 되는 경우에는 조건변경일자에 유효한 버전이 적용된다.

Article e2 : Relationship of the eUCP to the UCP e-UCP와 UCP의 관계

a. A credit subject to the eUCP ("eUCP credit") is also subject to the UCP without express incorporation of the UCP.

---

225) http://skanil.blogspot.com/2007/02/eucp-v11-supplement-to-ucp-600.html eUCP V1.1 자료

제2조 a.항에서 eUCP를 준수하는 신용장(eUCP신용장)은 UCP적용의 표시가 없어도 UCP를 준수한다.

> b. Where the eUCP applies, its provisions shall prevail to the extent that they would produce a result different from the application of the UCP.

b.항에서 it 대신에 they로 수정되었다. it 이란 "그것은"으로 해석할 수 있는, 단수의 의미가 있는 단어이다. 그러므로 eUCP를 적용하고 있다고 할 때에, eUCP 문서가 한 건(단수)만이 이루어지는 것이 아니라, 많은 eUCP 문서가 발생할 수 도 있다. 그렇기 때문에, 버전 1.1에서는 복수의 의미를 가지고 있는 "they"로 수정되었다. eUCP를 적용하는 경우에는, UCP적용 결과와 다른 결과가 나와도 그것들은 eUCP조항을 적용해야한다.

> c. If an eUCP credit allows the beneficiary to choose between presentation of paper documents or electronic records and it chooses to present only paper documents, the UCP alone shall apply to that presentation. If only paper documents are permitted under an eUCP credit, the UCP alone shall apply.

c.항에서 a 대신에 an 으로 수정되었다. a, an은 많은 동종의 것 중 대표적인 한 예를 가리킬 때 쓰이며, 보통 번역하지 않고, 뒤에 오는 단어의 음에 따라 구분표기 하는 단어이다. 만일 eUCP신용장이 수익자에게 전자기록과 종이서류의 제시를 선택할 수 있도록 허용하고 수익자가 종이서류의 제시만을 선택한 경우에는, 그 제시에 대해서는 UCP만 적용된다. 만약 eUCP신용장이 종이서류만을 허용한 경우에도, UCP만 적용된다.

Article e3 : Definitions 정의

> a. Where the following terms are used in the UCP, for the purposes of applying the UCP to an electronic record presented under an eUCP credit, the term:

제3조 a.항에서 eUCP신용장 하에서 제시된 전자기록을 UCP에 적용시킬 목적으로, 다음의 조건들이 UCP에서 사용되고 있는 경우에, 그 용어의 의미는 아래와 같다.

> i. appear on their face and the like shall apply to examination of the data content of an electronic record.

"문면에 나타난" 및 그와 유사한 용어는 전자기록의 데이터 내용 심사에 적용한다.

ii. document shall include an electronic record.

"서류"는 전자기록을 포함한다.

iii. place for presentation of electronic records means an electronic address.

전자기록의 "제시장소"는 전자주소를 의미한다.

iv. sign and the like shall include an electronic signature.

"서명" 및 유사조건은 전자서명을 포함한다.

v. superimposed, notation or stamped means data content whose supplementary character is apparent in an electronic record.

"첨부", "표기", "스탬프"는 전자기록 내에 보충적 성격이 명백한 데이터 내용을 의미한다.

b. The following terms used in the eUCP shall have the following meanings:

eUCP에 사용되는 다음의 조건은 다음의 의미를 갖는다:

i. electronic record means

"전자기록"은

- data created, generated, sent, communicated, received or stored by electronic means

전자수단에 의해 데이터가 생성, 발생, 송신, 전달, 수신 또는 저장되고

- that is capable of being authenticated as to the apparent identity of a sender and the apparent source of the data contained in it, and as to whether it has remained complete and unaltered, and

송신자의 신분, 전자기록에 포함된 데이터의 분명한 출처, 또한 완전하고 변조되지 않았음을 분명히 확인하는 인증이 가능해야 하고

- is capable of being examined for compliance with the terms and conditions of the eUCP credit.

c.항에서 is able to be~ 가 is capable of being ~ 로 바뀌었다. 의미상으로는 크게 다르지 않으나, is capable of being ~ 은 is able to be~ "심사받아질 수 있어야 한다"라는 의미에서, "심사를 받을 수 있는 능력 상태를 갖추고 있어야만 한다"라는 의미로 확장되었다. 그리고 본 조항은 eUCP 하에서 이루어지고 있는 내용을 묘사하고 있기 때문에, 혼동을 방지하고자 the credit.을 the eUCP credit으로 명확히 하였다. eUCP 신용장의 조건과 일치함을 심사 받을 수 있는 능력의 상태에 있어야 한다.

ii. electronic signature means a data process attached to or logically associated with an electronic record and executed or adopted by a person in order to identify that person and to indicate that person's authentication of the electronic record.

ii. 전자서명은 전자기록을 인증한 사람의 신원을 확인하기 위하여 인증한 사람이 실행하거나 채택하여 전자기록에 첨부하거나 전자기록과 논리적으로 연관된 데이터 프로세스를 의미한다.

iii. format means the data organization in which the electronic record is expressed or to which it refers.

iii. 형식은 전자기록을 표현하거나 참고하는 데이터 구조를 의미한다.

iv. paper document means a document in a traditional paper form.

iv. 종이서류는 전통적인 종이형태의 서류를 의미한다.

v. received means the time when an electronic record enters the information system of the applicable recipient in a form capable of being accepted by that system. Any acknowledgement of receipt does not imply acceptance or refusal of the electronic record under an eUCP credit.

v.항에서 "eUCP신용장에 지정된 수신인(the recipient designated in the eUCP Credit)"이 "적용가능한 수신인(the applicable recipient)"으로 변경되었다. 그리고 the eUCP Credit을 an eUCP credit.으로 수정하였다. the의 의미는 정관사로써 어떤 지정 개체를 명확히 나타낼 때(예 고정명사) 주로 쓰이는 반면에, a(an)은 부정관사로 그 개체의 대표성을 띠고 있다. 즉, 버전 1.1에서는 부정관사(an)로 수정함으로써 eUCP 신용장이 어떤 명확한 1건의 신용장을 의미한다기보다는 발행되는 모든 eUCP 신용장을 표현하고자 했다.

"수신된"은 전자적 기록이 적용가능한 수신인의 정보시스템에 접수가 가능한 형태로 입력되는 시간을 의미한다. 어떠한 수신확인도 eUCP 신용장 하의 전자기록의 인수 혹은 거절을 의미하지 않는다. 즉 전자적으로 자료를 수신하였다는 것을 의미하지 전자문서의 내용에 대한 확인을 통한 그 전자문서의 인수 및 거절을 의미하지 않는다. 한국의 전자거래기본법에서도 수신된 전자문서에 대하여 독립성을 명시하고 있다.

전자거래기본법[일부개정 2008.3.21 법률 제8979호]

제8조(수신한 전자문서의 독립성)

수신한 전자문서는 문서마다 독립된 것으로 본다. 다만, 수신자가 작성자와 합의된 확인절차를 따르거나 상당한 주의를 하였더라면 동일한 전자문서가 반복되어 송신된 것임을 알 수 있었을 경우에는 그러하지 아니하다.

Article e4 : Format 형식

An eUCP credit must specify the formats in which electronic records are to be presented. If the format of the electronic record is not so specified, it may be presented in any format

제4조에서 the eUCP Credit을 an eUCP credit.으로 바뀌었다. 이 조항 또한 버전 1.1에서는 부정관사(an)로 수정함으로써 eUCP 신용장이 어떤 명확한 1건의 신용장을 의미한다기보다는 발행되는 모든 eUCP 신용장을 의미하고자 하였다. eUCP신용장은 제시되어야 할 전자적 기록의 형식을 명시하여야 한다. 전자기록의 형식을 명시하지 않은 경우 전자기록은 어떤 형식으로든 제시되어질 수 있다.

Article e5 : Presentation 제시

a. An eUCP credit allowing presentation of:

제5조에서는 An eUCP credit allowing presentation of:을 옮기었다. 전자기록의 제시를 허용하는 eUCP 신용장은 다음과 같다.

i. electronic records must state a place for presentation of the electronic records.

i항에서 A eUCP Credit allowing presentation of을 a.항으로 옮겨 통일성을 준 것이며, 의미는 변하지 않았다. 전자기록의 제시장소를 명기하여야만 한다.

ii. Both electronic records and paper documents must also state a place for presentation of the paper documents.

ii항에서 A eUCP Credit allowing presentation of을 a.항으로 옮겼고, of the electronic records and를 삭제하고, 버전 1.1에 also를 첨가하여 통일성을 주었으며, 의미는 변하지 않았다. 전자기록과 종이서류 양자의 제시는 또한 종이서류의 제시장소를 명기해야만 한다.

b. Electronic records may be presented separately and need not be presented at the same time.

b.항에서 전자기록은 분리되어 제시될 수 있으며 동시에 제시될 필요는 없다.

c. If an eUCP credit allows for presentation of one or more electronic records, the beneficiary is responsible for providing a notice to the bank to which presentation is made signifying when the presentation is complete. The notice of completeness may be given as an electronic record or paper document and must identify the eUCP credit to which it relates. Presentation is deemed not to have been made if the beneficiary's notice is not received.

c.항에서 버전 1.1에서 수익자의 의무사항을 더욱 명확히 한 점이다. the Beneficiary must provide를 the beneficiary is responsible for providing로 수정하여, "수익자가 통지를 해야만 한다"를 "수익자가 통지해야할 의무를 가진다"로 의미를 명확하게 했다. 그리고 The notice of completeness may be given as an electronic record or paper document and must identify the eUCP credit to which it relates.(완료통

지는 전자기록으로 하며 또는 종이서류일 경우는 그 전자신용장(the eUCP credit)과 관계된 것을 입증하여야만 한다)를 추가 삽입하였다.
eUCP신용장이 하나 혹은 그 이상의 전자기록의 제시를 허용하는 경우, 수익자는 제시가 완료된 때 은행에 통지해야할 의무가 있다. 완료통지는 전자기록으로 하며 또는 종이서류로 할 경우는 그 전자신용장(the eUCP credit)과 관련된 것임을 입증하여야만 한다. 수익자의 통지가 접수되지 않은 경우에는 제시가 이루어 지지 않은 것으로 간주된다.

i. Each presentation of an electronic record and the presentation of paper documents under an eUCP credit must identify the eUCP credit under which it is presented.

d.항에서 그 의미하는 뜻을 명확하게 하기 위해서 문장을 줄였다. eUCP 신용장하에서 종이서류 제시와 전자기록 제시는 각각 eUCP신용장에 의해 제시되었음을 밝혀야 한다.

ii. A presentation not so identified may be treated as not received.

ii.항에서 그렇게 밝히지 않은 제시는 수신되지 않은 것으로 취급한다.

e. If the bank to which presentation is to be made is open but its system is unable to receive a transmitted electronic record on the stipulated expiry date and/or the last day of the period of time after the date of shipment for presentation, as the case may be, the bank will be deemed to be closed and the date for presentation and/or the expiry date shall be extended to the first following banking day on which such bank is able to receive an electronic record. If the only electronic record remaining to be presented is the notice of completeness, it may be given by telecommunications or by paper document and will be deemed timely, provided that it is sent before the bank is able to receive an electronic record.

e.항에서 but is를 but its system is으로 수정하였다. V1.0에서 주어는 the bank가 되지만, the bank system으로 된 것이다. 그리고 V1.1에서 If the only electronic record remaining to be presented is the notice of completeness, it may be given by telecommunications or by paper document and will be deemed timely, provided that it is sent before the bank is able to receive an electronic record 가 추가 삽입되었다.
즉, 제시가 이루어질 은행이 개점을 하였으나 지정된 유효기일 및/또는 선적일 이후 제시기간 최종일에 전자기록을 은행의 시스템이 수신할 수 없는 경우, 그러한 경우에 은행은 폐점한 것으로 간주되고, 제시일자 및/또는 유효기일은 그 은행이 전자기록을 접수 할 수 있는 익영업일까지 연장된다.

만약 제시된 전자기록이 완료통지라고 할 경우에는, 그 통지는 정보통신 또는 종이서류에 의해서 할 수 있다. 그리고 그 은행이 전자기록을 수령할 수 있는 상태에서 보내어 졌다면 적시에 통지한 것으로 간주된다.

f. An electronic record that cannot be authenticated is deemed not to have been presented.

f.항에서 인증받을 수 없는 전자기록은 제시되지 않았던 것으로 간주한다.

Article e6 : Examination 심사

a. If an electronic record contains a hyperlink to an external system or a presentation indicates that the electronic record may be examined by reference to an external system, the electronic record at the hyperlink or the referenced system shall be deemed to be the electronic record to be examined. The failure of the indicated system to provide access to the required electronic record at the time of examination shall constitute a discrepancy.

제6조 a.항에서 "전자기록의 제시가(presentation of an electronic record)"에서 V1.1에서는 presentation of를 삭제하였다. 따라서 "전자기록의 제시가"의 의미에서, "전자기록이"로 바뀌어 모든 전자기록이라는 의미로 확장되었다. 그리고 the bank examining the electronic record should examine it in the manner indicated가 V1.1에서는 삭제되었다. 즉, 전자기록이 외부 시스템과의 하이퍼링크를 포함하고 있거나 전자적 기록이 외부시스템에 대한 참조에 의하여 심사가 이루어져야 함을 지정하고 있는 경우 은행의 전자기록 심사는 지정된 방법으로 전자기록을 심사하여야 한다에서, V1.1에서는 the electronic record at the hyperlink or the referenced system shall be deemed to be the electronic record to be examined를 대신 삽입하였다. 즉, 전자기록이 외부 시스템과의 하이퍼링크를 포함하고 있거나 전자적 기록이 외부시스템에 대한 참조에 의하여 심사가 이루어져야 함을 지정하고 있는 경우, 하이퍼링크 또는 참조시스템에 있는 전자기록은 심사전자기록으로 간주되어야 한다로 변경되었다. 그리고 shall constitute a discrepancy.가 V1.1에서는 at the time of examination shall constitute a discrepancy.로 변경되었다. 즉, 지정된 시스템에서 요청된 전자기록의 접근을 제공하지 못하는 것은 하자를 구성한다는 의미이나, V1.1에서 .at the time of examination를 추가함으로써 "이 조사의 시점에서" 문언을 첨가하여, 이 시점의 전자기록에 대해서만 하자와 연결될 수 있음을 밝혀 의미를 명확히 하였다.

b. The forwarding of electronic records by a nominated bank pursuant to its nomination signifies that it has satisfied itself as to the apparent authenticity of the electronic records.

b.항에서 그런데 eUCP V1.1에서는 Checked이란 용어 대신에 "satisfied itself as to"로 단어를 바꾸었다.

eUCP V1.0에서는 예를 들어, 매입은행이 개설은행에게 전자기록을 송부하였을때, 그 송부된 전자기록은 매입은행에 의해 인증이 확인되어 개설은행에 보내졌다고 간주한다는 것이다. 즉, 매입은행으로부터 송부되어 온 전자기록이 인증되지 않은 전자기록이라면, 개설은행은 책임이 없다고 간주한다는 의미가 된다. 그런데 eUCP V1.1에서는 "it has satisfied itself as to the apparent authenticity of the electronic records."로 수정되었다. check이란 단어의 뜻은 "확인하다. 검토하다"로 볼 수 있다. satisfied itself도 같은 의미이나, check 이란 의미는 어떤 것을 확인하는데 있어 어떤 원본과 대조하여 검토하거나, 그 사실과 같은지를 점검하여 확인한다는 의미가 강한 단어이다. 반면에, satisfied itself는 상호 검토하여 확인하였다는 의미로, 사실과 같은지 확인한 것으로 간주한다는 check 보다는 낮은 의미를 갖고 있다. 즉, 매입은행에 제출되는 전자기록들은 인증된 것으로 제출되었다면, 매입은행은 그 전자기록의 인증만 확인만 하면 된다는 것이다. 즉, 제출된 전자기록이 인증된 것으로 제출되었는데, 그 전자기록과 인증이 사실인지를 비교 검토하는데 까지는 은행 입장에서 불가능하기 때문이다. eUCP 또한 신용장의 독립성과 추상성 원칙을 적용하고 있다. 지정에 근거하여 지정은행이 전자기록을 송부하는 것은 지정은행이 전자기록의 명백한 인증이 확인되었음을 의미한다.

c. The inability of the issuing bank, or confirming bank, if any, to examine an electronic record in a format required by the eUCP credit or, if no format is required, to examine it in the format presented is not a basis for refusal.

c.항에서 개설은행, 확인은행(확인은행이 있을 경우)의, eUCP신용장에 의해 요구된 형식의 전자기록 심사, 형식이 요구되지 않은 상태에서 제시된 형식대로의 전자기록 심사불능은 거절의 근거가 되지 않는다.

Article e7 : Notice of Refusal 거절통지

i. The time period for the examination of documents commences on the banking day following the banking day on which the beneficiary's notice of completeness is received.

i항은 문구를 명확히 하기 위해 문장을 수정하였다. 즉 서류의 심사기간은 서류의 제시가 완료되었다는 수익자의 통지를 접수한 날의 익영업일로부터 기산한다를 서류의 심사기간은 수익자의 통지가 완료되었다고 접수된 날의 익영업일로부터 기산한다라고 의미를 명확하게 하였다.

ii. If the time for presentation of documents or the notice of completeness is extended, the time for the examination of documents commences on the first following banking day on which such bank is able to receive the notice of completeness.

ii 항에서 변경된 부분은 “만일 제시가 이루어질 은행이 개점하였으나 제시가 완료되었다는 수익자의 통지를 접수할 수 없는 경우”의 문장을 V1.1에서는 “만약 서류제시 또는 완료통지의 시기가 연장되었을 경우”, 서류심사 시간은 그 은행이 완료의 통지를 접수할 수 있는 날의 익영업일로부터 기산한다로 수정되어, 반드시 수익자의 통지가 아니더라도 완료통지가 효력을 가질 수 있도록 하고 있다.

b. If an issuing bank, the confirming bank, if any, or a nominated bank acting on its nomination, provides a notice of refusal of a presentation which includes electronic records and does not receive instructions from the party to which notice of refusal is given within 30 calendar days from the date the notice of refusal is given for the disposition of the electronic records, the bank shall return any paper documents not previously returned to the presenter but may dispose of the electronic records in any manner deemed appropriate without any responsibility.

V1.1에서는 V1.0 b.항의 내용을 삭제하고, V1.0의 c.항을 b.항으로 하여, 문언 내용을 일부분 수정하였다. V1.0에서의 on their behalf를 V1.1 에서는 on its nomination으로 문언을 변경하였다. 즉, “그들을 대신하여”의 의미를 “그것들과 지정되어 있는(그것들의 지정대로)”의 의미로 변경함으로써, 그 지정된 은행과의 그 업무일 때를 명확히 하고자 하였다. 그리고 V1.0의 the Bank may dispose of the electronic records without any responsibility.를 V1.1에서는 the bank shall return any paper documents not previously returned to the presenter but may dispose of the electronic records in any manner deemed appropriate without any responsibility 으로 수정되었다. 즉 “은행은 어떤 책임없이 그 전자기록에 대해서 임의처분 할 수 있다”의 의미를 V1.1에서는 “은행은 제시자로에게 이전에 돌려 받지않은 종이서류를 돌려주어야 한다. 그러나 어떤 책임없이 적절한 방법으로 전자기록을 임의처분할 수 있다”로 그 뜻을 변경 하였다. 즉, 은행은 제시자가 이전에 제출한 그 미비 된 서류에 대해서 제시자에게 다시 돌려주어야 하고, 전자기록에 대해서 재제출이 없다면, 은행은 책임없이 그 전자기록을 임의처분 할 수 있는데, V1.0에서는 은행 책임없이 임의처분 할 수 있다는 의미에서 그 제시된 전자기록에 대해서 은행은 책임이 없지만 합리적이라 간주할 수 있는 어떤 방법을 통해서 처리할 수 있어야 하겠음을 나타내고 있다. 개설은행, 확인은행(확인은행이 있는 경우) 또는 그들과 지정되어 있는 업무를 행하는 지정은행이, 전자기록의 제시에 대해 거절통지를 하고, 그 거절통지의 일자로부터 30일 이내에 거절통지를 받은 당사자로부터 전자기록의 처리에 대한 지시를 받지 못하면, 은행은 제시자에게 이전에 받아 돌려주지 않았던 종이서류를 돌려주어야 한다. 그러나 어떤 책임없이 적절한 방법으로 전자기록에 대해 임의처분 할 수 있다.

c.항 없음.

V1.1에서 c.항을 삭제하고 내용을 V1.0 c.항을 V1.1의 b.항으로 옮겼다.

Article e8 : Originals and Copies 원본 및 사본

> Any requirement of the UCP or an eUCP credit for presentation of one or more originals or copies of an electronic record is satisfied by the presentation of one electronic record

제8조 원본 및 사본에서는 단 eUCP 앞에 an을 붙여 V1.1에서는 "일반적 eUCP 신용장"이라는 의미를 강조하였다. 한통 또는 수통의 원본 또는 사본의 전자기록 제시를 위한 UCP나 eUCP 신용장의 어떠한 요구도 한통의 전자기록 제시로 충족된다.

Article e9 : Date of Issuance 발행일

> Unless an electronic record contains a specific date of issuance, the date on which it appears to have been sent by the issuer is deemed to be the date of issuance. The date of receipt will be deemed to be the date it was sent if no other date is apparent.

제9조에서 V1.1에서 The date of receipt will be deemed to be the date it was sent if no other date is apparent을 추가함으로써 뜻을 명확히 하였다. 즉, 입금일은 달리 명백한 일자를 정하지 않은 경우라면 송부된(was sent) 일자를 입금일로 간주한다의 문구를 추가하였다. 전자기록이 특정 발행일을 포함하지 않는 한 발행자로부터 송부되어진 날짜가 발행일로 간주된다. 입금일은 달리 명백한 일자를 정하지 않은 경우 송부된(was sent) 일자를 입금일로 간주한다.

Article e10 : Transport 운송

> If an electronic record evidencing transport does not indicate a date of shipment or dispatch, the date of issuance of the electronic record will be deemed to be the date of shipment or dispatch. However, if the electronic record bears a notation that evidences the date of shipment or dispatch, the date of the notation will be deemed to be the date of shipment or dispatch. A notation showing additional data content need not be separately signed or otherwise authenticated.

제10조에서는 그 의미를 정확히 하기 위해서 단어를 추가 또는 수정하였다. 운송을 증거하는 전자기록에 선적일 또는 발송일이 표기되어 있지 않다면, 전자기록의 발행일이 선적일 또는 발송일로 간주된다. 그러나 그 전자기록이 선적일 또는 발송일을 증명하는 부기가 있는 경우는 그 부기일이 선적일 또는 발송일로 간주된다. 추가적인 자료를 보여주는 부기는 달리 서명 또는 인증되어질 필요가 없다.

Article e11 : Corruption of an Electronic Record After Presentation

제11조는 제목에 After Presentation를 추가하여, "전자기록의 오염"을 "제시후의 전자기록의 오염"으로 그 범위를 명확히 하였다.

> a. If an electronic record that has been received by the issuing bank, confirming bank, or another nominated bank appears to have been corrupted, the bank may inform the presenter and may request that the electronic record be re-presented.

제11조에서는 V1.1에서 관계은행인 확인은행(confirming bank)을 명시하고 오염되어 왔던 것이 현재 나타나(appears) 확인되는 경우를 의미하기 위하여 문구를 수정한 점만 차이가 있다. 즉, 개설은행 또는 확인은행 또는 다른 지정은행에 의해 접수된 전자기록이 오염이 있는 경우, 은행은 제시자에게 통지하고 전자기록의 재제시를 요구할 수 있다.

> i. the time for examination is suspended and resumes when the presenter re-presents the electronic record; and

V1.0에 있는 same 단어와 in readable form 문구가 삭제되었다. 즉, V1.0에서는 은행이 전자기록의 재제시를 요구한 경우에 "i. 심사기간은 일시 정지되며 제시인이 판독가능한 형태로 동일한 전자기록을 재제시된 때에 다시 시작한다"의 뜻을 V1.1에서는 문구를 수정함으로써 "i. 심사기간은 일시정지되며 제시인이 전자기록을 재제시 된 때에 다시 시작한다"로 수정되었다". 즉 제시인이 재제시했다면 그 전자기록이 동일한 상태의 것인지 아닌지를 불문하고 은행은 그 제시 전자기록이 재제시 전자기록으로 여기고 심사만 하면 됨을 설명하고 있다. 즉, 은행이 신용장업무를 수행하는데 있어 독립성과 추상성 의무사항을 설명하였다.

> ii. if the nominated bank is not the confirming bank, it must provide the issuing bank and any confirming bank with notice of the request for re-presentation and inform it of the suspension; but

V1.0의 개설은행(the Issuing Bank)을 vrsion 1.1에서는 확인은행(the confirming bank)으로 바꾸었다. 즉, V1.0에서 지정은행이 개설은행이라면 당연히 신용장 거래의 주된 은행이 됨으로써 어떤 신용장에 대한 업무에 있어 매입은행 또는 그 신용장과 기타 관련된 은행이 있다면 통지를 해 주어야 할 것이다. 따라서 V1.1에서는 지정은행이 확인은행이 아닌 경우, 은행은 개설은행과 확인은행에 재제시 및 심사연기를 통지하여야 한다. 그러나

iii. if the same electronic record is not re-presented within thirty (30) calendar days, the bank may treat the electronic record as not presented, and

iii.만일 동일한 전자기록이 30일내에 재제시되지 않을 경우, 은행은 전자기록이 제시되지 않은 것으로 취급한다. 그리고

iv. any deadlines are not extended.

iv.마감일은 연장되지 않는다.

Article e12 : Additional Disclaimer of Liability for Presentation of Electronic Records under eUCP

제12조 제목을 V1.0의 eUCP Presentations에서 Presentation of Electronic Records under eUCP으로 수정하였다. 즉, "전자신용장제시의 책임에 대한 추가적인 면책"을 "전자신용장하에 있는 전자기록 제시의 책임에 대한 추가적인 면책"으로 전자신용장에서 요구하는 전자기록의 제시에 대한 것임을 명확히 하였다.

By satisfying itself as to the apparent authenticity of an electronic record, banks assume no liability for the identity of the sender, source of the information or its complete and unaltered character other than that which is apparent in the electronic record received by the use of a commercially acceptable data process for the receipt, authentication and identification of electronic records.

제12조에서 V1.0의 checking이 V1.1에서는 satisfying itself as to으로 수정하였고, authentication를 추가하였다. 즉, 전자기록의 명백한 인증을 확인함으로써(satisfying itself as to), 은행은 전자기록의 수취, 인증, 그리고 일치확인(identification)을 위하여 상업적으로 수용된 데이터 프로세스의 사용에 의해 수신된 전자기록을 제외하고는 송신자의 신원, 정보의 출처, 또는 완전하고 변조되지 않았음에 대한 책임을 지지 않는다.

국제무역의 대금결제 수단으로 주로 이용되고 있는 신용장결제방식은 은행과 무역업자들간 시대의 변화에 따라 원활한 비즈니스 업무관계를 위하여 상호 협조하고 협의하며 신뢰성있는 국제무역규칙으로 발전해 왔다. 2007년 7월 1일부로 발효된 UCP600은 UCP500과 크게 변경된 부분은 없으나, 조항을 줄이고, 단어들을 수정하여, 그 의미를 명확히 하였으며, 서류심사기간을 제7영업일을 초과하지 않는 상당한 기간이 조항은 서류 수령일로부터 제5영업일로 단축하였다. UCP600에서 다 포함할 수 없는

전자적 제시 신용장 업무에 대하여, eUCP Version 1.1를 2007년 2월에 제정 보충함으로써, UCP600 적용을 원활히 할 수 있도록 하였다. eUCP Version 1.1은 UCP600의 보충판으로 UCP600과 함께 해석하여야 한다.

제 3 절 전자무역문서와 전자서명

1. 전자서명의 효력

전자무역은 수출업자와 수입업자간에, 무역 당사자들간에 전자적으로 문서를 주고 받으면서 무역업무를 진행하고 있다. 따라서 비대면적으로 온라인상에서 디지털로 정보를 송신하고 수신하기 때문에 위조와 변조, 불법침투, 부인방지 등의 위험이 존재하고 있다. 따라서 전자문서의 효력을 인정받기 위해서는 진정성과 신뢰성을 확보하는 것이 매우 중요하다. 우리나라는 전자서명법을 발효하여 전자문서에 대한 효력의 범위를 정하고 있다.

한국 전자서명법(일부개정 2008.2.29. 벌률 제8852호)에서 전자서명이란 서명자를 확인하고 서명자가 당해 전자문서에 서명을 하였음을 나타내는데 이용하기 위하여 당해 전자문서에 첨부되거나 논리적으로 결합된 전자적 형태의 정보를 말한다. 공인전자서명이란 첫째, 전자서명생성정보가 가입자에게 유일하게 속하고, 둘째 서명당시 가입자가 전자서명생성정보를 지배관리하고 있고, 셋째 전자서명이 있은 후에 당해 전자서명에 대한 변경여부를 확인할 수 있고, 넷째 전자서명이 있은 후에 당해 전자문서의 변경여부를 확인할 수 있는 요건을 갖추고 공인인증서에 기초한 전자서명을 말한다. 공인인증서란 전자서명법 제15조의 규정에 따라 공인인증기관이 발급하는 인증서를 말한다.

전자서명법[일부개정 2008.2.29 법률 제8852호]

제4조(공인인증기관의 지정)

① 행정안전부장관은 공인인증업무(이하 "인증업무"라 한다)를 安全하고 신뢰성있게 수행할 능력이 있다고 인정되는 者를 공인인증기관으로 지정할 수 있다. <개정 2001.12.31, 2008.2. 29>

② 공인인증기관으로 지정받을 수 있는 者는 국가기관 · 지방자치단체 또는 법인에 한한다.
③ 공인인증기관으로 지정받고자 하는 者는 대통령령이 정하는 기술능력 . 재정능력 . 시설 및 장비 기타 필요한 사항을 갖추어야 한다.
④ 행정안전부장관은 제1항에 따라 공인인증기관을 지정하는 경우 공인인증시장의 건전한 발전 등을 위하여 국가기관, 지방자치단체 또는 비영리법인과 특별법에 의하여 설립된 법인에 대하여는 설립목적에 따라 인증업무의 영역을 구분하여 지정할 수 있다. <신설 2005.12.30, 2008.2.29>
⑤ 공인인증기관의 지정절차 기타 필요한 사항은 대통령슈으로 정한다. <개정 2005.12.30>

전자서명법[일부개정 2008.2.29 법률 제8852호]

제8조(공인인증기관의 업무수행)
① 행정안전부장관은 인증업무의 안전성과 신뢰성 확보를 위하여 공인인증기관이 인증업무수행에 있어 지키어야 할 구체적 사항을 전자서명인증업무지침으로 정하여 고시할 수 있다. <개정 2008.2.29>
② 제1항의 규정에 의한 전자서명인증업무지침에는 다음 각 호의 사항이 포함되어야 한다. <신설 2005.12.30>
1. 공인인증서의 관리에 관한 사항
2. 전자서명생성정보의 관리에 관한 사항
3. 공인인증기관 시설의 보호에 관한 사항
4. 그 밖에 인증업무 및 운영관리에 관한 사항
[전문개정 2001.12.31]

전자서명법[일부개정 2008.2.29 법률 제8852호]

제3조(전자서명의 효력 등<개정 2001.12.31>)
① 다른 법령에서 문서 또는 서면에 서명, 서명날인 또는 기명날인을 요하는 경우 전자문서에 공인전자서명이 있는 때에는 이를 충족한 것으로 본다. <개정 2001.12.31>
② 공인전자서명이 있는 경우에는 당해 전자서명이 서명자의 서명, 서명날인 또는 기명날인이고, 당해 전자문서가 전자서명된 후 그 내용이 변경되지 아니하였다고 推定한다. <개정 2001.12.31>
③ 공인전자서명외의 전자서명은 당사자간의 약정에 따른 서명, 서명날인 또는 기명날인으로서의 효력을 가진다. <신설 2001.12.31>

〈공인인증기관〉

▷ 한국정보인증(주) http://www.signgate.com
▷ (주)코스콤 http://www.signkorea.com
▷ 금융결제원 http://www.yessign.or.kr
▷ 한국전자인증(주) http://www.crosscert.com
▷ 한국무역정보통신(주) http://www.tradesign.net

국제간에 전자적으로 송수신되고 있는 전자문서에 대한 진성성과 신뢰성을 확보하기 위해서 유엔 국제무역위원회에서 유엔전자서명 모델법을 제정하였다.

UNCITRAL Model Law on Electronic Signatures[226)]

Article 1. Sphere of application

This Law applies where electronic signatures are used in the context[227)] of commercial[228)] activities. It does not override any rule of law intended for the protection of consumers.

제1조(적용범위)

이 법은 전자서명이 상사활동 관계에서 사용되는 경우에 적용한다. 이 법은 소비자보호를 목적으로 하는 어떠한 법규정에 우선하지 아니한다.

제1조 본 법률의 적용 범위는 상거래(commercial)에 한해 적용되며, 다른 소비자보호 법률에 앞서지 않는다고 명시하고 있다. 즉, 본 법률과 함께 소비자보호와 관련된 법 규정을 지켜야 됨을 표시하고 있다.

---

226) http://www.uncitral.org/uncitral/en/uncitral_texts /electronic_commerce /2001Model_signatures.html 유엔 전자서명법,

227) The Commission suggests the following text for States that might wish to extend the applicability of this Law: “This Law applies where electronic signatures are used, except in the following situations: [...].”

228) The term “commercial” should be given a wide interpretation so as to cover matters arising from all relationships of a commercial nature, whether contractual or not. Relationships of a commercial nature include, but are not limited, to the following transactions: any trade transaction for the supply or exchange of goods or services; distribution agreement; commercial representation or agency; factoring; leasing; construction of works; consulting; engineering; licensing; investment; financing; banking; insurance; exploitation agreement or concession; joint venture and other forms of industrial or business cooperation; carriage of goods or passengers by air, sea, rail or road.

Article 6. Compliance with a requirement for a signature

(1) Where the law requires a signature of a person, that requirement is met in relation to a data message if an electronic signature is used that is as reliable as was appropriate for the purpose for which the data message was generated or communicated, in the light of all the circumstances, including any relevant agreement.

(2) Paragraph 1 applies whether the requirement referred to therein is in the form of an obligation or whether the law simply provides consequences for the absence of a signature.

(3) An electronic signature is considered to be reliable for the purpose of satisfying the requirement referred to[229] in paragraph 1 if:

(a) The signature creation data are, within the context in which they are used, linked to the signatory and to no other person;

(b) The signature creation data were, at the time of signing, under the control of the signatory and of no other person;

(c) Any alteration[230] to the electronic signature, made after the time of signing, is detectable[231]; and

(d) Where a purpose of the legal requirement for a signature is to provide assurance as to the integrity[232] of the information to which it relates, any alteration made to that information after the time of signing is detectable.

(4) Paragraph 3 does not limit the ability of any person:

(a) To establish in any other way, for the purpose of satisfying the requirement referred to in paragraph 1, the reliability of[233] an electronic signature; or

(b) To adduce[234] evidence of the non-reliability of an electronic signature.

(5) The provisions of this article do not apply to the following: [...]

제6조(서명의 요건)

(1) 법이 개인의 서명을 요구하는 경우 모든 관련 약정 및 정황에 비추어 데이터 메시지의 생성 또는 통신을 위한 적절한 것으로 신뢰할 만한 전자서명이 사용되었다면 당해 요건이 충족된 것으로 본다.

(2) 제1항의 규정은 당해 요건이 의무의 형식을 취하는지 또는 법이 단순히 서명의 흠결에 대한 결과만을 규정하는지 여부에 상관없이 적용한다.

(3) 다음 각 호의 사항과 같은 경우, 전자서명은 제1항에서 정하는 요건을 충족하는데 신뢰할 수 있는 것으로 추정한다.

(a) 서명생성정보가 그것이 사용되는 관계에서 서명자에게만 유일하게 속할 것

(b) 서명생성정보가 서명 당시 서명자의 관리하에 있을 것

(c) 서명시점 이후에 행한 전자서명에 대한 모든 변경은 확인가능할 것

(d) 서명에 대한 법률요건의 취지가 서명시점 이후에 당해 정보에 대한 모든 변경의 확인 가능하다는 것과 관련하여 정보의 무결성에 대한 보장을 제공할 것

(4) 제3항의 규정은 다음 각 호에 해당하는 모든 사람의 능력을 제한하지 않는다.

(a) 제1항에서 규정하고 있는 요건을 충족하기 위하여 전자서명의 신뢰성을 다른 방법으로 설정하는 자

(b) 전자서명의 비 신뢰성 증거를 예증하는 자

(5) 이 조항의 규정은 다음의 경우에 적용하지 아니 한다: [...]

제6조는 전자서명을 사용할 때 준수해야할 사항들을 나타내고 있다. 전자서명에 사용되는 서명생성데이터가 신뢰할 만한 상태로 작성되었다면 전자서명이 충족된 것으로 적용됨을 나타내고 있다.

Article 12. Recognition of foreign certificates and electronic signatures

(1) In determining whether, or to what extent, a certificate or an electronic signature is legally effective, no regard shall be had:

(a) To the geographic location where the certificate is issued or the electronic signature created or used; or

(b) To the geographic location of the place of business of the issuer or signatory.

(2) A certificate issued outside [the enacting[235] State] shall have the same legal effect in [the enacting State] as a certificate issued in [the enacting State] if it offers a substantially equivalent level of reliability.

(3) An electronic signature created or used outside [the enacting State] shall have the same legal effect in [the enacting State] as an electronic signature created or used in [the enacting State] if it offers a substantially[236] equivalent[237] level of reliability.

(4) In determining whether a certificate or an electronic signature offers a substantially equivalent level of reliability for the purposes of[238] paragraphs 2 or 3, regard shall be had

229) 관계하다, 관련하다; (규칙 따위가) 적용되다

230) 법적 문서의 내용 변경

231) 찾아낼[탐지할] 수 있는

232) 완전, 무결(의 상태); 『컴퓨터』 보전. 무결성

233) 『컴퓨터』 믿음성, 신뢰도(고장 없이 기능을 수행할 수 있는 능력의 척도).

234) (이유, 증거 따위를) 제시하다

to recognized international standards and to any other relevant factors.

(5) Where, notwithstanding[239] paragraphs 2, 3 and 4, parties agree, as between themselves, to the use of certain types of electronic signatures or certificates, that agreement shall be recognized as sufficient for the purposes of cross-border[240] recognition, unless that agreement would not be valid[241] or effective under applicable law.

제12조(외국 인증서 및 전자서명의 인정)

(1) 인증서(certificate) 또는 전자서명(electronic signature)의 법적 유효성 여부 또는 인증서 또는 전자서명의 한도여부를 결정함에 있어서 다음 각 호의 사항은 고려하지 아니한다.

(a) 인증서가 발급되거나 전자서명이 생성 또는 사용되는 지리적 위치

(b) 발급자(issuer) 또는 서명자의 영업장소의 지리적 위치

(2) 국외(outside) [법 제정국가] 발급 인증서는 사실상(substantially) 동등한 신뢰수준을 제공하는 경우 [법 제정국가] 내에서 발급되는 인증서처럼 [법 제정국가]내에서 동일한 법적 효력을 가진다.

(3) 국외 [법 제정 국가] 생성 또는 사용되는 전자서명은 사실상(substantially) 동등한 신뢰수준을 제공하는 경우 [법 제정국가] 내에서 생성 또는 사용되는 전자서명처럼 [법 제정 국가] 내에서 동일한 법적 효력을 가진다.

(4) 인증서 또는 전자서명이 제2항 또는 제3항의 목적을 위하여 사실상 동동한 수준인지 여부를 정함에 있어서 승인된 국제 표준(international standard) 및 기타 다른 신뢰요소를 가졌는지를 고려한다.

(5) 제2항, 제3항 및 제4항의 규정에도 불구하고, 당사자들이 일정한 유형의 전자서명 또는 인증서 사용을 약정한 경우에, 당해 약정은 국가간 상호인정의 목적상 충분한 것으로 인정된다. 다만 당해 약정은 적용법률에 의거하여 유효하거나 효과적이지는 않다.

제12조 외국 인증서 및 전자서명의 승인에서는 전자서명이 합당한 절차에 따라 생성되고, 신뢰할 수 있게 이용되며, 그 생성된 방법 등이 훼손되지 않고 열람이 가능한 상태라면, 어느 국가에서 생성된 전자서명이라도 그 법률적인 효력이 있음을 나타내고 있다. 단, 전자서명 당사자들이 본 법률의 약정에 적용 가능한 법률을 당사자들이 합의하여 준거법을

235) 법령[법제]화하다; (법령으로) 규정하다; (법률을) 제정하다
236) 실체상, 본질상; 대체로; 사실상.
237) 동등한, 같은; (가치·힘 따위가) 대등한
238) ~의 목적으로, ~을 위해
239) ~에도 불구하고(in spite of)
240) 국외의, 해외의, 역외의
241) 〖법률〗 유효한 ([opp.] void)

적용해 놓았다면 그 법률에 적용할 수 있다.

2. 공인인증서 사용

공인인증기관에서 발급한 전자서명 인증서를 말한다. 전자서명 인증(전자인증)이란 컴퓨터를 이용해 전자서명 생성과 검증에 사용되는 한 쌍의 정보(전자서명키)를 전문성과 공신력이 있는 인증기관(CA : Certificate Authority)이 확인, 증명하는 것을 말한다. 즉 신뢰성이 검증된 개인·단체 등에 전자서명이 첨부된 인증서를 발급, 인터넷 등 가상공간에서 거래당사자간의 신뢰성을 보증해 주는 역할을 일컫는다. 전자서명을 이용하기 위해 공인인증을 받으려는 사람은 먼저 전자문서에 본인의 신원과 해당문서의 고유정보를 담은 전자서명생성키(비밀키)로 서명하고 수신자가 이용할 전자서명검증키(공개키)를 만들어 인증을 신청해야 한다. 인증기관은 이들 전자서명키 소유자의 이름과 유효기간, 전자문서 위·변조 여부를 확인한 뒤 인증서를 발급한다. 수신자는 전달된 전자문서의 전자서명을 인증서에 딸려 있는 검증키(공개키)로 검증한 뒤 문서를 사용하게 된다.

전자서명 인증서비스를 제공하는 주체가 바로 인증기관이며, 공인인증기관과 비공인(사설) 인증기관 두 가지가 있다. 공인인증기관이 인증한 전자서명은 1999년 7월부터 전자서명법이 발효되어 법적 효력을 가진다. 2002년 9월부터 인터넷 뱅킹 및 인터넷 트레이딩 등의 금융업무는 공인인증서를 이용해야만 사용할 수 있게 되었고, 2003년 3월부터는 온라인 증권거래에 의무시행이 도입되어 공인인증서 없이는 홈트레이딩시스템(HTS)를 이용이 불가능하다.242)

현재 공인인증기관은
금융결제원(http://www.kftc.or.kr),
코스콤(http://www.koscom.co.kr, 한국증권전산(구)),
한국정보인증(http://signgate.com),
한국정보화진흥원(http://www.nia.or.kr, 한국전산원(구)),
한국전자인증(http://www.crosscert.com),
한국무역정보통신(http://www.tradesign.net) 등 6개 기관이다.

---

242) http://terms.naver.com, 네이버지식사전.

인증기관별로 업무가 특화돼 금융결제원은 은행 인터넷 뱅킹 등에, 코스콤은 증권 홈트레이딩시스템(HTS) 등에, 한국정보인증은 조달청, 법인 세금계산서 등에, 한국정보화진흥원은 정부행정 등에, 한국전자인증은 전자구매, 전자입찰, 전자계약, 전자세금계산서, 의료(EMR) 전자서명, 보안메일, 증명서 발급 등에, 한국무역정보통신은 관세청, 전자무역용등에서 서비스를 제공하고 있다.

〈공인인증서 요금〉

구분	요금(부가세포함)		용도
	사업자용	개인용	
범용공인인증서	110,000원	4,400원	모든 전자거래 사이트에서 이용
전자무역용	55,000원	-	무역 유관기관의 전자민원업무에 이용
특수목적용인증서	이용기관(사이트)와의 약정에 따름		특정 사이트의 특정 용도로 이용
전자세금용인증서	이용기관(사이트)와의 약정에 따름		전자세금서 발행 용도로 이용
용도제한용인증서	4,400원	무료	은행, 증권, 보험, 신용카드 용도로 이용 ※ 은행, 증권사 창구에서 신청합니다.

주) http://www.tradesign.net, Tradesign

〈전자무역서류 발급 기관〉

서비스명	제공기관	사이트 주소
▸ 원산지증명발급	▸ 상공회의소	▸ cert.korcham.net
▸ 수출입통관포탈	▸ 관세청	▸ portal.customs.go.kr
▸ 전략물자인허가/판정	▸ 전략물자관리원	▸ www.yestrade.go.kr
▸ 수출입실적증명	▸ 무역협회	▸ webdocu.kita.net
▸ 원산지확인서 업무	▸ KTNET	▸ www.utrade.or.kr
▸ 전자무역포탈(구매확인서)	▸ KTNET	▸ www.utrade.or.kr
▸ 수출지원센터	▸ 중소기업진흥공단	▸ www.exportcenter.go.kr
▸ KCMA 전자민원서비스	▸ 한국화학물질관리협회	▸ ols.kcma.or.kr

주) http://www.tradesign.net/certification/new/utradehub/home/index.jsp, Tradesign

제 4 절 SWIFT(Society for Worldwide Interbank Financial Telecommunication)

1. SWIFT의 배경

주) swift 초기화면, https://www.swift.com/

SWIFT는 Society for Worldwide Interbank Financial Telecommunications의 약어로서, SWIFT는 세계 전체의 은행 간의 대금이나 재정적 거래, 결제 시스템과 은행 사이의 메시지를 교환하는 업무를 전자적으로 신속하고 비용이 절감되게끔 처리하기 위하여 설립된 전 세계 은행 간 금융정보통신망을 말한다. 전자적으로 기술적으로 자동화 처리를 위한 목적으로 설립된 SWIFT는 각 국가별 은행 및 금융기관들의 본점, 지점들을 코드화하여 SWIFT가 국제 표준화기구인 ISO(International Organization for Standardization)에서 명시한 코드로 이루어진 시스템을 바탕으로 금융기관 회원 및 참여자들에게 고유한 코드를 부여하여 관리한다. SWIFT의 주관을 담당하는 본부는 벨기에에 위치하고 있으며, 약 200

여 개국, 11,000여 개의 은행과 금융기관이 SWIFT를 사용하고 서비스를 제공하며, 상호간에 긴밀하게 연결되어있다. 또한 은행, 금융기관뿐만 아니라 글로벌 기업들 즉, 해외에 지사가 많이 위치하여 해외송금에 반드시 수반되는 기업들의 경우 자금 관리의 유용성을 고려하여 SWIFT를 사용하는 경우가 많다. 대표적으로 한국의 삼성전자(SECTKRSE), 현대자동차그룹(HYMOKRSE)등이 BICs (Business Identifier Code)를 부여받아 SWIFT를 이용하고 있다. SWIFT의 주요 서비스 내용은 송금, 은행 간 교환업무, 외화자금매매, 특별통신 등이며, 2011년 현재 전 세계의 209여 개국 9,000여 개 이상의 은행, 증권사 및 기업에게 메시지 교환을 위한 SWIFT 인터페이스(interface)를 제공하고 있으며, 이러한 전세계적 금융통신망을 기반으로 전자무역시스템과 각종 솔루션의 개발에 많은 노력을 기울이고 있다. SWIFT에서 국제간의 지급 결제, 자금이체, 송금, 신용장의 통지, 외국환 추심 등의 업무로서 주고받는 메시지의 양은 2015년을 기준으로 하루에 약 1,500만 건에 육박하며, 이는 1995년도 하루에 약 240만 건이었던 메시지 양과 비교하여 20년 만에 6.25배 성장하였다. SWIFT의 서비스 중에서는 FIN 서비스가 가장 오래되었으며, 기존의 전통적인 SWIFT의 기준에 따라 메시지를 변환한다. 이 기준은 비즈니스 영역에서 널리 사용되고 받아들여지는 기준이며, FIN은 메시지 간 변환을 고객과 고객 사이에서 유용하게 사용되며 이를 위한 인프라는 오래된 서비스인 만큼 간단하고 받아들이기 쉽다는 장점이 있다.

정보통신기술의 발달에 따라 SWIFT는 은행 및 금융업계로부터 전송, 통지, 메시지에 대한 안전성과 보안성을 인정받아 현재 주요 선진국 간에 전자신용장의 발행, 통지 및 조건의 변경 등 신용장 업무와 관련된 정보는 SWIFT 시스템을 통한 전송이 매우 보편적으로 이루어져 가고 있는 추세이다. 즉, SWIFT는 은행과 은행 사이의 정보통신의 효율성을 제고시킬 수 있으며, 이는 전신, 우편, 텔렉스 등 과거의 통신 기술보다 매우 빠르고 편리하며, 신뢰성이 높으면서 비용이 낮아 SWIFT 시스템의 이용이 증대되고 있다. 특히 전자결제 분야에 있어서 다양한 시도는 있었지만, 실제로 상용화된 전자결제 모델은 거의 없으며 그 중 SWIFT의 TSU(Trade Service Utility) 만이 실현가능성이 가장 높은 편이다.

2. SWIFT의 SWIFTNet으로 전환

SWIFT는 '세계은행간 금융데이터통신협회'(Society for Worldwide Inter-bank Financial Telecommunication)가 국제간의 대금결제 등에 관한 데이터통신의 연결망(Network)을 기

획하고 운영하는 것을 목적으로 1973년 벨기에 법(Belgium Law)에 의하여 설립된 비영리 조직이다. 전 세계적인 은행들의 지분으로 조직되었으며 189개국 6,700역 금융기관과 결제 메시지 서비스(Core Messaging Platform 제공과 운영, Title Registry의 운영)를 제공하는 은행 간의 글로벌 네트워크 연합체이다.

SWIFT는 은행 간 통신수단(결제 메세징)으로서 그 메시지는 회원은행만이 이용될 수 있도록 고안되었다. 회원은행들은 SWIFT의 신속성과 통신의 보안에 의존하고 있다. 회원은행에 대하여 SWIFT 메시지의 전송은 유효한 신용장 증서로 간주된다. 현재 대부분의 신용장은 스위프트 방식에 의한 전송신용장을 출력하여 사용하고 있다. SWIFT의 네트워크를 이용하게 되면 외국환은행간 외화자금매매 해외거래은행의 계정잔액 및 대차내역을 쉽게 확인할 수 있으며 우편송금/전신송금/송금수표 등의 송금 및 추심업무와 신용장 발행, 환어음통지 등 은행 간 국제무역결제를 수행할 수 있다. SWIFT시스템에 의해 전송되는 신용장은 명실상부한 전자신용장으로 발전시켜 서류는 전자문서를 제시하고 대금은 전자자금이체 형식을 원용하여 온라인 결제방법으로 발전해 나가야할 과제를 안고 있다.

또한, 스위프트는 전략적 차원에서 아이덴트러스와 볼레로 등과의 제휴나 투자를 통해 제휴사나 대주주의 위치에서 그 영향력을 적극 확대해 나가고 있다. 따라서 스위프트는 아이덴트러스와 2000년 9월 12일 스위프트의 메시지 교환 시스템과 아이덴트러스의 거래 진정성 인증 서비스 제공의 장점을 결합하는 전략적 상호제휴를 맺었다. 볼레로에는 직/간접적 투자를 통하는 방법을 사용했다. 1996년 무역거래 전산자동화를 위해 볼레로가 만든 TTC(The Through Transport Club)와 합작투자계약을 맺고 1998년 1월과 1999년 3월에 각각 미화 500만 달러씩 1000만 달러를 투자해 TTC와 5대5의 비율로 대주주의 위치에 서게 됐다. 이로써 스위프트는 국제 전자무역 및 국제B2B 분야에 있어 은행 간 네트워크 시스템뿐만 아니라, 은행과 기업 간 네트워크시스템에서도 결제와 인증을 결합한 무역결제 서비스를 지원해 나가고 있다.

현재 스위프트는 은행 간의 금융데이터 전산망이어서 대고객과 직접 연결되지는 아니한다. 따라서 은행이외 증권 보험 카드 일반기업 등은 은행에 외환 메시지를 보낼 때 오프라인 종이로 된 문서를 보내야 한다. 까다로운 문서 작성 규칙과 형식을 엄격히 지켜야 하는 것도 문제다. SWIFTNet은 개방성과 저비용 통신수단으로 떠오르는 인터넷 등의 신기술을 도입, 기존 SWIFT의 FIN서비스에서 사용하고 있는 은행 간 폐쇄형 전용선방식(X.25 프로토콜)의 자금결제 네트워크(Clearing System)를 확대하여 은행뿐만 아니라 기업고객이 직접 인터넷을 통해 접속할 수 있도록 웹(IP: Internet Protocol) 기반의 보안성과 신뢰성이 뛰어난 차세대 네트워크인 SIPN(Secure Internet Protocol Network)으로 교체함으로써 store & foward 및 실시간 상호교환방식의 통신 서비스를 제공할 수 있도록 하는 메시지 처리 솔루션이다. SWIFT가 SWIFTNet으로 전환하면 은행 이외 금융기관(증권 보험 카드사 등)과 기업들도 은행과 온라인으로 외환 메시지를 처리할 수 있게 된다. 온라인 외환 메시지 사용자의 범위가 은행 이외 금융기관과 일반기업들로까지 확대되는 것이다.

SWIFTNet은 XML을 기반으로 하며 PKI(Public Key Infrastructure)를 보안 툴로 적용해 어떤 문서 양식이든 자유롭게 주고받을 수 있도록 하고 있다. 시스템 내에는 아이덴트러스 인증이 탑재된 '트러스트 액트(Trust Act)'가 있어 은행과 은행 이외 기업들의 온라인 메시지를 인증하게 되며, 또한 TrustAct 기반의 대금결제 솔루션인 epaymentPlus를 중심으로 e-트레이드 결제 솔루션 지원을 추진하고 있다. 한편, 스위프트 넷은 자체 PKI만으로는 멤버은행의 수많은 기업고객들에게까지 인증업무를 수행하기에는 역부족이기 때문에 이에 대한 위험을 아이덴트러스와 공유한다는 방침이다.

3. SWIFT 신용장에 의한 대금 결제 과정

SWIFT 시스템은 정보처리 및 통신체계가 표준화되어 있다. 국제간에 SWIFT체계에 의하여 대금결제가 이루어지는 과정은 다음과 같다. 세계 각국의 대부분의 은행이 채택하고 있는 SWIFT시스템을 도입하여 구축할 무역결제정보처리 시스템의 흐름을 보면 다음과 같다.

① 수출상과 수입상간에 매매계약을 체결하고, 대금 결제는 SWIFT신용장에 의하여하기로 약정한다.
② 수입상은 그의 전용 자동대체계좌가 개설되어 있는 외국환은행에 수출상 앞으로 지급 의뢰를 입력한다.
③ 수입국의 외국환은행은 SWIFT시스템을 통하여 수출국에 위치하는 본점 · 지점 또는 환거래 계약은행 앞으로 수출상을 수취인 앞으로 하는 지급 의뢰 입력을 한다.

④ 수출상은 화물 선적이 완료됨과 동시에 그의 단말기로부터 거래하는 외국환은행에게 자기 앞으로 수출대금 지급요청을 행한다.

⑤ 수출대금은 수출상의 거래은행에 개설되어 있는 수입국 외국환은행의 진용대체계좌 잔액에서 자동적으로 인출되어 수출상의 계좌에 입금되며, 그 취지를 컴퓨터를 이용하여 수출상 앞으로 출력한다.

⑥ 동시에 수출국의 외국환은행은 수입국은행 앞으로 지급완료통지를 SWIFT시스템을 이용하여 출력한다.

⑦ 이어서 수입국의 외국환은행은 수입상에 대한 지급의뢰입력에 대한 응답으로서 수입상의 전용대체계좌 잔액에서 수출상에 선급한 대금을 인출하여 자기은행의 계좌에 입금시킨다.

⑧ 컴퓨터를 이용하여 수입상 앞으로 지급이행의 통지를 한다.

4. SWIFT 신용장

스위프트신용장은 SWIFT 회사가 전세계적으로 구축한 금융정보시스템을 통해 통지 및 개설하는 신용장을 의미한다. 즉 전자메세지가 MT 7xx 메시지 표준을 통해 bank identifier codes (BICs) 간에 전송되고 수신되는 시스템이기 때문에, 당사자들은 안전하고 신속한 금융업무를 진행할 수 있다. 은행인식코드(bank identifier codes, BICs)란 SWIFT에 은행이 회원가입을 하게되면 확인을 거쳐 SWIFT 본부에서 이 은행에 전세계적으로 중복되지 않게 coding system을 통해 코드를 부여하는 것을 말한다.

코드는 11자리(4+2+2+(3) 또는 8자리(4+2+(2)로 구성되어 있다. 예를 들어, NACFKRSEXXX라 표시되어 있다면, 앞의 4자리 : NACF는 은행코드로 농협이다(단, 알파벳 중 'X'사용은 불가). 그 다음 2자리 : KR은 ISO 3166-1 alpha-2에 따른 국가코드로 한국을 나타낸다. 일본은 JP, 미국은 US, 중국은 CN, 호주는 AU 등이다. 그 다음 2자리 : SE는 지역코드로 서울을 나타내고, 나머지 3자리 : XXX 는 지점코드(optional)로 'XXX'는 본점을 말한다.[243)]

243) http://en.wikipedia.org/wiki/Swift_code, 위키아백과.

예 은행별 SWIFT CODE

국민은행 (KOOK MIN BANK)
SWIFT CODE : CZNBKRSE

기업은행 (INDUSTRIAL BANK OF KOREA)
SWIFT CODE : IBKOKRSE

농협 (NATIONAL AGRICULTURAL COOPERATIVE FEDERATION)
SWIFT CODE : NACFKRSEXXX

신한은행 (SHIN HAN BANK)
SWIFT CODE : SHBKKRSE

외환은행 (KOREA EXCHANGE BANK)
SWIFT CODE : KOEXKRSEXXX

우리은행 (WOORI BANK)
SWIFT CODE : HVBKKRSEXXX

하나은행 (HANA BANK)
SWIFT CODE : HNBNKRSE

한국씨티은행 (CITIBANK KOREA)
SWIFT CODE : CITIKRSX

부산은행 (BUSAN BANK)
SWIFT CODE : PUSBKR2P

대구은행 (DAEGU BANK)
SWIFT CODE : DAEBKR22

우체국 (KOREA POST OFFICE)
SWIFT CODE : SHBKKRSEKPO

5. SWIFT의 사용현황

2012년 5월 SWIFT 현황을 살펴보면, 결재와 보안 메시지 사용건수가 93.3%를 차지하고 있다. 주 사용지역은 유럽지역이 67.4%이고 미주지역 20.4%, 아시아지역이 12.2%를 차지하고 있다.

〈SWIFTNet FIN total traffic distribution and growth by market(May 2012 YTD)〉

Payments	Securities	Treasury	Trade	System	Grand Total
938,882,979	831,691,515	103,628,894	17,584,537	6,038,449	1,897,826,374
49.50%	43.80%	5.50%	0.90%	0.30%	100.00%

〈SWIFTNet FIN total traffic distribution and growth by region(May 2012 YTD)〉

Europe, Middle East & Af	Americas	Asia Pacific	Grand Total
1,278,998,786	388,048,474	230,779,114	1,897,826,374
67.40%	20.40%	12.20%	100.00%

주) http://www.swift.com/about_swift/company_information/swift_in_figures/archive/2012/SIF_2012_05.pdf

제 5 절 Identrust system[244)]

IdenTrust는 전 세계의 금융 기관, 정부 기관 및 기업이 인정하는 신뢰할 수 있는 신원 확인 솔루션이다. IdenTrust는 ID 인증과 관련된 위험을 효율적으로 관리하고 전 세계 국가와 상호 운용하며 자체 정책 및 법적 프레임 워크를 만드는 데 필요한 투자를 최소화하고 신뢰, 안전성, 신속성 및 비용 효율성을 보장하는 다양한 제품을 배포 할 수 있게 한다. 은행에서 개발한 유일한 ID인증시스템인 IdenTrust는 전세계적으로 ID를 인증하고 사용할 수 있는 독보적인 법적 및 기술적으로 상호 운용 가능한 환경을 제공한다.

IdenTrust Trust Infrastructure는 정책, 법적 프레임 워크, 신뢰할 수 있는 작업 및 기술(P.L.O.T.)을 결합하여 신뢰할 수 있는 ID를 발급 할 수 있는 포괄적 인 환경을 만드는 독점적인 프레임 워크를 기반으로 한다. IdenTrust는 이러한 4가지 요소를 모두 포함하는 솔루션을 제공하고 있다. IdenTrust 자격 증명은 국제적이며 상호운용이 가능한 세 가지의 주요 기능을 제공한다.

① 신원 증명을 하는 '인증'기능
② 콘텐츠를 보호해주며 문서의 무결성을 보장해주고 파밍 방지의 '암호화'기능
③ 팩스 사본이나 구두, 전자 서명이 아닌 원본 서명을 부르는 wet signature를 대체하고 사용자수준의 서명을 제공하며 STP(straight-through processing) 곧 직통처리를 가능하게 해주는 '디지털 서명'

이 세 가지 기능을 단독으로 또는 조합하여 사용함으로써 기업은 계약서 체결부터 지불 시작, 복잡한 공급망 거래 처리에 이르기까지 거래 생성, 전송, 읽기 또는 폐기에 책임이 있는 조직 내 개인을 보유 할 수 있다.

IdenTrust자격 증명은 다음 규정 요구 사항을 준수한다.

---

244) http://www.identrust.com/solutions/index.html 참조 정리.

AML(anti-money laundering)	자금세탁방지를 위한 법적 제도적 장치로서 사법제도, 금융제도, 국제 협력을 연계하는 종합관리시스템
FFIEC(The Federal Financial Institutions Examination Council)	연방 금융기관 시험협의회의 다단계 인증 뱅킹 가이드 라인
HIPPA(Health Information Portability and Accountability Act)	건강보험 양도 및 책임관리법. 고용주를 보호하기 위해 만든 건강보험법.
KYC(Know-Your-Customer)	금융투자상품 판매자가 상품을 판매하기에 앞서 투자자성향을 파악해야함.
SOX(Sarbanes-Oxley)	상장기업 회계 개혁 및 투자자 보호하기 위하여 회계감독위원회 설립, 기업경영진이 기업회계장부의 정확성을 보증하고 잘못이 있으면 처벌 받도록 규정함.
EU 8th	책임 추적에 관한 지침.

제 6 절 uTradeHub 전자무역시스템(은행포탈) 소개

1. 은행포탈 서비스

전자신용장의 유통 및 e-Nego 시스템의 활성화를 위한 은행의 e-L/C 서비스를 제공하기 위한 포탈 서비스이다.

〈 은행포탈 서비스 개요 〉

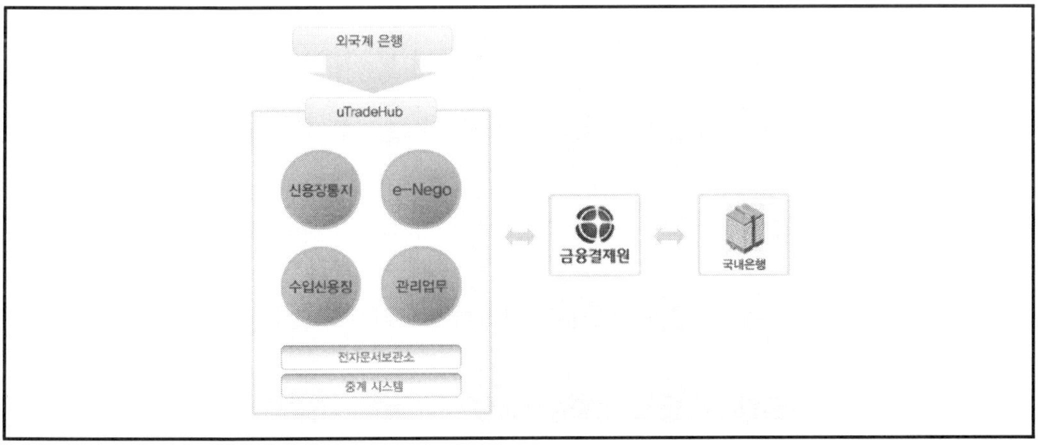

수) http://www.utradehub.or.kr

2008년 전자무역 서비스를 통하여 전자신용장의 유통체계가 완성되었다. 국내 신용장 처리의 40%를 담당하고 있는 주한외국계은행의 참여가 전자무역 활성화의 중요한 역할을 담당하고 있어 주한 외국계은행의 참여유도 및 외국계은행의 업무 시스템을 고려하여 ASP 포탈을 구축, 비용적인 측면 및 업무담당자의 접근이 용이하도록하여 외국계은행의 전자무역 참여의 길을 열게 되었다.

(1) 신용장통지

- MT799, MT999 메시지를 통한 신용장 통지 처리 가능
- SWIFT파일을 Upload하여 통지
- 신용장 업무에 필요한 기반데이터 입력을 최소화하여 업무의 효율성을 제고

(2) 수입신용장

- 신용장 통지부분의 EDI 사용자에 대한 통지 업무 지원
- 수입신용장 개설 업무 지원

(3) e-Nego

- Nego시 첨부되는 서류의 원/사본에 대한 조회 출력 기능 제공
- 신용장 잔액을 관리함으로 사용자가 효율적으로 관리 가능
- e-L/C 및 DA, DP, OA 매입 지원

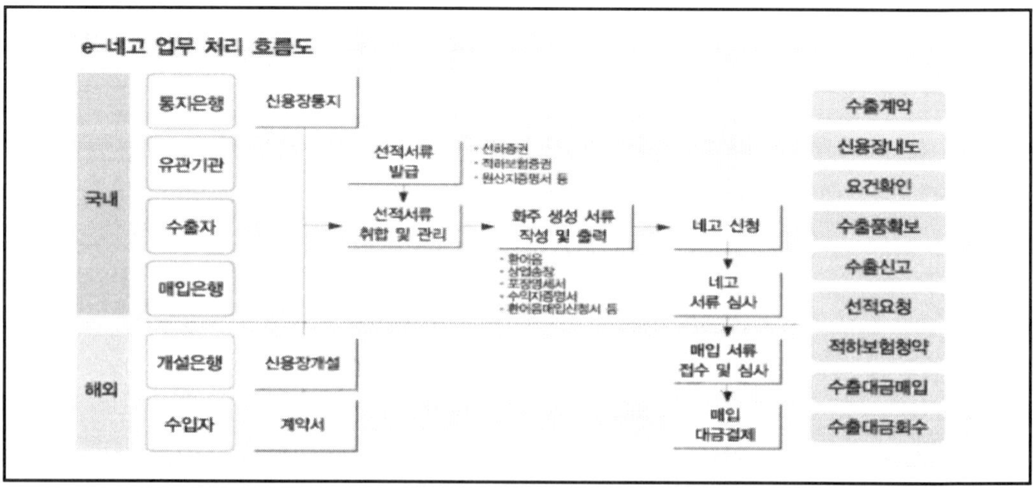

주) http://www.utradehub.or.kr

(4) 관리업무

XML 문서를 표준화된 문서 설계 규칙에 따라 일관성 있게 개발 및 작성하여 전자문서의 상호 연동성 제고

2. 전자신용장(e-L/C)

종이문서에 기반을 둔 전통적인 신용장과는 달리, 전자적인 방식에 의해 통지되는 신용장을 말한다. uTradeHub에서는 신용장통지에서부터 수출대금 매입에 이르는 프로세스 전 과정을 전자화하고 체계적으로 관리할 수 있다.

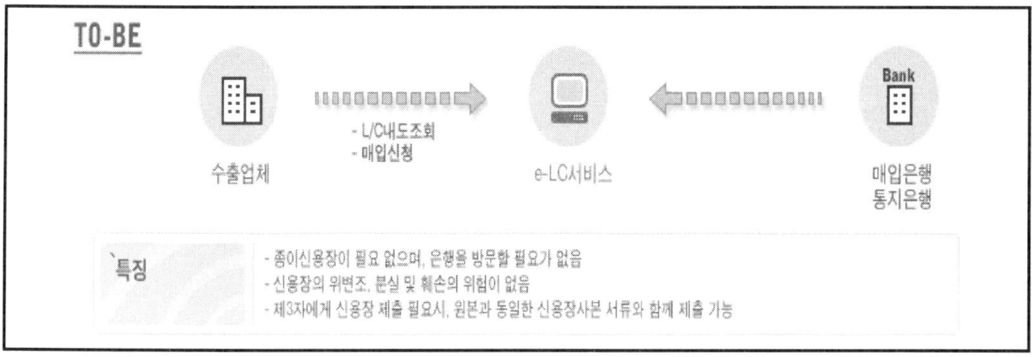

주) http://www.utradehub.or.kr

은행으로부터 신용장, 조건변경, 수수료 등의 업무를 통지받을 수 있으며, 매입, 양도 등의 신청업무를 온라인으로 처리할 수 있다.

▶ 통지 및 유통기능

→ 사용자인 무역업체에게 e-L/C를 통지하고, 신용장 원본 확인을 요청하는 매입은행 등 제3자에게 문서보관소에 저장된 e-L/C를 유통하는 기능

가. e-L/C 내도통지 관리 기능

나. e-L/C 양도 및 매입 신청 관리 기능

다. e-L/C 이력관리 기능

▶ 한도관리

→ 사용자인 통지 및 매입 은행을 위해 e-L/C의 한도, 매입내역, 통계 등을 관리하는 기능

가. e-L/C 통지/양도/매입/한도 관리 기능

나. e-L/C 통계기능

기대효과	
무역업체측면	은행측면
▸기존 종이 신용장 불필요 ▸신용장 원본의 전자화로 관리비용 절감 ▸신용장 분실 및 훼손 위험 방지 ▸제3자에게 신용장 전달용이 ▸수시로 신용장 진행 프로세스 확인용이 ▸보안성 확보를 위한 인증서사용	▸대무역업체 신용장 통지 및 매입 업무용이 ▸불법적 신용장 위·변조의 근원적 차단 ▸매입요청 시 신용장 한도 즉시 확인 가능

3. e-Nego

"e-Nego 시스템"은 네고관련 문서의 전자화 및 네고서류 자동화를 통해 수출업체가 관련 기관 및 은행을 방문하지 않고 uTradeHub를 통해 Nego업무를 One-Stop으로 처리할 수 있는 시스템이다.

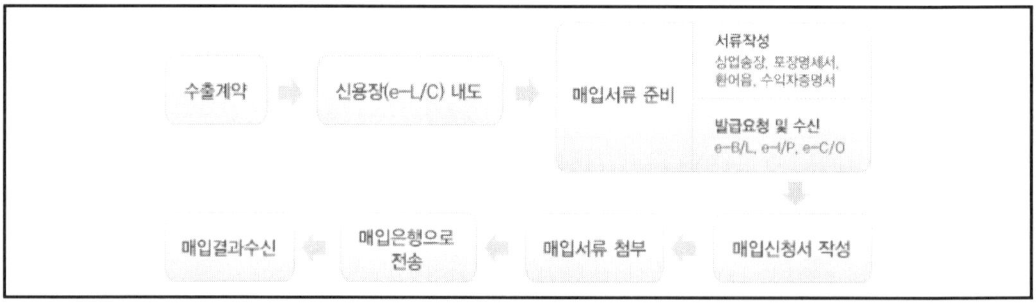

주) http://www.utradehub.or.kr

▶ 매입서류 준비

→ 상업송장, 포장명세서, 환어음, 수익자 증명서 등 수출계약 이후의 수출업무에 필요한 무역서류 작성의 자동화 제공(수출계약정보 입력 후 재사용)

→ 외부기관 발급문서의 발급요청 및 발급내역 수신(B/L, 보험증권, 원산지증명서)

→ 무역서류별 출력기능 제공

▶ 매입서류 첨부 및 온라인 전송

→ 매입신청서 작성기능 제공

→ 작성 및 발급받은 문서의 매입신청서에 첨부

→ 매입신청서 및 매입서류를 매입은행으로 온라인 송부

▶ 매입프로세스 진행에 따른 소유권관리

→ 매입신청 중 e-B/L의 양도처리 불가, 매입실행 완료 후 e-B/L 사용제한 등 소유권 제한이 필요한 문서에 대한 소유권을 자동으로 제어

▶ 매입신청에 대한 매입은행의 매입처리 결과를 수신

▶ 매입 첨부서류의 문서보관소 보관처리

기대효과	
무역업체측면	매입은행측면
▸선적서류 수령 및 Nego에 따른 시간 및 비용 절감 ▸선적 당일 Nego 불가 건 감소 ▸지연이자 부담 감소 ▸B/L, I/P 등 중요 서류의 분실 위험 없음	▸본지점간 서류 수도시간 단축 ▸대고객 서비스 개선 ▸서류의 위·변조 위험 없음 ▸매입서류 보관 및 검색용이

제11장 전자무역과 관세환급

제1절 관세환급의 의의

관세환급이란 세관에 납부한 관세를 어떠한 사유로 되돌려 받는 것을 말하며 그 종류는 되돌려 받는 사유에 따라 여러 가지가 있으나 일반적으로 관세환급이라 지칭되고 있는 환급특례법에 의한 관세환급은 우리나라 수출물품에 대한 국제가격경쟁력을 제고시키기 위한 수출지원제도로서 수출용 원재료를 수입하는 때에 납부하였거나 납부할 관세등을 관세법등에 불구하고 수출등에 제공하였을 경우 수출자 또는 수출물품의 생산자에게 되돌려 주는 제도이다.

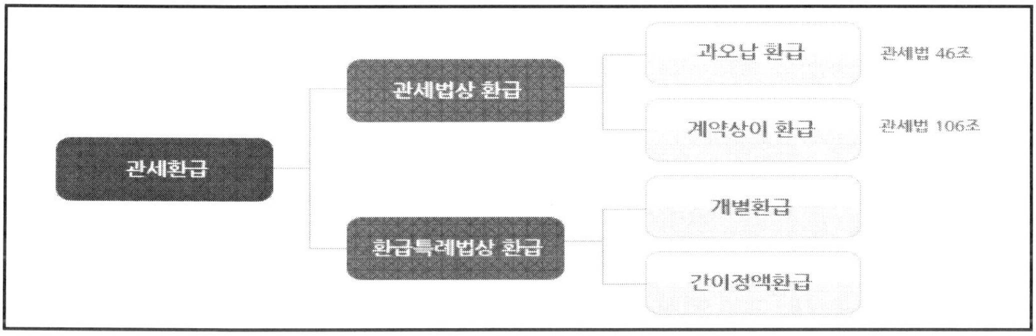

주) 세인관세법인, http://www.seincustoms.com/_html/clearance/clearance03.php

환급특례법에 의한 관세환급 산출방법은 개별환급과 간이정액환급으로 구분할 수 있습니다.

환급방법	특징
개별환급	수출물품 제조에 소요된 원재료의 품명·규격·수량과 동원재료의 수입시 납부세액을 원재료별로 개별적으로 확인하여 환급금을 산출하는 방법 간이정액환급에 비해 환급금산출이 비교적 복잡하지만 환급금액의 정확성이 높습니다. - 대상기업: 모든 수출기업 - 제출서류 : 수출사실확인서류, 납부세액증명서류, 소요량계산서

제3조(환급대상 원재료)

① 관세등을 환급받을 수 있는 원재료(이하 "수출용원재료"라 한다)는 다음 각 호의 어느 하나에 해당하는 것으로 한다. <개정 2017. 12. 19.>

1. 수출물품을 생산한 경우: 다음 각 목의 어느 하나에 해당하는 것으로서 소요량을 객관적으로 계산할 수 있는 것

   가. 해당 수출물품에 물리적 또는 화학적으로 결합되는 물품

   나. 해당 수출물품을 생산하는 공정에 투입되어 소모되는 물품. 다만, 수출물품 생산용 기계·기구 등의 작동 및 유지를 위한 물품 등 수출물품의 생산에 간접적으로 투입되어 소모되는 물품은 제외한다.

   다. 해당 수출물품의 포장용품

2. 수입한 상태 그대로 수출한 경우: 해당 수출물품

② 국내에서 생산된 원재료와 수입된 원재료가 동일한 질(質)과 특성을 갖고 있어 상호 대체 사용이 가능하여 수출물품의 생산과정에서 이를 구분하지 아니하고 사용되는 경우에는 수출용원재료가 사용된 것으로 본다.

[전문개정 2011. 7. 14.]

제4조(환급대상 수출등) 수출용원재료에 대한 관세등을 환급받을 수 있는 수출등은 다음 각 호의 어느 하나에 해당하는 것으로 한다.

1. 「관세법」에 따라 수출신고가 수리(受理)된 수출. 다만, 무상으로 수출하는 것에 대하여는 기획재정부령으로 정하는 수출로 한정한다.
2. 우리나라 안에서 외화를 획득하는 판매 또는 공사 중 기획재정부령으로 정하는 것
3. 「관세법」에 따른 보세구역 중 기획재정부령으로 정하는 구역 또는 「자유무역지역의 지정 및 운영에 관한 법률」에 따른 자유무역지역의 입주기업체에 대한 공급
4. 그 밖에 수출로 인정되어 기획재정부령으로 정하는 것

[전문개정 2011. 7. 14.]

제5조(수출용원재료에 대한 관세등의 징수)

① 세관장은 수입하는 수출용원재료에 대하여는 「관세법」등의 규정에도 불구하고 수입하는 때에 해당 관세등을 징수한다.

② 삭제 <2018. 12. 31.>

③ 수출용원재료가 내국신용장(內國信用狀)이나 그 밖에 기획재정부령으로 정하는 이와 유사한 서류(이하 "내국신용장등"이라 한다)에 의하여 거래되는 것으로서 관세청장이 제6조제1항에 따른 관세등의 일괄납부 및 제7조에 따른 정산이 가능하다고 인정하는 경우에는 「관세법」등의 규정에도 불구하고 내국신용장등에 의하여 수출용원재료를 공급하는 것을 수출로, 공급받는 것을 수입으로 볼 수 있다. <개정 2018. 12. 31.>

④ 삭제 <2018. 12. 31.>

[전문개정 2011. 7. 14.]

제6조(관세등의 일괄납부 등)

① 세관장은 「관세법」 등의 규정에도 불구하고 수출용원재료를 수입하는 자가 대통령령으로 정하는 바에 따라 신청하는 경우에는 그 원재료에 대한 관세등을 6개월의 범위에서 대통령령으로 정하는 일정 기간(이하 "일괄납부기간"이라 한다)별로 일괄납부할 수 있는 자(이하 "관세등의 일괄납부업체"라 한다)로 지정하여 일괄납부하게 할 수 있다. 이 경우 세관장은 관세등의 일괄납부업체로 지정을 받으려는 자가 다음 각 호의 어느 하나에 해당하는 경우에는 대통령령으로 정하는 바에 따라 일괄납부하려는 세액에 상당하는 금액의 담보제공을 요구할 수 있다.

1. 제23조 또는 「관세법」을 위반하여 징역형의 실형을 선고받고 그 집행이 끝나거나(집행이 끝난 것으로 보는 경우를 포함한다) 면제된 후 2년이 지나지 아니한 자
2. 제23조 또는 「관세법」을 위반하여 징역형의 집행유예를 선고받고 그 유예기간 중에 있는 자
3. 제23조 또는 「관세법」 제269조, 제270조, 제270조의2, 제271조, 제274조, 제275조의2 및 제275조의3에 따라 벌금형 또는 통고처분을 받은 자로서 그 벌금형을 선고받거나 통고처분을 이행한 후 2년이 지나지 아니한 자
4. 「관세법」 제241조 또는 제244조에 따른 수입신고일을 기준으로 최근 2년 동안 관세 등 조세를 체납한 사실이 있는 자
5. 수입실적, 수입물품의 관세율 등을 고려하여 대통령령으로 정하는 관세채권의 확보가 곤란한 경우에 해당하는 자

② 세관장은 제1항에 따라 관세등의 일괄납부업체를 지정하려면 일괄납부할 수 있는 세액의 한도를 정하여야 한다.

③ 제1항에 따른 관세등의 납부기한은 해당 일괄납부기간이 끝나는 날이 속하는 달의 다음 달 15일까지로 한다.

④ 관세등의 일괄납부업체로 지정을 받은 자가 일괄납부할 수 있는 세액의 한도를 조정받으려면 세관장에게 그 세액의 한도 조정을 신청하여야 한다. 이 경우 세관장은 추가로 담보제공을 요구할 수 있다.

⑤ 세관장은 관세등의 일괄납부업체로 지정을 받은 자가 제1항 각 호의 어느 하나에 해당하면 그 지정을 취소하여야 한다.

⑥ 세관장은 제5항에 따라 지정 취소를 받은 자가 관세등을 완납하거나 제8조제1항에 따라 직권정산이 완료된 후 다시 관세등의 일괄납부업체로 지정 신청하는 경우에는 제1항 후단에 따라 담보제공을 요구할 수 있다.

⑦ 관세청장은 제1항에 따른 관세등의 일괄납부업체의 지정에 필요한 기준과 절차를 정할 수 있다.

[전문개정 2018. 12. 31.]

제7조(수출용원재료에 대한 관세등과 환급액의 정산)

① 세관장은 대통령령으로 정하는 바에 따라 관세등의 일괄납부업체가 제6조제1항에 따라 일괄납부하여야 할 관세등과 제16조제3항에 따라 지급이 보류된 환급금을 정산하고, 대통령령으로 정하는 날까지 관세등의 일괄납부업체에 그 정산 결과를 통지(이하 "정산통지"라 한다)하여야 한다. <개정 2018. 12. 31.>

② 세관장은 제1항에 따른 정산 결과 징수하여야 할 관세등이 있는 경우에는 제1항에 따른 통지기한까지 「관세법」 제39조제3항에 따라 납세고지(納稅告知)를 하여야 한다.

③ 제2항에 따른 납세고지를 받은 관세등의 일괄납부업체는 일괄납부기간이 끝나는 날이 속하는 달의 다음 달 15일까지 관세등을 납부하여야 한다.

④ 세관장은 제1항에 따른 정산 결과 지급하여야 할 환급금이 있는 경우에는 제16조제1항 및 제4항에 따라 해당 금액을 즉시 지급하여야 한다.

⑤ 세관장은 정산통지를 한 후 정산금액에 과부족(過不足)이 있는 것을 알았을 때에는 이를 경정(更正)할 수 있다.

[전문개정 2011. 7. 14.]

제8조(직권정산)

① 세관장은 대통령령으로 정하는 사유가 발생한 경우에는 관세등의 채권 확보를 위하여 제6조제3항에 따른 납부기한이 도래하지 아니한 관세등과 제16조제3항에 따라 지급이 보류된 환급금을 즉시 정산[이하 "직권정산"(職權精算)이라 한다]하여야 한다. <개정 2018. 12. 31.>

② 세관장은 직권정산한 결과 지급하여야 할 환급금이 있는 경우에는 즉시 제16조에 따라 환급금을 지급하여야 한다.

③ 세관장은 직권정산한 결과 징수하여야 할 관세등이 있는 경우에는 「관세법」 제39조제3항에 따라 납세고지를 하여야 한다. 이 경우 납세고지를 받은 자는 그 고지를 받은 날부터 10일 내에 해당 세액을 세관장에게 납부하여야 한다.

④ 세관장은 담보를 제공한 관세등의 일괄납부업체로서 제3항의 납세고지를 받은 자가 해당 관세등을 납부하지 아니한 경우에는 그 담보물을 해당 관세등에 충당하여야 한다.

[전문개정 2011. 7. 14.]

제9조(관세등의 환급)

① 세관장은 물품이 수출등에 제공된 경우에는 대통령령으로 정하는 날부터 소급하여 2년 이내에 수입된 해당 물품의 수출용원재료에 대한 관세등을 환급한다. 다만, 수출등에 제공되는 데에 장기간이 소요되는 물품으로서 대통령령으로 정하는 물품에 대하여 대통령령으로

정하는 불가피한 수출등의 지연사유가 있는 경우에는 소급하여 3년 이내에 수입된 해당 물품의 수출용원재료에 대한 관세등을 환급한다. <개정 2015. 12. 15.>

② 수출용원재료가 내국신용장등에 의하여 거래되고, 그 거래가 직전의 내국신용장등에 의한 거래(직전의 내국신용장등에 의한 거래가 없는 경우에는 수입을 말한다)가 있은 날부터 대통령령으로 정하는 기간에 이루어진 경우에는 해당 수출용원재료가 수입된 날부터 내국신용장등에 의한 최후의 거래가 있은 날까지의 기간은 제1항에 따른 기간에 산입(算入)하지 아니한다. 다만, 수출용원재료가 수입된 상태 그대로 거래된 경우에는 그러하지 아니하다.

[전문개정 2011. 7. 14.]

제10조(환급금의 산출 등)

① 환급신청자는 대통령령으로 정하는 바에 따라 수출물품에 대한 원재료의 소요량을 계산한 서류(이하 "소요량계산서"라 한다)를 작성하고 그 소요량계산서에 따라 환급금을 산출(算出)한다.

② 관세청장은 제1항에도 불구하고 소요량 계산업무의 간소화 등을 위하여 필요하다고 인정하는 경우에는 수출물품별 평균 소요량 등을 기준으로 한 표준 소요량을 정하여 고시하고, 환급신청자로 하여금 이를 선택적으로 적용하게 할 수 있다.

③ 수출용원재료를 사용하여 생산되는 물품이 둘 이상인 경우에는 생산되는 물품의 가격을 기준으로 관세청장이 정하는 바에 따라 관세등을 환급한다.

④ 관세청장은 다음 각 호의 어느 하나에 해당하는 경우로서 수출용원재료를 수입할 때에 납부하는 세액보다 관세등을 환급할 때 현저히 과다 또는 과소 환급이 발생할 우려가 있다고 인정되는 경우(제2호에 해당하는 경우 수입된 원재료에 제1호 각 목의 사유가 있으면 그 사유도 함께 고려되어야 한다)에는 기획재정부령으로 정하는 바에 따라 환급받을 수 있는 수입신고필증의 유효기간을 제9조제1항에서 정한 기간보다 짧게 정하여 환급하게 하거나, 업체별 수출용원재료의 재고 물량과 수출입 비율 등을 기준으로 하여 환급에 사용할 수 있는 수출용원재료의 물량을 정하여 환급하게 할 수 있다. <개정 2014. 1. 1., 2015. 12. 15.>

1. 수출용원재료(수입된 원재료의 경우로 한정한다)에 대하여 다음 각 목의 어느 하나에 해당하는 사유가 있는 경우
   가. 관세율 변동
   나. 수입가격 변동
   다. 둘 이상의 관세율 적용
2. 국내에서 생산된 원재료와 수입된 원재료가 제3조제2항에 해당하여 수출용원재료가 되는 경우로서 각 원재료가 생산과정에서 수출물품과 국내공급 물품에 구분하지 아니하고 사용되는 경우

[전문개정 2011. 7. 14.]

제10조의2(소요량 사전심사의 신청 등)

① 관세등을 환급받으려는 자는 제14조에 따른 환급신청을 하기 전에 제10조제1항에 따라 산정한 소요량 및 소요량 계산방법의 적정 여부를 세관장에게 미리 심사(이하 "소요량 사전심사"라 한다)하여 줄 것을 신청할 수 있다.

② 제1항에 따라 소요량 사전심사의 신청을 받은 세관장은 대통령령으로 정하는 기간 내에 산정한 소요량 및 소요량 계산방법의 적정 여부를 심사한 후 그 결과를 신청인에게 통지하여야 한다. 다만, 제출 자료의 미비 등으로 심사가 곤란한 경우에는 그 사실을 통지하고 소요량 사전심사를 거절하거나 제출 자료를 보정하게 할 수 있다.

③ 제2항 본문에 따라 소요량 사전심사 결과를 통지받은 자는 통지 결과에 이의가 있는 경우 그 결과를 통지받은 날부터 30일 내에 세관장에게 재심사를 신청할 수 있다. 이 경우 재심사의 기간 및 결과의 통지에 관하여는 제2항을 준용한다.

④ 세관장은 관세등을 환급받으려는 자가 제2항 또는 제3항에 따라 통지된 소요량 사전심사 결과를 적용하여 제14조에 따른 환급신청을 한 경우에는 그 통지된 내용에 따라 소요량을 계산하여 환급하여야 한다.

⑤ 제2항 또는 제3항에 따라 통지받은 소요량 사전심사 결과의 유효기간은 통지를 받은 날부터 1년으로 한다. 다만, 소요량 사전심사의 근거가 되는 사실관계 또는 상황의 변경이 있는 등 대통령령으로 정하는 사유가 있는 경우에는 그 사유가 있는 날부터 해당 소요량 사전심사 결과는 그 효력을 잃는다.

⑥ 제1항부터 제5항까지에서 규정한 사항 외에 소요량 사전심사의 절차 및 방법, 그 밖에 소요량 사전심사에 필요한 사항은 대통령령으로 정한다.

[본조신설 2017. 12. 19.]

제11조(평균세액증명)

① 세관장은 수출용원재료에 대한 관세등의 환급업무를 간소화하기 위하여 필요하다고 인정하는 경우에는 대통령령으로 정하는 바에 따라 수출용원재료를 수입(내국신용장등에 의한 매입을 포함한다. 이하 이 조 및 제12조에서 같다)하는 자의 신청에 의하여 그가 매월 수입한 수출용원재료의 품목별 물량과 단위당 평균세액을 증명하는 서류(이하 "평균세액증명서"라 한다)를 발행할 수 있다. 이 경우 해당 수출용원재료에 대하여는 수입한 날이 속하는 달의 1일에 수입된 것으로 보아 이 법을 적용한다.

② 제1항에도 불구하고 세관장은 다음 각 호의 어느 하나에 해당하는 자 중 관세청장이 정하는 기준에 해당되는 자로 하여금 대통령령으로 정하는 바에 따라 평균세액증명서를 발급하게 할 수 있다.

1. 수출용원재료를 수입한 자
2. 관세사(제1호에 해당하는 자로부터 위임받은 자로 한정한다)

③ 제1항이나 제2항제2호에 따라 세관장 또는 관세사로부터 평균세액증명서를 발급받은 자나 제2항제1호에 따라 평균세액증명서를 발급한 자가 평균세액증명서에 기재된 수출용원재료와 「관세법」 제50조제1항의 관세율표상 10단위 품목분류가 동일한 물품으로서 수출등에 제공할 목적 외의 목적으로 수입한 물품에 대하여는 평균세액증명서에 기재된 수출용원재료에 대한 관세등의 환급이 끝난 경우에만 관세등을 환급할 수 있다. 이 경우 물품별 환급액은 그 물품이 수입된 달의 평균세액증명서에 기재된 수출용원재료의 평균세액(수입된 달의 평균세액증명서에 기재된 수출용원재료가 없는 경우에는 해당 물품이 수입된 달부터 소급하여 최초로 그 물품과 품명이 같은 수출용원재료가 수입된 달의 평균세액증명서에 기재된 수출용원재료의 평균세액을 말한다)을 초과할 수 없다.

[전문개정 2011. 7. 14.]

제12조(기초원재료납세증명 등)

① 세관장은 수출용원재료가 내국신용장등에 의하여 거래된 경우(제5조제3항을 적용받는 경우는 제외한다) 관세등의 환급업무를 효율적으로 수행하기 위하여 대통령령으로 정하는 바에 따라 제조·가공 후 거래된 수출용원재료에 대한 납부세액을 증명하는 서류(이하 "기초원재료납세증명서"라 한다)를 발급하거나 수입된 상태 그대로 거래된 수출용원재료에 대한 납부세액을 증명하는 서류(이하 "수입세액분할증명서"라 한다)를 발급할 수 있다.

② 제1항에도 불구하고 세관장은 다음 각 호의 어느 하나에 해당하는 자 중 관세청장이 정하는 기준에 해당되는 자로 하여금 대통령령으로 정하는 바에 따라 기초원재료납세증명서 또는 수입세액분할증명서를 발급하게 할 수 있다.

1. 내국신용장등에 의하여 물품을 공급한 자
2. 관세사(제1호에 해당하는 자로부터 위임받은 자로 한정한다)

③ 제1항이나 제2항에 따라 기초원재료납세증명서 또는 수입세액분할증명서를 발급할 때 증명하는 세액은 제10조에 따른 환급금 산출방법에 따르며, 증명세액의 정확 여부의 심사에 대하여는 제14조제2항 및 제3항을 준용한다.

[전문개정 2011. 7. 14.]

제13조(정액환급률표)

① 관세청장은 단일(單一) 수출용원재료에 의하여 둘 이상의 제품이 동시에 생산되는 등 생산공정(生産工程)이 특수한 수출물품과 중소기업 수출물품에 대한 관세등의 환급 절차를 간소화하기 위하여 필요하다고 인정하는 경우에는 대통령령으로 정하는 바에 따라 수출용원재료에 대한 관세등의 평균 환급액 또는 평균 납부세액 등을 기초로 수출물품별로 정액환급률표(定額還給率表)를 정하여 고시할 수 있다.

② 제1항에 따라 정액환급률표에 정하여진 금액은 해당 물품을 생산하는 데 드는 수출용원재료를 수입한 때에 납부하는 관세등으로 보아 환급한다.

③ 제1항에 따라 정액환급률표를 적용받을 수 있는 자는 대통령령으로 정하는 바에 따라 관세청장에게 정액환급률표를 정하여 고시할 것을 요청할 수 있다.

④ 관세청장은 수출구조, 원재료 수입구조, 관세율 및 환율의 변동 등으로 정액환급률표에 고시된 환급액이 많거나 적어 정액환급률표를 적용하는 것이 부적당하다고 인정하는 경우에는 그 적용을 중지하거나 정액환급률표의 전부 또는 일부를 조정하여 고시할 수 있다.

[전문개정 2011. 7. 14.]

제14조(환급신청)

① 관세등을 환급받으려는 자는 대통령령으로 정하는 바에 따라 물품이 수출등에 제공된 날부터 2년 이내에 관세청장이 지정한 세관에 환급신청을 하여야 한다. 다만, 수출등에 제공된 수출용원재료에 대한 관세등의 세액에 대하여 다음 각 호의 어느 하나에 해당하는 사유가 있은 때에는 그 사유가 있은 날부터 2년 이내에 환급신청을 할 수 있다. <개정 2011. 12. 31.>

1. 「관세법」 제38조의2에 따른 보정(補正)
2. 「관세법」 제38조의3에 따른 수정 또는 경정
3. 제21조에 따른 환급금액이나 과다환급금액의 징수 또는 자진신고·납부

② 세관장은 제1항에 따른 환급신청을 받았을 때에는 환급신청서의 기재 사항과 이 법에 따른 확인 사항 등을 심사하여 환급금을 결정하되, 환급금의 정확 여부에 대하여는 대통령령으로 정하는 바에 따라 환급 후에 심사할 수 있다.

③ 세관장은 제2항에도 불구하고 과다 환급의 우려가 있는 경우로서 환급한 후에 심사하는 것이 부적당하다고 인정되어 기획재정부령으로 정하는 경우에는 환급하기 전에 이를 심사하여야 한다.[전문개정 2011. 7. 14.]

제15조(전산처리설비의 이용)

① 세관장은 관세청장이 정하는 바에 따라 전산처리설비를 이용하여 이 법에 따른 신고, 납부, 신청 등(이하 "전자신고등"이라 한다)을 하게 하거나 통지, 납세고지, 교부, 발급, 지정, 승인 등(이하 "전자송달"이라 한다)을 할 수 있다.

② 제1항에 따라 전자신고등을 할 때에는 관세청장이 정하는 바에 따라 관계 서류를 전산처리설비를 이용하여 제출하게 할 수 있으며, 그 제출을 생략하거나 간단한 방법으로 하게 할 수 있다.

③ 제1항에 따라 한 전자신고등은 관세청장이 정하는 전산처리설비에 입력된 때에 세관에 접수된 것으로 보며, 전자송달은 송달받을 자가 미리 지정한 컴퓨터에 입력된 때나 송달받을 자의 신청에 의하여 관세청장이 정하는 전산처리설비에 입력된 때에 그 송달을 받아야 할 자에게 도달된 것으로 본다.

④ 제1항에 따른 전자송달에 관하여는 「관세법」 제327조제6항부터 제8항까지의 규정을 준용한다.[전문개정 2011. 7. 14.]

제16조(환급금의 지급)

① 이 법에 따른 관세등의 환급금은 「국가재정법」 제17조에도 불구하고 「한국은행법」에 따른 한국은행(이하 "한국은행"이라 한다)이 환급금의 지급을 결정한 세관장의 소관 세입금계정에서 지급한다. 이 경우 지급 절차는 대통령령으로 정한다.

② 관세청장은 제1항에 따른 세관장의 소관 세입금계정에 부족이 있는 경우에는 대통령령으로 정하는 바에 따라 세관장 소관 세입금계정 간의 조정을 한국은행에 요청할 수 있다.

③ 제1항에도 불구하고 세관장은 관세등의 일괄납부업체가 환급신청하여 결정된 환급금은 그 환급금 결정일이 속하는 일괄납부기간별로 제7조제1항에 따라 정산하는 날까지 지급을 보류한다.

④ 세관장은 환급신청자가 세관에 납부하여야 할 다음 각 호의 금액이 있는 경우에는 결정한 환급금을 다음 각 호의 순서에 따른 금액에 우선 충당할 수 있으며, 충당하고 남은 금액은 그 신청자에게 지급하여야 한다. <개정 2011. 12. 31., 2016. 12. 27., 2018. 12. 31.>

1. 체납된 관세등(부가가치세를 포함한다)과 가산금, 가산세 및 체납처분비
2. 다음 각 목의 금액
   가. 「관세법」 제28조제4항에 따라 잠정가격을 기초로 신고납부한 세액과 확정된 가격에 따른 세액의 차액으로서 징수하여야 하는 금액
   나. 제21조제1항 및 제2항에 따라 징수하여야 하는 금액

⑤ 세관장은 결정한 환급금을 제4항제2호의 금액에 충당할 때에는 환급신청자의 충당 신청을 받아 충당한다. 이 경우 충당된 세액의 충당 신청을 한 날에 해당 세액을 납부한 것으로 본다. <신설 2016. 12. 27.>

⑥ 관세청장은 제4항 및 제5항에 따른 관세등의 충당에 필요한 방법과 절차를 정할 수 있다. <신설 2018. 12. 31.>

[전문개정 2011. 7. 14.]

제17조(환급의 제한)

① 수출물품의 생산에 국산 원재료의 사용을 촉진하기 위하여 필요하다고 인정되는 경우에는 제9조에도 불구하고 대통령령으로 정하는 바에 따라 환급을 제한할 수 있다.

② 제1항에 따라 환급을 제한하는 물품과 그 제한 비율은 기획재정부령으로 정한다.

[전문개정 2011. 7. 14.]

제18조(용도 외 사용 시 관세등의 징수)

① 세관장은 제4조제2호의 용도에 제공되어 관세등을 환급받은 물품이 그 용도에 제공된 날부터 3년의 범위에서 관세청장이 정하는 기간에 관세등을 환급받은 용도 외에 사용된 경우에는 그 용도 외에 사용한 자로부터 환급받은 관세등을 즉시 징수한다. 다만, 재해 등 부득이한 사유로 멸실(滅失)되었거나 미리 세관장의 승인을 받아 없애버린 경우에는 그러

하지 아니하다.

② 제4조제3호의 용도에 제공되어 관세등을 환급받은 물품은 「관세법」등을 적용할 때 외국물품으로 본다.

[전문개정 2011. 7. 14.]

제19조(환급을 갈음하는 관세등의 세율 인하)

① 수출등에 제공되는 물품의 생산에 주로 사용하기 위하여 수입되는 물품에 대하여는 그 수출등에 제공되는 비율을 고려하여 관세등의 세율을 인하할 수 있다.

② 제1항에 따라 관세등의 세율을 인하하는 물품과 세율은 대통령령으로 정한다.

③ 제1항에 따라 관세등의 세율이 인하된 물품에 대하여는 이 법에 따른 관세등의 일괄납부 및 환급을 하지 아니한다.

[전문개정 2011. 7. 14.]

제20조(서류의 보관 및 제출 등)

① 이 법에 따른 관세등의 환급에 관한 서류로서 대통령령으로 정하는 서류는 환급등의 신청일부터 5년의 범위에서 대통령령으로 정하는 기간 동안 보관하여야 한다.

② 제1항에 따른 서류는 관세청장이 정하는 바에 따라 마이크로필름, 광디스크, 그 밖의 자료보존 매체에 의하여도 보관할 수 있다.

③ 관세청장이나 세관장은 제14조에 따른 환급금의 정확 여부를 심사하는 데 필요하다고 인정하는 경우에는 환급받은 자, 수출용원재료 수입자, 내국신용장등에 의한 수출용원재료의 공급자, 그 밖에 이와 관련된 자에게 제1항에 따른 서류나 그 밖의 관계 자료의 제출을 요구할 수 있다.

[전문개정 2011. 7. 14.]

제21조(과다환급금의 징수 등)

① 세관장은 제16조에 따라 지급한 환급금이 다음 각 호의 어느 하나에 해당하는 경우에는 그 환급금액 또는 과다환급금액을 「관세법」 제47조제1항에 따라 관세등을 환급받은 자(기초원재료납세증명서 또는 수입세액분할증명서를 발급받은 자를 포함한다. 이하 이 조에서 같다)로부터 징수한다.

1. 이 법에 따라 환급받아야 할 금액보다 과다하게 환급받은 경우
2. 제12조에 따른 기초원재료납세증명서 또는 수입세액분할증명서에 관세등의 세액을 과다하게 증명받은 경우로서 그 기초원재료납세증명서 또는 수입세액분할증명서가 환급 등에 이미 사용되어 수정·재발급이 불가능한 경우
3. 선적(船積)이나 기적(機積)을 하지 아니하고 관세등을 환급받은 경우. 다만, 해당 금액을 징수하기 전에 선적되거나 기적된 경우에는 그러하지 아니하다.
4. 제13조제1항에 따른 정액환급률표를 적용할 수 없는 물품에 대하여 정액환급률표에 따

라 환급받은 경우

② 제1항에 따라 환급금액 또는 과다환급금액을 징수할 때에는 환급한 날의 다음 날부터 징수결정을 하는 날까지의 기간에 대하여 대통령령으로 정하는 이율에 따라 계산한 금액을 환급금액 또는 과다환급금액에 가산하여야 한다. 다만, 「관세법」 제28조에 따라 잠정가격을 기초로 신고납부한 세액과 확정된 가격에 따른 세액의 차액으로 인하여 환급금액 또는 과다환급금액을 징수하는 경우에는 가산하지 아니한다. <개정 2011. 12. 31.>

③ 제1항과 제2항에 따라 환급금액 또는 과다환급금액 및 이에 가산하여야 할 금액을 징수하려는 경우에는 미리 관세등을 환급받은 자에게 그 내용을 서면으로 통지하여야 한다. 이 경우 「관세법」 제118조를 준용한다.

④ 관세등을 환급받은 자 또는 제7조제1항에 따른 정산통지를 받은 자는 제1항 각 호의 어느 하나에 해당하는 사실을 알았을 때 또는 정산통지를 받은 후 납부하여야 할 관세등이 부족하게 정산된 사실을 알았을 때에는 대통령령으로 정하는 바에 따라 세관장에게 그 사실을 자진신고하고 그 환급금액 또는 과다환급금액이나 관세등을 납부할 수 있다. 다만, 다음 각 호의 어느 하나에 해당하는 경우는 제외한다.

1. 제3항에 따라 세관장이 환급금액 또는 과다환급금액에 대한 징수 내용을 서면으로 통지한 경우
2. 「관세법」 제114조제1항 본문에 따라 관세조사의 통지를 한 경우
3. 「관세법」 제114조제1항 단서에 따라 조사의 통지를 하지 아니하고 같은 법 제110조제2항 각 호의 어느 하나에 해당하는 조사를 시작한 경우

⑤ 제4항에 따라 환급금액 또는 과다환급금액이나 관세등을 납부할 때에는 대통령령으로 정하는 기간 및 이율 등에 따라 계산하는 금액을 환급금액 또는 과다환급금액이나 관세등에 가산하여 납부하여야 한다. 다만, 「관세법」 제28조에 따라 잠정가격을 기초로 신고납부한 세액과 확정된 가격에 따른 세액의 차액으로 인하여 환급금액 또는 과다환급금액이나 관세등을 납부하는 경우에는 가산하지 아니한다. <개정 2011. 12. 31.>

⑥ 제1항제1호에 따라 환급받아야 할 금액보다 과다하게 환급받은 경우에 해당하여 제2항 또는 제5항에 따라 과다환급금액에 가산한 금액(이하 이 조에서 "가산금액"이라 한다)을 납부한 자는 그 가산금액 중 다음 각 호의 어느 하나에 해당하는 금액에 대하여 제14조제1항 단서에서 정하는 기간 이내에 지급을 신청할 수 있다. 이 경우 다음 각 호의 가산금액의 지급신청 및 지급은 제14조 및 제16조제1항 · 제2항 · 제4항을 준용한다. <신설 2014. 1. 1.>

1. 제14조제1항제3호에 해당하는 사유로 환급신청을 하는 경우 그 환급분에 해당하는 가산금액
2. 제14조제1항제3호에 해당하는 사유로 환급을 이미 받은 경우 그 환급분에 해당하는 가산금액

⑦ 제6항에 따른 지급신청이 거짓이나 그 밖의 부정한 방법으로 과다하게 환급을 받은 사유로 인하여 납부한 가산금액과 관련된 경우에는 세관장은 그 가산금액을 지급하지 아니할 수 있다. <신설 2014. 1. 1.>

[전문개정 2011. 7. 14.]

제22조(과소환급금의 환급)

① 세관장은 제16조에 따라 지급한 환급금이 이 법에 따라 환급하여야 할 금액보다 과소(過少)하게 환급된 사실을 알았을 때에는 지체 없이 해당 과소환급금을 지급하여야 한다.

② 제1항에 따라 과소환급금을 지급할 때에는 환급한 날의 다음 날부터 과소환급금의 지급을 결정하는 날까지의 기간에 대하여 제21조제2항에 따라 대통령령으로 정한 이율로 계산한 금액을 과소환급금에 가산하여야 한다.

[전문개정 2011. 7. 14.]

제 3 절 uTradeHub 전자무역시스템(uLocal 관세환급) 소개

'관세환급'이란 수출물품 제조에 소요된 원재료의 수입 시에 납부한 관세 등을 수출 등에 제공한 때에 수출자에게 되돌려 주는 것을 의미한다. 이는 현행법상 납세의무의 형평과 징수행정의 공정을 위한 관세법상의 환급(과오납 환급과 위약물품 환급)과 수출지원을 위한 환급특례법상의 환급으로 구분하고 있으며, 일반적으로 수출업체의 국제경쟁력 제고를 위해 수입할 때 납부한 관세 중 제품 수출 후 수출 물품 생산에 사용된 원재료의 관세를 되돌려주는 것을 의미한다. 이를 위해 'uTradeHub'에서는 'uLocal 관세환급 서비스'를 통해서 수출업체에 물품공급으로 구매확인서 또는 내국신용장을 통지받은 협력업체(공급자)가 수행 하는 수출용원재료에 대한 관세환급 업무를 지원하고 있다.

(1) 이용대상

중소 제조업체로서 중소기업 (중소기업기본법 제2조의 규정에 따른 중소기업) 및 공장보유 또는, 간이정액 적용업체 (최근 2년간 매년도 기납증 포함 환급실적 6억원 이하인 업체) 또는, 간이정액 환급율 표에 해당되는 물품을 제조하여 수출업체에 공급이어야 하며 이들 기업은 구매확인서 또는 내국신용장 공급금약의 0.1~1.5%의 관세를 환급 받을 수 있다. 단, 공급물품의 HS코드 부호가 간이정액 환급율 표에 해당되어야 한다.

(2) 업무흐름도

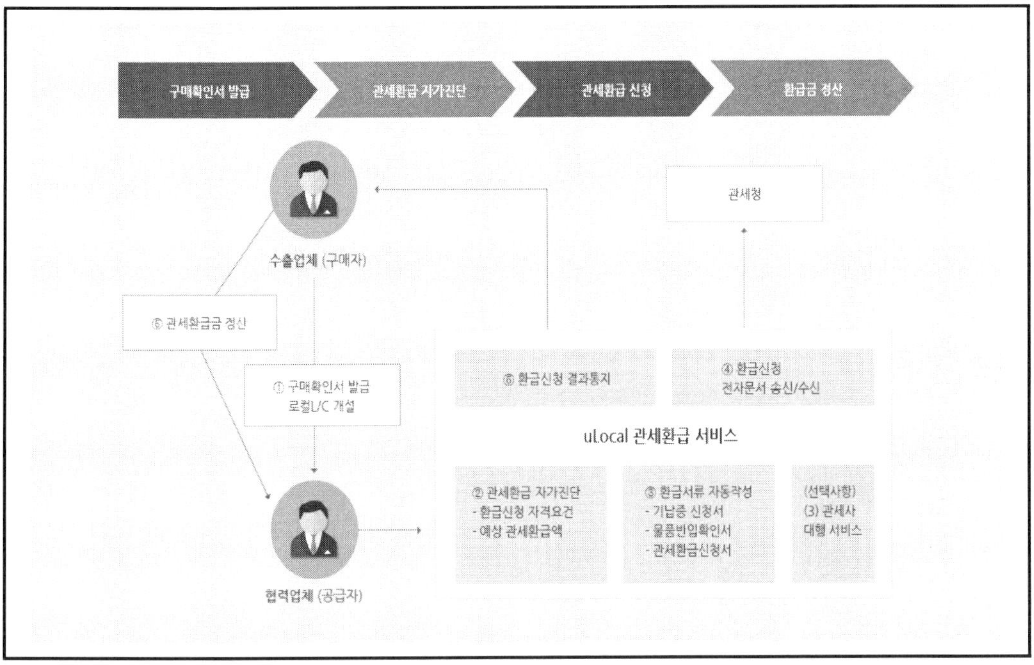

수출업계 \ 단계	③ 환급서류 자동작성	④ 환급신청(간이)	⑤ 환급신청결과통지
일반공장	기납증 (기초원재료납세증명)	협력업체→소재지 관할세관 (환급지 세관)	협력업체→수출업체
보세공장	반입확인서 (환급대상수출물품반입확인서)		
보세공장	환급신청서		

- 구매확인서 발급, 내국신용장 개설 내용을 공급업체에 통지한다.
- 관세환급 자가진단을 통해서 환급신청 자격요건 확인 및 예상환급액 조회한다.
- 수출업체의 종류에 따라 협력업체가 작성/신청/통지할 환급서류는 상이하다.
- 이용업체는 필요시 관세사 대행서비스를 선택할 수 있다.
- 관세환급금 정산시기는 수출업계 및 업체와 협력업체간 방법이 상이하다.

업계	환급서류 제출시기	정산방법	
전기·전자	구매대금 세금계산서 발행 후 30일 이내	구매대금에 관세 미포함	환급서류제출하면 관세지급
자동차		포함	미제출하면 관세 공제
보세공장	보세공장 물품반입 후 0일 이내	구매대금에 관세 미포함	

※ 정산시기 : 원사업자가 수출할 물품을 수급사업자에게 제조위탁하거나 용역위탁한 경우 「수출용원재료에 대한 관세 등 환급에 관한 특례법」에 따라 관세 등을 환급받은 경우에는 환급받은 날부터 15일 이내에 그 받은 내용에 따라 이를 수급사업자 에게 지급하여야 한다. (하도급거래 공정화에 관한 법률 제15조 제1항)

(3) 주요기능

- 관세환급 자가진단
- 구매확인서, 내국신용장을 통해 공급한 물품에 대한 예상 관세환급액(간이정액) 조회
- 공급업체의 관세환급 신청 자격요건 조회 (간이정액환급, 간이기납증)
- 관세환급 신청서 3종 자동 작성 (통지받은 구매확인서, 내국신용장 정보를 활용)
  간이기초원재료납세증명서 (간이기납증), 환급대상수출물품반입확인서 (반입확인서), 간이정액 환급신청서
- 전자문서 송수신
- 관세청 국가관세종합정보망 시스템과 연계 : 환급관련 15여종의 전자문서 송신, 수신
- 수출업체 ERP 시스템과 연계 : 발주정보 수신, 공급업체 환급신청결과 통지
- 수출업체와 협력업체간 관세정산 결과 조회

uLocal 관세환급 서비스를 이용할 시에 웹서비스를 통해 관세환급 자가진단을 하여 환급신청 자격요건을 확인하고 예상 환급액을 조회할수 있으며 환급서류 자동작성이 가능하다. 뿐만 아니라 부가서비스로 관세사 대행서비스가 제공되기 때문에 이용업체를 위해 지정된 관세사가 관세청 신고업무를 대행 하고 있다.

제12장 전자무역과 분쟁해결

무역계약의 불이행이나 기타 사유 등으로 분쟁이 발생하였다면(발생이 예견된다면), 원만한 해결 방법을 구해 진행해야만 한다. 분쟁해결의 방법에 당사자의 원만한 합의(당사자간 해결)과 제3자의 개입에 의한 해결 방법(알선, 조정, 중재, 소송 등)으로 분류해 볼 수 있다.

제1절 당사자간 해결(당사자간 원만한 합의)

1. 청구권의 포기(Waiver of Claim)

피해자가 상대방에게 청구권을 행사하지 않는 경우로서, 이는 대체적으로 상대방이 사전 또는 즉각적으로 손해배상 제의를 통해 해결될 경우에 이루어진다. 청구권의 포기는 분쟁해결을 위한 가장 바람직한 방법으로 향후 양당사자간에 지속적이고 안정적인 거래를 보장받을 수 있다.

2. 화해(Amicable Settlement)[245]

당사자간의 자주적인 교섭과 양보로 분쟁을 해결하는 방법으로서, 당사자가 직접적인 협의를 통하여 상호평등의 원칙하에 납득할 수 있는 타협점을 찾는 것이다. 이 경우 대체적

245) 위키백과(https://ko.wikipedia.org/wiki), 정경오 (2009년 11월). "우리나라 방송통신분쟁해결제도의 현황 및 방향". 《방송통신정책》 21 (20): 1. 2009년 11월 11일에 확인함. 《글로벌 세계대백과》 〈대법원 2008.9.11. 선고 2008다15278 판결 4294민상914전합.

으로 화해계약을 체결한다. 화해는 ① 당사자가 서로 양보할 것 ② 분쟁을 종결할 것 ③ 그 뜻을 약정할 것 등 3가지 요건을 필요로 함(민법 제731조)

즉, 화해(和解, Conciliation)는 소송에 갈음하는 분쟁해결제도로 당사자가 서로 양보하여 당사자간의 분쟁을 종지(終止)할 것을 약정함으로 성립되는 계약을 말하며 재판외 화해와 재판상 화해가 있다.

(1) 재판외 화해

화해(和解), 재판외 화해 혹은 화해계약은 제3자의 개입없이 당사자가 상호 양보하여 법적 권리와 의무 및 경제적·사회적·심리적 이익의 맞교환과 타협을 수단으로 하여 당사자에게 바람직스러운 법적 관계를 설정하기 위하여 기존에 일어난 다툼을 그만둘 것을 약속하는 과정이다. 예를 들면 A·B간에 택지의 경계선을 놓고 A는 울타리의 선이라고 주장하고, B는 도랑의 선이라고 주장하여 다툼이 벌어졌을 경우, 등기부상으로도 명확하지 아니하고 기타의 증거도 확실하지 아니하다고 하는 경우에, A·B가 서로 양보하여 울타리와 도랑의 중간선을 경계로 정하고 다툼을 그만 두자는 약속을 하는 것 등이 화해이다. 화해는 가장 오래되고 널리 사용되는 분쟁해결 방법이라 할 수 있다. 화해에 대해서 대한민국은 민법상의 계약(대한민국 민법 731조)으로 규정하고 있다. 화해 계약은 쌍무계약, 유상계약에 속한다. 그러나 계약 자유의 원칙상 내용 및 방식에 있어 제약은 없다.

여기서 계약으로서 화해제도가 인정되는 의의가 있다. 화해가 되면 화해 전의 법률관계를 소멸시키고 화해의 내용에 따라 확정된 법률관계를 발생시키는 창설적 효력을 가진다. 당사자는 화해에 의하여 정하여진 의무를 이행하고 권리를 승인하여 종전의 주장은 할 수 없게 된다. 예컨대 뒷날 화해의 내용이 진실에 반하다는 증거가 나타나더라도 화해의 효력에는 영향이 없다(732조).

화해는 제3자(조정인)가 개입하는 조정과 달리 중립적인 제3자의 개입이 없으며, 당사자는 분쟁내용, 대화방법, 협상기술 등 모든 문제를 스스로 결정하여야 한다.

· 착오와 화해

화해가 성립되면 뒷날 화해의 내용이 진실에 맞지 아니한 증거가 나타나더라도 화해의 효력은 유지하게 되나(732조), 착오에 의해서 화해한 경우에도 그러하냐가 문제가 된다. 이에 대해서는 다툼의 대상이 되어 화해에 의해서 결정된 내용 자체에 대해서는 비록 착오가 있다 하더라도 민법 109조를 적용하지 아니하고 화해의 효력을 유지하게 되나, 당사자의 자격이나 또는 화해의 목적인 분쟁 이외의 사항에 착오가 있는 경우에는 109조의 적용이 있고 화해계약은 취소할 수 있게 된다(733조 단서). 화해계약이 사기로 인하여 이루어진 경우에는 화해의 목적인 분쟁에 관한 사항에 착오가 있더라도 민법 제110조에 따라 이를 취소할 수 있다.

(2) 재판상 화해

재판상의 화해란 소송계속 중 소송물인 권리관계에 대하여 당사자 쌍방의 합의가 성립하여 이를 조서화하면 소송이 종결되는 것을 말하며, 이때 조서에 기재한 당사자 간의 합의는 확정판결과 동일한 효력이 있다. 판례에 따르면 재판상의 화해를 조서에 기재한 때에는 그 조서는 확정판결과 동일한 효력이 있고 당사자간에 기판력이 생기는 것이므로 재심의 소에 의하여 최소 또는 변경이 없는 한, 당사자는 그 화해의 취지에 반하는 주장을 할 수 없다.

제2절 제3자 개입에 의한 해결

1. 알선 (Intermediation)

알선이란 공정한 제3자적 기관이 당사자의 일방 또는 쌍방의 의뢰에 의하여 사건에 개입, 원만한 타협이 이루어지도록 협조하는 방법으로 당사자간에 비밀이 보장되고 거래관계가 지속을 유지할 수 있는 장점이 있다. 알선은 쌍방의 협력이 없으면 실패로 돌아가고 강제력은 없으나, 알선수임기관의 역량에 따라 그 실효성이 나타나 대한상사중재원에 의뢰된 건 중 90% 이상이 알선단계에서 처리된다.

2. 조정 (Conciliation)

조정은 당사자의 일방 또는 쌍방의 요청에 의거, 양당사자가 공정한 제3자를 조정자로 선임하여 분쟁해결방안을 제시해 줄 것을 부탁하고 조정인이 제시하는 조정안에 양당사자가 합의함으로써 분쟁을 해결하는 방식으로 우리나라 중재규칙상 중재신청후 양당사자가 요청할 경우 상호협의하에 조정인을 선정, 조정을 시도할 수 있도록 되어 있어 조정안이 성립되면 조정결정은 중재판정과 동일한 효력을 갖게 된다. 그러나 실패하면 30일 내에 조정절차는 자동적으로 폐기되며, 중재인을 선정, 중재절차가 진행된다. 그러나 당사자의 약정에 의하여 조정기간(30일)을 연장할 수 있다.

주) https://www.ecmc.or.kr/ecmc/index.do, 전자문서·전자거래분쟁조정위원회 초기화면.

3. 중재 (Arbitration)

중재란 분쟁당사자간의 합의(「중재합의」라 칭함)에 의거 사법상의 법률관계를 법원 소송절차에 의하지 않고 개인인 제3자를 중재인(Arbitrator)으로 선정하여 최종적으로 중재인의 판정에 맡겨 그 판정에 복종함으로써 분쟁을 해결하는 방법으로 조정은 당사자 일방의 요청이 있을 때에도 가능한데 반하여 중재는 반드시 양당사자의 합의가 있어야 하며, 조정은 양당사자의 자유의사에 따른 해결이나, 중재는 중재인의 중재판정에 절대 복종해야 하는 강제성을 가질 뿐 아니라 그 효력이 법원의 확정판결과 동일하며 외국에서도 집행이 보장되어 소송보다 효력의 범위가 더 넓다.

주) http://www.kcab.or.kr/jsp/kcab_kor/index.jsp, 대한상사중재원

(1) 중재판정의 효력

「외국중재판정의 승인 및 집행에 관한 국제연합협약(the United Nations Convention on the Recognition and Enforcement of Foreign Arbitral Awards : 일명 뉴욕협약)」이 UN 경제사회이사회의 주도 아래 1958년 6월 10일 미국 New York에서 채택됨으로써 각 체약국내에서는 외국중재 판정의 승인 및 집행을 보장받게 되었다.(2006년 1월 현재 가입국 수 : 137개국) 우리나라도 1973년 2월 8일 가입, 동년 5월 9일부터 그 효력이 발효됨에 따라 국내 유일한 상설중재 기관인 대한상사중재원의 중재판정도 본협약 체약국간에서는 그 승인 및 집행을 보장받게 되었다. 2003년부터 대한상사중재원의 중재판정도 중국에서 집행이 용이해졌으므로 중국과의 계약시 대한상사중재원 중재를 따를 것을 약정하는 것이 바람직하다.

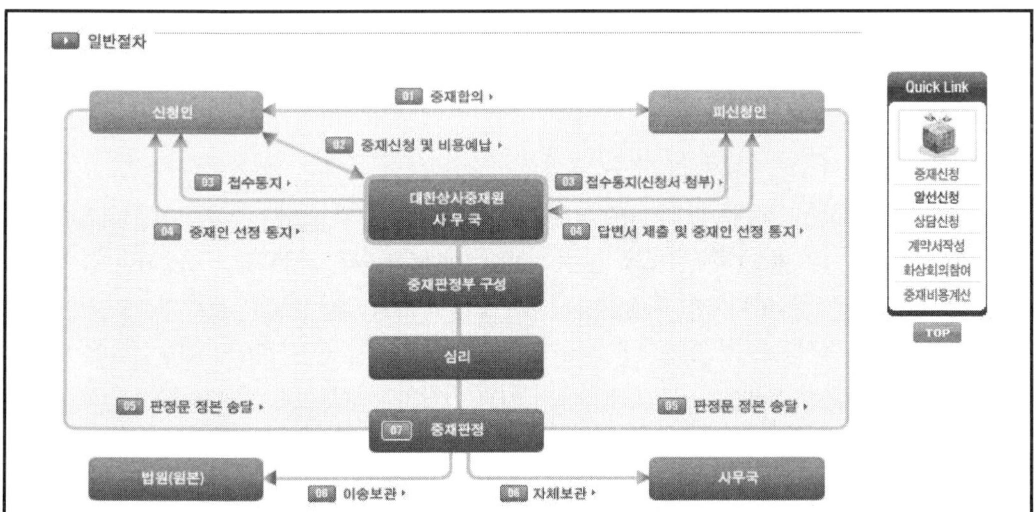

주) http://www.kcab.or.kr, 대한상사중재원

① 중재합의

- 분쟁을 중재에 의하여 해결하기로 하는 중재합의가 있어야만 중재신청이 가능하다.

② 중재신청 및 비용예납

- 중재를 신청하고자 할 때에는 대한상사중재원의 본부(서울)나 지역본부(부산)의 사무국에 중재비용과 함께 다음의 서류를 작성·제출해야 한다. 신청하기 전에 전화 [(0(2) 551-2000~19, 부산 (05(1) 441-7036~8] 로 문의하거나 내방하여 안내를 받으면 더욱 편리하다. 일방 당사자가 분쟁의 최종 해결을 위해 중재를 신청한 후 판정이 내려질 때까지 소요되는 비용을 중재비용이라 하며 중재비용은 요금, 경비, 수당으로 구분되는데 중재신청서를 접수할 때 신청인으로부터 미리 예납받으나, 중재판정부에 의하여 부담비율이 판정에서 정해진다.
  요금은 관리요금과 심리기일연기요금으로 구분되며 관리요금은 중재신청금액에 따라 중재규칙에서 정하는 요금표에 의하여 계산된다. 심리기일연기요금은 심리의 연기가 중재판정부의 직권으로 이루어진 경우에는 부과하지 아니하나, 당사자의 요구에 의하여 연기되는 경우에는 매 연기시마다 100,000원을 부과한다.
  경비는 중재인과 사건담당자의 소요경비, 증거, 증인 또는 감정인의 소요경비, 검사 또는 조사경비, 녹음 또는 속기록의 작성경비, 통역 또는 번역경비, 기타 중재에 소요되는 일체의 경비가 당사자의 신청에 의한 경우에는 그 당사자가 예납합니다. 만약 위 경비가 중재판정부의 지시에 의한 것일 경우, 당사자간에 따로 정함이 없으면 한 신청인이 예납한다.
  수당은 중재인수당과 판정문작성수당이 있는데 당사자가 합의하는 경우 그에 따라 중재인수당이 결정된다.

③ 중재신청의 접수 및 통지

- 중재신청서가 제출되면 중재합의서, 중재신청서, 중재신청의 취지를 입증하는 서류의 유무, 대리인이 선임된 경우 위임장 등 적합여부를 확인하고, 사무국에서 적합하다고 판단하는 경우에는 소정의 중재비용을 예납받고 접수한다.

④ 답변서 제출

- 피신청인은 신청인의 중재신청서를 검토한 후 중재신청 접수통지의 수령일(기준일)로부터 국제중재의 경우 30일(국내중재의 경우 15일) 이내에 답변서를 사무국에 제출하여 답변할 수 있다. 사무국은 답변서를 제출받음과 동시에 그 답변이 적합한 것인지의 여부를 확인하고 적합한 경우에는 이를 접수하고 양당사자에게 접수사실을 통지한다 이 경우 신청인에게는 답변서 1부를 보낸다. 만일 피신청인이 위의 기간내에 답변서의 제출이 없는 경우에는 신청인이 주장하는 청구의 기각을 구하는 것으로 본다.

☞ 반대신청

- 동일사안에 대해 피신청인이 중재신청을 하는 것을 반대신청이라 하는데, 피신청인이 스스

로 판단하여 직접 하는 방법과 답변의 취지나 이유가 반대신청의 내용을 포함하고 있다고 판단할 경우 그 부분에 대하여 중재판정부의 요구에 의해 행하는 방법 등 두 가지가 있다. 절차는 당초의 중재신청 절차와 동일하다.

⑤ 중재판정부 구성

- 중재사건을 판정할 중재인은 분쟁당사자가 직접 선정하거나 중재원에서 추천한 중재인 후보 중에서 선임하게 된다. 중재인은 법조계, 학계, 업계 등 각계권위자로서 최소한 20년 이상 해당분야에 경험 있고 전문지식, 신뢰성, 성실성, 신망, 판단력 등이 갖추어진 인사라야 한다.

☞ 중재인의 선정

- 당사자에 의한 직접 선정방법 : 당사자간의 약정으로 중재인을 당사자가 직접 선정 또는 선정방법을 정하였을 경우, 선정통지수령일로부터 15일(국제중재 : 30일)이내에 중재인취임수락서를 중재인으로부터 받아 제출해야 한다.
- 사무국에 의한 선정방법 : 중재인 명부 중에서 5인 또는 10인의 후보자를 선정 후 당사자에게 명단을 보낸다. 당사자는 동 명단에 자신이 희망하는 순위를 의장중재인과 기타중재인란에 번호를 기재하여 후보자명단수령일로부터 15일(국제중재: 30일) 이내에 반송하여야 한다. 사무국은 양당사자의 순위를 집계한 후 희망순위가 가장 높은 사람(1~3인)으로부터 취임수락서를 받아 선정하게 되고 중재판정부가 구성되면 중재인과 양당사자에게 중재인 선정사실과 제1차 심리기일을 서면으로 통지한다.

⑥ 중재심리

- 중재판정부는 심리의 일시, 장소와 방식을 결정하는데 심리의 일시와 장소가 결정되면 사무국은 당사자에게 심리개시 10일전(국제중재: 20일)까지 통지한다. 중재판정부는 양당사자에게 심리를 시작하기 전에 주장, 증거방법, 상대방 주장에 대한 의견을 기재한 준비서면을 제출하게 할 수 있다.
- 심리절차는 아래와 같다.
  - ▸ 심리는 사건번호와 당사자의 호명으로 개시된다.
  - ▸ 심리절차는 비공개를 원칙으로 한다.
  - ▸ 당사자의 일방이 증거물을 제출하는 경우 판정부는 이를 증거로 접수할 수 있다.
  - ▸ 판정부는 필요하다고 인정할 경우 절차를 변경할 수 있다.
  - ▸ 당사자는 사무국이나 판정부가 요구하는 서면, 증거 또는 기타 문서의 번역문을 제출해야 한다.
  - ▸ 판정부는 당사자를 직접 심리한다.
  - ▸ 심리 시에 판정부에 제출치 못하고 심리 당시의 합의나 그 이후의 합의 및 판정부의 요구에 의해 제출하는 모든 서류는 사무국이 접수하여 판정부 및 타방당사자에게 송달하여야 한다.

- ▸ 판정부가 판정에 필요하다고 인정하는 증거의 조사를 직접 할 수 없는 것은 직권 또는 당사자의 요구에 의해 관할법원에 이를 신청할 수 있다.
- ▸ 당사자의 일방이 정당하게 통지 또는 고지되었음에도 불구하고 출석치 아니하거나 출석하여도 심리에 응하지 아니하는 경우에도 중재는 그대로 진행시킬 수 있다.
- ▸ 중재판정부는 상당한 이유가 있으면 직권이나 당사자의 요구에 의하여 심리를 연기하거나 속행할 수 있는데 다만, 심리기일 연기신청은 심리기일 3일전까지 하여야 하며, 계속하여 2회이상 연기하지 않도록 해야 한다.
  - 판정부는 당사자가 주장 및 입증을 다하였다고 인정할 때 심리의 종결을 선언하여야 한다.

⑦ 중재 판정

- 중재판정부는 중재계약의 범위 내에서 계약의 현실이행 뿐만 아니라 공정하고 정당한 배상이나 기타의 구제를 명할 수 있다. 따라서 중재계약의 범위를 벗어난 판정은 효력이 인정되지 아니하고 중재판정부는 책임있는 당사자에게 중재비용의 부담비율을 명하여야 한다.
- 중재판정부는 당사자간의 별도 약정이 없는 한 중재심리가 종결된 날로부터 30일 이내에 중재인 과반수 찬성으로 판정하고 당사자가 합의하면 판정이유의 기재를 생략할 수 있다.
- 중재판정은 서면으로 작성하고 다음 사항을 기재하여 중재인이 서명하여야 한다.
  - 당사자의 성명 또는 명칭과 주소
  - 대리인이 있는 경우에는 그 대리인의 성명과 주소
  - 판정주문 및 판정이유,
  - 판정문 작성일자 및 중재자
- 중재판정은 한국어로 작성한다. 다만 당사자의 요구가 있거나 중재인 중에 외국의 국적을 가진 자가 있을 때는 한국어와 영어를 공용할 수 있으며, 이때 국문과 영문으로 작성되는 판정문은 모두 이를 정본으로 한다. 그러나 국영문간에 해석상의 차이가 있을 때는 한국어에 의하여 해석한다.
- 사무국은 판정의 정본을 당사자 또는 대리인에게 최후로 알려진 주소에 등기우편(배달증명)으로 발송하거나 직접 교부한다.
- 판정의 정본을 당사자에게 송달한 후 이의 수령을 확인하는 우편물 배달증명서가 도착하면, 사무국은 판정문원본과 송달의 증서를 첨부하여 관할법원에 이송보관한다.
- 재판정은 당사자간에 있어서는 법원의 확정판결과 동일한 효력이 있다. 또한 뉴욕협약(외국중재판정의 승인 및 집행에 관한 UN협약)에 따라 외국에서도 중재판정의 승인 및 집행이 보장된다.

주) http://www.kcab.or.kr 대한상사중재원

(2) 외국중재판정의 승인 및 집행에 관한 UN협약(The United Nation Convention on Recognition and Enforcement of foreign arbitral Awards-New York, 195(8)

뉴욕협약은 1958년 6월 10일 미국 뉴욕에 국제연합주도하에 성립된 세계 최대의 중재에 관한 다국적 협약이다. 이는 국제적인 상거래의 활성화를 목적으로 영토 내에서 내려진 중재판정, 즉 외국의 중재판정의 구속력을 승인하고 강제집행을 보장하기 위하여 UN 주도하에 국제적으로 체결된 다자간 조약으로서 뉴욕협약 혹은 유엔협약(The United Nation Convention on Recognition and Enforcement of foreign arbitral Awards-New York, 195(8)이라고도 불리며, 한국은 1973년 5월 9일 42번째 회원국으로 가입하였다. 한국은 동협약 제1조 제3항에 이하여 가입조건에 2가지 사항을 유보선언하였다. 첫째, 한국법상 상사관계의 분쟁에 한하여 이 협약을 적용하며, 둘째 외국중재판정일지라도 그 외국이 이 협약의 체약국이어야 이 협약을 적용할 것이라고 선언하였다. 2008년 8월 1일 현재 142개국이 가입되어 있다.[246)]

1. 협약문 전문

2. 뉴욕협약 가입국 현황

〈협약문 전문〉

외국중재판정의 승인 및 집행에 관한 UN협약 (1958년 6월 10일 뉴욕에서 채택)

한국의 유보선언

한국은 이 협약가입에 있어서 (1) 한국법상 상사관계의 분쟁에 한해서 이 협약을 적용한 것과, (2) 내국 중재판정일지라도 그 외국이 이 협약의 체약국인 경우에 한해서 이 협약을 적용할 것을 선언하였다.

제 1 조

1. 이 협약은 중재판정의 승인 및 집행의 요구를 받은 국가 이외의 국가의 영토 내에서 내려진 판정으로 서, 자연인 또는 법인간의 분쟁으로부터 발생하는 중재판정의 승인 및 집행에 적용한다. 이 협약은 또 한 그 승인 및 집행의 요구를 받은 국가에서 내국판정이라고 인정되지 아니하는 중재판정에도 적용한다
2. "중재판정"이라 함은 개개의 사건을 위하여 선정된 중재인이 내린 판정뿐만 아니라 당사자들이 부탁한 상설 중재기관이 내린 판정도 포함한다.

246) 곽영실·김석칠, 「상사중재론」, 두남, 2008.9, p.99.

3. 어떠한 국가든지 이 협약에 서명, 비준 또는 가입할 때, 또는 이 제10조에 의하여 확대 적용을 통고할 때에 상호주의의 기초에서 다른 체약국의 영토 내에서 내려진 판정의 승인 및 집행에 한하여 이 협약을 적용한다고 선언할 수 있다. 또한 어떠한 국가든지 계약적 성질의 것이거나 아니거나를 불문하고 이러 한 선언을 행하는 국가의 국내법상 상사상의 것이라고 인정되는 법률관계로부터 발생하는 분쟁에 한하여 이 협약을 적용할 것이라고 선언할 수 있다.

제 2 조

1. 각 체약국은 계약적 성질의 것이거나 아니거나를 불문하고 중재에 의하여 해결이 가능한 사항에 관 한 일정한 법률관계에 관련하여 당사자간에 발생하였거나 또는 발생할 수 있는 전부 또는 일부의 분쟁을 중재에 부탁하기로 약정한 당사자간의 서면에 의한 합의를 승인하여야 한다.
2. "서면에 의한 합의"라 함은 계약문중의 중재조항 또는 당사자간에 서명되었거나, 교환된 서신이나 전보에 포함되어 있는 중재의 합의를 포함한다.
3. 당사자들이 본조에서 의미하는 합의를 한 사항에 관한 소송이 제기되었을 때에는, 체약국의 법원은, 전기 합의를 무효, 실효 또는 이행불능이라고 인정하는 경우를 제외하고, 일방 당사자의 청구에 따라서 중재에 부탁할 것을 당사자에게 명하여야 한다.

제 3 조

각 체약국은 중재판정을 다음 조항에 규정한 조건하에서 구속력 있는 것으로 승인하고 그 판정이 원용될 영토의 절차 규칙에 따라서 그것을 집행하여야 한다.
이 협약이 적용되는 중재판정의 승인 또는 집행에 있어서는 내국중재 판정의 승인 또는 집행에 있어서 부과하는 것보다 실질적으로 엄격한 조건이나 고액의 수수료 또는 과징금을 부과하여서는 아니된다.

제 4 조

1. 전조에서 언급된 승인과 집행을 얻기 위하여 승인과 집행을 신청하는 당사자는 신청서에 다음의 서 류를 제출하여야 한다.
   가. 정당하게 인증된 중재판정원본 또는 정당하게 증명된 그 등본.
   나. 제2조에 규정된 합의의 원본 또는 정당하게 증명된 그 등본.
2. 전기 판정이나 합의가 원용될 국가의 공용어로 작성되어 있지 아니한 경우에는, 판정의 승인과 집행을 신청하는 당사자는 그 문서의 공용어 번역문을 제출하여야 한다. 번역문은 공증인 또는 선서한 번역관, 외교관 또는 영사관에 의하여 증명되어야 한다.

제 5 조

1. 판정의 승인과 집행은 판정이 불리하게 원용되는 당사자의 청구에 의하여, 그 당사자가 판정의 승인 및 집행의 요구를 받은 국가의 권한 있는 기관에게 다음의 증거를 제출하는 경우에 한하여 거부될 수 있다.
   가. 제2조에 규정된 합의의 당사자가 그들에게 적용될 법률에 의하여 무능력자 이었던가 또는 당사자들이 준거법으로서 지정한 법령에 의하여 또는 지정이 없는 경우에는 판정을 내린 국가의 법령에 의하여 전기 합의가 무효인 경우 또는,

나. 판정이 불리하게 원용되는 당사자가 중재인의 선정이나 중재절차에 관하여 적절한 통고를 받지 아니 하였거나 또는 기타 이유에 의하여 응할 수 없었을 경우 또는,

다. 판정이 중재부탁조항에 규정되어 있지 아니하거나 또는 그 조항의 범위에 속하지 아니하는 분쟁에 관한 것이거나 또는 그 판정이 중재부탁의 범위를 벗어나는 사항에 관한 규정을 포함하는 경우. 다만, 중재에 부탁한 사항에 관한 결정이 부탁하지 아니한 사항과 분리될 수 있는 경우에는 중재부탁사항에 관한 결정을 포함하는 판정의 부분은 승인되고 집행될 수 있다.

라. 중재기관의 구성이나 중재절차가 당사자간의 합의와 합치하지 아니하거나, 또는 이러한 합의가 없는 경우에는 중재를 행하는 국가의 법령에 합치하지 아니하는 경우 또는

마. 판정이 당사자에 대한 구속력을 아직 발생하지 아니하였거나 또는 판정이 내려진 국가의 권한 있는 기관이나 또는 그 국가의 법령에 의거하여 취소 또는 정지된 경우

2. 중재판정의 승인 및 집행이 요구된 국가의 권한 있는 기관이 다음의 사항을 인정하는 경우에도 중재 판정의 승인과 집행은 거부할 수 있다.

가. 분쟁의 대상인 사항이 그 국가의 법률하에서는 중재에 의한 해결을 할 수 없는 경우, 또는

나. 판정의 승인이나 집행이 그 국가의 공공의 질서에 반하는 경우

제 6 조

판정의 취소 또는 정지를 요구하는 신청이 제5조 1항의 (마)에 규정된 권한 있는 기관에 제기되었을 경우에는, 판정의 원용이 요구된 기관은, 그것이 적절하다고 인정될 때에는 판정의 집행에 관한 판결을 연기할 수 있고, 또한 판정의 집행을 요구한 당사자의 신청에 의하여 타당사자에 대하여 적당한 보장을 제공할 것을 명할 수 있다.

제 7 조

1. 이 협약의 규정은 체약국에 의하여 체결된 중재판정의 승인 및 집행에 관한 다자 또는 양자 협정의 효력에 영향을 미치지 아니하며, 또한 어떠한 관계 당사자가 중재판정의 원용이 요구된 국가의 법령이나 조약에서 인정된 방법과 한도 내에서 그 판정을 원용할 수 있는 권리를 박탈하지도 아니한다.
2. 1923년 중재조항에 관한 제네바 의정서 및 1927년 외국중재판정의 집행에 관한 제네바 협약은 체약국 간에 있어 이 협약에 의한 구속을 받게 되는 때부터 그 구속을 받는 한도 내에서 효력을 종료한다.

제 8 조

1. 이 협약은 국제연합회원국, 현재 또는 장래의 국제연합 전문기구의 회원국, 현재 또는 장래의 국제사법재판소규정의 당사국, 또는 국제연합총회로부터 초청장을 받은 기타 국가의 서명을 위하여 1958년 12월31일 까지 개방된다.
2. 이 협약은 비준되어야 하며 비준서는 국제연합사무국총장에게 기탁되어야 한다.

제 9 조

1. 이 협약은 제 8조에 규정된 모든 국가의 가입을 위하여 개방된다.

2. 가입은 국제연합사무총장에게 가입서를 기탁함으로써 발효한다.

제 10 조

1. 어떠한 국가든지 서명, 비준 또는 가입시에 국제관계에 있어서 책임을 지는 전부 또는 일부의 영토에 이 협약을 확대 적용할 것을 선언할 수 있다. 이러한 선언은 이 협약이 관계국가에 대하여 효력을 발생할 때 발효한다.
2. 이러한 확대적용은 그 이후 어느 때든지 국제연합사무총장 앞으로 통고함으로써 행할 수 있으며, 그 효력은 국제연합사무총장이 통고를 접수한 날로부터 90일 후 또는 관계국가에 대하여 이 협약이 효력을 발생하는 날 중의 늦은 편의 일자에 발생한다.
3. 서명, 비준 또는 가입시에 이 협약이 확대 적용되지 아니한 영토에 관하여는, 각 관계국가는 헌법상의 이유에 의하여 필요한 경우에는 이러한 영토의 정부의 동의를 얻을 것을 조건으로 하고, 이 협약을 이러한 영토에 확대 적용하기 위하여 조치를 취할 수 있는 가능성을 고려하여야 한다.

제 11 조

1. 연방국가 또는 비단일국가의 경우에는 다음의 규정이 적용된다.
   가. 이 협약은 조항 중 연방정부의 입법 관할권 내에 속하는 것에 관하여는, 연방정부의 의무는 그 한도 내에서 연방국가 아닌 다른 체약국의 의무와 동일하여야 한다.
   나. 이 협약의 중재조항중 주 또는 지방의 입법권의 범위 내에 있고 또한 연방의 헌법체제하에서 입법조치를 취할 의무가 없는 것에 관여하는, 연방정부는 주 또는 지방의 관계기관에 대하여 가급적 조속히 호의적 권고를 첨부하여 이러한 조항에 대한 주의를 환기 시켜야 한다.
   다. 이 협약의 당사국인 연방국가는, 국제연합 사무총장을 통하여 전달된 기타 체약국의 요청이 있을 때에는, 이 협약의 어떠한 특정 규정에 관한 연방과 그 구성단위의 법령 및 관례와 아울러 입법 또는 기타 조치에 의하여 그 규정이 실시되고 있는 범위를 표시하는 설명서를 제공하여야 한다.

제 12 조

1. 이 협약은 세번째의 비준서 또는 가입서의 기탁일자로부터 90일 이후에 발효한다.
2. 세번째의 비준서 또는 가입서의 기탁일자 후에 이 협약을 비준하거나 또는 이 협약에 가입하는 국가에 대하여는 그 국가의 비준 서 또는 가입서의 기탁일로부터 90일 후에 효력을 발생한다.

제 13 조

1. 어떠한 체약국이든지 국제연합 사무총장 앞으로의 서면통고로서 이 협약을 폐기할 수 있다. 폐기는 사무총장이 통고를 접수한 일자로 부터 1년 후에 발효한다.
2. 제10조에 의하여 선언 또는 통고를 한 국가는, 그 후 어느때 든지 사무총장이 통고를 접수한 일자로 부터 1년후에 관계영토에 대한 확대 적용이 종결된다는 것을 선언할 수 있다.
3. 폐기가 발효하기 전에 시작된 판정의 승인이나 집행절차에 관여하는 이 협약이 계속하여 적용된다.

제 14 조
체약국은, 타 체약국에 대하여 이 협약을 적용하여야 할 의무가 있는 범위를 제외하고는, 이 협약을 원용할 권리를 가지지 못한다.

제 15 조
국제연합사무총장은 제8조에 규정된 국가에 대하여 다음의 사항에 관하여 통고하여야 한다.
가. 제8조에 의한 서명 또는 비준
나. 제9조에 의한 가입
다. 제 1조, 제10조 및 제11조에 의한 선언 및 통고
라. 제12조에 의하여 이 협약이 효력을 발생한 일자
마. 제13조에 의한 폐기 및 통고

제 16 조
1. 중국어, 영어, 러시아어 및 스페인어로 된 이 협약은 동등한 효력을 가지며 국제연합 기록 보관소에 기탁 보존 되어야 한다.
2. 국제연합 사무총장은 이 협약의 인증 등본을 제8조에 규정된 국가에 송부하여야 한다

주) www.kcab.or.kr/jsp/comm_jsp/BasicDownload.jsp 대한상사중재원

〈품목별 클레임 현황〉

□ 중재

(단위: 건, US$, %)

구 분	2010년		2009년		증감율	
	건수	금액	건수	금액	건수	금액
부동산 및 무형품목	143	327,374,557	128	486,010,400	12	-33
기계류 및 운반용기계	62	155,545,364	65	51,323,416	-5	203
전자, 전기	27	37,576,130	9	13,481,263	200	179
일차산품	21	2,135,015	16	23,781,119	31	-91
생활용품	17	651,386	16	931,675	6	-30
철강, 금속	13	4,417,146	20	40,923,576	-35	-89
품목미상 및 기타	13	5,136,215	34	19,069,092	-62	-73
프라스틱, 화학제품	12	1,880,446	19	17,813,045	-37	-89
섬유류	8	173,379	11	508,858	-27	-66
총 계	316	534,889,638	318	653,842,444	-1	-18

□ 알선

(단위: 건, US$, %)

구 분	2010년		2009년		증감율	
	건수	금액	건수	금액	건수	금액
기계류 및 운반용기계	164	6,140,492	112	8,180,699	46	-25
부동산 및 무형품목	156	2,660,463	135	2,099,963	16	27
전자, 전기	150	840,504	122	2,641,427	23	-68
품목미상 및 기타	101	1,067,195	98	4,515,337	3	-76
생활용품	90	349,119	66	1,403,492	36	-75
일차산품	49	789,711	45	37,281,923	9	-98
섬유류	43	343,696	29	1,701,101	48	-80
프라스틱, 화학제품	29	478,918	34	26,763,235	-15	-98
철강, 금속	19	1,487,118	23	967,581	-17	54
총 계	801	14,157,216	664	85,554,758	21	-83

□ 총계

(단위: 건, US$, %)

구 분	2009년		2008년		증감율	
	건수	금액	건수	금액	건수	금액
부동산 및 무형품목	299	330,035,020	263	488,110,363	14	-32
기계류 및 운반용기계	226	161,685,856	177	59,504,115	28	172
전자, 전기	177	38,416,634	131	16,122,690	35	138
품목미상 및 기타	114	6,203,410	132	23,584,429	-14	-74
생활용품	107	1,000,505	82	2,335,167	30	-57
일차산품	70	2,924,726	61	61,063,042	15	-95
섬유류	51	517,075	40	2,209,959	28	-77
프라스틱, 화학제품	41	2,359,364	53	44,576,280	-23	-95
철강, 금속	32	5,904,264	43	41,891,157	-26	-86
총 계	1,117	549,046,854	982	739,397,202	14	-26

주) http://www.kcab.or.kr/servlet/kcab_kor/claim/1020 대한상사중재원 자료실.

4. 소송 (Litigation)[247]

소송은 개인간의 분쟁을 국가기관인 재판소의 판결에 의하여 강제적으로 해결하는 방법이다. 국제간의 거래에 있어선 상대자가 법역을 달리하므로 우리나라의 재판권이 상대국에까지 미치지 못한다는 장애가 있으므로 외국과의 사법협정이 체결되어 있지 않는 한 소송에 의한 판결은 외국에서의 승인 및 집행이 보장되지 않는다.

소송은 소의 제기에 의하여 개시된다. 소장을 법원에 제출하면, 피고에게 소장부본이 송달되고 소장부본을 받은 피고가 답변서를 제출하면, 재판장이 사건기록을 검토하여 처리방향을 결정하게 된다. 원칙적으로 재판장은 가능한 최단기간 안의 날로 제1회 변론기일을 지정하여 양쪽 당사자가 법관을 조기에 대면할 수 있도록 한다. 이처럼 제1회 변론기일을 통하여 양쪽 당사자가 서로 다투는 점이 무엇인지 미리 분명하게 밝혀지면, 그 이후의 증거신청과 조사는 그와 같이 확인된 쟁점에 한정하여 집중적으로 이루어질 수 있게 된다. 쟁점정리기일과 증인신문 등 필요한 증거조사를 하는 집중증거조사기일이 진행되며 변론종결 후 판결이 확정되어 소송이 종결된다.

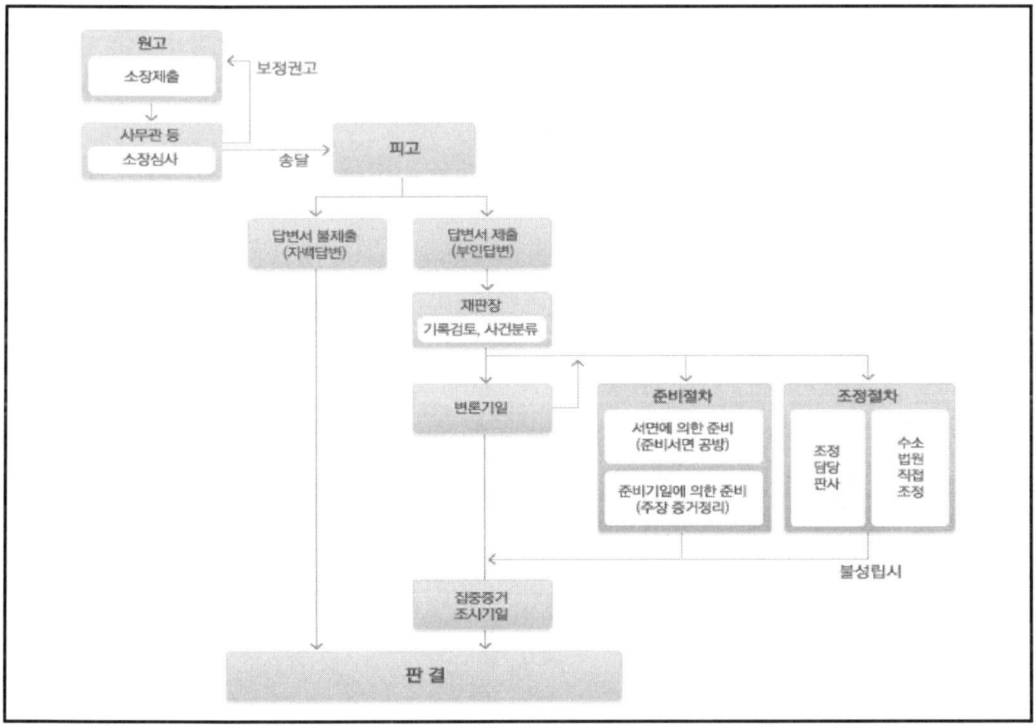

주) 대한민국 법원, https://pro-se.scourt.go.kr/wsh/wsh200/WSH220.jsp

247) http://pro-se.scourt.go.kr/wsh/wsh200/WSH220.jsp 대한민국 법원 소송절차 안내 참소 정리.

민사소송법 아래에서의 사건관리 및 심리구조의 개요를 설명하면 다음과 같다. 우선 소장이 접수되면 간단한 심사를 하여 특별한 형식적 하자가 없는 한 그 부본을 즉시 상대방에게 송달하고 30일 이내에 답변서를 제출하도록 최고한다. 그 단계에서 소장이 송달불능이 되면 주소보정명령을 하고 결국 공시송달로 처리될 사건은 공시송달 신청, 공시송달의 실행 및 관련 증거신청을 기일 전에 모두 마치도록 한 다음 곧바로 제1회 변론기일을 지정하여 변론종결이 되도록 운영한다. 피고에게 소장이 송달된 경우에는, 답변서 제출기한이 만료된 직후 재판장이 사건기록을 검토하여 처리방향을 결정하게 되는데 그때까지 답변서가 제출되었는지 여부에 따라 절차진행은 전혀 다른 궤도를 따라가게 된다. 먼저, 기한 내에 답변서가 제출되지 않았거나 자백 취지의 답변서가 제출된 경우에는 일단 무변론판결 대상 사건으로 분류된다. 다음, 피고가 기한 내에 부인하는 취지의 답변서를 제출하여 원고청구를 다투는 경우에는, 재판장은 바로 기록을 검토하고 사건을 분류하여 심리방향을 결정한다. 원칙적으로 재판장은 가능한 최단기간 안의 날로 제1회 변론기일을 지정하여 양쪽 당사자가 법관을 조기에 대면할 수 있도록 한다. 제1회 변론기일은 쌍방 당사자 본인이 법관 면전에서 사건의 쟁점을 확인하고 상호 반박하는 기회를 가짐으로써 구술주의의 정신을 구현하는 절차이다. 이를 통하여 양쪽 당사자 본인의 주장과 호소를 할 만큼 하게 하고, 재판부도 공개된 법정에서의 구술심리 과정을 통하여 투명하게 심증을 형성함으로써, 재판에 대한 신뢰와 만족도를 높이는 방향으로 운영하고자 하는 것이다. 이처럼 제1회 변론기일을 통하여 양쪽 당사자가 서로 다투는 점이 무엇인지 미리 분명하게 밝혀지면, 그 이후의 증거신청과 조사는 그와 같이 확인된 쟁점에 한정하여 집중적으로 이루어질 수 있게 된다. 한편, 재판장은 사건분류의 단계 또는 제1회 변론기일 이후의 단계에서, 당해 사건을 준비절차에 회부할 수 있다. 이는 양쪽 당사자의 주장내용이나 증거관계가 매우 복잡하여, 별도의 준비절차를 통하여 주장과 증거를 정리하고 앞으로의 심리계획을 수립하는 것이 필요하다고 판단하는 경우에 이루어 진다. 준비절차는 양쪽 당사자가 서로 준비서면을 주고받거나(서면에 의한 준비절차), 법원에서 만나 주장과 증거를 정리하는 방법(준비기일에 의한 준비절차)으로 진행된다. 앞서 본 변론기일 등의 절차가 진행되는 과정에서 쌍방 당사자는 준비서면에 의한 주장의 제출과 더불어 그 주장을 뒷받침하는 증거신청 및 증거의 현출을 모두 마쳐야 한다. 따라서 관련 서증은 원칙적으로 준비서면에 첨부하여 제출하여야 하고, 문서송부촉탁, 사실조회, 검증·감정신청과 그 촉탁은 물론 증인신청까지도 모두 이 단계에서 마치는 것을 원칙으로 한다. 증거조사기일에는 원칙적으로 사건에 관련된 쌍방의 증인 및 당사자신문 대상자 전원을 한꺼번에 집중적으로 신문하고, 신문을 마친 사건은 그로부터 단기간 내에 판결을 선고하는 구조로 운영한다. 그리고 당사자 쌍방이 다투는 사건에 대해서는 위와 같은 절차진행의 과정 중 어느 단계에서든 화해권고결정이나 조정제도를 활용하여 분쟁의 화해적 해결을 시도하는 것을 지향한다.

5. 상소[248]

〈상소절차 개요〉[249]

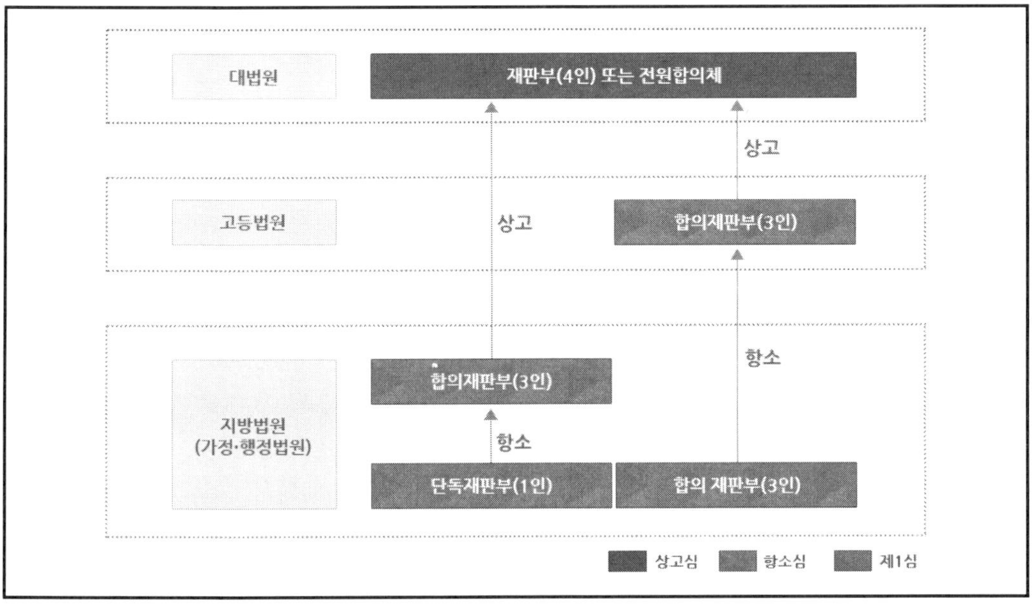

* 고등법원급에 속하는 특허법원은 특허심판원의 심결 또는 결정에 대한 특허소송을 관할하는데, 특허소송은 '특허법원 → 대법원' 으로 이어지는 2심제로 운영되고 있음.

상소란 미확정인 재판에 대해 상급법원에 불복신청을 하여 구제를 구하는 절차를 말한다[「법률용어사전」(대검찰청)]. 상소의 종류로 항소와 상고, 항고와 재항고가 있다.

(1) 항소

항소란 제1심의 종국판결에 대해 불복이 있는 당사자가 사실 또는 법률에 관해 상급법원에 심사를 청구하는 제도를 말한다[「법률용어사전」(대검찰청)]. 항소에는 추완항소와 부대항소가 있다.

---

248) 찾기 쉬운 생활법령정보, http://easylaw.go.kr/ 자료 참고 정리.

249) 대법원, https://www.scourt.go.kr/ 자료.

1) 추완항소

추완항소란 당사자가 책임질 수 없는 사유로 항소 제기기간을 넘긴 경우 그 사유가 없어진 날부터 2주 이내에 항소를 제기하는 것을 말한다(「민사소송법」 제173조제1항).

2) 부대항소

부대항소란 항소인의 불복에 부수해 피항소인이 자기의 패소부분에 대해 제기하는 항소를 말한다[「법률용어사전」(대검찰청)]. 즉 원판결에 불복이 있는 자가 상대방의 항소로 개시된 절차에 편승하여 자기에게 유리하도록 항소범위를 확장하기 위해 제기하는 것을 말한다[「법률용어사전」(대검찰청)].

(2) 상고

상고란 고등법원이 선고한 종국판결과 지방법원 본원 합의부가 2심으로 선고한 종국판결에 대해 대법원에 불복하는 상소를 말한다[「법률용어사전」(대검찰청)]. 상고심에서는 원심판결의 법령위반만을 심사대상으로 하기 때문에 당사자는 법적 평가에 한해 불복을 신청할 수 있어 보통 상고심을 법률심이라고 한다[「법률용어사전」(대검찰청)].

(3) 항고

항고란 판결 이외의 재판인 결정·명령이 위법임을 주장하고 그 취소 또는 변경을 구하는 독립의 상소방법을 말한다[「법률용어사전」(대검찰청)].

(4) 재항고

재항고란 항고법원, 고등법원 또는 항소법원의 결정 및 명령이 헌법·법률·명령 또는 규칙을 위반했음을 이유로 대법원에 하는 항고를 말한다[「법률용어사전」(대검찰청)].

(5) 상소의 요건

1) 불복신청이 허용되는 경우일 것

→ 판결의 경정(「민사소송법」 제211조제1항), 재판의 누락(「민사소송법」 제212조), 중간판결(「민사소송법」 제201조) 등은 다른 불복방법이 있으므로 항소가 허용되지 않음.

→ 소송비용 및 가집행에 관한 재판은 독립하여 항소를 하지 못하고(「민사소송법」 제391조), 본안 재판에 대한 불복신청을 할 경우에만 함께 항소가 가능함.

2) 상소권을 포기하지 않았을 것

▶ 항소권 포기 :

→ 항소권은 포기할 수 있음(「민사소송법」 제394조).

→ 항소권의 포기는 항소를 하기 이전에는 제1심 법원에, 항소를 한 뒤에는 소송기록이 있는 법원에 서면으로 해야 함(「민사소송법」 제395조제1항).

→ 항소를 한 뒤의 항소권의 포기는 항소 취하의 효력도 가짐(「민사소송법」 제395조제3항).

▶ 불상소 합의 :

→ 종국판결 뒤에 양 쪽 당사자가 상고할 권리를 유보하고 항소를 하지 않기로 합의한 경우에는 항소를 할 수 없음(「민사소송법」 제390조제1항).

→ 그러나, 불상소 합의를 했다 하더라도 제1심 종국판결에 대해 대법원에 상고할 수 있음(「민사소송법」 제422조제2항). 다만, 상고는 원심판결의 법령위반만을 심사대상으로 하므로 불상소 합의로 인한 제1심 상고의 경우에도 법령위반만을 판단 받을 수 있음(「민사소송법」 제423조 참조).

3) 기간을 준수할 것

항소는 판결서가 송달된 날부터 2주 이내에 해야 하고, 즉시항고는 재판이 고지된 날부터 1주 이내에 해야 함(「민사소송법」 제396조제1항 본문 및 제444조제1항). 항소는 판결서 송달 전에도 할 수 있음(「민사소송법」 제396조제1항 단서).

4) 상소의 이익이 있을 것

→ 상소는 자기에게 불이익한 재판에 대해 유리하게 취소, 변경을 구하는 것이므로 전부 승소 판결에 대한 상고는 상고를 제기할 대상이나 이익이 전혀 없어 허용될 수 없음(대법원 2002. 6. 14. 선고 99다61378 판결).

→ 재판이 상소인에게 불이익한 것인지 여부는 원칙적으로 재판의 주문을 표준으로 판단해야 하는 것이어서, 재판의 주문상 청구의 인용부분에 대해 불만이 없다면 비록 그 판결이유에 불만이 있더라도 이는 상소의 이익이 없음(대법원 1994.12.27. 선고 94므895 판결).

제13장 전자무역 피해사례

제1절 전자무역 피해 발생원인

김인수(200(2), 신승관·이상진(200(1)은 전자무역의 사기사례와 예방에 관한 연구를 통해서 전자무역 사기의 피해사례를 조사한 후 그 사기의 발생원인과 예방을 위한 방법을 주장하였다. 전자무역은 바이어를 가장하여 밀입국하기 위해 한국 수출업자에게 초대장을 보내달라고 한다든가, 유령해외사이트를 개설한후 잠적하거나, 유망한 바이어를 가장하여 샘플을 사취하고, 대금결제시 부도어음이나 수입업자의 신용 부재 등으로 대금결제을 원활히 하지 못하는 경우, 무역서류를 위조하여 수입물품을 대금결제 없이 수령하거나, 중개인의 신의없는 행동, 수입업자의 자금압박으로 선적서류를 트집잡아 상품인수를 거부함으로써 피해를 입히는 등 다양한 무역 문제를 조사하였다. 신승관 . 이상진(200(1)은 전자무역의 피해 발생원인으로 거래상대방에 대한 구체적인 조사나 신용조사를 등한시 했기 때문이며, 첫 거래일 때에 수표결제나 사후송금 등 허술한 대금결제방식을 이용한 점, 국내 중소업체들의 수출실적에 대한 집착 등이라고 하였다. 김인수(200(2) 또한 첫째로 바이어의 신용조사를 등한시 한점, 둘째로 상대방 국가의 상거래 관행 및 제도를 파악하지 못한 점, 셋째로 적절한 대금결제방식를 선택하지 못한 점, 넷째 수출실적에 집착하여 상대방 신용을 과신한 점, 다섯째 신용장(L/C)을 과신하는 습성을 뽑고 있다. 국제무역은 다른 국가의 사람(바이어)과 거래를 하고, 거리도 멀다. 따라서 제품 발송, 수령, 대금결제 등 모든 면에서 국내보다는 위험이 높은 거래이다. 특히 전자무역을 통한 국제무역의 진행은 더욱 위험도가 높아 질 수 있다. 국내의 온라인 거래 보다 국제적으로 거래를 함에 있어 더욱 신중을 기하여야 할 것임에 틀림이 없다.

제 2 절 전자무역 사기 예방

1. 전자무역 법률 및 규칙 준수

전자무역은 일반적으로 유엔의 국제무역위원회에서 권고하는 전자상거래모델법과 전자서명법을 기초로 업무를 수행해야 할 것이다. 이 법률을 기초로 하고, 취급하는 제품과 서비스에 해당하는 국제 법률 및 규칙을 더해야 할 것이다.

예를 들어 eUCP v1.1은 UCP600을 준수하고 무역업무(은행업무)를 수행하는데 있어, 전자적인 데이터(데이터메시지) 또는 방법으로 은행 업무가 이루어질 때 지켜야할 규칙이다. 이처럼 각 무역분야에 따라 그 법률과 규칙이 존재한다. 그런데 각 분야의 전자적인 기초는 유엔 국제무역위원회에서 권고하는 전자상거래모델법과 전자서명법을 기초로 하고 있음으로 이를 확실하게 익혀둘 필요가 있다. 우리나라 또한 모든 전자적인 법률은 이를 기초로 하고 있음으로, 한국에서 사용되고 있는 전자적인 법률 및 규칙을 학습함으로써 국제 전자적 업무에 적응할 수 있을 것이다. 나아가 전자무역 실무자는 한국의 전자상거래 법률 및 규칙을 학습하고, 각 업태 및 분야에 따라 국제적인 법률 및 규칙을 학습한다면 전자무역 사기 및 피해를 예방할 수 있을 것이다.

2. 전자무역 이용시 주의사항

(1) 이용자 측면

인터넷을 통해 상품을 구매하게 되면, 물품대금에 대해서는 선입금이 대부분이며, 규모가 큰 상품 등 일부분에 대해서는 수령후 대금결제도 행해지고 있다. 국내외 피해사례는 대부분 비슷하다. 인터넷에서 광고하는 상품과 배송된 제품과 상이한 문제, 배송이 늦은 문제, 물품대금만 받고 상품이 배송되지 않거나 업체가 잠적 또는 폐쇄된 경우, 환급을 해주지 않는 경우 등이다.

전자상거래 피해를 줄이기 위해서 이용자 입장에서는 먼저, 구매전에 철저한 사이트 및 상품 조사를 실시한 후 구매를 해야 한다. 이용약관을 자세히 읽어 보고, 구매하고자 하는 상품를 비교 조사해 보고, 또 물품을 판매하는 사이트에 대한 신용도를 조사해 보아야 한다. 그리고 규정에 의한 절차를 택해 구매를 해야 할 것이다. 즉, 시장가격보다 터무니 없이 값이 싸던가, 어떤 대폭적인 어드벤티지를 제공하던가 등 상식적으로 맞지 않는 정보는 신뢰하지 않는 것이 긍정적이다. 즉 손해보고 장사하는 사람은 세상에 없는 것이다.

그리고 문제가 발생이 되면, 전자상거래 법률 및 규칙에 따라 절차를 밟아서 차분하게 처리하는 마음을 가져야 할 것이다.

전자무역 . 전자상거래업무는 통관업무, 은행업무, 바이어와 연락 업무 등 온라인으로 처리되는 업무가 다양하다. 이용자(기업 무역담당자)는 법률 및 규정에 의한 업무 숙지가 요구된다.

(2) 운영자 측면

이용자 및 소비자들의 고의적 반환, 피해신고, 환급요구 등 기업의 피해로 이어질 수 있는 여러 경우가 발생할 수 있다. 따라서 운영자 입장에서는 전자상거래법률 및 규칙, 약관 등에 의한 철저한 준비가 필요하다. 물품을 판매했을 때 일어날 수 있는 시나리오를 만들어 법률과 규칙에 합당한 절차를 밟아 판매될 수 있도록 판매 시스템을 갖추어야 할 것이다.

전자무역 . 전자상거래로 본다면 글로벌쇼핑몰 및 수출업자(무역기업) 입장에서 접근할 수 있는데, 피해를 줄이는 방법은 법률 및 규칙에 따라 무역업무를 처리하는 것이다. 법규는 공동체의 합의로써 그 합의가 이행되지 않은 상태에서는 비용이 항상 위험이 내재하고 있다.

또한 전자무역 . 전자상거래 피해사례에서 나타나듯, 바이어의 철저한 신용조사, 문서의 위조와 변조 확인, 진정성있는 전자문서의 확인, 신중한 대금결제방식의 선택, 과도한 수출실적에 집착보다는 안전한 수출방법을 선택한다면 피해를 줄일 수 있을 것이다.

제3절 인터넷 사기 유형(사이버범죄의 유형)[250]

1. 정보통신망 침해 범죄

정당한 접근 권한없이 또는 허용된 접근 권한을 넘어 컴퓨터 또는 정보통신망(컴퓨터 시스템)에 침입하거나 시스템·데이터 프로그램을 훼손·멸실·변경한 경우 및 정보통신망(컴퓨터 시스템)에 장애(성능저하·사용불능)를 발생하게 한 경우.

※ 고도의 기술적인 요소가 포함되며, 컴퓨터 및 정보통신망 자체에 대한 공격행위를 수반하는 범죄로, 정보통신망을 매개한 경우 및 매개하지 않은 경우도 포함

▶ 해킹

정당한 접근권한 없이 또는 허용된 접근권한을 초과하여 정보통신망에 침입하는 행위 (정통망법 규정-협의의 해킹과 계정도용 포함)

※ 컴퓨터 또는 네트워크와 같은 자원에 대한 접근제한(Access Control) 정책을 비정상적인 방법으로 우회하거나 무력화시킨 뒤 접근하는 행위(사이버범죄 매뉴얼의 정의)

▶ 계정도용

→ 정당한 접근권한 없이 또는 허용된 접근권한을 넘어 타인의 계정(ID, Password)을 임의로 이용한 경우

※ 現 게임계정도용과 일반계정도용을 분리·집계하고 있으나, 구분의 실익이 없으므로 계정도용으로 단순화

▶ 단순침입

→ 정당한 접근권한 없이 또는 허용된 접근권한을 넘어 컴퓨터 또는 정보통신망에 침입한 경우

▶ 자료유출

→ 정당한 접근권한 없이 또는 허용된 접근권한을 넘어 컴퓨터 또는 정보통신망에 침입 후, 데이터를 유출·누설한 경우

▶ 자료훼손

→ 정당한 접근권한 없이 또는 허용된 접근권한을 넘어 컴퓨터 또는 정보통신망에 침입 후, 타인의 정보를 훼손(삭제. 변경 등)한 경우(홈페이지 변조 포함)

250) http://cyberbureau.police.go.kr/prevention/sub2.jsp, 경찰청 사이버안전국.

▶ 서비스거부공격(DDoS등)

정보통신망에 대량의 신호·데이터를 보내거나 부정한 명령을 처리하도록 하여 정보통신망에 장애(사용불능·성능저하)를 야기한 경우

▶ 악성프로그램

정당한 사유 없이 정보통신 시스템, 데이터 또는 프로그램 등을 훼손·멸실·변경·위조하거나 그 운용을 방해할 수 있는 프로그램을 전달 또는 유포하는 경우

▶ 기타 정보통신망 침해형 범죄

정보통신망 침해형 범죄 중에서, 위 중분류 3개 항목(해킹, 서비스거부공격, 악성프로그램) 어디에도 유형별로 분류되지 아니하거나, 이전에는 없었던 신종 수법으로 정보통신망을 침해하는 범죄인 경우

《 기타 정보통신망 침해형 범죄의 예 》

• 컴퓨터 등 장애 업무방해 (형법 제314조 제2항)

정보통신망(컴퓨터 네트워크)을 통하여, 컴퓨터 등 정보처리장치에 허위의 정보 또는 부정한 명령을 입력하거나 기타 방법으로 정보처리에 장애를 발생하게 하여 업무를 방해한 경우
단, 컴퓨터 등 정보처리장치 또는 전자기록 등 특수매체기록을 물리적인 방법으로 손괴하여 업무방해한 경우 사이버범죄에서 제외 (망치로 컴퓨터 손괴 등)

• 타인 명의 공인인증서 발급 (전자서명법 제31조 제3호)

정보통신망(컴퓨터 네트워크)을 통하여, 타인의 명의로 공인인증서를 발급 받거나 발급 받을 수 있도록 한 경우

2. 정보통신망 이용 범죄

정보통신망(컴퓨터 시스템)을 범죄의 본질적 구성요건에 해당하는 행위를 행하는 주요 수단으로 이용하는 경우(※ 컴퓨터 시스템을 전통적인 범죄를 행하기 위하여 이용하는 범죄 (인터넷 사용자간의 범죄))

▶ 인터넷 사기

→ 정보통신망(컴퓨터 시스템)을 통하여, 이용자들에게 물품이나 용역을 제공할 것처럼 기망하여 피해자로부터 금품을 편취(교부행위)한 경우

※ 컴퓨터 시스템이란, 하나의 장치 또는 서로 접속되거나 서로 관련되어 있는 장치들의 그룹으로서, 이 중 하나 또는 그 이상의 장치가 프로그램에 의하여 자동적인 데이터처리를 수행하는 것 (EU 사이버범죄 방지 조약 제1조 정의)

→ 단, 온라인을 이용한 기망행위가 있더라도, 피해자와 피의자가 직접 대면하여 거래한 경우 등은 사이버범죄 통계에서 제외

※ on-line에서 기망행위 후, off-line에서 만나 현금·물품 편취. 제외

※ off-line에서 기망행위 후, on-line에서 대금을 송금 편취. 제외

▶ 직거래 사기

→ 정보통신망(컴퓨터 시스템)을 통하여, 물품 거래 등에 관한 허위의 의사표시를 게시하여 발생한 대금 편취 사기

▶ 쇼핑몰 사기

→ 정보통신망(컴퓨터 시스템)을 통하여, 허위의 인터넷 쇼핑몰 등을 개설하여 발생한 대금 편취 사기

▶ 게임사기

→ 정보통신망(컴퓨터 시스템)을 통하여, 게임 캐릭터 및 아이템 등 인터넷 게임과 관련하여 발생한 대금 편취 사기

▶ 기타 인터넷 사기

→ 메신저를 통해 지인을 사칭 금품을 편취하는 등 정보통신망(컴퓨터 시스템)을 통한 기망행위를 통해 재산적 이익을 편취한 경우

▶ 전기통신금융사기 (피싱, 파밍, 스미싱, 메모리해킹 등)

정보통신망(컴퓨터 시스템)을 통하여, 타인을 기망·공갈함으로써 재산상의 이익을 취하거나 제3자에게 재산상의 이익을 취하게 하기 위하여,

→ 자금을 송금·이체하도록 하는 행위

→ 개인정보를 알아내어 자금을 송금·이체하는 행위

다만, 재화의 공급 또는 용역의 제공 등을 가장한 행위는 제외(제2조 제2호)

< 전기통신금융사기 피해 방지 및 피해금 환급에 관한 특별법 >

(2014. 1. 28. 일부개정, 2014. 7. 29. 시행)

• **전기통신금융사기 벌칙 규정 (신설, ' 14. 7. 29.부터 시행)**

전기통신금융사기를 목적으로,

① 타인으로 하여금 컴퓨터 등 정보처리장치에 정보 또는 명령을 입력하게 하는 행위 (제15조의2 제1항 제1호, 10년 이하 징역.1억원 이하 벌금)
② 취득한 타인의 정보를 이용하여 컴퓨터 등 정보처리장치에 정보 또는 명령을 입력하는 행위 (제15조의2 제1항 제2호, 10년 이하 징역.1억원 이하 벌금)

- **신종 · 변종 금융범죄(피싱, 파밍, 스미싱, 메모리해킹 등)는, 현재, 정통망법위반(악성프로그램유포 또는 침입), 형법(컴퓨터등사용사기) 등 여러 죄명에 해당하나 실무상 컴퓨터등 사용사기 죄명을 적용하는 현실 고려,' 14. 7. 29.부터 신설된 벌칙 규정에 따라, 형법상 컴퓨터등사용사기 보다는 특별법(전기통신금융사기)이 적용될 것으로 판단, 전기통신금융사기의 카테고리로 대분류 후, 그 안에서 세분하여 집계**

▶ 피싱(Phishing)

개인정보(Private data)와 낚시(Fishing)의 합성어

① 금융기관을 가장한 이메일 발송
② 이메일에서 안내하는 인터넷주소 클릭, 가짜 은행사이트로 접속 유도
③ 보안카드번호 전부 입력 요구 등의 방법으로 금융정보 탈취
④ 피해자 계좌에서 범행계좌로 이체

▶ 파밍(Pharming)

악성코드에 감염된 피해자 PC를 조작하여 금융정보를 탈취하는 경우

① 피해자 PC가 악성코드에 감염
② 정상 홈페이지에 접속하여도 피싱(가짜) 사이트로 유도
③ 보안카드번호 전부 입력 요구 등의 방법으로 금융정보 탈취
④ 피해자 계좌에서 범행계좌로 이체

▶ 스미싱(Smishing)

문자메시지(SMS)와 피싱(Phishing)의 합성어

①'무료쿠폰 제공'등의 문자메시지 내 인터넷주소를 클릭하면,
② 악성코드가 스마트폰에 설치되어
③ 피해자가 모르는 사이에 소액결제 피해 발생 또는 개인·금융정보 탈취

▶ 메모리해킹

피해자 PC 메모리에 상주한 악성코드로 인하여 정상 은행사이트에서 보안카드번호 앞·뒤 2자리만 입력해도 부당 인출하는 수법

① 피해자 PC가 악성코드에 감염
② 정상적인 인터넷 뱅킹 절차(보안카드 앞·뒤 2자리) 이행 후, 이체 클릭

③ 오류 반복 발생(이체정보 미전송)

④ 일정시간 경과 후, 범죄자가 동일한 보안카드 번호 입력, 범행계좌로 이체

▶ 기타 전기통신금융사기

→ 위 4가지 신종금융범죄 어디에도 포함되지 않는 신종 . 변종 유형의 전기통신금융사기

〈참고 : 신 · 변종 전기통신금융사기의 종류〉

보상액	대상범죄	신 · 변종
피싱	(대포통장 이용) 피해자를 기망 · 공갈하여 자금을 대포통장계좌로 송금 · 이체시킨 후 현금인출기를 통해 인출[보이스피싱]	(정상계좌 이용) 피해자 몰래 피해자 계좌에서 귀금속 등 물품판매자의 정상계좌로 이체하여 물품을 인도 받은 후 현금화
	(경찰청 · 국가기관 사칭) 경찰청 또는 국가기관을 사칭하여 개인정보나 금융정보 등을 요구[보이스피싱]	(통신사 사칭) 통신사 전화번호로 발신번호 변작 후, 통신요금 체납, 핸드폰 교체 이벤트 등을 가장하여 개인정보나 금융정보 등을 요구
파밍	(가짜 인터넷뱅킹사이트로 유도) 정상적인 인터넷뱅킹 사이트에 접속해도 가짜 인터넷뱅킹 사이트로 유도하여 보안카드 번호 등을 탈취	(가짜 포털사이트로 유도) 정상적인 포털사이트에 접속해도 가짜 포탈사이트로 유도하여 보안카드 번호 전체를 탈취
메모리 해킹	(보안카드번호 탈취) 인터넷뱅킹 과정에서 악성코드를 이용하 여 가짜 팝업창을 띄워 보안카드 번호 앞 · 뒤 2자리 숫자를 탈취 후 자금 편취	(계좌번호와 이체금액 변조) 인터넷뱅킹 과정에서 악성코드를 이용하여 입금계좌정보와 이체금액을 변조하여 사기범계좌로 직접 이체
스미싱	(무료쿠폰, 결제 사칭 문자) 무료쿠폰, 결제내역 등의 문자메시지를 누르면 악성앱을 설치하여 소액결제용 SMS 인증 번호를 탈취하여 휴대폰 소액결제피해 발생	(지인을 가장한 사칭 문자) '청첩장', '돌잔치' 문자메시지를 누르면 악성앱을 설치하여 개인정보를 탈취하고, 핸드폰에 저장된 모든 사람에게 동일한 가짜 '청첩장 · 돌잔치' 문자메시지가 전송

※ '13.12.3. 금융감독원, 신변종 전기통신금융사기 피해방지 종합대책

※ 단, 전기통신금융사기에서 보이스피싱으로 피해자를 직접적으로 기망·공갈하여 금품을 편취하는 경우에는 사이버범죄 통계에서 제외

▶ 개인 · 위치정보 침해

정보통신망(컴퓨터 시스템)을 통하여, 디지털 자료화되어 저장된 타인의 개인정보를 침해, 도용, 누설하는 범죄로, 정보통신망(컴퓨터 시스템)을 통하여, 이용자의 동의를 받지 않거나 속이는 행위 등

으로 다른 사람의 개인·위치정보를 불법적으로 수집·이용·제공한 경우도 포함

※ 속이는 행위(피싱)로 타인의 개인정보를 수집한 경우에도 사기의 실행의 착수에 나아가지 않은 경우 개인정보침해에 해당 (정통망법 제49조의2 제1항)

▶ 사이버 저작권 침해

→ 정보통신망(컴퓨터 시스템)을 통하여, 디지털 자료화된 저작물 또는 컴퓨터프로그램저작물에 대한 권리를 침해한 경우

▶ 스팸메일

→ 정보통신망(컴퓨터 시스템)을 통하여, 법률에서 금지하는 재화 또는 서비스에 대한 광고성 정보를 전송하는 경우 및 이와 관련 허용되지 않는 기술적 조치 등을 행한 경우(정통망법 제74조 제1항 제4호, 6호)

※ 속이는 행위(피싱)로 타인의 개인정보를 수집한 경우에도 사기의 실행의 착수에 나아가지 않은 경우 개인정보침해에 해당(정통망법 제49조의2 제1항)

→ 법률에서 금지하는 재화·서비스 전송의 경우이나, 이에 관련하여 허용되지 않는 기술적 조치에 대한 처벌 규정도 있는 점 감안하여, 불법 콘텐츠 범죄 항목이 아닌 정보통신망 이용 범죄로 포섭

▶ 기타 정보통신망 이용형 범죄

정보통신망(컴퓨터 시스템)을 이용하여 행하여진 범죄 구성요건의 본질적인 부분이 컴퓨터 시스템 또는 정보통신망(컴퓨터 시스템)에서 행해진 범죄 중, 위 중분류 5개 항목(인터넷 사기, 전기통신금융사기, 개인·위치정보 침해, 사이버 저작권 침해, 스팸메일)으로 유형별로 분류되지 아니하는 경우

《 기타 정보통신망 이용형 범죄의 예 》

• 컴퓨터 등 사용사기 (형법 제347조의(2)

정보통신망(컴퓨터 시스템)을 통하여, 컴퓨터 등 정보처리장치에 허위의 정보 또는 부정한 명령을 입력하여 정보처리를 하게함으로써, 재산상 이득을 편취하는 경우

• 전자화폐 등에 의한 거래 행위 (전자금융거래법 제49조 제1항 제7호, 9호)

→ 정보통신망(컴퓨터 시스템)을 통하여, 다른 가맹점의 이름으로 전자화폐 등에 의한 거래를 한 경우

→ 정보통신망(컴퓨터 시스템)을 통하여, 가맹점이 아닌 자가 가맹점의 이름으로 전자화폐 등에 의한 거래를 한 경우

• 정보통신망 인증 관련 위반 행위 (정통망법 제74조 제1항 제1호)

정보통신망(컴퓨터 시스템)을 통하여, 정보통신망의 인증을 받지 아니한 자가 그 제품이 표준에 적합한 것임을 나타내는 표시와 비슷한 표시를 한 제품을 표시·판매·판매 목적으로 진열한 경우

3. 불법콘텐츠 범죄

정보통신망(컴퓨터 시스템)을 통하여, 법률에서 금지하는 재화·서비스 또는 정보를 배포·판매·임대·전시하는 경우(※ 정보통신망을 통하여 유통되는 '콘텐츠' 자체가 불법적인 경우 (정통망법 제44조의7의 용어 활용))

▶ 사이버음란물

→ 정보통신망(컴퓨터 시스템)을 통하여, 음란한 부호 · 문언 · 음향 · 화상 또는 영상을 배포 · 판매 · 임대하거나 공공연하게

※ 정통망법상 금지 규정만 있고 처벌 규정이 없으나, 심각한 사회적 문제가되는 현실을 고려, 정책적 고려에 따라 사이버범죄로 포함

→ 일반음란물

→ 정보통신망(컴퓨터 시스템)을 통하여, 일반 보통인의 성욕을 자극하여 성적 흥분을 유발하고 정상적인 성적 수치심을 해하여 성적 도의 관념에 반하는 내용의 표현물을 배포 · 판매 · 임대 · 전시하는 경우

→ 아동음란물

→ 정보통신망(컴퓨터 시스템)을 통하여, 아동·청소년 또는 아동·청소년으로 명백하게 인식될 수 있는 사람이나 표현물이 등장하여 성교 행위, 유사 성교 행위, 일반인의 성적 수치심이나 혐오감을 일으키는 행위, 자위 행위를 하거나 그 밖의 성적 행위를 하는 내용의 표현물을 배포 · 판매 · 임대 · 전시하는 경우(아동 · 청소년의 성보호에 관한 법률 제2조 정의 참조)

▶ 사이버도박

→ 정보통신망(컴퓨터 시스템)을 통하여, 도박사이트를 개설하거나 도박행위(또는 사행행위)를 한 경우

※ 정통망법상 금지 규정만 있고 처벌 규정이 없으나, 심각한 사회적 문제가되는 현실을 고려, 정책적 고려에 따라 사이버범죄로 포함

→ <u>스포츠토토</u>

→ 정보통신망(컴퓨터 시스템)을 통하여, 체육진흥투표권이나 이와 비슷한 것을 발행하는 시스템을 이용하여 도박을 하게 하는 경우 (도박행위 포함)

→ 경마, 경륜, 경정

→ 정보통신망(컴퓨터 시스템)을 통하여, 경마 · 경륜 · 경정 등의 경주를 이용하여 도박을 하게 하는 경우 (도박행위)

→ 기타 인터넷 도박

→ 정보통신망(컴퓨터 시스템)을 통하여, 위와 같은 방법 이외의 방법으로 영리의 목적으로 도박사이트를 개설하여 도박을 하게 하는 경우 (도박행위 포함)

▶ 사이버 명예훼손 · 모욕, 사이버스토킹

→ 사이버 명예훼손·모욕

→ 사이버 명예훼손 : 정보통신망(컴퓨터 시스템)을 통하여, 다른 사람의 명예를 훼손하는 경우(정통망법 제44조의7 제1항 제2호)

→ 모욕 : 정보통신망(컴퓨터 시스템)을 통하여, 공연히 사람을 모욕하는 경우

→ 사이버스토킹

→ 정보통신망(컴퓨터 시스템)을 통하여, 공포심이나 불안감을 유발하는 부호 · 문언 · 음향 · 화상 또는 영상을 반복적으로 상대방에게 도달하도록 하는 경우 (정통망법 제44조의7 제1항 제3호)

▶ 기타 불법 콘텐츠 범죄

→ 정보통신망(컴퓨터 시스템)을 통하여, 법률에서 금지하는 재화 · 서비스 또는 정보를 배포 · 판매 · 임대 · 전시하여 성립하는 범죄 중, 위 중분류 4개 항목(사이버 음란물, 사이버 명예훼손 · 모욕, 사이버 스토킹, 사이버 도박)으로 유형별 분류되지 아니하는 경우

《 기타 불법 콘텐츠 범죄의 예 》

청소년유해매체물 미표시 · 영리목적 제공, 청소년유해매체물 광고, 공개전시 (정통망법 제73조 제2, 3호)

→ 정보통신망(컴퓨터 시스템)을 통하여 유통되는 매체물 중에서, 청소년 유해 매체물 미표시 · 영리목적 제공 또는 광고·공개 전시하는 경우

• 허위주민번호 생성, 이익을 위해 사용 (주민등록법 제37조 제1호)

정보통신망(컴퓨터 시스템)을 통하여, 거짓의 주민등록번호를 만들어 자기 또는 다른 사람의 재물이나 재산상 이익을 위하여 사용한 경우

• 허위주민번호 생성 프로그램 타인 전달·유포 (주민등록법 제37조 제4호)

정보통신망(컴퓨터 시스템)을 통하여, 거짓의 주민등록번호를 만드는 프로그램을 다른 사람에게 전달하거나 유포

《 부 록 》

■ 전자무역촉진에 관한 법률 ■

전자무역 촉진에 관한 법률	전자무역 촉진에 관한 법률 시행령	전자무역 촉진에 관한 법률 시행규칙
전자무역 촉진에 관한 법률 (약칭: 전자무역법) [시행 2015. 8. 4.] [법률 제13155호, 2015. 2. 3., 일부개정] 산업통상자원부(무역정책과), 044-203-4018 제1장 총칙 〈개정 2011. 4. 14.〉 제1조(목적) 이 법은 전자무역의 기반을 조성하고 그 활용을 촉진하여 무역절차의 간소화와 무역정보의 신속한 유통을 실현하고 무역업무의 처리 시간 및 비용을 줄임으로써 산업의 국제경쟁력을 높이고 국민경제의 발전에 이바지함을 목적으로 한다. [전문개정 2011. 4. 14.] 제2조(정의) 이 법에서 사용하는 용어의 뜻은 다음과 같다. 〈개정 2012. 6. 1.〉 1. "전자무역"이란 「대외무역법」 제2조제1호에 따른 무역의 일부 또는 전부가 전자무역문서로 처리되는 거래를 말한다. 2. "무역업자"란 「대외무역법」 제2조제3호에 따른 무역거래자로서 무역관계기관에 대외무역 법령, 외국환 거래 법령, 그 밖에 대통령령으로 정하는 법령과 운송·보험 등 당사자 간의 계약(이하 "무역관련법령등"이라 한다)에 따라 신청·신고·보고 등(이하 "신청등"이라 한다)을 하는 자를 말한다. 3. "무역관계기관"이란 무역업자에게 무역관련법령등에서 정하는 무역 관련 역무를 제공하거나 승인, 면허, 인증, 신고의 수리 등(이하 "승인등"이라 한다)을 하는 기관을 말한다. 4. "전자무역문서"란 전자무역에 사용되는 「전자문서 및 전자거래 기본법」 제2조제1호에 따른 전자문서를 말한다. 5. "전자무역기반시설"이란 정보통신망을 통하여 무역업자와 무역관계기관을 체계적으로 연계하여 전자무역문서의 중계·보관 및 증명 등의 업무를 수행하는 정보시스템을 말한다.	전자무역 촉진에 관한 법률 시행령 (약칭: 전자무역법 시행령) [시행 2015. 8. 4.] [대통령령 제26461호, 2015. 8. 3., 일부개정] 산업통상자원부(무역정책과), 044-203-4018 제1장 총칙 제1조(목적) 이 영은 「전자무역 촉진에 관한 법률」에서 위임된 사항과 그 시행에 관하여 필요한 사항을 규정함을 목적으로 한다. 제2조(무역 관련 법령의 범위) 「전자무역 촉진에 관한 법률」(이하 "법"이라 한다) 제2조제2호에서 "대통령령이 정하는 법령"이라 함은 다음 각 호의 법률과 그 시행을 위한 법령을 말한다. 〈개정 2007. 9. 10., 2010. 6. 28.〉 1. 「관세법」(제248조에 한한다) 2. 「상공회의소법」 3. 「상법」 4. 「무역보험법」 5. 「중재법」 6. 「대외무역법」 제12조제2항에 따른 수출·수입요령에 관한 통합공고에 포함된 수출입절차 등을 규정한 법률 제2장 삭제 〈2015. 8. 3.〉 제3조 삭제 〈2015. 8. 3.〉 제4조 삭제 〈2015. 8. 3.〉 제5조 삭제 〈2015. 8. 3.〉 제3장 전자무역기반사업자 제6조(전자무역기반사업자의 지정기준) ① 법 제6조제1항에서 "대통령령이 정하는 기준"이라 함은 다음 각 호를 말한다. 〈개정 2008. 2. 29., 2009. 7. 30., 2013. 3. 23.〉 1. 「상법」에 따른 주식회사일 것 2. 납입자본금이 300억원 이상일 것 3. 「공공기관의 운영에 관한 법률」 제4조에 따른 공공기관 및 비영리법인을 제외한 동일한 자가 의결권 있는 주식총수의 100분의 15를 초과하여 소유하거나 사실상 지배하지 아니할 것	전자무역 촉진에 관한 법률 시행규칙 (약칭: 전자무역법 시행규칙) [시행 2015. 8. 4.] [산업통상자원부령 제152호, 2015. 8. 4., 일부개정] 산업통상자원부(무역정책과), 044-203-4018 제1조(목적) 이 규칙은 「전자무역 촉진에 관한 법률」 및 같은 법 시행령에서 위임된 사항과 그 시행에 관하여 필요한 사항을 규정함을 목적으로 한다. 〈개정 2015. 8. 4.〉 제2조(동일한 자가 소유하거나 사실상 지배하는 주식의 범위) ① 「전자무역 촉진에 관한 법률 시행령」(이하 "영"이라 한다) 제6조제1항제3호에 따른 동일한 자가 소유하거나 사실상 지배하는 주식의 범위는 주주 1인 또는 그와 다음 각 호의 어느 하나에 해당하는 자가 자기 또는 타인의 명의로 소유하는 주식을 말한다. 1. 주주 1인의 배우자, 8촌 이내의 혈족 또는 4촌 이내의 인척(이하 "친족"이라 한다) 2. 주주 1인이 법인인 경우에 해당법인이 100분의 30이상을 출자 또는 출연하고 있는 법인과 해당법인에 100분의 30이상을 출자 또는 출연하고 있는 법인이나 개인 3. 주주 1인이 개인인 경우에 해당 개인 또는 그와 그 친족이 100분의 30이상을 출자 또는 출연하고 있는 법인 4. 주주 1인 또는 그 친족이 최다수 주식소유자 또는 최다액 출자자로서 경영에 참여하고 있는 법인 5. 주주 1인과 그 친족이 이사 또는 업무집행사원의 과반수인 법인 ② 제1항은 외국인에게도 준용한다. 제3조(전자무역기반사업자의 지정 신청 등) ① 영 제7조제1항에 따라 전자무역기반사업자로 지정을 받으려는 자는 별지 제1호서식에 따른 전자무역기반사업자 지정신청서(전자문서로 된 신청서를 포함한다)에 다음 각 호의 서류(전자문서를 포함한다)를 첨부

전자무역 촉진에 관한 법률	전자무역 촉진에 관한 법률 시행령	전자무역 촉진에 관한 법률 시행규칙
[전문개정 2011. 4. 14.] 제3조(적용 범위) 이 법은 다른 법률에 특별한 규정이 있는 경우를 제외하고 모든 전자무역에 적용한다. [전문개정 2011. 4. 14.] 제2장 전자무역 촉진 추진체계 〈개정 2011. 4. 14.〉 제4조(전자무역 촉진을 위한 시책의 수립·시행) ① 산업통상자원부장관은 전자무역을 촉진하기 위하여 다음 각 호의 사항이 포함된 전자무역 촉진시책(이하 "촉진시책"이라 한다)을 수립·시행하여야 한다. 〈개정 2013. 3. 23.〉 1. 촉진시책의 기본 방향에 관한 사항 2. 전자무역기반시설의 구축과 운영에 관한 사항 3. 전자무역의 환경조성에 관한 사항 4. 전자무역과 관련된 국제협력에 관한 사항 5. 전자무역과 관련된 통계자료의 수집·분석 및 활용방안에 관한 사항 6. 전자무역에 관한 거래자 간의 분쟁해결을 위한 중재 등에 관한 사항 7. 전자무역 촉진을 위한 재원 확보 및 배분에 관한 사항 8. 그 밖에 전자무역을 촉진하기 위하여 필요한 사항 ② 삭제 〈2013. 3. 23.〉 ③ 산업통상자원부장관은 촉진시책을 시행하기 위하여 대통령령으로 정하는 바에 따라 전자무역에 관한 업무를 수행하는 기관 또는 단체에 필요한 지원을 할 수 있다. 〈개정 2013. 3. 23.〉 [전문개정 2011. 4. 14.] 제5조 삭제 〈2015. 2. 3.〉 제3장 전자무역기반사업자 제6조(전자무역기반사업자의 지정 등) ① 산업통상자원부장관은 대통령령으로 정하는 바에 따라 「전기통신사업법」 제2조제8호에 따른 전기통신사업자로서 자본금·인력·기술력 등 대통령령으로 정하는 기준에 적합한 자를 전자무역기반업무를 수행할 자로 지정할 수 있다. 〈개정 2013. 3. 23.〉 ② 제1항에 따른 지정을 받은 자(이하 "전자무역기반사업자"라 한다)는 다음 각 호의 업무 또는 사업을 수행할 수 있다. 1. 전자무역기반시설의 운영업무 2. 전자무역기반시설과 외국의 전자무역망 간의 연계업무	4. 전자무역기반시설의 운영업무를 수행할 수 있는 자로서 다음 각 목의 요건을 모두 갖춘 인력을 15인 이상 채용할 것 가. 「국가기술자격법」에 따른 정보통신기사·정보처리기사 또는 전자계산기조직응용기사 이상의 국가기술자격이나 이와 동등한 자격이 있다고 산업통상자원부장관이 정하여 고시하는 자격 나. 「국가기술자격법」에 따른 통신분야 또는 정보처리분야에서 2년 이상 근무한 경력 5. 다음 각 목의 설비를 갖출 것 가. 전자무역문서 송신·수신의 중계설비 및 보관설비 나. 전자무역기반시설을 안전하게 운영하기 위한 보호설비 다. 전자무역기반시설의 시스템 관리 및 복제·저장설비 라. 전자무역기반시설에 보관된 전자문서의 송신·수신의 일자·시각 및 증적(證迹)을 기록·관리하는 설비 마. 전자무역문서의 증명서 발급을 위한 설비 바. 전자무역기반시설과 외국의 전자무역망과의 연계에 필요한 설비 ② 제1항제3호에 따른 동일한 자가 소유하거나 사실상 지배하는 주식의 범위는 산업통상자원부령이 정한다. 〈개정 2008. 2. 29., 2013. 3. 23.〉 ③ 제1항제5호에 따른 설비에 관한 세부사항은 산업통상자원부장관이 정하여 고시한다. 〈개정 2008. 2. 29., 2013. 3. 23.〉 제7조(전자무역기반사업자의 지정절차 등) ① 법 제6조제1항에 따라 법 제6조제2항에 따른 전자무역기반사업자(이하 "전자무역기반사업자"라 한다)로 지정을 받으려는 자는 전자무역기반사업자 지정신청서에 산업통상자원부령이 정하는 서류를 첨부하여 산업통상자원부장관에게 제출하여야 한다. 〈개정 2008. 2. 29., 2013. 3. 23., 2015. 8. 3.〉 ② 산업통상자원부장관은 법 제6조제1항에 따라 전자무역기반사업자의 지정을 하는 때에는 신청인에게 전자무역기반사업자 지정증을 교부하여야 하고, 그 사실을 관계행정기관의 장과 무역유관기관의 장에게 통지하며, 관보에 공고하여야 한다. 〈개정 2008. 2. 29., 2013. 3. 23.〉	하여 산업통상자원부장관에게 신청하여야 한다. 이 경우 산업통상자원부장관은 「전자정부법」 제36조제1항에 따른 행정정보의 공동이용을 통하여 법인 등기사항증명서 및 「출입국관리법」 제88조에 따른 외국인등록사실증명(외국인인 임원의 경우로서 제5호에 갈음하는 경우에 한한다)을 확인하여야 하며, 신청인이 확인에 동의하지 아니하는 경우에는 이를 첨부하도록 하여야 한다. 〈개정 2008. 3. 3., 2012. 10. 5., 2013. 3. 23.〉 1. 정관 2. 「전기통신사업법」 제2조제1항제1호에 따른 전기통신사업자임을 증명하는 서류 3. 영 제6조제1항제4호에 따른 인력을 채용하였음을 증명하는 서류 4. 영 제6조제1항제5호에 따른 설비를 갖추었음을 증명하는 서류 5. 임원의 신원증명서 6. 전자무역기반시설의 운영에 관한 업무방법서 7. 사업계획서 8. 자본금, 주주 현황 등 사업자의 일반 현황을 기재한 서류 ② 제1항제6호 내지 제8호의 서류에 포함되는 내용은 산업통상자원부장관이 정하여 고시한다. 〈개정 2008. 3. 3., 2013. 3. 23.〉 ③ 영 제7조제2항에 따른 전자무역기반사업자 지정증은 별지 제2호서식과 같다. 제4조 삭제 〈2009. 7. 31.〉 제5조(지정취소 및 사업정지처분의 기준 등) ① 법 제11조제1항에 따른 지정취소 및 사업정지처분의 기준은 별표와 같다. 〈신설 2009. 7. 31.〉 ②산업통상자원부장관은 법 제11조제1항에 따라 전자무역기반사업자의 지정을 취소하거나 법 제6조제2항에 따른 사업의 전부 또는 일부의 정지를 명한 때에는 그 사실을 해당 전자무역기반사업자, 관계 행정기관의 장 및 무역 유관기관의 장에게 각각 통지하고 고시하여야 한다. 〈개정 2008. 3. 3., 2009. 7. 31., 2013. 3. 23.〉 [제목개정 2009. 7. 31.] 제6조 삭제 〈2015. 8. 4.〉 제7조 삭제 〈2015. 8. 4.〉 제8조 삭제 〈2015. 8. 4.〉 제9조 삭제 〈2015. 8. 4.〉

전자무역 촉진에 관한 법률	전자무역 촉진에 관한 법률 시행령	전자무역 촉진에 관한 법률 시행규칙
3. 제12조제1항 각 호에 따른 무역 관련 업무의 전자무역기반시설을 통한 중계·보관 및 증명 등의 업무 4. 전자무역문서의 중계사업 5. 제2호에 따른 연계를 활용한 사업 6. 전자무역기반시설을 활용한 전자무역서비스 관련 사업 7. 전자무역문서의 표준화에 관한 연구사업 8. 전자무역문서 및 무역화물유통정보 등 무역 관련 정보(이하 "무역정보"라 한다)를 체계적으로 처리·보관하여 검색 등에 활용할 수 있는 집합체(이하 "데이터베이스"라 한다)의 제작·보급과 이를 활용한 사업 9. 무역업자 및 무역관계기관에 대한 전자무역문서 중계 등에 관련된 기술의 보급 및 보급한 기술에 대한 사후관리사업 10. 그 밖에 전자무역 촉진을 위한 교육·홍보 등 대통령령으로 정하는 사업 ③ 전자무역기반사업자 외의 자는 제2항제1호부터 제3호까지의 업무를 수행할 수 없다. [전문개정 2011. 4. 14.] 제7조(전자무역기반사업자의 결격사유) ① 다음 각 호의 어느 하나에 해당하는 자는 전자무역기반사업자로 지정을 받을 수 없다. 전자무역기반사업자가 법인인 경우 그 임원 중 다음 각 호의 어느 하나에 해당하는 사람이 있을 때에도 또한 같다. 〈개정 2014. 1. 14.〉 1. 피성년후견인 2. 파산선고를 받고 복권되지 아니한 자 3. 이 법을 위반하여 징역 이상의 실형을 선고받고 그 집행이 끝나거나(집행이 끝난 것으로 보는 경우를 포함한다) 집행이 면제된 날부터 1년이 지나지 아니한 사람 4. 이 법을 위반하여 징역 이상의 형의 집행유예를 선고받고 그 유예기간 중에 있는 사람 5. 제11조제1항에 따라 지정이 취소된 날부터 2년이 지나지 아니한 자 ② 전자무역기반사업자가 제1항 각 호의 어느 하나에 해당하게 된 때에는 그 지정은 그 때부터 효력을 잃는다. 다만, 법인의 임원 중 그 사유에 해당하는 사람이 있는 경우 3개월 이내에 그 임원을 교체 임명한 때에는 그러하지 아니하다. [전문개정 2011. 4. 14.]	제8조(전자무역기반사업자의 업무) 법 제6조제2항제10호에서 "대통령령이 정하는 사업"이라 함은 다음 각 호의 사업을 말한다. 1. 전자무역기반시설의 이용에 관한 교육자료의 발간, 전자무역 관련 온라인 교육콘텐츠의 개발 및 보급 등 전자무역의 촉진과 확산을 위한 교육사업 2. 전자무역의 촉진과 확산을 위한 홍보사업 제9조(과징금의 산정기준) 법 제11조제3항에 따른 과징금의 산정기준은 별표와 같다.[전문개정 2009. 7. 30.] 제10조(과징금의 납부) ① 산업통상자원부장관은 법 제11조제2항에 따라 위반행위를 한 전자무역기반사업자에게 과징금을 부과하려는 때에는 그 위반행위의 종별과 과징금의 금액을 명시하여 과징금을 납부할 것을 서면 또는 전자문서로 통지하여야 한다. 〈개정 2008. 2. 29., 2013. 3. 23.〉 ② 제1항에 따라 과징금의 납부통지를 받은 전자무역기반사업자는 납부통지일부터 20일 이내에 과징금을 산업통상자원부장관이 지정하는 수납기관에 납부하여야 한다. 다만, 천재·지변, 그 밖에 부득이한 사유로 인하여 그 기간 내에 과징금을 납부할 수 없는 때에는 그 사유가 없어진 날부터 7일 이내에 납부하여야 한다. 〈개정 2008. 2. 29., 2013. 3. 23.〉 ③ 제2항에 따라 과징금의 납부를 받은 수납기관은 영수증을 납부자에게 서면으로 교부하거나 전자문서로 송부하여야 한다. ④ 과징금의 수납기관은 제2항에 따라 과징금을 수납한 때에는 그 사실을 산업통상자원부장관에게 서면 또는 전자문서로 지체 없이 통지하여야 한다. 〈개정 2008. 2. 29., 2013. 3. 23.〉 ⑤ 과징금은 분할하여 납부할 수 없다. 제4장 전자무역기반시설의 이용 등 제10조의2(전자무역기반시설의 접속 요청자) 법 제12조제4항에 따라 전자무역기반사업자는 무역업자의 위탁을 받아 전자무역문서를 송수신하려는 자와 이용조건, 접속방식, 보안관리 등의 사항이 포함된 협정을 체결하여 전자무역기반시설의 접속을 제공할 수 있다. [본조신설 2015. 8. 3.]	펼침 부 칙 〈산업자원부령 제357호, 2006. 8. 23.〉 부칙보기 ① (시행일) 이 규칙은 공포한 날부터 시행한다. ② (다른 법령과의 관계) 이 규칙 시행당시 다른 법령에서 종전의 「무역업무자동화 촉진에 관한 법률 시행규칙」 또는 그 규정을 인용하고 있는 경우 이 규칙 중 그에 해당하는 규정이 있는 때에는 그에 갈음하여 이 규칙 또는 이 규칙의 해당규정을 인용한 것으로 본다. 펼침 부 칙 〈지식경제부령 제1호, 2008. 3. 3.〉 (지식경제부와 그 소속기관 직제 시행규칙) 부칙보기 제1조(시행일) 이 규칙은 공포한 날부터 시행한다. 제2조부터 제4조까지 생략 제5조(다른 법령의 개정) ① 부터 〈51〉까지 생략 〈52〉 전자무역 촉진에 관한 법률 시행규칙 일부를 다음과 같이 개정한다. 제3조제1항 본문·제2항, 제4조, 제5조, 제7조제1항 본문·제2항, 제8조, 별지 제1호서식부터 제4호서식까지 중 "산업자원부장관"을 각각 "지식경제부장관"으로 한다. 별지 제1호서식 및 별지 제3호서식 중 "산업자원부"를 각각 "지식경제부"로 한다. 〈53〉부터 〈64〉까지 생략 펼침 부 칙 〈지식경제부령 제90호, 2009. 7. 31.〉 부칙보기 제1조(시행일) 이 규칙은 2009년 7월 31일부터 시행한다. 제2조(경과조치) ① 이 규칙 시행 전의 위반행위에 대한 행정처분은 종전의 규정에 따른다. ② 별표의 개정규정에 따라 위반행위의 횟수에 따른 행정처분의 기준을 적용하는 경우 이 규칙 시행 후에 최초로 행한 위반행위를 1회 위반행위로 본다. 펼침 부 칙 〈지식경제부령 제271호, 2012. 10. 5.〉 (법령서식 개선을 위한 계량에 관한 법률 시행규칙 등 일부개정령) 부칙보기

전자무역 촉진에 관한 법률

제8조(이용요금의 신고) 전자무역기반사업자는 전자무역기반시설의 운영에 필요한 비용을 조달하기 위하여 제6조제2항제3호에 따른 업무의 이용요금을 정하거나 변경하려는 경우에는 산업통상자원부장관이 정하여 고시하는 바에 따라 그 금액과 세부 명세를 적은 서류 등의 관련 자료를 첨부하여 산업통상자원부장관에게 신고하여야 한다. 〈개정 2013. 3. 23.〉
[전문개정 2011. 4. 14.]
제9조 삭제 〈2009. 1. 30.〉

제10조(시정명령) 산업통상자원부장관은 전자무역기반사업자가 다음 각 호의 어느 하나에 해당하는 경우에는 6개월 이내의 기간을 정하여 시정을 명할 수 있다. 〈개정 2013. 3. 23.〉
1. 제6조제1항에 따른 전자무역기반사업자의 지정기준에 적합하지 아니하게 된 경우
2. 전자무역문서의 중계·보관 및 증명 등 업무의 안전성과 정확성이 확보되고 있지 아니하다고 판단되는 경우
3. 제8조에 따른 신고를 하지 아니하는 경우

[전문개정 2011. 4. 14.]

제11조(지정의 취소 등) ① 산업통상자원부장관은 전자무역기반사업자가 다음 각 호의 어느 하나에 해당하는 경우에는 산업통상자원부령으로 정하는 바에 따라 그 지정을 취소하거나 1년 이내의 기간을 정하여 제6조제2항에 따른 사업의 전부 또는 일부의 정지를 명할 수 있다. 다만, 제1호 또는 제2호에 해당하는 경우에는 그 지정을 취소하여야 한다. 〈개정 2013. 3. 23.〉
1. 거짓이나 그 밖의 부정한 방법으로 제6조제1항에 따른 지정을 받은 경우
2. 사업정지기간에 사업을 계속하여 수행한 경우
3. 제10조에 따른 시정명령을 정하여진 기간 이내에 이행하지 아니한 경우
4. 제21조제1항 본문을 위반하여 전자무역문서 및 무역정보를 공개한 경우
5. 제26조제1항에 따른 관계 공무원의 출입·검사를 거부·방해 또는 기피한 경우

전자무역 촉진에 관한 법률 시행령

제11조(표준의 제정절차) 산업통상자원부장관은 법 제13조제1항에 따라 전자무역문서의 표준을 정하려는 때에는 미리 「전자문서 및 전자거래 기본법」 제22조제1항에 따른 전자문서·전자거래 진흥 전담기관과 협의하여야 한다. 〈개정 2008. 2. 29., 2013. 3. 23., 2015. 8. 3.〉

제12조(표준화의 대상) 법 제13조제2항에 따른 전자무역문서 표준화의 대상은 전자무역기반시설에서 사용되는 전자무역문서로 한다. 다만, 다른 법령에 따라 이미 표준화된 경우에는 다른 법령에서 정한 바에 따른다.

제5장 전자무역문서의 보관 및 증명

제13조(증명서 발급방법 및 절차) ① 전자무역기반사업자는 법 제17조제1항에 따른 증명서를 종이문서로 발급하는 경우에는 그 증명서에 전자무역기반사업자의 기명날인을 하여야 하며, 전자무역문서의 내용이 첨부되어야 하는 경우 이를 출력하여 증명서와 함께 묶어 간인(間印)을 하여야 한다.
② 전자무역기반사업자가 제1항에 따라 증명서를 발급하는 경우 신청자의 신원, 신청인이 다음 각 호의 어느 하나에 해당하는 정당한 발급신청권한이 있는 자인지 여부 및 증명서의 발급대상인 전자무역문서의 진위 여부를 확인하여야 한다.
1. 전자무역문서의 송신자 또는 수신자
2. 전자무역문서의 송신자 또는 수신자가 지명한 자

③ 제1항에 따라 발급하는 증명서에는 다음 각 호의 사항이 포함되어야 한다. 〈개정 2015. 8. 3.〉
1. 발급신청자의 성명(법인인 경우 상호를 말한다)
2. 발급신청자의 생년월일(법인의 경우에는 법인등록번호를 말한다)
3. 증명서의 일련번호·유효기간 및 사용용도
4. 증명서의 발급신청일 및 발급일시
5. 전자무역기반사업자의 명칭 등 전자무역기반사업자임을 확인할 수 있는 정보

제14조(증명서 발급에 관한 자료의 관리) 전자무역기반사업자가 증명서를 발급한 경우에는 그 증명서의 발급신청일시·발급일시 및 신청자 성명에 대한 자료를 기록하고, 이를 발급일부

전자무역 촉진에 관한 법률 시행규칙

제1조(시행일) 이 규칙은 공포일부터 시행한다.
제2조(서식 개정에 관한 경과조치) 이 규칙 시행 당시 종전의 규정에 따른 서식은 계속하여 사용하되, 이 규칙에 따라 개정된 부분은 수정하여 사용한다.

펼침 부 칙 〈산업통상자원부령 제1호, 2013. 3. 23.〉 (산업통상자원부와 그 소속기관 직제 시행규칙) 부칙보기

제1조(시행일) 이 규칙은 공포한 날부터 시행한다. 〈단서 생략〉
제2조부터 제6조까지 생략
제7조(다른 법령의 개정) ①부터 ㊽까지 생략
㊾ 전자무역 촉진에 관한 법률 시행규칙 일부를 다음과 같이 개정한다.
제3조제1항 각 호 외의 부분 전단·후단, 같은 조 제2항, 제5조제2항, 제7조제1항 각 호 외의 부분 전단·후단, 같은 조 제2항 및 제8조 중 "지식경제부장관"을 각각 "산업통상자원부장관"으로 한다.

별표 제1호다목 중 "지식경제부장관"을 "산업통상자원부장관"으로 한다.

별지 제1호서식부터 별지 제4호서식까지 중 "지식경제부장관"을 각각 "산업통상자원부장관"으로 한다.

별지 제1호서식 및 별지 제3호서식 중 "지식경제부"를 각각 "산업통상자원부"로 한다.
㊿ 부터 〈63〉까지 생략

부칙 부 칙 〈산업통상자원부령 제48호, 2014. 2. 4.〉 (행정규제기본법 개정에 따른 재검토기한 규정을 위한 계량에 관한 법률 시행규칙 등 일부개정령)
이 규칙은 공포한 날부터 시행한다.

부칙 부 칙 〈산업통상자원부령 제152호, 2015. 8. 4.〉
이 규칙은 2015년 8월 4일부터 시행한다.
별표 [별표] 지정취소 및 사업정지처분의 기준(제5조제1항 관련) 한글파일 다운로드
별표 [별지 제1호서식] 전자무역기반사업자 지정신청서 한글파일 다운로드

전자무역 촉진에 관한 법률	전자무역 촉진에 관한 법률 시행령	전자무역 촉진에 관한 법률 시행규칙
② 산업통상자원부장관은 전자무역기반사업자가 제1항제3호부터 제5호까지의 규정 중 어느 하나에 해당하여 사업정지처분을 하여야 하는 경우로서 그 사업정지가 전자무역기반사업자가 제공하는 역무를 이용하는 자에게 심한 불편을 주거나 공익을 해칠 우려가 있다고 인정하는 경우에는 사업정지를 갈음하여 5억원 이하의 과징금을 부과할 수 있다. 〈개정 2013. 3. 23.〉 ③ 제2항에 따라 과징금이 부과되는 위반행위의 종류·내용 및 정도에 따른 과징금의 금액과 그 밖에 필요한 사항은 대통령령으로 정한다. ④ 산업통상자원부장관은 제2항에 따른 과징금을 내야 할 자가 납부기한까지 내지 아니하면 국세 체납처분의 예에 따라 징수한다. 〈개정 2013. 3. 23.〉 [전문개정 2011. 4. 14.] 제4장 전자무역기반시설의 이용 등 제12조(전자무역기반시설의 이용 등) ① 무역업자와 무역관계기관은 전자무역문서를 사용하여 무역업무를 하려는 경우에는 전자무역기반시설을 이용할 수 있다. 다만, 전자문서의 방식으로 다음 각 호의 어느 하나에 해당하는 업무를 하는 경우에는 전자무역기반시설을 통하여야 한다. 1. 외국환업무 취급기관의 신용장 통지업무 2. 외국환업무 취급기관의 수입화물선취보증서 발급업무 3. 외국환업무 취급기관의 내국신용장 개설업무 4. 「대외무역법」 제12조제2항에 따른 통합 공고상의 수출입요건확인기관의 요건확인서 발급업무. 다만, 「관세법」 제226조에 따라 세관장이 확인하는 경우는 제외한다. 5. 「대외무역법」 제18조에 따른 구매확인서 발급업무 6. 「대외무역법」 제37조에 따른 원산지증명서 발급업무. 다만, 「대외무역법」 제37조 및 제52조제1항에 따라 세관장이 발급한 원산지증명서는 제외한다. 7. 「상법」 제695조제2호에 따른 해상적하보험증권 발급업무 8. 「해운법」 제24조제2항에 따른 외항화물운송사업자와 같은 법 제26조에 따른 국내지사 설치신고를 한 자의 수하인(受荷人)에 대한 화물인도지시서 발급업무	터 5년 동안 보존·관리하여야 한다. 〈개정 2014. 12. 3.〉 제6장 전자무역문서의 이용 촉진 제15조(전자사본) 법 제19조제1항제2호에 따른 전자사본이라 함은 원본인 종이문서를 스캐너로 전자복사하여 컴퓨터 등 정보처리장치에 원본과 동일한 내용 및 형태로 복제·저장한 것으로 재현이 가능한 형태의 전자문서를 말한다. 제7장 삭제 〈2015. 8. 3.〉 제16조 삭제 〈2015. 8. 3.〉 제17조 삭제 〈2015. 8. 3.〉 제8장 삭제 〈2015. 8. 3.〉 제18조 삭제 〈2015. 8. 3.〉 제19조 삭제 〈2015. 8. 3.〉 제9장 보칙 〈신설 2013. 12. 30.〉 제19조의2(고유식별정보의 처리) 산업통상자원부장관은 법 제7조제1항에 따라 전자무역기반사업자의 결격사유 확인에 관한 사무를 수행하기 위하여 불가피한 경우 「개인정보 보호법 시행령」 제19조제1호에 따른 주민등록번호가 포함된 자료를 처리할 수 있다. [본조신설 2014. 8. 6.] 제20조(규제의 재검토) ①산업통상자원부장관은 다음 각 호의 사항에 대하여 다음 각 호의 기준일을 기준으로 3년마다(매 3년이 되는 해의 기준일과 같은 날 전까지를 말한다) 그 타당성을 검토하여 개선 등의 조치를 하여야 한다. 〈개정 2014. 12. 9.〉 1. 제6조에 따른 전자무역기반사업자의 지정기준: 2014년 1월 1일 2. 삭제 〈2015. 8. 3.〉 ② 산업통상자원부장관은 다음 각 호의 사항에 대하여 다음 각 호의 기준일을 기준으로 2년마다(매 2년이 되는 해의 기준일과 같은 날 전까지를 말한다) 그 타당성을 검토하여 개선 등의 조치를 하여야 한다. 〈신설 2014. 12. 9.〉 1. 제14조에 따른 증명서 발급에 관한 자료의 관리: 2015년 1월 1일 2. 삭제 〈2015. 8. 3.〉 [본조신설 2013. 12. 30.] 펼침 부 칙 〈대통령령 제19619호, 2006. 7. 21.〉 부칙보기 제1조 (시행일) 이 영은 공포한 날부터 시행한다.	별표 [별지 제2호서식] 전자무역기반사업자 지정증 한글파일 다운로드 [별지 제3호서식] 삭제 〈2015. 8. 4.〉 [별지 제4호서식] 삭제 〈2015. 8. 4.〉

전자무역 촉진에 관한 법률	전자무역 촉진에 관한 법률 시행령	전자무역 촉진에 관한 법률 시행규칙
② 무역업자와 무역관계기관은 전자무역기반시설을 이용하여 무역업무를 하려는 경우에는 제13조에 따른 표준화된 전자무역문서를 사용하여야 한다. ③ 관세청은 「관세법」 제248조제1항에 따른 신고필증, 「대외무역법」 제37조 및 제52조제1항에 따라 세관장이 발급하는 원산지증명서와 제1항제4호 단서에 따라 확인하는 문서를 전자문서의 방식으로 전자무역기반시설에 전송하여 전자무역기반사업자의 업무와 연계될 수 있도록 하여야 한다. ④ 전자무역기반사업자는 무역업자의 위탁을 받아 전자무역문서를 송수신하려는 자에게 전자무역기반시설의 접속을 제공할 수 있다. [전문개정 2011. 4. 14.] 제13조(전자무역문서의 표준화) ① 산업통상자원부장관은 전자무역을 촉진하기 위하여 관계 중앙행정기관의 장과 협의하여 대통령령으로 정하는 바에 따라 전자무역문서의 표준을 정하여 고시하여야 한다. 이 경우 고시한 사항을 변경할 때에도 또한 같다. 〈개정 2013. 3. 23.〉 ② 제1항에 따른 전자무역문서 표준화의 내용·대상 및 절차 등에 관한 사항은 대통령령으로 정한다. [전문개정 2011. 4. 14.] 제14조(신청등 또는 승인등의 효력) 무역업자 또는 무역관계기관이 신청등 또는 승인등을 전자무역기반시설을 통하여 전자무역문서로 처리한 경우에는 무역관련법령등에서 정한 절차에 따라 처리된 것으로 본다. [전문개정 2011. 4. 14.] 제15조(전자무역문서의 효력) 무역업자 또는 무역관계기관이 전자무역기반시설을 통하여 신청등 또는 승인등을 한 전자무역문서는 무역관련법령등에서 정한 절차에 따라 처리된 문서로 본다. [전문개정 2011. 4. 14.] 제5장 전자무역문서의 보관 및 증명 제16조(전자무역기반사업자가 보관하는 전자무역문서의 효력) ① 전자무역기반사업자가 전자무역문서를 보관하는 경우에는 「전자문서 및 전자거래	제2조 (다른 법령의 개정) ① 대외무역법 시행령 일부를 다음과 같이 개정한다. 제3조 제3항중 "「무역업무자동화 촉진에 관한 법률」 제5조의 규정에 의한 지정사업자중에서"를 "「전자무역 촉진에 관한 법률」 제6조제1항에 따른 전자무역기반사업자 중에서"로 한다. 제18조의5 내지 제18조의8을 각각 삭제한다. ② 무역거래기반조성에관한법률시행령 일부를 다음과 같이 한다. 제5조제4호를 다음과 같이 한다. 4. 「전자무역 촉진에 관한 법률」 제6조제1항에 따른 전자무역기반사업자 ③ 대통령령 제19330호 부가가치세법 시행령 일부를 다음과 같이 한다. 제64조제3항제1호의3중 "「무역업무자동화 촉진에 관한 법률」에 따른 무역자동화사업자"를 "「전자무역 촉진에 관한 법률」 제6조제1항에 따른 전자무역기반사업자"로 한다. 제3조 (다른 법령과의 관계) 이 영 시행당시 다른 법령에서 종전의 「무역업무자동화 촉진에 관한 법률 시행령」 또는 그 규정을 인용하고 있는 경우 이 영 중 그에 해당하는 규정이 있는 때에는 그에 갈음하여 이 영 또는 이 영의 해당규정을 인용한 것으로 본다. 펼침 부 칙 〈대통령령 제20257호, 2007. 9. 10.〉 (대외무역법 시행령) 부칙보기 제1조 (시행일) 이 영은 공포한 날부터 시행한다. 제2조 생략 제3조 (다른 법령의 개정) ①부터 ④까지 생략 ⑤ 전자무역 촉진에 관한 법률 시행령 일부를 다음과 같이 개정한다. 제2조제6호 중 "제15조"를 "제12조"로 한다. ⑥부터 ⑨까지 생략 제4조 생략 펼침 부 칙 〈대통령령 제20678호, 2008. 2. 29.〉 (지식경제부와 그 소속기관 직제) 부칙보기 제1조(시행일) 이 영은 공포한 날부터 시행한다. 〈단서 생략〉 제2조부터 제6조까지 생략 제7조(다른 법령의 개정) ①부터 〈67〉까지 생략	

전자무역 촉진에 관한 법률	전자무역 촉진에 관한 법률 시행령	전자무역 촉진에 관한 법률 시행규칙
기본법」 제5조제1항에 따른 전자문서의 보관이 행하여진 것으로 본다. 〈개정 2012. 6. 1.〉 ② 전자무역기반사업자는 전자무역문서의 보관을 위하여 전자서명을 사용하는 경우 「전자서명법」 제2조제3호에 따른 공인전자서명을 이용하여야 한다. [전문개정 2011. 4. 14.] 제17조(전자무역문서의 증명) ① 전자무역기반사업자가 전자무역문서의 송수신 일시 및 그 당사자 등에 관한 증명서를 발급하는 경우 그 증명서에 적힌 사항은 진정한 것으로 추정한다. ② 전자무역기반사업자가 제1항의 증명서를 발급할 때 준수하여야 할 표준서식, 발급 방법 및 절차 등에 대하여는 대통령령으로 정한다. ③ 전자무역기반사업자가 전자무역문서의 증명을 위하여 전자서명을 사용하는 경우에는 「전자서명법」 제2조제3호에 따른 공인전자서명을 이용하여야 한다. 〈개정 2015. 2. 3.〉 [전문개정 2011. 4. 14.] 제6장 전자무역문서의 이용 촉진 제18조(전자무역문서의 이용 촉진) 정부는 전자무역문서의 이용을 촉진하기 위하여 각종 법령의 정비 등 필요한 시책을 수립·시행하여야 한다. 제19조(신청등에 필요한 첨부서류에 관한 특례) ① 산업통상자원부장관은 무역관련법령등에서 정한 신청등에 필요한 첨부서류가 전자무역기반시설에 보관되어 있는 경우 첨부서류의 제출을 면제할 수 있으며, 전자무역기반시설에 보관되어 있지 아니한 경우에는 다음 각 호의 방법으로 첨부서류를 제출하게 할 수 있다. 〈개정 2013. 3. 23.〉 1. 첨부서류가 제13조에 따라 표준화된 전자무역문서로 작성된 경우에는 「전자서명법」 제2조제3호에 따른 신청인의 공인전자서명을 하여 제출하는 방법 2. 첨부서류가 종이문서로 작성된 경우에는 해당 서류의 전자사본(대통령령으로 정하는 바에 따라 전자무역문서로 제작한 사본을 말한다)에 「전자서명법」 제2조제3호에 따른 신청인의 공인전자서명을 하여 제출하는 방법 ② 산업통상자원부장관이 제1항에 따	〈68〉 전자무역 촉진에 관한 법률 시행령 일부를 다음과 같이 개정한다. 제3조제1항제1호 중 "재정경제부장관·법무부장관·행정자치부장관·문화관광부장관·산업자원부장관·정보통신부장관·건설교통부장관·해양수산부장관·기획예산처장관·국무조정실장"을 "기획재정부장관·법무부장관·행정안전부장관·문화체육관광부장관·지식경제부장관·국토해양부장관·국무총리실장"으로 한다. 제3조제1항제3호·제2항, 제6조제1항제4호가목·제3항, 제7조제1항·제2항, 제9조제2항, 제10조제1항·제2항 본문·제4항, 제11조, 제16조제5호, 제17조제1항, 제18조제2항, 제19조제1항·제2항 중 "산업자원부장관"을 각각 "지식경제부장관"으로 한다. 제3조제2항, 제5조제3항 중 "산업자원부"를 각각 "지식경제부"로 한다. 제5조제2항 각 호 외의 부분 중 "산업자원부차관"을 "지식경제부차관"으로 한다. 제6조제2항, 제7조제1항, 제18조제2항, 제19조제1항 중 "산업자원부령"을 각각 "지식경제부령"으로 한다. 〈69〉부터 〈86〉까지 생략 편침 부 칙 〈대통령령 제21655호, 2009. 7. 30.〉 부칙보기 제1조(시행일) 이 영은 2009년 7월 31일부터 시행한다. 제2조(경과조치) 이 영 시행 전의 위반행위에 대한 과징금 처분에 대해서는 그 기준이 종전보다 강화된 경우에는 종전의 규정에 따르고, 종전보다 완화된 경우에는 개정규정에 따른다. 편침 부 칙 〈대통령령 제22220호, 2010. 6. 28.〉 (무역보험법 시행령) 부칙보기 제1조(시행일) 이 영은 2010년 7월 6일부터 시행한다. 제2조(다른 법령의 개정) ①부터 ⑦까지 생략 ⑧ 전자무역 촉진에 관한 법률 시행령 일부를 다음과 같이 개정한다. 제2조제4호를 다음과 같이 한다. 4. 「무역보험법」 ⑨부터 ⑭까지 생략 제3조 생략 편침 부 칙 〈대통령령 제	

전자무역 촉진에 관한 법률	전자무역 촉진에 관한 법률 시행령	전자무역 촉진에 관한 법률 시행규칙
등교육법」에 따른 학교, 「평생교육법」에 따른 원격대학형태의 평생교육시설, 민간 교육기관, 그 밖의 관련 기관에 대하여 그 사업 수행에 필요한 경비의 전부 또는 일부를 지원할 수 있다. ③ 제2항에 따른 경비의 지원에 필요한 사항은 대통령령으로 정한다. [전문개정 2011. 4. 14.] 제10장 보칙 〈개정 2011. 4. 14.〉 제26조(출입·검사 등) ① 산업통상자원부장관은 전자무역기반시설의 안정성 및 효율적 운영 확보 등을 위하여 필요한 경우에는 관계 공무원으로 하여금 전자무역기반사업자의 사무실·사업장, 그 밖의 필요한 장소에 출입하여 전자무역문서 중계·보관 및 증명 등의 업무에 관한 시설·장비·서류, 그 밖의 물건을 검사하게 하거나 관계인에게 질문하게 할 수 있다. 〈개정 2013. 3. 23.〉 ② 제1항에 따른 출입·검사를 하는 경우에는 검사일부터 14일 전까지 검사 일시, 검사 이유 및 검사 내용 등을 포함한 검사계획을 전자무역기반사업자에게 알려야 한다. 다만, 사전에 알리면 증거인멸 등으로 검사의 목적을 달성할 수 없거나 긴급히 검사하여야 할 사정이 있는 경우에는 그러하지 아니하다. ③ 제1항에 따라 출입·검사를 하는 공무원은 그 권한을 표시하는 증표를 지니고 이를 관계인에게 보여 주어야 하며, 출입·검사 시 해당 공무원의 성명, 출입·검사의 시간 및 목적 등이 적힌 문서를 관계인에게 내주어야 한다. [전문개정 2011. 4. 14.] 제27조(청문) 산업통상자원부장관은 제11조제1항에 따라 전자무역기반사업자의 지정을 취소하려면 청문을 하여야 한다. 〈개정 2013. 3. 23.〉 [전문개정 2011. 4. 14.] 제28조(권한의 위임) 이 법에 따른 산업통상자원부장관의 권한은 대통령령으로 정하는 바에 따라 그 일부를 소속 기관의 장, 특별시장·광역시장·특별자치시장·도지사 또는 특별자치도지사에게 위임할 수 있다. 〈개정 2013. 3. 23., 2015. 2. 3.〉 [전문개정 2011. 4. 14.]		

전자무역 촉진에 관한 법률	전자무역 촉진에 관한 법률 시행령	전자무역 촉진에 관한 법률 시행규칙
제29조(벌칙 적용 시의 공무원 의제) 제6조제2항제1호부터 제3호까지의 업무에 종사하는 전자무역기반사업자의 임원 또는 직원은 「형법」 제129조부터 제132조까지의 규정을 적용할 때에는 공무원으로 본다. [전문개정 2011. 4. 14.] 제11장 벌칙 〈개정 2011. 4. 14.〉 제30조(벌칙) ① 다음 각 호의 어느 하나에 해당하는 자는 10년 이하의 징역 또는 1억원 이하의 벌금에 처한다. 〈개정 2014. 1. 14., 2015. 2. 3.〉 1. 제20조제1항을 위반하여 전자무역기반사업자ㆍ전자무역문서송수신업자ㆍ무역업자ㆍ무역관계기관의 컴퓨터파일에 기록된 전자무역문서 또는 데이터베이스에 입력된 무역정보를 위조 또는 변조하거나 위조 또는 변조된 전자무역문서 또는 무역정보를 행사한 자 2. 제20조제2항을 위반하여 전자무역기반사업자의 컴퓨터 등 정보처리장치에 거짓 정보 또는 부정한 명령을 입력하여 정보처리가 되게 하는 등의 방법으로 제17조제1항의 증명서가 발급되게 한 자 ② 제1항 각 호에 규정된 죄의 미수범은 처벌한다. [전문개정 2011. 4. 14.] 제31조(벌칙) 다음 각 호의 어느 하나에 해당하는 자는 5년 이하의 징역 또는 5천만원 이하의 벌금에 처한다. 〈개정 2015. 2. 3.〉 1. 제6조제3항을 위반하여 전자무역기반사업자로 지정받지 아니하고 같은 조 제2항제1호부터 제3호까지의 업무를 수행한 자 2. 제20조제3항을 위반하여 전자무역기반사업자ㆍ전자무역문서송수신업자ㆍ무역업자ㆍ무역관계기관의 컴퓨터파일에 기록된 전자무역문서 또는 데이터베이스에 입력된 무역정보를 훼손하거나 그 비밀을 침해한 자 3. 제20조제4항을 위반하여 업무상 알게 된 전자무역문서 또는 무역정보에 관한 비밀을 누설하거나 도용한 자 4. 제20조제5항을 위반하여 전자무역문서 또는 데이터베이스를 3년 동안 보관하지 아니한 전자무역기반사업자 [전문개정 2011. 4. 14.]		

전자무역 촉진에 관한 법률	전자무역 촉진에 관한 법률 시행령	전자무역 촉진에 관한 법률 시행규칙
제1조(시행일) 이 법은 공포한 날부터 시행한다. 다만, ···〈생략〉···, 부칙 제6조에 따라 개정되는 법률 중 이 법의 시행 전에 공포되었으나 시행일이 도래하지 아니한 법률을 개정한 부분은 각각 해당 법률의 시행일부터 시행한다. 제2조부터 제5조까지 생략 제6조(다른 법률의 개정) ① 부터 〈398〉까지 생략 〈399〉 전자무역 촉진에 관한 법률 일부를 다음과 같이 개정한다. 제4조제1항부터 제3항까지, 제6조제1항, 제8조제1항 및 같은 항 제5호·제2항, 제10조, 제11조제1항·제2항·제4항, 제13조제1항, 제19조제1항·제2항, 제22조제1항, 제23조, 제26조제1항, 제27조, 제28조 중 "산업자원부장관"을 각각 "지식경제부장관"으로 한다. 제8조제2항, 제11조제1항 중 "산업자원부령"을 각각 "지식경제부령"으로 한다. 〈400〉부터 〈760〉까지 생략 제7조 생략 부칙 부 칙 〈법률 제9247호, 2008. 12. 26.〉 이 법은 공포한 날부터 시행한다. 부칙 부 칙 〈법률 제9377호, 2009. 1. 30.〉 이 법은 공포 후 6개월이 경과한 날부터 시행한다. 펼침 부 칙 〈법률 제9705호, 2009. 5. 22.〉 (국가정보화 기본법) 부칙보기 제1조(시행일) 이 법은 공포 후 3개월이 경과한 날부터 시행한다. 〈단서 생략〉 제2조부터 제5조까지 생략 제6조(다른 법률의 개정) ①부터 ⑨까지 생략 ⑩ 전자무역 촉진에 관한 법률 일부를 다음과 같이 개정한다. 제4조제2항 전단 중 "「정보화촉진기본법」 제2조의2의 규정에 의한 정보화촉진등에 관한 사항은 동법 제8조제1항의 규정에 의한 정보화추진위원회의"를 "「국가정보화 기본법」 제3조		

전자무역 촉진에 관한 법률	전자무역 촉진에 관한 법률 시행령	전자무역 촉진에 관한 법률 시행규칙
제3호에 따른 국가정보화와 관련된 사항은 같은 법 제9조제1항에 따른 국가정보화전략위원회의"로 한다. ⑪ 및 ⑫ 생략 제7조 생략 부칙 부 칙 〈법률 제10591호, 2011. 4. 14.〉 이 법은 공포한 날부터 시행한다. 폐침 부 칙 〈법률 제11461호, 2012. 6. 1.〉 (전자문서 및 전자거래 기본법) 부칙보기 제1조(시행일) 이 법은 공포 후 3개월이 경과한 날부터 시행한다. 제2조부터 제9조까지 생략 제10조(다른 법률의 개정) ① 부터 ⑮ 까지 생략 ⑯ 전자무역 촉진에 관한 법률 일부를 다음과 같이 개정한다. 제2조제4호 및 제16조제1항 중 "「전자거래기본법」"을 각각 "「전자문서 및 전자거래 기본법」"으로 한다. ⑰부터 ㉕까지 생략 폐침 부 칙 〈법률 제11688호, 2013. 3. 23.〉 (국가정보화 기본법) 부칙보기 제1조(시행일) 이 법은 공포한 날부터 시행한다. 제2조(다른 법률의 개정) ① 부터 ③ 까지 생략 ④ 전자무역 촉진에 관한 법률 일부를 다음과 같이 개정한다. 제4조제2항을 삭제한다. ⑤ 및 ⑥ 생략 폐침 부 칙 〈법률 제11690호, 2013. 3. 23.〉 (정부조직법) 부칙보기 제1조(시행일) ① 이 법은 공포한 날부터 시행한다. ② 생략 제2조부터 제5조까지 생략 제6조(다른 법률의 개정) ①부터 〈422〉까지 생략 〈423〉 전자무역 촉진에 관한 법률 일부를 다음과 같이 개정한다. 제4조제1항 각 호 외의 부분, 같은 조 제2항 전단, 같은 조 제3항, 제5조제1항 각 호 외의 부분, 같은 조 제3항, 제6조제1항, 제8조, 제10조 각 호 외의 부분, 제11조제1항 각 호		

전자무역 촉진에 관한 법률	전자무역 촉진에 관한 법률 시행령	전자무역 촉진에 관한 법률 시행규칙
외의 부분 본문, 같은 조 제2항·제4항, 제13조제1항 전단, 제19조제1항 각 호 외의 부분, 같은 조 제2항, 제22조제1항 각 호 외의 부분, 제23조 각 호 외의 부분, 제26조제1항, 제27조 및 제28조 중 "지식경제부장관"을 각각 "산업통상자원부장관"으로 한다. 제11조제1항 각 호 외의 부분 본문 중 "지식경제부령"을 "산업통상자원부령"으로 한다. 〈424〉부터 〈710〉까지 생략 제7조 생략 폐침 부 칙 〈법률 제12239호, 2014. 1. 14.〉 부칙보기 제1조(시행일) 이 법은 공포한 날부터 시행한다. 제2조(금치산자 등에 대한 경과조치) 제7조제1항제1호의 개정규정에 따른 피성년후견인에는 법률 제10429호 민법 일부개정법률 부칙 제2조에 따라 금치산 또는 한정치산 선고의 효력이 유지되는 사람을 포함하는 것으로 본다. 폐침 부 칙 〈법률 제13155호, 2015. 2. 3.〉 부칙보기 제1조(시행일) 이 법은 공포 후 6개월이 경과한 날부터 시행한다. 제2조(벌칙에 관한 경과조치) 이 법 시행 전의 행위에 대하여 벌칙을 적용할 때에는 종전의 규정에 따른다.		

■ 전자문서 및 전자거래 기본법 ■

전자문서 및 전자거래 기본법	전자문서 및 전자거래 기본법 시행령	전자문서 및 전자거래 기본법 시행규칙
전자문서 및 전자거래 기본법 (약칭: 전자문서법) [시행 2018. 4. 25.] [법률 제14907호, 2017. 10. 24., 일부개정] 과학기술정보통신부(인터넷진흥과), 044-202-6363 법무부(상사법무과), 02-2110-3167	전자문서 및 전자거래 기본법 시행령 (약칭: 전자문서법 시행령) [시행 2018. 7. 10.] [대통령령 제29034호, 2018. 7. 10., 일부개정] 과학기술정보통신부(인터넷진흥과 - 전자문서 및 전자거래 정책수립, 인터넷광고 활성화 정책), 044-202-6363 법무부(상사법무과), 02-2110-3167	전자문서 및 전자거래 기본법 시행규칙 (약칭: 전자문서법 시행규칙) [시행 2018. 7. 10.] [과학기술정보통신부령 제13호, 2018. 7. 10., 일부개정] 과학기술정보통신부(인터넷진흥과), 044-202-6363 법무부(상사법무과), 02-2110-3167
제1장 총칙 제1조(목적) 이 법은 전자문서 및 전자거래의 법률관계를 명확히 하고 전자문서 및 전자거래의 안전성과 신뢰성을 확보하며 그 이용을 촉진할 수 있는 기반을 조성함으로써 국민경제의 발전에 이바지함을 목적으로 한다.[전문개정 2012. 6. 1.]	제1조(목적) 이 영은 「전자문서 및 전자거래 기본법」에서 위임된 사항과 그 시행에 필요한 사항을 규정함을 목적으로 한다. [전문개정 2012. 8. 31.]	제1조(목적) 이 규칙은 「전자문서 및 전자거래 기본법」 및 같은 법 시행령에서 위임된 사항과 그 시행에 필요한 사항을 규정하는 것을 목적으로 한다. [전문개정 2012. 8. 31.]
제2조(정의) 이 법에서 사용하는 용어의 뜻은 다음과 같다. 1. "전자문서"란 정보처리시스템에 의하여 전자적 형태로 작성, 송신·수신 또는 저장된 정보를 말한다. 2. "정보처리시스템"이란 전자문서의 작성·변환, 송신·수신 또는 저장을 위하여 이용되는 정보처리능력을 가진 전자적 장치 또는 체계를 말한다. 3. "작성자"란 전자문서를 작성하여 송신하는 자를 말한다. 4. "수신자"란 작성자가 전자문서를 송신하는 상대방을 말한다. 5. "전자거래"란 재화나 용역을 거래할 때 그 전부 또는 일부가 전자문서에 의하여 처리되는 거래를 말한다. 6. "전자거래사업자"란 전자거래를 업(業)으로 하는 자를 말한다. 7. "전자거래이용자"란 전자거래를 이용하는 자로서 전자거래사업자 외의 자를 말한다. 8. "공인전자주소"란 전자문서를 송신하거나 수신하는 자를 식별하기 위하여 문자·숫자 등으로 구성되는 정보로서 제18조의4에 따라 등록된 주소를 말한다. 9. "공인전자문서센터"란 타인을 위하여 다음 각 목의 업무(이하 "전자문서보관등"이라 한다)를 하는 자로서 제31조의2제1항에 따라 지정받은 자를 말한다. 가 전자문서의 보관 또는 증명 나. 그 밖에 전자문서 관련 업무	제2조(영업비밀의 범위 등) ① 「전자문서 및 전자거래 기본법」(이하 "법"이라 한다) 제13조에 따라 보호되는 영업비밀의 범위는 다음 각 호와 같다. 다만, 공공연히 알려져 있거나 전자거래이용자의 동의를 받은 사항은 제외한다. 1. 성명·상호·주소 등 개별 거래처를 식별할 수 있는 사항 2. 개별 거래처로부터 공급받은 재화 또는 용역의 가격 및 수량에 관한 사항 3. 제조원가에 관한 사항 4. 그 밖에 상당한 노력을 기울여 비밀로 유지한 생산방법·판매방법 또는 영업활동에 유용한 기술상·경영상의 정보로서 공개되는 경우 전자거래이용자에게 손실을 초래하거나 영업에 지장을 줄 우려가 있는 사항 ② 법 제13조제4항에 따른 영업비밀의 보호조치는 다음 각 호와 같다. 1. 영업비밀 관리규정의 제정·운용 2. 영업비밀의 표시 3. 종업원에 대한 교육 [전문개정 2012. 8. 31.] 제2조의2 삭제 〈2018. 7. 10.〉 제2조의3 삭제 〈2018. 7. 10.〉 제2조의4(유통정보의 생성·보관) ① 법 제18조의5제1항제3호에서 "대통령령으로 정하는 사항"이란 다음 각 호의 사항을 말한다. 1. 전자문서의 명칭 2. 전자문서의 열람 일시 3. 송신자 및 수신자의 공인전자주소	제1조의2 삭제 〈2018. 7. 10.〉 제1조의3(공인전자주소의 등록신청) 「전자문서 및 전자거래 기본법」(이하 "법"이라 한다) 제18조의4에 따라 공인전자주소를 등록하려는 자는 법 제22조제1항에 따른 전담기관(이하 "전담기관"이라 한다)에 다음 각 호의 구분에 따른 사항을 제출하여야 한다. 〈개정 2015. 12. 23.〉 1. 개인: 성명, 주소, 주민등록번호 또는 사업자등록번호 2. 법인: 법인명, 주된 사무소의 소재지, 대표자의 성명, 사업자등록번호 또는 고유번호 [본조신설 2012. 8. 31.] 제1조의4(공인전자주소의 등록) ① 전담기관은 법 제18조의4에 따른 등록신청을 받은 때에는 다음 각 호의 적합여부를 검토한 후 적합하다고 인정할 때에는 등록하여야 한다. 이 경우 등록 전에 등록신청인의 신원을 확인(전자적 방식의 확인을 포함한다)하여야 한다. 〈개정 2013. 3. 24., 2017. 7. 26.〉 1. 전자문서의 유통에 관한 국제표준방식에의 적합 여부 2. 과학기술정보통신부장관이 고시하는 공인전자주소의 구성(한글, 영문, 구분자 등), 체계 등에의 적합 여부 3. 전담기관이 공고하는 공인전자주소를 이용한 전자문서의 송신·수신 기술규격에의 적합 여부 ② 전담기관은 공인전자주소의 등록 여부를 등록신청인에게 통보하여야 한다. [본조신설 2012. 8. 31.]

전자문서 및 전자거래 기본법	전자문서 및 전자거래 기본법 시행령	전자문서 및 전자거래 기본법 시행규칙
10. "공인전자문서중계자"란 타인을 위하여 전자문서의 송신·수신 또는 중계(이하 "전자문서유통"이라 한다)를 하는 자로서 제31조의18에 따라 지정받은 자를 말한다. [전문개정 2012. 6. 1.] 제3조(적용범위) 이 법은 다른 법률에 특별한 규정이 있는 경우를 제외하고 모든 전자문서 및 전자거래에 적용한다. [전문개정 2012. 6. 1.] 제2장 전자문서 제4조(전자문서의 효력) ① 전자문서는 다른 법률에 특별한 규정이 있는 경우를 제외하고는 전자적 형태로 되어 있다는 이유로 문서로서의 효력이 부인되지 아니한다. ② 보증인이 자기의 영업 또는 사업으로 작성한 보증의 의사가 표시된 전자문서는 「민법」 제428조의2제1항 단서에도 불구하고 같은 항 본문에 따른 서면으로 본다. 〈신설 2016. 1. 19.〉 ③ 별표에서 정하고 있는 법률에 따른 기록·보고·보관·비치 또는 작성 등의 행위가 전자문서로 행하여진 경우 해당 법률에 따른 행위가 이루어진 것으로 본다. 〈개정 2016. 1. 19.〉 [전문개정 2012. 6. 1.] 제5조(전자문서의 보관) ① 전자문서가 다음 각 호의 요건을 모두 갖춘 경우에는 그 전자문서를 보관함으로써 관계 법령에서 정하는 문서의 보관을 갈음할 수 있다. 1. 전자문서의 내용을 열람할 수 있을 것 2. 전자문서가 작성 및 송신·수신된 때의 형태 또는 그와 같이 재현될 수 있는 형태로 보존되어 있을 것 3. 전자문서의 작성자, 수신자 및 송신·수신 일시에 관한 사항이 포함되어 있는 경우에는 그 부분이 보존되어 있을 것 ② 종이문서나 그 밖에 전자적 형태로 작성되지 아니한 문서(이하 "전자화대상문서"라 한다)를 정보처리시스템이 처리할 수 있는 형태로 변환한 문서(이하 "전자화문서"라 한다)가 다음 각 호의 요건을 모두 갖춘 경우에는 그 전자화문서를 보관함으로써 관계 법령에서 정하는 문서의 보관을	4. 전자문서의 고유번호 및 해시값(파일의 고유값으로서 일종의 전자지문을 말한다. 이하 같다) ② 법 제18조의5제1항에 따른 유통정보(이하 "유통정보"라 한다)의 보관기간은 10년으로 한다. [본조신설 2012. 8. 31.] 제2조의5(유통증명서의 발급) ① 작성자, 송신자 또는 수신자는 법 제18조의5제2항에 따른 유통증명서(이하 "유통증명서"라 한다)의 발급을 법 제22조제1항에 따른 전담기관(이하 "전담기관"이라 한다)에 신청할 수 있다. 〈개정 2015. 12. 15.〉 ② 전담기관은 법 제18조의5제2항에 따라 다음 각 호의 사항이 포함된 유통증명서를 발급하는 경우에는 「전자서명법」 제2조제2호에 따른 전자서명을 하여야 한다. 1. 전자문서의 명칭 2. 송신자 및 수신자의 인적 정보 및 공인전자주소 3. 전자문서의 송신·수신 및 열람 일시 4. 전자문서의 해시값 5. 유통증명서의 일련번호 6. 유통증명서의 유효기간 ③ 전담기관은 법 제18조의5제2항에 따라 유통증명서를 종이문서로 발급하는 경우에는 유통증명서에 전담기관의 기명날인을 하여야 한다. ④ 전담기관은 제2항 또는 제3항에 따라 유통증명서를 발급하는 경우 신청인의 신원과 신청인이 유통증명서의 정당한 발급신청 자격이 있는지를 확인하여야 한다. [본조신설 2012. 8. 31.] 제3조(시범사업) 법 제20조제1항에 따른 전자문서·전자거래촉진계획(이하 "전자문서·전자거래촉진계획"이라 한다)과 관련된 중앙행정기관(이하 "관계 중앙행정기관"이라 한다)의 장은 전자문서·전자거래촉진계획의 원활한 추진을 위하여 다음 각 호의 사업을 시범사업으로 추진할 수 있다. 1. 전자문서 및 전자거래 촉진을 위한 시험적 사업 2. 전자문서 및 전자거래 관련 기술의 실용화 사업 3. 전자문서 및 전자거래 관련 국제 협력사업 4. 그 밖에 전자문서 및 전자거래의 기반조성 및 활성화를 위한 사업	제1조의5(공인전자주소의 등록수수료) ① 전담기관이 법 제18조의4제3항에 따라 공인전자주소의 등록신청인으로부터 받을 수 있는 수수료(이하 이 조에서 "등록수수료"라 한다)는 다음 각 호에 따른 금액을 기준으로 산정한다. 1. 공인전자주소의 등록 및 관리에 필요한 시설·장비의 구축 및 운용비 2. 공인전자주소의 등록 및 관리에 필요한 인건비 3. 그 밖에 공인전자주소의 등록 및 관리에 필요한 실비(實費) ② 전담기관은 제1항에 따른 등록수수료를 산정한 후 등록수수료 결정과 관련하여 이해관계인의 의견을 수렴할 수 있도록 해당 기관의 인터넷 홈페이지에 20일간 그 내용을 게시하여야 한다. ③ 전담기관이 등록수수료를 정하거나 변경하였을 때에는 그 내용과 산정 명세를 해당 기관의 인터넷 홈페이지를 통하여 공개하여야 한다. [본조신설 2012. 8. 31.] 제1조의6 삭제 〈2018. 7. 10.〉 제1조의7 삭제 〈2018. 7. 10.〉 제2조(전자문서 및 전자거래 통계 등 실태조사의 조사사항) 영 제14조제1항에 따른 전자문서 및 전자거래 통계 등 실태조사(이하 "조사"라 한다)는 다음 각 호의 사항에 대하여 실시한다. 1. 전자문서 및 전자거래의 시장현황 및 시장전망에 관한 사항 2. 전자문서 및 전자거래의 경기실사지수에 관한 사항 3. 전자문서 및 전자거래 관련 투자에 관한 사항 4. 전자문서 및 전자거래 관련 인력 및 그 수급(需給) 실태에 관한 사항 5. 전자문서 및 전자거래 관련 기술 및 그 기술수준에 관한 사항 6. 전자문서 및 전자거래 관련 국제 동향에 관한 사항 [전문개정 2012. 8. 31.] 제3조(조사주기) 제2조제1호 및 제3호에 관한 조사는 매년 실시하고, 제2조제2호에 관한 조사는 분기별로 실시하며, 제2조제4호 내지 제6호에 관한 조사는 과학기술정보통신부장관이 필요하다고 인정하는 때에 실시한다. 〈개정 2008. 3. 3., 2013. 3. 24., 2017. 7. 26.〉

전자문서 및 전자거래 기본법	전자문서 및 전자거래 기본법 시행령	전자문서 및 전자거래 기본법 시행규칙
갈음할 수 있다. 다만, 다른 법령에 특별한 규정이 있는 경우에는 그러하지 아니하다. 1. 전자화문서가 전자화대상문서와 그 내용 및 형태가 동일할 것 2. 제1항 각 호의 요건을 모두 갖출 것 ③ 전자화대상문서와 전자화문서의 내용 및 형태의 동일성에 관한 요건, 전자화문서의 작성 방법 및 절차, 그 밖에 필요한 사항은 과학기술정보통신부장관이 정하여 고시한다. 〈개정 2013. 3. 23., 2017. 7. 26.〉 ④ 제1항과 제2항을 적용할 때 송신 또는 수신만을 위하여 필요한 부분은 전자문서 또는 전자화문서로 보지 아니할 수 있다. [전문개정 2012. 6. 1.] 제6조(송신·수신의 시기 및 장소) ① 전자문서(전자화문서를 포함한다. 이하 같다)는 수신자 또는 그 대리인이 해당 전자문서를 수신할 수 있는 정보처리시스템에 입력한 때에 송신된 것으로 본다. ② 전자문서는 다음 각 호의 어느 하나에 해당하는 때에 수신된 것으로 본다. 1. 수신자가 전자문서를 수신할 정보처리시스템을 지정한 경우: 지정된 정보처리시스템에 입력된 때. 다만, 전자문서가 지정된 정보처리시스템이 아닌 정보처리시스템에 입력된 경우에는 수신자가 이를 출력한 때를 말한다. 2. 수신자가 전자문서를 수신할 정보처리시스템을 지정하지 아니한 경우: 수신자가 관리하는 정보처리시스템에 입력된 때 ③ 전자문서는 작성자 또는 수신자의 영업소 소재지에서 각각 송신 또는 수신된 것으로 보며, 영업소가 둘 이상일 때에는 해당 전자문서를 주로 관리하는 영업소 소재지에서 송신·수신된 것으로 본다. 다만, 작성자 또는 수신자가 영업소를 가지고 있지 아니한 경우에는 그의 상거소(常居所)에서 송신·수신된 것으로 본다. [전문개정 2012. 6. 1.] 제7조(작성자가 송신한 것으로 보는 경우) ① 다음 각 호의 어느 하나에 해당하는 전자문서에 포함된 의사표시는 작성자가 송신한 것으로 본다. 1. 작성자의 대리인에 의하여 송신된	[전문개정 2012. 8. 31.] 제4조(전자문서·전자거래촉진계획의 수립·시행) ① 관계 중앙행정기관의 장은 법 제20조제2항에 따라 소관별 부문계획을 수립·집행할 때 전자문서 및 전자거래 관련 통계 등 현황자료를 작성·관리하여야 한다. ② 과학기술정보통신부장관은 법 제20조제3항에 따라 관계 중앙행정기관별 부문계획을 종합할 때 필요한 경우에는 관계 중앙행정기관의 장에게 제1항에 따른 전자문서 및 전자거래 관련 통계 등 현황자료의 제공을 요청할 수 있다. 〈개정 2013. 3. 23., 2017. 7. 26.〉 [전문개정 2012. 8. 31.] 제5조 삭제 〈2010. 4. 20.〉 제6조 삭제 〈2010. 4. 20.〉 제7조 삭제 〈2009. 8. 18.〉 제8조 삭제 〈2009. 8. 18.〉 제9조 삭제 〈2010. 4. 20.〉 제10조 삭제 〈2010. 4. 20.〉 제11조(전자문서 및 전자거래의 표준화 비용의 지원) 과학기술정보통신부장관은 법 제24조제2항 후단에 따라 전자문서 및 전자거래의 표준화에 드는 비용을 지원할 때에는 그 지원금을 분할하여 지급한다. 다만, 표준화사업의 규모·착수시기 등을 고려하여 필요하다고 인정할 때에는 지원금을 한꺼번에 지급할 수 있다. 〈개정 2013. 3. 23., 2015. 12. 15., 2017. 7. 26.〉 [전문개정 2012. 8. 31.] 제12조(전자문서 및 전자거래 전문인력 양성기관에 대한 경비 지원) 법 제26조제3항에 따라 전자문서 및 전자거래 전문인력 양성기관에 지원하는 경비는 다음 각 호와 같다. 1. 교육과정의 개설 및 운영에 필요한 비용 2. 교육시설·설비의 설치 및 운영에 필요한 비용 3. 교육자료의 개발 및 보급에 필요한 비용 4. 전자문서 및 전자거래 관련 조사 및 연구에 필요한 비용 [전문개정 2012. 8. 31.] 제13조(공공단체의 범위) 법 제27조에 따른 공공단체 등은 다음 각 호의	제4조(조사표) 과학기술정보통신부장관은 제2조에 따른 조사사항별로 조사표를 설계·작성한다. 〈개정 2013. 3. 24., 2017. 7. 26.〉 [전문개정 2012. 8. 31.] 제5조(조사방법) ① 조사는 조사원이 조사표에 기재하는 타계식(他計式) 방법 또는 조사의 응답자가 직접 조사표를 작성하는 자계식(自計式) 방법에 의한다. ② 제1항에 따른 조사를 효율적으로 실시하기 위하여 통신망, 전자우편 등 전자적 방식을 사용할 수 있다. [전문개정 2012. 8. 31.] 제6조(전자상거래지원센터의 지정신청) ① 영 제15조제2항 전단에 따라 전자상거래지원센터로 지정을 받으려는 자는 별지 제1호의5서식의 전자상거래지원센터 지정신청서(전자문서로 된 신청서를 포함한다)에 다음 각 호의 서류(전자문서를 포함한다)를 첨부하여 과학기술정보통신부장관에게 제출하여야 한다. 〈개정 2013. 3. 24., 2017. 7. 26.〉 1. 정관(법인인 경우만 해당한다) 2. 사업추진계획서 3. 시설 및 장비의 보유현황 및 운용계획서 4. 전문인력의 보유현황 및 운용계획서 ② 제1항에 따른 신청을 받은 과학기술정보통신부장관은 「전자정부법」 제36조제1항에 따른 행정정보의 공동이용을 통하여 법인 등기사항증명서(법인인 경우만 해당한다)를 확인하여야 한다. 〈개정 2013. 3. 24., 2017. 7. 26.〉 [전문개정 2012. 8. 31.] 제7조(변경신청) ① 영 제15조제2항 후단에 따라 전자상거래지원센터로 지정을 받은 자가 다음 각 호의 사항을 변경하려는 때에는 별지 제2호서식의 전자상거래지원센터 지정변경신청서를 과학기술정보통신부장관에게 제출하여야 한다. 〈개정 2013. 3. 24., 2017. 7. 26.〉 1. 법인명 2. 대표자 3. 주된 사무소의 소재지 ② 제1항에 따른 변경신청서에는 다음 각 호의 서류를 첨부하여야 한다. 1. 전자상거래지원센터 지정증 2. 변경사실을 확인할 수 있는 서류

전자문서 및 전자거래 기본법	전자문서 및 전자거래 기본법 시행령	전자문서 및 전자거래 기본법 시행규칙
전자문서 2. 자동으로 전자문서를 송신·수신하도록 구성된 컴퓨터프로그램이나 그 밖의 전자적 수단에 의하여 송신된 전자문서 ② 전자문서의 수신자는 다음 각 호의 어느 하나에 해당하는 경우에는 전자문서에 포함된 의사표시를 작성자의 것으로 보아 행위할 수 있다. 1. 전자문서가 작성자의 것이었는지를 확인하기 위하여 수신자가 미리 작성자와 합의한 절차를 따른 경우 2. 수신된 전자문서가 작성자 또는 그 대리인과의 관계에 의하여 수신자가 그것이 작성자 또는 그 대리인의 의사에 기한 것이라고 믿을 만한 정당한 이유가 있는 자에 의하여 송신된 경우 ③ 다음 각 호의 어느 하나에 해당하는 경우에는 제2항을 적용하지 아니한다. 1. 수신자가 작성자로부터 전자문서가 작성자의 것이 아님을 통지받고 그에 따라 필요한 조치를 할 상당한 시간이 있었던 경우 2. 제2항제2호의 경우에 전자문서가 작성자의 것이 아님을 수신자가 알았던 경우 또는 상당한 주의를 하였거나 작성자와 합의된 절차를 따랐으면 알 수 있었을 경우 [전문개정 2012. 6. 1.] 제8조(수신한 전자문서의 독립성) 수신한 전자문서는 문서마다 독립된 것으로 본다. 다만, 수신자가 작성자와 합의된 확인절차를 따르거나 상당한 주의를 하였더라면 동일한 전자문서가 반복되어 송신된 것임을 알 수 있었을 경우에는 그러하지 아니하다. 제9조(수신 확인) ① 작성자가 수신 확인을 조건으로 전자문서를 송신한 경우 작성자가 수신 확인 통지를 받기 전까지는 그 전자문서는 송신되지 아니한 것으로 본다. 이 경우 「민법」 제534조는 적용하지 아니한다. ② 작성자가 수신 확인을 조건으로 명시하지 아니하고 수신 확인 통지를 요구한 경우에 상당한 기간(작성자가 지정한 기간 또는 작성자와 수신자 간에 약정한 기간이 있는 경우에는 그 기간을 말한다) 내에 작성자가 수신 확인 통지를 받지 못하였을 때에는 작성자는 그 전자문서의 송신을 철회할 수 있다. [전문개정 2012. 6. 1.]	기관으로 한다. 1. 「초·중등교육법」·「고등교육법」 또는 그 밖에 다른 법률에 따라 설치된 각급 학교 2. 국가 또는 지방자치단체가 납입자본금을 출자한 법인으로서 「공공기관의 운영에 관한 법률」에 따른 공공기관을 제외한 출자기관 3. 국가 또는 지방자치단체가 출연한 기관 4. 공공 목적을 위하여 특별법에 따라 설립된 특별법인 5. 제1호부터 제4호까지에 해당하는 기관의 지분과 「공공기관의 운영에 관한 법률」에 따른 공공기관의 지분의 합계가 50퍼센트 이상인 기관 [전문개정 2012. 8. 31.] 제14조(전자문서 및 전자거래 통계 등 실태조사의 실시·공표 등) ① 과학기술정보통신부장관은 법 제28조에 따른 전자문서 및 전자거래 통계 등 실태를 조사·분석하고 그 결과를 공표하여야 한다. 〈개정 2013. 3. 23., 2017. 7. 26.〉 ② 제1항에 따른 전자문서 및 전자거래 통계 등의 실태조사에 필요한 조사사항·조사방법 및 조사주기와 그 밖에 필요한 사항은 과학기술정보통신부령으로 정한다. 〈개정 2013. 3. 23., 2017. 7. 26.〉 [전문개정 2012. 8. 31.] 제15조(전자상거래지원센터의 지정 등) ① 법 제30조제2항에 따른 전자상거래지원센터(이하 "지원센터"라 한다)의 지정기준은 다음 각 호와 같다. 1. 사업 목표가 명확하고, 추진계획이 현실성이 있을 것 2. 재원조달계획이 합리적일 것 3. 전자거래와 관련한 교육훈련·기술지도·경영자문·정보제공 등의 업무수행에 필요한 전문인력·시설 및 장비를 보유할 것 ② 지원센터로 지정받으려는 자는 지정신청서에 과학기술정보통신부령으로 정하는 서류를 첨부하여 과학기술정보통신부장관에게 제출하여야 한다. 지정사항을 변경하려는 경우에도 또한 같다. 〈개정 2013. 3. 23., 2017. 7. 26.〉 ③ 과학기술정보통신부장관은 제2항에 따른 지정신청을 받았을 때에는 제1항의 지정기준에 적합한 자를 지원센터	[전문개정 2012. 8. 31.] 제8조(전자상거래지원센터 지정증) 영 제15조제3항에 따른 전자상거래지원센터 지정증은 별지 제3호서식과 같다. [전문개정 2012. 8. 31.] 제9조(공인전자문서센터 지정의 신청서식 등) ① 영 제15조의3제1항에 따른 공인전자문서센터 지정신청서는 별지 제4호서식과 같다. ② 영 제15조의3제3항에 따른 공인전자문서센터 지정서는 별지 제5호서식과 같다. [전문개정 2012. 8. 31.] 제10조(공인전자문서센터 지정취소 등의 고시) 영 제15조의6에 따른 업무정지 또는 지정취소의 고시는 다음 각 호의 사항을 관보에 게재하는 방법으로 한다. 〈개정 2013. 3. 24., 2017. 7. 26.〉 1. 처분을 받은 공인전자문서센터의 명칭 및 주된 사무소의 소재지 2. 처분의 종류 3. 처분일자 4. 업무정지기간(업무정지의 경우만 해당한다) 5. 그 밖에 과학기술정보통신부장관이 필요하다고 인정하는 사항 [전문개정 2012. 8. 31.] 제11조(지정취소 및 업무정지의 기준) 법 제31조의5제1항에 따른 지정취소 및 업무정지의 기준은 별표 2와 같다. 〈개정 2007. 11. 16.〉 [본조신설 2005. 11. 14.] 제12조(과징금의 징수절차) 영 제15조의8제1항에 따른 과징금의 징수절차에 관해서는 「국고금 관리법 시행규칙」을 준용한다. 이 경우 납입고지서에는 이의신청방법 및 이의신청기간을 함께 적어야 한다. [전문개정 2012. 8. 31.] 제13조(전자문서보관등업무준칙의 신고 등) ① 법 제31조의8제1항에 따라 전자문서보관등업무준칙(이하 이 조에서 "업무준칙"이라 한다)을 신고하려는 자는 별지 제6호서식의 전자문서보관등업무준칙 신고서를 과학기술정보통신부장관에게 제출하여야 한다. 〈개정 2013. 3. 24., 2017. 7. 26.〉 ② 법 제31조의8제1항제4호에 따른 "

전자문서 및 전자거래 기본법

제10조(작성자와 수신자 간의 약정에 의한 변경) 작성자와 수신자는 다른 법령에 특별한 규정이 있는 경우를 제외하고는 제6조부터 제9조까지의 규정과 다른 약정을 할 수 있다.
[전문개정 2012. 6. 1.]

제11조(전자서명에 관한 사항) 전자거래 중에서 전자서명에 관한 사항은 「전자서명법」에서 정하는 바에 따른다.
[전문개정 2012. 6. 1.]

제3장 전자거래의 안전성 확보 및 소비자 보호 〈개정 2012. 6. 1.〉

제12조(개인정보 보호) ① 정부는 전자거래의 안전성과 신뢰성을 확보하기 위하여 전자거래이용자의 개인정보를 보호하기 위한 시책을 수립·시행하여야 한다.
② 전자거래사업자는 전자거래이용자의 개인정보를 수집·이용 또는 제공하거나 관리할 때 「정보통신망 이용촉진 및 정보보호 등에 관한 법률」 등 관계 규정을 준수하여야 한다.
[전문개정 2012. 6. 1.]

제13조(영업비밀 보호) ① 정부는 전자거래의 안전성과 신뢰성을 확보하기 위하여 전자거래이용자의 영업비밀을 보호하기 위한 시책을 수립·시행하여야 한다.
② 전자거래사업자(정보처리시스템의 운영을 위탁받은 자를 포함한다. 이하 이 조에서 같다)는 전자거래이용자의 영업비밀을 보호하기 위한 조치를 마련하여야 한다.
③ 전자거래사업자는 전자거래이용자의 동의를 받지 아니하고는 해당 이용자의 영업비밀을 타인에게 제공하거나 누설하여서는 아니 된다.
④ 제1항부터 제3항까지의 규정에 따른 영업비밀의 범위, 보호조치 등에 관하여 필요한 사항은 대통령령으로 정한다.
[전문개정 2012. 6. 1.]

제14조(암호제품의 사용) ① 전자거래사업자는 전자거래의 안전성과 신뢰성을 확보하기 위하여 암호제품을 사용할 수 있다.
② 정부는 국가안전보장을 위하여 필요하다고 인정하면 암호제품의 사용을 제한하고, 암호화된 정보의 원문 또는 암호기술에의 접근에 필요한 조치를 할 수 있다.
[전문개정 2012. 6. 1.]

전자문서 및 전자거래 기본법 시행령

로 지정하고, 신청인에게 과학기술정보통신부령으로 정하는 전자상거래지원센터 지정증을 발급하여야 한다. 〈개정 2013. 3. 23., 2017. 7. 26.〉
④ 과학기술정보통신부장관은 지원센터의 운영에 드는 경비의 전부 또는 일부를 예산의 범위에서 지원할 수 있다. 〈개정 2013. 3. 23., 2017. 7. 26.〉
⑤ 제4항에 따라 사업경비를 지원받은 지원센터는 사업이 끝난 날부터 2개월 이내에 해당 연도의 사업추진실적·예산집행실적 및 다음 연도의 사업계획을 과학기술정보통신부장관에게 제출하여야 한다. 〈개정 2013. 3. 23., 2017. 7. 26.〉
[전문개정 2012. 8. 31.]

제15조의2(공인전자문서센터로 지정받을 수 있는 국가기관 등) 법 제31조의2제2항에서 "대통령령으로 정하는 국가기관등"이란 「우정사업 운영에 관한 특례법」 제2조제2호에 따른 우정사업조직[전자문서가 「우편법」 제1조의2제2호에 따른 서신(書信) 등 의사전달물인 경우만 해당한다]을 말한다.
[본조신설 2012. 8. 31.]
[종전 제15조의2는 제15조의3으로 이동 〈2012. 8. 31.〉]

제15조의3(공인전자문서센터 지정절차) ① 법 제31조의2제3항에 따라 공인전자문서센터로 지정받으려는 자는 공인전자문서센터 지정신청서(전자문서로 된 신청서를 포함한다)에 다음 각 호의 서류(전자문서를 포함한다)를 첨부하여 과학기술정보통신부장관에게 제출하여야 한다. 〈개정 2013. 3. 23., 2016. 12. 27., 2017. 7. 26.〉
1. 법인의 임원과 제15조의5제1항에 따른 직원의 「가족관계의 등록 등에 관한 법률」 제15조제2항제2호에 따른 기본증명서
2. 정관
3. 제15조의4에 따른 지정기준을 갖추었음을 증명할 수 있는 서류
4. 사업계획서(제15조의4제1항제3호에 따른 시설 및 장비의 관리·운영에 관한 계획서를 포함한다)

② 제1항에 따른 지정신청서를 받은 과학기술정보통신부장관은 「전자정부법」 제36조제1항에 따른 행정정보의 공동이용을 통하여 법인 등기사항증명서를 확인하여야 한다. 〈개정 2013. 3. 23., 2017. 7. 26.〉

전자문서 및 전자거래 기본법 시행규칙

과학기술정보통신부령으로 정하는 사항"이란 다음 각 호의 사항을 말한다. 〈개정 2013. 3. 24., 2017. 7. 26.〉
1. 공인전자문서센터 이용약관
2. 법 제31조의16에 따른 손해배상의 절차
3. 그 밖에 과학기술정보통신부장관이 정하여 고시하는 사항

③ 법 제31조의8제2항에 따라 업무준칙의 변경신고를 하려는 자는 변경되는 업무준칙에 따른 전자문서보관등의 업무를 수행하기 전까지 별지 제7호서식의 전자문서보관등업무준칙 변경신고서를 과학기술정보통신부장관에게 제출하여야 한다. 〈개정 2013. 3. 24., 2017. 7. 26.〉
[전문개정 2012. 8. 31.]

제13조의2(시설 또는 장비의 변경신고) 공인전자문서센터는 법 제31조의8제4항에 따라 전자문서보관등에 사용되는 시설 또는 장비의 변경 사유가 발생한 날부터 15일 이내에 별지 제8호서식의 공인전자문서센터 시설 또는 장비 변경신고서(전자문서로 된 신고서를 포함한다)를 전담기관에 제출하여야 한다. 〈개정 2013. 3. 24., 2016. 12. 27.〉
1. 삭제 〈2016. 12. 27.〉
2. 삭제 〈2016. 12. 27.〉

[전문개정 2012. 8. 31.]

제13조의3(점검시기 등) ① 과학기술정보통신부장관은 법 제31조의10에 따라 공인전자문서센터가 보유한 시설 또는 장비 등이 영 제15조의4제1항 각 호의 기준에 적합한지를 전담기관으로 하여금 다음 각 호의 구분에 따른 시기에 점검하게 할 수 있다. 다만, 제2호의 변경신고에 따른 수시점검을 하는 경우에는 영 제15조의4제1항제3호에 적합한지를 점검하게 하여야 한다. 〈개정 2013. 3. 24., 2014. 12. 30., 2016. 12. 27., 2017. 7. 26.〉
1. 법 제31조의10제1항에 따른 정기점검: 매년 1회
2. 법 제31조의10제2항에 따른 수시점검: 변경신고일 또는 승계신고일 이후부터 45일 이내

② 전담기관은 제1항에 따라 점검하는 경우 점검일 15일 전에 해당 공인전자문서센터에 그 사실을 알려야 하고, 점검한 후 그 점검 결과를 과학기술정보통신부장관에게 보고하여야

전자문서 및 전자거래 기본법	전자문서 및 전자거래 기본법 시행령	전자문서 및 전자거래 기본법 시행규칙
제15조(소비자보호시책의 수립·시행 등) ① 정부는 「소비자기본법」·「전자상거래 등에서의 소비자보호에 관한 법률」 등 관계 법령에 따라 전자거래와 관련되는 소비자의 기본권익을 보호하고 전자거래에 관한 소비자의 신뢰성을 확보하기 위한 시책을 수립·시행하여야 한다. ② 정부는 전자거래와 관련된 부당행위가 발생하지 아니하도록 전자거래사업자 및 사업자단체가 자율적으로 행동규범을 제정할 것을 권장할 수 있다. [전문개정 2012. 6. 1.] 제16조(소비자 피해의 예방과 구제) ① 정부는 전자거래와 관련되는 소비자 피해의 발생을 예방하기 위하여 소비자에 대한 정보의 제공, 교육의 확대 등에 관한 시책을 수립·시행하여야 한다. ② 정부는 전자거래와 관련되는 소비자의 불만과 피해를 신속하고 공정하게 처리할 수 있도록 필요한 조치를 수립·시행하여야 한다. [전문개정 2012. 6. 1.] 제17조(전자거래사업자의 일반적 준수사항) 전자거래사업자는 전자거래와 관련되는 소비자를 보호하고 전자거래의 안전성과 신뢰성을 확보하기 위하여 다음 각 호의 사항을 준수하여야 한다. 1. 상호(법인인 경우에는 대표자의 성명을 포함한다)와 그 밖에 자신에 관한 정보와 재화, 용역, 계약 조건 등에 관한 정확한 정보의 제공 2. 소비자가 쉽게 접근·인지할 수 있도록 약관의 제공 및 보존 3. 소비자가 자신의 주문을 취소 또는 변경할 수 있는 절차의 마련 4. 청약의 철회, 계약의 해제 또는 해지, 교환, 반품 및 대금환급 등을 쉽게 할 수 있는 절차의 마련 5. 소비자의 불만과 요구사항을 신속하고 공정하게 처리하기 위한 절차의 마련 6. 거래의 증명 등에 필요한 거래기록의 일정기간 보존 [전문개정 2012. 6. 1.] 제18조 삭제 〈2017. 10. 24.〉 제18조의2 삭제 〈2017. 10. 24.〉 제18조의3 삭제 〈2017. 10. 24.〉 제18조의4(공인전자주소의 등록) ①	③ 과학기술정보통신부장관은 제1항에 따른 지정신청을 받은 경우 그 지정신청이 제15조의4제1항에 따른 지정기준에 적합하다고 인정할 때에는 신청인을 공인전자문서센터의 사업자로 지정하고 공인전자문서센터 지정서를 발급하여야 한다. 〈개정 2013. 3. 23., 2017. 7. 26.〉 ④ 과학기술정보통신부장관은 제3항에 따른 지정을 위하여 필요한 경우에는 신청인에게 자료의 제출을 요구하거나 신청인 및 관계 전문가의 의견을 들을 수 있다. 〈개정 2013. 3. 23., 2017. 7. 26.〉 ⑤ 과학기술정보통신부장관은 공인전자문서센터를 지정하였을 때에는 이를 고시하여야 한다. 〈개정 2013. 3. 23., 2017. 7. 26.〉 [전문개정 2012. 8. 31.] [제15조의2에서 이동, 종전 제15조의3은 제15조의4로 이동 〈2012. 8. 31.〉] 제15조의4(공인전자문서센터의 지정기준) ① 법 제31조의2제4항에 따른 공인전자문서센터의 지정기준은 다음 각 호와 같다. 〈개정 2013. 3. 23., 2016. 12. 27., 2017. 7. 26.〉 1. 인력·기술능력: 전자문서의 보관·증명 또는 그 밖에 전자문서 관련 업무(이하 "전자문서보관등"이라 한다)를 하는 데 필요한 시설 및 장비를 운용하는 사람으로서 다음 각 목의 요건을 모두 갖춘 인력 6명 이상을 확보할 것 가. 정보통신기사·정보처리기사 및 전자계산기조직응용기사 이상의 국가기술자격 또는 이와 같은 수준의 자격이 있다고 과학기술정보통신부장관이 정하여 고시하는 자격을 갖출 것 나. 가목에서 정하는 자격별로 과학기술정보통신부장관이 정하여 고시하는 분야에서 2년 이상 종사한 경력이 있을 것 2. 재정능력: 자본금 40억원 이상(비영리법인인 경우에는 기본재산 또는 자본총계 10억원 이상으로 하고, 「우정사업 운영에 관한 특례법」 제2조제2호에 따른 우정사업조직인 경우에는 전자문서보관등의 사업과 관련된 국유재산 40억원 이상으로 한다)일 것 3. 시설 및 장비: 다음 각 목의 시설	한다. 〈개정 2013. 3. 24., 2017. 7. 26.〉 [전문개정 2012. 8. 31.] 제14조 삭제 〈2012. 8. 31.〉 제15조(영업 양도·합병의 통지 등) ① 법 제31조의14제1항 후단에 따라 양도 또는 합병 사실을 이용자에게 통지할 때에는 문서 또는 전자우편의 방법으로 한다. 다만, 천재지변이나 그 밖의 부득이한 사유로 통지를 할 수 없는 경우에는 둘 이상의 일간지에 공고함으로써 통지를 갈음할 수 있다. ② 법 제31조의14제3항에 따라 공인전자문서센터의 지위를 승계한 자는 별지 제9호서식의 공인전자문서센터 승계신고서(전자문서로 된 신고서를 포함한다)에 다음 각 호의 구분에 따른 서류(전자문서를 포함한다)를 첨부하여 과학기술정보통신부장관에게 제출하여야 한다. 〈개정 2013. 3. 24., 2017. 7. 26.〉 1. 영업 양수의 경우: 다음 각 목의 서류 가. 양수계약서 사본 1부 나. 양수한 법인의 정관 1부 다. 양수한 법인의 양수 후 사업계획서 1부 2. 합병의 경우: 다음 각 목의 서류 가. 합병계약서 사본 1부 나. 영 제15조의3제1항제2호부터 제4호까지의 서류 각 1부 ③ 제2항에 따른 신고를 받은 과학기술정보통신부장관은 「전자정부법」 제36조제1항에 따른 행정정보의 공동이용을 통하여 다음 각 호의 서류를 확인하여야 한다. 다만, 신고인이 제2호의 서류 확인에 동의하지 아니하는 경우에는 그 서류를 각각 첨부하도록 하여야 한다. 〈개정 2013. 3. 24., 2017. 7. 26.〉 1. 법인 등기사항증명서 2. 법인의 임원과 영 제15조의5제1항에 따른 직원의 가족관계기록사항에 관한 증명서(합병의 경우만 해당한다) ④ 과학기술정보통신부장관은 제2항에 따른 지위승계의 신고를 받았을 때에는 그 사실을 관보 또는 인터넷 홈페이지 등을 통하여 공고하여야 한다. 〈개정 2013. 3. 24., 2017. 7. 26.〉 [전문개정 2012. 8. 31.]

전자문서 및 전자거래 기본법

공인전자주소를 이용하여 전자문서를 송신하거나 수신하려는 자는 제22조제1항에 따른 전담기관에 공인전자주소를 등록하여야 한다.
② 제22조제1항에 따른 전담기관은 제1항에 따라 등록의 신청을 받은 경우에는 신청된 공인전자주소가 국제표준방식 등에 맞는지를 확인하고, 그 내용을 정보처리시스템에 입력하고 보관하여야 한다.
③ 제22조제1항에 따른 전담기관은 제1항에 따라 등록을 신청한 자로부터 수수료를 받을 수 있다.
④ 제1항부터 제3항까지의 규정에 따른 공인전자주소의 등록, 보관 및 수수료에 관하여 필요한 사항은 과학기술정보통신부령으로 정한다. 〈개정 2013. 3. 23., 2017. 7. 26.〉
[본조신설 2012. 6. 1.]

제18조의5(유통증명서의 생성 및 발급 등) ① 제22조제1항에 따른 전담기관은 공인전자주소를 통하여 전자문서가 송신 또는 수신되거나 열람된 경우 다음 각 호의 사항이 포함된 정보(이하 "유통정보"라 한다)를 생성·보관한다.
1. 전자문서의 송신 및 수신 일시
2. 전자문서의 송신자 및 수신자
3. 그 밖에 전자문서의 송신 및 수신에 관한 사항으로서 대통령령으로 정하는 사항

② 작성자 및 송신자는 유통정보를 보관하고 있는 제22조제1항에 따른 전담기관으로부터 유통증명서를 발급받을 수 있다.
③ 제22조제1항에 따른 전담기관이 유통증명서를 대통령령으로 정하는 방법과 절차에 따라 발급한 경우에 그 유통증명서는 진정한 것으로 추정한다.
④ 제1항과 제2항에 따른 유통증명서의 생성·보관 및 발급에 필요한 사항은 대통령령으로 정한다.
[본조신설 2012. 6. 1.]

제18조의6(자동프로그램 등을 이용한 공인전자주소의 수집 등 금지) ① 누구든지 자동으로 공인전자주소를 수집하는 프로그램이나 기술적 장치를 이용하여 공인전자주소를 수집하여서는 아니 된다.
② 누구든지 제1항을 위반하여 수집된 공인전자주소를 판매하거나 제공하여서는 아니 된다.
[본조신설 2012. 6. 1.]

전자문서 및 전자거래 기본법 시행령

및 장비를 갖출 것
가. 전자문서 송신·수신 및 보관 설비
나. 공인전자문서센터에 보관된 전자문서의 날짜·시각 및 운용기록을 기록·관리하는 설비
다. 전자문서보관등에 관한 시설·장비 및 정보를 안전하게 운용하기 위한 보호설비
라. 전자문서의 증명서 발급을 위한 설비
마. 공인전자문서센터의 시스템 관리 및 복제·저장 설비

② 제1항제3호에 따른 시설 및 장비에 관한 구체적 사항은 과학기술정보통신부장관이 정하여 고시한다. 〈개정 2013. 3. 23., 2017. 7. 26.〉
[전문개정 2012. 8. 31.]

[제15조의3에서 이동, 종전 제15조의4는 제15조의5로 이동 〈2012. 8. 31.〉]

제15조의5(공인전자문서센터의 결격사유) ① 법 제31조의3제1호 각 목 외의 부분에서 "대통령령으로 정하는 직원"이란 제15조의4제1항제3호 각 목의 시설 및 장비를 직접 관리·운용하는 인력을 말한다.
② 법 제31조의3제1호바목에서 "대통령령으로 정하는 사람"이란 지정취소의 원인이 되는 사유가 발생한 당시 다음 각 호의 어느 하나에 해당하는 임직원을 말한다.
1. 대표이사
2. 감사 또는 감사위원회의 위원
3. 지정취소의 원인이 되는 행위로 벌금 이상의 형을 선고받은 임직원

[전문개정 2012. 8. 31.]

[제15조의4에서 이동, 종전 제15조의5는 제15조의6으로 이동 〈2012. 8. 31.〉]

제15조의6(공인전자문서센터의 업무정지 및 지정취소의 고시) 과학기술정보통신부장관은 법 제31조의5제1항에 따라 공인전자문서센터의 업무의 전부 또는 일부를 정지하거나 그 지정을 취소하였을 때에는 과학기술정보통신부령으로 정하는 바에 따라 이를 고시하여야 한다. 〈개정 2013. 3. 23., 2017. 7. 26.〉
[전문개정 2012. 8. 31.]

[제15조의5에서 이동, 종전 제15조의

전자문서 및 전자거래 기본법 시행규칙

제16조(영업 폐지의 통지 등) ① 법 제31조의15제1항에 따른 영업 폐지 사실의 통지에 관하여는 제15조제1항을 준용한다. 이 경우 "양도 또는 합병"은 "영업 폐지"로 본다.
② 공인전자문서센터가 법 제31조의15제1항에 따라 영업 폐지를 신고할 때에는 별지 제10호서식의 공인전자문서센터 영업폐지신고서(전자문서로 된 신고서를 포함한다)에 다음 각 호의 서류(전자문서를 포함한다)를 첨부하여 과학기술정보통신부장관에게 제출하여야 한다. 〈개정 2013. 3. 24., 2017. 7. 26.〉
1. 법 제31조의15제1항에 따른 영업 폐지의 통지 사실을 확인할 수 있는 서류 1부
2. 법 제31조의15제2항 본문에 따른 보관문서등의 인계·인수계약서 사본 1부(법 제31조의15제2항 단서에 따라 인계할 수 없는 경우는 제외한다)
3. 공인전자문서센터 지정서 원본 1부

③ 법 제31조의15제2항 단서에 따라 인계를 할 수 없음을 신고하려는 자는 별지 제11호서식의 공인전자문서센터 업무인계불가신고서(전자문서로 된 신고서를 포함한다)에 다음 각 호의 서류(전자문서를 포함한다)를 첨부하여 과학기술정보통신부장관에게 제출하여야 한다. 〈개정 2013. 3. 24., 2017. 7. 26.〉
1. 인계 불가 사유서 1부
2. 인계할 보관문서등의 목록 1부

[전문개정 2012. 8. 31.]

제16조의2(공인전자문서중계자 지정신청서 등) ① 영 제15조의15제1항에 따른 공인전자문서중계자 지정신청서는 별지 제12호서식과 같다.
② 영 제15조의15제3항에 따른 공인전자문서중계자 지정서는 별지 제13호서식과 같다.
[본조신설 2012. 8. 31.]

제16조의3(시설 또는 장비의 변경신고) 공인전자문서중계자는 법 제31조의20에 따라 전자문서유통에 사용되는 시설 또는 장비의 변경 사유가 발생한 날부터 15일 이내에 별지 제14호서식의 공인전자문서중계자 시설 또는 장비 변경신고서(전자문서로 된 신고서를 포함한다)를 전담기관에 제출하여야 한다. 〈개정 2013. 3. 24., 2016. 12. 27.〉

전자문서 및 전자거래 기본법	전자문서 및 전자거래 기본법 시행령	전자문서 및 전자거래 기본법 시행규칙
제18조의7(광고 송신의 금지) 누구든지 수신자의 공인전자주소에 영리 또는 홍보를 목적으로 광고를 송신할 수 없다. [본조신설 2012. 6. 1.] 제4장 전자문서·전자거래기본정책의 수립 및 추진체계 〈개정 2012. 6. 1.〉 제19조(전자문서·전자거래기본정책의 원칙과 정부의 책무) 정부는 전자문서 이용 및 전자거래를 촉진하기 위하여 다음 각 호의 원칙에 따라 전자문서 및 전자거래에 관한 기본정책을 수립·시행하여야 한다. 1. 민간 주도에 의한 추진 2. 규제의 최소화 3. 전자문서 및 전자거래의 안전성과 신뢰성 확보 4. 국제협력의 강화 [전문개정 2012. 6. 1.] 제20조(전자문서·전자거래촉진계획의 수립·시행) ① 정부는 제19조에 따른 전자문서·전자거래기본정책의 원칙에 따라 다음 각 호의 사항이 포함된 계획(이하 "전자문서·전자거래촉진계획"이라 한다)을 수립·시행하여야 한다. 1. 전자문서·전자거래촉진계획의 기본 방향 2. 전자문서 및 전자거래와 관련된 국제규범에 관한 사항 3. 전자결제제도에 관한 사항 4. 지식재산권의 보호에 관한 사항 5. 전자문서 및 전자거래 당사자의 권익 보호에 관한 사항 6. 전자문서 및 전자거래의 안전성과 신뢰성 확보에 관한 사항 7. 전자문서 및 전자거래에 관한 기술의 개발 및 표준화에 관한 사항 8. 전자문서 이용 및 전자거래의 촉진에 필요한 환경조성 및 수요창출에 관한 사항 9. 전자문서 및 전자거래와 관련된 국제협력에 관한 사항 10. 전자문서 이용 및 전자거래의 촉진에 필요한 기반조성의 지원에 관한 사항 11. 초고속정보통신망의 구축 및 이용활성화에 관한 사항 12. 그 밖에 전자문서 이용 및 전자거래를 촉진하기 위하여 필요한 사항 ② 전자문서·전자거래촉진계획과 관련된 중앙행정기관(이하 "관계중앙행정기관"이라 한다)의 장은 제1항 각	6은 제15조의7로 이동 〈2012. 8. 31.〉] 제15조의7(과징금의 부과기준) 법 제31조의5제3항에 따른 과징금의 부과기준은 별표 3과 같다. [전문개정 2012. 8. 31.] [제15조의6에서 이동, 종전 제15조의7은 제15조의8로 이동 〈2012. 8. 31.〉] 제15조의8(과징금의 부과 및 납부) ① 과학기술정보통신부장관이 법 제31조의5제2항에 따라 과징금을 부과하려는 경우에는 그 위반행위의 종류와 해당 과징금의 금액을 분명히 밝혀 이를 낼 것을 서면으로 통지하여야 한다. 〈개정 2013. 3. 23., 2017. 7. 26.〉 ② 제1항에 따라 통지를 받은 자는 통지를 받은 날부터 20일 이내에 과징금을 과학기술정보통신부장관이 정하는 수납기관에 내야 한다. 다만, 천재지변이나 그 밖의 부득이한 사유로 그 기간에 과징금을 낼 수 없을 때에는 그 사유가 없어진 날부터 7일 이내에 내야 한다. 〈개정 2013. 3. 23., 2017. 7. 26.〉 ③ 제2항에 따라 과징금을 받은 수납기관은 영수증을 납부자에게 발급하여야 한다. ④ 과징금 수납기관은 제2항에 따라 과징금을 받았을 때에는 지체 없이 그 사실을 과학기술정보통신부장관에게 통보하여야 한다. 〈개정 2013. 3. 23., 2017. 7. 26.〉 [전문개정 2012. 8. 31.] [제15조의7에서 이동, 종전 제15조의8은 제15조의9로 이동 〈2012. 8. 31.〉] 제15조의9(증명서 발급의 방법 및 절차) ① 공인전자문서센터는 법 제31조의7제2항에 따른 증명서를 다음 각 호의 구분에 따른 방법으로 발급할 수 있다. 〈개정 2018. 7. 10.〉 1. 전자문서로 발급하는 방법: 「전자서명법」 제2조제3호에 따른 해당 공인전자문서센터의 공인전자서명을 할 것 2. 종이문서로 발급하는 방법: 다음 각 목의 구분에 따른 방법 가. 신청인이 공인전자문서센터를 방문하여 수령할 수 있도록 발급하	1. 삭제 〈2016. 12. 27.〉 2. 삭제 〈2016. 12. 27.〉 [본조신설 2012. 8. 31.] 제16조의4(시설·장비의 점검 시기 등) ① 과학기술정보통신부장관은 법 제31조의21에 따라 공인전자문서중계자가 보유한 시설 또는 장비 등이 영 제15조의14제2항 각 호의 기준에 적합한지를 전담기관으로 하여금 각 호의 구분에 따른 시기에 점검하게 할 수 있다. 다만, 제2호의 수시점검을 하는 경우에는 영 제15조의14제2항제2호의 기준에 적합한지를 점검하게 하여야 한다. 〈개정 2013. 3. 24., 2014. 12. 30., 2016. 12. 27., 2017. 7. 26.〉 1. 법 제31조의21제1항에 따른 정기점검: 매년 1회 2. 법 제31조의21제2항에 따른 수시점검: 변경신고일 이후부터 45일 이내 ② 전담기관의 점검사실의 사전 통보 및 결과 보고에 관하여는 제13조의3제2항을 준용한다. 이 경우 "공인전자문서센터"를 "공인전자문서중계자"로 본다. [본조신설 2012. 8. 31.] 제17조(규제의 재검토) ① 과학기술정보통신부장관은 제11조에 따른 공인전자문서센터의 지정취소 및 업무정지 기준에 대하여 2014년 1월 1일을 기준으로 3년마다(매 3년이 되는 해의 1월 1일 전까지를 말한다) 그 타당성을 검토하여 개선 등의 조치를 하여야 한다. 〈개정 2014. 12. 30., 2017. 7. 26.〉 ② 과학기술정보통신부장관은 제16조의3에 따른 공인문서중계자의 시설 또는 장비 변경신고에 대하여 2015년 1월 1일을 기준으로 2년마다(매 2년이 되는 해의 1월 1일 전까지를 말한다) 그 타당성을 검토하여 개선 등의 조치를 하여야 한다. 〈신설 2014. 12. 30., 2017. 7. 26.〉 [전문개정 2013. 12. 31.] 폘침 부 칙 〈산업자원부령 제173호, 2002. 7. 13.〉 부칙보기 ① (시행일) 이 규칙은 공포한 날부터 시행한다. ② (다른 법령의 개정) 산업기술기반조성에관한법률시행규칙중 다음과 같이 개정한다.

전자문서 및 전자거래 기본법

호의 사항에 관한 소관별 부문계획을 수립하고 주요 정책을 수립·집행할 때 이를 고려하여야 한다.
③ 전자문서·전자거래촉진계획은 과학기술정보통신부장관이 관계중앙행정기관별 부문계획을 종합하여 수립한다. 〈개정 2013. 3. 23., 2017. 7. 26.〉
[전문개정 2012. 6. 1.]
제21조 삭제 〈2009. 3. 18.〉

제22조(전자문서·전자거래 진흥 전담기관) ① 과학기술정보통신부장관은 전자문서 이용 및 전자거래의 촉진을 위한 다음 각 호의 사업을 효율적·체계적으로 추진하기 위하여 전담기관을 지정할 수 있다. 〈개정 2015. 6. 22., 2017. 7. 26.〉
1. 삭제 〈2017. 10. 24.〉
2. 제24조에 따른 전자문서 및 전자거래와 관련된 표준의 연구개발·보급사업 및 국제표준화 활동
3. 제25조에 따른 기술개발의 지원
4. 제28조에 따른 전자문서 및 전자거래 통계의 실태조사의 지원
5. 제31조의2에 따른 공인전자문서센터의 지정업무의 지원
6. 제31조의8에 따른 전자문서보관등 업무준칙의 신고업무에 대한 지원
7. 제31조의9제3항에 따른 공인전자문서센터의 전자문서 보호를 위한 조치에 대한 기술 등의 지원
8. 제31조의15제3항에 따른 보관문서 등의 인수
9. 제31조의18에 따른 공인전자문서 중계자 지정업무의 지원
10. 제32조에 따른 전자문서·전자거래분쟁조정위원회의 운영
② 삭제 〈2017. 10. 24.〉
③ 정부는 예산 또는 「정보통신산업 진흥법」 제41조에 따른 정보통신진흥기금의 범위에서 전담기관이 전자거래의 촉진과 전자문서의 이용활성화를 위한 사업에 필요한 경비의 전부 또는 일부를 출연할 수 있다.
[전문개정 2012. 6. 1.]

제5장 전자문서 이용 및 전자거래의 촉진과 그 기반 조성 〈개정 2012. 6. 1.〉
제23조(전자문서 이용의 촉진 등) ① 정부는 전자문서의 이용을 촉진하기 위하여 각종 법령의 정비 등 필요한 시책을 수립·시행하여야 한다.
② 과학기술정보통신부장관은 전자문서의 이용을 촉진하기 위하여 전자문

전자문서 및 전자거래 기본법 시행령

는 경우: 공인전자문서센터의 명칭을 기재하고 직인을 날인할 것
나. 신청인이 온라인을 통하여 직접 출력할 수 있도록 발급하는 경우: 공인전자문서센터의 명칭 및 직인의 인영(印影)이 인쇄되도록 할 것
② 공인전자문서센터는 제1항에 따라 증명서를 발급하는 경우 위조·변조 방지조치 및 진위 여부를 확인할 수 있는 조치를 하여야 하며, 첨부하는 전자문서의 내용이 여러 장인 경우에는 연속성을 확인할 수 있는 조치를 하여야 한다. 〈개정 2018. 7. 10.〉
③ 제1항에 따라 증명서를 발급하는 경우 신청인의 신원과 신청인이 정당한 발급신청 자격이 있는지를 확인하여야 한다. 〈개정 2018. 7. 10.〉
④ 제1항에 따라 발급하는 증명서에는 다음 각 호의 사항이 포함되어야 한다. 〈개정 2018. 7. 10.〉
1. 발급신청인의 성명(법인인 경우에는 상호를 말한다)
2. 발급신청인의 생년월일(법인인 경우에는 법인등록번호를 말한다)
3. 증명서의 일련번호
4. 증명서의 발급신청일 및 발급일시
5. 증명서의 유효기간
6. 증명서 사용 용도
7. 공인전자문서센터의 명칭 등 공인전자문서센터임을 확인할 수 있는 정보
⑤ 제3항에 따른 정당한 발급신청 자격이 있는 자는 다음 각 호의 어느 하나에 해당하는 자로 한다.
1. 전자문서 보관 의뢰인
2. 전자문서 보관 의뢰인으로부터 발급신청 권한을 위임받은 자
3. 보관된 전자문서에 적혀 있는 수신자
[전문개정 2012. 8. 31.]

[제15조의8에서 이동, 종전 제15조의9는 제15조의10으로 이동 〈2012. 8. 31.〉]

제15조의10(내용 훼손·변경의 방지 조치) 공인전자문서센터는 법 제31조의9제3항에 따라 전자문서의 내용이 훼손 또는 변경되지 아니하도록 다음 각 호의 필요한 조치를 하여야 한다.
1. 전자적 침해행위로부터의 보호조치
2. 외부인 출입통제 등 방호조치
3. 화재·수재 등 재해에 대비한 조치
4. 그 밖에 전자문서보관등에 관한

전자문서 및 전자거래 기본법 시행규칙

제6조를 삭제한다.
별지 제5호서식 및 별지 제6호서식을 각각 삭제한다.

부칙 부 칙 〈산업자원부령 제254호, 2005. 2. 2.〉 (전자적 민원처리를 위한 계량에관한법률시행규칙 등 일부개정령)
이 규칙은 공포한 날부터 시행한다.
부칙 부 칙 〈산업자원부령 제309호, 2005. 11. 14.〉
이 규칙은 공포한 날부터 시행한다.

부칙 부 칙 〈산업자원부령 제369호, 2006. 10. 4.〉 (행정정보의 공동이용 및 문서감축을 위한 고압가스 안전관리법 시행규칙 등 일부개정령)
이 규칙은 공포한 날부터 시행한다.

부칙 부 칙 〈산업자원부령 제423호, 2007. 9. 21.〉 (행정정보의 공동이용 및 문서감축을 위한 고압가스 안전관리법 시행규칙 등 일부개정령)
이 규칙은 공포한 날부터 시행한다.

부칙 부 칙 〈산업자원부령 제430호, 2007. 11. 16.〉

이 규칙은 2007년 11월 18일부터 시행한다.

펼침 부 칙 〈지식경제부령 제1호, 2008. 3. 3.〉 (지식경제부와 그 소속기관 직제 시행규칙) 부칙보기

제1조(시행일) 이 규칙은 공포한 날부터 시행한다.
제2조부터 제4조까지 생략
제5조(다른 법령의 개정) ①부터 ㊿까지 생략

〈51〉 전자거래기본법 시행규칙 일부를 다음과 같이 개정한다.

제1조의2제1항·제3항·제4항·제5항, 제3조, 제4조, 제6조제1항, 제7조제1항, 제10조제5호, 제13조제1항·제2항제3호·제3항, 제13조의2, 제13조의3제1항·제2항, 제15조제2항·제4항, 제16조제2항·제3항, 별표 1, 별지 제1호서식 앞쪽, 별지 제1호의2서식, 별지 제1호의3서식 앞쪽, 별지 제2호서식, 별지 제3호서식, 별지 제4호서식 앞쪽, 별지 제5호서식, 별지 제6호서식, 별지 제7호서식, 별

전자문서 및 전자거래 기본법	전자문서 및 전자거래 기본법 시행령	전자문서 및 전자거래 기본법 시행규칙
서의 작성·송신·수신·보관에 필요한 요건·방법·절차에 관한 표준지침을 정하여 고시할 수 있다. 〈개정 2013. 3. 23., 2017. 7. 26.〉 ③ 삭제 〈2017. 10. 24.〉 ④ 삭제 〈2017. 10. 24.〉 ⑤ 삭제 〈2017. 10. 24.〉 ⑥ 삭제 〈2017. 10. 24.〉 [전문개정 2012. 6. 1.] 제24조(전자문서 및 전자거래의 표준화) ① 정부는 전자문서 및 전자거래의 효율적 운용과 관련 기술의 호환성(互換性) 확보를 위하여 다음 각 호의 사업을 추진하여야 한다. 1. 전자문서 및 전자거래와 관련된 표준의 제정·개정 및 폐지와 그 보급 2. 전자문서 및 전자거래와 관련된 국내외 표준의 조사·연구·개발 3. 그 밖에 전자문서 및 전자거래와 관련된 표준화에 관하여 필요한 사업 ② 정부는 제1항 각 호의 사업을 효율적으로 추진하기 위하여 필요한 경우에는 관련 기관 및 민간단체로 하여금 이를 대행하게 할 수 있다. 이 경우 대통령령으로 정하는 바에 따라 대행에 드는 비용을 지원할 수 있다. 〈개정 2015. 6. 22.〉 [전문개정 2012. 6. 1.] 제25조(전자문서 및 전자거래 기술개발의 추진) 정부는 전자문서 이용 및 전자거래의 촉진에 필요한 기술의 개발과 기술수준의 향상을 위하여 다음 각 호의 사항을 추진하여야 한다. 1. 전자문서 및 전자거래에 관한 기술수준의 조사, 기술의 연구개발, 개발된 기술의 활용에 관한 사항 2. 전자문서 및 전자거래에 관한 기술협력·기술지도 및 기술이전에 관한 사항 3. 전자문서 및 전자거래에 관한 기술정보의 원활한 유통 및 산학연(産學硏) 협력에 관한 사항 4. 그 밖에 전자문서 및 전자거래에 관한 기술개발과 관련하여 필요한 사항 [전문개정 2012. 6. 1.] 제26조(전자문서 및 전자거래 전문인력의 양성) ① 정부는 전자문서 이용 및 전자거래를 촉진하기 위하여	시설의 안전성 확보를 위한 조치 [전문개정 2012. 8. 31.] [제15조의9에서 이동, 종전 제15조의10은 제15조의12로 이동 〈2012. 8. 31.〉] 제15조의11(인적·물적 측면에서의 독립성 기준) 법 제31조의9제5항에 따른 인적·물적 측면에서의 독립성 기준은 다음 각 호와 같다. 1. 공인전자문서센터의 임원과 공인전자문서센터를 이용하는 법인의 임원을 겸임하는 사람이 공인전자문서센터 임원의 4분의 1 이상을 넘지 아니할 것 2. 공인전자문서센터를 이용하는 법인이 공인전자문서센터의 시설·장비를 소유하거나 임차하지 아니할 것 [본조신설 2012. 8. 31.] [종전 제15조의11은 제15조의13으로 이동 〈2012. 8. 31.〉] 제15조의12(자료의 제출·보고 등) ① 과학기술정보통신부장관은 법 제31조의11제1항에 따라 공인전자문서센터에 대하여 관계 자료를 제출하게 하거나 보고를 요구하는 경우 다음 각 호의 사항을 정하여 통지하여야 한다. 〈개정 2013. 3. 23., 2017. 7. 26.〉 1. 제출기한 또는 보고기한 2. 제출대상 또는 보고대상의 명세 ② 제1항에 따른 자료제출 또는 보고의 범위는 다음 각 호와 같다. 1. 법 제31조의12에 따른 정보 보안의 준수 여부 2. 법 제31조의13에 따른 이용자 개인정보 보호의무의 준수 여부 3. 제15조의4에 따른 지정기준의 유지 여부 4. 제15조의10에 따른 내용 훼손·변경의 방지조치 준수 여부 5. 그 밖에 공인전자문서센터의 안전성 및 신뢰성을 확보하기 위하여 필요한 사항 [전문개정 2012. 8. 31.] [제15조의10에서 이동 〈2012. 8. 31.〉] 제15조의13(보험의 가입) ① 법 제31조의16제2항에 따라 공인전자문서센터는 그 지정을 받은 날부터 1개월 이내에 연간 보상한도액이 20억원 이	지 제8호서식, 별지 제9호서식 앞쪽, 별지 제10호서식, 별지 제11호서식 중 "산업자원부장관"을 각각 "지식경제부장관"으로 한다. 제13조제2항 중 "산업자원부령"을 "지식경제부령"으로 한다. 제14조 후단 중 ""정보통신서비스제공자등"은 "공인전자문서보관소"로, "정보통신부장관"은 "산업자원부장관"으로"를 ""정보통신서비스제공자등"은 "공인전자문서보관소"로"로 한다. 별지 제1호서식 뒤쪽, 별지 제4호서식 뒤쪽, 별지 제9호서식 뒤쪽 중 "산업자원부"를 각각 "지식경제부"로 한다. 별지 제1호의3서식 뒤쪽, 별지 제2호서식 뒤쪽 중 "산업자원부(전자상거래지원과)"를 "지식경제부(정보통신활용과)"로 한다. 〈52〉부터 〈64〉까지 생략 폘침 부 칙 〈지식경제부령 제62호, 2009. 2. 10.〉 부칙보기 제1조(시행일) 이 규칙은 공포한 날부터 시행한다. 제2조(행정처분의 기준에 관한 적용례) 별표 2의 개정규정은 이 규칙 시행 후 최초로 위반행위를 한 분부터 적용한다. 폘침 부 칙 〈지식경제부령 제92호, 2009. 8. 28.〉 (정보통신산업 진흥법 시행규칙) 부칙보기 제1조(시행일) 이 규칙은 공포한 날부터 시행한다. 제2조(다른 법령의 개정) ① 전자거래기본법 시행규칙 일부를 다음과 같이 개정한다. 제13조의3제1항 각 호 외의 본문 중 "법 제22조제1항에 따른 한국전자거래진흥원(이하 "진흥원"이라 한다)"을 "「정보통신산업 진흥법」 제26조에 따른 정보통신산업진흥원(이하 "산업진흥원"이라 한다)"으로 하고, 같은 조 제2항 중 "진흥원"을 "산업진흥원"으로 한다. ② 생략

전자문서 및 전자거래 기본법	전자문서 및 전자거래 기본법 시행령	전자문서 및 전자거래 기본법 시행규칙
필요한 전문인력을 양성하는 데 노력하여야 한다. ② 정부는 제1항에 따라 전문인력을 양성하기 위하여 「정부출연연구기관 등의 설립·운영 및 육성에 관한 법률」에 따른 정부출연연구기관 등 연구소, 「고등교육법」에 따른 학교, 민간교육기관, 그 밖의 관련 기관에 대하여 그 사업 수행에 필요한 경비의 전부 또는 일부를 지원할 수 있다. ③ 제2항에 따른 전문인력 양성기관에 대한 경비 지원 등에 필요한 사항은 대통령령으로 정한다. [전문개정 2012. 6. 1.] 제27조(공공부문의 전자거래 추진) 국가기관, 지방자치단체, 「공공기관의 운영에 관한 법률」 제4조에 따른 공공기관 및 공공단체 등(이하 "국가기관등"이라 한다)은 그 기관의 운영에 필요한 재화 또는 용역의 조달이나 기관의 사업을 전자거래로 수행하기 위한 계획을 수립하여 추진하여야 한다. [전문개정 2012. 6. 1.] 제28조(전자문서 및 전자거래 통계의 실태조사) ① 과학기술정보통신부장관은 전자문서·전자거래촉진정책의 효과적인 수립·시행을 위하여 전자문서 및 전자거래 통계의 실태조사를 실시할 수 있다. 이 경우 전자문서 및 전자거래 통계의 작성에 관하여는 「통계법」을 준용한다. 〈개정 2013. 3. 23., 2017. 7. 26.〉 ② 과학기술정보통신부장관은 제1항에 따른 전자문서 및 전자거래 통계의 실태조사를 위하여 필요한 경우에는 다음 각 호의 어느 하나에 해당하는 자에 대하여 자료의 제출이나 의견의 진술 등을 요구할 수 있다. 〈개정 2013. 3. 23., 2017. 7. 26.〉 1. 국가기관등 2. 전자거래사업자 3. 전자문서 또는 전자거래 관련 법인·단체 ③ 제2항에 따라 자료의 제출 등을 요구받은 자는 이에 협조하여야 한다. ④ 전자문서 및 전자거래 통계의 실태조사에 필요한 사항은 대통령령으로 정한다. [전문개정 2012. 6. 1.] 제29조(전자문서 및 전자거래의 국제화) ① 정부는 전자문서 및 전자거래에 관한 국제협력을 촉진하기 위하여	상인 보험에 가입하고, 보험 가입을 증명하는 서류의 사본을 과학기술정보통신부장관에게 제출하여야 한다. 〈개정 2013. 3. 23., 2017. 7. 26.〉 ② 공인전자문서센터는 제1항에 따른 보상한도의 잔여액을 10억원 이상으로 유지하여야 하고, 잔여 보상한도액이 10억원 미만이 된 경우에는 그 사유가 발생한 날부터 1개월 이내에 10억원 이상이 되도록 하여야 한다. ③ 공인전자문서센터는 제1항에 따라 가입한 보험이 기간 만료 등의 사유로 끝나게 될 경우에는 기간이 끝나기 전에 다시 보험에 가입하고, 보험 가입을 증명하는 서류의 사본을 과학기술정보통신부장관에게 제출하여야 한다. 〈개정 2013. 3. 23., 2017. 7. 26.〉 [전문개정 2012. 8. 31.] [제15조의11에서 이동 〈2012. 8. 31.〉] 제15조의14(공인전자문서중계자의 지정요건 등) ① 법 제31조의18제2항에서 "대통령령으로 정하는 국가기관등"이란 「우정사업 운영에 관한 특례법」 제2조제2호에 따른 우정사업조직(전자문서가 「우편법」 제1조의2제2호에 따른 서신 등 의사전달물인 경우만 해당한다)을 말한다. ② 법 제31조의18제3항 본문에 따른 공인전자문서중계자의 지정요건은 다음 각 호와 같다. 〈개정 2013. 3. 23., 2016. 12. 27., 2017. 7. 26.〉 1. 인력·기술능력: 전자문서의 송신·수신 또는 중계에 필요한 시설 및 장비를 운용하는 사람으로서 다음 각 목의 요건을 모두 갖춘 인력 3명 이상을 확보할 것 가. 정보통신기사·정보처리기사 및 전자계산기조직응용기사 이상의 국가기술자격 또는 이와 같은 수준의 자격이 있다고 과학기술정보통신부장관이 정하여 고시하는 자격을 갖출 것 나. 가목에서 정하는 자격별로 과학기술정보통신부장관이 정하여 고시하는 분야에서 2년 이상 종사한 경력이 있을 것 2. 시설 및 장비: 다음 각 목의 시설 및 장비를 갖출 것 가. 전자문서 송신·수신 및 보관 설비 나. 전자문서의 날짜·시각 및 운용기록을 기록·관리하는 설 비	제3조 생략 부칙 부 칙 〈지식경제부령 제126호, 2010. 5. 6.〉 이 규칙은 공포한 날부터 시행한다. 폐칙 부 칙 〈지식경제부령 제269호, 2012. 8. 31.〉 부칙보기 제1조(시행일) 이 규칙은 2012년 9월 2일부터 시행한다. 제2조(행정처분의 기준에 관한 적용례) 별표 2의 개정규정은 이 규칙 시행 후 위반행위를 한 경우부터 적용한다. 제3조(다른 법령의 개정) ① 농수산물 유통 및 가격안정에 관한 법률 시행규칙 일부를 다음과 같이 개정한다. 제33조의3제1항 중 "「전자거래기본법」"을 "「전자문서 및 전자거래 기본법」"으로 한다. ② 부가가치세법 시행규칙 일부를 다음과 같이 개정한다. 제16조의2제1항 중 "「전자거래기본법」"을 "「전자문서 및 전자거래 기본법」"으로 한다. ③ 사회복지법인 및 사회복지시설 재무·회계 규칙 일부를 다음과 같이 개정한다. 제29조제1항 본문 중 "「전자거래기본법」"을 "「전자문서 및 전자거래 기론법」"으로 한다. ④ 유통산업발전법 시행규칙 일부를 다음과 같이 개정한다. 제4조 중 "「전자거래기본법 시행령」"을 "「전자문서 및 전자거래 기본법 시행령」"으로 한다. 제4조(다른 법령과의 관계) 이 규칙 시행 당시 다른 법령에서 종전의 「전자거래기본법 시행규칙」 또는 그 규정을 인용한 경우에 전자문서 또는 전자거래와 관련하여 이 규칙 가운데 그에 해당하는 규정이 있으면 종전의 규정에 갈음하여 이 규칙 또는 이 규칙의 해당 규정을 인용한 것으로 본다.

전자문서 및 전자거래 기본법	전자문서 및 전자거래 기본법 시행령	전자문서 및 전자거래 기본법 시행규칙
여 전자문서 및 전자거래에 관한 정보·기술·인력의 교류, 공동조사·연구 및 기술협력, 국제표준화 등의 사업을 지원할 수 있다. ② 정부는 국제기구에서의 전자문서 및 전자거래에 관련된 논의에 적극적으로 참여하여 대응하고, 전자거래사업자 및 전자문서 관련 사업자의 국외시장 진출을 활성화하기 위하여 노력하여야 한다. [전문개정 2012. 6. 1.] 제30조(전자상거래지원센터) ① 정부는 중소기업의 전자거래를 촉진하기 위하여 필요한 시책을 마련하여 추진하여야 한다. ② 과학기술정보통신부장관은 중소기업의 전자거래를 촉진하기 위하여 전자거래와 관련한 교육훈련, 기술지도, 경영자문, 정보제공 등을 지원하는 기관을 전자상거래지원센터(이하 "지원센터"라 한다)로 지정할 수 있다. 〈개정 2013. 3. 23., 2017. 7. 26.〉 ③ 지원센터의 지정기준, 사업추진실적 보고 및 경비지원 등에 필요한 사항은 대통령령으로 정한다. [전문개정 2012. 6. 1.] 제30조의2(지원센터의 지정취소) 과학기술정보통신부장관은 지원센터가 다음 각 호의 어느 하나에 해당하면 그 지정을 취소할 수 있다. 다만, 제1호에 해당하면 지정을 취소하여야 한다. 〈개정 2013. 3. 23., 2017. 7. 26.〉 1. 거짓이나 그 밖의 부정한 방법으로 지원센터 지정을 받은 경우 2. 정당한 사유 없이 계속하여 2년 이상 사업추진실적이 없는 경우 3. 제30조제3항에 따른 지정기준에 적합하지 아니하게 된 경우 [전문개정 2012. 6. 1.] 제31조(전자문서 이용 및 전자거래의 촉진을 위한 지원) ① 국가 또는 지방자치단체는 전자문서 이용 및 전자거래를 촉진하기 위하여 「조세특례제한법」·「지방세특례제한법」 등 조세 관계 법률에서 정하는 바에 따라 조세 감면 등 세제상의 지원과 금융상의 지원, 그 밖에 필요한 행정상의 지원을 할 수 있다. ② 정부는 전자문서 및 전자거래와 관련된 법인 또는 단체가 전자문서·전자거래촉진계획에서 정하는 사업을	다. 시설·장비 및 정보를 안전하게 운용하기 위한 보호설비 라. 유통정보의 생성 및 검증 설비 마. 시스템 관리 및 복제·저장 설비 3. 재정능력: 자본금 10억원 이상(비영리법인인 경우에는 기본재산 또는 자본총계 5억원 이상으로 하고, 「우정사업 운영에 관한 특례법」 제2조제2호에 따른 우정사업조직인 경우에는 전자문서보관등의 사업과 관련된 국유재산 10억원 이상으로 한다)일 것 ③ 제2항제2호에 따른 시설 및 장비에 관한 구체적 사항은 과학기술정보통신부장관이 정하여 고시한다. 〈개정 2013. 3. 23., 2017. 7. 26.〉 [본조신설 2012. 8. 31.] 제15조의15(공인전자문서중계자의 지정절차) ① 법 제31조의18제3항에 따라 공인전자문서중계자로 지정받으려는 자는 과학기술정보통신부령으로 정하는 공인전자문서중계자 지정신청서(전자문서로 된 신청서를 포함한다)에 다음 각 호의 서류(전자문서를 포함한다)를 첨부하여 과학기술정보통신부장관에게 제출하여야 한다. 〈개정 2013. 3. 23., 2016. 12. 27., 2017. 7. 26.〉 1. 임원의 「가족관계의 등록 등에 관한 법률」 제15조제2항제2호에 따른 기본증명서 2. 정관 3. 법 제31조의18제3항에 따른 공인전자문서중계자요건을 갖추었음을 증명할 수 있는 서류 4. 사업계획서(제15조의14제2항제2호에 따른 시설 및 장비의 관리·운용에 관한 계획서를 포함한다) ② 제1항에 따른 지정신청서를 받은 과학기술정보통신부장관은 「전자정부법」 제36조제1항에 따른 행정정보의 공동이용을 통하여 법인 등기사항증명서를 확인하여야 한다. 〈개정 2013. 3. 23., 2017. 7. 26.〉 ③ 제1항에 따른 지정신청을 받은 과학기술정보통신부장관은 신청인이 법 제31조의18제3항에 따른 공인전자문서중계자 요건을 갖추었다고 인정할 때에는 공인전자문서중계자로 지정하고 과학기술정보통신부령으로 정하는 공인전자문서중계자 지정서를 발급하여야 한다. 〈개정 2013. 3. 23., 2017. 7. 26.〉 ④ 과학기술정보통신부장관은 제3항	펼침 부　　칙 〈미래창조과학부령 제1호, 2013. 3. 24.〉 (미래창조과학부와 그 소속기관 직제 시행규칙) 부칙보기 제1조(시행일) 이 규칙은 공포한 날부터 시행한다. 제2조부터 제5조까지 생략 제6조(다른 법령의 개정) ①부터 ⑬까지 생략 ⑭ 전자문서 및 전자거래 기본법 시행규칙 일부를 다음과 같이 개정한다. 제1조의4제1항제2호, 제1조의7제1항 각 호 외의 부분, 같은 조 제3항 각 호 외의 부분, 같은 조 제4항·제5항, 제3조, 제4조, 제6조제1항 각 호 외의 부분, 같은 조 제2항, 제7조제1항 각 호 외의 부분, 제10조제5호, 제13조제1항, 같은 조 제2항제3호, 같은 조 제3항, 제13조의2 각 호 외의 부분, 제13조의3제1항 각 호 외의 부분 본문, 같은 조 제2항, 제15조제2항 각 호 외의 부분, 같은 조 제3항 각 호 외의 부분 본문, 같은 조 제4항, 제16조제2항 각 호 외의 부분, 같은 조 제3항 각 호 외의 부분, 제16조의3 각 호 외의 부분, 제16조의4제1항 각 호 외의 부분 본문 및 제17조 중 "지식경제부장관"을 각각 "미래창조과학부장관"으로 한다. 제13조제2항 각 호 외의 부분 중 "지식경제부령"을 "미래창조과학부령"으로 한다. 별표 1 제2호 중 "지식경제부장관"을 "미래창조과학부장관"으로 한다. 별지 제1호서식, 별지 제1호의2서식부터 별지 제1호의5서식까지, 별지 제2호서식부터 별지 제4호서식까지, 별지 제5호서식 앞쪽, 별지 제6호서식부터 별지 제8호서식까지, 별지 제9호서식 앞쪽, 별지 제10호서식부터 별지 제12호서식까지, 별지 제13호서식 앞쪽 및 별지 제14호서식 중 "지식경제부장관"을 각각 "미래창조과학부장관"으로 한다. 별지 제1호서식 처리절차란, 별지 제1호의3서식 처리절차란, 별지 제1호의5서식 처리절차란, 별지 제2호서식 처리절차란, 별지 제4호서식 처리절차란, 별지 제6호서식부터 별지 제8호서식까지 처리절차란, 별지 제9호서식

전자문서 및 전자거래 기본법

실시하는 경우 예산의 범위에서 해당 사업비의 전부 또는 일부를 지원할 수 있다.
[전문개정 2012. 6. 1.]

제5장의2 공인전자문서센터와 공인전자문서중계자 〈개정 2012. 6. 1.〉

제1절 공인전자문서센터 〈신설 2012. 6. 1.〉

제31조의2(공인전자문서센터의 지정) ① 과학기술정보통신부장관은 전자문서보관등의 안전성과 정확성을 확보하기 위하여 전자문서보관등에 관하여 전문성이 있는 자를 공인전자문서센터로 지정하여 전자문서보관등을 하게 할 수 있다. 〈개정 2013. 3. 23., 2017. 7. 26.〉
② 공인전자문서센터로 지정받을 수 있는 자는 법인 또는 대통령령으로 정하는 국가기관등으로 한정한다.
③ 공인전자문서센터로 지정을 받으려는 자는 전자문서보관등에 필요한 인력·기술능력·재정능력과 제31조의9제6항에 따른 인적·물적 측면에서 독립성 및 그 밖의 시설·장비 등을 갖추어 과학기술정보통신부장관에게 지정을 신청하여야 한다. 〈개정 2013. 3. 23., 2017. 7. 26.〉
④ 제1항과 제3항에 따른 공인전자문서센터의 인력·기술능력·재정능력과 그 밖의 시설·장비 등의 지정기준, 지정방법 및 지정절차에 관하여 필요한 사항은 대통령령으로 정한다.
[전문개정 2012. 6. 1.]

제31조의3(공인전자문서센터의 결격사유) 다음 각 호의 어느 하나에 해당하는 자는 공인전자문서센터로 지정을 받을 수 없다. 〈개정 2014. 12. 30., 2015. 12. 22.〉
1. 임원 및 전자문서보관등을 직접 수행하는 직원으로서 대통령령으로 정하는 직원(이하 "임원등"이라 한다) 중 다음 각 목의 어느 하나에 해당하는 사람이 있는 자
가. 피성년후견인 또는 피한정후견인
나. 파산선고를 받고 복권되지 아니한 사람
다. 금고 이상의 실형을 선고받고 그 집행이 끝나거나(집행이 끝난 것으로 보는 경우를 포함한다) 집행이 면제된 날부터 2년이 지나지 아니한 사람

전자문서 및 전자거래 기본법 시행령

에 따른 지정을 하기 위하여 필요한 경우에는 신청인에게 자료의 제출을 요구하거나 신청인 및 관계 전문가의 의견을 들을 수 있다. 〈개정 2013. 3. 23., 2017. 7. 26.〉
[본조신설 2012. 8. 31.]

제16조(위원장의 직무) ① 법 제32조에 따른 전자문서·전자거래분쟁조정위원회(이하 "위원회"라 한다)의 위원장(이하 "위원장"이라 한다)은 위원회를 대표하고, 그 업무를 총괄한다.
② 위원장이 부득이한 사유로 직무를 수행할 수 없을 때에는 위원장이 지명한 위원이 그 직무를 대행한다.
[전문개정 2012. 8. 31.]

제17조 삭제 〈2012. 8. 31.〉
제18조 삭제 〈2012. 8. 31.〉

제19조(위원회의 운영) ① 위원장은 위원회를 소집하려는 경우에는 회의 개최 5일 전까지 회의의 일시·장소 및 심의안건을 각 위원에게 서면 또는 전자문서로 통지하여야 한다. 다만, 긴급한 경우이거나 부득이한 사유가 있는 경우에는 그 기간을 단축할 수 있다.
② 위원회는 위원장을 포함한 재적위원 과반수의 출석으로 개의(開議)하고 출석위원 과반수의 찬성으로 의결한다.
③ 위원회(법 제33조제2항에 따른 조정부를 포함한다)의 회의는 위원·분쟁당사자 또는 참고인이 동영상 및 음성을 동시에 송신·수신하는 장치가 갖추어진 서로 다른 장소에 출석하여 진행하는 원격영상회의방식으로 할 수 있다. 이 경우 해당 위원 등은 같은 회의장에 출석한 것으로 본다.
④ 위원회는 업무를 효율적으로 수행하기 위하여 필요하다고 인정할 때에는 위원회에 분과위원회를 둘 수 있다.
⑤ 제1항부터 제4항까지에서 규정한 사항 외에 위원회의 운영에 필요한 세부 사항은 위원회의 의결을 거쳐 위원장이 정한다.
[전문개정 2012. 8. 31.]

제20조(분쟁조정절차) ① 전자문서 및 전자거래와 관련한 피해의 구제와 분쟁의 조정을 받으려는 자는 위원회가 정하는 바에 따라 조정신청서를 위원회에 제출하여야 한다.
② 위원회는 제1항에 따라 신청을 받았을 때에는 지체 없이 분쟁당사자에

전자문서 및 전자거래 기본법 시행규칙

뒤쪽 처리기관란, 별지 제10호서식부터 별지 제12호서식까지 처리절차란 및 별지 제14호서식 처리절차란 중 "지식경제부"를 각각 "미래창조과학부"로 한다.

별지 제5호서식 뒤쪽 및 별지 제13호서식 뒷쪽 중 "Minister of Knowledge Economy"를 각각 "Minister of Science, ICT and Future Planning"으로 한다.

⑮부터 ㉛까지 생략

부칙 부 칙 〈미래창조과학부령 제14호, 2013. 12. 31.〉 (행정규제기본법 개정에 따른 규제 재검토기한 설정을 위한 과학관의 설립·운영 및 육성에 관한 법률 시행규칙 등 일부개정령)
이 규칙은 공포한 날부터 시행한다.

펼침 부 칙 〈미래창조과학부령 제34호, 2014. 12. 30.〉 부칙보기
제1조(시행일) 이 규칙은 2015년 1월 1일부터 시행한다.
제2조(시설·장비의 점검 시기에 관한 적용례) ① 제13조의3제1항제2호의 개정규정은 이 규칙 시행 전에 공인전자문서센터가 법 제31조의8제4항에 따른 변경신고를 하거나 법 제31조의14제3항에 따른 승계신고를 한 후 1개월이 경과하지 아니한 경우에도 적용한다.
② 제16조의4제1항제2호의 개정규정은 이 규칙 시행 전에 공인전자문서중계자가 법 제31조의20에 따른 변경신고를 한 후 1개월이 경과하지 아니한 경우에도 적용한다.

부칙 부 칙 〈미래창조과학부령 제53호, 2015. 12. 23.〉
이 규칙은 공포한 날부터 시행한다.

부칙 부 칙 〈미래창조과학부령 제87호, 2016. 12. 27.〉
이 규칙은 공포한 날부터 시행한다.

펼침 부 칙 〈과학기술정보통신부령 제1호, 2017. 7. 26.〉 (과학기술정보통신부와 그 소속기관 직제 시행규칙) 부칙보기

제1조(시행일) 이 규칙은 공포한 날부터 시행한다.

전자문서 및 전자거래 기본법	전자문서 및 전자거래 기본법 시행령	전자문서 및 전자거래 기본법 시행규칙
라. 금고 이상의 형의 집행유예를 선고받고 그 유예기간 중에 있는 사람 마. 법원의 판결 또는 다른 법률에 따라 자격이 상실되거나 정지된 사람 바. 제31조의5제1항 및 제31조의22에 따라 지정이 취소된 자의 임원등이었던 사람(그 취소사유의 발생에 관하여 직접 또는 이에 상응하는 책임이 있는 사람으로서 대통령령으로 정하는 사람으로 한정한다)으로서 해당 공인전자문서센터 또는 공인전자문서중계자 지정이 취소(제1호가목 또는 나목에 해당하여 제31조의22제3호에 따라 지정이 취소된 경우는 제외한다)된 날부터 2년이 지나지 아니한 사람 2. 제31조의5제1항 및 제31조의22에 따라 지정이 취소(제1호가목 또는 나목에 해당하여 제31조의22제3호에 따라 지정이 취소된 경우는 제외한다)된 후 2년이 지나지 아니한 자 [전문개정 2012. 6. 1.] 제31조의4(시정명령) 과학기술정보통신부장관은 공인전자문서센터가 다음 각 호의 어느 하나에 해당하면 6개월 이내의 기간을 정하여 그 시정을 명할 수 있다. 〈개정 2013. 3. 23., 2017. 7. 26.〉 1. 제31조의2제4항에 따른 공인전자문서센터의 지정기준에 적합하지 아니하게 된 경우 2. 임원등이 제31조의3제1호 각 목의 어느 하나에 해당하게 된 경우 3. 제31조의8제1항을 위반하여 전자문서보관등 업무준칙의 신고를 하지 아니한 경우 4. 제31조의8제2항을 위반하여 전자문서보관등 업무준칙의 변경신고를 하지 아니한 경우 5. 제31조의9제1항을 위반하여 전자문서보관등의 서비스의 제공을 거부한 경우 6. 제31조의9제2항을 위반하여 이용자를 부당하게 차별한 경우 7. 제31조의9제3항을 위반하여 보관된 전자문서의 내용이 훼손되거나 변경되지 아니하도록 필요한 조치를 하지 아니한 경우 8. 공인전자문서센터의 업무수행의 방법 또는 절차가 부적절하여 전자문서의 보관·송신 또는 수신의	게 그 내용을 통지하고 조정 전에 합의를 권고할 수 있다. ③ 제2항에 따른 합의가 이루어지지 아니한 경우 위원장은 담당 조정부를 지정하고 제1항에 따른 조정신청을 회부한다. ④ 제3항에 따라 조정신청을 회부받은 조정부는 법 제34조제2항에 따라 분쟁당사자 또는 참고인의 출석을 요구하려면 출석 7일 전까지 출석요구의 사유 등을 통지하여야 한다. ⑤ 제4항에 따라 통지를 받은 분쟁당사자 또는 참고인은 지정된 일시에 출석하여 의견을 진술하거나 서면으로 의견을 제출할 수 있다.[전문개정 2012. 8. 31.] 제21조(분쟁조정비용) ① 법 제37조제1항에 따라 위원회가 신청인으로 하여금 조정비용을 내도록 정한 사건의 경우에는 그 사건의 신청인은 조정을 신청할 때 그 비용을 미리 내야 한다. ② 제1항에 따른 조정비용의 금액은 위원회가 정한다. [전문개정 2012. 8. 31.] 제22조(예산 및 결산 등) ① 위원회는 다음 사업연도의 사업계획 및 예산안을 매 사업연도 개시 2개월 전까지 과학기술정보통신부장관에게 제출하여 승인을 받아야 한다. 〈개정 2013. 3. 23., 2017. 7. 26.〉 ② 위원회는 사업연도마다 사업실적서 및 결산서를 작성하여 사업연도 종료 후 2개월 이내에 과학기술정보통신부장관에게 제출하여야 한다. 〈개정 2013. 3. 23., 2017. 7. 26.〉 [전문개정 2012. 8. 31.] 제22조의2(권한의 위탁) 과학기술정보통신부장관은 법 제39조에 따라 다음 각 호의 권한을 전담기관에 위탁한다. 〈개정 2013. 3. 23., 2016. 12. 27., 2017. 7. 26.〉 1. 삭제 〈2018. 7. 10.〉 2. 삭제 〈2018. 7. 10.〉 3. 법 제31조의8제4항에 따른 변경신고의 접수 4. 법 제31조의10제1항 및 제2항에 따른 공인전자문서센터의 시설 및 장비의 안전성에 대한 점검 5. 법 제31조의20에 따른 변경신고의 접수 6. 법 제31조의21제1항 및 제2항에	제2조부터 제5조까지 생략 제6조(다른 법령의 개정) ①부터 ㉜까지 생략 ㉝ 전자문서 및 전자거래 기본법 시행규칙 일부를 다음과 같이 개정한다. 제1조의4제1항제2호, 제1조의7제1항 각 호 외의 부분, 같은 조 제3항 각 호 외의 부분, 같은 조 제4항·제5항, 제3조, 제4조, 제6조제1항 각 호 외의 부분, 같은 조 제2항, 제7조제1항 각 호 외의 부분, 제10조제5호, 제13조제1항, 같은 조 제2항제3호, 같은 조 제3항, 제13조의3제1항 각 호 외의 부분 본문, 같은 조 제2항, 제15조제2항 각 호 외의 부분, 같은 조 제3항 각 호 외의 부분 본문, 같은 조 제4항, 제16조제2항 각 호 외의 부분, 같은 조 제3항 각 호 외의 부분, 제16조의4제1항 각 호 외의 부분 본문 및 제17조제1항·제2항 중 "미래창조과학부장관"을 각각 "과학기술정보통신부장관"으로 한다. 제13조제2항 각 호 외의 부분 중 "미래창조과학부령"을 "과학기술정보통신부령"으로 한다. 별표 1 제2호 중 "미래창조과학부장관"을 "과학기술정보통신부장관"으로 한다. 별지 제1호서식, 별지 제1호의2서식부터 별지 제1호의5서식까지, 별지 제2호서식 제1쪽, 별지 제3호서식, 별지 제4호서식, 별지 제5호서식 앞쪽, 별지 제6호서식부터 별지 제8호서식까지, 별지 제9호서식 앞쪽, 별지 제10호서식부터 별지 제12호서식까지, 별지 제13호서식 앞쪽 및 별지 제14호서식 중 "미래창조과학부장관"을 각각 "과학기술정보통신부장관"으로 한다. 별지 제1호서식 처리절차란, 별지 제1호의3서식 처리절차란, 별지 제1호의5서식 처리절차란, 별지 제2호서식 처리절차란, 별지 제4호서식 처리절차란, 별지 제6호서식 처리절차란, 별지 제7호서식 처리절차란, 별지 제8호서식 처리절차란, 별지 제9호서식 뒤쪽 처리절차란, 별지 제10호서식 처리절차란, 별지 제11호서식 처리절차란, 별지 제12호서식 처리절차란 및 별지

전자문서 및 전자거래 기본법	전자문서 및 전자거래 기본법 시행령	전자문서 및 전자거래 기본법 시행규칙
안전성이나 전자문서에 관한 증명의 정확성을 저해할 우려가 있는 경우 9. 제31조의16제2항을 위반하여 보험에 가입하지 아니한 경우 [전문개정 2012. 6. 1.] 제31조의5(지정취소 및 과징금) ① 과학기술정보통신부장관은 제31조의2에 따라 공인전자문서센터로 지정을 받은 자가 다음 각 호의 어느 하나에 해당하면 과학기술정보통신부령으로 정하는 바에 따라 그 지정을 취소하거나 1년 이내의 기간을 정하여 그 업무의 전부 또는 일부의 정지를 명할 수 있다. 다만, 제1호나 제2호에 해당하는 경우에는 그 지정을 취소하여야 한다. 〈개정 2013. 3. 23., 2017. 7. 26.〉 1. 거짓이나 그 밖의 부정한 방법으로 제31조의2제1항에 따른 지정을 받은 경우 2. 업무정지기간에 업무를 계속하여 수행한 경우 3. 제31조의2제1항에 따른 지정을 받은 날부터 1년 이상 업무를 시작하지 아니하거나 업무 시작 후 1년 이상 계속하여 전자문서보관등의 업무를 하지 아니한 경우 4. 제31조의4에 따른 시정명령을 그 정하여진 기간 이내에 이행하지 아니한 경우 ② 과학기술정보통신부장관은 제1항 제3호 또는 제4호에 해당하여 업무정지처분을 하여야 하는 경우로서 그 업무정지가 공인전자문서센터를 이용하는 자에게 심한 불편을 주거나 공익을 해칠 우려가 있다고 인정하는 경우에는 업무정지를 갈음하여 1억원 이하의 과징금을 부과할 수 있다. 〈개정 2013. 3. 23., 2017. 7. 26.〉 ③ 제2항에 따라 과징금을 부과하는 위반행위의 종류와 위반 정도 등에 따른 과징금의 금액 및 과징금의 산정방법과 그 밖에 필요한 사항은 대통령령으로 정한다. ④ 과학기술정보통신부장관은 제2항에 따른 과징금을 내야 할 자가 납부기한까지 이를 내지 아니하면 국세 체납처분의 예에 따라 징수한다. 〈개정 2013. 3. 23., 2017. 7. 26.〉 [전문개정 2012. 6. 1.] 제31조의6(공인전자문서센터를 통한 보관의 효력) 공인전자문서센터가 전자문서를 보관하는 경우에는 제5조제	따른 공인전자문서중계자의 시설 및 장비의 안전성에 대한 점검 7. 제15조의13제1항 및 제3항에 따른 보험 가입을 증명하는 서류 사본의 접수 [본조신설 2012. 8. 31.] 제22조의3(고유식별정보의 처리) ① 전담기관은 법 제18조의4에 따른 공인전자주소의 등록에 관한 사무를 수행하기 위하여 불가피한 경우 「개인정보 보호법 시행령」 제19조에 따른 주민등록번호, 여권번호 또는 외국인등록번호가 포함된 자료를 처리할 수 있다. 〈신설 2017. 3. 27.〉 ② 위원회는 다음 각 호의 사무를 수행하기 위하여 불가피한 경우 「개인정보 보호법 시행령」 제19조제1호에 따른 주민등록번호가 포함된 자료를 처리할 수 있다. 〈개정 2017. 3. 27.〉 1. 법 제34조제2항 및 이 영 제20조제5항에 따른 분쟁조정을 위한 당사자 또는 참고인의 의견진술 및 청취에 관한 사무 2. 법 제35조제1항 및 제2항에 따른 조정조서 작성에 관한 사무 [본조신설 2014. 8. 6.] [종전 제22조의3은 제22조의4로 이동 〈2014. 8. 6.〉] 제22조의4(규제의 재검토) 과학기술정보통신부장관은 다음 각 호의 사항에 대하여 다음 각 호의 기준일을 기준으로 3년마다(매 3년이 되는 해의 기준일과 같은 날 전까지를 말한다) 그 타당성을 검토하여 개선 등의 조치를 하여야 한다. 〈개정 2017. 7. 26.〉 1. 제15조의4에 따른 공인전자문서센터의 지정기준: 2014년 1월 1일 2. 제15조의14에 따른 공인전자문서중계자의 지정요건: 2014년 1월 1일 [본조신설 2013. 12. 30.] [제22조의3에서 이동 〈2014. 8. 6.〉] 제23조(과태료의 부과기준) 법 제46조제1항 및 제2항에 따른 과태료의 부과기준은 별표 4와 같다. [전문개정 2012. 8. 31.] 폐칙 부 칙 〈대통령령 제17655호, 2002. 6. 29.〉 부칙보기 ① (시행일) 이 영은 2002년 7월 1부터 시행한다.	제14호서식 처리절차란 중 "미래창조과학부"를 각각 "과학기술정보통신부"로 한다. 별지 제5호서식 뒤쪽 및 별지 제13호서식 뒤쪽 중 "Minister of Science, ICT and Future Planning"을 각각 "Minister of Science and ICT"로 한다. ㉞부터 ㊶까지 생략 부칙 부 칙 〈과학기술정보통신부령 제13호, 2018. 7. 10.〉 이 규칙은 공포한 날부터 시행한다. [별표 1] 삭제 〈2018. 7. 10.〉 별표 [별표 2] 공인전자문서센터의 지정취소 및 업무정지의 기준(제11조 관련) 한글파일 다운로드 PDF파일 다운로드 [별지 제1호서식] 삭제 〈2018. 7. 10.〉 [별지 제1호의2서식] 삭제 〈2018. 7. 10.〉 [별지 제1호의3서식] 삭제 〈2018. 7. 10.〉 [별지 제1호의4서식] 삭제 〈2018. 7. 10.〉 별표 [별지 제1호의5서식] 전자상거래지원센터 지정신청서 한글파일 다운로드 PDF파일 다운로드 별표 [별지 제2호서식] 전자상거래지원센터 지정변경신청서 한글파일 다운로드 PDF파일 다운로드 별표 [별지 제3호서식] 전자상거래지원센터 지정증 한글파일 다운로드 PDF파일 다운로드 별표 [별지 제4호서식] 공인전자문서센터 지정신청서 한글파일 다운로드 PDF파일 다운로드 별표 [별지 제5호서식] 공인전자문서센터 지정서 한글파일 다운로드 PDF파일 다운로드 별표 [별지 제6호서식] 전자문서보관등업무준칙 신고서 한글파일 다운로드 PDF파일 다운로드 별표 [별지 제7호서식] 전자문서보관

전자문서 및 전자거래 기본법	전자문서 및 전자거래 기본법 시행령	전자문서 및 전자거래 기본법 시행규칙
1항 또는 제2항에 따른 전자문서의 보관이 행하여진 것으로 본다. [전문개정 2012. 6. 1.] 제31조의7(전자문서 내용의 추정 등) ① 공인전자문서센터에 보관된 전자문서는 보관기간에는 그 내용이 변경되지 아니한 것으로 추정한다. ② 공인전자문서센터가 해당 공인전자문서센터에 보관된 전자문서의 보관 사실, 작성자, 수신자 및 송신·수신 일시 등에 관한 사항에 대한 증명서를 대통령령으로 정하는 방법 및 절차에 따라 발급한 경우에 그 증명서에 적힌 사항은 진정한 것으로 추정한다. [전문개정 2012. 6. 1.] 제31조의8(전자문서보관등 업무준칙의 신고 등) ① 공인전자문서센터는 업무를 시작하기 전에 전자문서보관등에 관한 업무준칙(이하 "전자문서보관등 업무준칙"이라 한다)을 과학기술정보통신부령으로 정하는 바에 따라 작성하여 과학기술정보통신부장관에게 신고하여야 한다. 이 경우 전자문서보관등 업무준칙에는 다음 각 호의 사항이 포함되어야 한다. 〈개정 2013. 3. 23., 2017. 7. 26.〉 1. 업무의 종류 2. 업무의 수행방법 및 수행절차 3. 전자문서보관등의 서비스의 이용조건 및 이용요금 4. 그 밖에 업무수행에 필요한 것으로서 과학기술정보통신부령으로 정하는 사항 ② 공인전자문서센터는 제1항에 따라 신고한 사항을 변경하려는 경우에는 과학기술정보통신부령으로 정하는 바에 따라 과학기술정보통신부장관에게 신고하여야 한다. 〈개정 2013. 3. 23., 2017. 7. 26.〉 ③ 과학기술정보통신부장관은 제1항에 따라 신고된 전자문서보관등 업무준칙의 내용이 전자문서보관등의 업무의 안전성과 정확성을 확보하는 데 지장을 주거나 전자문서보관등의 서비스를 이용하는 자(이하 "이용자"라 한다)의 이익을 저해할 우려가 있다고 인정하는 경우에는 상당한 기간을 정하여 해당 공인전자문서센터에 전자문서보관등 업무준칙의 변경을 명할 수 있다. 〈개정 2013. 3. 23., 2017. 7. 26.〉 ④ 공인전자문서센터는 전자문서보관	② (사업계획등의 승인에 관한 경과조치) 조정위원회는 이 영 시행일이 속하는 사업연도의 사업계획 및 예산안을 제22조의 개정규정에 불구하고 2002년 8월 31일까지 산업자원부장관에게 제출하여 승인을 얻어야 한다. ③ (다른 법령과의 관계) 이 법 시행 당시 다른 법령에서 종전의 전자거래기본법시행령의 규정을 인용하고 있는 경우 이 영중 그에 해당하는 규정이 있는 때에는 종전의 규정에 갈음하여 이 영의 해당 규정을 인용한 것으로 본다. 펼침 부 칙 〈대통령령 제19118호, 2005. 11. 4.〉 부칙보기 ① (시행일) 이 영은 공포한 날부터 시행한다. ② (한국전자문서교환위원회에 관한 경과조치) 이 영 시행 당시 종전의 규정에 의한 한국전자문서교환위원회는 제9조의 개정규정에 의한 한국전자문서표준위원회로 본다. ③ (다른 법령의 개정) 대외무역법시행령을 다음과 같이 개정한다. 제18조의5 제1항제4호중 "전자거래기본법 제23조의 규정에 의한 한국전자문서교환위원회"를 "「전자거래기본법 시행령」 제9조의 규정에 의한 한국전자문서표준위원회"로 한다. 부칙 부 칙 〈대통령령 제20120호, 2007. 6. 28.〉 (행정정보의 공동이용 및 문서감축을 위한 간접투자자산 운용업법 시행령 등 일부 개정령) 이 영은 2007년 7월 4일부터 시행한다. 펼침 부 칙 〈대통령령 제20388호, 2007. 11. 16.〉 부칙보기 제1조 (시행일) 이 영은 2007년 11월 18일부터 시행한다. 제2조 (보험의 가입에 관한 경과조치) 이 영 시행 당시 법 제31조의2에 따라 지정된 공인전자문서보관소는 이 영 시행일부터 1개월 이내에 제15조의11의 개정규정에 따라 보험에 가입하고, 보험 가입을 증명하는 서류의 사본을 산업자원부장관에게 제출하여야 한다. 제3조 (다른 법령의 개정) ① 조세특례제한법 시행령 일부를 다음과 같이 개정한다.	등업무준칙 변경신고서 한글파일 다운로드 PDF파일 다운로드 별표 [별지 제8호서식] 공인전자문서센터 시설 또는 장비 변경신고서 한글파일 다운로드 PDF파일 다운로드 별표 [별지 제9호서식] 공인전자문서센터 승계신고서 한글파일 다운로드 PDF파일 다운로드 별표 [별지 제10호서식] 공인전자문서센터 영업폐지신고서 한글파일 다운로드 PDF파일 다운로드 별표 [별지 제11호서식] 공인전자문서센터 업무인계불가신고서 한글파일 다운로드 PDF파일 다운로드 별표 [별지 제12호서식] 공인전자문서 중계자 지정신청서 한글파일 다운로드 PDF파일 다운로드 별표 [별지 제13호서식] 공인전자문서 중계자 지정서 한글파일 다운로드 PDF파일 다운로드 별표 [별지 제14호서식] 공인전자문서 중계자 시설 또는 장비 변경신고서 한글파일 다운로드 PDF파일 다운로드

전자문서 및 전자거래 기본법	전자문서 및 전자거래 기본법 시행령	전자문서 및 전자거래 기본법 시행규칙
등에 사용되는 시설 또는 장비를 변경하였을 때에는 과학기술정보통신부령으로 정하는 바에 따라 과학기술정보통신부장관에게 신고하여야 한다. 〈개정 2013. 3. 23., 2017. 7. 26.〉 [전문개정 2012. 6. 1.] 제31조의9(준수사항) ① 공인전자문서센터는 정당한 사유 없이 전자문서보관등의 서비스의 제공을 거부하여서는 아니 된다. ② 공인전자문서센터는 이용자를 부당하게 차별하여서는 아니 된다. ③ 공인전자문서센터는 보관된 전자문서의 내용이 훼손되거나 변경되지 아니하도록 대통령령으로 정하는 바에 따라 필요한 조치를 하여야 한다. ④ 공인전자문서센터는 해당 정보처리시스템에 보관된 전자문서나 그 밖의 관련 정보를 적법한 절차에 의하지 아니하거나 전자문서의 작성자, 수신자 및 해당 이용자의 동의 없이 타인에게 제공·공개 등을 하여서는 아니 된다. ⑤ 공인전자문서센터는 전자문서보관등을 신뢰성있게 수행하기 위하여 이용자와의 관계에서 인적·물적 측면에서 독립성을 유지하여야 하며, 그 구체적인 기준은 대통령령으로 정한다. [전문개정 2012. 6. 1.] 제31조의10(정기점검 등) ① 공인전자문서센터는 보유한 시설 및 장비의 안전성에 대하여 과학기술정보통신부장관으로부터 정기적으로 점검을 받아야 한다. 〈개정 2013. 3. 23., 2017. 7. 26.〉 ② 공인전자문서센터는 제31조의8제4항에 따른 변경신고를 하거나 제31조의14제3항에 따른 승계신고를 한 경우에는 과학기술정보통신부장관으로부터 해당 시설 또는 장비의 안전성에 대하여 점검을 받아야 한다. 〈개정 2013. 3. 23., 2017. 7. 26.〉 ③ 제1항과 제2항에 따른 점검의 기준·시기·대상·절차와 그 밖에 필요한 사항은 과학기술정보통신부령으로 정한다. 〈개정 2013. 3. 23., 2017. 7. 26.〉 [전문개정 2012. 6. 1.] 제31조의11(보고 및 검사 등) ① 과학기술정보통신부장관은 필요하다고 인정하면 공인전자문서센터로 하여금 대통령령으로 정하는 바에 따라 관계	제117조제7항 중 "제2조의 규정에 의한"을 "제2조제1호에 따른"으로 한다. ② 중소기업창업 지원법 시행령 일부를 다음과 같이 개정한다. 제30조제2항 중 "제2조"를 "제2조제1호"로 한다. 폐침 부 칙 〈대통령령 제20678호, 2008. 2. 29.〉 (지식경제부와 그 소속기관 직제) 부칙보기 제1조(시행일) 이 영은 공포한 날부터 시행한다. 〈단서 생략〉 제2조부터 제6조까지 생략 제7조(다른 법령의 개정) ①부터 〈66〉까지 생략 〈67〉 전자거래기본법 시행령 일부를 다음과 같이 개정한다. 제5조제4항 중 "산업자원부"를 "지식경제부"로 한다. 제4조제2항, 제7조제1항·제2항, 제8조제2항 각 호 외의 부분, 제10조제2항·제5항, 제11조 본문, 제14조제1항, 제15조제2항 전단·제3항·제4항·제5항·제6항·제7항, 제15조의2제1항 각 호 외의 부분·제3항·제4항·제5항, 제15조의3제1항제1호가목·나목 및 같은 조 제2항, 제15조의5, 제15조의6제2항 본문, 제15조의7제1항·제2항 본문·제4항, 제15조의10제1항 각 호 외의 부분, 제15조의11제1항·제3항, 제22조제1항·제2항, 제23조제1항·제2항·제3항 전단·제4항 중 "산업자원부장관"을 각각 "지식경제부장관"으로 한다. 제14조제2항, 제15조제2항 전단·제3항, 제15조의5, 제23조제5항 중 "산업자원부령"을 각각 "지식경제부령"으로 한다. 제8조제4항을 삭제한다. 〈68〉부터 〈86〉까지 생략 폐침 부 칙 〈대통령령 제21214호, 2008. 12. 31.〉 (행정안전부와 그 소속기관 직제) 부칙보기 제1조(시행일) 이 영은 공포한 날부터 시행한다. 〈단서 생략〉 제2조부터 제4조까지 생략 제5조(다른 법령의 개정) ①부터 〈125〉까지 생략 〈126〉 전자거래기본법 시행령 일부를 다음과 같이 개정한다. 별표를 다음과 같이 한다.	

전자문서 및 전자거래 기본법	전자문서 및 전자거래 기본법 시행령	전자문서 및 전자거래 기본법 시행규칙
자료를 제출하게 하거나 서면 또는 전자문서로 보고하게 할 수 있으며, 관계 공무원으로 하여금 공인전자문서센터의 사무실·사업장과 그 밖의 관련 장소에 출입하여 전자문서보관등에 관한 시설·장비·서류 또는 그 밖의 관련 물건을 검사하게 할 수 있다. 〈개정 2013. 3. 23., 2017. 7. 26.〉 ② 제1항에 따라 검사를 하는 공무원은 그 권한을 나타내는 증표를 지니고 이를 관계인에게 보여주어야 한다. [전문개정 2012. 6. 1.] 제31조의12(전자문서 등 관련 정보의 보안) ① 누구든지 공인전자문서센터에 보관된 전자문서나 그 밖의 관련 정보를 위조 또는 변조하거나 위조 또는 변조된 정보를 행사하여서는 아니 된다. ② 누구든지 공인전자문서센터의 정보처리시스템에 거짓 정보나 부정한 명령을 입력하는 등의 방법으로 제31조의7제2항에 따른 증명서가 거짓으로 발급되게 하여서는 아니 된다. ③ 누구든지 공인전자문서센터에 보관된 전자문서나 그 밖의 관련 정보를 멸실 또는 훼손하거나 그 비밀을 침해하여서는 아니 된다. ④ 공인전자문서센터의 임원 또는 직원이거나 임원 또는 직원이었던 사람은 직무상 알게 된 전자문서의 내용이나 그 밖의 관련 정보의 내용을 누설하거나 자신이 이용하거나 제3자로 하여금 이용하게 하여서는 아니 된다. [전문개정 2012. 6. 1.] 제31조의13(이용자의 정보 보호) 공인전자문서센터 및 공인전자문서중계자는 전자문서보관등 및 전자문서유통과 관련하여 관계 법령에서 정하는 바에 따라 이용자의 개인정보를 보호하여야 한다. [전문개정 2012. 6. 1.] 제31조의14(공인전자문서센터 영업의 양도·양수 등) ① 공인전자문서센터는 다른 공인전자문서센터에 영업의 전부 또는 일부를 양도하거나 다른 공인전자문서센터와 합병할 수 있다. 이 경우 양도 또는 합병하려는 날의 60일 전까지 과학기술정보통신부령으로 정하는 바에 따라 이용자에게 통지하여야 한다. 〈개정 2013. 3. 23., 2017. 7. 26.〉 ② 제1항에 따라 영업을 양수한 공인	------------------------ 〈 이하 생략함 〉	

전자문서 및 전자거래 기본법	전자문서 및 전자거래 기본법 시행령	전자문서 및 전자거래 기본법 시행규칙
전자문서센터 또는 합병 후에 존속하거나 설립되는 공인전자문서센터는 종전의 공인전자문서센터의 지위를 승계한다. ③ 제2항에 따라 종전의 공인전자문서센터의 지위를 승계한 자는 1개월 이내에 과학기술정보통신부령으로 정하는 바에 따라 과학기술정보통신부장관에게 신고하여야 한다. 〈개정 2013. 3. 23., 2017. 7. 26.〉 [전문개정 2012. 6. 1.] 제31조의15(전자문서보관등 영업의 폐지) ① 공인전자문서센터가 전자문서보관등의 영업을 폐지하려는 경우에는 폐지하려는 날의 60일 전까지 과학기술정보통신부령으로 정하는 바에 따라 이용자에게 통지하고 그 사실을 과학기술정보통신부장관에게 신고하여야 한다. 〈개정 2013. 3. 23., 2017. 7. 26.〉 ② 제1항에 따라 신고한 공인전자문서센터는 보관하고 있는 전자문서와 그 밖에 전자문서보관등에 관한 기록(이하 "보관문서등"이라 한다)을 다른 공인전자문서센터에 인계하여야 한다. 다만, 다른 공인전자문서센터가 인수를 거부하는 등 부득이한 사유로 인계할 수 없는 경우에는 그 사실을 과학기술정보통신부장관에게 지체 없이 신고하여야 한다. 〈개정 2013. 3. 23., 2017. 7. 26.〉 ③ 과학기술정보통신부장관은 다음 각 호의 어느 하나에 해당하는 경우로서 전자문서보관등 업무의 계속성과 안전성을 보장하기 위하여 긴급한 조치가 필요하다고 인정할 때에는 전담기관으로 하여금 해당 보관문서등을 인수하게 하거나 그 밖에 필요한 조치를 명할 수 있다. 〈개정 2013. 3. 23., 2017. 7. 26.〉 1. 제2항 단서에 따른 신고를 받은 경우 2. 제31조의5에 따라 공인전자문서센터의 지정을 취소한 경우 3. 그 밖에 공인전자문서센터가 전자문서보관등의 업무를 수행하지 못할 부득이한 사유가 발생한 경우 ④ 제1항부터 제3항까지의 규정에 따른 영업의 폐지신고 및 보관문서등의 인계·인수 등에 필요한 사항은 과학기술정보통신부령으로 정한다. 〈개정 2013. 3. 23., 2017. 7. 26.〉 [전문개정 2012. 6. 1.]		

전자문서 및 전자거래 기본법	전자문서 및 전자거래 기본법 시행령	전자문서 및 전자거래 기본법 시행규칙
제31조의16(배상책임 및 보험 가입) ① 공인전자문서센터는 전자문서보관등과 관련하여 이용자에게 손해를 입혔을 때에는 그 손해를 배상하여야 한다. 다만, 공인전자문서센터가 고의 또는 과실이 없음을 증명한 경우에는 그러하지 아니하다. ② 공인전자문서센터는 제1항에 따른 손해를 배상하기 위하여 대통령령으로 정하는 바에 따라 보험에 가입하여야 한다. [전문개정 2012. 6. 1.] 제31조의17(수수료 등) 공인전자문서센터는 증명서의 발급을 신청하는 자 또는 이용자에게 수수료 등 필요한 요금을 부과할 수 있다. [전문개정 2012. 6. 1.] 제2절 공인전자문서중계자 〈신설 2012. 6. 1.〉 제31조의18(공인전자문서중계자의 지정 등) ① 과학기술정보통신부장관은 전자문서유통의 안정성과 신뢰성을 확보하기 위하여 전자문서유통에 관하여 전문성이 있는 자를 공인전자문서중계자로 지정하여 전자문서유통을 하게 할 수 있다. 이 경우 개인정보 또는 영업비밀 보호를 위하여 필요한 경우에는 금융·의료·국방 등 분야별로 대표성이 있는 자를 우선하여 지정할 수 있다. 〈개정 2013. 3. 23., 2017. 7. 26.〉 ② 공인전자문서중계자로 지정을 받을 수 있는 자는 법인 또는 대통령령으로 정하는 국가기관등으로 한정한다. ③ 공인전자문서중계자로 지정을 받으려는 자는 전자문서유통에 필요한 인력·시설·장비와 재정능력 및 기술능력(이하 "공인전자문서중계자요건"이라 한다. 이하 이 조에서 같다)을 갖추어 과학기술정보통신부장관에게 지정을 신청하여야 한다. 다만, 제31조의2에 따라 공인전자문서센터로 지정받은 자는 공인전자문서중계자요건 중 인력·재정능력을 갖춘 것으로 본다. 〈개정 2013. 3. 23., 2017. 7. 26.〉 ④ 과학기술정보통신부장관은 전자문서유통의 안정성과 신뢰성 확보를 위하여 공인전자문서중계자 업무준칙을 고시할 수 있다. 〈개정 2013. 3. 23., 2017. 7. 26.〉 ⑤ 과학기술정보통신부장관은 제1항 후단에 따라 공인전자문서중계자를 지정하는 경우에는 전자문서유통의 안정		

전자문서 및 전자거래 기본법	전자문서 및 전자거래 기본법 시행령	전자문서 및 전자거래 기본법 시행규칙
성과 신뢰성 확보에 필요한 조건을 붙일 수 있다. 〈개정 2013. 3. 23., 2017. 7. 26.〉 ⑥ 제1항과 제3항에 따른 공인전자문서중계자요건 및 지정절차 등에 관하여 필요한 사항은 대통령령으로 정한다. [본조신설 2012. 6. 1.] 위임행정규칙 제31조의19(공인전자문서중계자의 결격사유) 다음 각 호의 어느 하나에 해당하는 자는 공인전자문서중계자로 지정을 받을 수 없다. 〈개정 2015. 12. 22.〉 1. 임원 중 제31조의3제1호 각 목의 어느 하나에 해당하는 사람이 있는 자 2. 제31조의5제1항이나 제31조의22에 따라 지정이 취소(제31조의3제1호가목 또는 나목에 해당하여 제31조의22제3호에 따라 지정이 취소된 경우는 제외한다)된 후 2년이 지나지 아니한 자 [본조신설 2012. 6. 1.] 제31조의20(공인전자문서중계자의 변경신고) 공인전자문서중계자는 전자문서유통에 사용되는 시설 또는 장비를 변경하였을 때에는 과학기술정보통신부령으로 정하는 바에 따라 과학기술정보통신부장관에게 신고하여야 한다. 〈개정 2013. 3. 23., 2017. 7. 26.〉 [본조신설 2012. 6. 1.] 제31조의21(정기점검 등) ① 공인전자문서중계자는 보유한 시설 및 장비의 안전성에 대하여 과학기술정보통신부장관으로부터 정기적으로 점검을 받아야 한다. 〈개정 2013. 3. 23., 2017. 7. 26.〉 ② 공인전자문서중계자는 제31조의20에 따른 변경신고를 하였을 때에는 과학기술정보통신부장관으로부터 해당 시설 또는 장비의 안전성에 대하여 점검을 받아야 한다. 〈개정 2013. 3. 23., 2017. 7. 26.〉 ③ 제1항과 제2항에 따른 점검의 기준·시기·대상 및 절차에 관하여 필요한 사항은 과학기술정보통신부령으로 정한다. 〈개정 2013. 3. 23., 2017. 7. 26.〉[본조신설 2012. 6. 1.] 제31조의22(공인전자문서중계자의 지정취소) 과학기술정보통신부장관은 공인전자문서중계자가 다음 각 호의 어느 하나에 해당하면 과학기술정보통		

전자문서 및 전자거래 기본법	전자문서 및 전자거래 기본법 시행령	전자문서 및 전자거래 기본법 시행규칙
신부령으로 정하는 바에 따라 그 지정을 취소할 수 있다. 다만, 제1호에 해당하는 경우에는 지정을 취소하여야 한다. 〈개정 2013. 3. 23., 2017. 7. 26.〉 1. 거짓이나 그 밖의 부정한 방법으로 제31조의18에 따른 지정을 받은 경우 2. 제31조의18제3항에 따른 공인전자문서중계자요건을 갖추지 못하게 된 경우 3. 임원이 제31조의19제1호에 해당하게 된 경우. 다만, 3개월 이내에 그 임원을 바꾸어 임명한 경우에는 그러하지 아니하다. 4. 제31조의23에 따른 시정명령을 정하여진 기간 이내에 이행하지 아니한 경우 [본조신설 2012. 6. 1.] 제31조의23(시정명령) 과학기술정보통신부장관은 공인전자문서중계자가 다음 각 호의 어느 하나에 해당하면 6개월 이내의 기간을 정하여 그 시정을 명할 수 있다. 〈개정 2013. 3. 23., 2017. 7. 26.〉 1. 제31조의18제4항에 따른 업무준칙을 위반한 경우 2. 제31조의18제5항에 따라 붙인 조건을 이행하지 아니한 경우 3. 공인전자문서중계자의 업무수행의 방법 또는 절차가 부적절하여 전자문서유통의 안정성과 신뢰성을 현저하게 해칠 우려가 있는 경우 [본조신설 2012. 6. 1.] 제6장 전자문서ㆍ전자거래분쟁조정위원회 〈개정 2012. 6. 1.〉 제32조(전자문서ㆍ전자거래분쟁조정위원회의 설치 및 구성 등) ① 전자문서 및 전자거래에 관한 분쟁을 조정하기 위하여 전자문서ㆍ전자거래분쟁조정위원회(이하 이 장에서 "위원회"라 한다)를 둔다. ② 위원회는 위원장 1명을 포함하여 15명 이상 50명 이하의 위원으로 구성한다. ③ 위원은 다음 각 호의 어느 하나에 해당하는 사람 중에서 과학기술정보통신부장관이 임명하거나 위촉하며, 위원장은 위원 중에서 호선(互選)한다. 〈개정 2013. 3. 23., 2017. 7. 26.〉 1. 대학이나 공인된 연구기관에서 부교수급 이상 또는 이에 상당하는		

전자문서 및 전자거래 기본법	전자문서 및 전자거래 기본법 시행령	전자문서 및 전자거래 기본법 시행규칙
직(職)에 있거나 있었던 사람으로서 전자문서 또는 전자거래 관련 분야를 전공한 사람 2. 4급 이상 공무원(고위공무원단에 속하는 일반직공무원을 포함한다) 또는 이에 상당하는 공공기관의 직에 있거나 있었던 사람으로서 전자문서 또는 전자거래 업무에 관한 경험이 있는 사람 3. 판사·검사 또는 변호사의 자격이 있는 사람 4. 「비영리민간단체 지원법」 제2조에 따른 비영리민간단체에서 추천한 사람 5. 그 밖에 전자문서 또는 전자거래와 분쟁조정에 관한 학식과 경험이 있는 사람 ④ 위원은 비상임으로 하고, 위원의 임기는 3년으로 하며, 한차례만 연임할 수 있다. ⑤ 위원은 다음 각 호의 어느 하나에 해당하는 경우를 제외하고는 그의 의사에 반하여 면직되거나 해촉되지 아니한다. 〈개정 2017. 10. 24.〉 1. 자격정지 이상의 형을 선고받은 경우 2. 심신장애로 인하여 직무를 수행할 수 없게 된 경우 3. 직무와 관련된 비위사실이 있는 경우 4. 직무태만이나 품위손상으로 인하여 위원으로 적합하지 아니하다고 인정되는 경우 5. 제32조의2제1항 각 호의 어느 하나 또는 같은 조 제2항 전단에 해당하는 데에도 불구하고 회피하지 아니한 경우 ⑥ 위원회의 업무를 지원하기 위하여 전담기관에 사무국을 둔다. ⑦ 제1항부터 제6항까지에서 규정한 사항 외에 위원회의 운영 등에 필요한 사항은 대통령령으로 정한다.[전문개정 2012. 6. 1.] 제32조의2(위원의 제척·기피·회피) ① 위원회의 위원은 다음 각 호의 어느 하나에 해당하는 경우에는 해당 조정사건의 조정에서 제척(除斥)된다. 1. 위원이나 그 배우자 또는 배우자였던 사람이 사건의 당사자가 되거나 사건의 당사자와 공동권리자·공동의무자의 관계에 있는 경우 2. 위원이 사건의 당사자와 친족이거나 친족이었던 경우 3. 위원이 해당 사건에 관하여 증언		

전자문서 및 전자거래 기본법	전자문서 및 전자거래 기본법 시행령	전자문서 및 전자거래 기본법 시행규칙
이나 감정(鑑定)을 한 경우 4. 위원이 해당 사건에 관하여 당사자의 대리인으로서 관여하거나 관여하였던 경우 ② 당사자는 위원에게 공정한 조정을 기대하기 어려운 사정이 있는 경우에는 위원회에 기피신청을 할 수 있고, 위원회는 의결로 이를 결정한다. 이 경우 기피 신청의 대상인 위원은 그 의결에 참여하지 못한다. 〈개정 2017. 10. 24.〉 ③ 위원이 제1항이나 제2항의 사유에 해당하는 경우에는 스스로 해당 사건의 조정을 회피하여야 한다. 〈개정 2017. 10. 24.〉[본조신설 2012. 6. 1.] 제33조(분쟁의 조정) ① 전자문서 및 전자거래와 관련한 피해의 구제와 분쟁의 조정을 받으려는 자는 위원회에 분쟁의 조정을 신청할 수 있다. 다만, 다른 법률에 따라 분쟁조정이 완료된 경우는 제외한다. ② 조정은 3명 이내의 위원으로 구성된 조정부(이하 "조정부"라 한다)에서 행한다. 다만, 위원회에서 조정하기로 의결한 사건의 경우에는 위원회에서 행한다. ③ 조정부의 위원은 사건마다 각각 위원회의 위원 중에서 위원장이 지명하되, 제32조제3항제3호에 해당하는 사람이 1명 이상 포함되어야 한다. ④ 위원회 또는 조정부는 제1항에 따른 분쟁조정 신청을 받은 날부터 45일 이내에 조정안을 작성하여 분쟁당사자(이하 "당사자"라 한다)에게 권고하여야 한다. 다만, 부득이한 사정으로 그 기한을 연장하려는 경우에는 그 사유와 기한을 명시하여 당사자에게 통지하여야 한다. ⑤ 제4항에 따른 조정안에는 신청취지에 반하지 아니하는 범위에서 원상회복, 손해배상 및 그 밖에 피해의 구제를 위하여 필요한 조치사항을 포함할 수 있다. 〈신설 2015. 6. 22.〉 ⑥ 제4항 본문에 따른 권고를 받은 당사자는 권고를 받은 날부터 15일 이내에 조정안에 대한 동의 여부를 위원회 또는 조정부에 알려야 한다. 이 경우 15일 이내에 의사표시가 없는 때에는 수락한 것으로 본다. 〈개정 2015. 6. 22.〉 ⑦ 제1항부터 제6항까지에서 규정한 사항 외에 조정절차에 관하여 필요한 사항은 대통령령으로 정한다. 〈개정 2015. 6. 22.〉[전문개정 2012. 6. 1.]		

전자문서 및 전자거래 기본법	전자문서 및 전자거래 기본법 시행령	전자문서 및 전자거래 기본법 시행규칙
제33조의2(위법사실의 통보 등) 위원회는 분쟁조정을 함에 있어서 당사자 또는 관계인이 법령을 위반한 것으로 판단되는 때에는 관계 기관에 위반 사실을 통보하고 적절한 조치를 의뢰하여야 한다. 다만, 다음 각 호의 경우에는 그러하지 아니하다. 1. 분쟁의 당사자가 피해보상에 관한 합의를 하고 법령위반행위를 시정한 경우 2. 관계 기관에서 위법사실을 이미 인지하여 조사하고 있는 경우 [본조신설 2015. 6. 22.] 제34조(자료 요청 등) ① 위원회는 분쟁조정을 위하여 필요한 자료의 제공을 당사자 또는 참고인에게 요청할 수 있다. 이 경우 해당 당사자는 정당한 사유가 없으면 요청에 따라야 한다. ② 위원회는 필요하다고 인정하는 경우에는 당사자 또는 참고인으로 하여금 위원회에 출석하게 하여 그 의견을 들을 수 있다.[전문개정 2012. 6. 1.] 제34조의2(조정의 거부와 중지) ① 위원회는 다음 각 호의 어느 하나에 해당하는 경우에는 조정을 거부할 수 있다. 1. 다른 법률에 따라 분쟁조정이 완료된 경우 2. 사건의 성질상 위원회에서 조정하는 것이 적합하지 아니하다고 인정되는 경우 3. 부정한 목적으로 분쟁의 조정을 신청한 것으로 인정되는 경우 ② 위원회는 분쟁의 조정이 끝나기 전에 당사자가 소(訴)를 제기한 경우에는 조정을 중지할 수 있다. ③ 위원회는 제1항과 제2항에 따라 조정을 거부하거나 중지하는 경우에는 그 사실과 사유를 당사자에게 통지하여야 한다.[본조신설 2012. 6. 1.] 제35조(조정의 성립) ① 조정은 다음 각 호의 어느 하나의 경우에 성립한다. 1. 제33조제4항에 따른 조정안에 대하여 당사자가 동의한 경우 2. 당사자가 위원회에 조정합의서를 제출한 경우 ② 위원회는 제1항에 따라 조정이 성립한 경우에는 위원회의 위원장과 각 당사자가 기명·날인한 조정조서를 당사자에게 보내야 한다.		

전자문서 및 전자거래 기본법	전자문서 및 전자거래 기본법 시행령	전자문서 및 전자거래 기본법 시행규칙
③ 제2항에 따른 조정조서는 「민사소송법」에 따른 재판상 화해와 동일한 효력을 갖는다. [전문개정 2012. 6. 1.] 제36조(조정의 불성립) 위원회는 다음 각 호의 어느 하나에 해당하는 경우에는 조정이 성립하지 아니하였음을 당사자에게 통지하여야 한다. 1. 분쟁조정의 신청이 취하되거나 당사자 어느 한 쪽이 분쟁의 조정에 응하지 아니하는 경우 2. 당사자가 위원회의 조정안을 거부한 경우[전문개정 2012. 6. 1.] 제36조의2(소멸시효의 중단) 제33조 제1항에 따른 분쟁조정의 신청은 소멸시효 중단의 효력이 있다. 다만, 분쟁조정의 신청을 취하하는 경우에는 그러하지 아니하다.[본조신설 2014. 10. 15.] 제37조(조정비용 등) ① 위원회는 분쟁의 조정을 신청한 자에게 대통령령으로 정하는 바에 따라 조정비용을 부담하게 할 수 있다. ② 정부는 예산의 범위에서 위원회의 운영에 필요한 경비를 출연할 수 있다.[전문개정 2012. 6. 1.] 제37조의2(비밀 유지) 위원회의 분쟁조정 업무에 종사하는 자 또는 종사하였던 자는 그 직무상 알게 된 비밀을 타인에게 누설하거나 직무상 목적 외의 용도로 사용하여서는 아니 된다. 다만, 다른 법률에 특별한 규정이 있는 경우에는 그러하지 아니하다.[본조신설 2012. 6. 1.] 제7장 보칙 〈신설 2012. 6. 1.〉 제38조(유사명칭의 사용금지) ① 공인전자문서센터로 지정을 받지 아니한 자는 공인전자문서센터 또는 이와 유사한 명칭을 사용하여서는 아니 된다. ② 공인전자문서중계자로 지정을 받지 아니한 자는 공인전자문서중계자 또는 이와 유사한 명칭을 사용하여서는 아니 된다. ③ 누구든지 공인전자주소가 아닌 것에 공인전자주소 또는 이와 유사한 명칭을 사용하여서는 아니 된다.[전문개정 2012. 6. 1.] 39조(권한의 위임·위탁) 이 법에 따른 과학기술정보통신부장관의 권한은 대통령령으로 정하는 바에 따라 그 일부를 소속 기관의 장 또는 지방자치단체의 장에게 위임하거나 관계 중앙행		

전자문서 및 전자거래 기본법	전자문서 및 전자거래 기본법 시행령	전자문서 및 전자거래 기본법 시행규칙
정기관의 장 또는 전문기관에 위탁할 수 있다. 〈개정 2013. 3. 23., 2017. 7. 26.〉[전문개정 2012. 6. 1.] 제40조(상호주의) 외국인 및 외국 법인에 대하여도 이 법을 적용한다. 다만, 대한민국 국민 또는 대한민국 법인에 대하여 이 법에 준하는 보호를 하지 아니하는 국가의 외국인 또는 외국 법인에 대하여는 그에 상응하게 이 법 또는 대한민국이 가입 또는 체결한 조약에 따른 보호를 제한할 수 있다.[전문개정 2012. 6. 1.] 제41조(청문) 과학기술정보통신부장관은 다음 각 호의 어느 하나에 해당하는 경우에는 청문을 하여야 한다. 〈개정 2013. 3. 23., 2017. 7. 26.〉 1. 제30조의2에 따라 지원센터의 지정을 취소하려는 경우 2. 제31조의5제1항에 따라 공인전자문서센터의 지정을 취소하려는 경우 3. 제31조의22에 따라 공인전자문서중계자의 지정을 취소하려는 경우 [전문개정 2012. 6. 1.] 제42조(벌칙 적용 시의 공무원 의제) 다음 각 호의 어느 하나에 해당하는 사람은 그 업무에 관하여 「형법」 제129조부터 제132조까지의 규정을 적용할 때에는 공무원으로 본다. 1. 공인전자문서센터의 임원 또는 직원 2. 공인전자문서중계자의 임원 3. 위원회의 위원 중 공무원이 아닌 위원 [전문개정 2012. 6. 1.] 제8장 벌칙 〈개정 2012. 6. 1.〉 제43조(벌칙) ① 다음 각 호의 어느 하나에 해당하는 자는 10년 이하의 징역 또는 1억원 이하의 벌금에 처한다. 1. 제31조의12제1항을 위반하여 공인전자문서센터에 보관된 전자문서나 그 밖의 관련 정보를 위조 또는 변조하거나 위조 또는 변조된 정보를 행사한 자 2. 제31조의12제2항을 위반하여 공인전자문서센터의 정보처리시스템에 거짓 정보나 부정한 명령을 입력하는 등의 방법으로 제31조의7제2항에 따른 증명서가 거짓으로 발급되게 한 자 ② 제1항의 미수범은 처벌한다.[전문개정 2012. 6. 1.]		

전자문서 및 전자거래 기본법	전자문서 및 전자거래 기본법 시행령	전자문서 및 전자거래 기본법 시행규칙
제44조(벌칙) 다음 각 호의 어느 하나에 해당하는 자는 5년 이하의 징역 또는 5천만원 이하의 벌금에 처한다. 1. 제31조의12제3항을 위반하여 공인전자문서센터에 보관된 전자문서나 그 밖의 관련 정보를 멸실 또는 훼손하거나 그 비밀을 침해한 자 2. 제31조의12제4항을 위반하여 직무상 알게 된 전자문서의 내용이나 그 밖의 관련 정보의 내용을 누설하거나 자신이 이용하거나 제3자로 하여금 이용하게 한 공인전자문서센터의 임원 또는 직원이거나 임원 또는 직원이었던 자 3. 제37조의2를 위반하여 직무상 알게 된 비밀을 타인에게 누설하거나 직무상 목적 외의 용도로 사용한 자[전문개정 2012. 6. 1.] 제45조(양벌규정) 법인의 대표자나 법인 또는 개인의 대리인, 사용인, 그 밖의 종업원이 그 법인 또는 개인의 업무에 관하여 제43조 또는 제44조의 위반행위를 하면 그 행위자를 벌하는 외에 그 법인 또는 개인에게도 해당 조문의 벌금형을 과(科)한다. 다만, 법인 또는 개인이 그 위반행위를 방지하기 위하여 해당 업무에 관하여 상당한 주의와 감독을 게을리하지 아니한 경우에는 그러하지 아니하다.[전문개정 2008. 12. 26.] 제46조(과태료) ① 다음 각 호의 어느 하나에 해당하는 자에게는 3천만원 이하의 과태료를 부과한다. 1. 제18조의6을 위반하여 공인전자주소를 수집·판매하거나 제공한 자 2. 제18조의7을 위반하여 수신자의 공인전자주소에 영리 또는 홍보를 목적으로 광고를 송신한 자 3. 제31조의9제4항을 위반하여 전자문서나 그 밖의 관련 정보를 제공·공개 등을 한 공인전자문서센터 ② 다음 각 호의 어느 하나에 해당하는 자에게는 1천만원 이하의 과태료를 부과한다. 〈개정 2013. 3. 23., 2017. 7. 26.〉 1. 삭제 〈2017. 10. 24.〉 2. 제31조의8제1항을 위반하여 전자문서보관등 업무준칙의 신고를 하지 아니한 자 3. 제31조의8제2항을 위반하여 전자문서보관등 업무준칙의 변경신고를 하지 아니한 자 4. 제31조의8제3항에 따른 전자문서		

전자문서 및 전자거래 기본법	전자문서 및 전자거래 기본법 시행령	전자문서 및 전자거래 기본법 시행규칙
보관등 업무준칙의 변경에 관한 명령을 이행하지 아니한 자 5. 제31조의8제4항을 위반하여 시설 또는 장비의 변경신고를 하지 아니한 자 6. 제31조의9제1항을 위반하여 정당한 사유 없이 전자문서보관등의 서비스의 제공을 거부한 자 7. 제31조의9제2항을 위반하여 이용자를 부당하게 차별한 자 8. 제31조의9제3항을 위반하여 공인전자문서센터에 보관된 전자문서의 내용이 훼손되거나 변경되지 아니하도록 필요한 조치를 하지 아니한 자 9. 제31조의10제1항 또는 제2항을 위반하여 점검을 받지 아니한 자 10. 제31조의11제1항에 따른 자료제출이나 보고를 하지 아니한 자, 거짓 자료를 제출하거나 거짓 보고를 한 자 또는 관계 공무원의 출입이나 검사를 거부·방해 또는 기피한 자 11. 제31조의14제1항 후단을 위반하여 전자문서보관등 영업의 양도 또는 합병을 이용자에게 통지하지 아니한 자 12. 제31조의14제3항을 위반하여 공인전자문서센터의 지위승계 사실을 신고하지 아니한 자 13. 제31조의15제1항을 위반하여 전자문서보관등 영업의 폐지를 이용자에게 통지하지 아니하거나 그 사실을 과학기술정보통신부장관에게 신고하지 아니한 자 14. 제31조의15제2항을 위반하여 보관문서등을 인계하지 아니하거나 신고하지 아니한 자 15. 제31조의16제2항을 위반하여 보험에 가입하지 아니한 자 16. 제31조의20을 위반하여 시설 또는 장비의 변경신고를 하지 아니한 자 17. 제31조의21을 위반하여 점검을 받지 아니한 자 18. 제38조제1항을 위반하여 공인전자문서센터 또는 이와 유사한 명칭을 사용한 자 19. 제38조제2항을 위반하여 공인전자문서중계자 또는 이와 유사한 명칭을 사용한 자 20. 제38조제3항을 위반하여 공인전자주소 또는 이와 유사한 명칭을 사용한 자 ③ 제1항과 제2항에 따른 과태료는		

전자문서 및 전자거래 기본법	전자문서 및 전자거래 기본법 시행령	전자문서 및 전자거래 기본법 시행규칙
대통령령으로 정하는 바에 따라 과학기술정보통신부장관이 부과·징수한다. 〈개정 2013. 3. 23., 2017. 7. 26.〉[전문개정 2012. 6. 1.] 편집 부 칙 〈법률 제6614호, 2002. 1. 19.〉 부칙보기 ① (시행일) 이 법은 2002년 7월 1일부터 시행한다. ② (전자상거래지원센터의 지정에 관한 경과조치) 이 법 시행 당시 종전의 규정에 의하여 지정받은 전자상거래지원센터는 제30조의 규정에 의한 전자상거래지원센터로 본다. ③ (다른 법령과의 관계) 이 법 시행 당시 다른 법령에서 종전의 전자거래기본법 또는 그 규정을 인용하고 있는 경우 이 법에 그에 해당하는 규정이 있는 때에는 이 법 또는 이 법의 해당규정을 인용한 것으로 본다. 편집 부 칙 〈법률 제7440호, 2005. 3. 31.〉 부칙보기 ① (시행일) 이 법은 공포 후 6월이 경과한 날부터 시행한다. ② (전자거래정책협의회에 관한 경과조치) 이 법 시행당시 종전의 규정에 의하여 설치·구성된 전자거래정책협의회는 제21조의 개정규정에 의하여 설치·구성된 전자거래정책위원회로 본다. ③ (한국전자문서교환위원회에 관한 경과조치) 이 법 시행당시 종전의 규정에 의하여 설치·구성된 한국전자문서교환위원회는 제21조제5항의 개정규정에 의하여 설치·구성되는 전자문서의 표준에 관한 전자거래정책위원회의 분과위원회로 본다. 편집 부 칙 〈법률 제7796호, 2005. 12. 29.〉 (국가공무원법) 부칙보기 제1조 (시행일) 이 법은 2006년 7월 1일부터 시행한다. 제2조 내지 제5조 생략 제6조 (다른 법률의 개정) ① 내지 〈51〉 생략 〈52〉 전자거래기본법 일부를 다음과 같이 개정한다. 제21조제4항중 "3급 또는 3급 상당 이상의 공무원"을 "3급 또는 3급 상당 공무원, 고위공무원단에 속하는 공무원"으로 한다. 제32조제3항제2호중 "4급 이상 공무원"을 "4급 이상 공무원(고위공무원단에 속하는 일반공무원을 포함한다)"으		

전자문서 및 전자거래 기본법	전자문서 및 전자거래 기본법 시행령	전자문서 및 전자거래 기본법 시행규칙
로 한다. 〈53〉 내지 〈68〉생략 폐침 부 칙 〈법률 제7988호, 2006. 9. 27.〉 (소비자기본법) 부칙보기 제1조 (시행일) 이 법은 공포 후 6개월이 경과한 날부터 시행한다. 〈단서 생략〉 제2조 내지 제11조 생략 제12조 (다른 법률의 개정) ① 내지 ⑥ 생략 ⑦ 전자거래기본법 일부를 다음과 같이 개정한다. 제15조제1항 중 "소비자보호법"을 "「소비자기본법」"으로 한다. ⑧ 내지 ⑫생략 제13조 생략 폐침 부 칙 〈법률 제8362호, 2007. 4. 11.〉 (중소기업창업 지원법) 부칙보기 제1조 (시행일) 이 법은 공포한 날부터 시행한다. 〈단서 생략〉 제2조 내지 제8조 생략 제9조 (다른 법률의 개정) ① 내지 ⑩ 생략 ⑪ 전자거래기본법 일부를 다음과 같이 개정한다. 별표 제47호 중 "제17조"를 "제29조"로 한다. ⑫ 및 ⑬생략 제10조 생략 폐침 부 칙 〈법률 제8371호, 2007. 4. 11.〉 (폐기물관리법) 부칙보기 제1조 (시행일) 이 법은 공포한 날부터 시행한다. 〈단서 생략〉 제2조 내지 제8조 생략 제9조 (다른 법률의 개정) ① 내지 ㉙ 생략 ㉚ 전자거래기본법 일부를 다음과 같이 개정한다. 별표 제48호 중 "제41조제1항"을 "제36조제1항"으로 하고, 같은 표 제49호 중 "제41조제2항"을 "제36조제2항"으로 한다. ㉛ 내지 ㊻생략 제10조 생략 폐침 부 칙 〈법률 제8387호, 2007. 4. 27.〉 (통계법) 부칙보기 제1조 (시행일) 이 법은 공포 후 6개월이 경과한 날부터 시행한다.		

전자문서 및 전자거래 기본법	전자문서 및 전자거래 기본법 시행령	전자문서 및 전자거래 기본법 시행규칙
제2조부터 제7조 생략 제8조 (다른 법률의 개정) ①부터 ⑧ 생략 ⑨ 전자거래기본법 일부를 다음과 같이 개정한다. 제28조제1항 후단 중 "통계법"을 "「통계법」"으로 한다. ⑩부터 ⑭생략 제9조 생략 부칙 부 칙 〈법률 제8461호, 2007. 5. 17.〉 이 법은 공포 후 6개월이 경과한 날부터 시행한다. 다만, 제5조제2항부터 제4항까지의 개정규정은 공포한 날부터 시행한다. 폐침 부 칙 〈법률 제8466호, 2007. 5. 17.〉 (수질 및 수생태계 보전에 관한 법률) 부칙보기 제1조 (시행일) 이 법은 공포 후 6개월이 경과한 날부터 시행한다. 제2조 및 제3조 생략 제4조 (다른 법률의 개정) ①부터 ㉝까지 생략 ㉞ 전자거래기본법 일부를 다음과 같이 개정한다. 별표 제28호 중 "「수질환경보전법」 제15조제3항의 규정에 의한"을 "「수질 및 수생태계 보전에 관한 법률」 제38조제3항에 따른"으로 한다. ㉟부터 〈55〉까지 생략 제5조 (다른 법률과의 관계) 이 법 시행 당시 다른 법령에서 「수질환경보전법」의 규정을 인용한 경우에 이 법 중 그에 해당하는 규정이 있는 때에는 종전의 규정에 갈음하여 이 법 및 이 법의 해당 규정을 인용한 것으로 본다. 폐침 부 칙 〈법률 제8802호, 2007. 12. 27.〉 (염업조합법) 부칙보기 제1조 (시행일) 이 법은 공포 후 6개월이 경과한 날부터 시행한다. 제2조부터 제5조까지 생략 제6조 (다른 법률의 개정) 전자거래기본법 일부를 다음과 같이 개정한다. 별표 제39호 중 "제21조제1항의 규정에 의한 사업보고서 및 결산보고서"를 "제42조제1항에 따른 결산보고서		

전자문서 및 전자거래 기본법	전자문서 및 전자거래 기본법 시행령	전자문서 및 전자거래 기본법 시행규칙
(사업보고서, 대차대조표, 손익계산서, 잉여금처분안 또는 손실금처리안 등을 말한다)"로 한다. 제7조 생략 폐침 부 칙 〈법률 제8852호, 2008. 2. 29.〉 (정부조직법) 부칙보기 제1조(시행일) 이 법은 공포한 날부터 시행한다. 다만, ···〈생략〉···, 부칙 제6조에 따라 개정되는 법률 중 이 법의 시행 전에 공포되었으나 시행일이 도래하지 아니한 법률을 개정한 부분은 각각 해당 법률의 시행일부터 시행한다. 제2조부터 제5조까지 생략 제6조 (다른 법률의 개정) ①부터 〈397〉까지 생략 〈398〉 전자거래기본법 일부를 다음과 같이 개정한다. 제5조제3항, 제20조제3항, 제21조제4항, 제22조제3항제13호, 제23조제2항·제3항·제5항·제6항, 제28조제1항·제2항, 제30조제2항, 제31조의2제1항·제3항, 제31조의4, 제31조의5제1항·제2항·제4항, 제31조의8제1항부터 제4항까지, 제31조의10제1항·제2항, 제31조의11제1항, 제31조의14제3항, 제31조의15제1항·제2항 단서·제3항, 제32조제3항, 제39조, 제41조, 제46조제2항제10호·제3항·제4항·제5항 중 "산업자원부장관"을 각각 "지식경제부장관"으로 한다. 제21조제1항 중 "산업자원부"를 "지식경제부"로 하고, 같은 조 제4항 중 "산업자원부차관"을 "지식경제부차관"으로 한다. 제23조제4항, 제31조의5제1항, 제31조의8제1항 및 같은 항 제4호·제2항·제4항, 제31조의10제3항, 제31조의14제1항·제3항, 제31조의15제1항·제4항 중 "산업자원부령"을 각각 "지식경제부령"으로 한다. 제31조의13제2항 중 ""정보통신부령"은 "산업자원부령""을 ""행정안전부령"은 "지식경제부령""으로, ""정보통신부장관"은 "산업자원부장관""을 ""행정안전부장관"은 "지식경제부장관""으로 한다.〈399〉부터 〈760〉까지 생략 제7조 생략 부칙 부 치 〈법률 제8932호,		

전자문서 및 전자거래 기본법	전자문서 및 전자거래 기본법 시행령	전자문서 및 전자거래 기본법 시행규칙
2008. 3. 21.〉 이 법은 공포한 날부터 시행한다. 펼침 부　　칙 〈법률 제8979호, 2008. 3. 21.〉 (화물자동차 운수사업법) 부칙보기 제1조 (시행일) 이 법은 공포한 날부터 시행한다. 제2조부터 제4조까지 생략 제5조 (다른 법률의 개정) ①부터 ⑨까지 생략 ⑩ 전자거래기본법 일부를 다음과 같이 개정한다. 별표 제53호 중 "제9조의3제1항"을 "제10조제1항"으로 한다. ⑪ 생략 제6조 생략 부칙 부　　칙 〈법률 제9246호, 2008. 12. 26.〉 이 법은 공포한 날부터 시행한다. 부칙 부　　칙 〈법률 제9429호, 2009. 2. 6.〉 이 법은 공포 후 6개월이 경과한 날부터 시행한다. 부칙 부　　칙 〈법률 제9504호, 2009. 3. 18.〉 이 법은 공포한 날부터 시행한다. 펼침 부　　칙 〈법률 제9705호, 2009. 5. 22.〉 (국가정보화 기본법) 부칙보기 제1조(시행일) 이 법은 공포 후 3개월이 경과한 날부터 시행한다. 〈단서 생략〉 제2조부터 제5조까지 생략 제6조(다른 법률의 개정) ①부터 ⑧까지 생략 ⑨ 전자거래기본법 일부를 다음과 같이 개정한다. 제20조제3항 중 "「정보화촉진기본법」 제8조에 따른 정보화추진위원회"를 "「국가정보화 기본법」 제9조에 따른 국가정보화전략위원회"로 한다. ⑩부터 ⑫까지 생략 제7조 생략 펼침 부　　칙 〈법률 제9708호, 2009. 5. 22.〉 (정보통신산업 진흥법) 부칙보기 제1조(시행일) 이 법은 공포 후 3개월이 경과한 날부터 시행한다. 〈단서 생략〉 제2조부터 제9조까지 생략		

전자문서 및 전자거래 기본법	전자문서 및 전자거래 기본법 시행령	전자문서 및 전자거래 기본법 시행규칙
제10조(다른 법률의 개정) ①부터 ⑩까지 생략 ⑪ 전자거래기본법 일부를 다음과 같이 개정한다. 제22조를 다음과 같이 한다. 제22조(전자거래 진흥 전담기관) 정부는 「정보통신산업 진흥법」 제26조에 따른 정보통신산업진흥원(이하 "진흥원"이라 한다)으로 하여금 전자거래의 촉진을 위한 사업을 효율적·체계적으로 추진하고 전자거래와 관련된 정책의 개발을 지원하기 위한 사업을 하게 할 수 있다. ⑫부터 ⑮까지 생략 제11조 및 제12조 생략 폐침 부 칙 〈법률 제10220호, 2010. 3. 31.〉 (지방세특례제한법) 부칙보기 제1조(시행일) 이 법은 2011년 1월 1일부터 시행한다. 제2조 및 제3조 생략 제4조(다른 법률의 개정) ①부터 ㉜까지 생략 ㉝ 전자거래기본법 일부를 다음과 같이 개정한다. 제31조제1항 중 "「지방세법」"을 "「지방세특례제한법」"으로 한다. ㉞부터 ㊺까지 생략 제5조 생략 폐침 부 칙 〈법률 제10250호, 2010. 4. 12.〉 (엔지니어링산업 진흥법) 부칙보기 제1조(시행일) 이 법은 공포 후 6개월이 경과한 날부터 시행한다. 제2조부터 세7소까시 생략 제8조(다른 법률의 개정) ①부터 ⑧까지 생략 ⑨ 전자거래기본법 일부를 다음과 같이 개정한다. 별표 제35호 중 "「엔지니어링기술 진흥법」 제5조제1항의 규정에 의한"을 "「엔지니어링산업 진흥법」 제28조제1항에 따른"으로 한다. ⑩부터 ⑭까지 생략 제9조 생략 폐침 부 칙 〈법률 제10629호, 2011. 5. 19.〉 (지식재산 기본법) 부칙보기 제1조(시행일) 이 법은 공포 후 2개월이 경과한 날부터 시행한다. 〈단서 생략〉 제2조(다른 법률의 개정) ①부터 ⑲		

전자문서 및 전자거래 기본법	전자문서 및 전자거래 기본법 시행령	전자문서 및 전자거래 기본법 시행규칙
까지 생략 ⑳ 전자거래기본법 일부를 다음과 같이 개정한다. 제20조제1항제4호 중 "지적재산권"을 "지식재산권"으로 한다. ㉑ 및 ㉒ 생략 편칩 부 칙 〈법률 제10854호, 2011. 7. 14.〉 (금융실명거래 및 비밀보장에 관한 법률) 부칙보기 제1조(시행일) 이 법은 공포한 날부터 시행한다. 〈단서 생략〉 제2조 생략 제3조(다른 법률의 개정) ①부터 ⑬까지 생략 ⑭ 전자거래기본법 일부를 다음과 같이 개정한다. 별표 제61호 중 "「금융실명거래 및 비밀보장에 관한 법률」 제4조의2제2항 및 제3항에 따른 거래정보 등의 요구자에 의한 금융기관"을 "「금융실명거래 및 비밀보장에 관한 법률」 제4조의2제2항 및 제3항에 따른 거래정보등의 요구자에 의한 금융회사등"으로 한다. ⑮ 및 ⑯ 생략 편칩 부 칙 〈법률 제11461호, 2012. 6. 1.〉 부칙보기 제1조(시행일) 이 법은 공포 후 3개월이 경과한 날부터 시행한다. 제2조(전자문서·전자거래분쟁조정위원회 위원의 임기에 관한 적용례) 제32조제4항의 개정규정은 이 법 시행 후 최초로 임명되거나 위촉되는 위원부터 적용한다. 제3조(전자문서·전자거래 분쟁조정에 관한 적용례) 제33조, 제34조의2, 제35조 및 제36조의 개정규정은 이 법 시행 후 최초로 신청되는 것부터 적용한다. 제4조(우수한 전자거래사업자의 인증에 관한 경과조치) 이 법 시행 당시 종전의 규정에 따라 받은 우수한 전자거래사업자의 인증은 제18조의 개정규정에 따라 받은 우수한 전자거래사업자의 인증으로 본다. 제5조(전자거래기본정책에 관한 경과조치) 이 법 시행 당시 종전의 규정에 따라 수립된 전자거래기본정책은 제		

전자문서 및 전자거래 기본법	전자문서 및 전자거래 기본법 시행령	전자문서 및 전자거래 기본법 시행규칙
19조의 개정규정에 따라 수립된 전자문서·전자거래기본정책으로 본다. 제6조(전자거래촉진계획에 관한 경과조치) 이 법 시행 당시 종전의 규정에 따라 수립된 전자거래촉진계획은 제20조의 개정규정에 따라 수립된 전자문서·전자거래촉진계획으로 본다. 제7조(공인전자문서보관소에 관한 경과조치) 이 법 시행 전에 종전의 규정에 따라 공인전자문서보관소로 지정받은 법인은 제31조의2의 개정규정에 따라 지정받은 공인전자문서센터로 본다. 제8조(결격사유에 관한 경과조치) 이 법 시행 당시 공인전자문서센터의 임원인 자가 이 법 시행 전에 발생한 사유로 제31조의3제1호마목의 개정규정에 따라 새로이 결격사유에 해당하게 된 경우에는 같은 개정규정에도 불구하고 종전의 규정에 따른다. 제9조(전자거래분쟁조정위원회에 관한 경과조치) 이 법 시행 당시 종전의 규정에 따른 전자거래분쟁조정위원회는 제32조의 개정규정에 따른 전자문서·전자거래분쟁조정위원회로 본다. 제10조(다른 법률의 개정) ① 법률 제11283호 결혼중개업의 관리에 관한 법률 일부개정법률 일부를 다음과 같이 개정한다. 제10조제1항제1호 중 "「전자거래기본법」"을 "「전자문서 및 전자거래 기본법」"으로 한다. 제14조 후단 중 "「전자거래기본법」"을 "「전자문서 및 전자거래 기본법」"으로 한다. ② 공증인법 일부를 다음과 같이 개정한다. 제1조의2제2호 중 "「전자거래기본법」"을 "「전자문서 및 전자거래 기본법」"으로 한다. ③ 국세기본법 일부를 다음과 같이 개정한다. 제85조의3제4항 본문 중 "「전자거래기본법」"을 "「전자문서 및 전자거래 기본법」"으로, "공인전자문서보관소"를 "공인전자문서센터"로 한다. ④ 근로복지기본법 일부를 다음과 같이 개정한다. 제35조제7항 각 호 외의 부분 후단 중 "「전자거래기본법」"을 "「전자문서 및 전자거래 기본법」"으로 한다.		

전자문서 및 전자거래 기본법	전자문서 및 전자거래 기본법 시행령	전자문서 및 전자거래 기본법 시행규칙
⑤ 근로자직업능력 개발법 일부를 다음과 같이 개정한다. 제23조의2제2항 중 "「전자거래기본법」"을 "「전자문서 및 전자거래 기본법」"으로 한다. ⑥ 남녀고용평등과 일·가정 양립 지원에 관한 법률 일부를 다음과 같이 개정한다. 제33조 후단 중 "「전자거래기본법」"을 "「전자문서 및 전자거래 기본법」"으로 한다. ⑦ 법률 제11349호 농수산물 유통 및 가격안정에 관한 법률 일부개정법률 일부를 다음과 같이 개정한다. 제2조제14호 및 제35조제2항제1호 중 "「전자거래기본법」"을 각각 "「전자문서 및 전자거래 기본법」"으로 한다. ⑧ 담배사업법 일부를 다음과 같이 개정한다. 제12조제4항 중 "전자거래기본법 제2조제5호의 규정에 의한"을 "「전자문서 및 전자거래 기본법」 제2조제5호에 따른"으로 한다. ⑨ 법률 제10786호 마약류 관리에 관한 법률 일부개정법률 일부를 다음과 같이 개정한다. 제28조제3항 중 "「전자거래기본법」"을 "「전자문서 및 전자거래 기본법」"으로 한다. ⑩ 물류정책기본법 일부를 다음과 같이 개정한다. 제32조제1항 중 "「전자거래기본법」"을 "「전자문서 및 전자거래 기본법」"으로 한다. ⑪ 법률 제11324호 방문판매 등에 관한 법률 전부개정법률 일부를 다음과 같이 개정한다. 제7조제4항 전단 중 "「전자거래기본법」"을 "「전자문서 및 전자거래 기본법」"으로 한다. ⑫ 여신전문금융업법 일부를 다음과 같이 개정한다. 제14조제5항 단서 및 제39조 각 호 외의 부분 단서 중 "「전자거래기본법」"을 각각 "「전자문서 및 전자거래 기본법」"으로 한다. ⑬ 유통산업발전법 일부를 다음과 같이 개정한다. 제2조제10호 중 "「전자거래기본법」 제2조제1호의 규정에 의한"을 "「전자문서 및 전자거래 기본법」 제2조제1호에 따른"으로 한다. ⑭ 인지세법 일부를 다음과 같이 개정한다. 제3조제3항 중 "「전자거래기본법」"을		

전자문서 및 전자거래 기본법	전자문서 및 전자거래 기본법 시행령	전자문서 및 전자거래 기본법 시행규칙
"「전자문서 및 전자거래 기본법」"으로 한다. ⑮ 전자금융거래법 일부를 다음과 같이 개정한다. 제2조제9호 중 "「전자거래기본법」 제2조제1호의 규정"을 "「전자문서 및 전자거래 기본법」 제2조제1호"로 한다. 제2조제16호마목 중 "「전자거래기본법」 제6조제1항의 규정"을 "「전자문서 및 전자거래 기본법」 제6조제1항"으로 한다. 제5조제1항 중 "「전자거래기본법」 제4조 내지 제7조, 제9조 및 제10조의 규정을"을 "「전자문서 및 전자거래 기본법」 제4조부터 제7조까지, 제9조 및 제10조를"로 한다. ⑯ 전자무역 촉진에 관한 법률 일부를 다음과 같이 개정한다. 제2조제4호 및 제16조제1항 중 "「전자거래기본법」"을 각각 "「전자문서 및 전자거래 기본법」"으로 한다. ⑰ 법률 제11326호 전자상거래 등에서의 소비자보호에 관한 법률 일부개정법률 일부를 다음과 같이 개정한다. 제2조제1호 중 "「전자거래기본법」"을 "「전자문서 및 전자거래 기본법」"으로 한다. 제5조제1항 본문 중 "「전자거래기본법」"을 각각 "「전자문서 및 전자거래 기본법」"으로 한다. ⑱ 전자어음의 발행 및 유통에 관한 법률 일부를 다음과 같이 개정한다. 제2조제1호, 제6조제4항, 제7조제3항 및 제9조제2항 중 "「전자거래기본법」"을 각각 "「전자문서 및 전자거래 기본법」"으로 한다. ⑲ 전자정부법 일부를 다음과 같이 개정한다. 제29조제1항 단서 중 "「전자거래기본법」"을 "「전자문서 및 전자거래 기본법」"으로 한다. ⑳ 정보통신산업 진흥법 일부를 다음과 같이 개정한다. 제2조제2호다목 중 "「전자거래기본법」 제2조제5호"를 "「전자문서 및 전자거래 기본법」제2조제1호 및 제5호"로, "전자거래"를 "전자문서 및 전자거래"로 한다. 제27조제11호를 다음과 같이 한다. 11. 「전자문서 및 전자거래 기본법」 제22조제1항에 따른 전자문서 및 전자거래에 관한 사업 제28조제3항 중 "「전자거래기본법」"을 「전자문서 및 전자거래 기본법」으로 한다.		

전자문서 및 전자거래 기본법	전자문서 및 전자거래 기본법 시행령	전자문서 및 전자거래 기본법 시행규칙
㉑ 조달사업에 관한 법률 일부를 다음과 같이 개정한다. 제8조제1항 중 "「전자거래기본법」"을 "「전자문서 및 전자거래 기본법」"으로 한다. ㉒ 채권의 공정한 추심에 관한 법률 일부를 다음과 같이 개정한다. 제6조제1항 각 호 외의 부분 본문 및 제17조제2항제1호 중 "「전자거래기본법」"을 각각 "「전자문서 및 전자거래 기본법」"으로 한다. ㉓ 토양환경보전법 일부를 다음과 같이 개정한다. 제13조제4항 후단 중 "「전자거래기본법」"을 "「전자문서 및 전자거래 기본법」"으로 한다. ㉔ 하도급거래 공정화에 관한 법률 일부를 다음과 같이 개정한다. 제3조제1항 각 호 외의 부분 중 "「전자거래기본법」"을 "「전자문서 및 전자거래 기본법」"으로 한다. ㉕ 할부거래에 관한 법률 일부를 다음과 같이 개정한다. 제6조제1항 각 호 외의 부분 본문 및 제2항 단서 중 "「전자거래기본법」"을 각각 "「전자문서 및 전자거래 기본법」"으로 한다. 폐침 부 칙 〈법률 제11688호, 2013. 3. 23.〉 (국가정보화 기본법) 부칙보기 제1조(시행일) 이 법은 공포한 날부터 시행한다. 제2조(다른 법률의 개정) ①부터 ④까지 생략 ⑤ 전자문서 및 전자거래 기본법 일부를 다음과 같이 개정한다. 제20조제3항 중 "수립하며, 「국가정보화 기본법」 제9조에 따른 국가정보화전략위원회의 심의를 거쳐 이를 확정한다"를 "수립한다"로 한다. ⑥ 생략 폐침 부 칙 〈법률 제11690호, 2013. 3. 23.〉 (정부조직법) 부칙보기 제1조(시행일) ① 이 법은 공포한 날부터 시행한다. ② 생략 제2조부터 제5조까지 생략 제6조(다른 법률의 개정) ①부터 〈423〉까지 생략 〈424〉 전자문서 및 전자거래 기본법 일부를 다음과 같이 개정한다. 제5조제3항, 제18조제1항ㆍ제2항,		

전자문서 및 전자거래 기본법	전자문서 및 전자거래 기본법 시행령	전자문서 및 전자거래 기본법 시행규칙
제18조의3 각 호 외의 부분 본문, 제20조제3항, 제23조제2항ㆍ제3항ㆍ제5항, 같은 조 제6항 각 호 외의 부분 본문, 제28조제1항 전단, 같은 조 제2항 각 호 외의 부분, 제30조제2항, 제30조의2 각 호 외의 부분 본문, 제31조의2제1항ㆍ제3항, 제31조의4 각 호 외의 부분, 제31조의5제1항 각 호 외의 부분 본문, 같은 조 제2항ㆍ제4항, 제31조의8제1항 각 호 외의 부분 전단, 같은 조 제2항부터 제4항까지, 제31조의10제1항ㆍ제2항, 제31조의11제1항, 제31조의14제3항, 제31조의15제1항, 같은 조 제2항 단서, 같은 조 제3항 각 호 외의 부분, 제31조의18제1항 전단, 같은 조 제3항 본문, 같은 조 제4항ㆍ제5항, 제31조의20, 제31조의21제1항ㆍ제2항, 제31조의22 각 호 외의 부분 본문, 제31조의23 각 호 외의 부분, 제32조제3항 각 호 외의 부분, 제39조, 제41조 각 호 외의 부분, 제46조제2항제13호 및 같은 조 제3항 중 "지식경제부장관"을 각각 "미래창조과학부장관"으로 한다. 제18조의4제4항, 제22조제2항, 제23조제4항, 제31조의5제1항 각 호 외의 부분 본문, 제31조의8제1항 각 호 외의 부분 전단, 같은 항 제4호, 같은 조 제2항ㆍ제4항, 제31조의10제3항, 제31조의14제1항 후단, 같은 조 제3항, 제31조의15제1항ㆍ제4항, 제31조의20, 제31조의21제3항 및 제31조의22 각 호 외의 부분 본문 중 "지식경제부령"을 각각 "미래창조과학부령"으로 한다. 〈425〉부터 〈710〉까지 생략 제7조 생략 펼침 부 칙 〈법률 제12781호, 2014. 10. 15.〉 부칙보기 제1조(시행일) 이 법은 공포한 날부터 시행한다. 제2조(적용례) 제36조의2의 개정규정은 이 법 시행 후 최초로 분쟁조정을 신청한 사건부터 적용한다. 펼침 부 칙 〈법률 제12875호, 2014. 12. 30.〉 부칙보기 제1조(시행일) 이 법은 공포한 날부터 시행한다. 제2조(금치산자 등의 결격사유에 관한 경과조치) 제31조의3제1호가목의 개정규정에도 불구하고 같은 개정규정		

전자문서 및 전자거래 기본법	전자문서 및 전자거래 기본법 시행령	전자문서 및 전자거래 기본법 시행규칙
시행 당시 이미 금치산 또는 한정치산의 선고를 받고 법률 제10429호 민법 일부개정법률 부칙 제2조에 따라 금치산 또는 한정치산 선고의 효력이 유지되는 사람에 대하여는 종전의 규정에 따른다. 펼침 부 칙 〈법률 제13347호, 2015. 6. 22.〉 부칙보기 제1조(시행일) 이 법은 공포 후 6개월이 경과한 날부터 시행한다. 제2조(위법사실의 통보 등에 관한 적용례) 제33조의2의 개정규정은 이 법 시행 후 최초로 제33조에 따라 신청된 분쟁조정부터 적용한다. 제3조(업무 이관에 관한 경과조치) 이 법 시행 전에 정보통신산업진흥원이 행한 행위와 정보통신산업진흥원에 대한 행위 중 그 업무가 제22조제1항의 개정규정에 따라 미래창조과학부장관이 지정한 전담기관으로 이관되는 경우에는 해당 전담기관의 행위 또는 해당 전담기관에 대한 행위로 본다. 부칙 부 칙 〈법률 제13587호, 2015. 12. 22.〉 이 법은 공포한 날부터 시행한다. 부칙 부 칙 〈법률 제13768호, 2016. 1. 19.〉 이 법은 2016년 2월 4일부터 시행한다. 펼침 부 칙 〈법률 제14839호, 2017. 7. 26.〉 (정부조직법) 부칙보기 제1조(시행일) ① 이 법은 공포한 날부터 시행한다. 다만, 부칙 제5조에 따라 개정되는 법률 중 이 법 시행 전에 공포되었으나 시행일이 도래하지 아니한 법률을 개정한 부분은 각각 해당 법률의 시행일부터 시행한다. 제2조부터 제4조까지 생략 제5조(다른 법률의 개정) ①부터 〈351〉까지 생략 〈352〉 전자문서 및 전자거래 기본법 일부를 다음과 같이 개정한다. 제5조제3항, 제18조제1항·제2항, 제18조의3 각 호 외의 부분 본문, 제20조제3항, 제22조제1항 각 호 외의 부분, 제23조제2항·제3항·제5항, 같은 조 제6항 각 호 외의 부분 본문, 제28조제1항 전단, 같은 조 제2항 각 호 외의 부분, 제30조제2항, 제30조의2 각 호 외의 부분 본문, 제31조의		

전자문서 및 전자거래 기본법	전자문서 및 전자거래 기본법 시행령	전자문서 및 전자거래 기본법 시행규칙
2제1항·제3항, 제31조의4 각 호 외의 부분, 제31조의5제1항 각 호 외의 부분 본문, 같은 조 제2항·제4항, 제31조의8제1항 각 호 외의 부분 전단, 같은 조 제2항부터 제4항까지, 제31조의10제1항·제2항, 제31조의11제1항, 제31조의14제3항, 제31조의15제1항, 같은 조 제2항 단서, 같은 조 제3항 각 호 외의 부분, 제31조의18제1항 전단, 같은 조 제3항 본문, 같은 조 제4항·제5항, 제31조의20, 제31조의21제1항·제2항, 제31조의22 각 호 외의 부분 본문, 제31조의23 각 호 외의 부분, 제32조제3항 각 호 외의 부분, 제39조, 제41조 각 호 외의 부분, 제46조제2항제13호 및 같은 조 제3항 중 "미래창조과학부장관"을 각각 "과학기술정보통신부장관"으로 한다. 제18조의4제4항, 제22조제2항, 제23조제4항, 제31조의5제1항 각 호 외의 부분 본문, 제31조의8제1항 각 호 외의 부분 전단, 같은 항 제4호, 같은 조 제2항·제4항, 제31조의10제3항, 제31조의14제1항 후단, 같은 조 제3항, 제31조의15제1항·제4항, 제31조의20, 제31조의21제3항 및 제31조의22 각 호 외의 부분 본문 중 "미래창조과학부령"을 각각 "과학기술정보통신부령"으로 한다. 〈353〉부터 〈382〉까지 생략 제6조 생략 부칙 부 칙 〈법률 제14907호, 2017. 10. 24.〉 이 법은 공포 후 6개월이 경과한 날부터 시행한다. 별표 [별표] 전자문서로 할 수 있는 사인(私人)의 문서행위(제4조제3항 관련) 한글파일 다운로드 PDF파일 다운로드		

■ 전자서명법 ■

전자서명법	전자서명법 시행령	전자서명법 시행규칙
전자서명법 [시행 2019. 12. 10.] [법률 제16755호, 2019. 12. 10., 일부개정] 과학기술정보통신부(정보보호기획과), 044-202-6446 제1장 총칙 제1조(목적) 이 법은 전자문서의 안전성과 신뢰성을 확보하고 그 이용을 활성화하기 위하여 전자서명에 관한 기본적인 사항을 정함으로써 국가사회의 정보화를 촉진하고 국민생활의 편익을 증진함을 목적으로 한다. 제2조(정의) 이 법에서 사용하는 용어의 정의는 다음과 같다. 〈개정 2019. 12. 10.〉 1. "전자문서"라 함은 정보처리시스템에 의하여 전자적 형태로 작성되어 송신 또는 수신되거나 저장된 정보를 말한다. 2. "전자서명"이라 함은 서명자를 확인하고 서명자가 해당 전자문서에 서명을 하였음을 나타내는데 이용하기 위하여 해당 전자문서에 첨부되거나 논리적으로 결합된 전자적 형태의 정보를 말한다. 3. "공인전자서명"이라 함은 다음 각 목의 요건을 갖추고 공인인증서에 기초한 전자서명을 말한다. 가. 전자서명생성정보가 가입자에게 유일하게 속할 것 나. 서명 당시 가입자가 전자서명생성정보를 지배·관리하고 있을 것 다. 전자서명이 있은 후에 해당 전자서명에 대한 변경여부를 확인할 수 있을 것 라. 전자서명이 있은 후에 해당 전자문서의 변경여부를 확인할 수 있을 것 4. "전자서명생성정보"라 함은 전자서명을 생성하기 위하여 이용하는 전자적 정보를 말한다. 5. "전자서명검증정보"라 함은 전자서명을 검증하기 위하여 이용하는 전자적 정보를 말한다. 6. "인증"이라 함은 전자서명생성정보가 가입자에게 유일하게 속한다는 사실을 확인하고 이를 증명하는 행위를 말한다. 7. "인증서"라 함은 전자서명생성정보가 가입자에게 유일하게 속한다는 사실 등을 확인하고 이를 증명하	전자서명법 시행령 [시행 2017. 7. 26.] [대통령령 제28210호, 2017. 7. 26., 타법개정] 과학기술정보통신부(정보보호기획과), 044-202-6446 제1조(목적) 이 영은 「전자서명법」에서 위임된 사항과 그 시행에 관하여 필요한 사항을 규정함을 목적으로 한다. 〈개정 2010. 2. 4.〉 제2조(공인인증기관의 지정기준) ① 「전자서명법」(이하 "법"이라 한다) 제4조제3항에 따라 공인인증기관으로 지정받고자 하는 자가 갖추어야 할 기술능력·재정능력·시설 및 장비 기타 필요한 사항은 다음 각 호와 같다. 다만, 국가기관 또는 지방자치단체가 공인인증기관으로 지정받는 경우에는 제2호의 재정능력을 적용하지 아니한다. 〈개정 2008. 2. 29., 2010. 2. 4., 2013. 3. 23., 2014. 6. 30., 2015. 3. 30., 2017. 7. 26.〉 1. 기술능력 : 공인인증업무(이하 "인증업무"라 한다)에 필요한 시설 및 장비의 운영인력으로서 다음 각목의 요건을 갖춘 자 12인 이상 가. 정보통신기사·정보처리기사 및 전자계산기조직응용기사 이상의 국가기술자격 또는 이와 동등 이상의 자격이 있다고 과학기술정보통신부장관이 인정하는 자격을 갖출 것 나. 과학기술정보통신부장관이 정하여 고시하는 정보보호 또는 정보통신운영·관리 분야에서 2년 이상 근무한 경력이 있을 것 다. 「정보통신망 이용촉진 및 정보보호 등에 관한 법률」 제52조에 따른 한국인터넷진흥원에서 실시하는 인증업무에 관한 시설 및 장비의 운영·비상복구대책 및 침해사고의 대응 등에 관한 교육과정을 이수할 것 2. 재정능력 : 자본금 50억원 이상 3. 시설 및 장비 : 다음 각목의 설비 가. 가입자의 등록정보를 관리하기 위한 설비 나. 전자서명생성정보 및 전자서명검증정보를 생성·관리하기 위한 설비 다. 공인인증서를 생성·발급·관리하기 위한 설비	전자서명법 시행규칙 [시행 2017. 7. 26.] [과학기술정보통신부령 제1호, 2017. 7. 26., 타법개정] 과학기술정보통신부(정보보호기획과), 044-202-6446 제1조(목적) 이 규칙은 「전자서명법」 및 동법 시행령에서 위임된 사항과 그 시행에 관하여 필요한 사항을 규정함을 목적으로 한다. 〈개정 2006. 6. 30.〉 제2조(공인인증기관지정신청서) 「전자서명법 시행령」(이하 "영"이라 한다) 제3조제1항 및 제3조의3제1항의 규정에 의한 공인인증기관지정신청서는 별지 제1호서식과 같다. 〈개정 2006. 6. 30.〉 [전문개정 2002. 7. 11.] 제3조(공인인증기관지정서) 영 제3조제4항 및 제3조의3제4항에 따른 공인인증기관지정서는 별지 제2호서식과 같다. 〈개정 2002. 7. 11., 2016. 1. 6.〉 제4조(협의) 과학기술정보통신부장관은 영 제3조제5항의 규정에 의하여 국가기관 또는 지방자치단체를 공인인증기관으로 지정하는 때에는 국가보안정책과 합치되는지의 여부를 국가정보원장과 협의하여야 한다. 〈개정 2002. 7. 11., 2008. 3. 4., 2013. 3. 23., 2013. 3. 24., 2017. 7. 26.〉 제4조의2(공인인증기관 지정 등의 고시) 영 제3조제6항의 규정에 의한 공인인증기관의 지정의 고시, 영 제3조의3제4항의 규정에 의한 공인인증기관의 갱신지정의 고시 또는 영 제3조의4의 규정에 의한 공인인증업무(이하 "인증업무"라 한다)의 정지 및 지정취소의 고시는 다음 각호의 사항을 관보에 게재하는 방법으로 한다. 1. 공인인증기관의 지정 및 갱신지정의 경우 가. 지정받은 자의 명칭·주소 나. 지정일자 다. 지정의 유효기간 라. 그밖에 필요한 사항 2. 인증업무의 정지 및 지정취소의 경우 가. 처분을 받은 자의 명칭·주소 나. 처분의 종류

전자서명법	전자서명법 시행령	전자서명법 시행규칙
는 전자적 정보를 말한다. 8. "공인인증서"라 함은 제15조의 규정에 따라 공인인증기관이 발급하는 인증서를 말한다. 9. "공인인증업무"라 함은 공인인증서의 발급, 인증관련 기록의 관리등 공인인증역무를 제공하는 업무를 말한다. 10. "공인인증기관"이라 함은 공인인증역무를 제공하기 위하여 제4조의 규정에 의하여 지정된 자를 말한다. 11. "가입자"라 함은 공인인증기관으로부터 전자서명생성정보를 인증받은 자를 말한다. 12. "서명자"라 함은 전자서명생성정보를 보유하고 자신이 직접 또는 타인을 대리하여 서명을 하는 자를 말한다. 13. "개인정보"라 함은 생존하고 있는 개인에 관한 정보로서 성명·주민등록번호 등에 의하여 해당 개인을 알아볼 수 있는 부호·문자·음성·음향·영상 및 생체특성 등에 관한 정보(해당 정보만으로는 특정 개인을 알아볼 수 없는 경우에도 다른 정보와 용이하게 결합하여 알아볼 수 있는 것을 포함한다)를 말한다. [전문개정 2001. 12. 31.] 제3조(전자서명의 효력 등) ① 다른 법령에서 문서 또는 서면에 서명, 서명날인 또는 기명날인을 요하는 경우 전자문서에 공인전자서명이 있는 때에는 이를 충족한 것으로 본다. 〈개정 2001. 12. 31.〉 ② 공인전자서명이 있는 경우에는 해당 전자서명이 서명자의 서명, 서명날인 또는 기명날인이고, 해당 전자문서가 전자서명된 후 그 내용이 변경되지 아니하였다고 추정한다. 〈개정 2001. 12. 31., 2019. 12. 10.〉 ③ 공인전자서명외의 전자서명은 당사자간의 약정에 따른 서명, 서명날인 또는 기명날인으로서의 효력을 가진다. 〈신설 2001. 12. 31.〉 [제목개정 2001. 12. 31.] 제2장 공인인증기관 제4조(공인인증기관의 지정) ①과학기술정보통신부장관은 공인인증업무(이하 "인증업무"라 한다)를 안전하고 신뢰성있게 수행할 능력이 있다고 인정되는 자를 공인인증기관으로 지정할	라. 전자문서가 공인인증기관에 제시된 시점을 확인하기 위한 설비 마. 인증업무에 관한 시설 및 장비를 안전하게 운영하기 위한 보호설비 바. 공인인증기관이 공인인증역무와 관련하여 가입자에게 제공하는 설비 4. 제3호 가목 내지 마목의 규정에 의한 설비의 관리·운영 절차 및 방법을 정한 내부규정 5. 법 제2조제3호 각 목의 요건을 모두 충족하는 전자서명기술을 보유할 것 ② 제1항제3호 및 제4호의 규정에 의한 시설 및 장비와 내부규정에 관한 구체적 사항은 과학기술정보통신부장관이 정하여 고시한다. 〈개정 2008. 2. 29., 2013. 3. 23., 2017. 7. 26.〉 [전문개정 2002. 6. 10.] 제2조의2(공인인증기관 지정에 대한 사전심사) ① 법 제4조에 따라 공인인증기관으로 지정받으려는 자는 제3조제1항에 따른 지정신청 전에 「민원처리에 관한 법률」 제30조제1항에 따라 자신이 보유한 전자서명기술이 법 제2조제3호 각 목의 요건을 모두 충족하는지 여부에 대한 사전심사(이하 "사전심사"라 한다)를 과학기술정보통신부장관에게 신청할 수 있다. 〈개정 2016. 2. 12., 2017. 7. 26.〉 ② 사전심사를 신청하려는 자는 법 제2조제3호 각 목의 요건을 충족함을 증명하는 서류를 제출하여야 한다. ③ 과학기술정보통신부장관은 사전심사 신청을 받으면 이를 심사한 후 그 결과를 신청인에게 서면으로 알려야 한다. 〈개정 2017. 7. 26.〉 ④ 과학기술정보통신부장관은 사전심사에 필요하다고 인정하는 경우에는 신청인, 관계 전문가 등으로부터 의견을 들을 수 있다. 〈개정 2017. 7. 26.〉 [본조신설 2014. 6. 30.] 제3조(공인인증기관 지정의 절차) ① 법 제4조의 규정에 의하여 공인인증기관으로 지정받고자 하는 자는 공인인증기관지정신청서(전자문서로 된 신청서를 포함한다)에 다음 각호의 서류(전자문서를 포함한다)를 첨부하여 과학기술정보통신부장관에게 제출하여야 한다. 〈개정 2004. 3. 17., 2006. 6. 12., 2008. 2. 29., 2010. 2. 4., 2013. 3. 23., 2017. 7. 26.〉 1. 법인의 대표자 및 임원의 기본증	다. 처분일자 라. 인증업무의 정지기간(인증업무의 정지의 경우에 한한다) 마. 그밖에 필요한 사항 [본조신설 2002. 7. 11.] 제5조(공인인증업무준칙의 변경신고의 기간) 「전자서명법」(이하 "법"이라 한다) 제6조제2항의 규정에 의한 공인인증업무준칙의 변경신고는 그 변경되는 공인인증업무준칙에 따라 인증업무를 수행하기 10일 전까지 하여야 한다. 〈개정 2006. 6. 30., 2016. 12. 30.〉 [전문개정 2002. 7. 11.] 제6조(양수 및 합병의 신고 등) ① 법 제9조제1항의 규정에 의하여 공인인증기관의 인증업무 양수의 신고를 하고자 하는 자는 그 사유가 발생한 날부터 30일 이내에 별지 제3호서식의 공인인증업무양수신고서(전자문서로 된 신고서를 포함한다)에 다음 각 호의 서류(전자문서를 포함한다)를 첨부하여 과학기술정보통신부장관에게 제출하여야 한다. 〈개정 2002. 7. 11., 2004. 7. 6., 2006. 6. 30., 2008. 3. 4., 2013. 3. 23., 2013. 3. 24., 2016. 12. 30., 2017. 7. 26.〉 1. 양도·양수계약서 사본 2. 양수인의 정관 3. 양수후의 사업계획서 ② 법 제9조제1항의 규정에 의하여 공인인증기관의 합병의 신고를 하고자 하는 자는 그 사유가 발생한 날부터 30일 이내에 별지 제4호서식의 공인인증기관합병신고서(전자문서로 된 신고서를 포함한다)에 다음 각 호의 서류(전자문서를 포함한다)를 첨부하여 과학기술정보통신부장관에게 제출하여야 한다. 〈개정 2002. 7. 11., 2004. 7. 6., 2006. 6. 30., 2008. 3. 4., 2013. 3. 23., 2013. 3. 24., 2016. 12. 30., 2017. 7. 26.〉 1. 합병계약서 사본 2. 합병당사자의 정관 3. 합병후의 사업계획서 ③ 제1항 또는 제2항에 따라 신고서를 제출받은 담당공무원은 「전자정부구현을 위한 행정업무 등의 전자화촉진에 관한 법률」 제21조제1항에 따른 행정정보의 공동이용을 통하여 양수인 또는 합병당사자의 법인등기부등본을 확인하여야 한다. 다만, 신고인이 확인에 동의하지 아니하는 경우

전자서명법

수 있다. 〈개정 2001. 12. 31., 2008. 2. 29., 2013. 3. 23., 2017. 7. 26.〉
② 공인인증기관으로 지정받을 수 있는 자는 국가기관·지방자치단체 또는 법인에 한한다.
③ 공인인증기관으로 지정받고자 하는 자는 대통령령이 정하는 기술능력·재정능력·시설 및 장비 기타 필요한 사항을 갖추어야 한다.
④ 과학기술정보통신부장관은 제1항에 따라 공인인증기관을 지정하는 경우 공인인증시장의 건전한 발전 등을 위하여 국가기관, 지방자치단체 또는 비영리법인과 특별법에 의하여 설립된 법인에 대하여는 설립목적에 따라 인증업무의 영역을 구분하여 지정할 수 있다. 〈신설 2005. 12. 30., 2008. 2. 29., 2013. 3. 23., 2017. 7. 26.〉
⑤ 공인인증기관의 지정절차 기타 필요한 사항은 대통령령으로 정한다. 〈개정 2005. 12. 30.〉

제5조(결격사유) 다음 각호의 1에 해당하는 자는 공인인증기관으로 지정받을 수 없다. 〈개정 2005. 3. 31., 2014. 10. 15.〉
1. 임원중 다음 각목의 1에 해당하는 자가 있는 법인
가. 피성년후견인 또는 피한정후견인 또는 파산선고를 받은 자로서 복권되지 아니한 자
나. 금고 이상의 실형의 선고를 받고 그 집행이 종료(執行이 종료된 것으로 보는 경우를 포함한다)되거나 집행이 면제된 날부터 2년이 경과되지 아니한 자
다. 금고 이상의 형의 집행유예의 선고를 받고 그 집행유예기간중에 있는 자
라. 법원의 판결 또는 다른 법률에 의하여 자격이 상실 또는 정지된 자
마. 제12조의 규정에 의하여 지정이 취소된 법인의 취소당시의 임원이었던 자(取消된 날부터 2年이 경과되지 아니한 者에 한한다)
2. 제12조의 규정에 의하여 지정이 취소된 후 2년이 경과되지 아니한 법인

제6조(공인인증업무준칙 등) ① 공인인증기관은 인증업무를 개시하기 전에 다음 각 호의 사항이 포함된 공인인증업무준칙(이하 "인증업무준칙"이라 한다)을 작성하여 과학기술정보통신부장관에게 신고하여야 한다. 〈개정 2001.

전자서명법 시행령

명서
2. 정관
3. 제2조제1항의 규정에 의한 기술능력·재정능력·시설 및 장비 기타 필요한 사항을 갖추었음을 확인할 수 있는 증빙서류
4. 사업계획서
② 과학기술정보통신부장관은 제1항의 규정에 의한 지정신청이 있는 때에는 다음 각호의 사항을 심사하여야 한다. 이 경우 제2조의2에 따라 사전심사를 한 경우에는 그 결과를 고려하여야 한다. 〈개정 2008. 2. 29., 2013. 3. 23., 2014. 6. 30., 2017. 7. 26.〉
1. 제2조제1항의 규정에 의한 기술능력·재정능력·시설 및 장비 기타 필요한 사항을 갖추었는지 여부
2. 신청인이 법인인 경우 법 제5조의 규정에 의한 결격사유에 해당하는지 여부
③ 과학기술정보통신부장관은 제2항의 규정에 의한 심사를 함에 있어서 필요하다고 인정하는 때에는 신청인에게 자료의 제출을 요구하거나 신청인의 의견을 들을 수 있다. 〈개정 2008. 2. 29., 2013. 3. 23., 2017. 7. 26.〉
④ 과학기술정보통신부장관은 제1항의 규정에 의하여 심사한 결과 그 신청이 동항 각호의 규정에 부합된다고 인정하는 때에는 신청인에게 공인인증기관지정서를 교부하여야 한다. 〈개정 2008. 2. 29., 2013. 3. 23., 2017. 7. 26.〉
⑤ 과학기술정보통신부장관은 국가기관 또는 지방자치단체를 공인인증기관으로 지정하는 경우에는 미리 관계기관의 장과 협의하여야 한다. 〈개정 2008. 2. 29., 2013. 3. 23., 2017. 7. 26.〉
⑥ 과학기술정보통신부장관은 공인인증기관을 지정한 때에는 과학기술정보통신부령이 정하는 바에 따라 이를 고시하여야 한다. 〈개정 2008. 2. 29., 2013. 3. 23., 2017. 7. 26.〉
⑦ 제1항에 따라 지정신청을 받은 과학기술정보통신부장관은 「전자정부법」 제36조제1항에 따른 행정정보의 공동이용을 통하여 법인등기부 등본을 확인하여야 한다. 〈신설 2006. 6. 12., 2008. 7. 17., 2010. 2. 4., 2010. 5. 4., 2013. 3. 23., 2017. 7. 26.〉
1. 삭제 〈2010. 2. 4.〉
2. 삭제 〈2010. 2. 4.〉

전자서명법 시행규칙

에는 이를 첨부하도록 하여야 한다. 〈신설 2006. 6. 30.〉
④ 과학기술정보통신부장관은 공인인증기관의 인증업무의 양수 또는 공인인증기관의 합병이 있는 때에는 그 사실을 고시하여야 한다. 〈개정 2002. 7. 11., 2006. 6. 30., 2008. 3. 4., 2013. 3. 23., 2013. 3. 24., 2017. 7. 26.〉
[제목개정 2002. 7. 11.]

제7조(인증업무의 휴지·폐지의 신고) 법 제10조제1항 전단 또는 동조 제2항의 규정에 의하여 인증업무의 휴지 또는 폐지의 신고를 하고자 하는 자는 별지 제5호서식의 공인인증업무(휴지·폐지)신고서(전자문서로 된 신고서를 포함한다)에 다음 각호의 서류(전자문서를 포함한다)를 첨부하여 과학기술정보통신부장관에게 제출하여야 한다. 〈개정 2002. 7. 11., 2013. 3. 23., 2013. 3. 24., 2017. 7. 26.〉
1. 삭제 〈2002. 7. 11.〉
2. 가입자의 공인인증서와 그 효력정지 및 폐지에 관한 기록(이하 "가입자인증서등"이라 한다)을 인수한 공인인증기관과의 인계·인수계약서 사본(폐지의 경우에 한한다)
3. 가입자에게 휴지 또는 폐지의 사실을 통보하였음을 확인할 수 있는 서류
4. 공인인증기관지정서(폐지의 경우에 한한다)
[제목개정 2002. 7. 11.]

제8조(가입자인증서등의 인계불능사유의 신고) 법 제10조제3항 단서 또는 법 제12조제2항 단서의 규정에 의하여 공인인증기관이 다른 공인인증기관에게 가입자인증서등을 인계할 수 없는 경우에는 별지 제6호서식의 가입자인증서등의 인계불능사유서(전자문서로 된 사유서를 포함한다) 및 인계할 가입자인증서등의 목록(전자문서로 된 목록을 포함한다)을 과학기술정보통신부장관에게 제출하여야 한다. 〈개정 2002. 7. 11., 2013. 3. 23., 2013. 3. 24., 2017. 7. 26.〉
[제목개정 2002. 7. 11.]

제9조(행정처분) ① 법 제12조제1항의 규정에 의한 인증업무의 정지 및 지정취소의 기준은 별표 1과 같다. 〈개정 2002. 7. 11.〉

전자서명법

12. 31., 2005. 12. 30., 2008. 2. 29., 2013. 3. 23., 2017. 7. 26.〉

1. 인증업무의 종류
2. 인증업무의 수행방법 및 절차
3. 공인인증역무(이하 "인증역무"라 한다)의 이용조건
4. 기타 인증업무의 수행에 관하여 필요한 사항

② 공인인증기관은 인증업무준칙을 과학기술정보통신부장관이 정하여 고시하는 공인인증업무준칙 작성표준과 제8조의 규정에 의한 전자서명인증업무지침에 따라 작성하여야 한다. 〈신설 2005. 12. 30., 2008. 2. 29., 2013. 3. 23., 2017. 7. 26.〉

③ 공인인증기관은 제1항의 규정에 의하여 신고한 사항을 변경하는 경우 과학기술정보통신부령이 정하는 기간내에 이를 과학기술정보통신부장관에게 신고하여야 한다. 〈신설 2001. 12. 31., 2005. 12. 30., 2008. 2. 29., 2013. 3. 23., 2017. 7. 26.〉

④ 과학기술정보통신부장관은 인증업무의 안전성과 신뢰성 확보 및 가입자의 이익 보호를 위하여 제1항의 규정에 따라 신고한 인증업무준칙의 내용이 과학기술정보통신부장관이 정하여 고시하는 공인인증업무준칙 작성표준과 제8조제1항의 규정에 따른 전자서명인증업무지침에 위반되는 경우 상당한 기간을 정하여 해당공인인증기관에게 인증업무준칙의 변경을 명할 수 있다. 〈개정 2001. 12. 31., 2005. 12. 30., 2008. 2. 29., 2013. 3. 23., 2017. 7. 26., 2019. 12. 10.〉

⑤ 공인인증기관은 인증업무준칙이 정한 사항을 성실히 준수하여야 한다. 〈신설 2001. 12. 31., 2005. 12. 30.〉[제목개정 2001. 12. 31.]

제7조(인증역무의 제공등) ① 공인인증기관은 정당한 사유없이 인증역무의 제공을 거부하여서는 아니된다.

② 공인인증기관은 가입자 또는 인증역무 이용자를 부당하게 차별하여서는 아니된다.

제8조(공인인증기관의 업무수행) ① 과학기술정보통신부장관은 인증업무의 안전성과 신뢰성 확보를 위하여 공인인증기관이 인증업무수행에 있어 지키어야 할 구체적 사항을 전자서명인증업무지침으로 정하여 고시할 수 있다. 〈개정 2008. 2. 29., 2013. 3. 23., 2017. 7. 26.〉

전자서명법 시행령

[전문개정 2002. 6. 10.]

제3조의2(지정의 유효기간) 공인인증기관 지정의 유효기간은 지정받은 날부터 3년으로 한다. 〈개정 2008. 7. 17.〉

[전문개정 2002. 6. 10.]

제3조의3(갱신지정) ① 공인인증기관의 지정을 받은 자가 이를 갱신하려는 경우에는 지정의 유효기간 만료일 30일전까지 공인인증기관지정신청서(전자문서로 된 신청서를 포함한다)에 제3조제1항제2호의 서류(전자문서를 포함한다)를 첨부하여 과학기술정보통신부장관에게 제출하여야 한다. 〈개정 2016. 12. 30., 2017. 7. 26.〉

② 과학기술정보통신부장관은 공인인증기관의 지정을 받은 자에게 지정의 유효기간 만료일 60일 전까지 갱신지정의 절차와 제1항 각 호 외의 부분에 따른 기간 내에 갱신지정을 신청하지 아니하면 유효기간이 만료된다는 사실을 알려야 한다. 〈신설 2012. 6. 29., 2013. 3. 23., 2017. 7. 26.〉

③ 과학기술정보통신부장관은 제1항의 규정에 의한 갱신지정신청이 있는 때에는 다음 각호의 사항을 심사하여야 한다. 〈개정 2008. 2. 29., 2012. 6. 29., 2013. 3. 23., 2017. 7. 26.〉

1. 법 제6조의 규정에 의한 공인인증업무준칙의 신고 또는 변경신고를 성실히 이행하였는지 여부
2. 법 제19조제2항의 규정에 의한 정기점검을 받았는지 여부
3. 그밖에 법 및 이 영의 규정을 성실히 준수하였는지 여부

④ 과학기술정보통신부장관은 제3항에 따라 심사한 결과 그 갱신지정 신청이 같은 항 각 호의 규정에 적합하다고 인정하는 경우에는 공인인증기관지정서를 교부하여야 한다. 〈개정 2008. 2. 29., 2012. 6. 29., 2013. 3. 23., 2016. 12. 30., 2017. 7. 26.〉

⑤ 과학기술정보통신부장관은 공인인증기관을 갱신지정한 때에는 과학기술정보통신부령이 정하는 바에 따라 이를 고시하여야 한다. 〈개정 2008. 2. 29., 2012. 6. 29., 2013. 3. 23., 2017. 7. 26.〉

⑥ 제3조제7항의 규정은 제1항에 따른 갱신지정의 신청절차에 관하여 이를 준용한다. 〈신설 2006. 6. 12., 2012. 6. 29.〉

전자서명법 시행규칙

② 과학기술정보통신부장관은 법 제12조제1항의 규정에 의하여 인증업무의 정지 또는 지정취소를 한 경우에는 당해 공인인증기관에게 서면으로 이를 통보하여야 한다. 〈개정 2002. 7. 11., 2008. 3. 4., 2013. 3. 23., 2013. 3. 24., 2017. 7. 26.〉

제10조(준용규정) ① 제6조제3항의 규정은 다음 각호의 1의 경우에 이를 준용한다.

1. 제7조의 규정에 의한 인증업무의 휴지 또는 폐지
2. 삭제 〈2002. 7. 11.〉
3. 법 제10조제3항 본문 및 법 제12조제2항 본문의 규정에 의한 가입자인증서등의 인계·인수

② 삭제 〈2002. 7. 11.〉

제11조 삭제 〈2006. 6. 30.〉

제12조(과징금의 부과 및 납부) ① 과학기술정보통신부장관은 법 제13조제1항의 규정에 의하여 과징금을 부과하고자 할 때에는 그 위반행위의 종별과 해당 과징금의 금액 등을 명시하여 이를 납부할 것을 별지 제7호서식에 의하여 통지하여야 한다. 〈개정 2002. 7. 11., 2008. 3. 4., 2013. 3. 23., 2013. 3. 24., 2017. 7. 26.〉

② 제1항의 규정에 의하여 통지를 받은 자는 통지를 받은 날부터 20일 이내에 과징금을 과학기술정보통신부장관이 정하는 수납기관에 납부하여야 한다. 다만, 천재·지변 기타 부득이한 사유로 인하여 그 기간내에 과징금을 납부할 수 없는 경우에는 그 사유가 없어진 날부터 7일 이내에 납부하여야 한다. 〈개정 2008. 3. 4., 2013. 3. 23., 2013. 3. 24., 2017. 7. 26.〉

③ 제2항의 규정에 의하여 과징금의 납부를 받은 수납기관은 과징금을 납부한 자에게 별지 제7호서식의 과징금납부영수증을 교부하여야 한다. 〈개정 2002. 7. 11.〉

④ 과징금의 수납기관은 제2항의 규정에 의하여 과징금을 수납한 때에는 지체없이 별지 제7호서식의 과징금영수필통지서를 과학기술정보통신부장관에게 송부하여야 한다. 〈개정 2002. 7. 11., 2008. 3. 4., 2013. 3. 23., 2013. 3. 24., 2017. 7. 26.〉

⑤ 과징금은 이를 분할하여 납부할

전자서명법	전자서명법 시행령	전자서명법 시행규칙
② 제1항의 규정에 의한 전자서명인증업무지침에는 다음 각 호의 사항이 포함되어야 한다. 〈신설 2005. 12. 30.〉 1. 공인인증서의 관리에 관한 사항 2. 전자서명생성정보의 관리에 관한 사항 3. 공인인증기관 시설의 보호에 관한 사항 4. 그 밖에 인증업무 및 운영관리에 관한 사항 [전문개정 2001. 12. 31.] 제9조(인증업무의 양수등) ① 공인인증기관은 다른 공인인증기관의 인증업무를 양수하거나 다른 공인인증기관인 법인을 합병하고자 하는 경우에는 과학기술정보통신부령이 정하는 바에 따라 과학기술정보통신부장관에게 신고하여야 한다. 〈개정 2008. 2. 29., 2013. 3. 23., 2017. 7. 26.〉 ② 제1항의 규정에 의하여 인증업무를 양수한 공인인증기관 또는 합병한 경우의 합병후 존속하는 법인이나 합병으로 설립된 법인은 종전의 공인인증기관의 지위를 승계한다. 제10조(인증업무의 휴지·폐지등) ① 공인인증기관이 인증업무의 전부 또는 일부를 휴지하고자 하는 때에는 휴지기간을 정하여 휴지하고자 하는 날의 30일전까지 이를 가입자에게 통보하고 과학기술정보통신부장관에게 신고하여야 한다. 이 경우 휴지기간은 6월을 초과할 수 없다. 〈개정 2008. 2. 29., 2013. 3. 23., 2017. 7. 26.〉 ② 공인인증기관이 인증업무를 폐지하고자 하는 때에는 폐지하고자 하는 날의 60일전까지 이를 가입자에게 통보하고 과학기술정보통신부장관에게 신고하여야 한다. 〈개정 2008. 2. 29., 2013. 3. 23., 2017. 7. 26.〉 ③ 제2항의 규정에 의하여 신고한 공인인증기관은 가입자의 공인인증서와 그 효력정지 및 폐지에 관한 기록(이하 "加入者認證書등"이라 한다)을 다른 공인인증기관에게 인계하여야 한다. 다만, 부득이한 사유로 인하여 가입자인증서등을 인계할 수 없는 경우에는 그 사실을 과학기술정보통신부장관에게 지체없이 신고하여야 한다. 〈개정 2001. 12. 31., 2008. 2. 29., 2013. 3. 23., 2017. 7. 26.〉 ④ 과학기술정보통신부장관은 제3항 단서의 규정에 의하여 신고를 받은 때에는 「정보통신망 이용촉진 및 정	[본조신설 2002. 6. 10.] 제3조의4(인증업무의 정지 및 지정취소의 고시) 과학기술정보통신부장관은 법 제12조제1항의 규정에 의하여 공인인증기관의 인증업무를 정지하거나 지정을 취소한 때에는 과학기술정보통신부령이 정하는 바에 따라 이를 고시하여야 한다. 〈개정 2008. 2. 29., 2013. 3. 23., 2017. 7. 26.〉 [본조신설 2002. 6. 10.] 제4조(인증업무의 독립성) 공인인증기관은 인증업무를 안전하고 신뢰성있게 수행하기 위하여 자신이 발급한 공인인증서를 이용하는 가입자와의 관계에 있어서 독립성을 유지하여야 한다. 〈개정 2002. 6. 10.〉 제4조의2(과징금을 부과하는 위반행위 등) ① 법 제13조제2항에 따라 과징금을 부과하는 위반행위의 종별과 그에 따른 과징금의 금액은 별표 1과 같다. 〈개정 2011. 4. 5.〉 ② 과학기술정보통신부장관은 위반행위의 정도 및 횟수 등을 참작하여 제1항에 따른 과징금 금액의 2분의 1의 범위 안에서 이를 가중하거나 감경할 수 있다. 이 경우 가중하는 때에도 과징금의 총액은 2천만원을 초과할 수 없다. 〈개정 2008. 2. 29., 2013. 3. 23., 2017. 7. 26.〉 ③ 제1항 및 제2항에 따른 과징금의 부과 및 납부 등에 관하여 필요한 사항은 과학기술정보통신부령으로 정한다. 〈개정 2008. 2. 29., 2013. 3. 23., 2017. 7. 26.〉 [본조신설 2006. 6. 29.] 제4조의3(고유식별정보의 처리) ① 과학기술정보통신부장관은 법 제5조에 따른 결격사유 확인에 관한 사무를 수행하기 위하여 불가피한 경우 「개인정보 보호법 시행령」 제19조제1호에 따른 주민등록번호가 포함된 자료를 처리할 수 있다. 〈개정 2017. 3. 27., 2017. 7. 26.〉 ② 공인인증기관은 법 제15조에 따른 공인인증서를 발급 받으려는 사람의 신원 확인에 관한 사무를 수행하기 위하여 불가피한 경우 「개인정보 보호법 시행령」 제19조에 따른 주민등록번호, 여권번호 또는 외국인등록번호가 포함된 자료를 처리할 수 있다. 〈신설 2017. 3. 27.〉	수 없다. 제13조(과징금의 독촉 및 징수) ① 과학기술정보통신부장관은 제12조제1항의 규정에 의하여 과징금의 납부통지를 받은 자가 납부기한까지 과징금을 납부하지 아니한 경우에는 납부기한이 경과한 날부터 7일이내에 독촉장을 발부하여야 한다. 이 경우 납부기한은 독촉장을 받은 날부터 10일이내로 하여야 한다. 〈개정 2008. 3. 4., 2013. 3. 23., 2013. 3. 24., 2017. 7. 26.〉 ② 과학기술정보통신부장관은 제1항의 규정에 의하여 독촉을 받은 자가 납부기한까지 과징금을 납부하지 아니한 경우에는 소속공무원으로 하여금 국세체납처분의 예에 의하여 과징금을 강제징수하게 할 수 있다. 이 경우 소속공무원은 그 권한을 표시하는 증표를 관계인에게 내보여야 한다. 〈개정 2008. 3. 4., 2013. 3. 23., 2013. 3. 24., 2017. 7. 26.〉 제13조의2(신원확인의 기준 및 방법) ① 공인인증기관은 법 제15조제1항 후단의 규정에 의하여 공인인증서를 발급받고자 하는 자의 신원을 확인하는 경우에는 다음 각 호의 구분에 따른 실지명의를 기준으로 하여야 한다. 〈개정 2006. 6. 30., 2008. 3. 4., 2013. 3. 23., 2013. 3. 24., 2016. 1. 19., 2017. 7. 26.〉 1. 개인의 경우 가. 내국인의 경우 (1) 「주민등록법」 제6조에 따라 주민등록이 된 사람: 주민등록표에 기재된 성명 및 주민등록번호 (2) (1)에 해당하지 아니하는 재외국민으로서 여권을 발급받은 사람: 여권에 기재된 성명 및 여권번호 (3) (2)에 해당하지 아니하는 재외국민: 「재외국민등록법」에 따른 등록부에 기재된 성명 및 등록번호 나. 외국인의 경우에는 「출입국관리법」에 의한 등록외국인기록표에 기재된 성명 및 등록번호. 다만, 외국인등록증이 발급되지 아니한 외국인은 여권 또는 신분증에 기재된 성명 및 번호 2. 법인(「국세기본법」에 의하여 법인으로 보는 법인격없는 사단 등을 포함한다. 이하 같다)의 경우 「법인세법」에 의하여 교부받은 사업자등록증에 기재된 법인명 및

전자서명법	전자서명법 시행령	전자서명법 시행규칙
보보호 등에 관한 법률」 제52조의 규정에 의한 한국인터넷진흥원(이하 "인터넷진흥원"이라 한다)에 대하여 해당 공인인증기관의 가입자인증서등을 인수하도록 명할 수 있다. 〈개정 2001. 1. 16., 2001. 12. 31., 2005. 12. 30., 2008. 2. 29., 2013. 3. 23., 2017. 7. 26., 2019. 12. 10.〉 ⑤ 제1항 내지 제4항의 규정에 의한 인증업무의 휴지 또는 폐지의 신고 및 가입자인증서등의 인계·인수 등에 관하여 필요한 사항은 과학기술정보통신부령으로 정한다. 〈개정 2008. 2. 29., 2013. 3. 23., 2017. 7. 26.〉 제11조(시정명령) 과학기술정보통신부장관은 공인인증기관이 다음 각 호의 어느 하나에 해당하는 경우에는 기간을 정하여 시정조치를 명할 수 있다. 〈개정 2001. 12. 31., 2005. 12. 30., 2008. 2. 29., 2013. 3. 23., 2017. 7. 26.〉 1. 삭제 〈2005. 12. 30.〉 2. 공인인증기관으로 지정을 받은 후 제4조제3항의 규정에 의하여 공인인증기관이 갖추어야 할 사항을 갖추지 아니한 경우 3. 임원이 제5조제1호 각목에 해당하게 된 경우 4. 제6조의 규정에 의한 신고 또는 변경신고를 하지 아니하거나 신고한 인증업무준칙을 준수하지 아니한 경우 5. 제7조의 규정에 위반하여 인증역무의 제공을 거부하거나 가입자 또는 인증역무 이용자를 부당하게 차별한 경우 5의2. 제8조의 규정에 위반하여 전자서명인증업무지침에서 정한 사항을 준수하지 아니한 경우 6. 제9조제1항의 규정에 위반하여 인증업무의 양수나 공인인증기관 합병의 신고를 하지 아니한 경우 7. 제10조의 규정에 위반하여 인증업무휴지 또는 폐지의 통보나 신고를 하지 아니하거나 인증업무폐지시 가입자인증서등을 인계하지 아니한 경우 8. 제12조제2항의 규정에 위반하여 지정이 취소된 공인인증기관이 가입자인증서등을 인계하지 아니하거나 신고하지 아니한 경우 9. 제14조제1항의 규정에 의한 자료를 제출하지 아니한 경우	[본조신설 2014. 8. 6.] [종전 제4조의3은 제4조의4로 이동 〈2014. 8. 6.〉] 제4조의4(규제의 재검토) ① 과학기술정보통신부장관은 제2조에 따른 공인인증기관의 지정기준에 대하여 2014년 1월 1일을 기준으로 3년마다(매 3년이 되는 해의 1월 1일 전까지를 말한다) 그 타당성을 검토하여 개선 등의 조치를 하여야 한다. 〈개정 2014. 12. 9., 2017. 7. 26.〉 ② 과학기술정보통신부장관은 다음 각 호의 사항에 대하여 다음 각 호의 기준일을 기준으로 3년마다(매 3년이 되는 해의 기준일과 같은 날 전까지를 말한다) 그 타당성을 검토하여 개선 등의 조치를 하여야 한다. 〈신설 2014. 12. 9., 2016. 12. 30., 2017. 7. 26.〉 1. 제3조에 따른 공인인증기관 지정의 절차: 2017년 1월 1일 2. 제3조의2에 따른 공인인증기관 지정의 유효기간: 2017년 1월 1일 3. 제3조의3에 따른 공인인증기관의 갱신지정: 2017년 1월 1일 [본조신설 2013. 12. 30.] [제4조의3에서 이동 〈2014. 8. 6.〉] 제4조의5 삭제 〈2010. 2. 4.〉 제4조의6 삭제 〈2010. 2. 4.〉 제4조의7 삭제 〈2010. 2. 4.〉 제5조(과태료의 부과기준) 법 제34조제1항에 따른 과태료의 부과기준은 별표 2와 같다. [본조신설 2011. 4. 5.] 제6조 삭제 〈2008. 7. 17.〉 부칙 부 칙 〈대통령령 제16457호, 1999. 6. 30.〉 이 영은 1999년 7월 1일부터 시행한다. 폐침 부 칙 〈대통령령 제17625호, 2002. 6. 10.〉 부칙보기 ① (시행일) 이 영은 공포된 날부터 시행한다. ② (다른 법령의 개정) 전자정부구현을위한행정업무등의전자화촉진에관한법률시행령중 다음과 같이 개정한다. 제7조제1항제1호중 "전자서명법 제2조제2호의 규정에 의한 전자서명(이하 "전자서명"이라 한다)"을 "전자서명법 제2조제3호의 규정에 의한 공인전자서명(이하 "공인전자서명"이라 한다)"	사업자등록번호. 다만, 사업자등록증을 교부받지 아니한 법인의 경우에는 「법인세법」에 의하여 납세번호를 부여받은 문서에 기재된 법인명 및 납세번호 3. 법인이 아닌 단체의 경우 당해 단체를 대표하는 자의 제1호의 규정에 의한 명의. 다만, 「부가가치세법」에 의하여 고유번호를 부여받거나 「소득세법」에 의하여 납세번호를 부여받은 단체의 경우에는 그 문서에 기재된 단체명과 고유번호 또는 납세번호 4. 제1호 내지 제3호의 규정에 의하는 것이 곤란한 경우 : 과학기술정보통신부장관이 정하는 실지명의 ② 공인인증기관은 공인인증서를 발급받고자 하는 자의 신원을 확인하는 때에는 직접 대면하여 그 자의 명의가 제1항의 규정에 의한 실지명의인지의 여부를 확인하고, 제13조의3의 규정에 의한 신원확인증표에 의하여 본인임을 확인하여야 한다. 〈개정 2006. 6. 30.〉 ③ 공인인증기관은 공인인증서를 발급받으려는 자가 법인인 경우에는 제2항에 따른 확인 외에도 당해 법인의 대표자에 대하여 제1항제1호 및 제13조의3제1호에 따라 신원확인을 하여야 한다. 다만, 법인의 대표자가 위임한 경우에는 그 대리인(당해 법인의 임원 또는 직원에 한한다)에 대하여 다음 각 호의 사항을 확인하여 신원확인을 하여야 한다. 〈개정 2006. 6. 30.〉 1. 제13조의3제1호에 따른 대리인의 신원확인증표 2. 법인 대표자의 위임장 3. 법인인감증명서 ④ 공인인증기관은 「금융실명거래 및 비밀보장에 관한 법률」 제2조제1호 각 목에 따른 금융기관에서 실지명의가 확인된 전자금융거래 가입자가 공인인증서를 발급받으려는 경우에는 그의 동의를 받아 정보통신망을 통하여 신원을 확인할 수 있다. 이 경우 다음 각 호의 사항을 확인하여야 한다. 〈신설 2006. 6. 30., 2016. 1. 19.〉 1. 전자금융거래 가입자의 계정(ID)과 그 비밀번호 또는 계좌번호와 그 비밀번호 2. 전자금융거래 가입자의 주민등록번호 3. 금융기관이 전자금융거래를 위하여 가입자에게 제공한 일회용비밀번호

전자서명법	전자서명법 시행령	전자서명법 시행규칙
9의2. 제15조제1항 후단의 규정에 따른 신원확인을 하지 아니한 경우 10. 제17조의 규정에 위반하여 공인인증서의 효력을 정지 또는 회복하지 아니하거나 그 사실을 확인할 수 있는 조치를 취하지 아니한 경우 11. 제18조의 규정에 위반하여 공인인증서를 폐지하지 아니하거나 그 사실을 확인할 수 있는 조치를 취하지 아니한 경우 11의2. 제18조의3의 규정에 위반하여 인증업무와 관련된 시설의 안전성 확보를 위한 보호조치를 취하지 아니한 경우 12. 제22조의3제1항의 규정에 따른 인증업무를 제공하는 정보처리시스템의 장애발생 신고를 하지 아니한 경우 13. 제26조제2항의 규정에 따른 보험에 가입하지 아니한 경우 제12조(인증업무의 정지 및 지정취소등) ① 과학기술정보통신부장관은 공인인증기관이 다음 각호의 1에 해당하는 경우에는 6월 이내의 기간을 정하여 인증업무의 전부 또는 일부의 정지를 명하거나 지정을 취소할 수 있다. 다만, 제1호 및 제2호의 경우에는 지정을 취소하여야 한다. 〈개정 2001. 12. 31., 2005. 12. 30., 2008. 2. 29., 2013. 3. 23., 2017. 7. 26.〉 1. 사위 기타 부정한 방법으로 제4조의 규정에 의한 지정을 받은 경우 2. 인증업무의 정지명령을 받은 자가 그 명령에 위반하여 인증업무를 정지하지 아니한 경우 3. 제4조의 규정에 의한 지정을 받은 날부터 6월 이내에 인증업무를 개시하지 아니하거나 6월 이상 계속하여 인증업무를 휴지한 경우 4. 제6조제4항의 규정에 의한 인증업무준칙 변경명령에 위반한 경우 5. 제11조의 규정에 의한 시정명령을 정당한 사유없이 이행하지 아니한 경우 ② 제1항의 규정에 의하여 지정이 취소된 공인인증기관은 가입자인증서등을 다른 공인인증기관에게 인계하여야 한다. 다만, 부득이한 사유로 인하여 가입자인증서등을 인계할 수 없는 때에는 그 사실을 과학기술정보통신부장관에게 지체없이 신고하여야 한다.	으로 하고, 제7조제2항·제9조 및 제44조제1항제4호중 "전자서명"을 각각 "공인전자서명"으로 하며, 제57조제1항제2호중 "전자서명법 제2조제2호의 규정에 의한 전자서명간"을 "전자서명법 제2조제3호의 규정에 의한 공인전자서명간"으로 한다. 부칙 부 칙 〈대통령령 제18312호, 2004. 3. 17.〉 (전자적민원처리를위한가석방자관리규정등중개정령) 이 영은 공포한 날부터 시행한다. 부칙 부 칙 〈대통령령 제19507호, 2006. 6. 12.〉 (행정정보의 공동이용 및 문서감축을 위한 국가채권관리법 시행령 등 일부개정령) 이 영은 공포한 날부터 시행한다. 부칙 부 칙 〈대통령령 제19570호, 2006. 6. 29.〉 이 영은 2006년 7월 1일부터 시행한다. 펼침 부 칙 〈대통령령 제20741호, 2008. 2. 29.〉 (행정안전부와 그 소속기관 직제) 부칙보기 제1조(시행일) 이 영은 공포한 날부터 시행한다. 〈단서 생략〉 제2조부터 제5조까지 생략 제6조(다른 법령의 개정) ①부터 〈62〉까지 생략 〈63〉 전자서명법 시행령 일부를 다음과 같이 개정한다. 제2조제1항제1호가목·나목·제2항, 제3조제1항 각 호 외의 부분·제2항 각 호 외의 부분·제3항부터 제6항까지, 제3조의3제1항 각 호 외의 부분·제2항 각 호 외의 부분·제3항·제4항, 제3조의4, 제4조의2제2항 전단, 제4조의3제2항 각 호 외의 부분·제2항제1호·제3항 각 호 외의 부분·제3항제6호·제4항, 제4조의4제3항 및 제6조제1항·제2항 전단·제3항 중 "정보통신부장관"을 각각 "행정안전부장관"으로 한다. 제3조제6항, 제3조의3제4항, 제3조의4, 제4조의2제3항 및 제6조제4항 중 "정보통신부령"을 각각 "행정안전부령"으로 한다. 제4조의3제2항제1호 및 제4조의4제3항 중 "정보통신부"를 각각 "행정안전	(보안카드의 비밀번호를 포함한다) 또는 가입자 본인만이 알 수 있는 두 가지 이상의 정보 4. 제1호부터 제3호까지에서 규정된 사항 외에 전자금융거래 가입자의 신용카드 정보 등 신원을 확인할 수 있는 정보. 다만, 전자금융거래 가입자가 해외체류자, 법인, 단체, 외국인 또는 점자보안카드 사용자(해당 정보 확인에 동의한 점자보안카드 사용자는 제외한다)인 경우는 제외한다. [본조신설 2002. 7. 11.] 제13조의3(신원확인증표) 제13조의2제1항의 규정에 의한 명의인이 본인지의 여부는 다음 각 호의 구분에 따른 신원확인증표에 의하여 확인한다. 〈개정 2006. 6. 30., 2008. 3. 4., 2013. 3. 23., 2013. 3. 24., 2016. 1. 19., 2017. 7. 26.〉 1. 개인의 경우 가. 주민등록증 발급대상자는 주민등록증. 다만, 주민등록증에 의하는 것이 곤란한 경우에는 국가기관, 지방자치단체 또는 「초·중등교육법」 및 「고등교육법」에 의한 학교의 장이 발급한 것으로서 제13조의2제1항제1호의 규정에 의한 명의의 확인이 가능한 증표 또는 증서 나. 주민등록증 발급대상자가 아닌 자는 국가기관, 지방자치단체 또는 「초·중등교육법」 및 「고등교육법」에 의한 학교의 장이 발급한 것으로서 제13조의2제1항제1호의 규정에 의한 명의의 확인이 가능한 증표 또는 본인의 주민등록표등본과 법정대리인의 가목의 증표 다. 가목 및 나목에 해당하지 아니하는 재외국민은 여권 또는 재외국민등록증 라. 외국인은 「출입국관리법」에 의한 외국인등록증. 다만, 외국인등록증이 발급되지 아니한 자의 경우에는 여권 또는 신분증 2. 법인의 경우 「비송사건절차법」에 의한 법인등기부등본 또는 상업등기부등본, 「법인세법」에 의한 사업자등록증, 「소득세법」에 의한 납세번호를 부여받은 문서 또는 사본, 「부가가치세법」에 의한 사업자등록증 및 고유번호를 부여받은 문서 또는 사본 3. 법인이 아닌 단체의 경우

전자서명법

〈개정 2008. 2. 29., 2013. 3. 23., 2017. 7. 26.〉

③ 제10조제4항의 규정은 지정이 취소된 공인인증기관에 관하여 이를 준용한다.

④ 제1항의 규정에 의한 처분의 기준 및 절차와 제2항 및 제3항의 규정에 의한 인계·인수 등에 관하여 필요한 사항은 과학기술정보통신부령으로 정한다. 〈개정 2008. 2. 29., 2013. 3. 23., 2017. 7. 26.〉

제13조(과징금의 부과) ① 과학기술정보통신부장관은 제12조제1항 각호의 1에 해당하는 경우로서 그 업무정지가 가입자등에게 심한 불편을 주거나 기타 공익을 해할 우려가 있는 때에는 그 업무정지처분에 갈음하여 2천만원 이하의 과징금을 부과할 수 있다. 〈개정 2008. 2. 29., 2013. 3. 23., 2017. 7. 26.〉

② 제1항의 규정에 의한 과징금을 부과하는 위반행위의 종별과 그 정도에 따른 과징금의 금액 기타 필요한 사항은 대통령령으로 정한다. 〈개정 2005. 12. 30.〉

③ 과학기술정보통신부장관은 제1항의 규정에 의한 과징금을 납부하여야 할 자가 납부기한까지 이를 납부하지 아니하는 때에는 국세체납처분의 예에 의하여 이를 징수한다. 〈개정 2008. 2. 29., 2013. 3. 23., 2017. 7. 26.〉

제14조(검사등) ① 과학기술정보통신부장관은 인증업무의 안전성과 신뢰성 확보 및 가입자의 보호 등을 위한 다음 각 호의 사항을 확인하기 위하여 공인인증기관에 대하여 자료를 제출하게 할 수 있으며, 관계공무원으로 하여금 공인인증기관의 사무실·사업장 기타 필요한 장소에 출입하여 인증업무에 관한 시설 및 장비·장부·서류 기타 물건을 검사하게 할 수 있다. 〈개정 2001. 12. 31., 2005. 12. 30., 2008. 2. 29., 2013. 3. 23., 2017. 7. 26.〉

1. 제15조의 규정에 따른 공인인증기관의 신원확인 절차 및 방법의 적정 여부
2. 제18조의3, 제19조 내지 제22조, 제22조의2, 제23조 및 제24조의 규정에서 정하는 인증업무의 안전성 및 신뢰성 확보 여부

② 과학기술정보통신부장관은 제1항

전자서명법 시행령

부"로 한다.

제4조의3제2항제2호 및 제5조를 각각 삭제한다.

〈64〉부터 〈105〉까지 생략

부칙 〈대통령령 제20917호, 2008. 7. 17.〉 부칙보기

제1조(시행일) 이 영은 공포한 날부터 시행한다.

제2조(공인인증기관 지정의 유효기간에 관한 적용례) 제3조의2의개정규정은 이 영 시행 후 최초로 공인인증기관으로 지정을 받거나 다시 지정을 받는 자부터 적용한다.

부칙 〈대통령령 제22016호, 2010. 2. 4.〉 부칙보기

제1조(시행일) 이 영은 공포한 날부터 시행한다.

제2조(다른 법령의 개정) 행정안전부와 그 소속기관 직제 일부를 다음과 같이 개정한다.

제20조제3항제90호를 다음과 같이 한다.

90. 공인인증기관의 지정·관리

부칙 〈대통령령 제22151호, 2010. 5. 4.〉 (전자정부법 시행령) 부칙보기

제1조(시행일) 이 영은 2010년 5월 5일부터 시행한다.

제2조 및 제3조 생략

제4조(다른 법령의 개정) ①부터 〈145〉까지 생략

〈146〉 전자서명법 시행령 일부를 다음과 같이 개정한다.

제3조제7항 중 "「전자정부법」 제21조제1항"을 "「전자정부법」 제36조제1항"으로 한다.

〈147〉부터 〈192〉까지 생략

부칙 〈대통령령 제22846호, 2011. 4. 5.〉 부칙보기

제1조(시행일) 이 영은 공포한 날부터 시행한다.

제2조(과태료에 관한 경과조치) ① 이 영 시행 전의 위반행위에 대하여 과태료의 부과기준을 적용할 때에는 별표 2의 개정규정에도 불구하고 종전의 예에 따른다.

② 이 영 시행 전의 위반행위로 받은 과태료 부과처분은 별표 2의 개정규정에 따른 위반행위의 횟수 산정에 포함하지 아니한다.

전자서명법 시행규칙

당해 단체를 대표하는 자의 신원을 확인할 수 있는 제1호의 증표·서류. 다만, 제13조의2제1항제3호 단서의 규정에 의한 단체의 경우에는 납세번호 또는 고유번호를 부여받은 문서 또는 그 사본

4. 제1호 내지 제3호의 규정에 의하여 본인인지 여부를 확인하기 곤란한 경우 : 관계기관의 장의 확인서·증명서 등 과학기술정보통신부장관이 정하는 신원확인증표

[본조신설 2002. 7. 11.]

제13조의4(보호조치) ① 공인인증기관이 법 제18조의3의 규정에 의한 인증업무에 관한 시설의 안전성 확보를 위하여 하여야 할 보호조치는 다음 각호와 같다.

1. 전자적 침해행위로부터 보호조치
2. 외부인의 출입통제 등 방호조치
3. 화재·수해 등 재해에 대비한 조치
4. 그밖에 인증업무에 관한 시설의 안전성 확보를 위한 관리적 조치

② 제1항의 규정에 의한 보호조치에 관한 세부사항은 과학기술정보통신부장관이 정하여 고시한다. 〈개정 2008. 3. 4., 2013. 3. 23., 2013. 3. 24., 2017. 7. 26.〉

[본조신설 2002. 7. 11.]

제13조의5(정기점검) ① 공인인증기관은 법 제19조제2항의 규정에 의하여 인증업무에 관한 시설 및 장비의 안전운영여부에 대한 정기점검을 공인인증기관으로 지정받은 날부터 6월 이내에 받아야 하며, 그후에는 최초정기점검일을 기점으로 하여 1년에 1회씩 받아야 한다.

② 제1항의 규정에 의한 정기점검의 점검사항은 다음 각호와 같다.

1. 법 제8조의 규정에 의한 전자서명인증업무지침의 준수여부
2. 제13조의4의 규정에 의한 보호조치의 이행여부

[본조신설 2002. 7. 11.]

제13조의6(대행비용지원) ① 법 제26조의3제2항 후단의 규정에 의하여 전자서명의 상호연동에 관한 사업의 추진을 대행하는 관련기관 및 단체가 이에 소요되는 비용을 지원받고자 하는 경우에는 그 대행사업의 추진계획 및 그 소요비용산정내역을 과학기술정보통신부장관에게 제출하여야 한다. 〈개정 2008. 3. 4., 2013. 3. 23.,

전자서명법	전자서명법 시행령	전자서명법 시행규칙
의 규정에 따라 관계 공무원으로 하여금 검사하게 하는 경우에는 검사개시 7일 전까지 검사의 일시·이유 및 내용 등에 관한 검사계획을 해당 공인인증기관에 통지하여야 한다. 〈신설 2005. 12. 30., 2008. 2. 29., 2013. 3. 23., 2017. 7. 26.〉 ③ 제1항의 규정에 의하여 출입·검사를 하는 공무원은 그 권한을 나타내는 증표를 관계인에게 내보여야 하며, 출입시 성명·출입시간·출입목적 등이 표시된 문서를 관계인에게 교부하여야 한다. 〈개정 2005. 12. 30.〉 제3장 공인인증서 〈개정 2001. 12. 31.〉 제15조(공인인증서의 발급) ① 공인인증기관은 공인인증서를 발급받고자 하는 자에게 공인인증서를 발급한다. 이 경우 공인인증기관은 공인인증서를 발급받고자 하는 자의 신원을 확인하여야 한다. 〈개정 2001. 12. 31.〉 ② 공인인증기관이 발급하는 공인인증서에는 다음 각호의 사항이 포함되어야 한다. 〈개정 2001. 12. 31.〉 1. 가입자의 이름(법인의 경우에는 명칭을 말한다) 2. 가입자의 전자서명검증정보 3. 가입자와 공인인증기관이 이용하는 전자서명 방식 4. 공인인증서의 일련번호 5. 공인인증서의 유효기간 6. 공인인증기관의 명칭 등 공인인증기관임을 확인할 수 있는 정보 7. 공인인증서의 이용범위 또는 용도를 제한하는 경우 이에 관한 사항 8. 가입자가 제3자를 위한 대리권 등을 갖는 경우 또는 직업상 자격등의 표시를 요청한 경우 이에 관한 사항 9. 공인인증서임을 나타내는 표시 ③ 삭제 〈2001. 12. 31.〉 ④ 공인인증기관은 공인인증서를 발급받고자 하는 자의 신청이 있는 경우에는 공인인증서의 이용범위 또는 용도를 제한하는 공인인증서를 발급할 수 있다. 〈개정 2001. 12. 31.〉 ⑤ 공인인증기관은 공인인증서의 이용범위 및 용도, 이용된 기술의 안전성과 신뢰성 등을 고려하여 공인인증서의 유효기간을 적정하게 정하여야 한다. 〈개정 2001. 12. 31.〉 ⑥ 공인인증서 발급에 따른 신원확인 절차 및 방법 등에 관하여 필요한 사항은 과학기술정보통신부령으로 정한	부칙 〈대통령령 제23898호, 2012. 6. 29.〉 이 영은 공포한 날부터 시행한다. 펼침 부칙 〈대통령령 제24425호, 2013. 3. 23.〉 (안전행정부와 그 소속기관 직제) 부칙보기 제1조(시행일) 이 영은 공포한 날부터 시행한다. 다만, 부칙 제6조에 따라 개정되는 대통령령 중 이 영 시행 전에 공포되었으나 시행일이 도래하지 아니한 대통령령을 개정한 부분은 각각 해당 대통령령의 시행일부터 시행한다. 제2조부터 제5조까지 생략 제6조(다른 법령의 개정) ①부터 〈81〉까지 생략 〈82〉 전자서명법 시행령 일부를 다음과 같이 개정한다. 제2조제1항제1호가목·나목, 같은 조 제2항, 제3조제1항 각 호 외의 부분, 제2항 각 호 외의 부분, 같은 조 제3항부터 제7항까지, 제3조의3제1항 각 호 외의 부분, 같은 조 제2항, 같은 조 제3항 각 호 외의 부분, 같은 조 제4항·제5항, 제3조의4 및 제4조의2제2항 전단 중 "행정안전부장관"을 각각 "미래창조과학부장관"으로 한다. 제3조제6항, 제3조의3제5항, 제3조의4 및 제4조의2제3항 중 "행정안전부령"을 각각 "미래창조과학부령"으로 한다. 별표 2 제2호라목의 위반행위란 (1)·(2) 외의 부분 및 같은 란 (1)·(2) 중 "행정안전부장관"을 각각 "미래창조과학부장관"으로 한다. 〈83〉부터 〈129〉까지 생략 부칙 〈대통령령 제25050호, 2013. 12. 30.〉 (행정규제기본법 개정에 따른 규제 재검토기한 설정을 위한 주택법 시행령 등 일부개정령) 이 영은 2014년 1월 1일부터 시행한다. 〈단서 생략〉 부칙 〈대통령령 제25406호, 2014. 6. 30.〉 이 영은 공포한 날부터 시행한다. 부칙 〈대통령령 제25532호, 2014. 8. 6.〉 (민감정보 및 고유식별정보 처리 근거 마련을 위한 공공기관의 운영에 관한 법률	2013. 3. 24., 2017. 7. 26.〉 ② 제1항의 규정에 의하여 비용을 지원받은 관련기관 및 단체는 별도계정을 설정하여 이를 계리하여야 하고, 다른 용도에 사용하여서는 아니된다. ③ 제1항의 규정에 의한 대행비용의 지원 신청절차·지원방법·지원금에 대한 사후감독 등에 관하여 필요한 사항은 과학기술정보통신부장관이 정하여 고시한다. 〈개정 2008. 3. 4., 2013. 3. 23., 2013. 3. 24., 2017. 7. 26.〉 [본조신설 2002. 7. 11.] 제13조의7(시범사업) 과학기술정보통신부장관은 법 제26조의5의 규정에 의하여 다음 각호의 사업을 시범사업으로 추진할 수 있다. 〈개정 2008. 3. 4., 2013. 3. 23., 2013. 3. 24., 2017. 7. 26.〉 1. 전자서명의 이용확산을 위한 시험적 사업 2. 전자서명의 상호연동 등 인증업무 효율화 사업 3. 전자서명의 상호인정을 위한 국제협력사업 4. 전자서명기술의 실용화 사업 5. 그밖에 전자서명의 이용활성화를 위한 사업 [본조신설 2002. 7. 11.] 제13조의8(가입자와 이용자의 보호조치) 과학기술정보통신부장관은 법 제27조제2항에 따라 가입자와 이용자의 보호를 위하여 다음 각 호의 조치를 하여야 한다. 〈개정 2008. 3. 4., 2013. 3. 23., 2013. 3. 24., 2017. 7. 26.〉 1. 가입자 또는 이용자의 불만 등에 대하여 신속한 조치가 이루어질 수 있도록 과학기술정보통신부장관이 정하는 전자민원처리지침에 따라 처리할 것 2. 접수된 민원내용 중 공인인증기관이 처리하여야 할 사항을 해당 공인인증기관에 즉시 통보할 것 [본조신설 2006. 6. 30.] 제14조 삭제 〈2011. 4. 5.〉 제15조(규제의 재검토) 과학기술정보통신부장관은 다음 각 호의 사항에 대하여 다음 각 호의 기준일을 기준으로 3년마다(매 3년이 되는 해의 기준일과 같은 날 전까지를 말한다) 그

전자서명법

다. 〈신설 2001. 12. 31., 2008. 2. 29., 2013. 3. 23., 2017. 7. 26.〉
[제목개정 2001. 12. 31.]

제16조(공인인증서의 효력의 소멸 등) ① 공인인증기관이 발급한 공인인증서는 다음 각호의 1에 해당하는 사유가 발생한 경우에는 그 사유가 발생한 때에 그 효력이 소멸된다. 〈개정 2001. 1. 16., 2001. 12. 31.〉
1. 공인인증서의 유효기간이 경과한 경우
2. 제12조제1항의 규정에 의하여 공인인증기관의 지정이 취소된 경우
3. 제17조의 규정에 의하여 공인인증서의 효력이 정지된 경우
4. 제18조의 규정에 의하여 공인인증서가 폐지된 경우
5. 삭제 〈2001. 12. 31.〉

② 과학기술정보통신부장관은 제10조의 규정에 따라 인증업무를 휴지 또는 폐지하였거나 제12조의 규정에 따라 인증업무가 정지된 공인인증기관의 전자서명생성정보가 분실·훼손 또는 도난·유출되는 등의 경우에는 인증업무의 안전성과 신뢰성 확보를 위하여 해당 공인인증기관이 발급한 모든 공인인증서의 효력을 정지할 수 있다. 〈개정 2005. 12. 30., 2008. 2. 29., 2013. 3. 23., 2017. 7. 26.〉
③ 과학기술정보통신부장관은 제2항의 규정에 의하여 공인인증서의 효력을 정지한 때에는 그 사실을 항상 확인할 수 있도록 지체없이 인터넷진흥원으로 하여금 필요한 조치를 하게 하여야 한다. 제1항제2호의 규정에 의하여 공인인증서의 효력이 소멸된 경우에도 또한 같다. 〈개정 2001. 12. 31., 2008. 2. 29., 2013. 3. 23., 2017. 7. 26.〉
[제목개정 2001. 12. 31.]

제17조(공인인증서의 효력정지 등) ① 공인인증기관은 가입자 또는 그 대리인의 신청이 있는 경우에는 공인인증서의 효력을 정지하거나 정지된 공인인증서의 효력을 회복하여야 한다. 이 경우 공인인증서 효력회복의 신청은 공인인증서의 효력이 정지된 날부터 6월 이내에 하여야 한다. 〈개정 2001. 12. 31.〉
② 공인인증기관이 제1항의 규정에 의하여 공인인증서의 효력을 정지하거나 회복한 경우에는 그 사실을 항상 확인할 수 있도록 지체없이 필요한

전자서명법 시행령

시행령 등 일부개정령)
이 영은 2014년 8월 7일부터 시행한다.

펼침 부 칙 〈대통령령 제25840호, 2014. 12. 9.〉 (규제 재검토기한 설정 등 규제정비를 위한 건축법 시행령 등 일부개정령) 부칙보기
제1조(시행일) 이 영은 2015년 1월 1일부터 시행한다.

제2조부터 제16조까지 생략

부칙 부 칙 〈대통령령 제26166호, 2015. 3. 30.〉
이 영은 공포한 날부터 시행한다.

펼침 부 칙 〈대통령령 제26980호, 2016. 2. 12.〉 (민원 처리에 관한 법률 시행령) 부칙보기
제1조(시행일) 이 영은 공포한 날부터 시행한다.
제2조 및 제3조 생략
제4조(다른 법령의 개정) ①부터 ⑩까지 생략
⑪ 전자서명법 시행령 일부를 다음과 같이 개정한다.

제2조의2제1항 중 "「민원사무처리에 관한 법률」 제19조제1항"을 "「민원 처리에 관한 법률」 제30조제1항"으로 한다.
⑫ 및 ⑬ 생략
제5조 생략

펼침 부 칙 〈대통령령 제27751호, 2016. 12. 30.〉 (규제 재검토기한 설정 등을 위한 가맹사업거래의 공정화에 관한 법률 시행령 등 일부개정령) 부칙보기
제1조(시행일) 이 영은 2017년 1월 1일부터 시행한다. 〈단서 생략〉
제2조부터 제12조까지 생략

부칙 부 칙 〈대통령령 제27960호, 2017. 3. 27.〉 (주민등록번호 등의 처리 제한을 위한 세무사법 시행령 등 일부개정령)
이 영은 2017년 3월 30일부터 시행한다. 〈단서 생략〉

펼침 부 칙 〈대통령령 제28210호, 2017. 7. 26.〉 (과학기술정보통신부와 그 소속기관 직제) 부칙보기

전자서명법 시행규칙

타당성을 검토하여 개선 등의 조치를 하여야 한다. 〈개정 2016. 12. 30., 2017. 7. 26.〉
1. 제5조에 따른 공인인증업무준칙의 변경신고 기간: 2017년 1월 1일
2. 제6조에 따른 인증업무의 양수 및 합병 신고 등: 2017년 1월 1일
3. 제13조의2에 따른 신원확인 기준 및 방법: 2017년 1월 1일
4. 제13조의3에 따른 신원확인증표: 2017년 1월 1일
5. 제13조의4에 따른 공인인증기관의 안전성 확보를 위한 보호조치: 2017년 1월 1일
6. 제13조의5에 따른 인증업무에 관한 시설 및 장비의 정기점검: 2017년 1월 1일

[본조신설 2014. 12. 30.]

부칙 부 칙 〈정보통신부령 제81호, 1999. 8. 12.〉
이 규칙은 공포한 날부터 시행한다.

펼침 부 칙 〈정보통신부령 제132호, 2002. 7. 11.〉 부칙보기
① (시행일) 이 규칙은 공포한 날부터 시행한다.
② (정기점검에 관한 경과조치) 이 규칙 시행당시 법 제4조의 규정에 의하여 지정받은 공인인증기관은 제13조의5의 개정규정에 불구하고 인증업무에 관한 시설 및 장비의 안전운영여부에 대한 최초의 정기점검을 2003년 6월 30일까지 받아야 한다.
③ (다른 법령의 개정) 의료법시행규칙중 다음과 같이 개정한다.
제15조제1항 본문중 "전자서명"을 "공인전자서명"으로 한다.

부칙 부 칙 〈정보통신부령 제151호, 2004. 7. 6.〉 (전자적민원처리를위한별정우체국법시행규칙등중개정령)
이 규칙은 공포한 날부터 시행한다.

부칙 부 칙 〈정보통신부령 제196호, 2006. 6. 30.〉
이 규칙은 2006년 7월 1일부터 시행한다.

펼침 부 칙 〈행정안전부령 제1호, 2008. 3. 4.〉 (행정안전부와 그 소속기관 직제 시행규칙) 부칙보기
제1조(시행일) 이 규칙은 공포한 날부터 시행한다.

전자서명법	전자서명법 시행령	전자서명법 시행규칙
조치를 취하여야 한다. 〈개정 2001. 12. 31.〉 [제목개정 2001. 12. 31.] 제18조(공인인증서의 폐지) ①공인인증기관은 공인인증서에 관하여 다음 각호의 1에 해당하는 사유가 발생한 경우에는 해당 공인인증서를 폐지하여야 한다. 〈개정 2001. 12. 31., 2019. 12. 10.〉 1. 가입자 또는 그 대리인이 공인인증서의 폐지를 신청한 경우 2. 가입자가 사위 기타 부정한 방법으로 공인인증서를 발급받은 사실을 인지한 경우 3. 가입자의 사망·실종선고 또는 해산 사실을 인지한 경우 4. 가입자의 전자서명생성정보가 분실·훼손 또는 도난·유출된 사실을 인지한 경우 ② 공인인증기관은 제1항의 규정에 의하여 공인인증서를 폐지한 경우에는 그 사실을 항상 확인할 수 있도록 지체없이 필요한 조치를 취하여야 한다. 〈개정 2001. 12. 31.〉 [제목개정 2001. 12. 31.] 제18조의2(공인인증서를 이용한 본인확인) 다른 법률에서 공인인증서를 이용하여 본인임을 확인하는 것을 제한 또는 배제하고 있지 아니한 경우에는 이 법의 규정에 따라 공인인증기관이 발급한 공인인증서에 의하여 본인임을 확인할 수 있다. [본조신설 2001. 12. 31.] 제4장 인증업무의 안전성 및 신뢰성 확보 〈개정 2001. 12. 31.〉 제18조의3(공인인증기관의 안전성 확보) 공인인증기관은 인증업무에 관한 시설의 안전성 확보를 위하여 과학기술정보통신부령이 정하는 보호조치를 취하여야 한다. 〈개정 2008. 2. 29., 2013. 3. 23., 2017. 7. 26.〉 [본조신설 2001. 12. 31.] 제19조(인증업무에 관한 설비의 운영) ① 공인인증기관은 자신이 발급한 공인인증서가 유효한지의 여부를 누구든지 항상 확인할 수 있도록 하는 설비 등 인증업무에 관한 시설 및 장비를 안전하게 운영하여야 한다. ② 공인인증기관은 제1항의 시설 및 장비의 안전운영 여부를 인터넷진흥원	제1조(시행일) 이 영은 공포한 날부터 시행한다. 제2조부터 제5조까지 생략 제6조(다른 법령의 개정) ①부터 ㊿까지 생략 〈51〉 전자서명법 시행령 일부를 다음과 같이 개정한다. 제2조제1항제1호가목·나목, 같은 조 제2항, 제2조의2제1항·제3항·제4항, 제3조제1항 각 호 외의 부분, 같은 조 제2항 각 호 외의 부분 전단, 같은 조 제3항부터 제7항까지, 제3조의3제1항·제2항, 같은 조 제3항 각 호 외의 부분, 같은 조 제4항·제5항, 제3조의4, 제4조의2제2항 전단, 제4조의3제1항, 제4조의4제1항 및 같은 조 제2항 각 호 외의 부분 중 "미래창조과학부장관"을 각각 "과학기술정보통신부장관"으로 한다. 제3조제6항, 제3조의3제5항, 제3조의4 및 제4조의2제3항 중 "미래창조과학부령"을 "과학기술정보통신부령"으로 한다. 별표 2 제2호라목의 위반행위란 (1)·(2) 외의 부분 및 같은 란 (1)·(2) 중 "미래창조과학부장관"을 각각 "과학기술정보통신부장관"으로 한다. 〈52〉부터 〈70〉까지 생략 별표 [별표 1] 위반행위별 과징금 금액(제4조의2관련) 한글파일 다운로드 PDF파일 다운로드 별표 [별표 2] 과태료의 부과기준(제5조 관련) 한글파일 다운로드 PDF파일 다운로드	제2조부터 제4조까지 생략 제5조(다른 법령의 개정) ①부터 ㉚까지 생략 ㉛ 전자서명법 시행규칙 일부를 다음과 같이 개정한다. 제6조제1항 각 호 외의 부분 본문·제2항 각 호 외의 부분, 제7조 각 호 외의 부분 및 제8조 중 "관할 체신청장"을 각각 "행정안전부장관"으로 한다. 제4조, 제6조제4항, 제9조제2항, 제12조제1항·제2항 본문 및 제4항, 제13조제1항 전단·제2항 전단, 제13조의2제1항제4호, 제13조의3제4호, 제13조의4제2항, 제13조의6제1항·제3항, 제13조의7본문, 제13조의8본문·제1호 중 "정보통신부장관"을 각각 "행정안전부장관"으로 한다. 별지 제1호서식, 별지 제3호서식, 별지 제4호서식, 별지 제5호서식 및 별지 제7호서식중 "정보통신부장관"을 각각 "행정안전부장관"으로 한다. 별지 제3호서식, 별지 제4호서식 및 별지 제5호서식중 "체신청장"을 각각 "행정안전부장관" 으로 한다. 별지 제1호서식, 별지 제3호서식, 별지 제4호서식 중 "「전자정부구현을 위한 행정업무 등의 전자화촉진에 관한 법률」"을 각각 "「전자정부법」"으로 한다. ---------------------- 〈 이하 생략 함 〉

전자서명법	전자서명법 시행령	전자서명법 시행규칙
으로부터 정기적으로 점검받아야 한다. 〈개정 2013. 3. 23.〉 ③ 공인인증기관은 공인인증기관으로 지정된 후 제1항의 규정에 의한 시설 및 장비를 변경하는 경우 지체없이 과학기술정보통신부장관에게 이를 신고하여야 한다. 이 경우 과학기술정보통신부장관은 인터넷진흥원으로 하여금 해당 시설 및 장비의 안전성 여부를 점검하게 할 수 있다. 〈개정 2008. 2. 29., 2013. 3. 23., 2017. 7. 26., 2019. 12. 10.〉 [전문개정 2001. 12. 31.] 제20조(전자문서의 시점확인) 공인인증기관은 가입자 또는 공인인증서를 이용하는 자(이하 "이용자"라 한다)의 신청이 있는 경우에는 전자문서가 해당 공인인증기관에 제시된 시점을 공인전자서명하여 확인할 수 있다. 〈개정 2001. 12. 31., 2005. 12. 30., 2019. 12. 10.〉 제21조(전자서명생성정보의 관리) ① 가입자는 자신의 전자서명생성정보를 안전하게 보관·관리하고, 이를 분실·훼손 또는 도난·유출되거나 훼손될 수 있는 위험을 인지한 때에는 그 사실을 공인인증기관에 통보하여야 한다. 이 경우 가입자는 지체없이 이용자에게 공인인증기관에 통보한 내용을 고지하여야 한다. ② 공인인증기관은 제1항의 규정에 의한 사실을 통보하거나 고지할 수 있는 수단을 제공하여야 한다. ③ 공인인증기관은 가입자의 신청이 있는 경우외에는 가입자의 전자서명생성정보를 보관하여서는 아니되며, 가입자의 신청에 의하여 그의 전자서명생성정보를 보관하는 경우 해당 가입자의 동의없이 이를 이용하거나 유출하여서는 아니된다. 〈개정 2019. 12. 10.〉 ④ 공인인증기관은 자신이 이용하는 전자서명생성정보를 안전하게 보관·관리하여야 한다. 이 경우 해당 전자서명생성정보가 분실·훼손 또는 도난·유출되거나 훼손될 수 있는 위험을 인지한 때에는 지체없이 그 사실을 인터넷진흥원에 통보하고 인증업무의 안전성과 신뢰성을 확보할 수 있는 대책을 마련하여야 한다. 〈개정 2013. 3. 23., 2019. 12. 10.〉 [전문개정 2001. 12. 31.]		

전자서명법	전자서명법 시행령	전자서명법 시행규칙
제22조(인증업무에 관한 기록의 관리) ① 공인인증기관은 가입자의 공인인증서와 인증업무에 관한 기록을 안전하게 보관·관리하여야 한다. 〈개정 2001. 12. 31.〉 ② 공인인증기관은 가입자인증서등을 해당 공인인증서의 효력이 소멸된 날부터 10년동안 보관하여야 한다. 〈개정 2001. 12. 31., 2019. 12. 10.〉 제22조의2(공인인증서의 관리 등) ① 공인인증기관 및 가입자는 공인인증서의 유효기간 이내에 해당 공인인증서의 기재사항 또는 공인인증서와 결부된 정보가 정확하고 완전하게 유지되도록 상당한 주의를 기울여야 한다. 〈개정 2019. 12. 10.〉 ② 공인인증기관은 이용자가 공인인증서에 의하여 다음 각호의 사항을 확인할 수 있도록 쉬운 수단을 제공하여야 한다. 〈개정 2019. 12. 10.〉 1. 공인인증기관의 명칭 등 공인인증기관임을 확인할 수 있는 정보 2. 가입자가 해당 공인인증서가 발행된 당시에 전자서명생성정보를 지배·관리하고 있는 사실 3. 공인인증서의 발행 전에 전자서명생성정보가 유효한 사실 ③ 공인인증기관은 이용자가 다음 각호의 사실을 확인할 수 있도록 쉬운 수단을 제공하여야 한다. 1. 서명자의 신원을 확인할 수 있는 방법 2. 전자서명생성정보 또는 공인인증서의 사용목적이나 사용금액에 대한 제한 3. 공인인증기관이 부담하는 책임의 범위 또는 정도 [본조신설 2001. 12. 31.] 제22조의3(인증업무의 장애발생 신고) ① 공인인증기관은 인증업무를 제공하는 정보처리시스템에 장애가 발생한 경우에는 지체 없이 그 사실을 과학기술정보통신부장관 또는 한국인터넷진흥원장에게 신고하고 신속히 장애를 복구할 수 있는 대책을 마련하여야 한다. 〈개정 2008. 2. 29., 2013. 3. 23., 2017. 7. 26.〉 ② 과학기술정보통신부장관 또는 한국인터넷진흥원장은 제1항의 규정에 의하여 인증업무의 장애를 신고받은 때에는 다음 각 호의 조치를 취하여야 한다. 〈개정 2008. 2. 29., 2013. 3. 23., 2017. 7. 26.〉		

전자서명법	전자서명법 시행령	전자서명법 시행규칙
1. 장애에 관한 정보 수집과 전파 2. 장애복구에 관한 기술지원과 협력 [본조신설 2005. 12. 30.] 제23조(전자서명생성정보의 보호 등) ① 누구든지 타인의 전자서명생성정보를 도용 또는 누설하여서는 아니된다. 〈개정 2001. 12. 31.〉 ② 누구든지 타인의 명의로 공인인증서를 발급받거나 발급받을 수 있도록 하여서는 아니된다. 〈개정 2001. 12. 31.〉 ③ 누구든지 공인인증서가 아닌 인증서 등을 공인인증서로 혼동하게 하거나 혼동할 우려가 있는 유사한 표시를 사용하거나 허위로 공인인증서의 사용을 표시하여서는 아니된다. 〈신설 2001. 12. 31.〉 ④ 누구든지 공인인증서를 이용범위 또는 용도에서 벗어나 부정하게 사용하여서는 아니된다. 〈신설 2005. 12. 30.〉 ⑤ 누구든지 행사하게 할 목적으로 다른 사람에게 공인인증서를 양도 또는 대여하거나 행사할 목적으로 다른 사람의 공인인증서를 양도 또는 대여 받아서는 아니된다. 〈신설 2005. 12. 30.〉 [제목개정 2001. 12. 31.] 제24조(개인정보의 보호) ① 공인인증기관은 인증업무 수행과 관련하여 개인정보를 보호하여야 한다. ② 삭제 〈2011. 3. 29.〉 [전문개정 2001. 12. 31.] 제25조(전자서명인증관리업무) ① 인터넷진흥원은 전자서명을 안전하고 신뢰성있게 이용할 수 있는 환경을 조성하고 공인인증기관을 효율적으로 관리하기 위하여 다음 각호의 업무를 수행한다. 〈개정 2013. 3. 23.〉 1. 제4조의 규정에 의하여 공인인증기관을 지정하는 경우 공인인증기관으로 지정받고자 하는 자가 갖추어야 할 시설 및 장비에 대한 심사 지원 2. 제14조제1항의 규정에 의한 공인인증기관에 대한 검사 지원 3. 제18조의3의 규정에 의한 보호조치에 대한 심사 및 기술 지원 4. 제19조제2항의 규정에 의한 시설 및 장비의 안전운영 여부에 관한 점검 5. 공인인증기관에 대한 공인인증서 발급·관리 등 인증업무 6. 전자서명인증 관련 기술개발·보급 및 표준화 연구		

전자서명법	전자서명법 시행령	전자서명법 시행규칙
7. 전자서명인증 관련 제도 연구 및 상호인정 등 국제협력 지원 8. 그 밖에 전자서명인증관리업무와 관련하여 필요한 사항 ② 제6조, 제7조, 제15조 내지 제18조, 제18조의2, 제18조의3, 제19조제1항 및 제22조의 규정은 인터넷진흥원의 전자서명인증관리업무에 관하여 이를 준용한다. 이 경우 "공인인증기관"은 "인터넷진흥원"으로, "가입자"는 "공인인증기관"으로 본다. 〈개정 2005. 12. 30., 2013. 3. 23.〉 ③ 인터넷진흥원은 제1항의 규정에 의한 심사·기술지원·점검 및 공인인증서 발급 등 전자서명인증관리업무와 관련하여 수수료 등을 부과할 수 있다. 〈개정 2013. 3. 23.〉 [전문개정 2001. 12. 31.] 제25조의2(이용자의 준수사항) 이용자는 제15조제2항제1호 내지 제6호의 공인인증서 기재사항 등에 의하여 공인전자서명의 진위여부를 확인하기 위하여 다음 각목의 조치를 취하여야 한다. 가. 공인인증서의 유효 여부의 확인 나. 공인인증서의 정지 또는 폐지 여부의 확인 다. 제15조제2항제7호 및 제8호 사항의 확인 [본조신설 2001. 12. 31.] 제25조의3(특정 공인인증서 요구 금지) 누구든지 공인인증서를 이용하여 전자서명을 확인하는 경우 정당한 이유없이 특정 공인인증기관의 공인인증서만을 요구하여서는 아니 된다. [본조신설 2001. 12. 31.] 제26조(배상책임) ① 공인인증기관은 인증업무 수행과 관련하여 가입자 또는 공인인증서를 신뢰한 이용자에게 손해를 입힌 때에는 그 손해를 배상하여야 한다. 다만, 공인인증기관이 과실 없음을 입증하면 그 배상책임이 면제된다. ② 공인인증기관은 제1항의 규정에 따른 손해를 배상하기 위한 보험에 가입하여야 한다. [전문개정 2005. 12. 30.] 제5장 전자서명인증정책의 추진 등 〈신설 2001. 12. 31.〉 제26조의2(전자서명인증제도의 발전을 위한 시책의 수립 등) 정부는 전자		

전자서명법	전자서명법 시행령	전자서명법 시행규칙
서명의 안전성과 신뢰성을 확보하고 그 이용을 활성화하는 등 전자서명 및 인증업무의 발전을 위하여 다음 각호의 시책을 수립·시행한다. 1. 전자서명의 안전성과 신뢰성 확보 및 이용활성화를 위한 기본정책에 관한 사항 2. 전자서명의 원활한 상호연동을 위한 정책 및 기술표준화에 관한 사항 3. 전자서명 관련 기술개발 4. 전자서명의 이용활성화를 위한 교육 및 홍보에 관한 사항 5. 전자서명의 이용확산을 위한 제도의 개선 및 관계 법령의 정비에 관한 사항 6. 전자서명 관련 단체의 지원 및 관련 정보의 제공에 관한 사항 7. 인증업무와 관련된 가입자와 이용자의 권익보호에 관한 사항 8. 외국의 전자서명 및 인증서에 대한 상호인정 및 국제협력에 관한 사항 9. 전자서명관련 산업육성 및 인력양성에 관한 사항 10. 공인인증기관의 안전성 확보를 위한 보호조치에 관한 사항 11. 전자서명 이용활성화를 위한 시범사업의 추진 및 통계·실태조사에 관한 사항 12. 전자문서의 안전성과 신뢰성 확보를 위한 암호사용에 관한 사항 13. 그 밖에 전자서명의 안전성과 신뢰성 확보 및 이용촉진을 위해 필요한 사항 [본조신설 2001. 12. 31.] 제26조의3(전자서명의 상호연동) ① 과학기술정보통신부장관은 전자서명의 원활한 상호연동을 위하여 다음 각호의 사항을 추진한다. 〈개정 2008. 2. 29., 2013. 3. 23., 2017. 7. 26.〉 1. 전자서명의 상호연동을 위한 국내외 표준의 조사연구 및 개발 2. 전자서명의 상호연동과 관련한 표준의 제정 및 보급 3. 전자서명의 상호연동을 위한 전자서명 및 인증정책의 조정 4. 그 밖에 전자서명의 상호연동과 관련한 사항 ② 과학기술정보통신부장관은 제1항 각호의 사항을 추진하기 위하여 필요한 경우 관련기관 및 단체로 하여금 이를 대행하게 할 수 있다. 이 경우 과학기술정보통신부령이 정하는 바에 의하여 이에 소요되는 비용을 지원할		

전자서명법	전자서명법 시행령	전자서명법 시행규칙
수 있다. 〈개정 2008. 2. 29., 2013. 3. 23., 2017. 7. 26.〉 [본조신설 2001. 12. 31.] 제26조의4(전자서명 기술개발 및 인력양성) 과학기술정보통신부장관은 전자서명의 이용촉진에 필요한 기술개발 및 전문인력양성을 위하여 다음 각호의 사항을 추진한다. 〈개정 2008. 2. 29., 2013. 3. 23., 2017. 7. 26.〉 1. 전자서명 관련 기술수준의 조사, 기술의 연구·개발 및 활용에 관한 사항 2. 전자서명 관련 기술협력 및 기술이전에 관한 사항 3. 전자서명에 관한 기술정보의 제공 및 관련 기관·단체와의 협력에 관한 사항 4. 전자서명 관련 전문인력의 수급실태조사 및 전문인력양성을 위한 지원사항 5. 그 밖에 전자서명에 관한 기술개발 및 인력양성에 필요한 사항 [본조신설 2001. 12. 31.] 제26조의5(전자서명 시범사업의 추진) ① 과학기술정보통신부장관은 전자서명의 이용확산을 위하여 과학기술정보통신부령이 정하는 바에 따라 시범사업을 실시할 수 있다. 〈개정 2008. 2. 29., 2013. 3. 23., 2017. 7. 26.〉 ② 정부는 제1항의 규정에 의한 시범사업에 대하여 행정적·재정적·기술적 지원을 할 수 있다. [본조신설 2001. 12. 31.] 제26조의6(전자서명이용촉진을 위한 지원) ① 국가 또는 지방자치단체는 전자서명의 이용촉진을 위하여 금융지원을 할 수 있다. ② 정부는 전자거래의 안전성과 신뢰성 확보를 위하여 공인전자서명을 사용하는 경우 전자거래에 수반하는 수수료 등을 감면하는 시책을 수립·시행할 수 있다. ③ 정부는 전자서명과 관련된 법인 또는 단체가 전자서명 이용촉진을 위한 사업을 실시하는 경우 예산의 범위안에서 해당 사업비의 전부 또는 일부를 지원할 수 있다. 〈개정 2019. 12. 10.〉 [본조신설 2001. 12. 31.] 제26조의7 삭제 〈2010. 2. 4.〉 제6장 보칙 〈개정 2001. 12. 31.〉		

전자서명법	전자서명법 시행령	전자서명법 시행규칙
제27조(가입자 및 이용자의 보호) ① 정부는 가입자 및 이용자의 불만 및 피해를 신속하고 공정하게 처리할 수 있도록 필요한 조치를 마련하여야 한다. ② 제1항의 조치에 관한 구체적 사항은 과학기술정보통신부령으로 정한다. 〈개정 2008. 2. 29., 2013. 3. 23., 2017. 7. 26.〉 [본조신설 2001. 12. 31.] [종전 제27조는 제27조의2로 이동 〈2001. 12. 31.〉]		
제27조의2(상호인정) ① 정부는 전자서명의 상호인정을 위하여 외국정부와 협정을 체결할 수 있다. ② 제1항의 규정에 의하여 협정을 체결하는 경우에는 외국의 인증기관 또는 외국의 인증기관이 발급한 인증서에 대하여 이 법에 의한 공인인증기관 또는 공인인증서와 동일한 법적 지위 또는 법적 효력을 부여하는 것을 그 협정의 내용으로 할 수 있다. 〈개정 2001. 12. 31.〉 ③ 과학기술정보통신부장관은 제1항의 규정에 의하여 외국정부와 전자서명의 상호인정에 관한 협정을 체결한 경우에는 그 내용을 고시하여야 한다. 〈개정 2008. 2. 29., 2013. 3. 23., 2017. 7. 26.〉 ④ 제1항의 규정에 따라 외국정부와 협정이 체결된 경우 외국의 전자서명 또는 인증서는 공인전자서명 또는 공인인증서와 동등한 효력을 가진 것으로 본다. 〈신설 2001. 12. 31.〉 [제27조에서 이동 〈2001. 12. 31.〉]		
제28조(요금 부과) 공인인증기관은 공인인증서의 발급을 신청하는 자 또는 인증역무를 제공받는 자에게 수수료 등 필요한 요금을 부과할 수 있다. 〈개정 2001. 12. 31.〉		
제29조(청문) 과학기술정보통신부장관은 제12조제1항의 규정에 의하여 지정취소를 하고자 하는 경우에는 청문을 실시하여야 한다. 〈개정 2008. 2. 29., 2013. 3. 23., 2017. 7. 26.〉		
제30조(권한의 위임) 이 법에 의한 과학기술정보통신부장관의 권한은 대통령령이 정하는 바에 의하여 그 일부를 소속기관의 장 또는 체신청장에게 위임·위탁할 수 있다. 〈개정 2008. 2. 29., 2013. 3. 23., 2017. 7. 26.〉		

전자서명법	전자서명법 시행령	전자서명법 시행규칙
제7장 벌칙 〈개정 2001. 12. 31.〉 제31조(벌칙) 다음 각호의 1에 해당하는 자는 3년 이하의 징역 또는 3천만원 이하의 벌금에 처한다. 〈개정 2001. 12. 31.〉 1. 제21조제3항의 규정에 위반하여 가입자의 신청없이 가입자의 전자서명생성정보를 보관하거나 전자서명생성정보의 보관을 신청한 가입자의 승낙없이 이를 이용하거나 유출한 자 2. 제23조제1항의 규정에 위반하여 타인의 전자서명생성정보를 도용 또는 누설한 자 3. 제23조제2항의 규정에 위반하여 타인의 명의로 공인인증서를 발급받거나 발급받을 수 있도록 한 자 제32조(벌칙) 다음 각 호의 어느 하나에 해당하는 자는 1년 이하의 징역 또는 1천만원 이하의 벌금에 처한다. 〈개정 2005. 12. 30.〉 1. 제22조제2항의 규정에 위반하여 가입자인증서등을 보관하지 아니한 자 2. 삭제 〈2005. 12. 30.〉 3. 제23조제4항의 규정을 위반하여 공인인증서를 이용범위 또는 용도에서 벗어나 부정하게 사용한 자 4. 제23조제5항의 규정을 위반하여 행사하게 할 목적으로 다른 사람에게 공인인증서를 양도 또는 대여하거나 행사할 목적으로 다른 사람의 공인인증서를 양도 또는 대여 받은 자 [전문개정 2001. 12. 31.] 제33조(양벌규정) 법인의 대표자나 법인 또는 개인의 대리인, 사용인, 그 밖의 종업원이 그 법인 또는 개인의 업무에 관하여 제31조 또는 제32조의 위반행위를 하면 그 행위자를 벌하는 외에 그 법인 또는 개인에게도 해당 조문의 벌금형을 과(科)한다. 다만, 법인 또는 개인이 그 위반행위를 방지하기 위하여 해당 업무에 관하여 상당한 주의와 감독을 게을리하지 아니한 경우에는 그러하지 아니하다.[전문개정 2008. 12. 26.] 제34조(과태료) ① 다음 각 호의 어느 하나에 해당하는 자는 500만원 이하의 과태료에 처한다. 〈개정 2001. 12. 31., 2005. 12. 30., 2008. 2. 29., 2013. 3. 23., 2017. 7. 26.〉		

전자서명법	전자서명법 시행령	전자서명법 시행규칙
1. 제6조제1항 또는 제3항(제25조제2항에 의하여 준용되는 경우를 포함한다)의 규정에 위반하여 인증업무준칙의 신고 또는 변경신고를 하지 아니하거나 동조제4항(제25조제2항에 의하여 준용되는 경우를 포함한다)의 규정에 의한 인증업무준칙의 변경에 관한 명령을 이행하지 아니한 자 2. 제7조(제25조제2항에 의하여 준용되는 경우를 포함한다)의 규정에 위반하여 정당한 사유없이 인증역무의 제공을 거부하거나 가입자 또는 이용자를 부당하게 차별한 자 3. 제9조제1항의 규정에 의한 신고를 하지 아니한 자 4. 제10조제1항의 규정에 의한 인증업무의 휴지 또는 동조제2항의 규정에 의한 인증업무의 폐지 사실을 가입자에게 통보하지 아니하거나 과학기술정보통신부장관에게 신고하지 아니한 자 5. 제10조제3항 또는 제12조제2항의 규정에 위반하여 정당한 사유없이 다른 공인인증기관에게 가입자인증서 등을 인계하지 아니하거나 신고하지 아니한 자 6. 제14조제1항의 규정에 의한 자료를 제출하지 아니하거나 허위의 자료를 제출한 자 또는 관계 공무원의 출입·검사를 거부·방해 또는 기피한 자 7. 제21조제4항의 규정에 의한 통보를 하지 아니한 자 7의2. 제22조의3제1항의 규정에 의한 인증업무를 제공하는 정보처리시스템의 장애발생 신고를 하지 아니한 자 8. 제23조제3항의 규정에 위반하여 공인인증서가 아닌 인증서 등을 공인인증서로 혼동하게 하거나 혼동할 우려가 있는 유사한 표시를 사용하거나 허위로 공인인증서의 사용을 표시한 자 9. 제25조의3의 규정을 위반하여 특정 공인인증기관의 공인인증서만을 요구한 자 10. 제26조제2항의 규정을 위반하여 보험에 가입하지 아니한 자 ② 제1항의 규정에 의한 과태료는 대통령령이 정하는 바에 의하여 과학기술정보통신부장관이 부과·징수한다. 〈개정 2008. 2. 29., 2013. 3. 23., 2017. 7. 26.〉 ③ 삭제 〈2017. 3. 14.〉		

전자서명법	전자서명법 시행령	전자서명법 시행규칙
④ 삭제 〈2017. 3. 14.〉 ⑤ 삭제 〈2017. 3. 14.〉 부칙 부　　칙 〈법률 제5792호, 1999. 2. 5.〉 이 법은 1999년 7월 1일부터 시행한다. 펼침 부　　칙 〈법률 제6360호, 2001. 1. 16.〉 (정보통신망이용촉진및정보보호등에관한법률) 부칙보기 제1조 (시행일) 이 법은 2001년 7월 1일부터 시행한다. 제2조 내지 제4조 생략 제5조 (다른 법률의 개정) ① 내지 ③ 생략 ④ 전자서명법중 다음과 같이 개정한다. 제8조제1항중 "정보화촉진기본법 제14조의2의 규정에 의한 한국정보보호센터(이하 "보호센터"라 한다)로부터"를 "정보통신망이용촉진 및정보보호등에관한법률 제52조의 규정에 의한한국정보보호진흥원(이하 "보호진흥원"이라 한다)으로부터"로 한다. 제10조제4항 및 제21조제3항중 "보호센터"를 각각 "보호진흥원"으로 한다. 제16조제1항제5호중 "보호센터가"를 "보호진흥원이"로 한다. 제16조제3항중 "보호센터로"를 "보호진흥원으로"로 한다. 제21조제4항 및 제21조제5항중 "보호센터는"을 각각 "보호진흥원은"으로 한다. 제25조제1항중 "보호센터는"을 "보호진흥원은"으로 하고, 동조제2항중 ""보호센터"로"를 ""보호진흥원"으로"로 한다. ⑤생략 제6조 생략 펼침 부　　칙 〈법률 제6585호, 2001. 12. 31.〉 부칙보기 제1조 (시행일) 이 법은 2002년 4월 1일부터 시행한다. 제2조 (배상책임에 관한 경과조치) 이 법 시행전에 공인인증기관의 인증업무 수행과 관련하여 발생한 손해에 대한 배상책임은 종전의 규정에 의한다. 제3조 (벌칙의 적용에 관한 경과조치) 이 법 시행전의 행위에 관한 벌칙의 적용에 있어서는 종전의 규정에 의한다. 제4조 (다른 법률의 개정) ①정보통신망이용촉진 및정보보호등에관한법률중 다음과 같이 개정한다. 제18조제2항의 "전자서명(작성자를 알아볼 수 있고 문서의 변경여부를 확인할 수 있는 것을 말한다)"을 "전자서명법 제2조제3호의 규정에 의한		

전자서명법	전자서명법 시행령	전자서명법 시행규칙
공인전자서명"으로 한다. ② 전자정부구현을위한행정업무등의전자화촉진에관한법률중 다음과 같이 개정한다. 제18조제1항, 제20조제1항 및 제3항 중 "전자서명법 제2조제2호의 규정에 의한 전자서명"을 각각 "전자서명법 제2조제3호의 규정에 의한 공인전자서명"으로 한다. 편칩 부 칙 〈법률 제7428호, 2005. 3. 31.〉 (채무자 회생 및 파산에 관한 법률) 부칙보기 제1조 (시행일) 이 법은 공포 후 1년이 경과한 날부터 시행한다. 제2조 내지 제4조 생략 제5조 (다른 법률의 개정) ① 내지 〈98〉생략 〈99〉전자서명법 일부를 다음과 같이 개정한다. 제5조제1호 가목중 "파산자"를 "파산선고를 받은 자"로 한다. 〈100〉 내지 〈145〉생략 제6조 생략 펼침 부 칙 〈법률 제7813호, 2005. 12. 30.〉 부칙보기 ① (시행일) 이 법은 공포 후 6개월이 경과한 날부터 시행한다. 다만, 법 제4조제4항의 개정규정은 공포한 날부터 시행한다. ② (벌칙의 적용에 관한 경과조치) 이 법 시행 전의 행위에 대한 벌칙의 적용에 있어서는 종전의 규정에 의한다. 펼침 부 칙 〈법률 제8852호, 2008. 2. 29.〉 (정부조직법) 부칙보기 제1조(시행일) 이 법은 공포한 날부터 시행한다. 다만, ···〈생략〉···, 부칙 제6조에 따라 개정되는 법률 중 이 법의 시행 전에 공포되었으나 시행일이 도래하지 아니한 법률을 개정한 부분은 각각 해당 법률의 시행일부터 시행한다. 제2조부터 제5조까지 생략 제6조(다른 법률의 개정) ①부터 〈426〉까지 생략 〈427〉 전자서명법 일부를 다음과 같이 개정한다. 제26조의7제1항 각 호 외의 부분 중 "정보통신부"를 "행정안전부"로 한다. 제4조제1항, 제6조제1항 각 호 외의 부분, 제9조제1항, 제10조제1항 전단·제2항·제3항 단서·제4항, 제11조 각 호 외의 부분, 제12조제1항 가		

전자서명법	전자서명법 시행령	전자서명법 시행규칙
호 외의 부분 본문·제2항 단서, 제13조제1항·제3항, 제14조제1항 각 호 외의 부분, 제27조의2제3항, 제29조, 제30조 및 제34조제2항부터 제4항까지 중 "정보통신부장관"을 각각 "행정안전부장관"으로 한다. 제4조제4항, 제6조제2항부터 제4항까지, 제8조제1항, 제14조제2항, 제16조제2항·제3항 전단, 제19조제3항 전단·후단, 제22조의3제1항·제2항 각 호 외의 부분, 제26조의3제1항 각 호 외의 부분·제2항 전단, 제26조의4 각 호 외의 부분, 제26조의5제1항, 제26조의7제1항제5호·제3항 및 제34조제1항제4호 중 "정보통신부장관"을 각각 "행정안전부장관"으로 한다. 제6조제3항, 제15조제6항, 제18조의3, 제26조의3제2항 후단, 제26조의5제1항 및 제27조제2항 중 "정보통신부령"을 각각 "행정안전부령"으로 한다. 제9조제1항, 제10조제5항 및 제12조제4항 중 "정보통신부령"을 각각 "행정안전부령"으로 한다. 제30조 본문 중 "소속기관의 장에게 위임"을 "소속기관의 장 또는 체신청장에게 위임·위탁"으로 한다. 〈428〉부터 〈760〉까지 생략 제7조 생략 부칙 부　　칙 〈법률 제9208호, 2008. 12. 26.〉 이 법은 공포한 날부터 시행한다. 부칙 부　　칙 〈법률 제10008호, 2010. 2. 4.〉 이 법은 공포한 날부터 시행한다. 펼침 부　　칙 〈법률 제10465호, 2011. 3. 29.〉 (개인정보 보호법) 부칙보기 제1조(시행일) 이 법은 공포 후 6개월이 경과한 날부터 시행한다. 〈단서 생략〉 제2조부터 제5조까지 생략 제6조(다른 법률의 개정) ①부터 ⑧까지 생략 ⑨ 전자서명법 일부를 다음과 같이 개정한다. 제24조제2항을 삭제한다. ⑩부터 ⑭까지 생략 제7조 생략 펼침 부　　칙 〈법률 제11690호,		

전자서명법	전자서명법 시행령	전자서명법 시행규칙
2013. 3. 23.〉 (정부조직법) 부칙보기 제1조(시행일) ① 이 법은 공포한 날부터 시행한다. ② 생략 제2조부터 제5조까지 생략 제6조(다른 법률의 개정) ①부터 〈188〉까지 생략 〈189〉 전자서명법 일부를 다음과 같이 개정한다. 제4조제1항·제4항, 제6조제1항 각 호 외의 부분, 같은 조 제2항부터 제4항까지, 제8조제1항, 제9조제1항, 제10조제1항 전단, 같은 조 제2항, 같은 조 제3항 단서, 같은 조 제4항, 제11조 각 호 외의 부분, 제12조제1항 각 호 외의 부분 본문, 같은 조 제2항 단서, 제13조제1항·제3항, 제14조제1항 각 호 외의 부분, 같은 조 제2항, 제16조제2항, 같은 조 제3항 전단, 제19조제3항 전단·후단, 제22조의3제1항, 같은 조 제2항 각 호 외의 부분, 제26조의3제1항 각 호 외의 부분, 같은 조 제2항 전단, 제26조의4 각 호 외의 부분, 제26조의5제1항, 제27조의2제3항, 제29조, 제30조, 제34조제1항제4호 및 같은 조 제2항부터 제4항까지 중 "행정안전부장관"을 각각 "미래창조과학부장관"으로 한다. 제6조제3항, 제9조제1항, 제10조제5항, 제12조제4항, 제15조제6항, 제18조의3, 제26조의3제2항 후단, 제26조의5제1항 및 제27조제2항 중 "행정안전부령"을 각각 "미래창조과학부령"으로 한다. 제10조제4항 중 "한국정보보호진흥원(이하 "보호진흥원"이라 한다)"을 "한국인터넷진흥원(이하 "인터넷진흥원"이라 한다)"으로 한다. 제16조제3항 전단, 제19조제2항, 같은 조 제3항 후단, 제21조제4항 후단, 제25조제1항 각 호 외의 부분, 같은 조 제2항 전단·후단 및 같은 조 제3항 중 "보호진흥원"을 각각 "인터넷진흥원"으로 한다. 제22조의3제1항 및 같은 조 제2항 각 호 외의 부분 중 "보호진흥원장"을 각각 "한국인터넷진흥원장"으로 한다. 〈190〉부터 〈710〉까지 생략 제7조 생략 펼침 부 칙 〈법률 제12762호, 2014. 10. 15.〉 부칙보기 제1조(시행일) 이 법은 공포한 날부터 시행한다. 제2조(금치산자 등의 결격사유에 관한 경과조치) 제5조제1호가목의 개정규정		

전자서명법	전자서명법 시행령	전자서명법 시행규칙
에도 불구하고 같은 개정규정 시행 당시 이미 금치산 또는 한정치산의 선고를 받고 법률 제10429호 민법 일부개정법률 부칙 제2조에 따라 금치산 또는 한정치산 선고의 효력이 유지되는 사람에 대하여는 종전의 규정에 따른다. 부칙 부 칙 〈법률 제14577호, 2017. 3. 14.〉 이 법은 공포한 날부터 시행한다. 펼침 부 칙 〈법률 제14839호, 2017. 7. 26.〉 (정부조직법) 부칙보기 제1조(시행일) ① 이 법은 공포한 날부터 시행한다. 다만, 부칙 제5조에 따라 개정되는 법률 중 이 법 시행 전에 공포되었으나 시행일이 도래하지 아니한 법률을 개정한 부분은 각각 해당 법률의 시행일부터 시행한다. 제2조부터 제4조까지 생략 제5조(다른 법률의 개정) ①부터 〈190〉까지 생략 〈191〉 전자서명법 일부를 다음과 같이 개정한다. 제4조제1항·제4항, 제6조제1항 각 호 외의 부분, 같은 조 제2항부터 제4항까지, 제8조제1항, 제9조제1항, 제10조제1항 전단, 같은 조 제2항, 같은 조 제3항 단서, 같은 조 제4항, 제11조 각 호 외의 부분, 제12조제1항 각 호 외의 부분 본문, 같은 조 제2항 단서, 제13조제1항·제3항, 제14조제1항 각 호 외의 부분, 같은 조 제2항, 제16조제2항, 같은 조 제3항 전단, 제19조제3항 전단 및 후단, 제22조의3제1항, 같은 조 제2항 각 호 외의 부분, 제26조의3제1항 각 호 외의 부분, 같은 조 제2항 전단, 제26조의4 각 호 외의 부분, 제26조의5제1항, 제27조의2제3항, 제29조, 제30조, 제34조제1항제4호 및 같은 조 제2항 중 "미래창조과학부장관"을 각각 "과학기술정보통신부장관"으로 한다. 제6조제3항, 제9조제1항, 제10조제5항, 제12조제4항, 제15조제6항, 제18조의3, 제26조의3제2항 후단, 제26조의5제1항 및 제27조제2항 중 "미래창조과학부령"을 각각 "과학기술정보통신부령"으로 한다. 〈192〉부터 〈382〉까지 생략 제6조 생략 부칙 부 칙 〈법률 제16755호, 2019. 12. 10.〉 이 법은 공포한 날부터 시행한다.		

《참고문헌》

1. 국내논문

강성주, “웹사이트의 매력성과 고객의 정서적 몰입에 대한 플로우의 매개적 영향”, 「통상정보연구」제10권 제2호, 한국통상정보학회, 2008.6, pp.63-87.

권명중, “창업중소기업의 생존 및 성장에 관한 연구 A Study of the Growth and Survival of New Small and Medium Sized Firms”, 「중소기업연구」, 제22권 제2호, 한국중소기업학회, 2000, pp.186-188.

권혁 (Kwon Hyuk), 손승표 (Sohn Sung-pyo), “한국 중소물류기업의 내·외부 환경요인 및 기술특성요인이 전자무역 인지요인, 이용수준 및 성과에 미치는 영향에 관한 실증연구”, 한국물류학회 「한국물류학회지」 28권 4호, 2018, pp.9-19(11pages).

김광경 . 이금실 . 정미실, “자아존중감과 외모에 대한 사회문화적 태도가 의복행동에 미치는 영향”, 「대한가정학회지」, 제39권 9호, 2001, pp95-102.

김선광, “ODR 시스템으로의 사용자 참여유인을 위한 법적 장치의 활용”, 「통상정보연구」제10권 제1호, 한국통상정보학회, 2008.3, pp.279-293.

김순구 . 박정순, “자아존중과 의복행동간의 상관연구 －성인 남녀를 대상으로 －”, 「한국의류학회지」, 14권 4호, 한국의류학회, 1990, pp.305-314.

김용일, “ICSID 중재판정의 취소에 관한 연구”, 「무역상무연구」, 제37권, 한국무역상무학회, 2008.2, pp.133-158.

김인수, “전자무역의 사기사례와 예방에 관한 연구”, 「산업경제」제13집, 경상대학교 경영경제연구소, 2002, pp.19-38.

김재성, “유럽 법제에서 오픈 프라이스 청약의 유효성에 관한 고찰”, 「무역상무연구」 제38권, 한국무역상무학회, 2008.5, pp.47-68.

김학민 . 이승철, “SNS 활용이 수출마케팅 성과에 미치는 영향”, 통상정보연구, Vol.14, No.1, 한국통상정보학회, 2012.

문화 . 문희철 . 형정, “중국기업의 공급사슬관리 현황, 문제점 및 해결방안”, 경영경제연구, Vol.31, No.2, 충남대학교 경영경제연구소, 2008.

문희철 . 오현정, “중소기업 수출지원제도의 인지도와 활용도가 수출성과에 미치는 영향”, 중소기업연구, Vol.31, No.2, 한국중소기업학회, 2009.

박경주, “창업보육센터 재정지원과 운영성과와의 관계 연구-인천지역 창업보육센터를 중심으로”, 「벤처경영연구」, 제9권 제3호, 한국중소기업학회, 2006. 11, pp.159-185.

박광서 . 유광현, “글로벌무역인력 양성을 위한 합리적인 무역학 교과과정 개편방향에 관한 연구”, 「무역상무연구」, 제37권, 한국무역상무학회, 2008.2, pp.329-360.

박금란, “중일 양국의 경어의식에 관한 연구”, 충남대학교 대학원 일어일문학과 석사학위논문, 2008.2.

박상길, “한중일 FTA에 따른 3국간 국제분업구조의 변화에 관한 연구”, 충남대학교 대학원 무역학과 박사졸업논문, 2004.2.

박석재, “제6차 개정 신용장통일규칙(UCP600)의 주요내용에 관한 연구”, 한국무역상무학회지, 제33권, 2007.2, pp.63-65.

박영기 (Young Ki Park), "중소무역기업의 uTradeHub 시스템 평가와 발전방안에 관한 연구", 국제지역학회 「국제지역연구」 19권 1호, 2015, pp.127-152(26pages).

박종돈, “ODR 분쟁조정시스템 활용을 통한 분쟁해결에 관한 연구”, 「통상정보연구」제10권 제2호, 한국통상정보학회, 2008.6, pp.45-62.

박춘엽, “창업론 : 창업의 요소와 과정”, 「IE 매거진」, Industrial Engineering Magazine, 제4권, 대한산업공학회, 1997, pp.47-49.

박춘엽 . 이승영 . 심상렬, “인터넷 전자무역 구현에 관한 연구 : 창업을 중심으로”, 「정례학술발표논문집」, 한국무역학회, 1998, pp.209-237.

박홍규 (Park Hong-gyue), 김영춘 (Kim Young Chun), "전자통관시스템 위탁운영을 위한 만족도조사와 국제물류전략 수립에 관한 연구", 한국물류학회 「한국물류학회지」 27권 5호, 2017, pp.13-27(15pages).

변상진 . 정병수 . 이재웅 . 강금식, “중소기업의 창업과 운용에 관한 연구 －수출중소기업을 중심으로－”, 「무역학회지」, 제11권, 한국무역협회, 1986, pp.269-301.

성윤재, “중소기업의 무역포탈사이트 이용활성화 방안”, 충남대학교 대학원 무역학과 석사졸업논문, 2004.2.

송선옥 (Sunyok Song), "Kano 모형과 고객만족계수를 이용한 uTradeHub 서비스 품질에 관한 연구", 한국통상정보학회, 「통상정보연구」 18권 4호, 2016, pp.55-78(24pages).

송선욱 (Seon Uk Song), “2전자상거래 확대에 따른 특송물품 수입통관시스템의 개선방안에 관한 연구”, 한국통상정보학회 「통상정보연구」 6권 3호, 2004, pp.183-201(19pages).

신건훈 . 송경석, “영국 해상보험법상 계약성립 후의 최대선의의무에 관한 연구”, 「무역학회지」, 제31권 제5호, 한국무역학회, 2006.11, pp.261-284.

신승관 . 이상진, “인터넷무역 사기와 예방에 관한 연구”, 「통상정보연구」제3권 제1호, 한국통상정보학회, 2001, pp.69-81.

심상렬 . 문희철 . 임성범 . 형정, “중소기업의 무역단계별 e-무역상사 서비스 이용정도가 온라인 수출성과에 미치는 영향에 관한 연구”, 통상정보연구, Vol.10, No.4, 한국통상정보학회, 2008.

심종석 . 안병수, “컴퓨터 정보거래에 있어 계약의 이행과 그 조건에 관한 비교 연구”, 「무역학회지」, 제31권 제5호, 한국무역학회, 2006.11, pp.375-398.

안준모 . 김종인, "한국 정보통신 벤처기업의 성공요인에 관한 연구' – 창업자의 경험 지식요인을 중심으로 – ", 「벤처경영연구」, 제2권 제1호, 1999.
양근우 (Kun Woo Yang), 조혁수 (Hyuk Soo Cho), "전자무역 : 무역 프로세스의 효율적 변화 관리를 위한 RBMS기반 접근법: 수출입 통관 업무를 중심으로", 한국통상정보학회 「통상정보연구」 11권 3호, 2009, pp.25-45(21pages).
양의동, "UCP 600의 주요개정 내용 및 실무적용상의 문제점에 관한 연구", 「통상정보연구」제9권 제1호, 한국통상정보학회, 2001, pp.1-19.
엄광열 (Kwang Yeol Eom), 송선욱 (Seon Uk Song), "선진국과 한국의 전자통관제도에 관한 연구", 한국통상정보학회 「통상정보연구」 5권 2호, 2003, pp.185-204(20pages).
오세창, "청약과 관련한 CISG규정하에서 이루어지는 전자통신에 유엔전자청약 적용 시 유의사항", 「무역상무연구」 제38권, 한국무역상무학회, 2008.5, pp.3-45.
오원석 . 서경, "국제투자계약상의 중재조항의 주요 구성요소에 관한 연구",「무역상무연구」제38권, 한국무역상무학회, 2008.5, pp.155-180.
왕하, "WTO/DDA 농업협상 진전과 중국의 중기 쌀산업 정책에 관한 연구", 충남대학교 대학원 무역학과 석사졸업논문, 2006.8.
원종익, "수입국의 지적재산권 보호가 수출에 미치는 영향 : 한국의 경우", 충남대학교 대학원 무역학과 석사졸업논문, 2004.2.
유원근, "EU확대와 한국의 무역정책", 「무역학회지」, 제31권 제5호, 한국무역학회, 2006.11, pp.399-419.
윤봉주 . 정분도, "U-Trade Network 실현을 위한 전자무역의 문제점과 개선방안에 관한 연구", e-비즈니스연구, Vol.12, No.2, 국제e비즈니스학회, 2011.
이병렬, "국제 전자결제시스템에서 금융기관의 책임 및 정책적 시사점 –한국과 미국의 전자금융제도 비교 – ", 「통상정보연구」 Vol.12, No.1, 한국통상정보학회, 2010. 3. pp.35-54.
이봉수, "전자무역을 위한 통관업무의 개선에 관한 연구", 「무역상무연구」, 제37권, 한국무역상무학회, 2008.2, pp.257-277.
이상석, "중소기업 창업결정요인", 「중소기업연구」, 제20권 제1호, 한국중소기업학회 1998, pp.179-193.
이상진, "글로벌 전자무역 확산을 위한 전자선하증권 도입과 구현전략에 관한 연구", 「통상정보연구」제10권 제1호, 한국통상정보학회, 2008.3, pp.193-214.
이선재, "한국대학생의 성역할 태도와 의복행동과의 상관연구 : 서울시내 남녀 대학생을 중심으로", 「아세아여성연구」, 제28집, 숙명여자대학교 아세아여성문제연구소, 1989. 12, pp.171-194.
이윤재, "우리나라의 소호사업에 대한 개념 및 경영실태조사 An Investigation of the SOHO Business in terms of Its Definition and Business Performance in korea", 「전문경영인연구」, 제3권 제2호, 한국전문경영인학회, 2000, pp.87-111.
이장우 . 장수덕, "미국 4개 대학의 창업교육 현황과 특징", 「벤처경영연구」, 제2권, 한국중소기업학회, 1999, pp.57-90.
이제현 . 구종순, "포페이팅 금융비용의 관세과세가격 결정에 관한 연구", 「무역학회지」, 제31권 제5호, 한국무역학회, 2006.11, pp.305-331.
이제홍, "수출입품목관리 효율화를 위한 수출입공고제도에 관한 연구", 「통상정보연구」제10권 제2호, 한국통상정보학회, 2008.6, pp.265-282.
이지우, "개인특성과 창업의지 사이의 관계", 「중소기업연구」, 제22권 제1호, 한국중소기업학회, 2000. 6, pp.121-127.
이진석, "한국 수출기업의 공급사슬파트너십 수준 결정요인과 성과에 관한 실증적 연구", 충남대학교 대학원 무역학과 박사학위 논문, 2007.8.
이춘수 . 이장로, "한국의 국가이미지에 미치는 기업이미지와 기업신뢰의 영향에 관한 탐색적 실증연구", 「무역학회지」, 제31권 제5호, 한국무역학회, 2006.11, pp.149-171.
이충배 . 정용균 . 양재훈, "중소기업의 전자무역 활용요인에 관한 연구", 「통상정보연구」제10권 제2호, 한국통상정보학회, 2008.6, pp.3-22.
이호형 (Hohyung Lee), "2전자무역 분야 논문의 분석과 제언", 한국통상정보학회 「통상정보연구」 20권 2호, 2018, pp.3-21(19pages).
이호형 (Ho-hyung Lee), "3전자무역 분야 빅데이터 활용 사례연구", 한국EA학회(구 한국ITA학회) 「정보화연구(구 정보기술아키텍처연구)」 15권 2호, 2018, pp.179-186(8pages).
임성범 . 문희철 . 형정, "중소기업 수출성과의 결정요인에 있어서 무역포탈사이트 이용정도의 조절효과 분석", 통상정보연구, Vol.9, No.3, 한국통상정보학회, 2007.
임성철, "디지털상품의 국제거래에 따른 결제상의 문제점에 관한 연구",「무역학회지」, 제31권 제5호, 한국무역학회, 2006.11, pp.333-356.
임영세 . 곡효애, "한 . 중 대학생 인터넷쇼핑에 대한 태도 및 이용의도에 관한 연구", 「통상정보연구」제10권 제1호, 한국통상정보학회, 2008.3, pp.33-49.
정대용, "창업과 사회 문화 요인간의 관련성에 관한 실증적 연구", 「한국경영연구」, 제10권, 한국국제경영학회, 1999, pp.59-85.
정예택, "전자거래분쟁조정위원회 분쟁해결 현황 및 향후 역할", 한국전자거래진흥원, 2007년도 국제e-비즈니스학회 추계국제학술대회, 2007.11, pp.151-154.
정재영, "이스라엘 벤처기업 창업성공사례와 성공요인 조사분석", 「벤처경영연구」 제4권 제2호, 2001.9, pp.61-89.
정재우 (Jae Woo Jung), "4한국 전자무역 운용상의 문제점과 해결방안에 관한 연구", 한국통상정보학회 「통상정보연구」 18권 1호, 2016, pp.53-82(30pages).
정재우 (Jae Woo Jung), "5한국 전자무역 운용상의 문제점과 해결방안에 관한 연구", 한국통상정보학회, 「통상정보연구」 18권 2호, 2016, pp.53-82(30pages).
정철용 . 최재화 . 안중호, "미국대학의 e-Business/창업교육의 현황과 추세", 「하계경영학통합학술대회발표논문집」, 한국경영학회, 2000, pp.7-25.

정철호, "ERP시스템 도입성과에 영향을 미치는 요인", 충남대학교 대학원 경영학과 박사학위논문, 2008.2.
조병주, "창업교육 ; 무엇을 가르칠 것인가?", 「추계학술연구논문발표회」, 한국중소기업학회, 1996, pp.5-23.
조상현 . 강원진, "전자무역거래에서 전자식 선하증권의 권리이전과 유통에 관한 고찰", 「통상정보연구」제10권 제2호, 한국통상정보학회, 2008.6, pp.23-43.
조정곤, "산 . 관 . 학 협력을 통한 무역전문인력 양성의 과제", 「통상정보연구」제10권 제1호, 한국통상정보학회, 2008.3, pp.415-435.
진동수 . 임재욱, "소셜 커머스가 전자상거래에 미치는 영향: 소셜 커머스 분석 모델 관점에서", 통상정보연구, Vol.14, No.1, 한국통상정보학회, 2012.
채형복, "WTO 반덤핑협정 제2.4.2조에 의거한 네거티브 덤핑마진 산정 방식("제로잉")의 법적 문제",「무역상무연구」제38권, 한국무역상무학회, 2008.5, pp.265-302.
최동명, "벤처기업의 속성과 네트워크 그리고 성과간의 관계에 관한 연구－대덕밸리내의 기업을 대상으로－", 충남대학교 대학원 석사학위논문, 2001.
최문환 . 김영일 . 서민교 . 권영철, "중소수출기업의 무역전시회 참가성과 만족도 결정요인에 관한 연구", 「통상정보연구」제10권 제2호, 한국통상정보학회, 2008.6, pp.117-139.
최석범, "UCP와 eUCP의 주요내용 비교에 관한 연구", 「통상정보연구」 제4권 제1호, 한국통상정보학회, 2007, pp.39-57.
최성월, "한중 전자상거래정책에 관한 비교연구", 충남대학교 대학원 무역학과 석사졸업논문, 2008.8.
최순권, "국내진출 해외기업들의 R&D관련 투자규모 결정요인에 관한 연구", 「무역상무연구」제38권, 한국무역상무학회, 2008.5, pp.377-408.
최장우 . 백유미, "국내 수출기업의 웹기반 물류 방식의 성과에 관한 연구", 「e-비즈니스연구」, 제4권 제2호, 국제e-비즈니스학회, 2003.12, pp.1-25.
최흥섭 . 허은경, "무역업체의 글로벌 경쟁력 강화를 위한 e-네트워크 구축에 관한 연구", 「통상정보연구」제10권 제1호, 한국통상정보학회, 2008.3, pp.97-115.
한민정 . 안병수, "한국의 싱글 윈도우 사례를 통해서 본 중국 싱글윈도우의 실태 분석과 제언", 통상정보연구, Vol.13, No.2, 한국통상정보학회, 2011.
허은숙, "미국물류보안규범이 우리나라의 공급망 참여자에 미치는 영향과 대응방안", 「통상정보연구」 제10권 제1호, 한국통상정보학회, 2008.3, pp.217-236.
형 정, "한중 전자인증제도에 관한 비교 연구", 충남대학교 대학원 무역학과 석사졸업논문, 2006.8.
홍진영 (Jin Young Hong), 심창용 (Chang Yong Shim), "한국 전자상거래 기업의 대중국 B2C 수출활성화 전략-중국 전자상거래 통관정책변화를 중심으로-", 중국지역학회 「중국지역연구」 4권 1호, 2017, pp.81-108(28pages).
황일청, "중소기업가의 발굴(창업지원) 시책에 관한 연구", 「중소기업연구」, 제14권 제2호, 한국중소기업학회, 1992, pp.3-28.

2. 국내도서

강신철 . 김대호 . 문유진 . 정영수,「경영정보시스템」,대경, 2003. 2.
강태구, 「제3판_국제경영」, 박영사, 2007.3.
곽영실 . 김석철, 「상사중재론」, 두남, 2008. 9.
구종순, 「무역실무」, 박영사, 2005. 1.
구종순, 「FTA무역실무」, 청람, 2014. 2.
구종순, 「무역실무(6판)」, 박영사, 2015. 1.
구종순, 「무역실무」, 박영사, 2009. 6.
구종순, 「해상보험(5판)」, 유원북스, 2015. 2.
구종순, 「해상보험」, 박영사, 2004. 2.
구종순, 「해상보험」, 박영사, 2010. 8.
구종순/박대위, 「무역실무(14판)」, 박영사, 2019. 7.
구종순·허은숙, 「무역대금결제론」, 박영사, 2014. 3.
권영철, 「전략적제휴」, 김영사, 1994.12.
기호익, 「서비스경영론」, 대진, 2008. 8.
김병수, 「국제무역사핵심총정리」, 시스컴, 2012. 5.
김성진, 「한국의 중소기업」, 매일경제신문사, 2006.6.
김신, 「제4판_국제경영학」, 박영사, 2006.7.
김연동, 「전자무역 이론과 실무」, 두남, 2013. 2.
김영래, 「개정판_글로벌경영」, 법문사, 2006.3.
김영래외 6인, 「전자무역의 이해와 전개」, 브레인코리아, 2002. 12.
김학민, 「전자무역의 이론과 실무」, 경문사, 2007.7.

대한상공회의소, 「INCOTERMS2020-한국어공식번역판-」, 경성문화사, 2019.11.
마뉴엘카스텔 . 피터홀, 강현수 . 김륜희 옮김, 「세계의 테크노폴」, 한울아카데미, 2006.11.
문창권 . 심상진 . 조성렬, 「외환관리입문」, 탐진, 2007. 3.
문창권외 2인, 「외환관리입문」, 탐진, 2005. 5.
문희철 . 심상렬 . 김종원 . 염홍기, 「전자무역의 이론과 실무」, 궁미디어, 2014.8
박근영, 「계약에관한질의답변&서식」, 법률미디어, 2005. 5.
박덕영 . 이재형, 「WTO 통상조약집」, 박영사, 2006.9.
박명섭 . 한낙현, 「무역계약 이론과 실무」, 우용출판사, 2006.3.
박재기, 「글로벌마케팅」, 형설출판사, 2004. 9.
박재기, 「글로벌마케팅」, 형설출판사, 2010. 3.
박재기, 「인터넷마케팅」, 형성출판사, 2004. 2.
빌게이츠, 안진환(역), 「빌게이츠@생각의 속도－디지털신경망 비즈니스－」, 청림출판, 2011.1.
새뮤얼헌팅턴, 이희재옮김, 「문명의충돌」, 김영사, 2002.10.
소영일, 「베트남경영전략」, 지구문화사, 2008.3.
소영일, 「인도경영전략」, 지구문화사, 2007.1.
송계충 . 정범구, 「조직행위론」, 경문사, 2006. 2.
송지준, 「SPSS/AMOS통계분석방법」, 21세기사, 2011.1.
스콧세인, 임정재옮김, 「성공적인 벤처를 향한 10가지 창업전략」, 럭스미디어, 2005.11.
신군재, 「전자무역시대의 ON OFF 무역실무」, 무역경영사, 2011. 2.
신동수 . 강용찬, 「국제무역규범」, 두남, 2003. 8.
안광호 . 조재운, 「유통관리원론」, 학현사, 2002. 7.
안광호 . 한상린, 「유통원론」, 학현사, 2005. 3.
안병수 . 조원길 . 심종석, 「국제무역분쟁사례연구」, 인텔에듀케이션, 2002. 8.
안철수, 「영혼이 있는 승부」, 김영사, 2011.9.
애덤스미스, 최호진 . 정해동옮김, 「국부론_上_下」, 범우사, 2008.5.
어윤대 . 방호열, 「전략경영」, 학현사, 2000. 8.
오근엽, 「국제무역론」, 학현사, 2004. 2.
오근엽외4인, 「국제통상학원론」, 빅북, 2014. 9.
오세창 . 조현정, 「인코텀즈 2010의 해설」, 두남, 2011.3.
유중원, 「국제무역의 법리연구」, 법률문화원, 2005. 3.
윤광운 . 김철호, 「글로벌 네트워크 시대를 위한 전자무역」, 탑북스, 2010. 7.
윤기관, 「FTA비즈니스전략」, 궁미디어, 2014. 9.
윤기관외5인, 「국제통상의이해」, 법문사, 2004. 3.
이균, 「국제무역론」, 박영사, 2002. 2.
이봉수, 「전자무역론」, 두남, 2012. 2.
이상진, 「전자무역론」, 두남, 2011. 6.
이상진, 「전자무역론」, 두남, 2013. 8.
이시환, 「전자무역과 UCP600을 반영한 최신무역실무강의」, 신양사, 2011. 2.
이신규, 「국제물류론」, 형성출판사, 2005.9.
이영수외, 「전자무역실무」, 문영사, 2005. 2.
이원영, 「기술혁신의 경제학」, 생능출판사, 2008.6.
이유재, 「서비스마케팅」, 학현사, 2012. 1.
이장로 . 문희철, 「무역개론」, 무역경영사, 2005. 9.
이재기, 「유럽지역연구」, 두남, 2003.2.
이재기 . 이요한, 「동아시아지역연구」, 두남, 2001.11.
이정호 . 이제홍, 「전자무역의 이해」, 보명, 2006. 8.
이제현, 「전자무역」, 두남, 2006. 1.
이제현, 「전자무역실무」, 박영사, 2012. 2.
이제홍, 「국제운송물류론」, 청람, 2017.12.
이제홍 . 유승균, 「글로벌시대의 전자무역실무」, 보명, 2010. 8.
이제홍 . 이찬도 . 최창열, 「전자상거래법규」, 헤르메스북, 2003. 8.
이준구, 「미시경제학」, 법문사, 2005. 1.
이지수, 「인도에 대하여」, 통나무, 2003.4.
이충배/김종칠/윤영길, 「국제물류론」, 박영사, 2017.2.
이학승 . 김경희, 「전자무역을 위한 무역실무의 이해」, 두남, 2011. 8.

임성범, 「무역관계법규」, 도서출판원, 2012. 2.
임성범, 「무역전략론」, 도서출판 원, 2011. 7.
임성범, 「무역전략론」, 도서출판원, 2007. 9.
임성범, 「전자무역관련법규」, 도서출판원, 2015. 4.
임성범, 「전자무역관리」, 도서출판원, 2012. 8.
임성범, 「전자무역전자상거래관련법규」, 도서출판원, 2009. 2.
임성범, 「제3판 현상의 비밀_에너지균형론」, 도서출판 원, 2008. 12.
장세진, 「M&A의 경영전략」, 박영사, 2004.9.
전순환, 「신용장통일규칙」, 한울출판사, 2007. 1.
전창원, 「온오프라인 무역실무」, 무역연구원, 2003. 1.
정분도, 「전자무역의 이해」, 범한, 2018.2
정석찬 . 박기남 . 배혜림 . 최범진 . 김철민 . 조재균, 「e-비즈니스의 이해」, 생능출판사, 2010. 9.
정선양, 「제2판 전략적 기술경영」, 박영사, 2008.3.
정재환, 「국제무역법규해설서-INCOTERMS2020 핵심정리-」, 고시나라, 2019.10.
조대우 . 이상빈 . 성을현, 유병주 . 염명배(감수), 「북경시 중관촌 과학기술단지 관련법규」, 두남, 2003.5.
조대우 . 제혜금,「중국은행산업의 국제경쟁력」, 두남, 2004.11.
조동성, 「제2판_국제경영」, 서울경제경영, 2006.7.
조동성 . 문휘창, 「국가경쟁력」, 한국경제신문, 2006.6.
조익제외2인, 「표준라이센스계약」, 법영사, 2005. 2.
조흥국, 「태국-불교와국왕의나라」, 소나무, 2007. 10.
주상하이총영사관, 「상하이」,박영사, 2005.8.
차원용, 「솔루션 비즈니스마케팅전략」, 진한엠엔비, 2011. 4.
최경주·류건우, 「전자무역의 이해와 활용」, 두남, 2015.2.
최생림, 「외환론」, 박영사, 2006. 8.
한국무역협회 무역아카데미, 「외환관리사자격이론시험」, 2007.7.
한국무역협회 무역아카데미, 「전자무역」, 2007.6.
한정화, 「제2판 벤처창업과 경영전략」, 홍문사, 2005. 8.
허재창, 「TOP국제무역법규」, 삼영사, 2016.8.
허재창, 「무역계약론(2판)」, 탑북스, 2018.7.

3. 외국도서 및 논문

Pericle Salvini et al., "An Investigation on Legal Regulations for Robot Deployment in Urban Areas : A Focus on Italian Law," Advanced Robotics 24, (20(10), 1901-1917.

Baumeister, R. H. & Tice, D. M.(198(5), "Self-esteem and responses to success and failure: Subsequent performance and intrinsic motivation", Journal of Personality, 53, 450-467.

Cooper, A. C.(197(1), "Spin off and Technical Entrepreneurship, " IEEE Transaction on Engineering Management, EM-18, 2-6

Cooper, A. C., Gimeno-Gascon, F. J. and C. Y. Woo(199(4), "Initial Human and Financial Capital as Predictors of New Venture Performance," Journal of Business Venturing, 9, 371-395.

Cooper, A. C., M. Ramachandran and D. Schooman(199(6), "Entrepreneurial Time Allocation: Antecedents and Performance Implications," Frontiers of Entrepreneurship Research, 169-181.

Cooper, A. C., Willard, G. E. and G. Y. Woo(198(6), "Strategies of High Performance New and Small Firms: A Reexamination of the Niche Concept," Journal of Business Venturing, 1, 247-260

Cooper, A. C., Woo, C. Y. and W. C. Dunkelberg(198(9), "Entrepreneurship and the Initial Size of Firm," Journal of Business Venturing, 4, 317-332.

Corman, J., Perles, B., & Vancini, P.(198(8). "Motivational Factors InfluencingHigh－Technology Entrepreneurship" Journal of Small Business Management. Vol. 26, No. 1, pp. 36-42.

Corman, Joel and R.N., Lussier, Small Business Management, IRWIN, pp.6-7. 1996

Doutriaux, J., Peterman, B.(198(2), "Technology transfer and academic entrepreneurship at Canadian Universities," Technological Innovation Studies Program, Ottawa

Dr Chris Hall PECC SME Network Leader, "Abridged Final Draft August 2002 Acapulco SME Ministerial Profile of SME and SME Issues in APEC 1990-2000", Abridged APEC SME Profile 1990-2000 Chris HALL PECC.

Ehrenreich, Barbara, and Deirdre English(197(8), 「For Her Own Good: 150 Years of the Experts' Advice to Women」, New York: Anchor Press

Eisenhardt, K. M. and C. B. Schoonhoven(1990), "Organizational Growth: Linking Founding Team, Strategy, Environment, and Growth among U. S. Semiconductor Venture, 1978-1988," Administration Science Quarterly, 35, 504-529.

Festinger, L. (195(4). "A theory of social comparison processes," Human Relations, 7, 117-140.

Garter, N. M., Stearns, T. M., Reynolds, P. D. and B. A. Miller (199(4), "New Venture Strategies: Theory Development with an Empirical Base," Strategic Management Journal, 15, 21-41.

Gartner, W. B.(198(5), "A Conceptual Framework for Describing the Phenomenon of New Venture Creation," Academy of Management Review, 10, 696-706.

Gurdon, Michael with Samsom, K. －"Entrepreneurial Scientists: Organizational Performance in Scientist- Started High Technology Firms" －Babson College Entrepreneurship Research Conference －1990 －Boston, April.

Gurdon, Michael with Samsom, K. －"University Scientists as Entrepreneurs: A Special Case of Technology Transfer and High-Tech Venturing" －Technovation －1993 －March, Vol 13, No. 2

Gurdon, Michael with Samsom, K.; Bomers, G. －"Ondernemende wetenschappers: ervaringen van door wetenschappers gestarte 'high tech' bedrijen" －M&O: Tijdschrift voor Organisatiekunde en Sociaal Beleid －1991－9.10, Vol 45, No. 5

Heinberg, L. J.(199(5). "Body image and televised images of thinness and attractiveness: A controlled laboratory investigation," Journal of Social and Clinical Psychology, 14, 325-338.

Hymer, S. H. 1976. The International Operationsof National Firms: A Study of Foreign Direct Investment. Cambridge, MA: MIT Press.

ICC, The final draft of UCP 600, 2006. 11.

Lucas, Robert E., Jr., "On the Mechanics of Economic Development," Journal of Monetary Economics, July 1988, 22:1, 3-42.

Mauss, [1935] 1973. "Techniques of the Body." Economy and Society 2: 70-88

Mauss, "A Category of the Human Mind: The Notion of Person; the Notion of Self" (1938, in Carrithers et al., The Category of the Person, pp. 1-25, and two essays of your choice from this volume).

Mauss, "The Mandatory Expression of Sentiments" (1923, unpublished translation by instructor)

McClelland, D. C.(196(1), 「The Achieving Society」, Princeton, NJ: Van Nostrand.

Michel Laroche and John A. Howard, "Nonlinear Relations in a Complex Model of Buyer Behavior", Journal of Consumer Research, Vol. 6, No. 4 (Mar., 1980), pp.377-388.

Miller, A. G.(1970). "Role of physical attractiveness in impression formation. Psychometric Science," 19, 241-43. Moran III, J. D., McCullers, J. C., & Banilivy

Miller, F. G., Davis. L. L., & Rowold, K. L.(198(2), "Public self-conciousness, social anziety and attitudies toward the use of Clothing," Home Economics Research Journal, 10(4), 363-368.

Morris, M.H. (199(8), Entrepreneurial Intensity, Westport, CT: Quorum Publishing.

Morris, M.H. and Paul, G.W. 1987. "The Relationship Between Entrepreneurship andMarketing in Established Firms", Journal of Business Venturing, 2: 247-59.

Morris, M.H. and Trotter, J.D. 1990. Institutionalizing Entrepreneurship in a Large Company:A Case Study at AT&T. Industrial Marketing Management, Article #912.

Morris, M.H., Davis, D.L. and Allen, J.W. 1993. Fostering Corporate Entrepreneurship: Cross-Cultural Comparisons of the Importance of Individualism Versus Collectivism. Journal ofInternational Business Studies.

Morris, M.H., Pitt, L. and Honeycutt, E. 2000. Business to Business Marketing: A Strategic Approach. Thousand Oaks, CA: Sage Publications, Inc

Morris, M.H., Sexton, D. and Lewis, R.(199(3), "Reconceptualizing Entrepreneurship: An Input-Output Perspective", SAM Advanced Management Journal.

Morse, S. & Gergen, K. J.(1970), "Social comparison, self-consistency, and the concept of self', Journal of Social Psychology, 16, 148-156.

Oliver E. Williamson(198(6), "Vertical Integration and Related Variations on a Transaction－Cost Economics Theme", in Stiglitz and Mathewson, editors, New Developments in the Analysis of Market Structure

Parasuraman, A., L.L. Berry, and V.A. Zeithaml(198(5), "A Conceptual Model of Service Quality and Its implications for Future Research", Journal of Marketing, Fall, 41-50.

Parasuraman, A., L.L. Berry, and V.A. Zeithaml(198(8), "SERVQUAL:A Multiple-Item Scale for Measuring Consumer Perceptions of Service Quality", Journal of Retailing, Spring, 12-40.

Parasuraman, A., L.L. Berry, and V.A. Zeithaml(199(4), "Moving Forward in Service Quality Research : Measuring Different Level of Customer Expectations, Comparing Alternative Scales, and Examing the Performance-behavioral intention link," Marketing Science Institute Working Paper, 94-114, September.

Peter A. Hancock, Deborah R. Billings, Kristin E. Schaefer, Jessie Y. C. Chen, Ewart J. de Visser and Raja Parasuraman, "A Meta-Analysis of Factors Affecting Trust in Human-Robot Interaction", Human Factors: The Journal of the Human Factors and Ergonomics Society, 2011 53:517, DOI: 10.1177/0018720811417254, The online version of this article can be found at: http://hfs.sagepub.com/content/53/5/517.

Richard M. Emerson, "Power Dependence Relations," American Sociological Review, Vol.27(Feb.196(2), pp.32-33.

Romer, Paul M., "Crazy Explanations for the Productivity Slowdown," In Fischer, S., ed., NBER Macroeconomics Annual. Cam-bridge: MIT Press, 1987a, 163-202.

Romer, Paul M., "Dynamic Competitive Equilibria with Externalities, Increasing Returns and Unbounded Growth," Ph.D. dissertation, University of Chicago, 1983.

Romer, Paul M., "Growth Based on Increasing Returns Due to Specialization," American Economic Review, May 1987b, 77:2, 56-62.

Romer, Paul M., "Increasing Returns and Long-Run Growth," Journal of Political Economy, October 1986, 94:5, 1002-37.

Romer, Paul M., "New Goods, Old Theory and the Welfare Costs of Trade Restrictions," Journal of Development Economics, forthcoming February 1994, 43:1.

Romer, Paul M., "Two Strategies for Economic Development: Using Ideas and Producing Ideas," Proceedings of the Annual World Bank Conference on Development 1992, Supplement, Washington, D.C., World Bank Economic Review, 1993.

Romer, Paul M., Endogenous Technological Change," Journal of Political Economy, 1990, 98, S71-102.

Ronald H. Coase's 1937 paper "The Nature of the Firm" was to establish the field of transaction cost economics. "The Problem of Social Cost," published in 1961, sets out what is now known as the Coase Theorem and a new field in economic research, "law and economics."(http://www. law.uchicago.edu/faculty/coase/)

Rosenberg, M.(196(5), 「Society and the adolescent self-image」, Princeton, NJ: Princeton University Press.

Rosers, H., Diffusion of innovations, The Free Press, New York, 1983.

Sandberg, W. R. and C. W. Hofer(198(7), "Improving New Venture Performance: The Role of Strategy, Industry, and the Entrepreneur," Jouranl of Business Venturing, 2, 5-28.

Sandberg, W.(198(6), 「New Venture Performance: The Role of Strategy and Industry Structure」, Lexington Books.

Schumpeter, J. A.(193(4), 「The Theory of Economic Development」, Harvard University Press, Cambridge, MA.

Stuart, R., and P. A. Abetti(198(7), "Start-Up Venture: Towards the Prediction of Initial Success," Journal of Business Venturing, 2, 123-137.

Stuart, R., and P. A. Abetti(1990), "Impact of Entrepreneurial and Management Experience on Early Performance," Journal of Business Venturing, 5, 151-162.

Timmons, J. A. and W. D. Bygrave(198(6), "Venture Capital's Role in Financing Innovation for Economic Growth," Journal of Business Venturing, 1, 161-176

Timmons, J. A.(198(1), "Venture Capital investors in the U.S.: A Survey of the Most Active Investors," Frontiers of Entrepreneurship Research, 199-216.

Timmons, J. A., Smollen, L. E. and A. L. M. Dingee(198(5), 「New Venture Creation」, 2nd ed. Hoomwood, IL: Richard D. Irwin.

Vesper, K. H.(1980), 「New Venture Strategies」, Prentice-Hall, Englewood Cliffs, NJ.

warsaw oxford rules for CIF contract(193(2)

4. 인터넷 사이트 참고 자료

BarrettWells Credit Research(www.BarrettWells.co.uk) 드레이드가드 자료

Business Models for Electronic Markets by Paul Timmers, European Commission, Directorate－General III, April 1998, p.8. (http://www.cs.uu.nl/docs/vakken/ec/Timmers_BMem.pdf)(티머즈 비즈니스모델 자료)

http://100.naver.com/ 네이버 백과사전

http://100.daum.net/top/index.do 다음 백과사전

http://arielarrieta.com/en/2009/04/26/classic-book-crossing-the-chasmun-libro-clasico-crossing-the-chasm-cruzando-el-abismo/(케즘이론 그림 자료)

http://blog.naver.com/PostView.nhn?blogId=dipdigydip&logNo=60038644326&redirect=Dlog&widgetTypeCall=true(로저스의 기술수용주기보넬 자료).

http://daccessdds.un.org/doc/UNDOC/GEN/V06/538/96/PDF/V0653896.pdf?OpenElement(UN전자상거래논의자료)

http://daccessdds.un.org/doc/UNDOC/GEN/V08/529/14/PDF/V0852914.pdf?OpenElement(UN 단일창구자료)

http://en.wikipedia.org/wiki/Cloud_computing (클라우딩컴퓨팅 그림자료)

http://forum.kita.net/service/filedownload/d?user=id=krishna79&post_id=5589 한국무역협회 자료실(UCP600)

http://ko.wikipedia.org/wiki/ 위키한글백과.

http://kr.dic.yahoo.com 야후 백과사전

http://silab.riss4u.net/SILAB/Concept_Srch/CResult_Hit.jsp?s_ccseq=23027, SiLAB.(로저스 혁식확산이론 자료)

http://skanil.blogspot.com/2007/02/eucp-v11-supplement-to-ucp-600.html(eUCP V1.1 자료)

http://terms.naver.com, 네이버지식사전.

http://www.bolero.net/en/solutions/Overview.aspx 볼레로자료.

http://www.ceda.or.kr, 공인전자문서보관소

http://www.comitemaritime.org/cmidocs/rulesebla.html(전자선하증권 영문자료)

http://www.consumer20.net/entry/diffusion-of-innovations5th-01-element-of-diffusion, 6. 25th, 2009 Posted by jedi_master Diffusion of Innovations(5th). 01 Element of Diffusion, 제다이맛스터(혁식확산 제1장 해석자료).

http://www.kcab.or.kr, 대한상사중재원

http://www.klaw.go.kr/CNT2/Easy/MCNT2EasyLawService.jsp 법제처 종합법령정보센터(전자무역 . 전자상거래국내법률자료)

http://www.koami.or.kr/webzin/2k706/8.pdf(스위프트신용장 해설자료)

http://www.law.uchicago.edu/faculty/coase/(코어스법칙자료)

http://www.matrix2b.co.kr/mhome/home.jsp

http://www.mkbergman.com/837/the-law-of-linked-data/(메카프법칙자료).

http://www.moj.go.kr/HP/COM/bbs_03/ListShowData.do(UN전자계약 자료)

http://www.netlingo.com/word/gilders-law.php(길더법칙자료).

http://www.oecd.org/dataoecd/18/13/34023235.pdf (OECD 전자상거래 소비자보호 가이드라인 자료)

http://www.oecd.org/dataoecd/7/1/40605942.pdf (OECD IP주소자료)

http://www.oecd.org/document/29/0,3343,en_2649_34225_40542045_1_1_1_1,00.html(OECD IP주소자료)

http://www.oecd.org/document/7/0,3343,en_2649_34255_38909639_1_1_1_1,00.html(OECD전자인증자료)

http://www.paa.net/PaaPortal/PaaContent/index.htm, PAA 자료

http://www.reedsmith.com/_db/_documents/UCP600__Booklet_Complete.pdf(UCP500&UCP600 자료)

http://www.swift.com/about_swift/company_information/swift_in_figures/archive/2012/SIF_2012_05.pdf(스위프트현황자료)

http://www.swift.com/resources/documents/standards_inventory_of_messages.pdf(스위프트표준메세지목록자료)

http://www.swift.com/resources/documents/SWIFTNet_services_solutions_July2011.pdf(스위프트서비스자료)

http://www.tradesign.net, Tradesign

http://www.uncitral.org/pdf/english/texts/electcom/06-57452_Ebook.pdf(UN전자계약 영문자료)

http://www.uncitral.org/uncitral/en/uncitral_texts/electronic_commerce/1996Model.html(유엔 전자상거래모델법)

http://www.uncitral.org/uncitral/en/uncitral_texts/electronic_commerce/2001Model_signatures.html(유엔 전자서명법)

https://commons.wikimedia.org/wiki/File:Diffusion_of_ideas.svg(기술수용모델 그림자료).

https://www.utradehub.or.kr(uTradeHub 자료)

http://www.ceda.or.kr 공인전자문서보관소 제도 안내.

https://www.utradehub.or.kr/ 서비스별 자료실.

http://www.gtnexus.com 운영 서비스 자료

http://www.identrust.com 운영 서비스 자료

http://pro-se.scourt.go.kr/wsh/wsh200/WSH220.jsp 대법원 소송절차 안내 자료.

www.kcab.or.kr/jsp/comm_jsp/BasicDownload.jsp 대한상사중재원 클레임 자료.

https://www.swift.com 스위프트 홈페이지 자료.

http://www.cwcustoms.co.kr/sub/news/news04.asp?mode=view&bid=6&s_type=&s_keyword=&s_cate=&idx=312&page=2

GT Nexus 홈페이지 http://www.gtnexus.com [2018.07.1.]

Infor "GT Nexus and Infor" https://www.infor.com/ [2018.07.3.]

linked in. GT Nexus 회사소개. https://www.linkedin.com/company/gt-nexus [2018.07.5.]

Pan Pacific Group 홈페이지: https://www.panpacific.com/en/about.html#our-brands [2018.07.3.]

McPherson, Aaron. "GT Nexus and TradeCard To Merge: Is B2B Getting Unstuck?". IDC Community. January 7, 2013. https://idc-community.com/ [2018.07.4.]

TEC Team. "GT Nexus Review and Overview: Cloud Supply Chain Management for Automating Supply Chain Processes". TEC. June 6, 2017.

https://www3.technologyevaluation.com/ [2018.07.3.]

GT NEXUS, "Enable Direct Shipments:How to Increase Margins and Agility by Decreasing Inventory Touch Points in the Supply Chain", 2017. http://mktforms.gtnexus.com

GT NEXUS, INC. 연결 재무 제표. [2014년12월31일]. https://www.sec.gov [2018.07.2.]

올해 SCM 시장 두자릿수 성장 '130억 달러 돌파. Hello T. 김진희 기자. [2017년11월07일] http://www.hellot.net [2018.07.2.]

CM 시장 견실한 성장세⋯ SAP·오라클 빅2 구도 '고착화'. CIO. Thomas Wailgum.. [2017년09월20일]. http://www.ciokorea.com [2018.07.1]

임성범(LIM SEONG BEOM)

충남대학교에서 국제무역 전공 전자무역분야 논문으로 경영학석사와 경영학박사를 취득하였다. 현재 충남대학교 경상대학 무역학과에서 전자무역 관련 강의를 하고 있다. 〈전자무역의 이해와 활용〉 외에 〈무역업창업〉, 〈전자무역관련법규〉, 〈전자무역관리〉, 〈무역전략론〉, 〈에너지균형론〉, 〈생명가치론〉 등 많은 양서 및 논문을 발표하며 성실한 학술활동을 수행하고 있다.

- e-mail : etrader@cnu.ac.kr

주요저서 및 논문

- 「전자무역의 이해와 활용」, 도서출판 ONE, 2020. 3.
- 「무역업창업」, 도서출판 ONE, 2016. 8.
- 「전자무역관련법규」, 도서출판 ONE, 2015. 4.
- 「전자무역관리(2판)」, 도서출판 ONE, 2015. 4.
- 「에너지균형론(양장)」, 도서출판 ONE, 2010. 3.
- 「무역전략론(개정판)」, 도서출판 ONE, 2011. 7.
- 「생명가치론(양장)」, 도서출판 ONE, 2013. 3. 외 도서 및 논문 다수.

전자무역의 이해와 활용

초판인쇄 • 2020년 3월 12일
초판발행 • 2020년 3월 20일
저　　자 • 임 성 범
발 행 인 • 정 성 열
발 행 처 • 도서출판 ONE
주　　소 • 서울특별시 영등포구 선유로3길 10
등　　록 • 제313-2003-427호
전　　화 • 02-323-8536
팩　　스 • 02-323-8531

저자와의 협의하에 인지생략

ISBN 978-89-6481-415-4

정가 20,000원

– http://one-book.co.kr